개념완성

과학탐구영역

지구과학 II

KB190399

정답과 해설 PDF 파일은 EBS*i* 사이트(www.ebsi.co.kr)에서 다운로드 받으실 수 있습니다.

EBS*i* 사이트에서 본 교재의 문항별 해설 강의 검색 서비스를 제공하고 있습니다.

| 교재
내용
문의 | 교재 및 강의 내용 문의는 EBS*i* 사이트
(www.ebsi.co.kr)의 학습 Q&A 서비스를
활용하시기 바랍니다. | 교재
정오표
공지 | 발행 이후 발견된 정오 사항을 EBS*i* 사이트
정오표 코너에서 알려 드립니다.
EBS*i* 사이트 ▶ 교재 ▶ 교재 정오표 | 교재
정정
신청 | 공지된 정오 내용 외에 발견된 정오 사항이
있다면 EBS에 알려 주세요.
EBS*i* 사이트 ▶ 교재 ▶ 교재 정정 신청 |

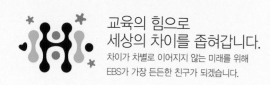

교육의 힘으로
세상의 차이를 좁혀갑니다.
차이가 차별로 이어지지 않는 미래를 위해
EBS가 가장 든든한 친구가 되겠습니다.

기획 및 개발 총괄

김선애 박지연(프리랜서) 권현지 오창호

집필 및 검토

권오성 (진관고등학교)
서울대학교 지구과학교육과
한국교원대학교 대학원(교육학 석사)
EBS 개념완성 문항편 지구과학Ⅰ(2019),
EBS 수능의 7대 함정 지구과학Ⅰ(2018),
EBS 기출의 미래 지구과학Ⅰ(2017, 2018),
EBS FINAL 실전모의고사 지구과학Ⅰ(2016~2019) 집필

김주한 (인천남동고등학교)
서울대학교 지구과학교육과
서울대학교 대학원(교육학 석사)
EBS 수능특강 지구과학Ⅱ(2020),
EBS 수능완성 지구과학Ⅱ(2019),
EBS FINAL 실전모의고사 지구과학Ⅰ(2017, 2018) 집필

조광희 (재현고등학교)
서울대학교 지구과학교육과
EBS 수능특강 지구과학Ⅱ(2018, 2019, 2020) 집필
EBS 수능완성 지구과학Ⅱ(2019) 검토

최상국 (대인고등학교)
충북대학교 지구환경과학과
한국교원대학교 대학원(교육학 석사)
EBS 만점마무리 봉투모의고사 지구과학Ⅰ(2018, 2019),
EBS FINAL 실전모의고사 지구과학Ⅰ(2018) 집필
EBS 수능특강 지구과학Ⅰ, Ⅱ(2020),
EBS 수능완성 지구과학Ⅰ, Ⅱ(2019) 검토

황은수 (울산과학고등학교)
부산대학교 지구과학교육과
부산대학교 대학원(이학 박사)
EBS 수능특강 지구과학Ⅰ(2017, 2018),
EBS 수능특강 지구과학Ⅱ(2019, 2020),
EBS 수능완성 지구과학Ⅱ(2019) 집필

검토

곽한종 (동대부여고)
안혜영 (창동고)
이석우 (구산중)
이재우 (호매실고)
이진경 (원묵고)
정의면 (송우고)
차수열 (방산고)
최성원 (진명여고)
최윤옥 (가정고)
최천식 (안산고)

편집 검토

이설아

본 교재의 강의는 TV와 모바일, EBS*i* 사이트(www.ebsi.co.kr)에서 무료로 제공됩니다.

발행일 2020. 3. 1. **4쇄 인쇄일** 2020. 11. 24. **신고번호** 제2017-000193호 **펴낸곳** 한국교육방송공사 경기도 고양시 일산동구 한류월드로 281
표지디자인 디자인싹 **인쇄** 벽호 **내지디자인** 다우 **내지조판** 다우 **사진** 북앤포토, ㈜아이엠스톡
인쇄 과정 중 잘못된 교재는 구입하신 곳에서 교환하여 드립니다.

개념완성

과학탐구영역

지구과학 Ⅱ

CONTENTS

차례와 우리 학교 교과서 비교

구성과 특징

1 교과서 내용 정리

교과서의 내용을 반드시 알아야 하는 개념 중심으로 이해하기 쉽게 상세히 정리하였습니다. 개념을 다지고 핵심 용어를 익힐 수 있습니다.

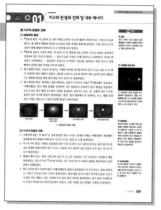

2 개념 체크

내용을 학습하면서 간단한 문제로 개념을 확인할 수 있도록 하였습니다.

3 탐구 활동

교과서에 수록된 여러 가지 탐구 활동 중에 중요한 주제를 선별하여 과정, 결과 정리 및 해석, 탐구 분석의 순서로 정리하였습니다.

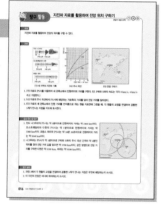

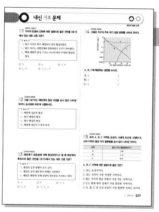

4 내신 기초 문제

기초 실력 연마에 도움이 되는 문제 위주로 수록하여 학교 시험에 대비할 수 있도록 하였습니다.

5 실력 향상 문제

난이도 있는 문제를 수록하여 문제에 대한 응용력을 기를 수 있도록 하였습니다.

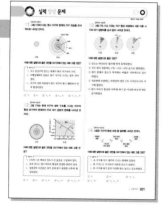

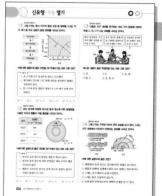

6 신유형 · 수능 열기

수능형 문항으로 수능의 감(感)을 잡을 수 있도록 하였습니다.

단원 정리

단원 학습이 끝나면 단원 정리를 통해 학습 내용을 정리해 볼 수 있습니다.

단원 마무리 문제

앞에서 학습한 내용을 최종 마무리할 수 있도록 단원간 통합형 문제로 출제하였습니다.

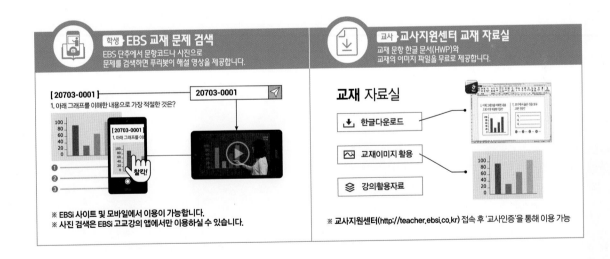

학생 **EBS 교재 문제 검색**

EBS 단추에서 문항코드나 사진으로 문제를 검색하면 푸리봇이 해설 영상을 제공합니다.

[20703-0001]

1. 아래 그래프를 이해한 내용으로 가장 적절한 것은?

20703-0001

① ② ③

※ EBSi 사이트 및 모바일에서 이용이 가능합니다.
※ 사진 검색은 EBSi 고교강의 앱에서만 이용하실 수 있습니다.

교사 **교사지원센터 교재 자료실**

교재 문항 한글 문서(HWP)와 교재의 이미지 파일을 무료로 제공합니다.

교재 자료실

⬇ 한글다운로드

🖼 교재이미지 활용

≋ 강의활용자료

※ 교사지원센터(http://teacher.ebsi.co.kr) 접속 후 '교사인증'을 통해 이용 가능

I

고체 지구

지구의 탄생과 지구 내부 구조

1

- 원시 태양계 성운에서 지구가 형성되는 과정 설명하기
- 지구 내부 에너지의 생성 과정 이해하기
- 지진파를 이용하여 지구 내부 구조 이해하기

한눈에 단원 파악, 이것이 핵심!

지구는 어떻게 탄생하고 진화했을까?

미행성체 충돌 → 마그마 바다 형성 → 맨틀과 핵의 분리 → 원시 지각과 원시 바다의 형성

지구 내부 에너지의 기원은 무엇일까?

미행성체 충돌에 의한 열

지구 구성 물질의 분화

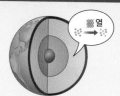

방사성 동위 원소의 붕괴열

지구 탄생 초기에는 미행성체 충돌에 의한 열, 마그마 바다에서 핵과 맨틀의 분리에 의한 열, 지구 내부에 포함된 방사성 동위 원소의 붕괴열 등이 중요한 지구 내부 에너지의 열원이다.

지구 내부에서 지진파의 속도 분포는 어떤 특징을 보일까?

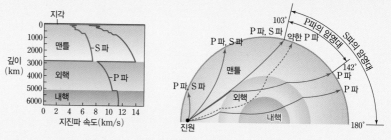

지구 내부는 깊이에 따라 물질의 종류와 성질이 다르므로 지진파가 전파되면서 속도가 변하고 서로 다른 매질을 통과할 때 반사와 굴절이 일어난다.

지구의 탄생과 진화 및 내부 에너지

❶ 지구의 탄생과 진화

(1) 태양계의 형성

① **❶성운의 형성**: 약 138억 년 전의 빅뱅으로부터 수소와 헬륨이 만들어지고, 이보다 무거운 원소는 별 내부의 핵융합 반응과 초신성의 폭발 과정을 통해 형성되었다. 이들 원소가 모인 성운이 현재 태양계 영역보다 더 큰 영역에 퍼져 있었다.

② **❷태양계 성운의 수축과 회전**: 약 50억 년 전 태양계 성운 주변의 초신성 폭발로 충격파가 전달되어 밀도 차이가 생겼다. → 밀도가 높은 부분이 자체 중력으로 수축하면서 서서히 회전하기 시작하였다. → 물질들이 중심으로 모이면서 가운데는 볼록하고 회전 속도가 점점 빨라져 납작한 원반 모양을 이루게 되었다.

③ **원시 태양의 형성**: 성운의 중심부는 기체와 먼지를 끌어들이면서 온도가 높고 밀도가 큰 핵이 성장하여 원시 태양이 되었다. 계속된 수축으로 온도와 압력이 매우 높아진 원시 태양은 수소 핵융합 반응을 통해 열과 빛을 우주 공간으로 방출하였다.

④ **원시 행성의 형성**: 회전하는 원반 내에서는 성운이 식으면서 수많은 ❸미행성체가 생겨났다. 미행성체들은 원시 태양 둘레를 공전하며 서로 충돌하고 뭉치면서 원시 행성을 만들었다. 온도가 높은 원시 태양 부근에서 가벼운 물질들은 날아가고 규소, 철, 니켈과 같은 무거운 물질이 남아 지구형 행성이 형성되었다. 반면, 원시 태양에서 먼 곳에서는 수소, 헬륨 등과 같은 가벼운 성분으로 구성된 목성형 행성이 만들어졌다.

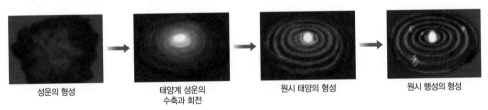

성운의 형성 → 태양계 성운의 수축과 회전 → 원시 태양의 형성 → 원시 행성의 형성

▲ 태양계의 형성 과정

(2) 지구의 탄생과 진화

① **미행성체 충돌**: 약 46억 년 전에 형성된 원시 지구는 탄생한 후에도 미행성체가 계속해서 충돌함에 따라 병합에 의해 원시 지구의 크기는 점점 더 크게 성장하였다.

② **마그마 바다 형성**: 미행성 충돌열과 중력 수축 및 원시 지구 내부의 방사성 동위 원소의 붕괴로 발생한 열에 의하여 원시 지구는 지표와 지구 내부의 상당 부분이 녹아 있는 마그마 바다가 형성되었다.

③ **맨틀과 핵의 분리**: 철과 니켈 등의 밀도가 큰 금속 성분들은 지구 중심부로 가라앉아 핵을 형성하였고, 밀도가 작은 ❹규산염 물질은 지구 표면 쪽으로 떠올라 맨틀을 형성하면서 층의 분화가 진행되었다.

④ **원시 지각과 원시 바다의 형성**: 미행성체들의 충돌이 줄어들면서 지구의 온도는 점점 내려갔고, 지표가 식으면서 원시 지각이 형성되었다. 화산 활동 등으로 원시 대기에 공급된 수증기가 많은 비로 내렸고, 낮은 지대에 모인 물이 원시 바다를 형성하였다. 대기 중의 이산화 탄소가 원시 바다에 녹아 들어 탄산염이 되었고, 이후 석회암 등의 형태로 지권에 고정되었다.

❶ 성운
성간 기체나 성간 티끌과 같은 물질들이 다양한 형태를 이루며 밀집되어 있어서 구름처럼 보이는 것을 성운이라 한다.

❷ 각운동량 보존 법칙

각 운동량은 회전 운동을 하는 물체의 운동량이다. 질량 m인 물체를 길이 r인 실 끝에 매달아 v의 속도로 회전시킬 때 각 운동량은 mvr로 구할 수 있다.

❸ 미행성체
태양계 성운의 고리를 이루던 물질들이 충돌에 의해 점차 성장하여 만들어진 소행성 크기의 천체이다. 이들 미행성체가 충돌에 의해 성장하여 원시 행성을 만들었고, 원시 행성은 미행성체나 또 다른 원시 행성을 끌어당겨 행성으로 성장하였다.

❹ 규산염 물질
지구형 행성의 지각이나 맨틀은 주로 암석으로 이루어져 있는데, 이들 암석의 주성분은 규소와 산소 및 금속 원소가 결합한 규산염 광물이다.

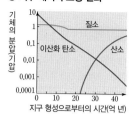
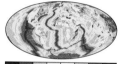
⑤ ❶지구 대기의 변화: 지구 최초 생명체는 바다에서 탄생하였을 것으로 추정된다. 약 35억 년 전 광합성을 하는 남세균이 등장하여 바다에 산소를 공급하기 시작했고, 이후 대기에도 산소가 축적되기 시작하였다. 약 4억 년 전에는 ❷오존층이 형성될 수 있을 만큼 대기 중의 산소가 증가하였다. 오존층이 자외선을 차단함에 따라 육지에 생명체가 출현하였다.

2 지구 내부 에너지

(1) 지구 내부 에너지 열원: 지구 내부 에너지는 지구 내부에 저장되어 있는 열에너지로, 지구가 생성될 당시 미행성체의 충돌과 지구 구성 물질의 분화, 방사성 동위 원소의 붕괴 등으로 만들어진다. 이 에너지는 판의 운동, 화산 활동, 지진 등을 일으키는 근원 에너지이다.

① 방사성 동위 원소의 분포: 방사성 동위 원소는 규산염질 마그마에 농집되는 성질 때문에 대부분 지각과 맨틀에 존재하고 핵에는 거의 없다.

② 방사성 동위 원소의 붕괴열: 단위 부피당 방출되는 열량은 감람암질 암석으로 구성된 맨틀보다 화강암질 암석과 현무암질 암석으로 구성되어 있는 지각에서 더 많다.

암석의 종류	방사성 동위 원소의 함량(ppm)			방출 열량 $(\times 10^{-5} \mathrm{mW/m^3})$	비고
	우라늄(^{238}U, ^{235}U)	토륨(^{232}Th)	칼륨(^{40}K)		
화강암	5	18	38000	295	대륙 지각 구성 암석
현무암	0.5	3	8000	56	해양 지각 구성 암석
감람암	0.015	0.06	100	1	맨틀 구성 암석

(2) ❸지각 열류량: 지구 내부 에너지가 지표로 방출되는 열량을 지각 열류량이라고 하며, 단위로는 $\mathrm{mW/m^2}$를 사용한다.

① 방사성 동위 원소의 함량 차이: 방사성 동위 원소의 함량은 평균적으로 대륙 지각이 해양 지각보다 많다. 또한 대륙 지각은 해양 지각보다 두꺼우므로 방사성 동위 원소에 의한 열원만을 고려하면 대륙 지각이 해양 지각보다 지각 열류량이 많아야 한다. 하지만 실제로 지표면으로 방출되는 지각 열류량은 해양 지각이 대륙 지각보다 많다.

② 지구 내부에서의 열에너지 이동: 맨틀에서는 주로 대류에 의해, 지각과 최상부 맨틀이 포함된 암석권에서는 주로 전도에 의해 일어난다.

THE 들여다보기   **지각 열류량의 분포**

• 화산 활동이나 조산 운동이 활발한 지역에서는 지각 열류량이 많다.

• 오래된 지각이나 안정한 대륙의 중앙부에서는 지각 열류량이 적다.

• 해령이나 호상 열도 부근에서는 지각 열류량이 많다.

• 해구나 순상지에서는 지각 열류량이 적다.

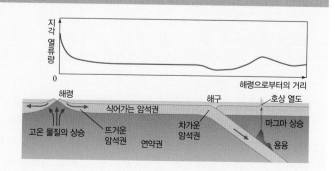

○X 문제

1. 지구의 탄생과 진화에 대한 설명으로 옳은 것은 ○, 옳지 않은 것은 ×로 표시하시오.

(1) 태양계의 형성 과정을 성운설로 설명할 수 있다.
( )

(2) 태양계 성운의 중심부에는 성운 질량의 대부분을 차지하는 원시 태양이 형성되었다. ( )

(3) 태양계 성운에서 원시 태양 부근의 원반 안쪽은 암석으로 이루어진 목성형 행성이 형성되었다.
( )

2. 지구 내부 에너지에 대한 설명으로 옳은 것은 ○, 옳지 않은 것은 ×로 표시하시오.

(1) 방사성 동위 원소의 함량은 대륙 지각이 해양 지각보다 많다. ( )

(2) 방사성 동위 원소의 함량은 핵이 지각보다 많다.
( )

(3) 해양에서 지각 열류량은 해령에서 적고, 해구에서 많다. ( )

바르게 연결하기

3. 지각과 상부 맨틀을 구성하는 암석을 바르게 연결하시오.

(1) 감람암질 암석 ・ ・ ㉠ 대륙 지각

(2) 화강암질 암석 ・ ・ ㉡ 해양 지각

(3) 현무암질 암석 ・ ・ ㉢ 상부 맨틀

4. 해저의 지형과 그 특징을 바르게 연결하시오.

(1) 해령 ・ ・ ㉠ 맨틀 물질 하강

(2) 해구 ・ ・ ㉡ 맨틀 물질 상승

정답 **1.** (1) ○ (2) ○ (3) × **2.** (1) ○ (2) × (3) × **3.** (1) ㉢ (2) ㉠ (3) ㉡ **4.** (1) ㉡ (2) ㉠

빈칸 완성

1. 마그마 바다를 거친 후 미행성체들의 ① ( )이 감소하면서 지구의 온도가 낮아져 ② ( )이 형성되었다.

2. 원시 태양 부근의 원반 안쪽은 암석으로 이루어진 ( ) 행성이 형성되었다.

3. 지구는 마그마 바다 상태에서 무거운 철, 니켈 등이 중심부로 가라앉아 ( )이 형성되었다.

4. ( ) 동위 원소의 붕괴열은 지구 내부 에너지의 주요 근원이다.

5. 대륙 지각에서는 지각의 나이가 ① ( ), 안정한 곳일수록 대체로 지각 열류량이 ② ( ).

단답형 문제

6. 충돌로 생긴 에너지와 방사성 동위 원소의 붕괴열로 지표와 지구 내부의 상당 부분이 녹아 있던 원시 지구의 상태를 무엇이라고 하는지 쓰시오.

7. 태양계의 형성 과정에서 충돌하고 합쳐지면서 원시 행성을 형성한 작은 천체를 무엇이라고 하는지 쓰시오.

8. 지구 내부에 저장되어 있는 열에너지를 무엇이라고 하는지 쓰시오.

9. 지구 내부에서 지표로 단위 시간 동안 단위 면적으로 방출되는 열량을 무엇이라고 하는지 쓰시오.

정답 **1.** ① 충돌 ② 원시 지각 **2.** 지구형 **3.** 핵 **4.** 방사성 **5.** ① 많고 ② 적다 **6.** 마그마 바다 **7.** 미행성체 **8.** 지구 내부 에너지 **9.** 지각 열류량

02 지구의 내부 구조

THE 알기

❶ 지진파

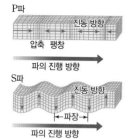

P파는 파의 진행 방향과 매질의 진동 방향이 나란하다. S파는 파의 진행 방향과 매질의 진동 방향이 수직이다.

1 지진파와 지구의 내부 구조

(1) 지구 내부 연구 방법

① 직접적인 방법: 내부의 시료를 직접 채취하여 연구하는 방법으로 대표적인 예로는 시추와 포획암 분석(화산 분출물 연구)이 있다.

② 간접적인 방법: 지진파 탐사, 지각 열류량 연구, 운석 연구를 통한 지구 내부 물질 추정, 고온 고압 조건에서의 실험을 통한 연구 등이 있다.

(2) ❶지진파에 의한 지구 내부의 탐사

① 지진파: 지구 내부 암석에 가해지는 힘이 탄성 한계를 넘으면 암석이 급격한 변형을 일으키면서 깨진다. 이때 암석에 축적된 에너지가 파동의 형태로 사방으로 전달되는 현상을 지진이라 하고, 이때 전달되는 파동을 지진파라고 한다.

② 지진파의 성질: 지진파는 성질이 다른 매질의 경계면에서 반사 또는 굴절하며, 같은 종류의 지진파라도 매질의 밀도와 상태에 따라 속도가 달라진다.

지진파	성질	지각에서의 속도(km/s)	통과 매질의 상태
P파	매질의 진동 방향과 파의 진행 방향이 나란함	5~8	고체, 액체, 기체를 모두 통과
S파	매질의 진동 방향과 파의 진행 방향이 수직임	3~4	고체만 통과
표면파	지표면을 따라 전파	2~3	지표면의 고체

❷ 주시 곡선

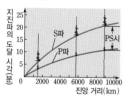

진앙에서 지진 관측소까지의 거리와 P파와 S파가 도달하는 데 걸리는 시간의 관계를 나타낸 그래프를 주시 곡선이라고 한다. 진원 거리(d)는 P파의 속도를 V_P, S파의 속도를 V_S, PS시를 t라고 할 때 $d = \dfrac{V_p \times V_s}{V_p - V_s} \times t$로 나타낸다.

(3) ❷지진 기록: 지진계에는 P파, S파, 표면파 순으로 기록이 되며, 지진 기록에서 P파가 도달한 후 S파가 도달할 때까지의 시간 차이를 PS시라고 한다. PS시는 진원으로부터의 거리가 멀수록 길게 나타난다.

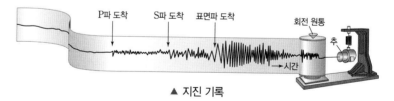

▲ 지진 기록

(4) ❸진앙 및 진원의 결정

① 진앙의 위치: A, B, C 각 관측소에서 진원 거리(R_A, R_B, R_C)를 반지름으로 하는 원을 그렸을 때 각 원들의 교점을 연결하면 3개의 현이 교차하는 하나의 점 O가 나타나는데, 이곳이 진앙이다.

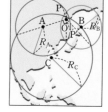

▲ 진앙의 위치 결정

② 진원의 깊이: 세 관측소 중 임의의 관측소 A점과 진앙의 위치 O점을 연결하는 직선 AO를 긋고, O점에서 직선 AO에 직교하는 현 PP'을 그으면 현 PP'의 절반인 선분 OP 또는 OP'이 진원의 깊이가 된다.

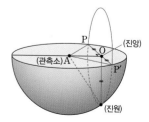

▲ 진원의 깊이

❸ 진원과 진앙

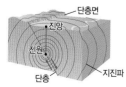

지진이 발생한 근원 위치를 진원, 진원의 연직 방향에 위치한 지표상의 지점을 진앙이라고 한다.

② 지구 내부의 구조

(1) ①지구 내부의 구조: 지구 내부를 통과하는 지진파는 속도가 다른 물질을 만나면 경계면에서 반사되거나 굴절된다. 이런 성질을 이용하여 지구 내부가 지각, 맨틀, 외핵, 내핵의 층상 구조를 이루고 있음을 알아내었다.

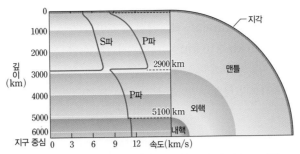

▲ 지구 내부에서 깊이에 따른 지진파의 속도 변화

(2) 불연속면

① ②모호로비치치 불연속면(모호면): 지각과 맨틀의 경계면이다.

② ③구텐베르크 불연속면: 맨틀과 외핵의 경계면이다.

③ ④레만 불연속면: 외핵과 내핵의 경계면이다.

(3) 지진파 암영대: 지구 내부로 전파되는 P파와 S파가 도달하지 않는 지역을 말한다.

① P파 암영대: 진앙으로부터의 각거리가 약 $103°\sim142°$인 지역으로, P파가 도달하지 않는다.

② S파 암영대: 진앙으로부터의 각거리가 약 $103°\sim180°$인 지역으로, S파가 도달하지 않는다.

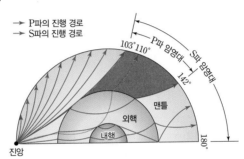

▲ 지구 내부를 통과하는 지진파

③ 내핵의 발견: 진앙으로부터의 각거리 약 $110°$에 약한 P파가 도달한다는 사실로부터 내핵을 발견하였다.

(4) 지구 내부의 구성 물질과 물리량

① 지각과 맨틀

구분		평균 깊이(km)	주요 구성 암석	평균 밀도(g/cm³)
지각	대륙 지각	지표~약 35	화강암질 암석	약 2.7
	해양 지각	지표~약 5	현무암질 암석	약 3.0
맨틀		모호면~약 2900	감람암질 암석	약 3.3~5.5

② 핵: 지진파의 속도 분포로부터 외핵은 액체 상태이고 내핵은 고체 상태일 것으로 추정되며, 내핵은 외핵보다 평균 밀도가 크다.

③ 지구 내부의 물리량: 밀도는 불연속면에서 급격히 증가하는 계단 모양의 분포를 이룬다. 지구 내부의 밀도 변화를 보면 각 층의 구성 물질이 서로 다르다는 사실을 알 수 있다. 압력은 중심으로 갈수록 증가하며, 깊이에 따른 증가율은 외핵에서 가장 크다.

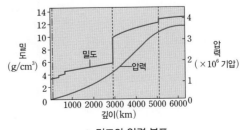

▲ 밀도와 압력 분포

① 조륙 운동과 지각 평형

▲ 세라피스 사원의 돌기둥

고도가 높은 지형이 침식되어 무게가 감소하면 지각이 융기하고, 퇴적되어 무게가 증가하면 지각이 침강한다. 이러한 지각의 상하 운동을 조륙 운동이라고 한다. 조륙 운동은 지각 평형으로 설명할 수 있다. 대표적으로 이탈리아 세라피스 사원의 돌기둥에서는 해수면으로부터 약 6 m 높이까지 바닷조개가 파 놓은 구멍이 발견되는데, 이는 조륙 운동으로 나타난 현상이다.

② 지각 평형의 원리

약 50 km 깊이에서 대륙 지각과 해양 지각을 포함하는 윗부분의 암석이 작용하는 압력이 같아져 지각 평형을 이루게 된다. ρ는 밀도로, 단위는 g/cm³이다.

3 지각 평형설

일반적으로 대륙에서 모호면의 깊이는 약 30 km~70 km이고, 해양에서 모호면의 깊이는 약 5 km~10 km이다. 즉, 지진파를 이용해 지각의 두께를 살펴보면 대륙 지각이 해양 지각보다 훨씬 두껍다는 사실을 알 수 있다.

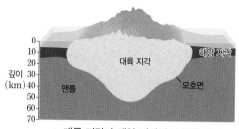

▲ 대륙 지각과 해양 지각의 모호면 깊이

(1) ❶지각 평형설: 밀도가 작은 나무토막이 밀도가 큰 물 위에 떠서 평형을 이루는 것과 같이 밀도가 작은 지각이 밀도가 큰 맨틀 위에 떠서 평형을 이룬다는 이론이다.

① 프래트의 지각 평형설: 밀도가 서로 다른 지각이 맨틀 위에 떠 있으며, 밀도가 작은 지각일수록 지각의 해발 고도가 높으나, 밀도에 관계없이 해수면을 기준으로 한 모호면의 깊이는 같다.

② 에어리의 지각 평형설: 밀도가 서로 같은 지각이 맨틀 위에 떠 있으며, 지각의 해발 고도가 높을수록 해수면을 기준으로 한 모호면의 깊이가 깊다.

③ 두 지각 평형설의 비교: 대륙 지각이 해양 지각보다 밀도가 작다는 점에서 프래트의 지각 평형설이 타당하지만, 해수면을 기준으로 한 모호면의 깊이가 대륙 지각이 해양 지각보다 깊다는 점에서는 에어리의 지각 평형설이 타당하다.

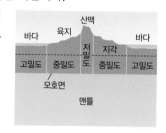

▲ 프래트설

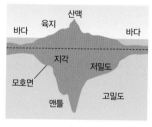

▲ 에어리설

(2) ❷지각 평형의 원리: 대륙 지각이 해양 지각보다 더 높이 솟아 있고 더 깊숙이 들어가 있다. 이는 두꺼운 대륙 지각이 얇은 해양 지각보다 상대적으로 밀도가 작기 때문에 나타나는 현상이다. 상대적으로 밀도가 작은 지각이 밀도가 큰 맨틀 위에 떠 있으면서 평형을 이루는 깊이는 약 50 km이다. 지구 내부에서는 항상 지각 평형이 이루어지는 방향으로 변화가 일어나고 있다.

지구 내부 온도와 구성 물질의 용융 온도 분포

• 지하 약 100 km에서 지진파의 속도가 감소하는데, 이곳을 경계로 암석권과 연약권으로 구분된다. 연약권은 부분 용융이 일어나는 지진파 저속도층이다.

• 깊이에 따른 지온 상승률은 지각에서 가장 크다.

• 지구 내부 온도와 구성 물질의 용융 온도를 통해 지구 내부 물질의 상태를 알 수 있다. ➡ 외핵은 지구 내부 온도가 구성 물질의 용융 온도보다 높으므로 액체 상태이고, 내핵은 지구 내부 온도가 구성 물질의 용융 온도보다 낮으므로 고체 상태이다.

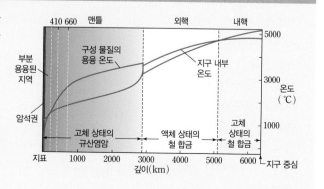

OX 문제

1. 지진파와 지구 내부 구조에 대한 설명으로 옳은 것은 ○, 옳지 <u>않은</u> 것은 ×로 표시하시오.

(1) 지진파 중 P파와 S파는 실체파이다. (　　　)

(2) 일반적으로 진앙 거리는 진원 거리보다 멀다. (　　　)

(3) S파는 고체 상태의 매질에서만 전파된다. (　　　)

(4) 지구 내부에서 압력은 중심으로 갈수록 증가한다. (　　　)

(5) 외핵에서는 지구 내부 온도가 구성 물질의 용융 온도보다 낮다. (　　　)

2. 지각 평형설에 대한 설명으로 옳은 것은 ○, 옳지 <u>않은</u> 것은 ×로 표시하시오.

(1) 지각에 두껍게 쌓여 있던 빙하가 녹으면 지각은 침강한다. (　　　)

(2) 에어리의 지각 평형설은 해수면을 기준으로 한 모호면의 깊이가 대륙 지각이 해양 지각보다 얕은 것을 설명할 수 있다. (　　　)

(3) 지각 평형설의 원리를 알아보기 위한 모형실험에서 나무토막은 지각, 물은 맨틀에 해당한다. (　　　)

바르게 연결하기

3. 지진파의 종류를 바르게 연결하시오.

(1) L파 ・　　・⊙ 종파

(2) P파 ・　　・ⓒ 횡파

(3) S파 ・　　・ⓒ 표면파

4. 지구 내부 구조에서 불연속면과 그 경계면을 바르게 연결하시오.

(1) 모호로비치치 불연속면 ・　　・⊙ 지각과 맨틀의 경계면

(2) 레만 불연속면 ・　　・ⓒ 맨틀과 외핵의 경계면

(3) 구텐베르크 불연속면 ・　　・ⓒ 외핵과 내핵의 경계면

정답 **1.** (1) ○ (2) × (3) ○ (4) ○ (5) × **2.** (1) × (2) × (3) ○ **3.** (1) ⓒ (2) ⊙ (3) ⓒ **4.** (1) ⊙ (2) ⓒ (3) ⓒ

빈칸 완성

1. 지구 내부에서 지진이 발생한 근원 지점은 ① (　　　)이라 하고, 진원에서 연직 방향으로 지표면과 만나는 지점은 ② (　　　)이라고 한다.

2. 지진파 중 지표면을 따라 전파되며, 진폭이 매우 커서 가장 큰 피해를 주는 것은 (　　　)이다.

3. 지구 내부 불연속면에서 급격히 증가하는 계단 모양의 분포를 보이는 물리량은 (　　　)이다.

4. (　　　)의 지각 평형설은 대륙 지각과 해양 지각의 밀도 차이를 설명할 수 있다.

5. 지각 상부에서 지각 하부에 작용하는 압력이 증가하면 지각은 (　　　)한다.

단답형 문제

6. 진앙 거리에 따른 P파와 S파의 도착 시각을 나타낸 그래프는 무엇인지 쓰시오.

7. 지구 내부로 전파되는 P파와 S파가 도달하지 않는 지역을 무엇이라고 하는지 쓰시오.

8. 밀도가 작은 지각이 밀도가 큰 맨틀 위에 떠서 평형을 이룬다는 이론을 무엇이라고 하는지 쓰시오.

9. 넓은 지역에 걸쳐서 지각이 서서히 융기하거나 침강하는 운동을 무엇이라고 하는지 쓰시오.

정답 **1.** ① 진원 ② 진앙 **2.** 표면파 **3.** 밀도 **4.** 프래트 **5.** 침강 **6.** 주시 곡선 **7.** 암영대 **8.** 지각 평형설 **9.** 조륙 운동

탐구 활동 : 지진파 자료를 활용하여 진앙 위치 구하기

지진파 자료를 활용하여 진앙 위치 구하기

탐구 활동

탐구 활동 — 지진파 자료를 활용하여 진앙 위치 구하기

정답과 해설 02쪽

목표

지진파 자료를 활용하여 진앙의 위치를 구할 수 있다.

과정

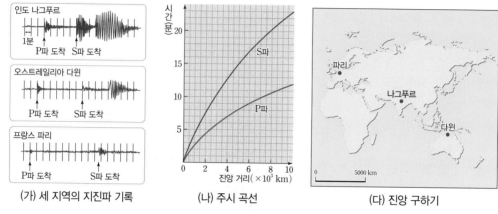

| (가) 세 지역의 지진파 기록 | (나) 주시 곡선 | (다) 진앙 구하기 |

1. (가) 자료의 PS시를 이용하여 세 관측소에서 진원까지의 거리를 구한다. (단, P파와 S파의 속도는 각각 8 km/s, 4 km/s 라고 가정한다.)

2. (나) 자료의 주시 곡선에서 PS시에 해당하는 가로축의 거리를 읽어 진앙 거리를 알아낸다.

3. (다) 자료의 세 관측소에서 진앙 거리를 반지름으로 하는 원을 지표면에 그렸을 때, 각 원들의 교점을 연결하여 공통현 3개가 만나는 지점을 지도에 표시한다.

결과 정리 및 해석

1. 인도 나그푸르의 PS시는 약 5분이므로 진원까지의 거리는 약 2400 km이다. 오스트레일리아 다윈의 PS시는 약 7분이므로 진원까지의 거리는 약 3360 km이다. 프랑스 파리의 PS시는 약 10분 30초이므로 진원까지의 거리 는 약 5040 km이다.

2. 나그푸르는 PS시가 약 5분이므로 P파와 S파의 주시 곡선 간격이 약 5분인 위치를 찾아 진앙 거리 값을 읽으면 약 3700 km이다. 같은 방법으로 진앙 거리를 구하면 다윈은 약 5200 km, 파리는 약 9100 km이다.

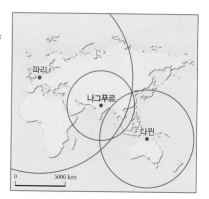

탐구 분석

1. 과정 3에서 각 원들의 교점을 연결하여 공통현 3개가 만나는 지점은 무엇에 해당하는지 쓰시오.

2. 이 지진의 진앙은 어디에 위치하는지 쓰시오.

정답과 해설 02쪽

[20703-0001]
01 지구의 탄생과 진화에 대한 설명으로 옳은 것만을 〈보기〉에서 있는 대로 고른 것은?

┌ 보기 ┐
ㄱ. 원시 지각은 원시 해양보다 먼저 형성되었다.
ㄴ. 원시 지구는 미행성체와 충돌하면서 크기가 작아졌다.
ㄷ. 핵과 맨틀의 층상 구조는 마그마 바다 이전에 형성되었다.

① ㄱ   ② ㄴ   ③ ㄱ, ㄷ
④ ㄴ, ㄷ   ⑤ ㄱ, ㄴ, ㄷ

[20703-0002]
02 다음 〈보기〉는 태양계의 형성 과정을 순서 없이 나타낸 것이다. 순서대로 바르게 나열하시오.

┌ 보기 ┐
ㄱ. 태양계 성운의 형성
ㄴ. 원시 태양의 형성
ㄷ. 원시 행성의 형성
ㄹ. 태양계 성운의 수축과 회전

[20703-0003]
03 태양계가 성운설에 의해 형성되었다고 할 때 태양계의 특징으로 옳은 것만을 〈보기〉에서 있는 대로 고른 것은?

┌ 보기 ┐
ㄱ. 행성의 공전 방향이 모두 같다.
ㄴ. 행성의 공전 궤도면이 대체로 나란하다.
ㄷ. 태양은 태양계 전체 질량의 대부분을 차지하고 있다.

① ㄱ   ② ㄷ   ③ ㄱ, ㄴ
④ ㄴ, ㄷ   ⑤ ㄱ, ㄴ, ㄷ

[20703-0004]
04 그림은 지구의 주요 대기 성분 변화를 나타낸 것이다.

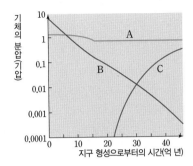

A, B, C에 해당하는 성분을 쓰시오.

A: (   )
B: (   )
C: (   )

[20703-0005]
05 표의 A, B, C 지역은 순상지, 고생대 조산대, 신생대 조산대 지역의 평균 지각 열류량을 순서 없이 나타낸 것이다.

지역	평균 지각 열류량(HFU)
A	1.80
B	1.15
C	0.87

A, B, C 지역에 대한 설명으로 옳은 것은?

① A는 순상지이다.
② A는 지각이 가장 안정한 지역이다.
③ B는 지각의 평균 연령이 가장 적은 지역이다.
④ C는 현재 판의 경계가 가장 발달한 지역이다.
⑤ A, B, C 중 조산 운동이 가장 활발한 지역은 A이다.

06 [20703-0006] 주요 지구 내부 에너지원 3가지를 쓰시오.

① ( )

② ( )

③ ( )

07 [20703-0007] 그림은 해령으로부터의 거리에 따른 지각 열류량을 나타낸 것이다.

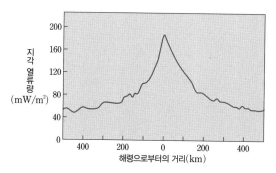

이에 대한 설명으로 옳은 것만을 〈보기〉에서 있는 대로 고른 것은?

┌ 보기 ┌
ㄱ. 해령에서는 화산 활동이 활발하다.
ㄴ. 해령에서 멀어질수록 지각 열류량은 적어지는 경향을 보인다.
ㄷ. 해령을 기준으로 판은 양쪽으로 이동한다.

① ㄱ ② ㄷ ③ ㄱ, ㄴ
④ ㄴ, ㄷ ⑤ ㄱ, ㄴ, ㄷ

08 [20703-0008] 지각 열류량이 주변 지역보다 많은 곳만을 〈보기〉에서 있는 대로 고르시오.

┌ 보기 ┌
ㄱ. 일본 해구 ㄴ. 알류샨 열도
ㄷ. 동태평양 해령 ㄹ. 아이슬란드 열곡대

09 [20703-0009] 지구 내부를 직접 연구하는 방법으로 옳은 것은?

① 시추

② 운석 연구

③ 지진파 탐사

④ 고온 고압 실험

⑤ 지각 열류량 측정

10 [20703-0010] 그림 (가)와 (나)는 P파와 S파가 진행하는 모습을 순서 없이 나타낸 것이다.

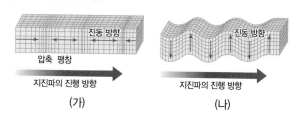

(1) (가)와 (나)의 지진파 명칭을 각각 쓰시오.

(2) (가)와 (나)의 지진파 중에서 전파 속도가 더 빠른 것을 쓰시오.

11 [20703-0011] 지진파에 대한 설명으로 옳은 것만을 〈보기〉에서 있는 대로 고른 것은?

┌ 보기 ┌
ㄱ. P파는 종파이다.
ㄴ. S파는 고체 매질만을 통과한다.
ㄷ. 평균 진폭의 크기는 표면파가 S파보다 크다.

① ㄱ ② ㄷ ③ ㄱ, ㄴ
④ ㄴ, ㄷ ⑤ ㄱ, ㄴ, ㄷ

12 [20703-0012] 그림은 어느 관측소에서 관측한 지진파의 관측 기록을 나타낸 것이다.

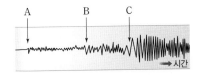

이에 대한 설명으로 옳은 것은?

① A는 S파의 도착을 나타낸다.
② B는 P파의 도착을 나타낸다.
③ B와 C 사이의 시간 간격을 PS시라고 한다.
④ PS시가 길수록 진원 거리가 멀다.
⑤ A, B, C 중 피해가 가장 큰 지진파는 B이다.

13 [20703-0013] 그림은 관측소 A, B, C에서 각각 구한 어느 지진의 진원 거리를 반지름으로 하는 원을 그린 것이다.

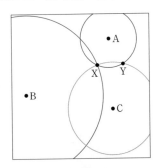

이에 대한 설명으로 옳은 것만을 〈보기〉에서 있는 대로 고른 것은? (단, 세 곳의 지반 상태는 동일하다고 가정한다.)

┌─── 보기 ───────────────────────┐
ㄱ. 진앙의 위치는 X이다.
ㄴ. PS시의 길이는 A>C>B 순이다.
ㄷ. 지진파의 진폭은 B에서 가장 크다.
└────────────────────────────┘

① ㄱ   ② ㄴ   ③ ㄱ, ㄷ
④ ㄴ, ㄷ   ⑤ ㄱ, ㄴ, ㄷ

14 [20703-0014] 표는 어느 관측소의 지진 기록이다.

지진파의 도달 시각	
P파	S파
10시 30분 23초	10시 30분 43초

이 지진의 진원까지의 거리를 구하시오. (단, P파와 S파의 속력은 각각 8 km/s와 4 km/s라고 가정한다.)

15 [20703-0015] 지구 내부의 구조에 대한 설명으로 옳지 않은 것은?

① 층상 구조를 이루고 있다.
② 레만 불연속면은 외핵과 내핵의 경계면이다.
③ P파의 속도 변화는 맨틀과 외핵의 경계면에서 가장 크다.
④ P파의 암영대는 진앙으로부터의 각거리가 약 103°~142°인 지역이다.
⑤ 내핵은 지진파 암영대 내에 약한 S파가 도달한다는 사실로부터 알아내었다.

16 [20703-0016] 지구 내부의 지온 분포에 대한 설명으로 옳은 것만을 〈보기〉에서 있는 대로 고른 것은?

┌─── 보기 ───────────────────────┐
ㄱ. 깊이에 따른 지온 상승률은 지각이 맨틀보다 작다.
ㄴ. 외핵은 지구 내부 온도가 구성 물질의 용융 온도보다 높다.
ㄷ. 연약권에서는 지구 내부 온도와 구성 물질의 용융 온도 차이가 매우 크다.
└────────────────────────────┘

① ㄱ   ② ㄴ   ③ ㄷ
④ ㄱ, ㄴ   ⑤ ㄴ, ㄷ

17 그림은 지구 내부에서 깊이에 따른 밀도, 압력, 온도의 변화를 나타낸 것이다.

[20703-0017]

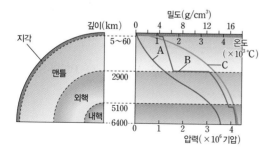

A, B, C에 해당하는 것으로 옳게 짝 지은 것은?

	A	B	C		A	B	C
①	밀도	압력	온도	②	압력	밀도	온도
③	압력	온도	밀력	④	온도	밀도	압력
⑤	온도	압력	밀도				

18 그림은 지각 평형을 이루고 있는 대륙 지각과 해양 지각의 단면을 나타낸 것이다.

[20703-0018]

이에 대한 설명으로 옳은 것만을 〈보기〉에서 있는 대로 고른 것은?

┌ 보기 ┌
ㄱ. 평균 두께는 대륙 지각이 해양 지각보다 두껍다.
ㄴ. 대륙 지각이 침식 작용을 많이 받으면 A 지점의 깊이는 얕아진다.
ㄷ. 해양 지각에 퇴적물이 두껍게 퇴적되면 B 지점에 작용하는 압력은 감소한다.

① ㄱ   ② ㄷ   ③ ㄱ, ㄴ
④ ㄴ, ㄷ   ⑤ ㄱ, ㄴ, ㄷ

19 그림은 지각 평형을 설명하기 위해 밀도가 같고 길이가 다른 나무토막을 물 위에 띄워 평형을 이룬 후의 모습을 나타낸 것이다.

[20703-0019]

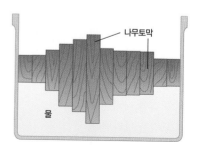

이에 대한 설명으로 옳은 것만을 〈보기〉에서 있는 대로 고른 것은?

┌ 보기 ┌
ㄱ. 프래트설을 설명할 수 있다.
ㄴ. 나무토막은 지각, 물은 맨틀에 해당한다.
ㄷ. 대륙 지각과 해양 지각의 밀도 차이를 설명할 수 있다.

① ㄱ   ② ㄴ   ③ ㄷ
④ ㄱ, ㄴ   ⑤ ㄴ, ㄷ

20 그림은 6000년 전부터 현재까지 캐나다 허드슨 만 지역의 빙하 융해에 의한 높이 변화를 나타낸 것이다.

[20703-0020]

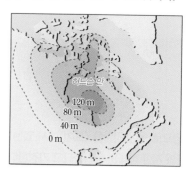

이 지역에 대한 설명으로 옳은 것만을 〈보기〉에서 있는 대로 고르시오.

┌ 보기 ┌
ㄱ. 빙하 융해로 융기하였다.
ㄴ. 지난 6000년 동안 모호면 깊이는 깊어졌다.
ㄷ. 조륙 운동은 지각 평형설로 설명할 수 있다.

정답과 해설 04쪽

01 [20703-0021]
그림 (가)와 (나)는 원시 지구와 현재의 지구 모습을 모식적으로 나타낸 것이다.

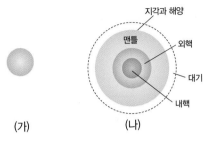

(가)　　　　(나)

이에 대한 설명으로 옳은 것만을 〈보기〉에서 있는 대로 고른 것은?

보기
ㄱ. 지구 중심부의 밀도는 현재가 원시 지구보다 크다.
ㄴ. 미행성체와의 충돌로 원시 지구의 크기는 점차 작아졌다.
ㄷ. 지구의 진화 과정에서 원시 지각이 원시 해양보다 먼저 형성되었다.

① ㄱ　② ㄴ　③ ㄱ, ㄷ　④ ㄴ, ㄷ　⑤ ㄱ, ㄴ, ㄷ

02 [20703-0022]
그림 (가)는 현재 지구의 내부 구조를, (나)는 지구의 형성 초기부터 현재까지 주요 대기 성분의 변화를 나타낸 것이다.

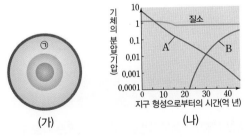

(가)　　　　(나)

이에 대한 설명으로 옳은 것만을 〈보기〉에서 있는 대로 고른 것은?

보기
ㄱ. (가)의 ㉠은 핵보다 밀도가 큰 물질로 구성되어 있다.
ㄴ. A의 감소는 원시 바다의 형성과 밀접한 관련이 있다.
ㄷ. 성층권의 오존층은 대기 중에 B가 출현한 이후에 형성되었다.

① ㄱ　② ㄴ　③ ㄱ, ㄷ　④ ㄴ, ㄷ　⑤ ㄱ, ㄴ, ㄷ

03 [20703-0023]
그림 (가), (나), (다)는 지구 형성 과정에서 서로 다른 시기의 대기 성분비를 순서 없이 나타낸 것이다.

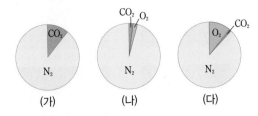

(가)　　　　(나)　　　　(다)

이에 대한 설명으로 옳은 것은?

① 산소는 바다보다 대기에 먼저 축적되었다.
② 지구 대기 성분비는 (가)→(나)→(다) 순으로 변하였다.
③ 대기 중에서 질소가 차지하는 비율은 지속적으로 감소하였다.
④ 지표면에 도달하는 자외선의 양은 (가) 시기보다 (다) 시기에 많았다.
⑤ 원시 바다가 형성된 이후에 대기 중 이산화 탄소의 양은 증가하였다.

04 [20703-0024]
그림은 지구의 형성 과정 중 일부를 나타낸 것이다.

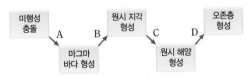

이에 대한 설명으로 옳은 것만을 〈보기〉에서 있는 대로 고른 것은?

보기
ㄱ. A 시기에 지구 내부의 구조는 현재와 같았다.
ㄴ. B 시기는 C 시기보다 지표의 온도가 낮았다.
ㄷ. D 시기에 대기 중의 이산화 탄소 농도는 감소하였다.

① ㄱ　　　② ㄷ　　　③ ㄱ, ㄴ
④ ㄴ, ㄷ　　　⑤ ㄱ, ㄴ, ㄷ

[20703-0025]
05 그림은 태양계 형성 과정을 순서 없이 나타낸 것이다.

A. 원시 행성 형성

B. 성운의 중력 수축

C. 성운 회전에 의한 원반 형성

D. 원시 태양과 미행성체 형성

이에 대한 설명으로 옳지 <u>않은</u> 것은?

① A의 원시 행성은 소행성보다 크다.
② B의 성운이 수축하면 중심부 온도가 높아진다.
③ C의 원반은 회전축의 수직 방향에 형성되었다.
④ D의 원시 태양은 처음부터 수소 핵융합 반응이 일어났다.
⑤ 태양계는 B → C → D → A 순으로 형성되었다.

[20703-0026]
06 그림은 지구의 진화 과정에 따른 지구의 반지름과 표면 온도의 변화를 추정하여 나타낸 것이다.

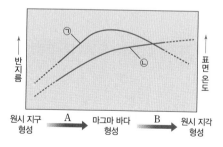

이에 대한 설명으로 옳은 것만을 〈보기〉에서 있는 대로 고른 것은?

┌ 보기 ┐
ㄱ. 표면 온도 변화는 ㉠이다.
ㄴ. 원시 바다는 B 시기 이전에 형성되었다.
ㄷ. 반지름의 변화율은 B 시기보다 A 시기에 컸다.

① ㄱ　　　　② ㄴ　　　　③ ㄱ, ㄴ
④ ㄱ, ㄷ　　　⑤ ㄴ, ㄷ

서술형 [20703-0027]
07 표는 암석 속에 들어 있는 방사성 동위 원소의 방출 열량과 특징을 나타낸 것이다.

암석	방사성 동위 원소의 방출 열량($\times 10^{-5}\,\mathrm{mW/m^3}$)	특징
화강암	295	대륙 지각 구성 암석
현무암	56	해양 지각 구성 암석
감람암	1	맨틀 구성 암석

(1) 세 암석 중 방사성 동위 원소의 붕괴에 의한 단위 부피당 방출 열량이 가장 많은 암석은 무엇인지 쓰시오.

(2) 대륙 지각과 해양 지각 중 평균 지각 열류량이 많은 것을 고르고, 그렇게 판단 내린 까닭을 서술하시오.

[20703-0028]
08 그림은 해령으로부터의 거리에 따른 지각 열류량의 분포와 판의 단면을 나타낸 것이다.

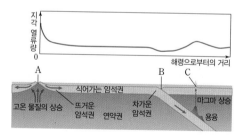

이에 대한 설명으로 옳은 것만을 〈보기〉에서 있는 대로 고른 것은?

┌ 보기 ┐
ㄱ. A에서는 맨틀 물질의 상승으로 B보다 지각 열류량이 많다.
ㄴ. C에서는 마그마 상승으로 인해 지각 열류량이 많다.
ㄷ. 지각 열류량은 해령에서 해구 쪽으로 갈수록 적어지는 경향을 보인다.

① ㄱ　　　　② ㄷ　　　　③ ㄱ, ㄴ
④ ㄴ, ㄷ　　　⑤ ㄱ, ㄴ, ㄷ

09 [20703-0029] 표는 화강암과 현무암에 들어 있는 주요 방사성 동위 원소의 함량과 발열량을 순서 없이 나타낸 것이다.

암석	방사성 동위 원소의 함량(ppm)			발열량
	U	Th	K	$(10^{-12}\,W/kg)$
(가)	0.6	3	8000	170
(나)	5	18	38000	940

이에 대한 설명으로 옳은 것만을 〈보기〉에서 있는 대로 고른 것은?

┌ 보기 ┌
ㄱ. (가)는 현무암, (나)는 화강암이다.
ㄴ. 방사성 동위 원소의 함량은 지각이 핵보다 많다.
ㄷ. $\dfrac{\text{지각 열류량}}{\text{방사성 동위 원소의 발열량}}$ 은 대륙 지각이 해양 지각보다 작다.

① ㄱ   ② ㄷ   ③ ㄱ, ㄴ
④ ㄴ, ㄷ   ⑤ ㄱ, ㄴ, ㄷ

10 [20703-0030] 그림 (가)는 전 세계 지각 열류량의 분포를, (나)는 화산의 분포와 판 경계를 나타낸 것이다.

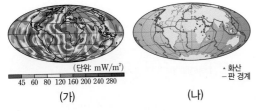

(가)   (나)

이에 대한 설명으로 옳은 것만을 〈보기〉에서 있는 대로 고른 것은?

┌ 보기 ┌
ㄱ. 대륙의 중앙부는 대체로 지각 열류량이 적다.
ㄴ. 모든 판 경계에서는 지각 열류량이 많다.
ㄷ. 대서양은 중앙부보다 가장자리에서 지각 열류량이 적다.

① ㄱ   ② ㄴ   ③ ㄱ, ㄷ
④ ㄴ, ㄷ   ⑤ ㄱ, ㄴ, ㄷ

11 [20703-0031] 그림은 대륙의 지각 열류량을 나타낸 것이다.

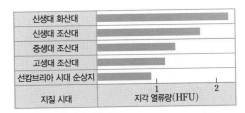

이에 대한 설명으로 옳은 것만을 〈보기〉에서 있는 대로 고른 것은?

┌ 보기 ┌
ㄱ. 오래된 조산대일수록 지각 열류량이 적다.
ㄴ. 안정한 지괴보다 화산대에서 지각 열류량이 많다.
ㄷ. 순상지는 대륙의 중앙부보다 가장자리에 주로 분포한다.

① ㄱ   ② ㄷ   ③ ㄱ, ㄴ
④ ㄴ, ㄷ   ⑤ ㄱ, ㄴ, ㄷ

서술형 **12** [20703-0032] 그림은 어느 해구와 호상 열도의 암석권에서 깊이에 따른 지온 분포를 나타낸 것이다.

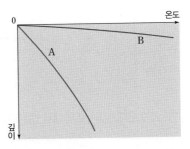

A와 B 중 호상 열도에 해당하는 지온 분포를 고르고, 그렇게 판단 내린 까닭을 서술하시오.

13 [20703-0033] 그림은 지구 내부에 대한 다양한 연구 방법을 나타낸 것이다.

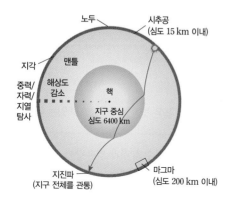

이에 대한 설명으로 옳은 것은?

① 화산 분출물은 외핵의 정보를 제공한다.
② 맨틀에 대한 연구는 시추를 통해 수행할 수 있다.
③ 야외 지질 조사로 지구 내부 전체의 특징을 알 수 있다.
④ 지구 물리 탐사는 지각보다 맨틀에 대한 상세한 정보를 제공한다.
⑤ 지구 내부의 층상 구조는 지진파 분석을 통해 알 수 있다.

14 [20703-0034] 그림은 지진파의 주시 곡선을 나타낸 것이다.

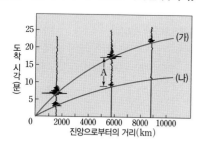

이에 대한 설명으로 옳은 것만을 〈보기〉에서 있는 대로 고른 것은?

┌ 보기 ┐
ㄱ. (가)는 S파의 주시 곡선이다.
ㄴ. 진앙 거리가 멀수록 A는 짧아진다.
ㄷ. 지진파의 최대 진폭은 (나)가 (가)보다 크다.
└─────────┘

① ㄱ   ② ㄷ   ③ ㄱ, ㄴ
④ ㄴ, ㄷ   ⑤ ㄱ, ㄴ, ㄷ

15 [20703-0035] 그림 (가)는 지구 내부의 층상 구조와 지진파의 전파 경로를, (나)는 관측소 A, B, C에서 기록된 지진 기상 ㉠, ㉡, ㉢을 순서 없이 나타낸 것이다.

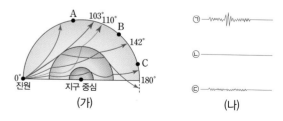

세 관측소에서 관측한 지진 기상을 옳게 짝 지은 것은?

	A	B	C		A	B	C
①	㉠	㉡	㉢	②	㉠	㉢	㉡
③	㉡	㉠	㉢	④	㉡	㉢	㉠
⑤	㉢	㉡	㉠				

16 [20703-0036] 그림은 깊이에 따른 지진파 A, B의 속도 분포와 지구 내부의 구조를 나타낸 것이다.

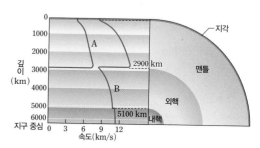

이에 대한 설명으로 옳은 것만을 〈보기〉에서 있는 대로 고른 것은?

┌ 보기 ┐
ㄱ. A는 S파이다.
ㄴ. B의 속도가 구텐베르크 불연속면에서 급격히 변하는 까닭은 외핵의 상태 때문이다.
ㄷ. 내핵은 외핵보다 밀도가 크다.
└─────────┘

① ㄱ   ② ㄷ   ③ ㄱ, ㄴ
④ ㄴ, ㄷ   ⑤ ㄱ, ㄴ, ㄷ

17 [20703-0037]
그림은 지표면에서 발생한 지진의 진앙을 세 지역에서 관측한 지진 기록을 이용하여 구하는 과정 중 일부를 나타낸 것이다.

(가) 파리, 나그푸르, 다윈에서 진원까지의 거리를 구한다.
(나) 세 지역에서 각각 진원 거리를 (㉠)으로 하는 원을 그려 지도에 표시한다.

이에 대한 설명으로 옳은 것은? (단, 세 곳의 지반 상태는 동일하다고 가정한다.)

① ㉠에 해당하는 것은 지름이다.
② PS시가 가장 긴 곳은 나그푸르이다.
③ 진앙은 파리와 다윈을 연결한 일직선 위에 위치한다.
④ 지진파의 최대 진폭은 파리에서 가장 작게 관측될 것이다.
⑤ 진앙을 찾으려면 최소 두 군데 이상의 관측 기록이 필요하다.

18 [20703-0038]
그림 (가)와 (나)는 구성 물질과 물리적 성질에 따른 지구 내부 구조를 순서 없이 나타낸 것이다.

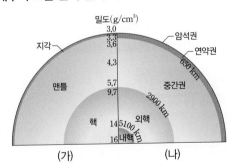

(가)   (나)

이에 대한 설명으로 옳은 것만을 〈보기〉에서 있는 대로 고른 것은?

┌─ 보기 ┌
ㄱ. (가)는 구성 물질에 따른 지구 내부 구조이다.
ㄴ. 지구 내부로 들어갈수록 밀도는 증가한다.
ㄷ. 외핵과 내핵은 구성 물질의 차이를 기준으로 구분한다.

① ㄱ   ② ㄷ   ③ ㄱ, ㄴ   ④ ㄴ, ㄷ   ⑤ ㄱ, ㄴ, ㄷ

19 [20703-0039]
그림은 스칸디나비아 반도에서 빙하기 이후 최근 1만 년 동안 지각이 융기한 양을 나타낸 것이다.

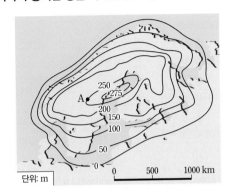

단위: m

이에 대한 설명으로 옳은 것만을 〈보기〉에서 있는 대로 고른 것은?

┌─ 보기 ┌
ㄱ. 빙하기 이후 최근 1만 년 동안 A 지점의 평균 융기 속도는 2.5 cm/년이다.
ㄴ. 1만 년 전에 스칸디나비아 반도의 빙하는 중심보다 주변부에 더 두껍게 쌓여 있었다.
ㄷ. 빙하기 이후 최근 1만 년 동안 스칸디나비아 반도 하부의 모호면 깊이는 깊어졌을 것이다.

① ㄱ   ② ㄴ   ③ ㄱ, ㄷ
④ ㄴ, ㄷ   ⑤ ㄱ, ㄴ, ㄷ

20 [20703-0040]
그림 (가)와 (나)는 지각 평형에 대한 에어리설과 프래트설을 각각 나타낸 것이다.

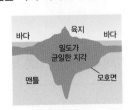
(가) 에어리설

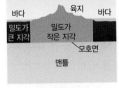
(나) 프래트설

실제 지구의 지각 평형 모습을 (가)와 (나)의 특징을 조합시켜 서술하시오.

01 [20703-0041] 그림 (가)는 원시 지구의 형성 과정 중 일부를, (나)는 지구 대기 중 주요 성분의 분압 변화를 나타낸 것이다.

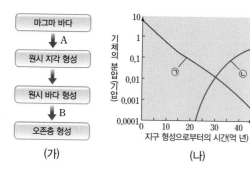

(가)   (나)

이에 대한 설명으로 옳은 것만을 〈보기〉에서 있는 대로 고른 것은?

┌─ 보기 ┐
ㄱ. A 시기에 지구 중심부의 밀도는 감소했다.
ㄴ. 대기에서 감소한 ㉠은 현재 대부분 탄산염의 형태로 저장되어 있다.
ㄷ. B 시기에 육상 생물의 영향으로 ㉡이 대기 중에 축적되었다.
└─────┘

① ㄱ   ② ㄴ   ③ ㄱ, ㄷ   ④ ㄴ, ㄷ   ⑤ ㄱ, ㄴ, ㄷ

02 [20703-0042] 표는 암석에 포함된 방사성 동위 원소에 의한 발열량을, 그림은 지각과 맨틀의 지열 총량을 나타낸 것이다.

암석	발열량 ($\times 10^{-12}$ W/kg)
화강암	940
현무암	170
감람암	2.7

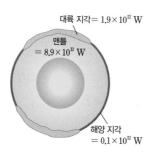

대륙 지각 = 1.9×10^{12} W
맨틀 = 8.9×10^{12} W
해양 지각 = 0.1×10^{12} W

이에 대한 설명으로 옳은 것만을 〈보기〉에서 있는 대로 고른 것은?

┌─ 보기 ┐
ㄱ. 방사성 동위 원소의 함량은 맨틀이 핵보다 많다.
ㄴ. 방사성 동위 원소에 의한 발열량은 대륙 지각이 해양 지각보다 많다.
ㄷ. 맨틀이 지각보다 방사성 동위 원소의 함량이 많아서 지열의 총량이 더 크다.
└─────┘

① ㄱ   ② ㄷ   ③ ㄱ, ㄴ   ④ ㄴ, ㄷ   ⑤ ㄱ, ㄴ, ㄷ

03 [20703-0043] 다음은 지구 내부를 연구하는 여러 가지 방법에 대하여 학생 A, B, C가 나눈 대화를 나타낸 것이다.

화산 분출물을 조사하여 맨틀 물질을 알아낼 수 있어.

운석 연구를 통해 핵을 구성하는 물질의 밀도를 추정할 수 있어.

지진파를 분석하여 외핵의 상태를 알 수 있지.

학생 A   학생 B   학생 C

제시한 내용이 옳은 학생만을 있는 대로 고른 것은?

① A   ② C   ③ A, B
④ B, C   ⑤ A, B, C

04 [20703-0044] 그림 (가)는 P파와 S파의 전파 모습을 순서 없이, (나)는 지구 내부에서 지진파가 전파되는 경로를 나타낸 것이다.

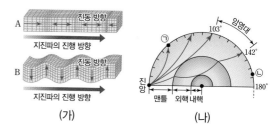

(가)   (나)

이에 대한 설명으로 옳은 것은?

① 맨틀에서 A의 속도는 깊이에 따라 대체로 감소한다.
② 맨틀과 외핵의 경계에서 B의 속도 변화는 연속적이다.
③ ㉠에는 A가 B보다 늦게 도달한다.
④ ㉡에는 B가 도달하지 않는다.
⑤ A와 B의 암영대로부터 내핵의 존재를 알 수 있다.

[20703-0045]
05 그림 (가)는 세 관측소에서 관측한 어느 지진의 기록을 나타내는 주시 곡선이고, (나)는 세 관측소에서의 진원 거리를 반지름으로 하는 원을 나타낸 것이다.

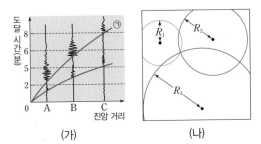

이에 대한 설명으로 옳은 것만을 〈보기〉에서 있는 대로 고른 것은?

┌─ 보기 ┌
ㄱ. (가)에서 ⊙은 S파의 주시 곡선이다.
ㄴ. (나)에서 진원 거리와 진앙 거리가 같다.
ㄷ. (가)에서 C에 해당하는 진원 거리는 (나)의 R_3이다.

① ㄱ　② ㄷ　③ ㄱ, ㄴ　④ ㄴ, ㄷ　⑤ ㄱ, ㄴ, ㄷ

[20703-0046]
06 그림은 깊이에 따른 지구 내부의 온도와 구성 물질의 용용 곡선을 나타낸 것이다.

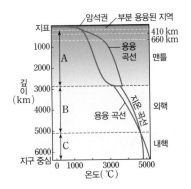

이에 대한 설명으로 옳은 것만을 〈보기〉에서 있는 대로 고른 것은?

┌─ 보기 ┌
ㄱ. A는 맨틀에 해당한다.
ㄴ. B는 P파와 S파가 모두 통과한다.
ㄷ. 깊이에 따른 지온 상승률은 B가 C보다 크다.

① ㄱ　② ㄴ　③ ㄱ, ㄷ　④ ㄴ, ㄷ　⑤ ㄱ, ㄴ, ㄷ

[20703-0047]
07 다음은 지각 평형설의 원리를 알아보기 위한 모형실험 과정과 결과이다.

[실험 과정]
(가) 그림과 같이 밀도가 0.75 g/cm³로 같고, 두께가 서로 다른 나무 토막 A, B, C를 밀도가 1.0 g/cm³인 물 위에 띄운다.

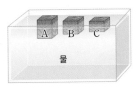

(나) 나무토막 각각의 전체 두께와 수면 아랫부분의 두께를 측정한다.

[실험 결과]

나무토막	전체 두께(cm)	수면 아랫부분의 두께(cm)
A	30	⊙
B	20	15
C	10	7.5

이에 대한 설명으로 옳은 것만을 〈보기〉에서 있는 대로 고른 것은?

┌─ 보기 ┌
ㄱ. ⊙에 해당하는 값은 22.5이다.
ㄴ. 나무토막은 지각, 물은 맨틀에 해당한다.
ㄷ. 이 실험은 프래트설의 원리를 알아보기 위한 것이다.

① ㄱ　② ㄷ　③ ㄱ, ㄴ　④ ㄴ, ㄷ　⑤ ㄱ, ㄴ, ㄷ

[20703-0048]
08 그림은 어느 지역에서 시간에 따른 빙하의 두께 변화와 모호면의 깊이 변화를 나타낸 것이다.
이에 대한 설명으로 옳은 것만을 〈보기〉에서 있는 대로 고른 것은?

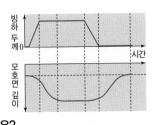

┌─ 보기 ┌
ㄱ. 빙하의 무게가 감소하면 모호면의 깊이는 얕아진다.
ㄴ. 빙하의 두께와 모호면의 깊이는 대체로 반비례한다.
ㄷ. 지면 위의 빙하가 모두 녹으면 동시에 지면의 융기도 멈춘다.

① ㄱ　② ㄴ　③ ㄱ, ㄷ　④ ㄴ, ㄷ　⑤ ㄱ, ㄴ, ㄷ

2 지구의 역장

- 중력을 이해하고 표준 중력 설명하기
- 지구 자기장의 특징 이해하기

한눈에 단원 파악, 이것이 핵심!

중력은 어떤 힘의 합력으로 발생할까?

지구 상의 물체에 작용하는 만유인력과 지구 자전에 의한 원심력의 합력을 중력이라고 한다.

- **만유인력**: 질량이 있는 모든 물체 사이에 작용하는 서로 잡아당기는 힘
- **원심력**: 지구 자전 때문에 바깥쪽으로 작용하는 힘

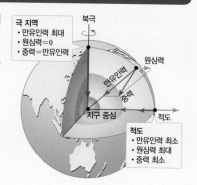

※ 표준 중력: 지구 내부의 밀도가 균일하고, 표면이 매끄러우며, 지구 타원체라고 가정한 상태에서 얻은 이론적인 중력값

지구 자기 3요소는 무엇일까?

지구 상의 한 지점에서 지구 자기장의 방향과 세기는 편각, 복각, 수평 자기력으로 나타낼 수 있는데 이를 지구 자기 3요소라고 한다.

- **편각**: 어느 지점에서 진북 방향과 수평 자기력의 방향이 이루는 각
- **복각**: 지구 자기장의 방향이 수평 자기력의 방향에 대하여 기울어진 각
- **수평 자기력**: 어느 지점에서 전자기력의 수평 성분의 세기

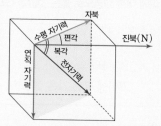

01 지구의 중력장

1 중력의 측정과 표준 중력

(1) 중력장: 지구 상의 모든 물체와 지구 사이에는 만
유인력이 작용한다. 물체에 작용하는 만유인력과
지구 자전에 의한 원심력의 합력을 중력이라 하고,
중력이 작용하는 지구 주위의 공간을 중력장이라
고 한다.

① **❶만유인력**: 지구 중심을 향하며, 크기는 물체 질량
에 비례하고, 지구 중심과 물체 사이의 거리 제곱
에 반비례한다.

② **❷원심력**: 지구 자전 때문에 생기는 힘으로 자전축
에 수직이고, 지구의 바깥쪽으로 작용하며, 크기
는 자전축으로부터의 수직 거리에 비례한다.

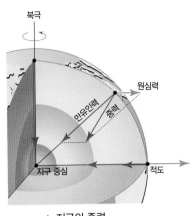

▲ 지구의 중력

(2) 표준 중력: ❸지구 타원체 내부의 밀도가 균일하다고 가정할 때 위도에 따라 달라지는 이론
적인 중력값이다.

① 표준 중력은 고위도로 갈수록 증가한다.

② 표준 중력은 위도만의 함수로 표현되기 때문에 같은 위도에서는 어느 지점이나 표준 중력이
같다.

③ 극지방에서는 지구 자전에 의한 원심력이 0이므로, 만유인력과 중력의 크기와 방향이 모두
같다.

구분	크기	방향
만유인력	고위도 > 저위도 ➡ 극에서 최대	지구 중심 방향
원심력	고위도 < 저위도 ➡ 극에서 0	자전축에 수직인 지구 바깥 방향
표준 중력	고위도 > 저위도 ➡ 극에서 최대	연직 방향

(3) ❹중력(중력 가속도 측정)의 측정: 단진자와 중력계를 이
용하여 각각 절대 중력과 상대 중력을 측정한다.

① 단진자 이용: 단진자의 길이를 l이라고 하면, 단진자의 주
기(T)는 $T=2\pi\sqrt{\dfrac{l}{g}}$이므로 중력 가속도 $g=\left(\dfrac{4\pi^2 l}{T^2}\right)$를 구
할 수 있다.

② **❺중력계 이용**: 추가 달린 용수철이 중력의 크기에 따라 늘
어나는 길이가 달라지는 원리를 이용하여 중력 가속도 크
기의 상대적 차이를 구할 수 있다.

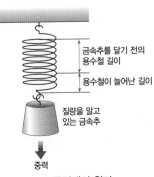

▲ 중력계의 원리

THE 알기

❶ 만유인력(F)의 크기

$$F=\dfrac{Gm_1 m_2}{r^2}$$

G(만유인력 상수)
$=6.673\times10^{-11}\,\text{N·m}^2/\text{kg}^2$

❷ 원심력(f)의 크기
$$f=mr\omega^2$$
(m: 원운동하는 물체의 질량,
r: 회전 반지름, ω: 회전 각속도)

❸ 지구 타원체
지구를 지표면이 매끈한 타원체
로 가정한 이론적인 지구 모양
을 말한다. 지구는 자전으로 생
긴 원심력 때문에 적도 지방이
조금 볼록한데, 극반지름은 약
6356 km이고, 적도 반지름은
약 6378 km이다.

**❹ 중력 가속도의 크기를 나타내
는 단위**
중력 가속도의 단위는 일반적으
로 m/s²을 사용하며, 지구의 평
균 표준 중력 가속도는 9.80665
m/s²이다. 중력 이상을 나타내
는 값으로는 mGal을 사용하며
1Gal=1 cm/s²=0.01 m/s²
이다.

❺ 초전도 중력계

초전도 중력계는 초전도 현상을
이용하여 물체를 띄운 후, 높낮
이 변화를 이용하여 중력값을 측
정하는 중력계이다.

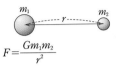

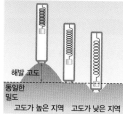

해발 고도

동일한 밀도

고도가 높은 지역　고도가 낮은 지역

지구 중심에서 거리가 가까울수록 중력이 크게 측정된다.

② 중력 이상

(1) 중력 이상: 중력은 측정 지점의 해발 고도, 지형의 기복, 지하 물질의 밀도 등에 따라 달라진다.

① 관측된 실측 중력에서 이론적으로 구한 표준 중력을 뺀 값을 중력 이상이라고 한다.

② ❶해발 고도와 지형의 기복 등의 영향을 보정한 중력 이상으로 지하 물질의 밀도 분포를 알 수 있다.

$$중력 이상 = 실측 중력 - 표준 중력$$

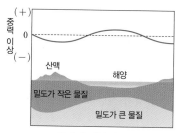

중력 이상

(+)

0

(−)

산맥　　　해양

밀도가 작은 물질

밀도가 큰 물질

▲ 산맥과 해양의 중력 이상

(2) 중력 탐사: 중력 이상을 이용하여 지하 물질의 밀도 분포를 알아내는 탐사 방법이다.

① 지하에 철광석과 같은 밀도가 큰 물질이 매장되어 있으면 밀도 차이에 의한 중력 이상은 (+), 석유나 암염 같은 밀도가 작은 물질이 매장되어 있으면 밀도 차이에 의한 중력 이상은 (−)로 나타난다.
  • 고밀도 물질 매장: 중력 이상 (+) 값
  • 저밀도 물질 매장: 중력 이상 (−) 값

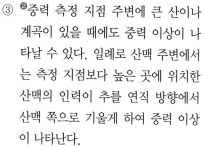

깊이 (km)

모래

셰일

중력 이상

암염

석회암

중력 이상 (mGal)

▲ 매장 물질에 따른 중력 이상

② 밀도 차이에 의한 중력 이상은 일반적으로 대륙에서 (−)로, 해양에서 (+)로 나타난다.

③ ❷중력 측정 지점 주변에 큰 산이나 계곡이 있을 때에도 중력 이상이 나타날 수 있다. 일례로 산맥 주변에서는 측정 지점보다 높은 곳에 위치한 산맥의 인력이 추를 연직 방향에서 산맥 쪽으로 기울게 하여 중력 이상이 나타난다.

산맥이 있을 때 추의 방향

산맥이 없을 때 추의 방향

추

▲ 산맥이 있을 때와 없을 때의 중력 방향

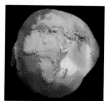

중력의 크기에 따라 지구의 모습을 표현한 것으로 감자 같은 모양이다. 고도가 높게 표시된 붉은색 지역은 중력이 다른 곳보다 큰 곳이며, 고도가 낮게 표시된 푸른색 지역은 중력이 작은 곳이다.

THE 들여다보기　　**전 세계 중력 이상 분포도**

• 중력을 측정하는 지점의 해발 고도, 지하 물질의 밀도, 지형의 기복 등에 따라 중력 이상이 나타난다.

• 대륙에서는 대부분 (−), 해양에서는 (+)의 중력 이상을 나타낸다.

• 히말라야산맥 부근의 중력 이상 값이 매우 작다.
  ➡ 히말라야산맥은 지각 평형 때문에 상대적으로 밀도가 작은 지각이 맨틀 깊은 곳까지 놓여 있다.

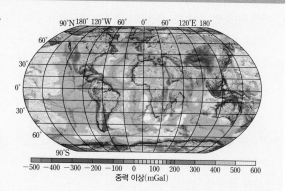

90°N 180° 120°W 60° 0° 60° 120°E 180°

60°

30°

0°

30°

60°

90°S

−500 −400 −300 −200 −100 0 100 200 300 400 500 600

중력 이상(mGal)

개념체크

○X 문제

1. 지구 중력에 대한 설명으로 옳은 것은 ○, 옳지 않은 것은 ×로 표시하시오.

(1) 지구 타원체에서 적도에서 극으로 갈수록 만유인력은 감소한다. (　　)

(2) 표준 중력은 연직 방향으로 작용하고, 고위도로 갈수록 힘의 크기가 커진다. (　　)

(3) 북극에서는 표준 중력과 만유인력의 방향과 크기가 모두 같다. (　　)

(4) 중력이 클수록 단진자의 주기는 길어진다. (　　)

2. 중력 이상에 대한 설명으로 옳은 것은 ○, 옳지 않은 것은 ×로 표시하시오.

(1) 지하에 철광석과 같은 밀도가 큰 물질이 매장되어 있으면 중력 이상은 (−)로 나타난다. (　　)

(2) 지하 물질의 밀도가 동일한 경우 고도가 높은 지역은 고도가 낮은 지역보다 중력이 작다. (　　)

(3) 중력 측정 지점의 지형에 따른 중력 이상이 나타날 수 있다. (　　)

바르게 연결하기

3. 힘의 종류와 그 특징을 바르게 연결하시오.

(1) 만유인력 · · ㉠ 지구 자전 때문에 생기는 힘

(2) 원심력 · · ㉡ 극과 적도에서만 지구 중심을 향함

(3) 중력 · · ㉢ 지구와 물체 사이의 거리 제곱에 반비례

4. 중력과 관련된 개념과 그 특징을 바르게 연결하시오.

(1) 표준 중력 · · ㉠ 실측 중력과 표준 중력의 차이

(2) 실측 중력 · · ㉡ 실제로 측정한 중력

(3) 중력 이상 · · ㉢ 지구 타원체 상에서 이론적으로 구한 중력값

정답 1. (1) × (2) ○ (3) ○ (4) × 2. (1) × (2) ○ (3) ○ 3. (1) ㉢ (2) ㉠ (3) ㉡ 4. (1) ㉢ (2) ㉡ (3) ㉠

빈칸 완성

1. 일반적으로 저위도로 갈수록 중력 가속도는 ① (　　)지고, 단진자의 주기는 ② (　　)진다.

2. 표준 중력은 ① (　　) 내부의 밀도가 균일하다고 가정할 때 위도에 따라 달라지는 ② (　　) 중력값이다.

3. 지하 물질의 밀도 분포에 의한 중력 이상은 일반적으로 해양에서 ① (　　), 산맥에서 ② (　　)로 나타난다.

4. 지하에 암염과 같은 저밀도의 물질이 분포하면, 밀도 차이에 의한 중력 이상은 (　　)이다.

단답형 문제

5. 지구 상에서 물체에 작용하는 만유인력과 원심력의 합력을 무엇이라고 하는지 쓰시오.

6. 중력 이상을 이용하여 지하 물질의 밀도 분포를 알아내는 탐사 방법을 무엇이라고 하는지 쓰시오.

7. 갈릴레이의 이름 첫 자를 따서 만든 중력 가속도의 단위를 무엇이라고 하는지 쓰시오.

정답 1. ① 작아 ② 길어 2. ① 지구 타원체 ② 이론적인 3. ① +(양) ② −(음) 4. −(음) 5. 중력 6. 중력 탐사 7. Gal

02 지구의 자기장

THE 알기

❶ 유도 전류

자석과 코일의 상호 작용으로 코일 내부에 전류가 흐르는 현상을 전자기 유도라고 하며, 이때 흐르는 전류를 유도 전류라고 한다.

❷ 지구 자기장 모형

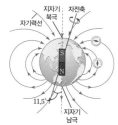

현재 지구 자기장은 커다란 막대자석이 자전축에 약 11.5° 기울어진 상태로 있을 때 나타나는 자기장의 모습과 유사하다. 따라서 지리상 북극과 지자기 북극은 일치하지 않는다.

① 지구 자기장의 발생과 지구 자기 요소

(1) 지구 자기장: 지구의 자기력이 미치는 공간을 지구 자기장이라고 한다.

① 다이너모 이론: 외핵은 액체 상태의 철과 니켈로 이루어져 있으며, 외핵에서는 지구 자전, 핵 내부의 온도 차와 밀도 차 등으로 열대류가 일어나면서 자기장이 형성된다. 이 지구 자기장의 영향으로 ❶유도 전류가 발생하고, 이 전류의 작용으로 다시 자기장이 발생하여 ❷지구 자기장이 지속적으로 유지된다.

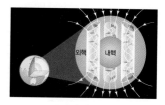

▲ 다이너모 이론

② 지구 자기 3요소

- 편각: 진북 방향과 수평 자기력의 방향이 이루는 각으로, 자침이 진북 방향에 대해 동쪽으로 치우치면 E 또는 (+)로, 서쪽으로 치우치면 W 또는 (−)로 표시한다.
- 복각: 지구 자기장의 방향이 수평 자기력의 방향에 대하여 기울어진 각으로, 자침의 N극이 아래로 향하면 (+), 위로 향하면 (−)로 표시한다.

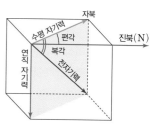

▲ 지구 자기 3요소

- 수평 자기력: 어느 지점에서 지구 자기장의 세기를 전자기력이라 하며, 전자기력의 수평 성분을 수평 자기력, 연직 성분을 연직 자기력이라고 한다.

구분	자기 적도	자북극
복각	0°	+90°
연직 자기력	0	=전자기력
수평 자기력	=전자기력	0

② 지구 자기장의 변화

① 일변화: 태양의 영향으로 하루를 주기로 일어나는 지구 자기장의 변화로, 일변화의 변화 폭은 밤보다 낮에, 겨울보다는 여름에 더 크다.

② 자기 폭풍: 태양의 흑점 주변에서 플레어가 활발해질 때 방출되는 많은 양의 대전 입자가 지구의 전리층을 교란시켜 수시간에서 수일 동안에 지구 자기장이 불규칙하고 급격하게 변하는 현상이다.

③ 영년 변화: 지구 내부의 변화 때문에 지구 자기의 방향과 세기가 긴 기간에 걸쳐 서서히 변하는 현상이다.

THE 들여다보기 **지구 자기권과 밴앨런대**

- 지구 자기권은 지구 자기장의 영향이 미치는 기권 밖의 영역이다.

- 밴앨런대: 태양에서 오는 대전 입자가 지구 자기장에 붙잡혀 특히 밀집되어 있는 도넛 모양의 방사선대이다.

- 밴앨런대에서 내대는 주로 양성자, 외대는 주로 전자로 구성되어 있다.

개념체크

○X 문제

1. 지구 자기 요소에 대한 설명으로 옳은 것은 ○, 옳지 않은 것은 ×로 표시하시오.
(1) 자기 적도에서 자북극으로 갈수록 복각은 증가한다.
(　　)
(2) (+) 편각은 서편각이고, (−) 편각은 동편각이다.
(　　)
(3) 연직 자기력은 자기 적도가 자북극보다 작고, 수평 자기력은 자기 적도가 자북극보다 크다. (　　)
(4) 복각은 자기 적도에서 0°이다. (　　)

2. 지구 자기장의 변화에 대한 설명으로 옳은 것은 ○, 옳지 않은 것은 ×로 표시하시오.
(1) 일변화는 태양의 영향으로 12시간을 주기로 일어나는 지구 자기장의 변화이다. (　　)
(2) 고위도 지방에서는 자기 폭풍으로 오로라가 발생하기도 한다. (　　)
(3) 밴앨런대의 내대는 양성자, 외대는 전자로 주로 이루어져 있다. (　　)

바르게 연결하기

3. 지구 자기 3요소의 특징을 바르게 연결하시오.

(1) 편각 ・ ・㉠ 자침이 수평면과 이루는 각

(2) 복각 ・ ・㉡ 전자기력의 수평 방향 성분

(3) 수평 자기력 ・ ・㉢ 자침의 N극과 진북이 이루는 각

4. 지구 자기장의 변화와 그 주요 원인을 바르게 연결하시오.

(1) 일변화 ・ ・㉠ 지구 내부의 변화

(2) 자기 폭풍 ・ ・㉡ 태양의 영향

(3) 영년 변화 ・ ・㉢ 태양의 플레어 발생 빈도 또는 강도 증가

정답 1. (1) ○ (2) × (3) ○ (4) ○ 2. (1) × (2) ○ (3) ○ 3. (1) ㉢ (2) ㉠ (3) ㉡ 4. (1) ㉡ (2) ㉢ (3) ㉠

빈칸 완성

1. 지구의 자기력이 미치는 공간을 (　　　　)이라고 한다.

2. 자북극 방향을 ① (　　　　), 지리상의 북극 방향을 ② (　　　　)이라고 한다.

3. 지구 자기장의 일변화 변화폭은 낮보다 밤에 ① (　　　)고, 여름보다 겨울에 ② (　　　)다.

4. 지구 자기의 방향과 세기가 긴 기간에 걸쳐 서서히 변하는 현상을 (　　　)라고 한다.

단답형 문제

5. 태양에서 우주 공간으로 방출된 고에너지 대전 입자의 흐름을 무엇이라고 하는지 쓰시오.

6. 지구 자기의 영년 변화 중 지구 자기의 극이 바뀌는 현상은 무엇인지 쓰시오.

7. 태양에서 오는 대전 입자가 지구 자기장에 붙잡혀 도넛 모양을 이루는 방사선대를 무엇이라고 하는지 쓰시오.

정답 1. 지구 자기장 2. ① 자북 ② 진북 3. ① 작 ② 작 4. 영년 변화 5. 태양풍 6. 지자기 역전 7. 밴앨런대

목표

단진자를 이용하여 지구의 중력 가속도 값을 측정할 수 있다.

과정

1. 추에 실을 연결하여 단진자를 만들고 진자의 한쪽 끝을 스탠드에 단단하게 묶고, 진자의 길이를 측정한다.

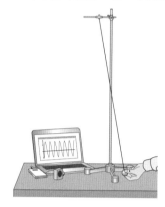

2. MBL 실험 장치로 진자가 왕복하는 주기를 구한다.

3. 과정 2를 5회 반복 측정하여 주기의 평균값을 구한다.

4. 진자의 주기와 중력 가속도와의 관계식 $T=2\pi\sqrt{\dfrac{l}{g}}$($T$: 진자의 주기, l: 진자의 길이, g: 중력 가속도)을 이용하여 중력 가속도의 값을 구한다.

결과 정리 및 해석

1. 진자의 길이: 1 m

2. 진자의 주기: 2.05초

3.

측정 횟수(회)	1	2	3	4	5	평균
주기(초)	2.05	2.06	2.10	1.98	2.02	2.04

4. 중력 가속도(g): $g=\dfrac{4\pi^2 l}{T^2}=\dfrac{4\times 3.14\times 3.14\times 1(\text{m})}{2.04\times 2.04(\text{s}^2)}=\dfrac{39.4384}{4.1616}≒9.4767 \text{ m/s}^2$

탐구 분석

1. 적도에서 극으로 갈수록 표준 중력의 크기와 방향은 어떻게 변하는지 서술하시오.

2. 만유인력 식에서 구한 중력 가속도$\left(\dfrac{GM}{R^2}\right)$와 탐구 활동에서 구한 중력 가속도를 비교해 보고, 차이가 생긴 원인을 서술하시오.

내신 기초 문제

정답과 해설 10쪽

01 [20703–0049]
지구의 중력장과 관련된 설명으로 옳지 <u>않은</u> 것은?

① 중력은 만유인력과 지구 자전에 의한 원심력의 합력이다.
② 고위도로 갈수록 표준 중력의 크기는 증가한다.
③ 중력장은 중력이 작용하는 지구 주위의 공간이다.
④ 만유인력은 항상 지구 중심을 향한다.
⑤ 지구 자전에 의한 원심력의 크기는 자전축으로부터의 수직 거리에 반비례한다.

02 [20703–0050]
그림은 지구 타원체 상의 어느 지점에서 중력과 만유인력, 원심력 사이의 관계를 나타낸 것이다

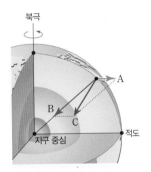

(1) A, B, C에 해당하는 힘을 각각 쓰시오.

A: (   ) B: (   ) C : (   )

(2) 적도와 북극에서 힘 C는 어느 방향을 향하는지 쓰시오.

03 [20703–0051]
중력 이상에 대한 설명으로 옳은 것만을 〈보기〉에서 있는 대로 고른 것은?

┌─ 보기 ┌
ㄱ. 대체로 해양에서는 (+)로 나타난다.
ㄴ. 지하 물질의 밀도 분포를 알 수 있다.
ㄷ. 표준 중력에서 실측 중력을 뺀 값이다.

① ㄱ   ② ㄷ   ③ ㄱ, ㄴ
④ ㄴ, ㄷ   ⑤ ㄱ, ㄴ, ㄷ

04 [20703–0052]
지구 타원체 상에서 만유인력, 지구 자전에 의한 원심력, 표준 중력이 각각 가장 작은 곳을 옳게 짝 지은 것은?

	만유인력	원심력	표준 중력
①	극 지역	극 지역	극 지역
②	극 지역	적도 지역	적도 지역
③	적도 지역	적도 지역	극 지역
④	적도 지역	극 지역	극 지역
⑤	적도 지역	극 지역	적도 지역

05 [20703–0053]
그림 (가)와 (나)는 지구 타원체 상의 적도와 북극에서 동일한 용수철에 동일한 물체가 매달린 모습을 순서 없이 나타낸 것이다.

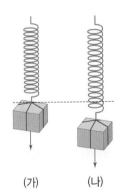

(가)   (나)

이에 대한 설명으로 옳은 것만을 〈보기〉에서 있는 대로 고른 것은?

┌─ 보기 ┌
ㄱ. (가)는 적도에서의 모습이다.
ㄴ. 지구와 물체 사이에 작용하는 만유인력 크기는 (가)가 (나)보다 크다.
ㄷ. (가)와 (나)의 화살표는 모두 지구 중심을 향하고 있다.

① ㄱ   ② ㄴ   ③ ㄱ, ㄷ
④ ㄴ, ㄷ   ⑤ ㄱ, ㄴ, ㄷ

06 [20703-0054]
그림은 만유인력, 지구 자전에 의한 원심력, 표준 중력을 특징에 따라 분류하는 과정을 나타낸 것이다.

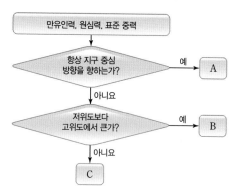

A, B, C에 해당하는 힘을 각각 쓰시오.

A: (   ) B: (   ) C : (   )

07 [20703-0055]
그림은 지구 타원체 상에서 위도에 따른 만유인력과 지구 자전에 의한 원심력의 크기를 나타낸 것이다.

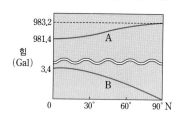

(1) A와 B에 해당하는 힘을 각각 쓰시오.

A: (   )   B: (   )

(2) 적도에서 중력의 크기(Gal)를 구하시오.

08 [20703-0056]
지구 타원체 상에서 저위도에서 고위도로 가면서 점차 커지는 물리량만을 〈보기〉에서 있는 대로 고른 것은?

┌─ 보기 ┌────────────────────────
ㄱ. 표준 중력   ㄴ. 원심력
ㄷ. 지구 반지름   ㄹ. 만유인력
└──────────────────────────────

① ㄱ, ㄹ   ② ㄴ, ㄷ   ③ ㄱ, ㄴ, ㄹ
④ ㄱ, ㄷ, ㄹ   ⑤ ㄴ, ㄷ, ㄹ

09 [20703-0057]
그림은 어느 지역에서의 지하 물질의 밀도 분포에 의한 중력 이상을 나타낸 것이다.

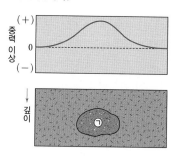

㉠에 해당할 수 있는 물질을 있는 대로 고르시오.

┌──────────────────────────────────┐
│   감람암   석유   암염   철광석   │
└──────────────────────────────────┘

10 [20703-0058]
그림 (가), (나), (다)는 지하 내부의 밀도와 구조를 나타낸 것이다.

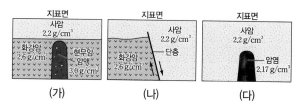

(가)   (나)   (다)

그림 (가), (나), (다)의 중력 이상으로 적절한 것을 〈보기〉 ㉠, ㉡, ㉢에서 찾아 서로 연결하시오.

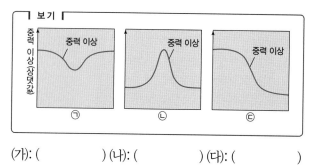

(가): (   ) (나): (   ) (다): (   )

11 [20703-0059]
지구 자기장의 발생 원인과 관련된 내용으로 옳은 것만을 〈보기〉에서 있는 대로 고른 것은?

┌ 보기 ┌
ㄱ. 지구의 공전
ㄴ. 외핵에서 형성된 유도 전류
ㄷ. 지각의 방사성 원소 붕괴열

① ㄱ   ② ㄴ   ③ ㄷ
④ ㄱ, ㄴ   ⑤ ㄴ, ㄷ

12 [20703-0060]
지구 자기장에 대한 설명으로 옳은 것은?

① 편각은 자북극으로 갈수록 항상 커진다.
② 복각은 진북과 자북이 이루는 각이다.
③ 나침반의 N극이 가리키는 방향이 진북이다.
④ 지구 자기장의 방향과 세기는 변하지 않는다.
⑤ 지구 자기 3요소는 편각, 복각, 수평 자기력이다.

13 [20703-0061]
그림은 어느 지역에서 지구 자기의 요소를 나타낸 것이다.

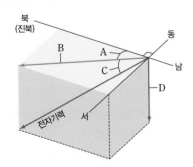

A, B, C, D에 해당하는 요소를 각각 쓰시오.

A: (   )   B: (   )
C: (   )   D: (   )

14 [20703-0062]
그림 A와 B는 밴앨런대를 모식적으로 나타낸 것이다.

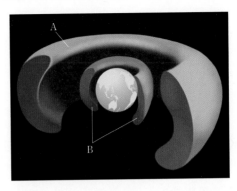

이에 대한 설명으로 옳은 것만을 〈보기〉에서 있는 대로 고른 것은?

┌ 보기 ┌
ㄱ. A는 내대이다.
ㄴ. B는 주로 양성자로 이루어져 있다.
ㄷ. A와 B는 지구 자기장에 의해 형성되었다.

① ㄱ   ② ㄷ   ③ ㄱ, ㄴ
④ ㄴ, ㄷ   ⑤ ㄱ, ㄴ, ㄷ

15 [20703-0063]
지구 자기장의 변화에 대한 설명으로 옳은 것만을 〈보기〉에서 있는 대로 고르시오.

┌ 보기 ┌
ㄱ. 일변화는 낮보다 밤에 크다.
ㄴ. 영년 변화는 지구 내부의 변화로 생기는 현상이다.
ㄷ. 자기 폭풍으로 지구 자기장이 불규칙하고 급격하게 변한다.

16 그림은 지구 자기의 요소를 나타낸 것이다. [20703-0064]

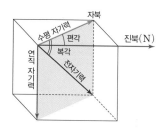

자북극에서 최댓값이 되는 것을 옳게 짝 지은 것은? (단, 전자 기력의 크기는 일정하다고 가정한다.)

① 편각, 수평 자기력
② 편각, 연직 자기력
③ 복각, 수평 자기력
④ 복각, 연직 자기력
⑤ 수평 자기력, 연직 자기력

17 표는 자기 적도와 자북극에서 지구 자기 요소를 나타 낸 것이다. ( ) 안에 들어갈 알맞은 값을 쓰시오. [20703-0065]

구분	자기 적도	자북극
복각	0°	(㉠)
연직 자기력	(㉡)	=전자기력
수평 자기력	=전자기력	(㉢)

㉠: ( )   ㉡: ( )   ㉢: ( )

18 그림은 어느 해령을 가로지르며 측정한 해양 지각에서 의 고지자기 분포를 나타낸 것이다. [20703-0066]

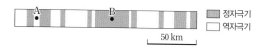

이에 대한 설명으로 옳은 것만을 〈보기〉에서 있는 대로 고른 것은?

┌ 보기 ┐
ㄱ. A가 형성될 당시 지구 자기장 방향은 현재와 같다.
ㄴ. A와 B의 지구 자기장 방향은 서로 반대이다.
ㄷ. 지자기 역전은 자기 폭풍 때문에 발생한다.

① ㄱ
② ㄴ
③ ㄱ, ㄷ
④ ㄴ, ㄷ
⑤ ㄱ, ㄴ, ㄷ

19 그림은 어느 지역에서 자기장의 일변화를 나타낸 것이다. [20703-0067]

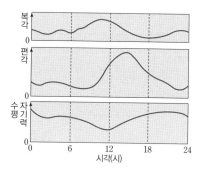

이에 대한 설명으로 옳은 것은?

① 낮보다 밤에 일변화의 변화량이 더 크다.
② 복각과 편각이 가장 큰 시각은 일치한다.
③ 복각과 수평 자기력은 대체로 비례한다.
④ 수평 자기력은 밤보다 낮에 크다.
⑤ 태양 복사 에너지의 변화는 일변화에 영향을 준다.

20 그림은 런던과 파리에서 편각과 복각의 영년 변화를 나 타낸 것이다. [20703-0068]

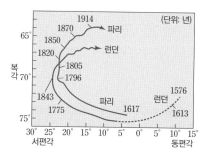

이에 대한 설명으로 옳은 것만을 〈보기〉에서 있는 대로 고른 것은?

┌ 보기 ┐
ㄱ. 런던에서 자북극까지의 거리는 1843년보다 1775년 에 더 가까웠다.
ㄴ. 파리에서 진북과 자북이 이루는 각의 크기는 1820년 보다 1914년에 더 컸다.
ㄷ. 런던과 파리에서 모두 1800년에 자북극의 위치는 진 북의 동쪽에 있었다.

① ㄱ
② ㄴ
③ ㄱ, ㄷ
④ ㄴ, ㄷ
⑤ ㄱ, ㄴ, ㄷ

정답과 해설 12쪽

01 [20703-0069]
그림은 위도에 따른 표준 중력, 지구 자전에 의한 원심력, 만유인력의 크기를 나타낸 것이다.

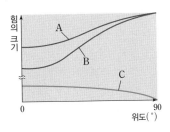

이에 대한 설명으로 옳은 것은?

① A는 표준 중력이다.
② B는 항상 지구 중심을 향한다.
③ C의 방향은 지구 자전축과 평행하다.
④ 극에서 힘의 크기는 A가 B보다 크다.
⑤ A와 C의 합력은 B이다.

02 [20703-0070]
그림은 어느 지역에서 지하 물질의 밀도 분포에 의한 중력 이상을 나타낸 것이다.

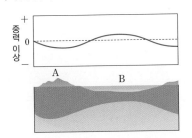

이에 대한 설명으로 옳은 것만을 〈보기〉에서 있는 대로 고른 것은?

┌─ 보기 ┌
ㄱ. A에서는 중력 이상이 (+)이다.
ㄴ. B에서는 실측 중력이 표준 중력보다 크다.
ㄷ. 지하 물질의 평균 밀도는 A가 B보다 크다.
└

① ㄱ   ② ㄴ   ③ ㄷ
④ ㄱ, ㄴ   ⑤ ㄴ, ㄷ

03 [20703-0071]
그림은 동해 중남부 지역의 중력 이상 분포를 나타낸 것이다.

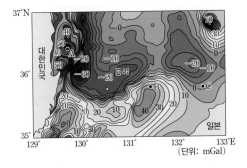

(단위: mGal)

이에 대한 설명으로 옳은 것만을 〈보기〉에서 있는 대로 고른 것은?

┌─ 보기 ┌
ㄱ. 표준 중력은 A 지점이 B 지점보다 크다.
ㄴ. C 지점은 실측 중력이 표준 중력보다 작다.
ㄷ. 해수면 아래 지하 물질의 평균 밀도는 B 지점이 C 지점보다 크다.
└

① ㄱ   ② ㄷ   ③ ㄱ, ㄴ   ④ ㄴ, ㄷ   ⑤ ㄱ, ㄴ, ㄷ

04 [20703-0072]
그림은 석유 매장층을 찾기 위한 동일 위도 A, B, C 지점의 중력 탐사 결과를 나타낸 것이다. C 지점의 중력 이상은 0이다.

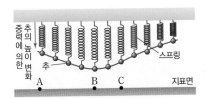

이에 대한 설명으로 옳은 것만을 〈보기〉에서 있는 대로 고른 것은? (단, 지하 물질의 밀도 이외의 조건은 모두 동일하다.)

┌─ 보기 ┌
ㄱ. A 지점의 중력 이상은 (−)이다.
ㄴ. 지하 물질의 밀도는 B>C이다.
ㄷ. 세 지점 중 석유 매장층이 있을 확률이 가장 높은 지점은 C이다.
└

① ㄱ   ② ㄷ   ③ ㄱ, ㄴ   ④ ㄴ, ㄷ   ⑤ ㄱ, ㄴ, ㄷ

05 [20703–0073] 표는 지구 타원체 상의 북반구에 위치한 서로 다른 두 지역 A와 B에서 표준 중력의 크기와 방향을 나타낸 것이다.

지역	A	B
표준 중력의 크기(mGal)	983217	979837
표준 중력의 방향	지구 중심 방향과 일치	지구 중심 방향과 불일치

이에 대한 설명으로 옳은 것만을 〈보기〉에서 있는 대로 고른 것은?

┌ 보기 ┐
ㄱ. A에서 원심력은 최대이다.
ㄴ. 위도는 A가 B보다 높다.
ㄷ. 만유인력의 크기는 B에서 A로 갈수록 감소한다.

① ㄱ   ② ㄴ   ③ ㄱ, ㄷ
④ ㄴ, ㄷ   ⑤ ㄱ, ㄴ, ㄷ

06 [20703–0074] 그림은 지구 타원체 상에서 작용하는 만유인력, 지구 자전에 의한 원심력, 표준 중력을 나타낸 것이다.

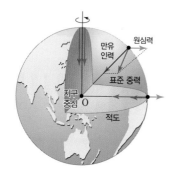

이에 대한 설명으로 옳은 것만을 〈보기〉에서 있는 대로 고른 것은?

┌ 보기 ┐
ㄱ. 만유인력은 고위도로 갈수록 감소한다.
ㄴ. 지구가 자전하지 않으면 만유인력과 표준 중력은 같다.
ㄷ. 만유인력과 원심력이 이루는 각은 적도에서 가장 크다.

① ㄱ   ② ㄴ   ③ ㄱ, ㄷ
④ ㄴ, ㄷ   ⑤ ㄱ, ㄴ, ㄷ

07 [20703–0075] 그림 (가)는 내부 물질의 분포가 균질한 지구 타원체 상의 한 점 P에 작용하는 세 힘의 관계를, (나)는 우리나라의 두 지점을 나타낸 것이다.

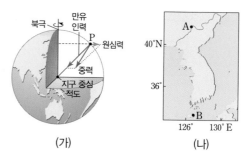

(가)   (나)

A 지점이 B 지점보다 큰 값을 갖는 것만을 〈보기〉에서 있는 대로 고른 것은?

┌ 보기 ┐
ㄱ. 원심력
ㄴ. 만유인력
ㄷ. 표준 중력과 원심력이 이루는 각

① ㄴ   ② ㄷ   ③ ㄱ, ㄴ   ④ ㄱ, ㄷ   ⑤ ㄱ, ㄴ, ㄷ

08 [20703–0076] 그림은 지리상 북극과 자북극 및 지표 상의 두 지점 A, B의 위치를 나타낸 것이다.

B 지점보다 A 지점에서 측정한 값이 더 큰 것만을 〈보기〉에서 있는 대로 고른 것은? (단, 전자기력의 크기는 일정하다.)

┌ 보기 ┐
ㄱ. 복각
ㄴ. 편각
ㄷ. 수평 자기력

① ㄱ   ② ㄷ   ③ ㄱ, ㄴ   ④ ㄴ, ㄷ   ⑤ ㄱ, ㄴ, ㄷ

서술형 [20703-0077]

09 다음은 나침반 제작과 이용에 대한 설명이다.

현재 우리나라에서 자침이 수평을 유지하는 나침판이 있다. 이 나침반의 자침이 수평을 유지하기 위해 우리나라에서 저위도로 갈수록 나침반의 N극을 S극보다 ㉠ _____

㉠에 해당하는 내용을 적고, 그 까닭을 서술하시오.

[20703-0078]

10 그림은 어느 지역에서 지구 자기의 여러 요소를 나타낸 것이다.

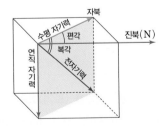

이에 대한 설명으로 옳은 것만을 〈보기〉에서 있는 대로 고른 것은?

┌ 보기 ┌
ㄱ. 이 지역에서 편각은 (+)이다.
ㄴ. 복각은 자북극에 가까워질수록 커진다.
ㄷ. 연직 자기력은 자기 적도에 가까워질수록 작아진다.

① ㄱ   ② ㄴ   ③ ㄷ
④ ㄱ, ㄴ   ⑤ ㄴ, ㄷ

[20703-0079]

11 그림은 우리나라 부근에서의 편각과 복각 분포를 나타낸 것이다.

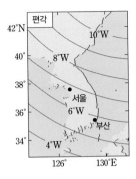

이에 대한 설명으로 옳은 것만을 〈보기〉에서 있는 대로 고른 것은?

┌ 보기 ┌
ㄱ. 서울에서 진북은 자북보다 서쪽 방향에 있다.
ㄴ. 부산에서 수평 자기력이 연직 자기력보다 더 작다.
ㄷ. 부산에서 서울까지 직선 거리로 이동할 때 나침반의 자침은 시계 반대 방향으로 회전한다.

① ㄱ   ② ㄴ   ③ ㄷ   ④ ㄱ, ㄷ   ⑤ ㄴ, ㄷ

[20703-0080]

12 그림은 어느 지역에서 수평 자기력의 분포를 나타낸 것이다.

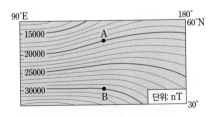

이에 대한 설명으로 옳은 것만을 〈보기〉에서 있는 대로 고른 것은? (단, 전자기력의 크기는 일정하다고 가정한다.)

┌ 보기 ┌
ㄱ. 같은 경도 상을 이동할 때 위도가 높아질수록 수평 자기력은 감소한다.
ㄴ. 복각은 A 지점보다 B 지점에서 크다.
ㄷ. 연직 자기력은 A 지점과 B 지점에서 같다.

① ㄱ   ② ㄴ   ③ ㄱ, ㄷ   ④ ㄴ, ㄷ   ⑤ ㄱ, ㄴ, ㄷ

정답과 해설 12쪽

[20703-0081]

13 그림은 어느 지역에서 계절에 따른 지구 자기 편각의 일 변화를 나타낸 것이다.

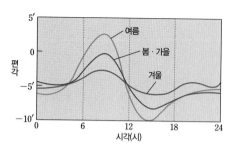

이에 대한 설명으로 옳은 것만을 〈보기〉에서 있는 대로 고른 것은?

┌─ 보기 ┌
ㄱ. 편각의 일변화는 밤보다 낮에 크게 나타난다.
ㄴ. 편각의 일변화는 여름보다 겨울에 크게 나타난다.
ㄷ. 편각의 일변화는 태양의 고도 변화와 관련이 있다.

① ㄱ   ② ㄴ   ③ ㄱ, ㄷ   ④ ㄴ, ㄷ   ⑤ ㄱ, ㄴ, ㄷ

[20703-0082]

14 그림은 후안 데 푸카 해령 주변의 해저 고지자기 분포를 나타낸 것이다. ㉠과 ㉡은 각각 정자극기와 역자극기 중 하나이다.

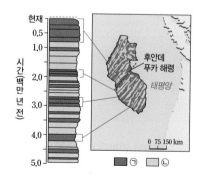

이에 대한 설명으로 옳은 것만을 〈보기〉에서 있는 대로 고른 것은?

┌─ 보기 ┌
ㄱ. 정자극기는 ㉠에 해당한다.
ㄴ. 지자기 역전은 일정한 시간 간격으로 나타난다.
ㄷ. 지자기 역전은 지구 외적인 원인에 의해 발생한다.

① ㄱ   ② ㄴ   ③ ㄱ, ㄷ   ④ ㄴ, ㄷ   ⑤ ㄱ, ㄴ, ㄷ

서술형 [20703-0083]

15 그림은 우리나라 주변의 복각 분포를, 표는 A, B 지점의 전자기력의 크기를 나타낸 것이다.

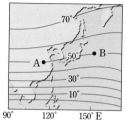

지점	A	B
전자기력 (nT)	50000	41000

A, B 지점에서 연직 자기력의 크기를 비교하고, 그렇게 판단 내린 까닭을 서술하시오.

[20703-0084]

16 다음은 단진자를 이용하여 중력 가속도를 알아보기 위한 실험이다.

[실험 과정]
(가) 실의 길이(l)가 1 m, 추의 질량이 1 kg인 단진자를 5회 왕복시켜 평균 주기를 측정한다.
(나) 실의 길이와 추의 질량을 변화시키면서 단진자의 평균 주기를 구한다.

[실험 결과]

실의 길이(m)	추의 질량(kg)	평균 주기(초)
1.0	1.0	2.006
1.0	1.2	2.006
1.2	1.0	2.197
1.2	1.2	㉠

이에 대한 설명으로 옳은 것만을 〈보기〉에서 있는 대로 고른 것은? (단, 지구는 타원체이며, 지구 내부는 균질하다고 가정하고, $\pi = 3.14$로 계산한다.)

┌─ 보기 ┌
ㄱ. ㉠은 2.006이다.
ㄴ. 실험을 통해 구한 중력 가속도의 값은 약 9.80 m/s²이다.
ㄷ. 실의 길이와 추의 질량이 일정할 때 고위도로 갈수록 단진자의 주기는 짧아진다.

① ㄱ   ② ㄴ   ③ ㄷ   ④ ㄱ, ㄷ   ⑤ ㄴ, ㄷ

01 [20703-0085] 그림은 50년부터 1962년까지 영국 런던의 편각과 복각을 나타낸 것이다.

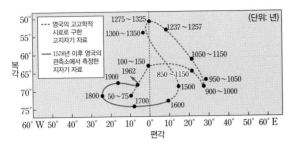

영국 런던에 대한 설명으로 옳은 것만을 〈보기〉에서 있는 대로 고른 것은?

보기
ㄱ. 1500년은 1600년보다 자북극에 가까웠다.
ㄴ. 1700년경에는 복각보다 편각의 변화량이 컸다.
ㄷ. 관측 기간 동안 진북과 자북의 방향이 일치했던 때가 있다.

① ㄱ   ② ㄴ   ③ ㄱ, ㄷ   ④ ㄴ, ㄷ   ⑤ ㄱ, ㄴ, ㄷ

02 [20703-0086] 그림 (가)는 단층면을 경계로 밀도가 서로 다른 물질의 분포를, (나)는 이 지역의 A에서 B로 지표면을 따라 이동하면서 측정한 실측 중력과 표준 중력의 변화를 나타낸 것이다.

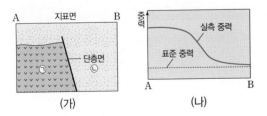

이에 대한 설명으로 옳은 것만을 〈보기〉에서 있는 대로 고른 것은?

보기
ㄱ. ㉠은 ㉡보다 평균 밀도가 크다.
ㄴ. A 지점과 B 지점은 모두 중력 이상이 (+)로 나타난다.
ㄷ. 단층면 부근에서 중력 이상의 변화율이 가장 크게 나타난다.

① ㄱ   ② ㄷ   ③ ㄱ, ㄴ   ④ ㄴ, ㄷ   ⑤ ㄱ, ㄴ, ㄷ

03 [20703-0087] 그림 (가)는 지구 자기장의 요소를, (나)는 2001년부터 2050년까지 자북극의 이동 경로와 앞으로의 예상 경로를 나타낸 것이다.

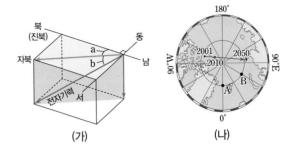

이에 대한 설명으로 옳은 것만을 〈보기〉에서 있는 대로 고른 것은?

보기
ㄱ. a는 편각, b는 복각이다.
ㄴ. 2050년에 b는 B보다 A에서 더 크다.
ㄷ. 2001년부터 2050년까지 B에서 나침반의 자침은 시계 방향으로 변할 것이다.

① ㄱ   ② ㄴ   ③ ㄱ, ㄷ   ④ ㄴ, ㄷ   ⑤ ㄱ, ㄴ, ㄷ

04 [20703-0088] 그림 (가)와 (나)는 어느 지역에서 여름과 겨울에 하루 동안 측정한 편각과 복각을 나타낸 것이다.

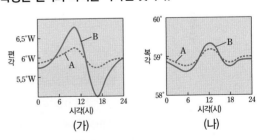

이에 대한 설명으로 옳은 것만을 〈보기〉에서 있는 대로 고른 것은?

보기
ㄱ. A는 겨울, B는 여름에 측정한 것이다.
ㄴ. 나침반의 자침은 6시부터 9시까지 시계 반대 방향으로 회전한다.
ㄷ. 전자기력이 일정할 때, 연직 자기력은 12시부터 18시까지 증가한다.

① ㄱ   ② ㄷ   ③ ㄱ, ㄴ   ④ ㄴ, ㄷ   ⑤ ㄱ, ㄴ, ㄷ

3 광물

- 광물의 물리적 특성 이해하기
- 규산염 광물의 결합 구조 이해하기
- 편광 현미경을 이용한 광물 구별하기

한눈에 단원 파악, 이것이 핵심!

규산염 광물의 결합 구조는 어떻게 다를까?

규산염 광물은 사면체의 결합 구조에 따라 다양한 광물을 만든다.

명칭	독립상 구조	단사슬 구조	복사슬 구조	판상 구조	망상 구조
광물	감람석	휘석	각섬석	흑운모	석영
	$(Mg, Fe)_2SiO_4$	$(Mg, Fe)SiO_3$	$Ca_2(Mg, Fe)_5(Al, Si)_8$ $-O_{22}(OH)_2$	$K(Mg, Fe)_3$ $-AlSi_3O_{10}(OH)_2$	SiO_2
결합 구조					
Si : O	1 : 4	1 : 3	4 : 11	2 : 5	1 : 2

편광 현미경에서 광물은 어떤 모습을 보일까?

광학적 이방체 광물은 개방 니콜에서 유색 광물일 경우 다색성을, 직교 니콜에서 간섭색과 소광 현상을 볼 수 있다.

광학적 등방체(단굴절)

개방 니콜	직교 니콜
광물의 색이 보임.	검게 보임.

광학적 이방체(복굴절)

개방 니콜	직교 니콜
유색 광물의 경우 재물대를 회전시키면 다색성이 나타남.	간섭색, 소광 현상

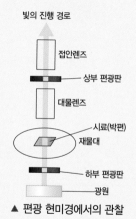

▲ 편광 현미경에서의 관찰

01 광물의 성질

1 광물

(1) 광물
① 암석을 구성하는 기본 물질
② 자연적으로 만들어진 고체의 무기물
③ 일정한 화학 조성과 규칙적인 내부 결정 구조를 가짐.
④ 대표적인 ❶조암 광물: 감람석, 휘석, 각섬석, 흑운모, 장석, 석영 등

(2) 광물의 내부 구조: 광물에 X선을 투과시키면 규칙적으로 배열된 점무늬가 나타나는데, 이를 라우에 점무늬라고 한다. 라우에 점무늬로 광물 내부의 원자나 이온의 배열 상태를 알 수 있다.

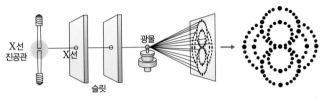

▲ X선 투과에 의한 광물의 내부 구조 확인　　▲ 라우에 점무늬

① 결정질: 원자나 이온의 배열 상태가 규칙적인 물질 📕 석영, 암염 등 대부분의 광물
② 비결정질: 원자나 이온의 배열 상태가 불규칙적인 물질 📕 단백석

(3) 광물의 ❷물리적 성질
① 결정형과 결정 형태: 광물의 원자나 이온이 규칙적으로 배열되어 나타나는 고유한 결정 모양을 결정형이라 하고, 결정면의 배열에 따라 나타나는 광물의 여러 가지 모양을 결정 형태라고 한다.

▲ 결정 형태

자형	• 고유한 결정면을 가진 형태 • 고온에서 정출
반자형	• 먼저 생긴 광물의 부분적인 방해로 일부만 고유한 결정면을 가진 형태
타형	• 먼저 생긴 결정들 사이에서 성장하여 고유한 결정면을 갖지 못한 형태 • 저온에서 정출

② 색: 순수한 광물이 갖는 고유의 색을 자색, 불순물이 섞여 달라진 색을 타색이라고 한다.
③ 조흔색: 광물 가루의 색으로, ❸조흔판에 긁어서 확인한다.
④ 쪼개짐과 깨짐: 광물에 충격을 가했을 때 광물이 규칙성을 가지고 평탄하게 갈라지면 쪼개짐, 불규칙하게 부서지면 깨짐이라고 한다.
　• 쪼개짐: 1방향－흑운모, 2방향－장석, 3방향－방해석
　• 깨짐: 석영, 감람석
⑤ 굳기: 광물의 단단한 정도를 말하며, ❹모스 굳기계를 이용한다.

모스 굳기	1	2	3	4	5	6	7	8	9	10
광물	활석	석고	방해석	형석	인회석	정장석	석영	황옥	강옥	금강석

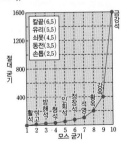

THE 알기

① 무색 광물과 유색 광물
석영, 장석 등과 같이 밝은 색을 띠는 광물을 무색 광물이라 하고, 흑운모, 각섬석, 휘석, 감람석 등과 같이 어두운 색을 띠는 광물을 유색 광물이라고 한다.

② 고용체
감람석이 (Fe, Mg)$_2$SiO$_4$와 같이 표현되는 것은 감람석 내에서 Fe과 Mg의 함량비가 광물마다 달라지기 때문이다. 이와 같이 일정한 범위 내에서 화학 조성이 변하는 광물을 고용체라고 한다. 규산염 광물은 석영을 제외하고는 대부분 고용체이다.

③ 동질 이상
금강석과 흑연은 모두 화학 성분이 탄소(C)이지만 결정 구조가 다르다. 이와 같이 화학 성분은 같으나 결정형과 물리적 성질이 다른 광물을 동질 이상이라고 한다.

2 규산염 광물

(1) 규산염 광물: 1개의 규소와 4개의 산소가 결합된 SiO$_4$ 사면체를 기본 단위로 하며, SiO$_4$ 사면체가 다른 이온과 결합되어 이루어진 광물
➡ 조암 광물의 대부분은 규산염 광물이다.

▲ SiO$_4$ 사면체

(2) 규산염 광물의 결합 구조

명칭	독립상 구조	단사슬 구조	복사슬 구조	판상 구조	망상 구조
Si : O	1 : 4	1 : 3	4 : 11	2 : 5	1 : 2
광물	감람석 (Mg, Fe)$_2$SiO$_4$	휘석 (Mg, Fe)SiO$_3$	각섬석 Ca$_2$(Mg, Fe)$_5$(Al, Si)$_8$ $-$O$_{22}$(OH)$_2$	흑운모 K(Mg, Fe)$_3$ $-$AlSi$_3$O$_{10}$(OH)$_2$	석영 SiO$_2$
결합 구조					

① 감람석, 휘석, 각섬석, 흑운모는 색이 어두운 **①**유색 광물이다. ➡ 유색 광물은 Fe, Mg을 많이 함유하고 있으며, 밀도가 크다.
② 장석, 석영은 색이 밝은 무색 광물이다. ➡ 무색 광물은 Si, Na, K을 많이 함유하고 있으며, 밀도가 작다.
③ SiO$_4$ 사면체의 공유 산소 수는 저온에서 정출된 광물일수록 증가한다.
   ➡ 저온에서 정출된 광물일수록 화학적 풍화에 강하다.
④ 감람석, 휘석, 각섬석, 흑운모는 **②**고용체이다.
⑤ 깨짐(감람석, 석영), 1방향 쪼개짐(흑운모), 2방향 쪼개짐(휘석, 각섬석)

(3) 비규산염 광물

① 비규산염 광물: 규산염 광물을 제외한 원소 광물, 산화 광물, 황화 광물, 탄산염 광물 등

구분	음이온	예
원소 광물	$-$	**③**금강석(C), 흑연(C), 금(Au)
황화 광물	S^{2-}	황철석(FeS$_2$)
산화 광물	O^{2-}	자철석(Fe$_3$O$_4$)
할로젠 광물	Cl$^-$, F$^-$, Br$^-$, I$^-$	암염(NaCl)
탄산염 광물	CO$_3^{2-}$	방해석(CaCO$_3$)
황산염 광물	SO$_4^{2-}$	중정석(BaSO$_4$)
인산염 광물	PO$_4^{3-}$	인회석[(Ca$_5$(PO$_4$)$_3$(F, Cl, OH)]

② 원소 광물: 다른 원소와 결합하지 않고 한 종류의 원소만으로 산출되는 광물 예 금(Au), 은(Ag), 구리(Cu), 황(S) 등
③ 산화 광물: 산소가 금속 원소와 결합된 화합물 예 자철석(Fe$_3$O$_4$), 적철석(Fe$_2$O$_3$), 강옥(Al$_2$O$_3$) 등
④ 탄산염 광물: CO$_3^{2-}$을 포함하는 광물 ➡ 방해석과 같은 탄산염 광물에 묽은 염산을 떨어뜨리면 이산화 탄소 기포가 발생한다. $CaCO_3 + 2HCl \rightarrow CaCl_2 + H_2O + CO_2(\uparrow)$

개념체크

빈칸 완성

1. 암석을 구성하는 기본 단위는 (   )이다.

2. 광물은 일정한 (   )과 규칙적인 내부 결정 구조를 가진다.

3. 광물 내부의 원자나 이온의 배열 상태를 알아보기 위해서는 광물에 (   )을 투과시킨다.

4. 초벌구이 도자기판에 긁어서 나타난 광물 가루의 색을 (   )이라고 한다.

5. 조암 광물의 대부분은 (   ) 광물이다.

6. 규산염 광물은 (   )를 기본 단위로 이루어진다.

7. (   ) 광물에 묽은 염산을 떨어뜨리면 이산화 탄소 기포가 발생한다.

8. 광물에 X선을 쬐었을 때 나타나는 규칙적으로 배열된 점무늬를 무엇이라고 하는지 쓰시오.

정답 1. 광물 2. 화학 조성 3. X선 4. 조흔색 5. 규산염 6. SiO_4 사면체 7. 탄산염 8. 라우에 점무늬

○X 문제

1. 광물의 성질에 대한 설명으로 옳은 것은 ○, 옳지 <u>않은</u> 것은 ×로 표시하시오.
   (1) 비결정질 광물은 라우에 점무늬가 규칙적으로 나타난다. (   )
   (2) 광물에 망치로 충격을 주는 것은 모스 굳기를 알아보기 위한 것이다. (   )
   (3) 모스 굳기가 6인 정장석은 모스 굳기가 3인 방해석보다 2배 단단하다. (   )
   (4) 광물에 불순물이 섞이면 광물 고유의 색이 나타나지 않을 수 있다. (   )

2. 광물에 대한 설명으로 옳은 것은 ○, 옳지 <u>않은</u> 것은 ×로 표시하시오.
   (1) 광물 중에는 다른 원소와 결합하지 않고 한 종류의 원소만으로 이루어진 광물도 있다. (   )
   (2) 규산염 광물에서 SiO_4 사면체 간에는 규소 원자를 공유한다. (   )
   (3) 석영은 감람석보다 SiO_4 사면체의 공유 산소 수가 많다. (   )
   (4) 규산염 광물은 고온에서 정출된 광물보다 저온에서 정출된 광물이 화학적 풍화에 강하다. (   )

바르게 연결하기

3. 다음에 주어진 광물의 쪼개짐 방향과 깨짐을 바르게 연결하시오.

   (1) 석영 · · ㉠ 1방향
   (2) 장석 · · ㉡ 2방향
   (3) 흑운모 · · ㉢ 3방향
   (4) 방해석 · · ㉣ 깨짐

4. 다음에 주어진 규산염 광물의 규소 : 산소의 원자 수 비를 바르게 연결하시오.

   (1) 감람석 · · ㉠ 1 : 2
   (2) 휘석 · · ㉡ 1 : 3
   (3) 각섬석 · · ㉢ 1 : 4
   (4) 흑운모 · · ㉣ 2 : 5
   (5) 석영 · · ㉤ 4 : 11

정답 1. (1) × (2) × (3) × (4) ○ 2. (1) ○ (2) × (3) ○ (4) ○ 3. (1) ㉣ (2) ㉡ (3) ㉠ (4) ㉢ 4. (1) ㉢ (2) ㉡ (3) ㉤ (4) ㉣ (5) ㉠

02 편광 현미경과 광물

❶ 투명 광물
광물은 보통 불투명한 것처럼 보이지만 금속 광물과 같은 불투명한 광물을 제외하면 대부분의 광물은 얇은 두께로 연마하면 빛을 투과시키므로 편광 현미경을 이용하여 여러 가지 성질을 관찰할 수 있다.

1 광물의 광학적 성질

(1) 투명 광물과 불투명 광물
① **❶투명 광물**: 얇게 가공하면 빛을 투과시키는 광물 **예** 석영, 장석 등 비금속 광물
② 불투명 광물: 얇게 가공하더라도 빛을 투과시키지 못하는 광물 **예** 금, 은 등 금속 광물

(2) 단굴절과 복굴절
① 단굴절: 빛이 투명 광물을 통과하여 굴절이 일어날 때 빛이 갈라지지 않고 단선으로 통과하는 현상
② 복굴절: 빛이 투명 광물을 통과할 때 진동 방향이 서로 수직인 두 개의 편광으로 갈라져 굴절하는 현상 ➡ 빛이 두 갈래로 갈라져 굴절되기 때문에 광물 아래의 물체가 이중으로 보인다.

(3) 광학적 등방체와 광학적 이방체
① 광학적 등방체: 광물 내에서 방향에 관계없이 빛의 통과 속도가 일정한 광물로, 단굴절을 일으킨다. **예** 석류석, 금강석 등
② 광학적 이방체: 광물 내에서 방향에 따라 빛의 통과 속도가 달라져서 굴절률에 차이가 생기는 광물로, 복굴절을 일으킨다. **예** 방해석, 흑운모 등

❷ 편광
일반적으로 빛(자연광)은 진행 방향에 대하여 수직인 평면 내의 모든 방향으로 진동하고 있다. 이에 대하여 한 방향으로 진동하는 빛을 편광이라고 한다. 빛이 방해석과 같은 이방체 광물을 통과하면 편광이 된다.

▲ 단굴절(좌)과 복굴절(우)　　▲ 방해석의 복굴절　　▲ 복굴절의 원리

2 ❷편광 현미경을 이용한 광물 관찰

(1) 편광 현미경의 구조
① 개방 ❸니콜: 상부 편광판을 뺀 상태
② 직교 니콜: 상부 편광판을 넣은 상태 ➡ 재물대 위에 아무 것도 올려놓지 않고 관찰하면 하부 편광판을 통과한 빛이 상부 편광판에서 차단되어 아무 것도 보이지 않는다.

❸ 니콜(편광판)
편광 현미경에는 재물대 상하에 각각 편광판이 부착되어 있어, 위의 것을 상부 니콜(편광판), 아래의 것을 하부 니콜(편광판)이라고 한다. 상부 니콜은 경통에 넣었다 뺄 수 있게 되어 있으며, 상부 니콜과 하부 니콜의 편광축은 직각으로 교차하도록 설치되어 있다.

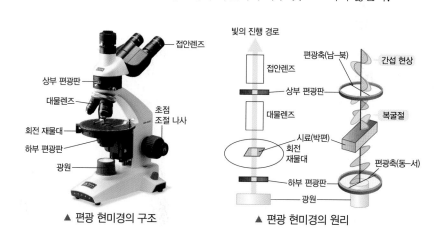

▲ 편광 현미경의 구조　　　▲ 편광 현미경의 원리

(2) 편광 현미경에서의 관찰

① 다색성: 개방 니콜에서 광학적 이방체 중 유색 광물의 [●]박편을 재물대 위에 놓고 회전시킬 때, 광물의 색과 밝기가 일정한 범위에서 변하는 현상

② 간섭색: 직교 니콜에서 광학적 이방체 광물의 박편을 재물대 위에 놓았을 때 관찰되는 새로운 색 ➡ 복굴절된 빛의 간섭에 의해 생기며, 재물대를 회전시키면 색이 변한다.

③ 소광 현상: 직교 니콜에서 광학적 이방체 광물의 박편을 재물대 위에 놓고 회전시킬 때 간섭색이 변하다가 어느 각도에서 빛이 통과하지 않아 검게 보이는 현상. 재물대를 회전시킬 때 90° 간격으로 소광이 일어난다.

④ 광학적 등방체를 직교 니콜에서 관찰하면 완전 소광이 일어나므로 재물대를 회전시켜도 계속 검게 보인다.

THE 알기

● 박편

편광 현미경으로 광물이나 암석을 관찰하려면 빛이 충분히 투과할 수 있도록 광물이나 암석을 갈아 얇게 만들어야 하는데, 이와 같이 광물이나 암석을 얇게 만든 것을 박편이라고 한다. 일반적으로 박편의 두께는 약 0.03 mm이다.

▲ 개방 니콜(0°)　　　　　▲ 개방 니콜(시계 방향 90° 회전)

▲ 흑운모의 다색성: 흑운모의 색과 밝기가 변하는 다색성이 보인다.

▲ 개방 니콜　　　　　　　▲ 직교 니콜

▲ 석영의 간섭색과 소광 현상: 직교 니콜에서는 석영의 간섭색과 소광 현상이 보인다.

THE 들여다보기　편광 현미경 관찰

[개방 니콜]
사장석

[직교 니콜]
사장석

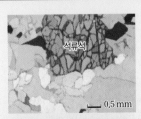

[개방 니콜]
석류석

[직교 니콜]
석류석

개념체크

빈칸 완성

1. 그림은 편광 현미경의 모습이다. 빈칸 A~E에 알맞은 명칭을 쓰시오.

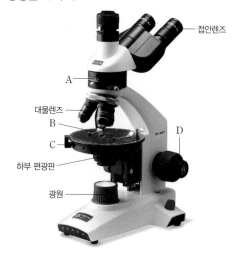

접안렌즈

A

대물렌즈

B

C

하부 편광판

광원

D

둘 중에 고르기

2. 편광 현미경에서 한 방향으로 나란하게 갈라진 구조를 보이는 광물은 (쪼개짐 , 깨짐)이 발달한 광물이다.

3. 개방 니콜에서 검은색으로 보이는 것은 모두 (투명 , 불투명) 광물이다.

4. 광학적 등방체는 ① (단굴절 , 복굴절)을 일으키고, 광학적 이방체는 ② (단굴절 , 복굴절)을 일으킨다.

5. 편광 현미경으로 관찰할 때 다색성을 관찰할 수 있는 것은 ① (석영 , 흑운모)이며, 간섭색을 관찰할 수 있는 것은 ② (금강석 , 석영)이다.

6. 암석 박편을 편광 현미경의 직교 니콜로 관찰할 때 나타나는 새로운 색을 (다색성 , 간섭색)이라고 한다.

> **정답** 1. A: 상부 니콜(편광판), B: 박편, C: 회전 재물대, D: 초점 조절 나사 2. 쪼개짐 3. 불투명 4. ① 단굴절 ② 복굴절 5. ① 흑운모 ② 석영 6. 간섭색

단답형 문제

1. 빛이 투명 광물을 통과할 때 진동 방향이 다른 두 개의 광선으로 갈라져 각 광선의 굴절률이 다르게 나타나는 현상을 무엇이라고 하는지 쓰시오.

2. 광학적 이방체 광물을 직교 니콜로 관찰할 때 재물대를 360° 회전시키면 소광 현상은 몇 회 나타나는지 쓰시오.

3. 편광 현미경의 개방 니콜에서 광물을 관찰할 때 재물대를 회전시키면 광학적 이방체 유색 광물의 색과 밝기가 일정한 범위에서 변하는 현상을 무엇이라고 하는지 쓰시오.

4. 직교 니콜에서 광학적 이방체 광물의 박편을 재물대 위에 놓고 회전시킬 때 간섭색이 변하다가 어느 각도에서 검게 보이는 현상을 무엇이라고 하는지 쓰시오.

선다형 문항

5. 편광 현미경에 대한 설명으로 옳은 것만을 〈보기〉에서 있는 대로 고르시오.

> **보기**
> ㄱ. 상부 니콜과 하부 니콜의 편광축은 나란하다.
> ㄴ. 상부 니콜은 필요에 따라 끼우거나 뺄 수 있다.
> ㄷ. 편광 현미경으로 모든 광물의 색을 관찰할 수 있다.

6. 광학적 이방체 광물에서 나타날 수 있는 현상을 모두 고르시오.
① 복굴절을 일으킨다.
② 개방 니콜에서 유색 광물은 다색성이 보인다.
③ 개방 니콜에서 재물대를 회전시키면 항상 검게 보인다.
④ 직교 니콜에서 간섭색이 보인다.
⑤ 직교 니콜에서 재물대를 360° 회전시키면 4회 검게 보인다.

> **정답** 1. 복굴절 2. 4회 3. 다색성 4. 소광 현상 5. ㄴ 6. ①, ②, ④, ⑤

목표

편광 현미경으로 주요 광물을 관찰하여 광물을 구별하고, 광물의 광학적 특성을 설명할 수 있다.

과정

1. 편광 현미경으로 석영, 사장석, 흑운모, 정장석 박편을 관찰하여 색, 다색성, 간섭색, 소광의 특징을 정리해 보자.
2. 편광 현미경의 개방 니콜과 직교 니콜로 박편을 관찰할 때 보이는 모습의 차이는 어떤 과정을 통해 생기는지 알아보자.

결과 정리 및 해석

1. 각 광물 박편을 관찰한 내용

광물 박편	색	다색성	간섭색	소광
석영	무색, 흰색	없음	회색	파동 모양의 소광
사장석	무색, 흰색	없음	회색	밝은 부분과 어두운 부분이 교대로 나타나며, 좁고 긴 기둥 모양의 소광을 이룸.
흑운모	흑갈색	암록색, 황록색	적갈색, 녹색	직소광이나 파상 소광이 나타남.
정장석	무색, 흰색, 분홍색	없음	회색	밝은 부분과 어두운 부분이 교대로 나타나며, 넓고 긴 기둥 모양의 소광을 이룸.

2. 편광 현미경의 개방 니콜과 직교 니콜로 박편을 관찰할 때 보이는 모습에 차이가 생기는 과정

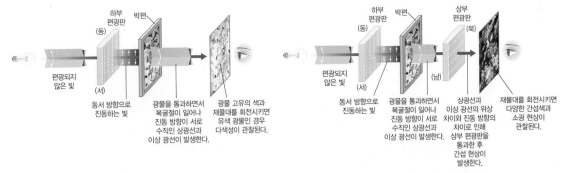

▲ 개방 니콜 상태에서 박편 관찰   ▲ 직교 니콜 상태에서 박편 관찰

탐구 분석

1. 편광 현미경으로 관찰한 석영과 사장석의 차이점을 서술하시오.
2. 화강암 박편에서 관찰한 광물에는 어떤 것들이 있으며, 암석 조직은 어떤 특징을 보이는지 서술하시오.

[20703–0089]
01 광물의 조건으로 옳은 것만을 〈보기〉에서 있는 대로 고른 것은?

┌ 보기 ┐
ㄱ. 일정한 화학 조성을 가져야 한다.
ㄴ. 규칙적인 내부 결정 구조를 가져야 한다.
ㄷ. 자연적으로 산출되는 유기물이어야 한다.

① ㄱ   ② ㄷ   ③ ㄱ, ㄴ
④ ㄴ, ㄷ   ⑤ ㄱ, ㄴ, ㄷ

[20703–0090]
02 다음 중 결정질 광물만을 모아 놓은 것은?

① 석영, 암염, 유리
② 흑운모, 흑요석, 각섬석
③ 단백석, 흑운모, 석영
④ 정장석, 석영, 방해석
⑤ 암염, 유리, 감람석

[20703–0091]
03 다음은 광물의 세 가지 결정 형태를 나타낸 것이다. 현미경 시야 안에 세 광물의 결정 형태가 섞여 있을 때 결정 형태가 정출된 순서대로 나열하시오.

┌──────────────────────────────┐
│ ㉠ 자형   ㉡ 반자형   ㉢ 타형 │
└──────────────────────────────┘

[20703–0092]
04 다음은 A, B, C, D 네 광물의 굳기를 비교하기 위해 광물을 서로 긁었을 때 나타난 현상이다. 광물을 굳기가 큰 것부터 차례대로 나열하시오.

• B로 C를 긁었더니 C가 긁히지 않았다.
• D로 다른 세 광물을 긁었더니 B와 C만 긁혔다.

[20703–0093]
05 광물의 굳기를 대소 관계로 옳게 나타낸 것은?

① 석영＞강옥   ② 방해석＞형석
③ 정장석＞형석   ④ 정장석＞석영
⑤ 방해석＞정장석

[20703–0094]
06 화학 조성에 따른 광물의 분류에 대한 설명으로 옳은 것만을 〈보기〉에서 있는 대로 고른 것은?

┌ 보기 ┐
ㄱ. 암염은 원소 광물이다.
ㄴ. 자철석은 산화 광물이다.
ㄷ. 석영에 묽은 염산을 떨어뜨리면 거품이 발생한다.

① ㄱ   ② ㄴ   ③ ㄱ, ㄷ
④ ㄴ, ㄷ   ⑤ ㄱ, ㄴ, ㄷ

[20703–0095]
07 그림은 현미경으로 관찰한 어떤 화성암의 박편 모습을 나타낸 것이다.

광물 A, B, C를 생성 온도가 높은 것부터 차례대로 쓰시오.

[20703–0096]
08 다음 규산염 광물 중 유색 광물에 속하는 것을 모두 고르면? (정답 2개)

① 감람석   ② 사장석
③ 정장석   ④ 흑운모
⑤ 석영

09 [20703-0097]
다음 조암 광물 중 가장 많은 양을 차지하는 것은?

① 산화 광물　　　　② 황화 광물
③ 규산염 광물　　　④ 황산염 광물
⑤ 탄산염 광물

10 [20703-0098]
광물을 초벌구이 도자기판에 문지르는 것은 무엇을 알아
보기 위한 것인가?

① 결정형　　　　　② 광택
③ 조흔색　　　　　④ 쪼개짐과 깨짐
⑤ 굳기

11 [20703-0099]
광물의 굳기에 대한 설명으로 옳은 것만을 〈보기〉에서
있는 대로 고른 것은?

┌─ 보기 ┐
ㄱ. 형석은 석고보다 2배 단단하다.
ㄴ. 방해석은 손톱으로 긁히지 않는다.
ㄷ. 정장석은 칼끝으로도 긁히지 않는다.
└──────┘

① ㄱ　　　　② ㄴ　　　　③ ㄱ, ㄷ
④ ㄴ, ㄷ　　　⑤ ㄱ, ㄴ, ㄷ

12 [20703-0100]
다음은 광물의 성질을 알아보기 위한 탐구 과정이다.

┌────────────────────────────┐
(가) 광물을 서로 긁어 본다.
(나) 광물을 망치로 충격을 가해 본다.
(다) 광물에 묽은 염산을 떨어뜨려 본다.
└────────────────────────────┘

탐구 과정과 알아보고자 하는 성질을 옳게 짝 지은 것은?

① (가)―색　　　　　② (가)―조흔색
③ (나)―굳기　　　　④ (나)―쪼개짐과 깨짐
⑤ (다)―규산염 광물

13 [20703-0101]
다음은 여러 광물을 나타낸 것이다.

┌────────────────────────────┐
흑운모, 석영, 감람석, 휘석, 방해석
└────────────────────────────┘

위의 광물 중 깨짐이 나타나는 광물만을 있는 대로 골라 쓰시오.

14 [20703-0102]
다음은 규산염 광물 A, B, C의 결합 구조를 나타낸 것
이다.

구분	A	B	C
결합 구조	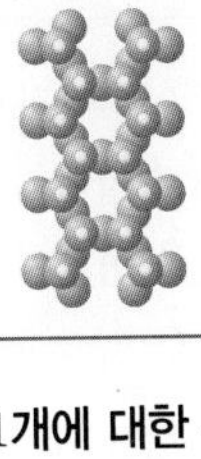	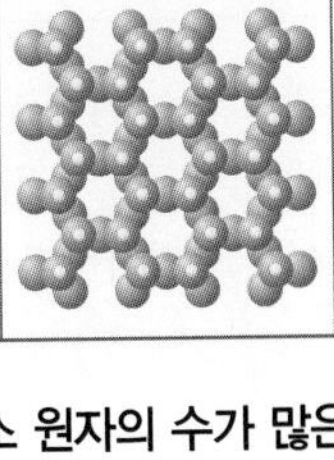	

규소 원자 1개에 대한 산소 원자의 수가 많은 것부터 순서대로
나열하시오.

15 [20703-0103]
지각에 가장 많이 들어 있는 원소는?

① 규소
② 산소
③ 철
④ 알루미늄
⑤ 마그네슘

16 [20703-0104]
다음 중 산화 광물이 <u>아닌</u> 것은?

① Fe_3O_4
② Fe_2O_3
③ Al_2O_3
④ $CaCO_3$
⑤ MgO

17 [20703-0105]
규산염 사면체에 대한 설명으로 옳은 것만을 〈보기〉에서 있는 대로 고른 것은?

┌── 보기 ┌─────────────────────────────
ㄱ. 규소 원자 1개와 산소 원자 4개로 이루어져 있다.
ㄴ. 사면체들 사이에 산소를 공유하여 결합하기도 한다.
ㄷ. 사면체는 양이온과 결합하여 광물을 형성한다.
└──────────────────────────────────

① ㄱ
② ㄷ
③ ㄱ, ㄴ
④ ㄴ, ㄷ
⑤ ㄱ, ㄴ, ㄷ

18 [20703-0106]
그림은 규산염 광물 (가), (나), (다)의 결합 구조를 나타낸 것이다.

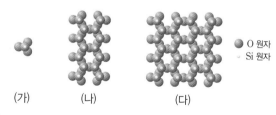

○ O 원자
· Si 원자

(가)　　　(나)　　　(다)

(가), (나), (다)에 대한 설명으로 옳은 것만을 〈보기〉에서 있는 대로 고른 것은?

┌── 보기 ┌─────────────────────────────
ㄱ. (가)에서 (다)로 갈수록 풍화에 강하다.
ㄴ. (가)에서 (다)로 갈수록 정출 온도가 높다.
ㄷ. (가)에서 (다)로 갈수록 쪼개지는 방향 수가 증가한다.
└──────────────────────────────────

① ㄱ
② ㄷ
③ ㄱ, ㄴ
④ ㄴ, ㄷ
⑤ ㄱ, ㄴ, ㄷ

19 [20703-0107]
다음은 광물의 어떤 성질에 대한 설명이다.

┌──────────────────────────────────
감람석이나 휘석에서는 Fe과 Mg의 함량비가 광물마다 약간씩 달라진다. 이와 같이 일정한 범위 내에서 화학 조성이 변하는 광물을 (　　　)라고 한다.
└──────────────────────────────────

(　　) 안에 들어갈 알맞은 단어를 쓰시오.

20 [20703-0108]
광학적 등방체 광물에서 나타날 수 있는 현상은?

① 복굴절을 일으킨다.
② 개방 니콜에서 다색성이 보인다.
③ 개방 니콜에서 재물대를 회전시킬 때 항상 검게 보인다.
④ 직교 니콜에서 간섭색이 보인다.
⑤ 직교 니콜에서 재물대를 회전시킬 때 항상 검게 보인다.

21 [20703-0109]
그림은 편광 현미경의 구조를 모식도로 나타낸 것이다.

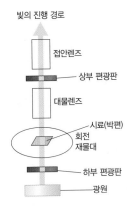

빛의 진행 경로

접안렌즈
상부 편광판
대물렌즈
시료(박편)
회전 재물대
하부 편광판
광원

이에 대한 설명으로 옳은 것만을 〈보기〉에서 있는 대로 고른 것은?

┌─ 보기 ┌
ㄱ. 상부 편광판은 뺄 수 있다.
ㄴ. 하부 편광판을 통과한 빛은 편광된 빛이다.
ㄷ. 상부 편광판과 하부 편광판의 편광축은 직교한다.

① ㄱ   ② ㄷ   ③ ㄱ, ㄴ
④ ㄴ, ㄷ   ⑤ ㄱ, ㄴ, ㄷ

22 [20703-0110]
편광 현미경으로 석류석 박편을 관찰할 때 나타나는 현상으로 옳은 것만을 〈보기〉에서 있는 대로 고른 것은?

┌─ 보기 ┌
ㄱ. 상부 편광판을 뺀 상태에서 검은색으로 보인다.
ㄴ. 상부 편광판을 뺀 상태에서 재물대를 회전시키면 색깔이 변한다.
ㄷ. 상부 편광판을 넣은 상태에서 재물대를 회전시키면 항상 검게 관찰된다.

① ㄱ   ② ㄷ   ③ ㄱ, ㄴ
④ ㄴ, ㄷ   ⑤ ㄱ, ㄴ, ㄷ

23 [20703-0111]
개방 니콜에서 다색성을 보이지 <u>않는</u> 광물은?

① 전기석   ② 휘석
③ 각섬석   ④ 흑운모
⑤ 석영

24 [20703-0112]
광학적 이방체 광물을 편광 현미경의 직교 니콜 상태에서 관찰할 때 나타날 수 있는 현상만을 〈보기〉에서 있는 대로 고른 것은?

┌─ 보기 ┌
ㄱ. 다색성
ㄴ. 간섭색
ㄷ. 소광 현상

① ㄱ   ② ㄴ   ③ ㄱ, ㄷ
④ ㄴ, ㄷ   ⑤ ㄱ, ㄴ, ㄷ

25 [20703-0113]
다음 광물 중 광학적 이방체에 속하는 광물을 모두 쓰시오.

암염, 방해석, 금강석, 사장석, 석영

01 광물의 색에 대한 설명으로 옳은 것만을 〈보기〉에서 있는 대로 고른 것은?

┌ 보기 ┐
ㄱ. 광물이 가지고 있는 고유의 색을 자색이라고 한다.
ㄴ. 광물을 초벌구이 도자기판에 긁었을 때 나오는 광물 가루의 색을 타색이라고 한다.
ㄷ. 광물에 포함된 소량의 불순물에 의한 색을 조흔색이라고 한다.

① ㄱ
② ㄴ
③ ㄱ, ㄷ
④ ㄴ, ㄷ
⑤ ㄱ, ㄴ, ㄷ

02 광물의 성질에 대한 설명으로 옳지 않은 것은?

① 결정질 광물은 모두 자형으로 산출된다.
② 간섭색이 관찰되는 광물은 모두 투명 광물이다.
③ 규산염 광물은 SiO_4 사면체를 기본 구조로 가진다.
④ 1방향의 쪼개짐이 발달하는 광물은 판상 구조를 갖는다.
⑤ 결정질 광물은 라우에 반점이 규칙적인 모양을 나타낸다.

03 다음은 어떤 광물의 성질을 나타낸 것이다.

• 복굴절이 나타난다.
• 3방향의 쪼개짐이 발달한다.
• 묽은 염산과 반응하여 이산화 탄소를 발생시킨다.

이 광물은 무엇인가?

① 방해석
② 석영
③ 정장석
④ 흑운모
⑤ 감람석

04 표는 어떤 광물의 물리적 성질을 알아보기 위해 수행한 실험 과정과 결과이다.

	과정	결과
(가)	망치로 깨뜨린다.	평탄한 면이 관찰되었다.
(나)	초벌구이 자기판에 문지른다.	흑색 가루가 묻어났다.
(다)	유리판에 긁는다.	유리판이 긁히지 않았다.

이 광물에 대한 설명으로 옳은 것만을 〈보기〉에서 있는 대로 고른 것은?

┌ 보기 ┐
ㄱ. 쪼개짐이 발달한다.
ㄴ. 조흔색은 흑색이다.
ㄷ. 굳기는 유리보다 크다.

① ㄱ
② ㄷ
③ ㄱ, ㄴ
④ ㄴ, ㄷ
⑤ ㄱ, ㄴ, ㄷ

서술형 [20703-0118]
05 표는 조흔색이 같은 세 광물 A, B, C의 화학식과 모스 굳기를 나타낸 것이다.

광물	화학식	모스 굳기
A	$CaCO_3$	3
B	SiO_2	7
C	$(Fe, Mg)_2SiO_4$	6.5~7

(1) A, B, C 중 고용체에 해당하는 광물을 모두 쓰시오.

(2) A와 B를 구분할 수 있는 방법을 2가지 이상 쓰시오.

06 [20703-0119]
그림은 광물의 모스 굳기와 절대 굳기를 나타낸 것이다.

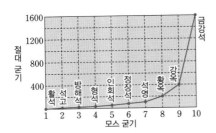

이에 대한 설명으로 옳은 것만을 〈보기〉에서 있는 대로 고른 것은?

┌─ 보기 ┌
ㄱ. 모스 굳기가 커질수록 절대 굳기도 커진다.
ㄴ. 황옥은 형석보다 2배 단단하다.
ㄷ. 석영은 정장석에 긁힌다.

① ㄱ   ② ㄷ   ③ ㄱ, ㄴ
④ ㄴ, ㄷ   ⑤ ㄱ, ㄴ, ㄷ

07 [20703-0120]
그림 (가), (나), (다)는 석영, 흑요석, 흑운모를 순서 없이 나타낸 것이다.

(가)   (나)   (다)

이에 대한 설명으로 옳은 것만을 〈보기〉에서 있는 대로 고른 것은?

┌─ 보기 ┌
ㄱ. 쪼개짐이 발달하는 것은 (가)이다.
ㄴ. 굳기는 (다)가 (나)보다 크다.
ㄷ. 쪼개지거나 깨진 면이 유리와 가장 비슷한 것은 (다)이다.

① ㄱ   ② ㄴ   ③ ㄱ, ㄷ
④ ㄴ, ㄷ   ⑤ ㄱ, ㄴ, ㄷ

08 [20703-0121]
그림은 감람석의 화학 조성과 비중의 관계를 나타낸 것이다.

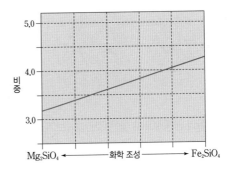

이에 대한 설명으로 옳은 것만을 〈보기〉에서 있는 대로 고른 것은?

┌─ 보기 ┌
ㄱ. 감람석은 고용체이다.
ㄴ. 원자량이 큰 성분의 비가 증가할수록 비중이 커진다.
ㄷ. 비중이 다른 감람석은 서로 다른 결정 구조를 갖는다.

① ㄱ   ② ㄷ   ③ ㄱ, ㄴ
④ ㄴ, ㄷ   ⑤ ㄱ, ㄴ, ㄷ

서술형
09 [20703-0122]
표는 흑운모, 방해석, 정장석을 구별하기 위해 물리적 성질을 조사한 결과이다.

광물	A	B	C
색	무색	백색	흑색
쪼개짐	3방향	2방향	1방향
염산과의 반응	반응	반응 없음	반응 없음

광물 A, B, C의 이름과 그렇게 판단한 까닭을 서술하시오.

10 [20703–0123]

그림은 규산염 광물 (가), (나), (다)의 결합 구조를 나타낸 것이다.

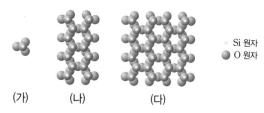

○ Si 원자
● O 원자

(가)   (나)   (다)

(가), (나), (다)의 공통점으로 옳은 것만을 〈보기〉에서 있는 대로 고른 것은?

┌─ 보기 ┌
ㄱ. 고용체이다.
ㄴ. 유색 광물이다.
ㄷ. 쪼개짐이 발달한다.

① ㄱ   ② ㄷ   ③ ㄱ, ㄴ
④ ㄴ, ㄷ   ⑤ ㄱ, ㄴ, ㄷ

11 [20703–0124]

표는 화학 조성에 따라 광물을 분류한 것이다.

구분	예
원소 광물	금강석(C), 흑연(C), 금(Au)
황화 광물	황철석(FeS_2)
산화 광물	자철석(Fe_3O_4)
할로젠 광물	암염(NaCl)
탄산염 광물	방해석($CaCO_3$)
황산염 광물	중정석($BaSO_4$)
인산염 광물	인회석[$Ca_5(PO_4)_3$(F, Cl, OH)]
규산염 광물	감람석[$(Fe, Mg)_2SiO_4$]
기타	유기 화합물 등

이에 대한 설명으로 옳은 것만을 〈보기〉에서 있는 대로 고른 것은?

┌─ 보기 ┌
ㄱ. 감람석은 고용체이다.
ㄴ. 탄산염 광물은 염산과 반응한다.
ㄷ. 음이온을 포함한 광물은 음이온의 종류에 따라 분류할 수 있다.

① ㄱ   ② ㄷ   ③ ㄱ, ㄴ
④ ㄴ, ㄷ   ⑤ ㄱ, ㄴ, ㄷ

12 [20703–0125]

그림 (가)와 (나)는 석영의 두 가지 모습을 나타낸 것이다.

(가)   (나)

이에 대한 설명으로 옳은 것만을 〈보기〉에서 있는 대로 고른 것은?

┌─ 보기 ┌
ㄱ. 석영은 유색 광물이다.
ㄴ. 석영은 결정질 광물이다.
ㄷ. (가)는 타색, (나)는 자색이다.

① ㄱ   ② ㄷ   ③ ㄱ, ㄴ
④ ㄴ, ㄷ   ⑤ ㄱ, ㄴ, ㄷ

서술형

13 [20703–0126]

그림은 어떤 규산염 광물의 결합 구조를 나타낸 것이다.

○ Si 원자
● O 원자

(1) 이 광물에서 나타나는 결합 구조의 명칭을 쓰시오.

(2) 이 광물에 충격을 주었을 때 나타나는 깨짐이나 쪼개짐의 특징을 서술하시오.

[20703-0127]
14 표는 규산염 광물 A~D의 결합 구조를 나타낸 것이다.

구분	A	B	C	D
결합 구조				

◉ Si 원자　◎ O 원자

A→B→C→D 순으로 갈수록 증가하는 것만을 〈보기〉에서 있는 대로 고른 것은?

┌ 보기 ┐
ㄱ. 정출 온도
ㄴ. 쪼개지는 방향의 수
ㄷ. 사면체의 공유 산소 수

① ㄱ 　② ㄷ 　③ ㄱ, ㄴ
④ ㄴ, ㄷ 　⑤ ㄱ, ㄴ, ㄷ

[20703-0128]
15 그림 (가)와 (나)는 석영과 석류석을 직교 니콜과 개방 니콜에서 관찰한 모습을 순서 없이 나타낸 것이다.

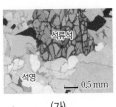

(가)　　　　(나)

이에 대한 설명으로 옳은 것을 〈보기〉에서 있는 대로 고른 것은?

┌ 보기 ┐
ㄱ. (가)에서 석영의 다색성이 보인다.
ㄴ. (나)에서 석류석의 간섭색이 보인다.
ㄷ. (가)는 개방 니콜, (나)는 직교 니콜에서 관측한 것이다.

① ㄱ 　② ㄷ 　③ ㄱ, ㄴ
④ ㄴ, ㄷ 　⑤ ㄱ, ㄴ, ㄷ

[20703-0129]
16 그림 (가)와 (나)는 현미경의 개방 니콜과 직교 니콜 상태에서 암석 박편을 관찰하는 모습을 순서 없이 나타낸 것이다.

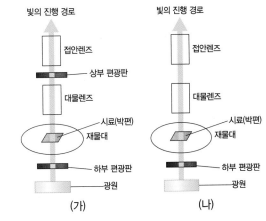

(가)　　　　(나)

이에 대한 설명으로 옳은 것만을 〈보기〉에서 있는 대로 고른 것은?

┌ 보기 ┐
ㄱ. (가)는 직교 니콜 상태이다.
ㄴ. (가)에서 다색성을 관찰할 수 있다.
ㄷ. (나)에서 90°마다 소광이 나타나는 현상을 관찰할 수 있다.

① ㄱ 　② ㄷ 　③ ㄱ, ㄴ
④ ㄴ, ㄷ 　⑤ ㄱ, ㄴ, ㄷ

(서술형) [20703-0130]
17 편광 현미경으로 흑운모를 관찰할 때, 흑운모의 다색성을 관찰하기 위한 편광 현미경의 조작 방법을 서술하시오.

18 [20703–0131]
그림은 두 편광판을 직교시켜 놓고 그 사이에 감람석 박편을 위치시킨 것이다.

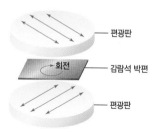

박편을 회전시킬 때 관찰할 수 있는 광학적 성질만을 〈보기〉에서 있는 대로 고른 것은?

┌ 보기 ┐
ㄱ. 알록달록한 색깔이 관찰된다.
ㄴ. 감람석의 다색성이 나타난다.
ㄷ. 360° 회전시키면 4회 검게 관찰된다.

① ㄱ   ② ㄴ   ③ ㄱ, ㄷ
④ ㄴ, ㄷ   ⑤ ㄱ, ㄴ, ㄷ

19 [20703–0132]
그림은 편광 현미경으로 광물을 관찰하는 여러 가지 방법을 나타낸 모식도이다.

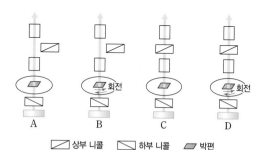

▨ 상부 니콜   ▧ 하부 니콜   ▰ 박편

각섬석의 다색성과 소광 현상을 관찰하기 위한 편광 현미경의 조작 방법으로 옳은 것을 A~D에서 골라 옳게 짝 지은 것은?

	다색성	소광 현상		다색성	소광 현상
①	A	B	②	A	C
③	B	A	④	B	D
⑤	C	D			

20 [20703–0133]
편광 현미경으로 석영과 사장석을 관찰할 때 나타나는 차이점에 대한 설명으로 옳은 것만을 〈보기〉에서 있는 대로 고른 것은?

┌ 보기 ┐
ㄱ. 사장석은 다색성이 나타난다.
ㄴ. 석영은 직교 니콜에서 파동 모양의 소광이 나타난다.
ㄷ. 사장석은 직교 니콜에서 밝은 부분과 어두운 부분이 교대로 나타난다.

① ㄱ   ② ㄴ   ③ ㄱ, ㄷ
④ ㄴ, ㄷ   ⑤ ㄱ, ㄴ, ㄷ

21 [20703–0134]
그림 (가)와 (나)는 선이 그려져 있는 흰 종이 위에 유리와 방해석을 올려놓은 모습을 순서 없이 나타낸 것이다.

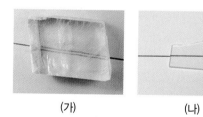

(가)   (나)

이에 대한 설명으로 옳은 것만을 〈보기〉에서 있는 대로 고른 것은?

┌ 보기 ┐
ㄱ. (가)는 방해석이다.
ㄴ. (가)와 (나)는 모두 쪼개짐이 나타난다.
ㄷ. (나)의 박편을 편광 현미경의 직교 니콜로 관찰하면 검게 보일 것이다.

① ㄴ   ② ㄷ   ③ ㄱ, ㄴ
④ ㄱ, ㄷ   ⑤ ㄱ, ㄴ, ㄷ

22 서술형 [20703–0135]
빛이 광학적 이방체를 통과할 때 복굴절이 생기는 까닭을 서술하시오.

신유형·수능 열기

정답과 해설 22쪽

01 [20703-0136]
그림은 광물의 특성을 분류하여 벤다이어그램으로 나타낸 것이고, 표는 광물의 특성을 조사하여 정리한 것이다.

광물	종류	굳기	쪼개짐
A	탄산염 광물	3	3방향
B	규산염 광물	6.5	없음
석영	규산염 광물	7	없음
C	규산염 광물	8	1방향

㉠, ㉡, ㉢에 들어갈 광물을 옳게 짝 지은 것은?

	㉠	㉡	㉢
①	A	B	C
②	A	C	B
③	B	A	C
④	B	C	A
⑤	C	B	A

02 [20703-0137]
그림은 규산염 광물 A와 B의 결합 구조를 나타낸 것이다.

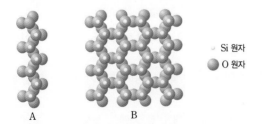

○ Si 원자
◉ O 원자

A   B

이에 대한 설명으로 옳은 것만을 〈보기〉에서 있는 대로 고른 것은?

〈보기〉
ㄱ. 쪼개짐의 방향 수는 A가 B보다 많다.
ㄴ. Fe의 함량비(%)는 A가 B보다 높다.
ㄷ. 규소 원자 1개와 결합하는 산소 원자의 개수 비는 A : B = 3 : 5이다.

① ㄱ ② ㄷ ③ ㄱ, ㄴ
④ ㄴ, ㄷ ⑤ ㄱ, ㄴ, ㄷ

03 [20703-0138]
표는 광물 A, B, C의 박편을 편광 현미경에서 관찰한 내용이다.

광물	관찰 내용
A	개방 니콜에서 재물대를 회전시킬 때 색의 변화가 나타나고 쪼개짐이 뚜렷하게 보인다.
B	개방 니콜에서 재물대를 회전시킬 때 색의 변화가 없고 쪼개짐이 관찰되지 않는다.
C	개방 니콜에서 재물대를 회전시킬 때 색의 변화가 없고 쪼개짐이 잘 나타난다. 직교 니콜에서는 화려한 색이 보인다.

광물 A, B, C를 옳게 짝 지은 것은?

	A	B	C
①	석영	감람석	방해석
②	흑운모	감람석	각섬석
③	흑운모	석영	방해석
④	흑운모	석영	각섬석
⑤	각섬석	암염	감람석

04 [20703-0139]
그림 (가)와 (나)는 광물 A를 개방 니콜과 직교 니콜에서 관찰한 것을 순서 없이 나타낸 것이다.

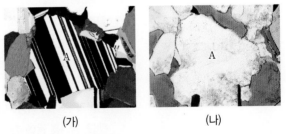

(가)   (나)

이에 대한 설명으로 옳은 것만을 〈보기〉에서 있는 대로 고른 것은?

〈보기〉
ㄱ. A는 사장석이다.
ㄴ. (가)에서 A의 간섭색을 볼 수 있다.
ㄷ. A는 쪼개짐이 발달하는 광물이다.

① ㄱ ② ㄷ ③ ㄱ, ㄴ
④ ㄴ, ㄷ ⑤ ㄱ, ㄴ, ㄷ

4 지구의 자원

- 광상의 종류와 특징 설명하기
- 광물과 암석이 우리 생활에 유용하게 쓰이는 사례 설명하기
- 해양의 에너지 자원과 물질 자원의 종류와 구분 이해하기

한눈에 단원 파악, 이것이 핵심!

광상은 어떤 과정을 거쳐 형성될까?

- **화성 광상**: 마그마가 냉각되는 과정에서 마그마 속에 포함된 유용한 원소들이 분리되거나 한곳에 집적되어 형성되는 광상
- **퇴적 광상**: 지표의 광상이나 암석이 풍화, 침식, 운반되는 과정 중에 유용 광물이 집중적으로 집적되어 형성된 광상
- **변성 광상**: 기존의 암석이 열과 압력에 의해 변성 작용을 받아 형성된 광상

광물과 암석이 우리 생활에 어떻게 활용될까?

- **금속 광물 자원**: 금속이 주성분으로 함유된 광물로서 기계, 자동차, 건축, 전선, 전자, 전지, 강철 합금, 도료, 항공 우주 산업 등에 이용된다.
- **비금속 광물 자원**: 주로 비금속 원소로 이루어진 광물로서 종이, 도자기, 시멘트 원료, 유리, 반도체 소자, 의약품 등에 이용된다.
- **광물과 암석의 이용**: 다양한 광물과 암석이 건축 자재, 비료, 시멘트, 제철용, 화학 공업 원료, 맷돌, 돌그릇 등에 이용된다.

해양 자원의 종류는 어떻게 구분할까?

01 광상, 광물과 암석의 이용

1 광상

(1) 자원과 광상
① 지하자원: 지구에서 자연 현상으로 땅속에서 만들어진 자원이다.
② ●광물 자원: 여러 종류의 자원 중 금, 구리, 아연과 같은 금속 광물과 고령토, 석회석과 같은 비금속 광물을 통칭하여 광물 자원이라고 한다.
③ 광상과 광석: 광물 자원이 지각 내에 채굴이 가능할 정도로 농집되어 있는 장소를 광상이라 하고, 광상에서 채굴한 경제성이 있는 암석을 광석이라고 한다.

▲ 광상

▲ 화성 광상(구리 광상)

▲ 퇴적 광상(철 광상)

▲ 변성 광상(흑연 광상)

(2) 화성 광상: 마그마가 냉각되는 과정에서 마그마 속에 포함된 유용한 원소들이 분리되거나 한곳에 집적되어 형성된 광상이다.

종류	특징	광물
정마그마 광상	고온의 마그마가 냉각되는 초기에 용융점이 높고 밀도가 큰 광물이 정출됨.	자철석, 크롬철석, 백금, 니켈 등
❷페그마타이트 광상	마그마 냉각 말기에 마그마가 주변의 암석을 뚫고 들어가서 형성됨.	석영, 장석, 운모, 녹주석, 전기석 등
기성 광상	마그마에 있던 수증기와 휘발 성분이 주위의 암석을 뚫고 들어가 일부를 녹이고 침전하여 형성됨.	주석, 몰리브데넘, 망가니즈, ❸텅스텐 등
❹열수 광상	마그마가 냉각되면서 여러 가지 광물이 정출되고 남은 열수 용액이 주변 암석의 틈을 따라 이동하여 형성됨.	금, 은, 구리, 납, 아연 등

(3) 퇴적 광상: 지표의 광상이나 암석이 풍화, 침식, 운반되는 과정 중에 유용 광물이 집중적으로 집적되어 형성된 광상이다.

종류	특징	광물
표사 광상	광상이나 암석 중에 있던 광물들이 풍화 작용으로 분리되고 침식 작용으로 깎여 나가 강바닥으로 운반된 후 모래 사이로 가라앉아 진흙층이나 기반암 위에 모여서 형성됨.	금, 백금, 금강석, 주석 등
풍화 잔류 광상	기존의 암석이 풍화 작용을 받은 후 풍화의 산물이 그 자리에 남아서 형성됨.	갈철석, 적철석, 고령토, 보크사이트 등
침전 광상	해수가 증발하면서 해수에 녹아 있는 물질이 침전되어 형성됨.	석회석, 암염, 망가니즈 단괴, 석고, 황산 나트륨 등

THE 알기

❶ 광물 자원을 얻는 과정
지각에서 광물 자원을 얻기 위해서는 먼저 원하는 광물을 찾는 탐광을 거친 후 원하는 광석을 채취하는 채광을 한다. 채광한 광물에서 원하는 광물만 가려내는 선광을 한 후 제련이나 분쇄 등의 과정을 거친다.

❷ 페그마타이트
심성암을 함유하는 암맥에서 발견되는 입자가 큰 조립질 화성암이다.

❸ 텅스텐

원자번호 74인 텅스텐은 모든 금속 중 용융점이 3410 ℃로 가장 높다. 전구의 필라멘트로 사용되었던 텅스텐은 절삭공구뿐만 아니라 오늘날 최첨단 산업계에서 널리 사용되고 있다.

❹ 열수
여러 가지 광물이 녹아 있는 고온의 수용액

(4) 변성 광상: 광물이 변성 작용을 받는 과정에서 재배열됨으로써 새로운 광물이 농집되거나 기존의 광상이 변성 작용을 받아 광물의 조성이 달라져 형성된 광상이다.

▲ 희토류 광물인 바스트네사이트

란타넘 계열 원소 15개, 스칸듐, 이트륨을 포함하는 17개 원소를 총칭하는 용어이다. '지각 내에서 희귀하게 존재하는 원소'라는 뜻이다.

종류	특징	광물
광역 변성 광상	광역 변성 작용이 일어날 때는 광물들이 한 곳에 모이기 어렵지만 광역 변성 작용이 일어나면서 물과 휘발 성분이 빠져나와 생긴 열수에 의해 광상이 형성됨.	우라늄, 흑연, 활석, 석면, 남정석 등
접촉 교대 광상	석회질 퇴적암에 화성암체가 관입한 접촉부에서는 석회질 물질과 고온의 규산염 용액이 반응하여 새로운 광물이 침전되어 기존 광물을 교대하여 광상이 형성됨. (암석학적으로 변성 광상이지만 광상학에서는 화성 광상으로 분류함.)	철, 구리, 텅스텐, 납, 아연, 몰리브데넘, 주석 등

② 광물과 암석의 이용

(1) 금속 광물 자원

① 금속이 주성분으로 함유된 광물이다.

② 대체로 금속 광택이 나고, 불투명하다.

③ 제련 과정을 거쳐야 하고, 전기와 열을 잘 전달한다.

④ 금속 광물에는 철, 알루미늄, 구리, 아연, 금, 은, 망가니즈, 텅스텐, 리튬 등이 있다.

우리나라 전통 목조 건물에서 볼 수 있는 아름다운 무늬는 운모류, 점토 광물 등 천연 광물로 만든 염료를 칠한 것이다.

(2) 비금속 광물 자원

① 주로 비금속 원소로 이루어진 광물이다.

② 제련 과정이 필요 없다.

③ 유용한 성분을 분리하거나 이용하기 쉽게 분쇄하는 과정이 필요하다.

④ 비금속 광물에는 석회석, 고령토, 점토, 규사, 운모, 장석, 금강석, 흑연 등이 있다.

(3) 암석의 이용

암석	이용
화강암, 대리암	건축 자재 등
석회암	비료, 시멘트, 제철용, 화학 공업 원료 등
현무암	건축 자재, 맷돌 등
반려암	돌그릇 등

▲ 화강암으로 만든 국회 의사당

• 철광상은 마그마 기원의 화성 광상으로 형성되기도 하지만, 대부분 퇴적 광상(침전 광상)으로 만들어진다.

• 호상 철광층은 적철석의 침전으로 형성된다.

• 현재 생산되는 대부분의 철은 선캄브리아 시대에 바다에서 형성되었다.

• 해수에 녹아 있던 철 이온이 남세균류가 광합성으로 생성한 산소와 결합하여 만들어진 산화 철Ⅲ(Fe_2O_3)이 퇴적된 철광상에서 오늘날 철이 채굴된다.

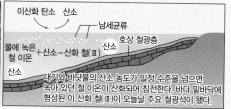

▲ 호상 철광층   ▲ 호상 철광층의 형성 과정

개념체크

○X 문제

1. 광상에 대한 설명으로 옳은 것은 ○, 옳지 않은 것은 ×로 표시하시오.

(1) 광상에서 채굴한 경제성이 있는 암석을 광석이라고 한다. ( )

(2) 화성 광상에는 정마그마 광상, 페그마타이트 광상, 기성 광상, 열수 광상 등이 있다. ( )

(3) 금, 백금, 금강석, 주석 등과 같이 풍화에 강한 광물은 풍화 잔류 광상에서 잘 산출된다. ( )

(4) 변성 광상은 암석이 저온 저압의 환경에서 변성 작용을 받아 새롭게 생긴 유용한 광물이 모인 광상이다. ( )

2. 광물과 암석의 이용에 대한 설명으로 옳은 것은 ○, 옳지 않은 것은 ×로 표시하시오.

(1) 알루미늄은 지각의 구성 원소 중 가장 풍부한 금속 원소이다. ( )

(2) 금속 광물 자원은 금, 은, 구리, 철 등의 금속이 주성분인 광물이다. ( )

(3) 활석은 금속 광물로 종이, 페인트, 화장품의 원료로 사용된다. ( )

바르게 연결하기

3. 광상의 종류와 대표적인 광물 자원을 바르게 연결하시오.

(1) 화성 광상 • • ㉠ 흑연과 활석

(2) 퇴적 광상 • • ㉡ 구리와 텅스텐

(3) 변성 광상 • • ㉢ 석회석과 고령토

4. 퇴적 광상의 종류와 대표적인 광물 자원을 바르게 연결하시오.

(1) 표사 광상 • • ㉠ 석회석, 망가니즈 단괴

(2) 풍화 잔류 광상 • • ㉡ 고령토, 갈철석

(3) 침전 광상 • • ㉢ 사금, 금강석

정답 1. (1) ○ (2) ○ (3) × (4) × 2. (1) ○ (2) ○ (3) × 3. (1) ㉡ (2) ㉢ (3) ㉠ 4. (1) ㉢ (2) ㉡ (3) ㉠

빈칸 완성

1. 생활에 유용한 광물이 지각 내에 농집된 곳을 ( )이라고 한다.

2. 광상은 화성 작용, 퇴적 작용, ( )을 통해 암석이 만들어지는 과정에서 형성된다.

3. 금속 광물 자원은 대부분 금속을 뽑아내는 ( ) 과정을 거쳐 사용된다.

4. ( )은 지각에서 알루미늄 다음으로 풍부한 금속 원소이다.

5. 고온 다습한 열대 지방에서는 ( ) 풍화 작용이 활발하게 일어난다.

단답형 문제

6. 마그마가 냉각되는 과정에서 유용한 광물이 정출되어 형성되는 광상은 무엇인지 쓰시오.

7. 석회석, 고령토 등과 같이 금속 광물 자원을 제외한 나머지 광물 자원은 무엇인지 쓰시오.

8. 란타넘 계열 원소 15개, 스칸듐, 이트륨을 포함하는 17개 원소를 총칭하는 용어는 무엇인지 쓰시오.

9. 비료, 시멘트, 제철용, 화학 공업 원료로 사용되는 암석은 무엇인지 쓰시오.

정답 1. 광상 2. 변성 작용 3. 제련 4. 철 5. 화학적 6. 화성 광상 7. 비금속 광물 자원 8. 희토류 원소 9. 석회암

03 해양 자원

❶ 우리나라의 해양 에너지 발전소 현황

• 경기도 안산시 시화호 조력 발전소: 발전량은 254 MWh로 세계 최대이다.

• 전라남도 해남군과 진도군 사이의 울돌목에 있는 조류 발전소: 1 MW급의 시험 운용 발전 시설이 설치되어 있고, 발전 규모를 확대할 예정이다.

• 2016년 제주시 한경면 용수리 앞 해상에 국내에서 처음으로 파력 에너지를 이용해 전력을 생산하는 시험용 파력 발전소가 건설되었다.

1 ❶해양 에너지 자원

(1) 가스수화물: 메테인이 저온 고압의 환경에서 물 분자와 결합한 고체 물질로, 전 세계에 약 10조 톤이 매장된 것으로 추산된다. 우리나라 동해 울릉 분지에도 6억 톤 가량 매장되어 있는 것으로 추정된다.

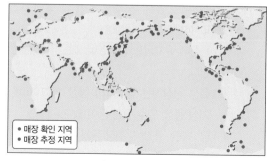

• 매장 확인 지역
• 매장 추정 지역

▲ 가스수화물 매장 지역

(2) 화석 연료: 전 세계의 대륙붕에는 아직 개발되지 않은 많은 양의 석탄, 석유, 천연가스가 매장되어 있고, 특히 석유는 현재 산유량의 약 50 % 이상을 해저 유전에서 생산하고 있다.

(3) 조력 발전: 조석 간만의 차가 큰 하구나 만을 방조제로 막아 호수를 만들고, 밀물과 썰물에 의해 발생하는 해수면의 높이 차이를 이용해 발전하는 방식으로, 우리나라 서해안에는 세계 최대 규모인 시화호 조력 발전소가 있다.

(4) 조류 발전: 조류의 빠른 유속을 이용하여 터빈을 돌려 전기를 생산하는 방식이다.

(5) 파력 발전: 바람에 의해 생기는 파도의 상하좌우 운동을 이용하여 발전하는 방식이다.

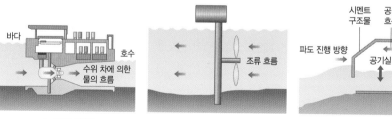

▲ 조력 발전   ▲ 조류 발전   ▲ 파력 발전

(6) 해양 온도 차 발전: 표층수와 심층수의 온도 차이를 이용하여 전기를 생산하는 방식이다. 표층수의 따뜻한 열로 액체를 기화시켜 발전하고, 사용한 기체를 온도가 낮은 심층수에서 다시 액화시킨다.

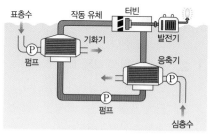

▲ 해양 온도 차 발전

2 해양 물질 자원

(1) 해양 생물 자원

① 바다에는 약 30만 종의 생물군이 분포하며, 해마다 약 6500만 톤의 식량을 공급하고 있다.

② 해양 생물은 육상 생물에 비하여 재생산력이 약 5~7배에 달하는데, 이와 같은 특징을 이용하여 ❷바다 목장을 운영하기도 한다.

③ 생물 자원의 대부분은 식용으로 이용되지만 최근에는 의약품 원료, 공업 원료, 공예품 원료로도 이용되고 있다.

❷ 바다 목장

바다에 물고기들이 모여 살 수 있는 환경을 만들어 물고기를 양식하는 어업이다. 물고기를 풀어 놓고 기른다는 점에서 육지의 목장에 비유해 붙여진 명칭이다.

④ 고부가 가치 산업인 해양 신소재 개발이나 해양 바이오 산업에 활용되고 있다.

▲ 홍합에서 추출한 의료용 생체 접착제

▲ 미세 조류를 이용한 바이오 연료

(2) ❶해양 광물 자원

① 해수 속의 광물 자원으로는 소금, 브로민, 마그네슘, 금, 은, 우라늄, 리튬 등이 있다.

② 세계에서 사용되고 있는 소금의 약 30 %는 바다에서 채취한다.

③ 해양의 광물 자원

- 망가니즈 단괴: 태평양의 심해저에는 해수에 녹아 있던 망가니즈, 철, 구리, 니켈, 코발트 등이 침전하여 공 모양의 덩어리로 성장한 금속 광물 결합체이다. 우리나라는 태평양 ❷클라리온−클리퍼톤 해역의 독점 탐사 광구를 확보하였다.

▲ 망가니즈 단괴

- 브로민: 주로 이온 형태로 물에 녹아 존재하며, 대부분은 염수 호수나 해수로부터 채취한다.
- 마그네슘: 해수로부터 식용 소금을 제조하는 과정에서 부산물로 얻을 수 있다.
- 우라늄: 해수 중에 약 0.003 ppm 녹아 있다.

(3) 해양 자원 개발의 필요성

① 세계 인구 증가, 생활 수준의 향상, 과학 기술의 발전으로 육상 자원은 빠르게 고갈되고 있으며, 인류는 앞으로 심각한 자원 부족 상태에 놓이게 될 것이다.

② 우리나라는 전력 생산의 약 75 %를 화력 발전과 원자력 발전에 의존하고 있으며, 그 원료인 석탄과 우라늄은 전적으로 수입에 의존하고 있다.

③ 해수 1 kg 중에는 다양한 공업 원료로 사용되는 염류가 평균 35 g 정도 녹아 있다.

④ 해수를 담수화시켜 물 부족 문제를 해결할 가능성이 높다.

THE 들여다보기 　　**차세대 에너지−가스수화물**

- 심해저와 같은 저온 고압 상태에서 천연가스에 해당하는 탄화수소($C_X H_Y$)와 물 분자(H_2O)가 결합하여 형성된 고체 에너지 자원이다.
- 물 분자 간의 수소 결합으로 형성되는 3차원 격자 구조로 형성되어 있으며, 격자 구조 내의 빈 공간에 대부분 메테인의 작은 가스 분자가 물리적으로 결합하고 있다.
- 외관은 드라이아이스와 비슷하지만, 1 m³의 가스수화물 안에는 약 170 m³의 고밀도 가스가 함유되어 있다.
- 우리나라 동해의 울릉도와 독도 근해 수심 1500 m 부근에 6억 톤 가량의 가스수화물이 있는 것으로 추산되고 있다.

가스수화물 상평형도 ▶

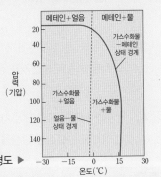

개념체크

○X 문제

1. 해양 자원에 대한 설명으로 옳은 것은 ○, 옳지 않은 것은 ×로 표시하시오.

(1) 해양에서 이용 가능한 모든 것을 해양 자원이라고 한다. ( )

(2) 석탄, 석유, 천연가스는 화석 연료에 포함된다. ( )

(3) 가스수화물은 해저에서만 형성된다. ( )

(4) 밀물과 썰물에 의해 발생하는 수위 차를 이용해 전기를 생산하는 방식은 조력 발전이다. ( )

(5) 최근에 해양 생물 자원은 의약품 원료, 공업 및 공예품 원료로도 이용된다. ( )

(6) 해양 광물 자원은 대부분 얕은 바다에 분포한다. ( )

바르게 연결하기

2. 해양 자원의 종류와 예를 바르게 연결하시오.

(1) 해양 생물 자원 • • ㉠ 중수소

(2) 해양 광물 자원 • • ㉡ 해조류

(3) 해양 에너지 자원 • • ㉢ 소금

3. 해양 에너지 자원을 이용한 발전 방식과 그 특징을 바르게 연결하시오.

(1) 조류 발전 • • ㉠ 근원 에너지는 태양 에너지

(2) 조력 발전 • • ㉡ 조석에 의한 해수의 흐름을 이용

(3) 파력 발전 • • ㉢ 밀물과 썰물의 수위 차를 이용

정답 1. (1) ○ (2) ○ (3) × (4) ○ (5) ○ (6) × 2. (1) ㉡ (2) ㉢ (3) ㉠ 3. (1) ㉡ (2) ㉢ (3) ㉠

빈칸 완성

1. 파력 발전은 바람에 의한 ( )의 상하좌우 운동을 이용한 발전 방식이다.

2. 우리나라는 시화호에 ① ( ) 발전소가 있고, 진도군 앞바다에 울돌목 ② ( ) 발전소를 설치하여 전기를 생산하고 있다.

3. 해양 온도 차 발전은 ① ( )와 ② ( )의 온도 차를 이용하여 전기를 생산하는 방식이다.

4. 열수가 해저에 분출되어 차가운 해수와 혼합될 때 금속이 침전하여 형성된 광상을 ( )이라고 한다.

단답형 문제

5. 메테인이 저온 고압의 환경에서 물 분자와 결합한 고체 물질은 무엇인지 쓰시오.

6. 조류의 빠른 유속을 이용하여 터빈을 돌려 전기를 생산하는 방식은 무엇인지 쓰시오.

7. 망가니즈, 철, 구리, 코발트 등과 같은 성분을 다량 함유하고 있는 공 모양의 금속 광물 결합체는 무엇인지 쓰시오.

정답 1. 파도 2. ① 조력 ② 조류 3. ① 표층수 ② 심층수 4. 열수 광상 5. 가스수화물 6. 조류 발전 7. 망가니즈 단괴

목표

다양한 해양 자원의 종류와 특징을 설명할 수 있다.

과정

그림은 차세대 에너지원으로 각광 받고 있는 가스수화물과 망가니즈 단괴를 나타낸 것이다.

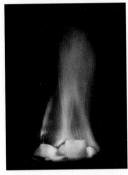
▲ 가스수화물

▲ 망가니즈 단괴

1. 가스수화물은 어떤 환경에서 잘 형성되는지 알아보자.
2. 망가니즈 단괴는 주로 어느 분야에 활용되는지 알아보자.

결과 정리 및 해석

1. 가스수화물은 메테인이 주성분으로, 심해저와 같이 저온 고압 상태에서 잘 생성된다. 얼음 형태로 매장되어 있어 '불타는 얼음'으로도 불리며, 우리나라 동해 울릉 분지에 약 6억 톤 정도 매장되어 있는 것으로 추정된다.
2. 망간니즈 단괴는 형성되는 방법에 따라 포함된 금속의 함량이 다르지만, 대체로 망가니즈 20~30 %, 철 5~15 %, 니켈 0.5~1.5 %, 구리 0.3~1.4 %, 코발트 0.1~0.3 % 등이 포함되어 있으며, 이밖에도 아연, 알루미늄 등 다양한 금속이 들어 있다. 망가니즈는 철강 산업의 필수 소재이며, 니켈은 화학 플랜트 및 정유 시설 자재, 전기 제품 생산 소재, 자동차 산업 소재로 쓰인다. 구리는 전기 관련 산업과 엔진 제조 및 건축 설비 등에 사용되며, 코발트는 전기 · 통신 산업, 항공 우주 산업, 엔진 및 공구류, 첨단 의료 기기 산업 소재로 주목 받고 있다.

탐구 분석

1. 가스수화물을 고체 상태로 채굴하기 어려운 까닭을 서술하시오.
2. 망가니즈 단괴는 대체로 수심 약 5000 m의 심해저에 존재한다. 이 광물을 광구에서 곧바로 채취하지 못하는 까닭을 심해저 해양 환경 측면에서 서술하시오.

01 [20703-0140]
광물 자원을 크게 두 가지로 구분하여 쓰시오.

02 [20703-0141]
지하자원에 대한 설명으로 옳은 것만을 〈보기〉에서 있는 대로 고른 것은?

┌ 보기 ┐
ㄱ. 자연 현상으로 땅속에서 만들어진 자원이다.
ㄴ. 광상은 유용한 광물이 집적되어 있는 장소이다.
ㄷ. 광석은 광상에서 채굴한 경제성이 있는 암석이다.

① ㄱ　　　　② ㄷ　　　　③ ㄱ, ㄴ
④ ㄴ, ㄷ　　　⑤ ㄱ, ㄴ, ㄷ

03 [20703-0142]
그림은 화성 광상, 퇴적 광상, 변성 광상을 특징에 따라 분류하는 과정을 나타낸 것이다.

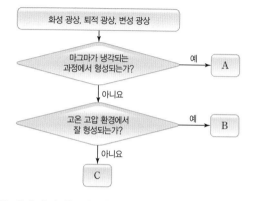

A, B, C에 해당하는 광상을 쓰시오.

A: (　　　　) B: (　　　　) C:(　　　　)

04 [20703-0143]
화성 광상에 대한 설명으로 옳은 것은?

① 대표적으로 고령토가 산출된다.
② 페그마타이트 광상이 포함된다.
③ 변성 작용을 받아 유용한 광물이 농집된다.
④ 암석이 풍화, 침식, 운반되는 과정에서 형성된다.
⑤ 해수에 녹아 있는 물질이 침전되어 형성되기도 한다.

05 [20703-0144]
그림 (가)와 (나)는 광물 자원을 나타낸 것이다.

(가) 망가니즈 단괴　　　　(나) 고령토

이에 대한 설명으로 옳은 것만을 〈보기〉에서 있는 대로 고른 것은?

┌ 보기 ┐
ㄱ. (가)는 퇴적 광상에서 산출된다.
ㄴ. (나)는 도자기의 원료로 사용된다.
ㄷ. (가)와 (나)는 모두 제련 과정을 거쳐야 한다.

① ㄱ　　　　② ㄷ　　　　③ ㄱ, ㄴ
④ ㄴ, ㄷ　　　⑤ ㄱ, ㄴ, ㄷ

06 [20703–0145]
변성 광상에 대한 설명으로 옳은 것만을 〈보기〉에서 있는 대로 고른 것은?

┌ 보기 ┐
ㄱ. 대표적으로 흑연과 활석이 산출된다.
ㄴ. 기성 광상은 변성 광상에 해당한다.
ㄷ. 광물의 조성이 변하여 형성될 수 있다.

① ㄱ ② ㄷ ③ ㄱ, ㄴ
④ ㄱ, ㄷ ⑤ ㄴ, ㄷ

07 [20703–0146]
그림은 퇴적 광상의 종류와 그 예를 나타낸 것이다.

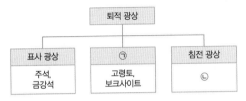

이에 대한 설명으로 옳은 것만을 〈보기〉에서 있는 대로 고른 것은?

┌ 보기 ┐
ㄱ. ㉠은 풍화 잔류 광상이다.
ㄴ. 석회석은 ㉡에 해당한다.
ㄷ. 퇴적 광상에서 산출되는 자원은 모두 비금속 광물이다.

① ㄱ ② ㄷ ③ ㄱ, ㄴ
④ ㄴ, ㄷ ⑤ ㄱ, ㄴ, ㄷ

08 [20703–0147]
그림에서 풍화 작용을 받아 알루미늄이 풍부한 광석이 형성되는 순서대로 옳게 나열한 것은?

(가) 고령토 (나) 정장석 (다) 보크사이트

① (가) → (나) → (다) ② (가) → (다) → (나)
③ (나) → (가) → (다) ④ (나) → (다) → (가)
⑤ (다) → (나) → (가)

09 [20703–0148]
표는 금속 광물 자원에 포함된 주요 원소의 특징을 나타낸 것이다.

원소	특징
㉠	지각의 금속 원소 중 가장 풍부하다.
철	인류가 사용하는 금속의 대부분을 차지한다.
구리	㉡

이에 대한 설명으로 옳은 것만을 〈보기〉에서 있는 대로 고른 것은?

┌ 보기 ┐
ㄱ. ㉠은 알루미늄이다.
ㄴ. 철은 지각에서 금속 원소 중 알루미늄 다음으로 풍부하다.
ㄷ. 부식에 강하고 전기와 열을 잘 전달하는 성질은 ㉡에 해당한다.

① ㄱ ② ㄷ ③ ㄱ, ㄴ
④ ㄴ, ㄷ ⑤ ㄱ, ㄴ, ㄷ

10 [20703–0149]
그림 (가), (나), (다)는 암석의 이용을 나타낸 것이다.

(가) 아파트 (나) 국회 의사당 (다) 식탁
(석회암) (화강암) (대리암)

이에 대한 설명으로 옳은 것만을 〈보기〉에서 있는 대로 고른 것은?

┌ 보기 ┐
ㄱ. (가)의 암석은 비료의 원료로 사용된다.
ㄴ. (나)의 암석은 금속 광물을 많이 포함하고 있다.
ㄷ. (다)의 암석은 건물의 벽을 장식하는 데 이용된다.

① ㄴ ② ㄷ ③ ㄱ, ㄴ
④ ㄱ, ㄷ ⑤ ㄱ, ㄴ, ㄷ

11 [20703-0150]
다음은 해양 자원에 대한 내용을 정리한 것이다.

> • 해양에서 이용 가능한 모든 것을 의미한다.
> • 해양 에너지 자원, 해양 생물 자원, 해양 광물 자원으로 분류한다.
> • 해수를 담수화시켜 물 부족 문제를 해결할 가능성이 높다.

이에 대한 설명으로 옳은 것은?

① 조력 발전은 해양 에너지 자원에 해당한다.
② 가스수화물은 해양 광물 자원에 포함된다.
③ 해양 생물은 육상 생물에 비하여 재생산력이 낮다.
④ 세계에서 사용되는 소금은 대부분 해양에서 채취된다.
⑤ 해양 자원은 육상 자원 고갈의 문제를 해결할 가능성이 매우 낮다.

12 [20703-0151]
다음 ( ) 안에 들어갈 알맞은 단어를 쓰시오.

> 조력 발전은 ① ( )과 태양의 인력에 의해 발생하는 밀물과 ② ( )의 에너지를 이용한다. 우리나라의 서해안은 ③ ( )의 차가 커서 조력 발전을 하기에 적합하다.

13 [20703-0152]
그림은 조류 발전 방식을 나타낸 것이다.

이에 대한 설명으로 옳은 것만을 〈보기〉에서 있는 대로 고른 것은?

> **보기**
> ㄱ. 조류의 빠른 흐름을 이용한다.
> ㄴ. 날씨나 계절에 상관없이 발전할 수 있다.
> ㄷ. 조력 발전보다 생태계에 미치는 영향이 작다.

① ㄱ ② ㄷ ③ ㄱ, ㄴ ④ ㄴ, ㄷ ⑤ ㄱ, ㄴ, ㄷ

14 [20703-0153]
그림은 어느 해양 에너지 자원을 이용한 발전 방식을 나타낸 것이다.

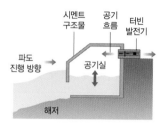

이에 대한 설명으로 옳은 것만을 〈보기〉에서 있는 대로 고른 것은?

> **보기**
> ㄱ. 파력 발전 방식이다.
> ㄴ. 바람에 의한 파도의 운동을 이용한다.
> ㄷ. 이 발전 방식은 조력 발전보다 발전 가능량을 예측하기 쉽다.

① ㄱ   ② ㄷ   ③ ㄱ, ㄴ
④ ㄴ, ㄷ   ⑤ ㄱ, ㄴ, ㄷ

15 [20703-0154]
표는 해양에서 전기 에너지를 생산하는 발전 방식 (가), (나), (다)를 나타낸 것이다.

발전 방식	특징
(가)	밀물과 썰물에 의해 발생하는 수위 차를 이용해 전기 에너지를 생산한다.
(나)	파도의 운동 에너지를 이용하여 전기 에너지를 생산한다.
(다)	표층수와 심층수의 온도 차를 이용하여 전기 에너지를 생산한다.

이에 대한 설명으로 옳지 않은 것은?

① (가)는 수력 발전과 원리가 동일하다.
② (나)의 발전량은 날씨의 영향을 받는다.
③ (다)는 저위도보다 고위도 지역에서 유리하다.
④ (나)와 (다)의 근원 에너지는 모두 태양 에너지이다.
⑤ (가), (나), (다)는 모두 해양 에너지 자원에 속한다.

정답과 해설 25쪽

[20703-0155]
01 그림은 지하자원을 분류하는 과정을 나타낸 것이다.

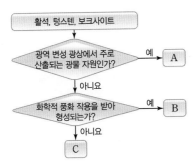

이에 대한 설명으로 옳은 것만을 〈보기〉에서 있는 대로 고른 것은?

┌ 보기 ┌
ㄱ. A는 비금속 광물 자원이다.
ㄴ. B는 알루미늄 원소를 포함하고 있다.
ㄷ. C는 전구의 필라멘트 재료로 사용된다.

① ㄱ   ② ㄷ   ③ ㄱ, ㄴ
④ ㄴ, ㄷ   ⑤ ㄱ, ㄴ, ㄷ

[20703-0156]
02 그림은 광상의 종류를 나타낸 것이다. A, B, C는 화성 광상, 퇴적 광상, 변성 광상 중 하나이다.

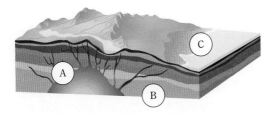

이에 대한 설명으로 옳은 것만을 〈보기〉에서 있는 대로 고른 것은?

┌ 보기 ┌
ㄱ. A는 화성 광상이다.
ㄴ. B는 고온 고압에 의해 광물의 조성이 변하여 형성되기도 한다.
ㄷ. C는 암석이 풍화, 침식, 운반되는 과정에서 형성된다.

① ㄱ   ② ㄷ   ③ ㄱ, ㄴ
④ ㄴ, ㄷ   ⑤ ㄱ, ㄴ, ㄷ

[20703-0157]
03 그림은 우리나라의 흑연 광상, 석회석 광상, 고령토 광상의 위치와 그 주변에 분포하는 암석을 나타낸 것이다.

A, B, C에 해당하는 암석을 옳게 짝 지은 것은?

	A	B	C
①	화성암	퇴적암	변성암
②	화성암	변성암	퇴적암
③	퇴적암	변성암	화성암
④	변성암	퇴적암	화성암
⑤	변성암	화성암	퇴적암

[20703-0158]
04 그림은 우리나라에 매장된 금속 광물 자원의 양을 비율로 나타낸 것이다.

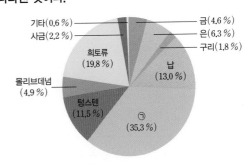

이에 대한 설명으로 옳은 것만을 〈보기〉에서 있는 대로 고른 것은?

┌ 보기 ┌
ㄱ. ㉠은 철에 해당한다.
ㄴ. 대체로 전기와 열을 잘 전달하지 못한다.
ㄷ. 대부분 제련 과정을 거쳐야 한다.

① ㄱ   ② ㄴ   ③ ㄱ, ㄷ
④ ㄴ, ㄷ   ⑤ ㄱ, ㄴ, ㄷ

05 [20703–0159]
표는 광상 A, B, C에서 산출되는 대표적인 지하자원의 예를 나타낸 것이다. A, B, C는 화성 광상, 퇴적 광상, 변성 광상 중 하나이다.

광상	예
A	활석, 석면
B	갈철석, 적철석
C	석영, 장석

이에 대한 설명으로 옳은 것만을 〈보기〉에서 있는 대로 고른 것은?

┌ 보기 ┐
ㄱ. A는 변성 광상이다.
ㄴ. 고령토는 B 광상에서 산출된다.
ㄷ. C는 풍화의 산물이 그 자리에 남아서 형성되었다.

① ㄱ   ② ㄷ   ③ ㄱ, ㄴ
④ ㄴ, ㄷ   ⑤ ㄱ, ㄴ, ㄷ

06 [20703–0160]
표는 주요 광물 A, B와 실생활에 활용되는 예를 나타낸 것이다.

주요 광물	A	B
활용되는 예	도자기	유리 플라스크

이에 대한 설명으로 옳은 것만을 〈보기〉에서 있는 대로 고른 것은?

┌ 보기 ┐
ㄱ. A는 고령토이다.
ㄴ. B는 금속 광물에 속한다.
ㄷ. A와 B는 모두 변성 광상으로부터 얻을 수 있다.

① ㄱ   ② ㄴ   ③ ㄱ, ㄷ
④ ㄴ, ㄷ   ⑤ ㄱ, ㄴ, ㄷ

07 [20703–0161]
그림은 자동차의 주요 부품에 사용되는 광물 자원을 나타낸 것이다.

차체: 알루미늄
유리: 석영
축전지: 납
전기 배선: 구리

이에 대한 설명으로 옳은 것만을 〈보기〉에서 있는 대로 고른 것은?

┌ 보기 ┐
ㄱ. 석영은 비금속 광물이다.
ㄴ. 납과 구리는 제련 과정을 통해 얻을 수 있다.
ㄷ. 알루미늄은 가벼우면서도 쉽게 녹슬지 않는다.

① ㄴ   ② ㄷ   ③ ㄱ, ㄴ   ④ ㄱ, ㄷ   ⑤ ㄱ, ㄴ, ㄷ

08 [20703–0162]
표는 서로 다른 두 광물 자원의 사진과 특징을 나타낸 것이다.

광물	A	B
사진		
특징	고온 다습한 지역에서 고령토가 풍화 작용을 받아 생성된 자원으로 알루미늄 성분이 풍부함.	해수 및 퇴적물에 용존된 성분이 침전하여 생성되며 망가니즈, 니켈 등 금속 성분이 풍부함.

이에 대한 설명으로 옳은 것만을 〈보기〉에서 있는 대로 고른 것은?

┌ 보기 ┐
ㄱ. A는 보크사이트이다.
ㄴ. B는 심해저에서 잘 형성된다.
ㄷ. A와 B 모두 제련 과정을 거쳐 필요한 금속을 얻을 수 있다.

① ㄱ   ② ㄷ   ③ ㄱ, ㄴ   ④ ㄴ, ㄷ   ⑤ ㄱ, ㄴ, ㄷ

09 [20703-0163]

그림은 2018년에 미국에서 태어난 아기가 평생 동안 많
이 사용하는 자원의 종류와 소비량을 나타낸 것이다.

소금 12080 kg
점토 5075 kg
인광석 6970 kg
천연가스 195952578 리터
석유 277599 리터
시멘트 23412 kg
구리 465 kg
철 8721 kg
아연 215 kg
금 0.06 kg
암석, 모래, 자갈 580598 kg
납 393 kg
석탄 157591 kg
기타 광물과 금속 19873 kg
알루미늄 1000 kg

이에 대한 설명으로 옳은 것만을 〈보기〉에서 있는 대로 고른 것은?

┌─ 보기 ┐
ㄱ. 비금속 광물보다 금속 광물의 소비량이 많다.
ㄴ. 금속 광물 중에서 구리의 소비량이 가장 많다.
ㄷ. 에너지 자원에서 천연가스는 석유보다 소비량이 많다.
└─────┘

① ㄱ   ② ㄷ   ③ ㄱ, ㄴ
④ ㄴ, ㄷ   ⑤ ㄱ, ㄴ, ㄷ

10 [20703-0164]

그림 (가)는 가스수화물을, (나)는 (가)가 대량으로 매장된
것이 확인된 탐사 지점을 나타낸 것이다.

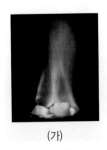 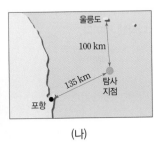

(가)   (나)

이에 대한 설명으로 옳은 것만을 〈보기〉에서 있는 대로 고른 것은?

┌─ 보기 ┐
ㄱ. (가)는 에너지 자원이다.
ㄴ. (가)는 주로 기체 상태로 존재한다.
ㄷ. (나)의 탐사 지점에는 온실 효과를 증가시키는 자원
    이 매장되어 있다.
└─────┘

① ㄴ   ② ㄷ   ③ ㄱ, ㄴ
④ ㄱ, ㄷ   ⑤ ㄱ, ㄴ, ㄷ

11 서술형 [20703-0165]

그림은 망가니즈 단괴를 나타낸 것이다.

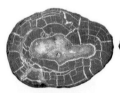

망가니즈 단괴의 단면을 보면 마치 나무의 나이테 구조와 비슷한데
그 형성 과정에 대하여 서술하시오.

12 [20703-0166]

다음은 해양 에너지 자원을 발전 방식의 특징을 기준으
로 분류하는 과정을 나타낸 것이다.

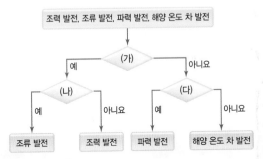

(가), (나), (다)에 들어갈 적절한 분류 기준을 〈보기〉에서 찾아
옳게 짝 지은 것은?

┌─ 보기 ┐
ㄱ. 바람과 관련이 있는가?
ㄴ. 풍력 발전과 원리가 동일한가?
ㄷ. 달과 태양의 인력에 의한 에너지를 주로 이용하는가?
└─────┘

	(가)	(나)	(다)		(가)	(나)	(다)
①	ㄱ	ㄴ	ㄷ	②	ㄱ	ㄷ	ㄴ
③	ㄴ	ㄱ	ㄷ	④	ㄷ	ㄱ	ㄴ
⑤	ㄷ	ㄴ	ㄱ				

13 [20703–0167]
그림 (가)와 (나)는 밀물과 썰물 시기일 때 조력 발전의 원리를 순서 없이 나타낸 것이다.

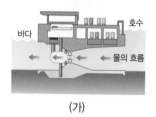 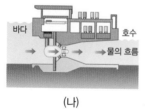

(가)   (나)

이에 대한 설명으로 옳은 것만을 〈보기〉에서 있는 대로 고른 것은?

┌ 보기 ┐
ㄱ. (가)는 밀물 시기이다.
ㄴ. 해양 에너지 자원에 해당한다.
ㄷ. 조석 간만의 차가 큰 지역이 유리하다.

① ㄱ   ② ㄴ   ③ ㄷ
④ ㄴ, ㄷ   ⑤ ㄱ, ㄴ, ㄷ

14 [20703–0168]
그림 (가)와 (나)는 해수를 이용한 발전 방식을 나타낸 것이다.

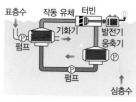 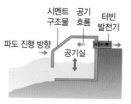

(가) 해양 온도 차 발전   (나) 파력 발전

이에 대한 설명으로 옳은 것만을 〈보기〉에서 있는 대로 고른 것은?

┌ 보기 ┐
ㄱ. (가)는 표층수와 심층수의 온도 차이를 이용한다.
ㄴ. (나)는 부유식 파력 발전 방식을 나타낸 것이다.
ㄷ. (가)와 (나)는 재생 가능한 친환경 에너지를 이용한다.

① ㄱ   ② ㄴ   ③ ㄱ, ㄷ
④ ㄴ, ㄷ   ⑤ ㄱ, ㄴ, ㄷ

15 [20703–0169]
표는 우리나라 세 지역 A, B, C에서 일정 기간 측정한 조석 간만의 차와 조류의 속력을 각각 평균하여 나타낸 것이다.

지역	조석 간만의 차(m)	조류의 속력(m/s)
A	5.7	0.8
B	4.9	0.6
C	2.3	1.2

이에 대한 설명으로 옳은 것만을 〈보기〉에서 있는 대로 고른 것은?

┌ 보기 ┐
ㄱ. 조석 간만의 차가 작은 지역일수록 조류가 느리다.
ㄴ. 세 지역 중 조류 발전에 가장 적합한 곳은 C이다.
ㄷ. 조력 발전은 조류 발전보다 해양 생태계에 미치는 영향이 작다.

① ㄱ   ② ㄴ   ③ ㄱ, ㄷ
④ ㄴ, ㄷ   ⑤ ㄱ, ㄴ, ㄷ

16 [20703–0170]
그림 (가)는 해양 자원을 분류한 것이고, (나)는 바다 목장을 나타낸 것이다.

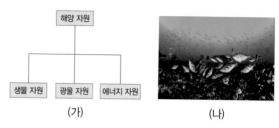

(가)   (나)

이에 대한 설명으로 옳은 것만을 〈보기〉에서 있는 대로 고른 것은?

┌ 보기 ┐
ㄱ. 대부분의 생물 자원은 식량으로 이용된다.
ㄴ. (나)는 광물 자원의 생산량을 늘리는 방법이다.
ㄷ. 해양에서 채취되는 소금은 에너지 자원의 예이다.

① ㄱ   ② ㄴ   ③ ㄱ, ㄷ
④ ㄴ, ㄷ   ⑤ ㄱ, ㄴ, ㄷ

신유형·수능 열기

01 [20703-0171]
표는 퇴적 광상의 생성 과정과 광물 자원의 대표적인 예를 나타낸 것이다.

광상	생성 과정	광물 자원의 예
표사 광상	퇴적물의 운반 과정에서 형성	㉠
A	풍화의 산물이 그 자리에 남아서 형성	고령토, 보크사이트
B	물의 증발에 의한 용해 물질 침전	암염, 석고

이에 대한 설명으로 옳은 것만을 〈보기〉에서 있는 대로 고른 것은?

┌─ 보기 ┌
ㄱ. 사금과 금강석은 ㉠에 해당한다.
ㄴ. A는 풍화 잔류 광상이다.
ㄷ. B에서 산출되는 것은 모두 비금속 광물 자원이다.

① ㄱ   ② ㄷ   ③ ㄱ, ㄴ   ④ ㄴ, ㄷ   ⑤ ㄱ, ㄴ, ㄷ

02 [20703-0172]
다음은 시화호 조력 발전소에 대한 설명이다.

시화호 조력 발전소는 조석 현상을 이용하여 전기를 생산한다. 일반적으로 밀물과 썰물 시기 모두 발전을 할 수 있으나, 시화호 발전소는 ㉠밀물일 때만 제방 안쪽으로 흘려보내면서 낙차를 이용하여 발전을 한다. 썰물일 때 발전을 하기 위해 제방 안쪽 호수에 물을 가두어 둘 경우 인접 도시의 침수 및 서식 생물의 피해가 발생할 우려가 있어 발전하지 않고 그냥 물을 방류한다.

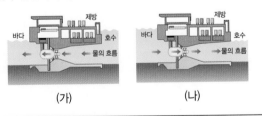

(가)   (나)

이에 대한 설명으로 옳은 것만을 〈보기〉에서 있는 대로 고른 것은?

┌─ 보기 ┌
ㄱ. ㉠ 시기는 (가)이다.
ㄴ. 해양 생태계에 영향을 미친다.
ㄷ. 조석 간만의 차가 큰 지역이 유리하다.

① ㄱ   ② ㄴ   ③ ㄱ, ㄷ   ④ ㄴ, ㄷ   ⑤ ㄱ, ㄴ, ㄷ

03 [20703-0173]
그림 (가)는 가스수화물의 분포를, (나)는 가스수화물의 상평형도를 나타낸 것이다.

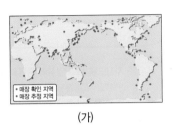
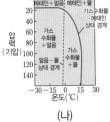

(가)   (나)

가스수화물에 대한 설명으로 옳은 것만을 〈보기〉에서 있는 대로 고른 것은?

┌─ 보기 ┌
ㄱ. 해저에만 존재한다.
ㄴ. 저온 고압 환경에서 생성된다.
ㄷ. 온도가 15 ℃일 때 압력이 20기압이면 존재할 수 있다.

① ㄱ   ② ㄴ   ③ ㄱ, ㄷ   ④ ㄴ, ㄷ   ⑤ ㄱ, ㄴ, ㄷ

04 [20703-0174]
그림은 1990년부터 2015년까지 전 세계 에너지 자원의 소비량을 나타낸 것이다.

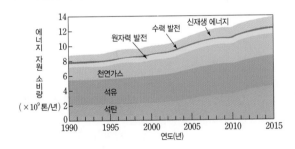

이에 대한 설명으로 옳은 것만을 〈보기〉에서 있는 대로 고른 것은?

┌─ 보기 ┌
ㄱ. 화석 연료의 소비량은 1990년보다 2015년이 많다.
ㄴ. 이와 같은 추세라면 지구 온난화는 약화될 것이다.
ㄷ. 이 기간 동안 화석 연료 중 소비량이 가장 많이 증가한 것은 석유이다.

① ㄱ   ② ㄴ   ③ ㄱ, ㄷ   ④ ㄴ, ㄷ   ⑤ ㄱ, ㄴ, ㄷ

5 한반도의 지질

- 지질도를 보고 암석의 종류와 지질 구조를 파악하기
- 한반도 지질 분포와 특징을 지질 시대와 관련지어 이해하기
- 변성 작용의 주요 요인을 알고, 지질 시대별 화성 활동과 변성 작용을 설명하기

한눈에 단원 파악, 이것이 핵심!

다양한 암석의 종류와 분포, 지질 구조를 효과적으로 나타내는 방법은 무엇이 있을까?

지질학자들은 노두가 잘 드러난 지역을 중심으로 암석과 지층 등을 자세히 관찰한 후 지형도에 여러 가지 기호를 사용하여 노선 지질도를 작성한다. 그리고 여러 개의 노선 지질도를 종합하여 해당 지역의 지질도를 완성한다.

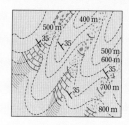

▲ 노선 지질도

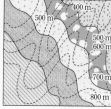

▲ 지질도

▲ 지질도에서 사용되는 기호

변성암은 어떻게 생성된 것일까?

암석이 생성 당시와는 다른 온도나 압력에 놓이면 고체 상태에서 광물의 조성이나 조직이 달라지는데, 이러한 과정을 변성 작용이라고 한다. 변성 작용에는 열에 의한 접촉 변성 작용과, 열과 압력에 의한 광역 변성 작용이 있다.

- 접촉 변성 작용 → 혼펠스 조직, 입상 변정질 조직
- 광역 변성 작용 → 편리, 편마 구조

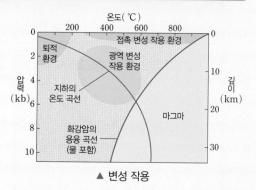

▲ 변성 작용

01 지질도와 한반도의 지질

1 지질 조사와 지질도

(1) 지질 조사

① 지질 조사: 어떤 지역에 나타나는 지층의 분포, 암석의 종류와 생성 순서, 지질 구조 등을 조사하는 활동을 말한다. 지질 조사는 지하자원의 탐사, 터널이나 발전소 등의 건설, 산사태와 같은 자연 재해를 예방하기 위해서도 실시한다.

② 지질 조사의 순서: 문헌 조사 →❶노두 조사 →❷노선 지질도 작성 →❸지질도 작성 →❹지질 단면도 작성 →❺지질 주상도 작성

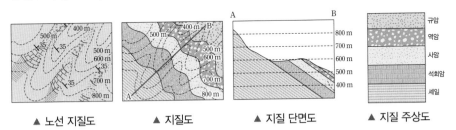

▲ 노선 지질도　　　▲ 지질도　　　▲ 지질 단면도　　　▲ 지질 주상도

(2) 주향과 경사: 일반적으로 지층의 주향과 경사는 ❻클리노미터를 이용하여 측정한다.

① 주향: 지층면이 가상의 수평면과 만나서 이루는 교선의 방향으로, 진북을 기준으로 동쪽(E) 또는 서쪽(W)으로 몇 도(°)를 이루는지를 나타낸다. ➡ 지층면에 클리노미터의 긴 모서리를 수평으로 대고 북쪽을 기준으로 자침이 가리키는 바깥쪽 눈금을 읽는다.

② 경사: 경사 방향은 주향과 직각인 방향이고, 경사각은 지층면이 수평면과 이루는 각도이다.

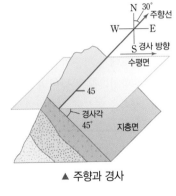

▲ 주향과 경사

▲ 주향 측정　　　▲ 경사 측정　　　▲ 주향과 경사의 표시

③ 주향과 경사의 표시: 주향선이 진북을 기준으로 30°만큼 서쪽으로 돌아가 있다면 주향은 N30°W로 표시한다.

표시법	기호	표시법	기호	표시법	기호
수평층	⊕ 또는 ┼	주향 EW 경사 30°S	┬ 30	주향 N60°E 경사 90°	╱60
수직층	┼	주향 N45°E 경사 60°SE	╱45 60	주향 N45°W 경사 30°NE	45╲30

▲ 주향과 경사의 표시법

THE 알기

❶ **노두**
암석이나 지층이 지표에 드러난 것으로, 산과 해안 지역의 절벽, 계곡, 절개지 등에 나타난다.

❷ **노선 지질도**
지층의 주향과 경사, 암석의 특징, 암석과 지층의 상호 관계, 암석과 화석 표품 채취 위치 등을 지형도에 그린 평면도이다.

❸ **지질도**
여러 개의 노선 지질도를 종합하여 직접 조사하지 못한 지역의 암석이나 지층의 분포 상태를 기호나 색으로 연결하여 지형도에 표시한 평면도이다.

❹ **지질 단면도**
지질도 상에서 필요한 두 지점을 직선으로 잘라 지하의 지질 구조와 지층의 경계와 지층의 분포 등을 단면으로 나타낸다.

❺ **지질 주상도**
관찰 지역 지층의 선후 관계를 밝혀 지층이 쌓인 순서대로 지층의 두께와 간단한 특징을 기둥 모양으로 나타낸다.

❻ **클리노미터**

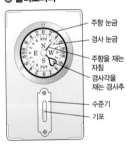

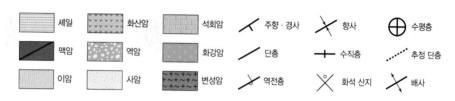

▲ 지질도에 사용하는 일반적인 기호

(3) 지질도 해석

① 지층 경계선과 등고선의 관계
- **❶수평층**: 지층 경계선이 등고선과 나란하다.
- **수직층**: 지층 경계선이 등고선과 관계없이 직선으로 나타난다.
- **경사층**: 지층 경계선과 등고선이 교차하면서 곡선을 이룬다.

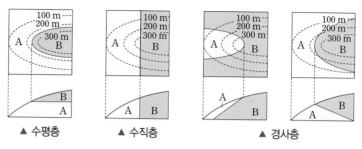

▲ 수평층   ▲ 수직층   ▲ 경사층

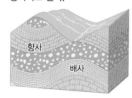

② 지질도에서 지층의 주향선과 경사 방향
- **주향선**: 같은 높이의 등고선과 지층 경계선이 만나는 두 지점을 연결한 직선이며, 이 주향선의 방향이 주향이다.
- **경사 방향**: 어떤 지층 경계선 상에서 고도가 높은 주향선에서 고도가 낮은 주향선 쪽으로 주향선에 수직이 되도록 그린 화살표의 방향이다.

③ 지질도에서 지질 구조 해석
- **❷습곡**: 지층 경계선이 습곡축을 중심으로 대체로 대칭을 이루며, 습곡축을 중심으로 경사의 방향은 반대이다.
- **❸부정합**: 한 지층 경계선이 다른 지층 경계선의 일부 또는 전부를 덮으며, 덮은 선을 경계로 다른 지층이 나타난다.
- **단층**: 한 지층 경계선이 다른 지층 경계선을 끊으면서 경계선의 양쪽에 같은 지층이 반복적으로 나타난다.

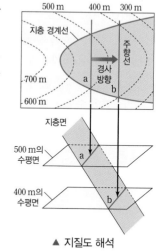

▲ 지질도 해석

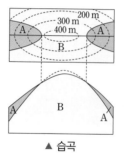

▲ 습곡

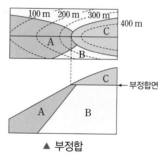

▲ 부정합

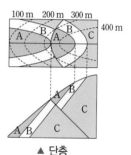

▲ 단층

2 한반도의 지질

(1) 한반도의 ❶지체 구조: 우리나라는 선캄브리아 시대부터 신생대에 이르는 ❷여러 지질 시대의 암석과 지층이 분포하며 지질 구조가 매우 복잡하다.

① 육괴: 지형적으로나 구조적으로 특정한 방향성을 나타내지 않는 암석들이 분포하는 지역으로, 주로 선캄브리아 시대의 변성암류인 편마암과 편암 등으로 이루어져 있으며 고생대 이후 대체로 육지로 드러나 있었다. 우리나라에는 낭림 육괴, 경기 육괴, 영남 육괴 등이 발달해 있다.

② 퇴적 분지: 주로 고생대나 중생대에 바다나 호수에 퇴적층이 쌓여 형성된 지역으로, 육괴와 육괴 사이에 분포하며 경상 분지, 옥천 분지, 태백산 분지, 평남 분지 등이 있다. 경상 분지는 중생대 백악기에 하천과 호수에서 생성된 퇴적암과 화산암으로 이루어져 있으며, 옥천 분지는 변성 작용을 받은 변성 퇴적암류가, 태백산 분지는 고생대와 중생대의 퇴적암이 분포한다. 평남 분지는 고생대 퇴적암, 포항 분지는 신생대 네오기의 퇴적암으로 이루어져 있다.

③ 습곡대: 암석이 습곡이나 단층에 의해 복잡하게 변형된 지역이다. 고생대의 옥천 습곡대는 비변성대인 북동부의 태백산 분지와 변성대인 남서부의 옥천 분지로 구분된다.

(2) 한반도의 ❸지질 계통

연대 (백만 년 전)	지질 시대		지질 계통	특징	
	신생대	제4기	제4기층		
		네오기	연일층군		육성층/해성층
			← 부정합		
		팔레오기		불국사 화강암 관입 불국사 변동	결층
66 →					
	중생대	백악기	경상 누층군		육성층, 공룡 화석
			← 부정합 대보 조산 운동 (대보 화강암 관입)		결층
		쥐라기	대동 누층군		육성층, 석탄층
		트라이아스기		부정합 송림 변동	결층
252 →					
	고생대	페름기	평안 누층군		육성층, 석탄층
		석탄기			해성층, 석회암
			← 부정합		
		데본기			결층
		실루리아기			
			회동리층		
			← 부정합		
		오르도비스기			
		캄브리아기	조선 누층군		해성층, 석회암
541 →			← 부정합		
	선캄브리아 시대		선캄브리아 시대층	선캄브리아 변성암 복합체 (낭림 육괴, 경기 육괴, 영남 육괴)	

▲ 한반도의 지질 계통과 특징

❶ 지체 구조
어느 지역을 암석의 종류와 생성 시기, 지질 구조 등의 특징을 고려하여 여러 개의 작은 땅덩어리로 나눈 것을 지체 구조라고 하며, 비슷한 시기에 생성되어 거의 같은 지질학적 과정을 겪은 지역을 지체 구조구라고 한다.

▲ 한반도의 지체 구조

❷ 한반도의 암석 분포

▲ 지질 시대별 암석 분포

▲ 종류별 암석 분포

❸ 지질 계통
어떤 지역에 분포하고 있는 암석과 지층을 생성 시대 순으로 배열하여 상호 관계를 나타낸 것이다.

❶ 혼성암

변성암이 온도가 높아지면 부분적으로 녹았다가 굳어져 변성암과 화강암이 엉켜 있는 것처럼 보이는 암석이다.

❷ 스트로마톨라이트

사이아노박테리아를 비롯한 광합성을 할 수 있는 생물의 광합성 활동으로 만들어진 암석으로, 층 모양의 줄무늬가 있다.

❸ 회동리층

고생대 초기인 조선 누층군과 고생대 말기인 평안 누층군 사이의 약 1억 5천만 년 동안에는 퇴적층이 발견되지 않아 대결층으로 불렸으나, 고생대 중기에 퇴적된 것으로 여겨지는 강원도 정선의 회동리층 및 충남 태안의 태안층과 같은 지층이 발견되어 연구 중에 있다.

❹ 독도

수심 약 2000 m에서 솟아오른 용암이 굳어져 형성된 화산섬으로, 신생대 제3기(약 450만 년 전)부터 형성되기 시작하여 약 270만 년 전에 해수면 위로 올라왔다. 원래 하나의 섬이었던 독도는 해수의 침식 작용으로 인해 동도와 서도로 나누어졌다.

(3) 한반도의 시대별 지질 분포

① 선캄브리아 시대: 경기 육괴, 영남 육괴, 낭림 육괴에 널리 분포한다. 대부분 편암, 편마암, 규암 등으로 구성되어 있으며, 지층이 심하게 변형되어 지질 구조가 복잡하고 화석이 거의 산출되지 않는다. 지층의 선후 관계와 정확한 지질 시대를 파악하기 어려운 이 시기의 암석을 선캄브리아 변성암 복합체라고 한다. 대이작도에서는 약 25억 년 전에 생성된 ❶혼성암이 발견되며, 소청도의 대리암층에서는 ❷스트로마톨라이트가 산출된다.

② 고생대: 한반도에 큰 규모의 지각 변동이 없었던 평온한 시기였다.

구분	조선 누층군	평안 누층군
퇴적 시기	캄브리아기~오르도비스기 중기	석탄기~트라이아스기 전기
지층	석회암, 사암, 셰일 등의 해성층	· 상부: 사암, 셰일 등의 육성층, 무연탄층 · 하부: 사암, 셰일, 석회암 등의 해성층
화석	삼엽충, 완족류, 필석류, 코노돈트	양치식물, 완족류, 방추충, 산호

• ❸회동리층: 강원도 정선 부근에서 발견된 실루리아기의 지층이다.

③ 중생대: 조산 운동과 화성 활동이 가장 활발했던 시기이다.

구분	대동 누층군	경상 누층군
퇴적 시기	트라이아스기 후기~쥐라기 중기	백악기
지층	사암, 셰일, 역암, 석탄층	사암, 셰일, 역암, 응회암, 화산암
화석	민물어류, 소철류, 은행류	민물어류, 공룡, 연체동물, 속씨식물

• 송림 변동: 트라이아스기에 고생대층이 조산 운동으로 인해 복잡하게 변형되었고, 단층선을 따라 발달한 퇴적 분지에 대동 누층군이 퇴적되었다.

• 대보 조산 운동: 고생대 지층과 대동 누층군의 지층이 크게 변형되었으며, 한반도 전역에 걸쳐 대보 화강암의 관입이 대규모로 일어났다.

• 불국사 변동: 백악기 후기에 한반도 남부를 중심으로 화강암의 관입과 화산암의 분출이 활발하게 일어났으며, 이때 관입한 화강암류를 불국사 화강암이라고 한다.

④ 신생대: 한반도가 현재와 거의 비슷한 모습으로 완성된 시기이다.

• 팔레오기, 네오기: 육성층과 해성층이 번갈아 나타나며, 경북 포항과 동해안을 따라 분포한다. 유공충, 규화목, 식물 화석 등이 발견된다.

• 제4기: 화산 활동으로 백두산, 제주도, 울릉도, ❹독도, 철원 지역의 현무암 대지가 형성되었다.

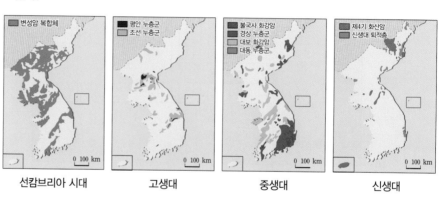

▲ 지질 시대별 암석 분포

개념체크

빈칸 완성

1. 지층면이 가상의 수평선과 만나서 이루는 교선의 방향을 (　　　)이라고 한다.

2. 경사 방향은 주향과 (　　　) 방향이다.

3. 지질도에서 지층 경계선이 등고선과 관계없이 직선으로 나타나면 (　　　)층이다.

4. 같은 높이의 등고선과 지층 경계선이 만나는 두 지점을 연결한 직선은 (　　　)이다.

5. 한 지층 경계선이 다른 지층 경계선을 끊으면서 경계선의 양쪽에 같은 지층이 반복적으로 나타나면 이 지역에는 (　　　)이 존재한다.

6. (　　　)는 육괴와 육괴 사이에 분포하며, 주로 바다나 호수에 퇴적층이 쌓여 형성된 곳이다.

둘 중에 고르기

7. 주향을 측정할 때는 주향선에 클리노미터의 ① (긴 , 짧은) 모서리를 수평으로 대고 ② (북쪽 , 남쪽)을 기준으로 자침이 가리키는 ③ (안쪽 , 바깥쪽) 눈금을 읽는다.

8. 수평층은 지층 경계선이 등고선과 (나란하다 , 수직이다).

9. 지층의 경사 방향은 고도가 ① (높은 , 낮은) 주향선에서 고도가 ② (높은 , 낮은) 주향선 쪽으로 주향선에 수직이 되도록 그린 화살표의 방향이다.

단답형 문제

10. 주향선이 북쪽을 기준으로 45°만큼 동쪽으로 돌아가 있다면 주향은 어떻게 표시하는지 쓰시오.

11. 수직층과 수평층의 기호를 순서대로 표현하시오.

정답 **1.** 주향 **2.** 수직 **3.** 수직 **4.** 주향선 **5.** 단층 **6.** 퇴적 분지 **7.** ① 긴 ② 북쪽 ③ 바깥쪽 **8.** 나란하다 **9.** ① 높은 ② 낮은 **10.** N45°E **11.** ─┼─. ⊕ 또는 ╋

○X 문제

1. 한반도의 지체 구조에 대한 설명으로 옳은 것은 ○, 옳지 <u>않은</u> 것은 ×로 표시하시오.

(1) 지형적으로나 구조적으로 특정한 방향성을 나타내지 않는 암석들이 분포하며, 주로 선캄브리아 시대의 변성암류로 이루어져 있는 지역을 육괴라고 한다. (　　　)

(2) 경상 분지는 주로 변성 작용을 받은 변성 퇴적암류로 이루어져 있다. (　　　)

2. 한반도의 시대별 지질 분포에 대한 설명으로 옳은 것은 ○, 옳지 <u>않은</u> 것은 ×로 표시하시오.

(1) 선캄브리아 시대의 암석은 주로 퇴적암이다. (　　　)

(2) 한반도에서 지각 변동이 가장 활발했던 시기는 고생대이다. (　　　)

(3) 평안 누층군의 하부는 해성층, 상부는 육성층으로 구성되어 있다. (　　　)

순서대로 나열하기

3. 아래의 과정을 지질 조사를 진행하는 순서대로 나열하시오.

㉠ 지질 단면도 작성	㉡ 노두 조사
㉢ 노선 지질도 작성	㉣ 지질도 작성
㉤ 문헌 조사	㉥ 지질 주상도 작성

4. 아래의 지층을 먼저 퇴적된 것부터 순서대로 나열하시오.

㉠ 경상 누층군	㉡ 평안 누층군
㉢ 조선 누층군	㉣ 대동 누층군

5. 한반도에 분포하는 암석 중 가장 많은 것부터 순서대로 나열하시오.

㉠ 변성암	㉡ 퇴적암	㉢ 화성암

6. 중생대에 있었던 지각 변동 중 시기가 빠른 것부터 순서대로 나열하시오.

㉠ 불국사 변동	㉡ 송림 변동	㉢ 대보 조산 운동

정답 **1.** (1) ○ (2) × **2.** (1) × (2) × (3) ○ **3.** ㉤-㉡-㉢-㉥-㉠-㉣ **4.** ㉢-㉡-㉣-㉠ **5.** ㉠-㉢-㉡ **6.** ㉡-㉢-㉠

02 한반도의 형성과 판 구조 환경

❶ 한반도 주변의 판 구조

❷ ❸ 한중 지괴, 남중 지괴

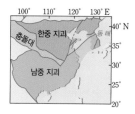

❹ 고태평양판
현재의 북서 태평양 지역에 존재했던 태평양판이다.

1 한반도의 형성과 판 구조 환경

(1) ❶한반도 주변의 판 구조

① 한반도는 유라시아판의 북동부 가장자리에 위치하며, 한반도 주변에는 필리핀판이 북서쪽의 유라시아판 아래로 섭입하고 있으며, 태평양판은 필리핀판과 북아메리카판 아래로 섭입하고 있다.

② 한반도의 북부와 남부는 북중국과 함께 ❷한중 지괴로 묶을 수 있으며, 한반도의 중부는 남중국과 함께 ❸남중 지괴로 묶을 수 있다.

(2) 고생대의 한반도 : 고지자기 분석에 의하면 한반도는 적도 부근에 위치한 곤드와나 대륙의 주변에 있었다. 따라서 따뜻한 바다에서 형성된 석회암층과 삼엽충, 온난 다습한 곳에 살았던 고사리 화석이 발견된다.

(3) 중생대의 한반도 : 고생대 후기에 들어 곤드와나 대륙이 분리되기 시작하여, 한중 지괴와 남중 지괴들이 분리되어 북쪽으로 이동하였다.

① 트라이아스기에는 두 지괴가 충돌하여 송림 변동이 일어나 많은 고생대 지층이 변형되었다.

② 쥐라기에는 두 지괴가 합쳐지면서 대보 조산 운동이 일어났으며, 이로 인한 화성 활동으로 대보 화강암이 만들어졌다. 하나로 합쳐진 두 지괴는 계속 북쪽으로 이동하여 유라시아 대륙과 충돌하면서 한반도와 동북 아시아의 모습이 점차 현재와 비슷하게 되었다.

③ 백악기에는 ❹고태평양판이 한반도 아래로 섭입하면서 마그마의 관입과 분출이 활발하게 일어나 불국사 화강암과 화산 퇴적물이 만들어졌다.

(4) 신생대의 한반도

① 약 2천 5백만 년 전에 태평양판이 일본 아래로 섭입하면서 한반도와 붙어 있던 일본 열도가 대륙에서 분리되어 동해가 확장되기 시작하였다.

② 약 450만 년 전에 화산 분출이 일어나 울릉도와 독도가 만들어졌다.

③ 백두산이 형성되기 시작하였고, 한라산은 약 170만 년 전에 일어난 화산 활동으로 만들어졌다.

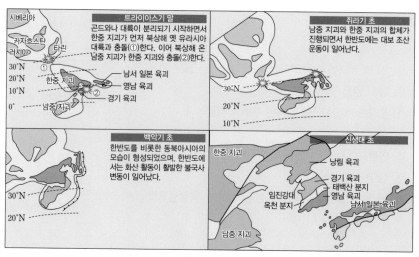

▲ 한반도의 형성 과정

개념체크

1. 한반도는 ( )판의 북동부에 위치한다.

2. 한반도 주변에서 ① ( )판은 유라시아판 아래로 섭입하며, 태평양판은 ② ( )판과 북아메리카판 아래로 섭입하고 있다.

3. 한반도의 북부와 남부는 북중국과 함께 ① ( )로 묶을 수 있으며, 중부는 남중국과 함께 ② ( )로 묶을 수 있다.

4. 고생대에 한반도는 적도 부근에 위치한 ( ) 대륙의 주변에 위치하였다.

5. 분리된 한중 지괴와 남중 지괴가 충돌하면서 ( ) 변동이 일어났다.

6. 신생대에는 태평양판이 일본 아래로 섭입하면서 ( )가 확장되기 시작했다.

7. 고생대 (전기 , 후기)에 들어 곤드와나 대륙이 분리되기 시작하였다.

8. 한중 지괴와 남중 지괴는 곤드와나 대륙에서 분리된 후 점차 (북쪽 , 남쪽)으로 이동하였다.

9. 시기에 따른 한반도 형성 과정을 바르게 연결하시오.

(1) 고생대 후기 ·	· ㉠ 송림 변동
(2) 트라이아스기 ·	· ㉡ 곤드와나 대륙의 분리
(3) 쥐라기 ·	· ㉢ 불국사 화강암과 화산 퇴적물 형성
(4) 백악기 ·	· ㉣ 현재와 비슷한 한반도 모양 형성

정답 **1.** 유라시아 **2.** ① 필리핀 ② 필리핀 **3.** ① 한중 지괴 ② 남중 지괴 **4.** 곤드와나 **5.** 송림 **6.** 동해 **7.** 후기 **8.** 북쪽 **9.** (1) ㉡ (2) ㉠ (3) ㉣ (4) ㉢

1. 한반도 형성에 대한 설명으로 옳은 것은 ○, 옳지 <u>않은</u> 것은 ×로 표시하시오.

(1) 고생대에 한반도는 적도 부근에 위치하였다.
( )

(2) 트라이아스기에는 한중 지괴와 남중 지괴가 충돌하였다. ( )

(3) 쥐라기에는 한중 지괴와 남중 지괴가 합쳐지면서 대보 조산 운동이 일어났다. ( )

(4) 신생대에는 고태평양판의 섭입으로 불국사 화강암이 형성되었다. ( )

(5) 한라산은 독도보다 먼저 형성되었다. ( )

2. 아래 그림에서 한반도 주변에 위치하는 판 A, B, C, D의 이름을 쓰시오.

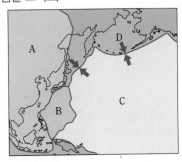

A: ( ), B: ( ),
C: ( ), D: ( )

정답 **1.** (1) ○ (2) ○ (3) ○ (4) × (5) × **2.** A: 유라시아판, B: 필리핀판, C: 태평양판, D: 북아메리카판

03 한반도의 변성 작용

1 한반도의 변성 작용

(1) 변성 작용과 변성암의 조직

① **❶접촉 변성 작용**: 마그마가 관입할 때 방출된 열에 의해 마그마와의 접촉부를 따라 일어나는 변성 작용
  - 혼펠스 조직: 입자의 방향성이 없으며, 치밀하고 균질하게 짜여진 조직이다.
  - 입상 변정질 조직: 방향성이 없이 원암의 구성 광물들이 ❷재결정 작용으로 인해 크기가 커진 조직이며, 대리암이나 규암에서 잘 나타난다.

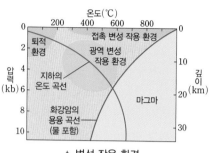

▲ 변성 작용 환경

② 광역 변성 작용: 조산 운동이 일어나는 지역에서 넓은 범위에 걸쳐 열과 압력에 의해 일어나는 변성 작용
  - 편리: 광물들이 평행하게 배열된 줄무늬이다.
  - 편마 구조: 유색 광물과 무색 광물이 재배열되면서 두꺼운 줄무늬를 갖는 구조이다.

(2) 변성 작용과 변성암의 종류

변성 작용	원래의 암석	변성암			❸엽리 유무
		변성 후 암석	조직		
접촉 변성 작용	사암	규암	입상 변정질 조직		엽리 없음
	석회암	대리암			
	셰일	혼펠스	혼펠스 조직		
광역 변성 작용	셰일	점판암	쪼개짐	세립질 ↕ 조립질	엽리 발달
		천매암			
		편암	편리		
		❹편마암	편마 구조		
	현무암	각섬암	엽리		
	화강암	(화강) 편마암			

(3) 한반도의 변성암

① 한반도에서 가장 오래된 암석은 선캄브리아 시대의 경기 육괴에 속하는, 인천 앞바다에 있는 대이작도를 구성하는 편마암이다. 이 편마암은 약 25억 년 전에 광역 변성 작용을 받아 형성되었다.
② 경기 육괴와 영남 육괴에 분포하는 대부분의 편마암들은 약 18억 년 전~20억 년 전에 광역 변성 작용을 받아 형성되었다.
③ 옥천 분지, 임진강대, 경기 육괴 등에 분포하는 기존의 암석들은 고생대 말에서 중생대 초기까지 한반도에 영향을 준 송림 변동으로 광역 변성 작용을 받았다.
④ 중생대 중기와 말기에 일어난 대보 조산 운동과 불국사 변동은 접촉 변성 작용을 일으켰다. 그 결과 관입한 화성암체와 접하고 있는 기존의 퇴적암들은 고온의 마그마와 유체 때문에 혼펠스나 대리암으로 변성되었다.

개념체크

빈칸 완성

1. 마그마가 관입할 때 방출된 열에 의해 마그마와의 접촉부를 따라 일어나는 변성 작용은 (　　　)이다.

2. 접촉 변성 작용에 의해 입자의 방향성이 없이 치밀하고 균일하게 짜여진 조직을 (　　) 조직이라고 한다.

3. 광역 변성 작용은 (　　) 운동이 일어나는 지역에서 넓은 범위에 걸쳐 일어난다.

4. 엽리는 변성 광물 입자의 크기에 따라 ① (　　　　)와 ② (　　　　)로 구분할 수 있다.

5. 변성 작용이 일어나는 동안 광물의 내부 결합 구조가 달라져 다른 광물로 바뀌는 현상을 (　　) 작용이라고 한다.

6. 사암은 변성 작용을 받으면 (　　　)이 된다.

둘 중에 고르기

7. 혼펠스 조직은 (접촉 , 광역) 변성 작용을 받은 암석에서 잘 나타난다.

8. 광역 변성 작용은 접촉 변성 작용보다 (고압 , 저압) 환경에서 일어난다.

9. 입상 변정질 조직은 광물들이 재결정 작용으로 인해 크기가 (커진 , 작아진) 조직이다.

10. 셰일이 광역 변성 작용을 받을 때, 변성 정도가 증가할수록 입자의 크기는 (커 , 작아)진다.

11. 엽리는 압력에 (나란한 , 수직) 방향으로 형성된다.

정답 1. 접촉 변성 작용 2. 혼펠스 3. 조산 4. ① 편리 ② 편마 구조 5. 재결정 6. 규암 7. 접촉 8. 고압 9. 커진 10. 커 11. 수직

○X 문제

1. 변성암에 대한 설명으로 옳은 것은 ○, 옳지 <u>않은</u> 것은 ×로 표시하시오.

(1) 혼펠스는 셰일이 접촉 변성 작용을 받아 생성된다.

(　　)

(2) 천매암에서는 엽리 구조가 나타난다. (　　)

(3) 규암은 석회암이 변성 작용을 받아 생성된다.

(　　)

(4) 편암에서는 입상 변정질 조직이 관찰된다. (　　)

2. 한반도의 변성암에 대한 설명으로 옳은 것은 ○, 옳지 <u>않은</u> 것은 ×로 표시하시오.

(1) 한반도에서 가장 오래된 암석은 대이작도에 분포하는 퇴적암이다. (　　)

(2) 경기 육괴와 영남 육괴에 분포하는 대부분의 편마암들은 중생대에 광역 변성 작용을 받아 형성되었다. (　　)

(3) 대보 조산 운동과 불국사 변동은 접촉 변성 작용을 일으켰다. (　　)

순서대로 나열하기

3. 셰일이 광역 변성 작용을 받을 때, 변성 정도가 심해짐에 따라 나타나는 암석을 순서대로 나열하시오.

㉠ 천매암	㉡ 점판암
㉢ 편마암	㉣ 편암

단답형 문제

4. 그림은 온도와 압력에 따라 변성암이 생성될 수 있는 환경을 나타낸 것이다. A와 B에서 각각 일어나는 변성 작용을 접촉 변성 작용과 광역 변성 작용 중 골라 쓰시오.

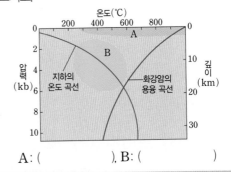

A: (　　　　　　), B: (　　　　　　)

정답 1. (1) ○ (2) ○ (3) × (4) × 2. (1) × (2) × (3) ○ 3. ㉡−㉠−㉣−㉢ 4. A: 접촉 변성 작용, B: 광역 변성 작용

목표

지질도를 분석하여 지층의 주향과 경사를 알아내고, 이를 통해 이 지역의 지질 구조를 파악할 수 있다.

과정

그림은 어느 지역의 지질도를 나타낸 것이다. X−Y를 따라 지질 단면도를 그려 보자.

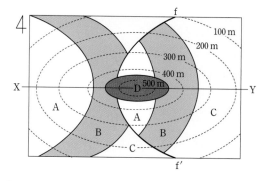

결과 정리 및 해석

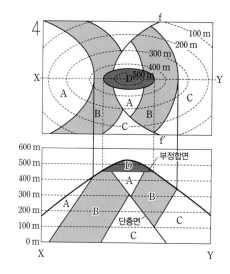

분석 및 정리

1. A의 주향은 어느 방향인지 쓰시오.

2. 가장 오래된 지층은 무엇인지 쓰시오.

3. 단층 f−f′이 정단층인지 역단층인지 서술하시오.

4. 이 지역에서 나타나는 지질 구조에 대해서 서술하시오.

내신 기초 문제

정답과 해설 29쪽

01 [20703-0175]
주향과 경사에 대한 설명으로 옳지 <u>않은</u> 것은?

① 일반적으로 주향과 경사는 클리노미터를 이용하여 측정한다.

② 주향은 지층면이 가상의 수평면과 만나서 이루는 교선의 방향이다.

③ 주향선이 북쪽을 기준으로 20°만큼 서쪽으로 돌아가 있다면 주향은 N20°W로 표시한다.

④ 주향을 측정할 때 클리노미터의 긴 모서리를 수평으로 대고 자침이 가리키는 안쪽 눈금을 읽는다.

⑤ 경사 방향은 주향과 직각 방향이다.

02 [20703-0176]
그림은 어느 지층의 주향과 경사를 나타낸 것이다.
이에 대한 설명으로 옳은 것만을 〈보기〉에서 있는 대로 고른 것은?

┌ 보기 ┐
ㄱ. 주향은 N45°E이다.
ㄴ. 경사는 30°이다.
ㄷ. 이 지층은 남서쪽으로 경사져 있다.

① ㄱ   ② ㄷ   ③ ㄱ, ㄴ   ④ ㄴ, ㄷ   ⑤ ㄱ, ㄴ, ㄷ

03 [20703-0177]
그림 (가)~(라)는 서로 다른 네 지층의 주향과 경사를 나타낸 것이다.

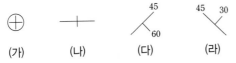

(가)   (나)   (다)   (라)

이에 대한 설명으로 옳은 것만을 〈보기〉에서 있는 대로 고른 것은?

┌ 보기 ┐
ㄱ. (가)는 수직층이다.
ㄴ. 지층의 경사는 (나)가 (다)보다 크다.
ㄷ. (라)의 주향은 N30°E이다.

① ㄱ   ② ㄴ   ③ ㄱ, ㄷ   ④ ㄴ, ㄷ   ⑤ ㄱ, ㄴ, ㄷ

04 [20703-0178]
그림 (가), (나), (다)는 각각 노선 지질도, 지질 단면도, 지질도를 순서 없이 나타낸 것이다.

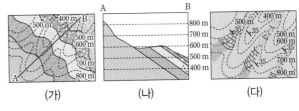

(가)   (나)   (다)

이에 대한 설명으로 옳은 것만을 〈보기〉에서 있는 대로 고른 것은?

┌ 보기 ┐
ㄱ. (가)는 노선 지질도이다.
ㄴ. 지질 조사 과정에서 (가)는 (다)보다 먼저 작성한다.
ㄷ. 지형 단면도를 그리고, 지층의 경계와 분포 상태를 표시한 그림은 (나)이다.

① ㄱ   ② ㄷ   ③ ㄱ, ㄴ
④ ㄴ, ㄷ   ⑤ ㄱ, ㄴ, ㄷ

05 [20703-0179]
그림은 클리노미터의 구조를 나타낸 것이다.

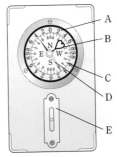

이에 대한 설명으로 옳은 것만을 〈보기〉에서 있는 대로 고른 것은?

┌ 보기 ┐
ㄱ. 주향을 측정하는 데 사용되는 자침은 B와 D 중 D이다.
ㄴ. 경사를 측정할 때는 C의 눈금을 읽는다.
ㄷ. 경사를 측정할 때는 E를 이용하여 클리노미터를 수평이 되게 한다.

① ㄱ   ② ㄷ   ③ ㄱ, ㄴ
④ ㄴ, ㄷ   ⑤ ㄱ, ㄴ, ㄷ

06 [20703-0180]
그림은 어느 지역의 지질 단면도에 두 주향선 a, b를 나타낸 것이다.

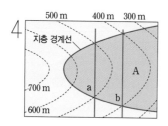

이에 대한 설명으로 옳은 것만을 〈보기〉에서 있는 대로 고른 것은?

┌ 보기 ┐
ㄱ. A층의 주향은 NS이다.
ㄴ. 주향선의 고도는 a가 b보다 높다.
ㄷ. A층은 동쪽으로 경사져 있다.

① ㄱ   ② ㄷ   ③ ㄱ, ㄴ
④ ㄴ, ㄷ   ⑤ ㄱ, ㄴ, ㄷ

07 [20703-0181]
그림 (가)와 (나)는 어느 두 지역의 지질도를 나타낸 것이다.

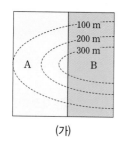 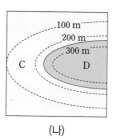

(가)   (나)

이에 대한 설명으로 옳은 것은?

① (가)에서 지층 경계선은 등고선과 나란하다.
② (가)에는 단층이 나타난다.
③ (나)에서 C층은 D층 위에 위치한다.
④ (나)에서 D층은 수평층이다.
⑤ (나)에는 습곡이 나타난다.

08 [20703-0182]
다음 중 지질도와 그에 해당하는 지질 단면도가 옳게 그려진 것은?

09 [20703-0183]
지질도에서 지질 구조를 해석하는 방법으로 옳은 것은?

① 경사층은 지층 경계선이 등고선과 나란하다.
② 수평층은 지층 경계선이 직선으로 나타난다.
③ 수직층은 지층 경계선이 등고선과 교차하면서 곡선을 이룬다.
④ 단층은 한 지층 경계선이 다른 지층 경계선을 끊으면서 양쪽에 같은 지층이 반복적으로 나타난다.
⑤ 습곡은 한 지층 경계선이 다른 지층 경계선의 일부를 덮으며, 덮은 선을 경계로 다른 지층이 나타난다.

10 [20703-0184]
한반도의 지체 구조에 대한 설명으로 옳지 <u>않은</u> 것은?

① 퇴적 분지는 주로 육괴와 육괴 사이에 분포한다.
② 옥천 습곡대는 태백산 분지와 평남 분지로 구분된다.
③ 태백산 분지에는 고생대와 중생대의 퇴적암이 분포한다.
④ 습곡대는 암석이 습곡이나 단층에 의해 복잡하게 변형된 지역이다.
⑤ 육괴는 주로 선캄브리아 시대의 편마암과 편암 등으로 이루어져 있다.

11 [20703-0185] 한반도의 지질 계통에 대한 설명으로 옳지 <u>않은</u> 것은?

① 조선 누층군은 고생대 초에 퇴적되었다.
② 평안 누층군 하부에서는 석회암층이 발견된다.
③ 실루리아기에 퇴적된 지층은 발견되지 않았다.
④ 조선 누층군과 평안 누층군은 부정합 관계이다.
⑤ 경상 누층군에서는 공룡 화석이 발견된다.

12 [20703-0186] 그림 (가)는 한반도의 지질 시대별 암석 분포를, (나)는 암석의 종류별 분포를 나타낸 것이다.

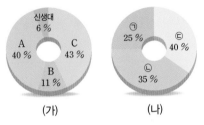

(가)　　　　(나)

이에 대한 설명으로 옳은 것만을 〈보기〉에서 있는 대로 고른 것은?

┌ 보기 ┐
ㄱ. A는 중생대이다.
ㄴ. B 시기의 ㉠은 주로 조선 누층군과 평안 누층군에 분포한다.
ㄷ. C 시기의 암석은 주로 ㉢으로 구성되어 있다.

① ㄱ　② ㄷ　③ ㄱ, ㄴ　④ ㄴ, ㄷ　⑤ ㄱ, ㄴ, ㄷ

13 [20703-0187] 선캄브리아 시대의 지질 분포에 대한 설명으로 옳은 것은?

① 선캄브리아 시대의 암석은 평남 분지와 포항 분지에서 주로 발견된다.
② 지층의 선후 관계와 형성 시기를 파악하기 어려운 이 시기의 암석을 선캄브리아 변성암 복합체라고 한다.
③ 석회암층에서 다양한 화석이 발견된다.
④ 소청도의 대리암층에서는 시생 누대에 형성된 스트로마톨라이트가 산출된다.
⑤ 우리나라에서 발견되는 가장 오래된 암석은 대이작도에서 발견된 규암이다.

14 [20703-0188] 조선 누층군과 평안 누층군에 대한 설명으로 옳은 것은?

① 형성 시기는 평안 누층군이 조선 누층군보다 먼저이다.
② 석탄층은 조선 누층군에서 발견된다.
③ 필석류 화석은 평안 누층군에서 발견된다.
④ 두 누층군에는 모두 석회암층이 존재한다.
⑤ 평안 누층군은 고생대에 퇴적된 지층으로만 구성되어 있다.

15 [20703-0189] 중생대의 지질 계통에 대한 설명으로 옳은 것은?

① 송림 변동은 경상 누층군이 퇴적된 후 일어났다.
② 대동 누층군에서는 암모나이트 화석이 발견된다.
③ 경상 누층군에는 응회암층이 존재한다.
④ 불국사 변동은 트라이아스기에 일어났다.
⑤ 대보 조산 운동에 의해 경상 누층군이 심하게 변형되었다.

16 [20703-0190] 그림은 한반도와 중국의 지괴를 나타낸 것이다.

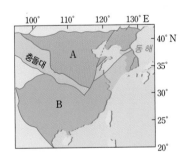

이에 대한 설명으로 옳은 것만을 〈보기〉에서 있는 대로 고른 것은?

┌ 보기 ┐
ㄱ. A는 남중 지괴이다.
ㄴ. A와 B는 중생대에 곤드와나 대륙으로부터 분리되기 시작하였다.
ㄷ. A와 B의 충돌로 송림 변동이 일어났다.

① ㄱ　② ㄷ　③ ㄱ, ㄴ　④ ㄴ, ㄷ　⑤ ㄱ, ㄴ, ㄷ

17 [20703-0191] 다음은 한반도의 형성 과정을 순서 없이 나타낸 것이다.

> (가) 한중 지괴와 남중 지괴가 충돌하였다.
> (나) 한반도가 현재와 비슷한 모습을 갖추게 되었다.
> (다) 곤드와나 대륙에서 한중 지괴와 남중 지괴가 분리되기 시작했다.
> (라) 고태평양판의 섭입으로 불국사 화강암과 화산 퇴적물이 형성되었다.

(가)~(라)를 시간 순서가 빠른 것부터 순서대로 옳게 나열한 것은?

① (가)-(나)-(다)-(라) ② (가)-(라)-(다)-(나)
③ (다)-(가)-(나)-(라) ④ (다)-(라)-(가)-(나)
⑤ (라)-(다)-(가)-(나)

18 [20703-0192] 변성 작용에 대한 설명으로 옳은 것은?

① 접촉 변성 작용은 주로 열과 압력에 의해 일어난다.
② 접촉 변성 작용을 받은 암석에서는 엽리가 나타난다.
③ 혼펠스 조직은 접촉 변성 작용을 받은 암석에서 나타난다.
④ 입상 변정질 조직은 재결정 작용으로 인해 광물 입자의 크기가 작아진 조직이다.
⑤ 편마 구조에서 줄무늬는 압력에 나란한 방향으로 발달한다.

19 [20703-0193] 다음 중 ⊙ 변성암과, ⓒ 변성 작용을 받기 전 원래의 암석을 옳게 짝 지은 것은?

	⊙	ⓒ		⊙	ⓒ
①	규암	석회암	②	혼펠스	사암
③	천매암	사암	④	점판암	셰일
⑤	각섬암	화강암			

20 [20703-0194] 그림은 마그마가 관입한 어느 지역의 암석을 나타낸 것이다.

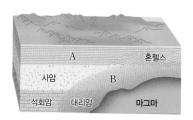

이에 대한 설명으로 옳은 것만을 〈보기〉에서 있는 대로 고른 것은?

> **보기**
> ㄱ. A는 셰일이다.
> ㄴ. B의 암석에는 입상 변정질 조직이 발달한다.
> ㄷ. 이 지역의 변성암은 주로 접촉 변성 작용을 받아 생성되었다.

① ㄱ   ② ㄷ   ③ ㄱ, ㄴ
④ ㄴ, ㄷ   ⑤ ㄱ, ㄴ, ㄷ

21 [20703-0195] 그림은 온도와 압력에 따라 변성 작용이 일어나는 환경을 나타낸 것이다.

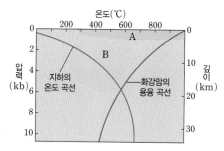

이에 대한 설명으로 옳은 것만을 〈보기〉에서 있는 대로 고른 것은?

> **보기**
> ㄱ. A 환경에서는 광역 변성 작용이 우세하게 일어난다.
> ㄴ. 셰일이 B 환경에서 변성 작용을 받으면 혼펠스가 만들어진다.
> ㄷ. 엽리는 A보다 B 환경에서 변성 작용을 받을 때 잘 형성된다.

① ㄱ   ② ㄷ   ③ ㄱ, ㄴ
④ ㄴ, ㄷ   ⑤ ㄱ, ㄴ, ㄷ

정답과 해설 31쪽

01 [20703-0196]
그림은 한반도의 지질 계통을 나타낸 것이다.

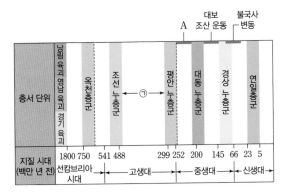

이에 대한 설명으로 옳은 것만을 〈보기〉에서 있는 대로 고른 것은?

┌ 보기 ┌
ㄱ. A의 지각 변동으로 인해 고생대 지층들이 변형되었다.
ㄴ. 한반도에는 ㉠ 시기에 퇴적된 지층이 발견되지 않았다.
ㄷ. 경상 누층군과 대동 누층군은 모두 육성층으로 이루어져 있다.

① ㄱ   ② ㄴ   ③ ㄱ, ㄷ   ④ ㄴ, ㄷ   ⑤ ㄱ, ㄴ, ㄷ

02 [20703-0197]
그림 (가)와 (나)는 각각 조선 누층군과 평안 누층군의 분포 지역을 순서 없이 나타낸 것이다.

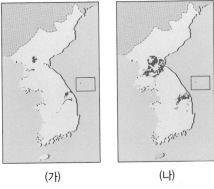

(가)   (나)

이에 대한 설명으로 옳은 것만을 〈보기〉에서 있는 대로 고른 것은?

┌ 보기 ┌
ㄱ. (가)는 조선 누층군의 분포 지역이다.
ㄴ. 석탄층은 (나)에서 발견된다.
ㄷ. 석회암층은 (가)와 (나)에 모두 존재한다.

① ㄱ   ② ㄷ   ③ ㄱ, ㄴ   ④ ㄴ, ㄷ   ⑤ ㄱ, ㄴ, ㄷ

03 [20703-0198]
그림 (가)는 중생대에 형성된 화강암류의 분포를, (나)는 서울의 북한산에 분포하는 화강암을 나타낸 것이다.

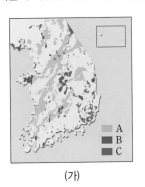

(가)   (나)

이에 대한 설명으로 옳은 것만을 〈보기〉에서 있는 대로 고른 것은?

┌ 보기 ┌
ㄱ. 암석의 형성 시기는 A가 C보다 먼저이다.
ㄴ. 불국사 화강암은 B에 해당한다.
ㄷ. (나)의 화강암은 A의 화강암이 지표로 노출된 것이다.

① ㄱ   ② ㄴ   ③ ㄱ, ㄷ   ④ ㄴ, ㄷ   ⑤ ㄱ, ㄴ, ㄷ

04 [20703-0199]
그림 (가)는 수렴형 경계 부근에 위치한 두 지점 A와 B의 위치를, (나)의 ㉠과 ㉡은 각각 A와 B에서 변성 작용이 일어날 때 나타나는 온도와 압력의 변화를 순서 없이 나타낸 것이다.

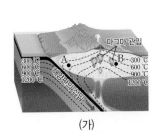
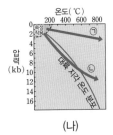

(가)   (나)

이에 대한 설명으로 옳은 것만을 〈보기〉에서 있는 대로 고른 것은?

┌ 보기 ┌
ㄱ. A에서의 온도와 압력 변화를 나타낸 것은 ㉠이다.
ㄴ. B에서는 광역 변성 작용보다 접촉 변성 작용이 우세하게 일어난다.
ㄷ. 엽리는 B보다 A에서 만들어진 변성암에 잘 발달한다.

① ㄱ   ② ㄴ   ③ ㄱ, ㄷ   ④ ㄴ, ㄷ   ⑤ ㄱ, ㄴ, ㄷ

05 [20703-0200]
그림은 어느 지역의 지질도를 나타낸 것이다.

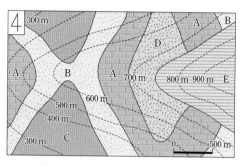

이 지역의 지층에 대한 설명으로 옳은 것만을 〈보기〉에서 있는 대로 고른 것은?

┌─ 보기 ┐
ㄱ. C층의 주향은 NS이다.
ㄴ. 이 지역은 과거에 횡압력을 받은 적이 있다.
ㄷ. 가장 오래된 지층은 D이다.
└────────┘

① ㄱ ② ㄷ ③ ㄱ, ㄴ ④ ㄴ, ㄷ ⑤ ㄱ, ㄴ, ㄷ

06 [20703-0201]
그림은 한반도의 지체 구조를 나타낸 것이다.

이에 대한 설명으로 옳은 것만을 〈보기〉에서 있는 대로 고른 것은?

┌─ 보기 ┐
ㄱ. A는 낭림 육괴이다.
ㄴ. 주요 구성 암석의 형성 시기는 B가 E보다 먼저이다.
ㄷ. C와 D는 옥천 습곡대에 해당한다.
└────────┘

① ㄱ ② ㄴ ③ ㄱ, ㄷ ④ ㄴ, ㄷ ⑤ ㄱ, ㄴ, ㄷ

07 [20703-0202]
그림 (가), (나), (다)는 중생대에 일어난 한반도의 형성 과정을 순서 없이 나타낸 것이다.

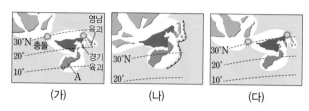

(가)   (나)   (다)

이에 대한 설명으로 옳은 것만을 〈보기〉에서 있는 대로 고른 것은?

┌─ 보기 ┐
ㄱ. A는 남중 지괴이다.
ㄴ. 불국사 변동이 일어난 시기는 (나)에 가장 가깝다.
ㄷ. 한반도를 형성한 지괴들은 점차 북쪽으로 이동하였다.
└────────┘

① ㄱ ② ㄴ ③ ㄱ, ㄷ ④ ㄴ, ㄷ ⑤ ㄱ, ㄴ, ㄷ

08 [20703-0203]
그림 (가)는 선캄브리아 시대, 고생대, 중생대, 신생대의 암석 분포를, (나)는 화성암, 퇴적암, 변성암의 분포를 나타낸 것이다.

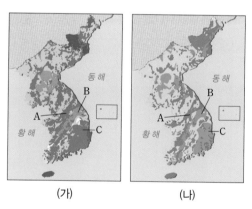

(가)   (나)

A, B, C 지역에 대한 설명으로 옳은 것만을 〈보기〉에서 있는 대로 고른 것은?

┌─ 보기 ┐
ㄱ. A에는 중생대의 화강암이 분포한다.
ㄴ. B의 암석은 C의 암석보다 먼저 생성되었다.
ㄷ. C의 암석은 불국사 변동에 의해 생성되었다.
└────────┘

① ㄱ ② ㄷ ③ ㄱ, ㄴ ④ ㄴ, ㄷ ⑤ ㄱ, ㄴ, ㄷ

09 [20703-0204] 그림은 어느 지역에서 지층이 기울어져 있는 모습을 나타낸 것이다.

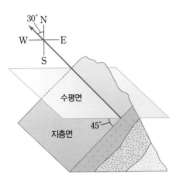

이 지층의 주향과 경사를 옳게 나타낸 것은?

① (주향선 / 경사 30)
② (주향선 / 경사 45)
③ (주향선 / 경사 45)
④ (주향선 / 경사 45)
⑤ (주향선 / 경사 30)

11 [20703-0206] 다음은 민수가 어느 지역을 답사한 내용을 정리한 것이다.

- 지층: 하부는 사암, 셰일, 석회암층이 나타나며, 상부는 사암, 셰일, 무연탄층이 나타난다.
- 화석: 양치식물, 완족류, ㉠ 방추충, 산호 등의 화석이 나타난다.

이 지역의 지층에 대한 설명으로 옳은 것만을 〈보기〉에서 있는 대로 고른 것은?

보기
ㄱ. 주로 경상남도 일대에 분포한다.
ㄴ. 하부의 지층은 고생대에 퇴적되었다.
ㄷ. ㉠은 주로 상부의 셰일층에서 발견된다.

① ㄱ   ② ㄴ   ③ ㄱ, ㄷ
④ ㄴ, ㄷ   ⑤ ㄱ, ㄴ, ㄷ

10 [20703-0205] 그림 (가)와 (나)는 혼펠스와 편마암을 순서 없이 나타낸 것이다.

(가)   (나)

이에 대한 설명으로 옳은 것만을 〈보기〉에서 있는 대로 고른 것은?

보기
ㄱ. (가)는 혼펠스이다.
ㄴ. (가)는 (나)보다 고압 환경에서 변성 작용이 일어났다.
ㄷ. (가)와 (나) 모두 셰일이 변성 작용을 받아 생성될 수 있다.

① ㄱ   ② ㄴ   ③ ㄱ, ㄷ
④ ㄴ, ㄷ   ⑤ ㄱ, ㄴ, ㄷ

12 [20703-0207] 그림 (가)는 우리나라의 지질 계통을, (나)는 경남 고성에서 발견된 공룡 발자국 화석을 나타낸 것이다.

지질시대	고생대						중생대			신생대		
	캄브리아기	오르도비스기	실루리아기	데본기	석탄기	페름기	트라이아스기	쥐라기	백악기	팔레오기	네오기	제4기
지질계통	조선 누층군						A	B	C	연일층군		

■ 결층

(가)   (나)

이에 대한 설명으로 옳은 것만을 〈보기〉에서 있는 대로 고른 것은?

보기
ㄱ. A, B, C에는 모두 육성층이 분포한다.
ㄴ. (나)의 화석은 C에서 산출된다.
ㄷ. 대보 조산 운동에 의해 변성 작용을 받은 지층은 B와 C에 분포한다.

① ㄱ   ② ㄷ   ③ ㄱ, ㄴ
④ ㄴ, ㄷ   ⑤ ㄱ, ㄴ, ㄷ

13 [20703-0208]
그림은 동일한 화학 조성을 갖는 세 변성 광물인 홍주석, 남정석, 규선석의 안정 영역을 나타낸 것이다.

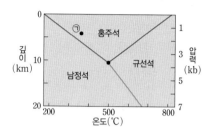

이에 대한 설명으로 옳은 것만을 〈보기〉에서 있는 대로 고른 것은?

보기
ㄱ. 압력이 같을 때 규선석은 남정석보다 고온 환경에서 안정하다.
ㄴ. ㉠ 조건 상태의 홍주석은 온도 변화 없이 압력이 5 kb 증가한다면 남정석으로 변할 수 있다.
ㄷ. 광역 변성 작용으로 생성된 변성암에서는 남정석보다 홍주석이 주로 산출될 것이다.

① ㄱ ② ㄷ ③ ㄱ, ㄴ ④ ㄴ, ㄷ ⑤ ㄱ, ㄴ, ㄷ

14 [20703-0209]
그림 (가)는 서로 다른 세 지질 시대에 퇴적된 지층 A, B, C를, (나)는 이 중 한 지역의 지질 단면도와 산출되는 화석을 나타낸 것이다.

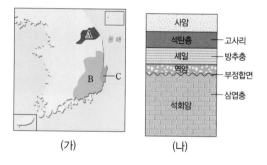

(가)　　　　(나)

이에 대한 설명으로 옳은 것만을 〈보기〉에서 있는 대로 고른 것은?

보기
ㄱ. 지층의 생성 시기는 A가 B보다 먼저이다.
ㄴ. (나)는 C 지역의 지질 단면도이다.
ㄷ. (나)의 역암층은 고생대 초에 퇴적되었다.

① ㄱ ② ㄴ ③ ㄱ, ㄷ ④ ㄴ, ㄷ ⑤ ㄱ, ㄴ, ㄷ

15 [20703-0210]
그림은 어느 지역의 지질도이다.

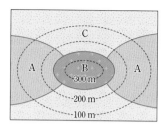

이 지역에 대한 설명으로 옳은 것만을 〈보기〉에서 있는 대로 고른 것은?

보기
ㄱ. 지층의 생성 순서는 A가 C보다 먼저이다.
ㄴ. 향사 구조가 나타난다.
ㄷ. 부정합이 존재한다.

① ㄱ　　　② ㄷ　　　③ ㄱ, ㄴ
④ ㄴ, ㄷ　　　⑤ ㄱ, ㄴ, ㄷ

16 [20703-0211]
그림은 어느 지역의 지질도이다.

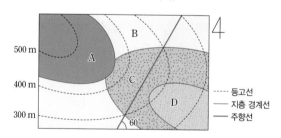

이에 대한 설명으로 옳은 것만을 〈보기〉에서 있는 대로 고른 것은?

보기
ㄱ. C층의 주향은 N60°E이다.
ㄴ. D층의 경사 방향은 SE이다.
ㄷ. 지층의 생성 순서는 B → C → D → A이다.

① ㄱ　　　② ㄴ　　　③ ㄱ, ㄷ
④ ㄴ, ㄷ　　　⑤ ㄱ, ㄴ, ㄷ

17 [20703-0212] 그림 (가), (나), (다)는 고생대, 중생대, 신생대의 암석 분포를 순서 없이 나타낸 것이다.

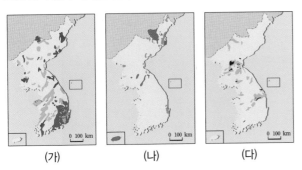

(가)   (나)   (다)

(가), (나), (다)를 시간 순서대로 옳게 나열한 것은?

① (가) → (나) → (다)   ② (가) → (다) → (나)
③ (나) → (가) → (다)   ④ (다) → (가) → (나)
⑤ (다) → (나) → (가)

18 [20703-0213] 그림은 대리암, 편암, 혼펠스를 특징에 따라 구분하는 과정을 나타낸 것이다.

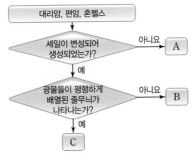

이에 대한 설명으로 옳은 것만을 〈보기〉에서 있는 대로 고른 것은?

┌ 보기 ┐
ㄱ. A는 석회암이 변성 작용을 받아 생성된다.
ㄴ. B에서는 입상 변정질 조직이 나타난다.
ㄷ. C는 점판암보다 광물 입자의 평균 크기가 크다.
└─────┘

① ㄱ   ② ㄴ   ③ ㄱ, ㄷ
④ ㄴ, ㄷ   ⑤ ㄱ, ㄴ, ㄷ

19 [20703-0214] 표는 대보 조산 운동, 송림 변동, 불국사 변동의 특징을 (가), (나), (다)로 순서 없이 나타낸 것이다.

구분	시기	특징
(가)	백악기	주로 한반도 남부에서 일어났으며, 화강암의 관입과 화산암이 분출함.
(나)	트라이아스기	고생대 지층들이 심하게 변형되었으며, ⑤ 소규모의 퇴적 분지가 형성되었음.
(다)	쥐라기	지층을 북북서-남남서 방향으로 변형시켰고, 대규모의 화강암류가 관입함.

이에 대한 설명으로 옳은 것만을 〈보기〉에서 있는 대로 고른 것은?

┌ 보기 ┐
ㄱ. (가)는 대보 조산 운동이다.
ㄴ. ⑤에는 대동 누층군이 퇴적되었다.
ㄷ. 불국사 화강암의 형성과 가장 관계가 깊은 화성 활동은 (다)이다.
└─────┘

① ㄱ   ② ㄴ   ③ ㄱ, ㄷ
④ ㄴ, ㄷ   ⑤ ㄱ, ㄴ, ㄷ

20 [20703-0215] 그림은 어느 지역의 지질도를 모식적으로 나타낸 것이다.

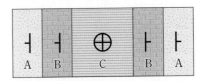

이에 대한 설명으로 옳은 것만을 〈보기〉에서 있는 대로 고른 것은?

┌ 보기 ┐
ㄱ. 지층의 생성 순서는 A → B → C이다.
ㄴ. C층을 중심으로 A층의 경사는 서로 반대 방향이다.
ㄷ. 이 지역에는 배사 구조가 나타난다.
└─────┘

① ㄱ   ② ㄴ   ③ ㄱ, ㄷ
④ ㄴ, ㄷ   ⑤ ㄱ, ㄴ, ㄷ

01 [20703-0216]
그림은 어느 지역의 지질도이다.

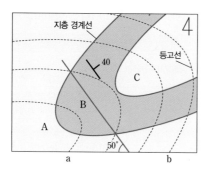

이에 대한 설명으로 옳은 것만을 〈보기〉에서 있는 대로 고른 것은?

┌─ 보기 ┌─────────────────────────────────
ㄱ. B층의 주향은 N40°W이다.
ㄴ. A, B, C층 중 가장 먼저 생성된 지층은 C층이다.
ㄷ. 등고선의 높이는 b가 a보다 높다.
└──

① ㄱ   ② ㄷ   ③ ㄱ, ㄴ
④ ㄴ, ㄷ   ⑤ ㄱ, ㄴ, ㄷ

02 [20703-0217]
그림은 지질 시대 동안 한반도에서 지층이 형성되었던 세 시기 A, B, C를 나타낸 것이다.

고생대						중생대			신생대	
캄브리아기	오르도비스기	실루리아기	데본기	석탄기	페름기	트라이아스기	쥐라기	백악기	팔레오기	네오기	제4기

A   B   C

이에 대한 설명으로 옳은 것만을 〈보기〉에서 있는 대로 고른 것은?

┌─ 보기 ┌─────────────────────────────────
ㄱ. A 시기에 지층은 바다 환경에서 퇴적되었다.
ㄴ. 대보 조산 운동은 B와 C 시기 사이에 일어났다.
ㄷ. C 시기에 퇴적된 지층에서는 민물어류, 속씨식물 화석이 발견된다.
└──

① ㄱ   ② ㄷ   ③ ㄱ, ㄴ
④ ㄴ, ㄷ   ⑤ ㄱ, ㄴ, ㄷ

03 [20703-0218]
그림은 어느 지역의 지질 단면도이다.

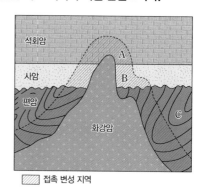

이 지역의 암석에 대한 설명으로 옳은 것만을 〈보기〉에서 있는 대로 고른 것은?

┌─ 보기 ┌─────────────────────────────────
ㄱ. A는 대리암이다.
ㄴ. A와 B에는 입상 변정질 조직이 나타날 수 있다.
ㄷ. C는 접촉 변성 작용으로 생성되었다.
└──

① ㄱ   ② ㄷ   ③ ㄱ, ㄴ   ④ ㄴ, ㄷ   ⑤ ㄱ, ㄴ, ㄷ

04 [20703-0219]
그림 (가)와 (나)는 각각 고생대와 신생대의 암석 분포를 나타낸 것이다.

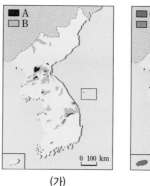

(가)   (나)

이에 대한 설명으로 옳은 것만을 〈보기〉에서 있는 대로 고른 것은?

┌─ 보기 ┌─────────────────────────────────
ㄱ. 암석의 생성 시기는 A가 B보다 빠르다.
ㄴ. C에는 화산 활동으로 형성된 암석이 존재한다.
ㄷ. A, D에는 육성층과 해성층이 모두 존재한다.
└──

① ㄱ   ② ㄷ   ③ ㄱ, ㄴ   ④ ㄴ, ㄷ   ⑤ ㄱ, ㄴ, ㄷ

05 [20703-0220] 그림 (가)는 우리나라 지체 구조의 일부를, (나)는 필석 화석을 나타낸 것이다.

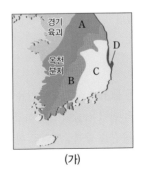

(가)   (나)

이에 대한 설명으로 옳은 것만을 〈보기〉에서 있는 대로 고른 것은?

┌ 보기 ┌
ㄱ. A는 옥천 습곡대에 해당한다.
ㄴ. B는 육괴, C는 퇴적 분지에 해당한다.
ㄷ. (나)의 화석은 주로 D에서 발견된다.

① ㄱ   ② ㄷ   ③ ㄱ, ㄴ
④ ㄴ, ㄷ   ⑤ ㄱ, ㄴ, ㄷ

06 [20703-0221] 그림 (가), (나), (다)는 약 2천 3백만 년 전부터 일어난 동해의 형성 과정을 시간 순서대로 나타낸 것이다.

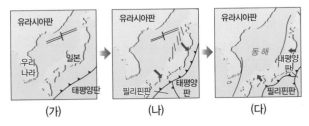

(가)   (나)   (다)

이에 대한 설명으로 옳은 것만을 〈보기〉에서 있는 대로 고른 것은?

┌ 보기 ┌
ㄱ. 태평양판이 유라시아판 밑으로 섭입하면서 동해가 확장되었다.
ㄴ. 이 기간 동안 일본은 점차 동쪽으로 이동하였다.
ㄷ. (나)→(다) 과정에서 제주도가 형성된 후 울릉도와 독도가 형성되었다.

① ㄱ   ② ㄷ   ③ ㄱ, ㄴ
④ ㄴ, ㄷ   ⑤ ㄱ, ㄴ, ㄷ

07 [20703-0222] 그림은 석탄층이 분포하는 어느 지역의 지질도에서 X−Y선을 따라 작성한 지질 단면도이다.

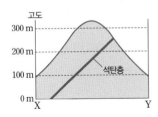

이 지역의 지질도로 가장 적절한 것은?

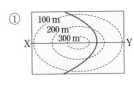
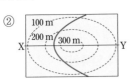
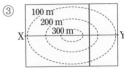
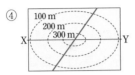
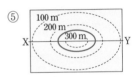

08 [20703-0223] 표는 변성암 A~D의 특징을 나타낸 것이다.

변성암	원암	변성 작용	조직
A	사암	접촉 변성	입상 변정질
B	셰일	광역 변성	편마 구조
C	셰일	접촉 변성	혼펠스
D	석회암	접촉 변성	입상 변정질

이에 대한 설명으로 옳은 것만을 〈보기〉에서 있는 대로 고른 것은?

┌ 보기 ┌
ㄱ. A는 규암이다.
ㄴ. B는 C보다 고압 환경에서 변성되었다.
ㄷ. C와 D에서는 엽리가 나타난다.

① ㄱ   ② ㄷ   ③ ㄱ, ㄴ
④ ㄴ, ㄷ   ⑤ ㄱ, ㄴ, ㄷ

1 지구의 탄생

(1) 태양계의 형성: 성운의 형성 → 태양계 성운의 수축과 회전 → 원시 태양의 형성 → 원시 행성의 형성

(2) 지구의 탄생과 진화: 미행성체 충돌 → 마그마 바다 형성 → 맨틀과 핵의 분리 → 원시 지각과 원시 바다의 형성

2 지구 내부 에너지

(1) 지구 내부 에너지: 지구 내부에 저장되어 있는 열에너지로서 지구가 생성될 당시 미행성체의 충돌과 중력 수축, 방사성 동위 원소의 붕괴 등으로 만들어진다.

(2) 지각 열류량: 지구 내부 에너지가 지표로 방출되는 열량으로, 단위로는 mW/m^2를 사용한다.

3 지진파와 지구의 내부 구조

(1) 지구 내부 연구 방법

① 직접적인 방법: 시추, 포획암 분석(화산 분출물 연구)

② 간접적인 방법: 지진파 분석, 지각 열류량 측정, 운석 연구, 고온 고압 실험 등

(2) 지진파에 의한 지구 내부의 탐사

① 지진파의 종류와 특징

지진파	성질	지각에서의 속도(km/s)	통과 매질의 상태
P파	매질의 진동 방향과 파의 진행 방향이 나란함.	5~8	고체, 액체, 기체 통과
S파	매질의 진동 방향과 파의 진행 방향이 수직임.	3~4	고체만 통과
표면파	지표면을 따라 전파	2~3	지표면의 고체

② 진앙의 위치 결정: A, B, C 각 관측소에서 진원 거리(R_A, R_B, R_C)를 반지름으로 하는 원을 그렸을 때 각 원들의 교점을 연결하면 3개의 현이 교차하는 하나의 점 O가 나타나는데, 이곳이 진앙이다.

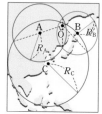

(3) 지구 내부의 구조: 지진파가 굴절되거나 반사되는 성질을 이용하여 지구 내부가 지각, 맨틀, 외핵, 내핵의 층상 구조를 이루고 있음을 알아내었다.

(4) 지각 평형설: 밀도가 작은 나무토막이 밀도가 큰 물 위에 떠서 평형을 이루는 것과 같이 밀도가 작은 지각이 밀도가 큰 맨틀 위에 떠서 평형을 이룬다는 이론으로 프래트설과 에어리설이 있다.

4 지구의 역장

(1) 지구의 중력장: 지구 상의 물체에 작용하는 만유인력과 지구 자전에 의한 원심력의 합력을 중력이라 하고, 중력이 작용하는 지구 주위의 공간을 중력장이라고 한다.

① 표준 중력: 지구 타원체 내부의 밀도가 균일하다고 가정할 때 위도에 따라 달라지는 이론적인 중력값이다.

구분	크기	방향
만유인력	고위도 > 저위도 ➡ 극에서 최대	지구 중심 방향
원심력	고위도 < 저위도 ➡ 극에서 0	자전축에 수직인 지구 바깥 방향
표준 중력	고위도 > 저위도 ➡ 극에서 최대	연직 방향

② 중력 이상: 관측된 실측 중력에서 이론적으로 구한 표준 중력을 뺀 값을 중력 이상이라고 한다.

(2) 지구의 자기장: 지구의 자기력이 미치는 공간을 지구 자기장이라고 하며, 다이너모 이론으로 지구 자기장의 발생을 설명한다.

① 지구 자기 3요소
  - 편각: 진북 방향과 수평 자기력선이 이루는 각
  - 복각: 지구 자기장의 방향이 수평 자기력의 방향에 대하여 기울어진 각
  - 수평 자기력: 지구 자기장의 세기를 전자기력이라 하며, 전자기력의 수평 성분

② 지구 자기장의 변화
  - 일변화: 태양의 영향으로 하루를 주기로 일어나는 변화
  - 자기 폭풍: 태양의 플레어가 활발해질 때 수 시간에서 수일 동안에 지구 자기장이 불규칙하고 급격하게 변하는 현상
  - 영년 변화: 지구 내부의 변화 때문에 지구 자기의 방향과 세기가 긴 기간에 걸쳐 서서히 변하는 현상

5 광물

(1) 광물: 일정한 화학 조성과 규칙적인 내부 결정 구조를 가지는 자연산의 고체 무기물
① 광물의 내부 구조: 광물에 X선을 투과시켜 나타나는 라우에 점무늬를 관찰한다. ➡ 라우에 점무늬가 규칙적이면 결정질 광물이다.
② 광물의 물리적 성질: 결정형, 결정 형태, 색, 조흔색, 쪼개짐과 깨짐, 굳기, 자성 등

(2) 규산염 광물

① 규산염 광물: SiO_4 사면체가 다른 이온과 결합되어 이루어진 광물
② 규산염 광물의 결합 구조와 성질

광물	감람석	휘석	각섬석	흑운모	석영
결합 구조	독립상	단사슬	복사슬	판상	망상
Si : O	1 : 4	1 : 3	4 : 11	2 : 5	1 : 2

• 유색 광물: 감람석, 휘석, 각섬석, 흑운모
• 무색 광물: 사장석, 정장석, 석영
• Fe, Mg 함량: 유색 광물＞무색 광물
• Si, Na, K 함량: 유색 광물＜무색 광물
• 평균 밀도: 유색 광물＞무색 광물

(3) 광물의 광학적 성질

① 광학적 등방체: 단굴절
② 광학적 이방체: 복굴절

(4) 편광 현미경을 이용한 광물 관찰

① 편광 현미경의 구조: 상부 편광판과 하부 편광판의 편광 축은 직교하며, 재물대를 회전시킬 수 있다.
② 편광 현미경 관찰
   • 개방 니콜: 광물의 색과 다색성(유색의 광학적 이방체 광물)
   • 직교 니콜: 간섭색과 소광 현상(광학적 이방체 광물)

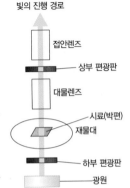

빛의 진행 경로
접안렌즈
상부 편광판
대물렌즈
시료(박편)
재물대
하부 편광판
광원

6 지구의 자원

(1) 광상

① 화성 광상: 마그마가 냉각되는 과정에서 유용한 광물이 정출되어 형성된 광상이다. 예 정마그마 광상, 페그마타이트 광상, 기성 광상, 열수 광상 등
② 퇴적 광상: 지표의 광상이나 암석이 풍화, 침식, 운반되는 과정 중에 유용 광물이 집적되어 형성된 광상이다. 예 표사 광상, 풍화 잔류 광상, 침전 광상 등
③ 변성 광상: 암석이 고온 고압에 의해 변성 작용을 받아 새롭게 생긴 유용한 광물이 모인 광상이다. 예 광역 변성 광상, 접촉 교대 광상 등

(2) 광물과 암석의 이용

① 금속 광물 자원: 금속이 주성분으로 함유된 광물이다. 대체로 금속 광택이 나고, 제련 과정을 거쳐야 한다.
② 비금속 광물 자원: 주로 비금속 원소로 이루어진 광물이다. 제련 과정이 필요 없다.
③ 암석의 이용: 화강암, 대리암, 석회암, 현무암 등이 건축 자재, 비료, 시멘트, 화학 공업 원료, 맷돌 등에 이용된다.

(3) 해양 자원

① 해양 에너지 자원

종류	특징
가스수화물	메테인이 저온 고압의 환경에서 물 분자와 결합한 고체 물질이다.
화석 연료	전 세계의 대륙붕에는 아직 개발되지 않은 많은 양의 석탄, 석유, 천연가스가 매장되어 있다.
조력 발전	밀물과 썰물의 높이 차를 이용하여 위치 에너지를 전기 에너지로 전환시켜 발전한다.
조류 발전	조석에 의해 자연적으로 발생하는 빠른 흐름인 조류를 이용하여 전기를 생산한다.
파력 발전	바람에 의해 생기는 파도의 상하좌우 운동을 이용한다.
해양 온도 차 발전	표층수와 심층수의 수온 차를 이용하여 발전한다.

② 해양 생물 자원: 바다에는 약 30만 종의 생물군이 분포하며, 해마다 약 6500만 톤의 식량을 공급하고 있다.
③ 해양 광물 자원: 해수 속의 광물 자원으로는 소금, 브로민, 마그네슘, 금, 은, 우라늄, 리튬 등이 있다.

단원 정리

7 주향과 경사

주향	지층면이 가상의 수평면과 만나서 이루는 교선의 방향	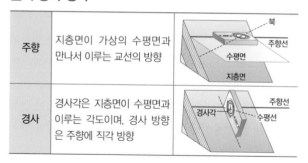
경사	경사각은 지층면이 수평면과 이루는 각도이며, 경사 방향은 주향에 직각 방향	

8 지층 경계선과 등고선의 관계

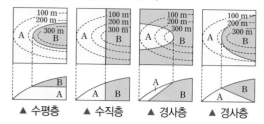

▲ 수평층   ▲ 수직층   ▲ 경사층   ▲ 경사층

9 한반도 형성 과정과 판 구조 환경

(1) 한반도의 지질 계통

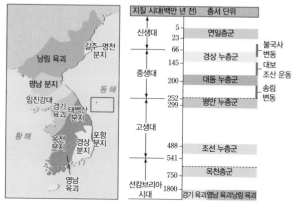

(2) 한반도의 지질 시대별 암석 분포

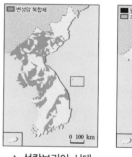 

▲ 선캄브리아 시대   ▲ 고생대

▲ 중생대   ▲ 신생대

(3) 한반도의 지사

지질 시대	특징
고생대	한반도는 적도 부근에 위치한 곤드와나 대륙의 주변에 위치
중생대	고생대 후기부터 곤드와나 대륙이 분리되어 한중 지괴와 남중 지괴들이 북쪽으로 이동. 이 과정에서 다양한 지각 변동이 일어났으며, 쥐라기에 현재와 비슷한 모습 형성
신생대	태평양판의 섭입으로 일본 열도 분리, 동해 형성. 울릉도, 독도, 백두산 형성

10 변성 작용

(1) 변성 작용과 그에 따른 조직

① 접촉 변성 작용: 마그마의 열에 의해 일어나는 변성 작용 ➡ 혼펠스 조직, 입상 변정질 조직 발달
② 광역 변성 작용: 열과 압력에 의해 넓은 범위에 걸쳐 일어나는 변성 작용 ➡ 엽리 발달
③ 엽리(편리와 편마 구조) 형성

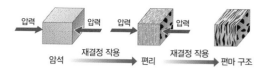

(2) 변성 작용과 변성암의 종류

변성 작용	원래의 암석	변성 후 암석
접촉 변성 작용	사암	규암
	석회암	대리암
	셰일	혼펠스
광역 변성 작용	셰일	점판암→천매암→편암→편마암
	현무암	각섬암
	화강암	(화강) 편마암

단원 마무리 문제

정답과 해설 35쪽

01 [20703-0224]

그림은 성운설을 바탕으로 하여 태양계의 형성 과정을 나타낸 것이다.

이에 대한 설명으로 옳은 것만을 〈보기〉에서 있는 대로 고른 것은?

┌ 보기 ┐
ㄱ. 성운이 회전하면서 수축하여 태양계가 만들어졌다.
ㄴ. 원시 태양 부근에서는 무거운 물질들이 증발하였다.
ㄷ. 태양의 자전 방향은 태양계 행성의 공전 방향과 반대이다.

① ㄱ   ② ㄴ   ③ ㄱ, ㄷ
④ ㄴ, ㄷ   ⑤ ㄱ, ㄴ, ㄷ

02 [20703-0225]

그림은 아프리카 주변에서의 지각 열류량 분포와 판의 경계를 나타낸 것이다.

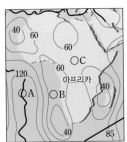

─ : 판의 경계
(단위: mW/m²)

이에 대한 설명으로 옳은 것만을 〈보기〉에서 있는 대로 고른 것은?

┌ 보기 ┐
ㄱ. A는 맨틀 대류의 하강부에 위치한다.
ㄴ. A에서 B로 갈수록 지각 열류량이 적어진다.
ㄷ. C는 안정한 지괴인 순상지이다.

① ㄱ   ② ㄷ   ③ ㄱ, ㄴ
④ ㄴ, ㄷ   ⑤ ㄱ, ㄴ, ㄷ

03 [20703-0226]

그림 (가)는 동일한 지진을 세 지역에서 관측한 지진파의 기록을, (나)는 주시 곡선을 나타낸 것이다.

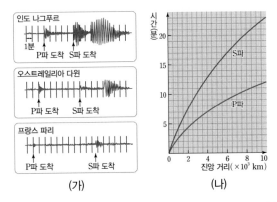

(가)   (나)

이에 대한 설명으로 옳은 것만을 〈보기〉에서 있는 대로 고른 것은?

┌ 보기 ┐
ㄱ. PS시는 파리가 가장 짧다.
ㄴ. 평균 진폭은 다윈이 파리보다 크다.
ㄷ. 나그푸르에서 진앙 거리는 6000 km보다 길다.

① ㄱ   ② ㄴ   ③ ㄷ   ④ ㄱ, ㄷ   ⑤ ㄴ, ㄷ

04 [20703-0227]

그림은 지구 내부의 깊이에 따른 지진파의 속도와 밀도 분포를 나타낸 것이다.

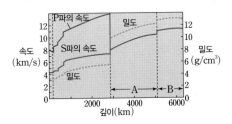

이에 대한 설명으로 옳은 것만을 〈보기〉에서 있는 대로 고른 것은?

┌ 보기 ┐
ㄱ. A는 액체, B는 고체 상태이다.
ㄴ. A와 B는 주로 철과 니켈로 구성되어 있다.
ㄷ. 구텐베르크 불연속면에서 지진파의 속도 변화는 밀도 변화와 유사하다.

① ㄱ   ② ㄷ   ③ ㄱ, ㄴ
④ ㄴ, ㄷ   ⑤ ㄱ, ㄴ, ㄷ

05 [20703–0228] 그림은 약 8000년 전부터 현재까지 해빙에 의한 캐나다 허드슨만 지역의 평균 융기 속도를 나타낸 것이다. 지각과 상부 맨틀의 융기에 따른 두께 변화는 없다.

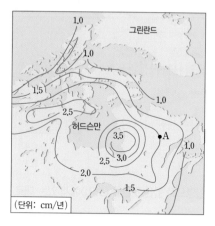

A 지역에서 지난 8000년 동안 녹은 빙하의 두께는 약 얼마인가? (단, 빙하, 지각, 상부 맨틀의 밀도는 각각 0.9 g/cm³, 2.7 g/cm³, 3.3 g/cm³이다.)

① 453 m   ② 587 m   ③ 682 m
④ 950 m   ⑤ 1143 m

06 [20703–0229] 그림은 내부 물질 분포가 균질한 지구 타원체 상의 어느 지점 P에 작용하는 만유인력, 중력, 원심력의 방향을 나타낸 것이다.

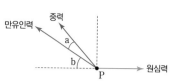

이에 대한 설명으로 옳은 것만을 〈보기〉에서 있는 대로 고른 것은?

┌ 보기 ┌
ㄱ. 원심력의 방향은 지구 자전축에 수직이다.
ㄴ. a＝0°일 때 항상 만유인력과 중력의 크기가 같다.
ㄷ. b는 고위도에서 저위도로 갈수록 커진다.

① ㄱ   ② ㄴ   ③ ㄱ, ㄷ
④ ㄴ, ㄷ   ⑤ ㄱ, ㄴ, ㄷ

07 [20703–0230] 그림은 지구의 중력 이상을 시각적으로 나타낸 것이다.

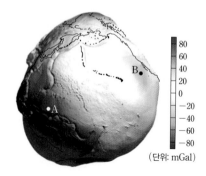

(단위: mGal)

이에 대한 설명으로 옳은 것만을 〈보기〉에서 있는 대로 고른 것은?

┌ 보기 ┌
ㄱ. 중력이 큰 지역은 위로 솟아올라 있다.
ㄴ. A 지역은 실측 중력이 표준 중력보다 크다.
ㄷ. 지하에 밀도가 큰 물질이 매장되어 있을 확률은 A가 B 지역보다 낮다.

① ㄱ   ② ㄷ   ③ ㄱ, ㄴ   ④ ㄴ, ㄷ   ⑤ ㄱ, ㄴ, ㄷ

08 [20703–0231] 그림은 1600년부터 2000년까지 자북극의 위치 변화를 나타낸 것이다.

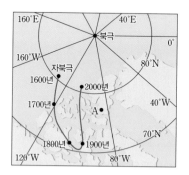

이에 대한 설명으로 옳은 것만을 〈보기〉에서 있는 대로 고른 것은?

┌ 보기 ┌
ㄱ. 1700년에 A 지점에서는 서편각이 나타났다.
ㄴ. A 지점에서의 복각은 2000년이 1600년보다 크다.
ㄷ. 자북극의 이동은 지구 내부의 변화 때문에 나타난다.

① ㄱ   ② ㄷ   ③ ㄱ, ㄴ   ④ ㄴ, ㄷ   ⑤ ㄱ, ㄴ, ㄷ

09 [20703-0232] 표는 방해석, 정장석, 석영, 황철석의 물리적 성질을 나타낸 것이다.

광물 (화학식)	굳기	색깔	조흔색	쪼개짐 /깨짐
방해석 ($CaCO_3$)	3	무색	백색	3방향
정장석 ($KAlSi_3O_8$)	6	분홍색	백색	2방향
석영 (SiO_2)	7	무색	—	깨짐
황철석 (FeS_2)	6~6.5	황색	흑색	깨짐

이에 대한 설명으로 옳은 것만을 〈보기〉에서 있는 대로 고른 것은?

┌ 보기 ┐
ㄱ. 방해석은 염산과 반응하여 기포가 발생한다.
ㄴ. 단단한 광물일수록 쪼개짐이 잘 나타난다.
ㄷ. 석영의 조흔색은 무색이다.

① ㄱ ② ㄴ ③ ㄱ, ㄷ ④ ㄴ, ㄷ ⑤ ㄱ, ㄴ, ㄷ

10 [20703-0233] 다음은 두 개의 편광판을 이용하여 어떤 광물을 관찰하는 실험 과정을 나타낸 것이다.

[실험 과정]
(가) 편광판 A 위에 편광판 B를 겹쳐 놓고 두 편광판이 깜깜해질 때까지 편광판 B를 회전시킨다.
(나) 두 편광판 사이에 어떤 광물의 박편을 넣었더니 광물이 위치한 부분이 밝고 알록달록하게 보였다.
(다) 두 편광판 사이에 있는 광물을 360° 회전시킨다.

이에 대한 설명으로 옳은 것만을 〈보기〉에서 있는 대로 고른 것은?

┌ 보기 ┐
ㄱ. (나)의 광물은 복굴절을 일으킨다.
ㄴ. (다)에서 4회의 소광을 관찰할 수 있다.
ㄷ. (나)를 통해 이 광물이 개방 니콜에서 다색성을 나타냄을 알 수 있다.

① ㄱ ② ㄷ ③ ㄱ, ㄴ ④ ㄴ, ㄷ ⑤ ㄱ, ㄴ, ㄷ

11 [20703-0234] 다음은 규산염 광물의 결합 구조를 나타낸 것이다.

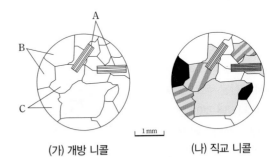

이에 대한 설명으로 옳은 것만을 〈보기〉에서 있는 대로 고른 것은?

┌ 보기 ┐
ㄱ. 깨짐이 발달한 광물은 A이다.
ㄴ. B는 한 방향의 쪼개짐이 발달한다.
ㄷ. A는 무색 광물, B, C, D는 유색 광물이다.

① ㄱ ② ㄴ ③ ㄱ, ㄷ
④ ㄴ, ㄷ ⑤ ㄱ, ㄴ, ㄷ

12 [20703-0235] 그림 (가)와 (나)는 화강암 박편을 편광 현미경의 개방 니콜과 직교 니콜에서 관찰하여 스케치한 것을 나타낸 것이다.

A
B
C
1 mm

(가) 개방 니콜   (나) 직교 니콜

이에 대한 설명으로 옳은 것만을 〈보기〉에서 있는 대로 고른 것은?

┌ 보기 ┐
ㄱ. A는 쪼개짐이 발달한 광물이다.
ㄴ. B는 광학적 등방체이다.
ㄷ. C는 광학적 이방체이다.

① ㄱ ② ㄴ ③ ㄱ, ㄷ
④ ㄴ, ㄷ ⑤ ㄱ, ㄴ, ㄷ

13 [20703-0236]
다음은 광물 자원 관련 기업을 방문하여 전문가와 대화한 내용의 일부를 나타낸 것이다.

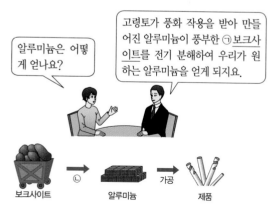

알루미늄은 어떻게 얻나요?

고령토가 풍화 작용을 받아 만들어진 알루미늄이 풍부한 ㉠보크사이트를 전기 분해하여 우리가 원하는 알루미늄을 얻게 되지요.

보크사이트 → ㉡ → 알루미늄 → 가공 → 제품

이에 대한 설명으로 옳은 것만을 〈보기〉에서 있는 대로 고른 것은?

┌ 보기 ┐
ㄱ. ㉠은 열대 지방에서 잘 생성된다.
ㄴ. ㉡에는 제련 과정이 포함된다.
ㄷ. 보크사이트는 퇴적 광상에서 산출된다.

① ㄱ   ② ㄷ   ③ ㄱ, ㄴ
④ ㄴ, ㄷ   ⑤ ㄱ, ㄴ, ㄷ

14 [20703-0237]
그림은 어느 해 우리나라에서 생산된 주요 지하자원의 양을 나타낸 것이다. 이에 대한 설명으로 옳은 것만을 〈보기〉에서 있는 대로 고른 것은?

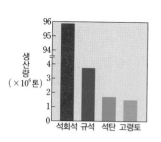

생산량 ($\times 10^6$톤) / 석회석 규석 석탄 고령토

┌ 보기 ┐
ㄱ. 제련 과정이 필요 없는 지하자원이다.
ㄴ. 석회석은 침전 광상에서 산출될 수 있는 지하자원이다.
ㄷ. (규석＋석탄＋고령토)의 생산량이 석회석보다 적다.

① ㄱ   ② ㄷ   ③ ㄱ, ㄴ
④ ㄴ, ㄷ   ⑤ ㄱ, ㄴ, ㄷ

15 [20703-0238]
그림 (가)와 (나)는 각각 조력 발전과 조류 발전 방식을 나타낸 것이다.

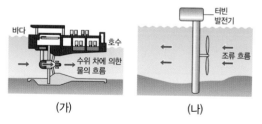

(가)   (나)

이에 대한 설명으로 옳은 것만을 〈보기〉에서 있는 대로 고른 것은?

┌ 보기 ┐
ㄱ. (가)는 해수면의 높이 차를 이용한다.
ㄴ. (나)는 바람에 의한 파도의 움직임을 이용한다.
ㄷ. (가)와 (나)는 모두 달과 태양의 인력에 의해 발생하는 에너지를 이용한다.

① ㄱ   ② ㄴ   ③ ㄱ, ㄷ
④ ㄴ, ㄷ   ⑤ ㄱ, ㄴ, ㄷ

16 [20703-0239]
그림 (가)와 (나)는 우리나라의 서로 다른 지역에서 측정한 연중 월평균 파력 에너지 밀도를 나타낸 것이다.

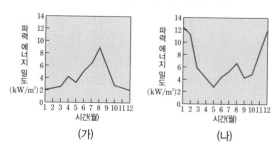

(가)   (나)

이에 대한 설명으로 옳은 것만을 〈보기〉에서 있는 대로 고른 것은?

┌ 보기 ┐
ㄱ. 파력 발전의 근원 에너지는 조력 에너지이다.
ㄴ. (나) 지역이 (가) 지역보다 파력 발전에 적합하다.
ㄷ. (가) 지역이 (나) 지역보다 겨울에 바람이 강하게 분다.

① ㄱ   ② ㄴ   ③ ㄱ, ㄷ
④ ㄴ, ㄷ   ⑤ ㄱ, ㄴ, ㄷ

17 [20703-0240]
그림 (가)는 변성 작용이 일어나는 온도와 압력 조건을, (나)는 남정석, 규선석, 홍주석의 안정 영역을 나타낸 것이다.

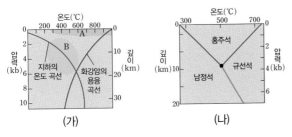

(가)   (나)

이에 대한 설명으로 옳은 것만을 〈보기〉에서 있는 대로 고른 것은?

┌─ 보기 ┌─
ㄱ. 혼펠스 조직은 B보다 A 조건에서 잘 형성된다.
ㄴ. 홍주석은 B보다 A 조건에서 안정하게 존재한다.
ㄷ. 불국사 화강암체와 접하고 있는 퇴적암들은 주로 A보다 B 조건에서 변성되었다.
└──────

① ㄱ   ② ㄷ   ③ ㄱ, ㄴ   ④ ㄴ, ㄷ   ⑤ ㄱ, ㄴ, ㄷ

18 [20703-0241]
그림 (가)와 (나)는 각각 클리노미터로 측정한 어느 지층의 주향과 경사를 나타낸 것이다.

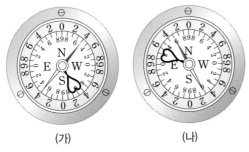

(가)   (나)

이 지층에 대한 설명으로 옳은 것만을 〈보기〉에서 있는 대로 고른 것은? (단, 편각은 0°이다.)

┌─ 보기 ┌─
ㄱ. 가상의 수평면과 지층면이 만나서 이루는 교선은 북서−남동 방향을 향한다.
ㄴ. 경사각은 30°이다.
ㄷ. (나)를 통해 지층의 경사 방향을 알 수 있다.
└──────

① ㄱ   ② ㄷ   ③ ㄱ, ㄴ   ④ ㄴ, ㄷ   ⑤ ㄱ, ㄴ, ㄷ

19 [20703-0242]
그림은 우리나라 어느 지역의 대동 누층군과 경상 누층군 및 이를 관입한 화강암을 나타낸 것이다. A와 B는 각각 불국사 화강암과 대보 화강암 중 하나이다.

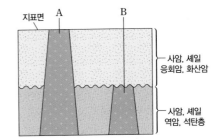

이에 대한 설명으로 옳은 것만을 〈보기〉에서 있는 대로 고른 것은?

┌─ 보기 ┌─
ㄱ. A는 대보 화강암이다.
ㄴ. B가 관입한 누층군은 대동 누층군이다.
ㄷ. 고태평양판의 섭입으로 인한 화성 활동으로 인해 형성된 화강암은 B이다.
└──────

① ㄱ   ② ㄴ   ③ ㄱ, ㄷ   ④ ㄴ, ㄷ   ⑤ ㄱ, ㄴ, ㄷ

20 [20703-0243]
표는 한반도 형성 과정의 특징을 지질 시대별로 나타낸 것이다.

지질 시대	특징
A	고태평양판이 일본 아래로 섭입하기 시작하면서 동해가 확장되었다.
B	한반도는 적도 부근에서 곤드와나 대륙 주변에 위치하였다.
C	⊙한중 지괴와 남중 지괴가 충돌하며 합쳐지면서 계속 북쪽으로 이동하였다.

이에 대한 설명으로 옳은 것만을 〈보기〉에서 있는 대로 고른 것은?

┌─ 보기 ┌─
ㄱ. A는 중생대이다.
ㄴ. B 시기에 퇴적된 석회암층에서는 삼엽충 화석이 발견된다.
ㄷ. ⊙은 불국사 변동의 직접적인 원인이다.
└──────

① ㄱ   ② ㄴ   ③ ㄱ, ㄷ   ④ ㄴ, ㄷ   ⑤ ㄱ, ㄴ, ㄷ

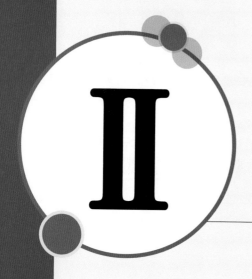

Ⅱ 대기와 해양

06 해류

- 정역학 평형 이해하기
- 지형류에 작용하는 힘 이해하기
- 서안 강화 현상 이해하기

한눈에 단원 파악, 이것이 핵심!

지형류에는 어떤 힘이 작용할까?

지형류는 수압 경도력과 전향력이 평형을 이룬 상태의 해류이다.

수압 경도력	전향력	지형류
1. 크기: $\dfrac{1}{\rho}\cdot\dfrac{\Delta P}{\Delta x}$ $=g\dfrac{\Delta z}{\Delta x}$ (ρ: 해수 밀도, g: 중력 가속도, ΔP: 수압 차, $\dfrac{\Delta z}{\Delta x}$: 해수면 경사) 2. 방향: 수압이 높은 곳에서 낮은 곳으로 작용	1. 크기: $C=2v\Omega\sin\varphi$ (v: 유속, Ω: 지구 자전 각속도, φ: 위도) 2. 방향 • 북반구: 운동 방향의 오른쪽 직각 방향 • 남반구: 운동 방향의 왼쪽 직각 방향	1. 방향: 수압 경도력의 오른쪽 직각 방향(북반구) 2. 유속(v) $v=\dfrac{1}{2\Omega\sin\varphi}\cdot g\dfrac{\Delta z}{\Delta x}$ (Ω: 지구 자전 각속도, φ: 위도, g: 중력 가속도, $\dfrac{\Delta z}{\Delta x}$: 해수면 경사)

서안 강화 현상은 왜 나타날까?

대양에서 환류의 중심은 서쪽으로 치우쳐 나타난다.

서안 경계류	동안 경계류	서안 강화 현상
• 폭이 좁다. • 유속이 빠르다. • 난류이다. 예 쿠로시오 해류, 멕시코 만류	• 폭이 넓다. • 유속이 느리다. • 한류이다. 예 캘리포니아 해류, 카나리아 해류	• 환류의 중심이 서쪽으로 치우친다. • 대양의 서쪽 연안을 따라 흐르는 해류가 강한 흐름으로 나타난다. • 원인: 전향력의 크기가 고위도로 갈수록 커지기 때문이다.

01 해수를 움직이는 힘

1 정역학 평형과 수압

(1) 정역학 평형: 위쪽 방향으로 작용하는 연직 수압 경도력과 아래쪽 방향으로 작용하는 중력이 평형을 이루고 있는 상태
➡ 연직 수압 경도력＝중력

① 연직 ❶수압 경도력: 해수의 깊이에 따른 수압 차 때문에 생기는 힘

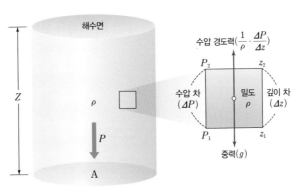

▲ 해수의 정역학 평형

- 아래에서 위로 작용한다.

- 단위 질량의 해수에 작용하는 연직 수압 경도력＝$-\dfrac{1}{\rho}\cdot\dfrac{\Delta P}{\Delta z}$

② 중력: 해수(수괴)를 지구가 당기는 힘
- 위에서 아래로 작용한다.
- 단위 질량의 해수에 작용하는 중력＝g

(2) 정역학 방정식: 정역학 평형 상태의 연직 수압 경도력과 중력의 관계식
$$\Delta P = -\rho g \Delta z$$
➡ 수심이 10 m 깊어질 때마다 수압은 약 1기압씩 증가한다.

(3) 수압: 물속의 한 점에서 받는 ❷압력의 세기 ➡ 모든 방향에서 같은 세기의 압력을 받는다.
① 크기(P): $P=\rho g z$(ρ: 해수의 밀도, g: 중력 가속도, z: 해수면에서부터의 깊이)
② 특징: 해수의 밀도(ρ)는 거의 변하지 않으므로 수압은 깊이에 비례한다.

2 해수에 작용하는 힘

(1) 수평 수압 경도력: 수평 방향으로 해수의 수압 차 때문에 생기는 힘

① 해수면이 경사져 있을 때 수평 거리 Δx만큼 떨어진 해수면 아래 임의의 두 지점 A와 B에서의 수압을 각각 P_A, P_B라 하면 두 지점 사이의 수압 차(ΔP)는 $\Delta P = P_B - P_A = \rho g \Delta z$이다.

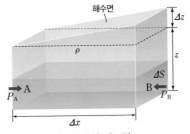

▲ 수평 방향의 수압 경도력

이때 수압 차에 의해 작용하는 수압 경도력은 $\Delta P \times \Delta S$이고, 해수의 질량(m)은 $\rho \times \Delta x \times \Delta S$이므로, 단위 질량에 작용하는 수압 경도력은

$$\frac{\Delta P \times \Delta S}{m} = \frac{\Delta P \times \Delta S}{\rho \times \Delta x \times \Delta S} = \frac{1}{\rho}\cdot\frac{\Delta P}{\Delta x}$$이다.

또, $\Delta P = P_B - P_A = \rho g \Delta z$이므로 수압 경도력은 $\dfrac{1}{\rho}\cdot\dfrac{\rho \times g \times \Delta z}{\Delta x} = g\dfrac{\Delta z}{\Delta x}$로 나타낼 수도 있다.

❶ **수압 경도력**
두 지점의 압력 차이 때문에 나타나는 힘이 압력 경도력이다. 압력 경도력은 압력이 큰 쪽에서 작은 쪽으로 작용한다. 해수에서는 수압 경도력, 대기에서는 기압 경도력이 나타난다.

❷ **압력**
압력은 단위 면적당 누르는 힘이다. 힘 F를 받는 면적을 A라 하면 압력 P는 $P=\dfrac{F}{A}$로 나타낼 수 있다.

① 수압 경도력의 크기
수평 방향으로 해수의 이동을 일으키는 기본적인 힘은 수압 경도력이다. 수압 경도력의 크기는 두 지점에서 해수면의 높이 차이에 비례하고 두 지점 사이의 거리에 반비례한다.

② 단위 질량의 해수에 작용하는 수평 **①**수압 경도력의 크기: $g\dfrac{\Delta z}{\Delta x}$

③ 수평 수압 경도력의 크기는 해수면 경사$\left(\dfrac{\Delta z}{\Delta x}\right)$에 비례한다.

④ 수평 수압 경도력의 방향은 수압이 높은 곳에서 낮은 곳으로 작용한다.

(2) 전향력: 지구 자전에 의해 나타나는 가상의 힘으로 지구 상에서 운동하는 모든 물체에 작용한다.

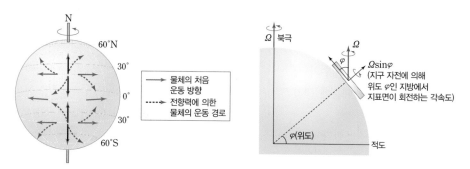

▲ 전향력에 의한 물체의 이동 경로와 지구 자전에 의한 지표면의 회전 각속도

① 방향: 북반구에서는 물체 운동 방향의 오른쪽 직각 방향, 남반구에서는 물체 운동 방향의 왼쪽 직각 방향으로 작용한다.

② 크기: $C=2v\Omega\sin\varphi$(C: 단위 질량의 해수에 작용하는 전향력, v:해수의 속력, Ω: 지구의 자전 각속도, φ: 위도)

③ 전향력은 해수의 속력이 빠를수록, 위도가 높을수록 크게 작용한다.

④ 정지한 해수, 그리고 적도(위도 0°)에서는 **②**전향력이 작용하지 않는다.

② 전향력
전향력은 움직이는 물체에만 작용하는 힘이며, 운동 방향을 변화시킬 뿐 속력을 변화시키지는 못한다. 그리고 태풍이나 해류와 같이 운동 규모가 수 백 km~수 천 km 정도일 때 분명하게 나타난다.

③ 에크만 수송

마찰층 내에서 해수의 평균적인 이동은 북반구의 경우 바람 방향의 오른쪽 90° 방향으로 나타나는데, 이를 에크만 수송이라고 한다.

(1) 에크만 나선: 해수면 위에서 바람이 계속 불면 북반구에서 표면 해수는 전향력의 영향으로 바람 방향의 오른쪽으로 약 45° 편향되어 흐른다. 수심이 깊어짐에 따라 해수의 흐름은 오른쪽으로 더 편향되고 유속이 느려져 해수의 이동 형태가 나선형을 이루는데 이를 에크만 나선이라고 한다.

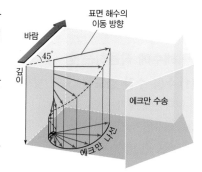

▲ 에크만 수송(북반구)

구분	북반구	남반구
표면 해수의 이동 방향	풍향의 오른쪽 45° 방향	풍향의 왼쪽 45° 방향
에크만 수송 방향	풍향의 오른쪽 90° 방향	풍향의 왼쪽 90° 방향

(2) 마찰 저항 심도: 해수의 이동 방향이 표면 해수의 이동 방향과 정반대가 되는 깊이를 마찰 저항 심도라고 한다. 마찰 저항 심도까지의 층을 에크만층 또는 마찰층이라고 한다.

둘 중에 고르기

1. 수압 경도력은 수압이 ① (높은 , 낮은) 곳에서 수압이 ② (높은 , 낮은) 곳으로 작용한다.

2. 해수의 정역학 평형은 ① (연직 , 수평) 수압 경도력과 ② (중력 , 부력)이 평형을 이루고 있는 상태이다.

3. 연직 수압 경도력의 크기는 ① (깊이 차 , 수압 차)에 비례하고, ② (깊이 차 , 수압 차)에 반비례한다.

4. 수압은 깊이에 (비례 , 반비례)한다.

5. 수평 수압 경도력은 해수면의 경사가 (클수록 , 작을수록) 크다.

6. 지구 자전에 의한 전향력은 ① (북반구 , 남반구)에서는 물체 운동 방향의 ② (오른쪽 , 왼쪽) 직각 방향이다.

7. 지구 자전에 의한 전향력의 크기는 ① (저위도 , 고위도)로 갈수록 커진다.

8. 북반구에서 표면 해수는 바람 방향의 ① (오른 , 왼)쪽 ② (45° , 90°) 방향으로 나타난다.

9. 북반구에서 에크만 수송은 바람 방향의 ① (오른 , 왼)쪽 ② (45° , 90°) 방향으로 나타난다.

정답 1. ① 높은 ② 낮은 2. ① 연직 ② 중력 3. ① 수압 차 ② 깊이 차 4. 비례 5. 클수록 6. ① 북반구 ② 오른쪽 (남반구, 왼쪽) 7. 고위도 8. ① 오른 ② 45° 9. ① 오른 ② 90°

○X 문제

1. 수평 수압 경도력에 대한 설명으로 옳은 것은 ○, 옳지 않은 것은 ×로 표시하시오.
(1) 수평 수압 경도력의 크기는 해수면 경사에 비례한다. ( )
(2) 단위 질량에 작용하는 수평 수압 경도력은 두 지점 사이의 압력 차이에 비례한다. ( )
(3) 단위 질량에 작용하는 수평 수압 경도력은 해수의 밀도에 비례한다. ( )
(4) 단위 질량에 작용하는 수평 수압 경도력은 두 지점 사이의 거리에 비례한다. ( )

2. 해수를 움직이는 힘에 대한 설명으로 옳은 것은 ○, 옳지 않은 것은 ×로 표시하시오.
(1) 물속의 한 점에서 받는 압력은 모든 방향에서 같은 세기의 압력을 받는다. ( )
(2) 전향력은 움직이는 물체의 운동 방향과 속력을 변화시킨다. ( )
(3) 지표면 위의 어느 지점에서 동일한 위도 상의 다른 지점으로 물체를 던지면 전향력은 나타나지 않는다. ( )

(4) 지구 표면에서 자전 선속도는 적도 지역이 극 지역보다 크다. ( )

3. 해수에 작용하는 전향력에 대한 설명으로 옳은 것은 ○, 옳지 않은 것은 ×로 표시하시오.
(1) 전향력의 크기는 해수의 속력이 빠를수록 크다. ( )
(2) 전향력의 크기는 위도의 sin 값에 비례한다. ( )
(3) 전향력은 정지해 있는 해수에도 작용한다. ( )
(4) 전향력이 가장 큰 위도는 적도이다. ( )

빈칸 완성

4. 해수면에 ( )가 있으면 해수면 아래의 물에서는 수평 방향의 수압 경도력이 생긴다.

5. 수심이 10 m 깊어질 때마다 수압은 약 ( )기압씩 증가한다.

6. 에크만 나선에서 해수의 이동 방향이 표면 해수의 이동 방향과 정반대가 되는 깊이를 ( )라 한다.

정답 1. (1) ○ (2) ○ (3) × (4) × 2. (1) ○ (2) × (3) × (4) ○ 3. (1) ○ (2) ○ (3) × (4) × 4. 경사 5. 1 6. 마찰 저항 심도

02 지형류와 서안 강화 현상

THE 알기

❶ 지형류의 발생 과정
1. 수압 경도력이 작용하여 해수가 움직이기 시작한다.
2. 움직이는 해수에 전향력이 작용한다.
3. 해수가 휘어지다가 결국 등수압선에 나란하게 흐른다.

❷ 지형류의 유속
1. 해수면의 경사가 큰 곳일수록 수압 경도력이 커지므로 지형류의 속도가 빠르다.
2. 수압 경도력이 같고 위도가 다른 경우, 전향력의 크기가 같아지기 위해서는 저위도에서 유속이 커야 하므로 고위도보다 저위도에서 빠르다.

❸ 표층 해류와 지형류
무역풍대와 편서풍대에서 흐르는 표층 해류는 모두 지형류에 해당한다.

❹ 표층 해류와 환류
표층 해류는 대륙 분포에 따라 해양마다 환류를 이루어 순환한다.

1 지형류

(1) ❶지형류: 수압 경도력과 전향력이 평형을 이루는 상태에서 흐르는 해류

① 지형류 평형: 수압 경도력과 전향력이 평형을 이룬 상태

② 지형류의 방향: 북반구에서는 수압 경도력의 오른쪽 90° 방향, 남반구에서는 수압 경도력의 왼쪽 90° 방향으로 등수압선과 나란하게 흐른다.

③ 지형류의 유속(v): $v = \dfrac{1}{2\Omega\sin\varphi} \cdot g\dfrac{\Delta z}{\Delta x}$ (Ω: 지구 자전 각속도, φ: 위도, g: 중력 가속도, Δz: 해수면 높이 차, Δx: 수평 거리 차)

➡ 해수면의 경사가 급할수록, 위도가 낮을수록 지형류의 유속이 ❷빠르다.

▲ 지형류 평형(북반구)

(2) 에크만 수송과 아열대 해양의 지형류(북반구): 무역풍과 편서풍에 의해 표층 해수에서 에크만 수송이 일어나고 이로 인해 형성된 해수면의 경사에 의해 지형류가 생긴다.

① 북반구에서 무역풍에 의한 에크만 수송은 북쪽으로, 편서풍에 의한 에크만 수송은 남쪽으로 일어나므로 해수면의 높이는 아열대에서 높아진다.

② 수압 경도력이 전향력과 평형을 이루게 되면 수압 경도력의 오른쪽 90° 방향으로 지형류가 흐르게 된다.

③ 무역풍대에는 ❸북적도 해류가 동에서 서로 흐르고, 편서풍대에는 북태평양 해류(북대서양 해류)가 서에서 동으로 흐른다.

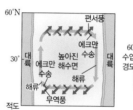

▲ 무역풍과 편서풍에 의한 에크만 수송

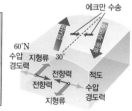

▲ 에크만 수송과 지형류

2 서안 경계류와 동안 경계류

(1) ❹표층 해류

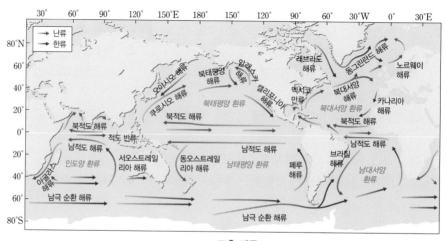

▲ 표층 해류

① 적도 해류: 무역풍대에서 형성된 해류로 해양의 동쪽에서 서쪽으로 흐르며, 북적도 해류와 남적도 해류가 있다.

② 북태평양 해류, 북대서양 해류, 남극 순환 해류: 편서풍에 의해 형성된 해류로 해양의 서쪽에서 동쪽으로 흐른다.

③ 적도 반류: 적도 무풍대를 따라 서쪽에서 동쪽으로 흐르는 해류이다.

(2) 서안 경계류와 동안 경계류

① 서안 경계류: 대양의 서쪽 연안을 따라 흐르는 해류
  • 좁고 빠르게 흐른다.
  • 난류, 염분이 높다.
  예 쿠로시오 해류, 멕시코 만류, 아굴라스 해류, 동 오스트레일리아 해류, 브라질 해류 등

② 동안 ❶경계류: 대양의 동쪽 연안을 따라 흐르는 해류
  • 넓고 느리게 흐른다.
  • 한류, 염분이 낮다.
  예 캘리포니아 해류, 카나리아 해류, 서오스트레일리아 해류, 페루 해류, 벵겔라 해류 등

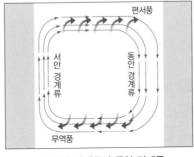

▲ 서안 경계류와 동안 경계류

(3) 서안 강화 현상: 아열대 환류의 중심이 서쪽으로 치우쳐 있어 대양의 서쪽 연안을 따라 흐르는 해류가 강한 흐름으로 나타나는 현상

① 표층 해수의 순환 중심이 서쪽으로 치우치면 서쪽 해수면의 경사가 급해지면서 ❷서안 경계류는 유속이 빠르고 폭이 좁고 깊은 해류가 되고, 동안 경계류는 유속이 느리고 폭이 넓고 얕은 해류가 된다.

② 원인: 해수에 작용하는 전향력의 크기가 고위도로 갈수록 커지기 때문

③ 북반구의 경우 서안 경계에서 북진하는 해수의 이동은 시계 방향의 순환을 강하게 만들고, 동안 경계에서 남진하는 해수의 이동은 시계 방향의 순환을 약하게 만든다.

❶ 경계류와 지형류
서안 경계류와 동안 경계류도 지형류에 해당한다. 표층 해류 대부분은 지형류에 해당한다.

❷ 경계류의 특징
1. 서안 경계류
  • 폭이 100 km 이내로 좁다.
  • 깊이가 2 km까지로 깊다.
  • 유속은 하루에 수백 km이다.
  • 해수의 수송량이 많다.
2. 동안 경계류
  • 폭이 1000 km까지로 넓다.
  • 깊이가 0.5 km 이내로 얕다.
  • 유속은 하루에 수십 km이다.
  • 해수의 수송량이 적다.

THE 들여다보기 **스토멜의 서안 강화 현상 모형**

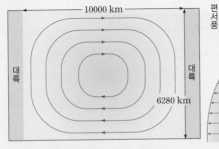

(가) 전향력이 일정한 경우

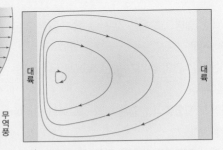

(나) 전향력이 고위도로 갈수록 커지는 경우

• (가)는 전향력이 일정한 경우이다. ➡ 해류의 순환은 순환 중심에 대하여 대칭적으로 나타났다.
• (나)는 적도 지역에서 고위도로 갈수록 전향력의 크기가 커지는 경우이다. (전향력의 크기가 편서풍 지역이 무역풍 지역보다 큰 경우) ➡ 해류의 순환 중심이 서쪽으로 치우쳐 나타났다.
• 이러한 현상은 전향력의 크기가 고위도로 갈수록 커지므로 아열대 해양에서 순환의 중심이 서쪽으로 치우치고, 수압 경도력이 해양의 동쪽보다 서쪽에서 더 크기 때문에 나타난다.

빈칸 완성

1. 지형류는 수압 경도력과 (   )이 평형을 이루는 상태에서 흐르는 해류이다.

2. 서안 강화 현상이 생기는 까닭은 고위도로 갈수록 (   )이 커지기 때문이다.

3. 서안 경계류는 ① (   )위도에서 ② (   )위도로 흐른다.

4. 북반구의 아열대 해양에서 표층 해류는 (   ) 방향으로 순환한다.

선다형 문제

5. 서안 경계류의 특징에 대한 설명으로 옳은 것을 모두 고르시오.
① 한류이다.
② 폭이 넓다.
③ 깊이가 깊다.
④ 유속이 느리다.
⑤ 해양의 서쪽 연안을 따라 흐른다.

정답 1. 전향력 2. 전향력 3. ① 저 ② 고 4. 시계 5. ③, ⑤

○X 문제

1. 에크만 수송과 지형류에 대한 설명으로 옳은 것은 ○, 옳지 <u>않은</u> 것은 ×로 표시하시오.
(1) 북태평양 해류는 지형류에 해당하지 않는다.
(   )
(2) 북반구의 무역풍대에서 에크만 수송은 남쪽으로 일어난다.
(   )
(3) 북반구에서 편서풍대의 지형류에 작용하는 수압 경도력은 북쪽으로 작용한다.
(   )
(4) 북반구에서 무역풍대의 지형류에 작용하는 전향력은 북쪽으로 작용한다.
(   )

2. 지형류에 대한 설명으로 옳은 것은 ○, 옳지 <u>않은</u> 것은 ×로 표시하시오.
(1) 지형류는 해수면의 높이가 높은 쪽에서 낮은 쪽으로 흐른다.
(   )
(2) 북반구에서 지형류의 방향은 수압 경도력의 오른쪽 90° 방향이다.
(   )
(3) 남반구에서 지형류의 방향은 전향력의 왼쪽 90° 방향이다.
(   )
(4) 수압 경도력이 일정할 때 지형류의 유속은 저위도로 갈수록 빠르다.
(   )

3. 서안 강화 현상에 대한 설명으로 옳은 것은 ○, 옳지 <u>않은</u> 것은 ×로 표시하시오.
(1) 평균적인 해수면의 높이는 아열대 해양이 적도 해양보다 높다.
(   )
(2) 아열대 해양에서 표층 해수의 순환 중심은 서쪽으로 치우쳐 있다.
(   )
(3) 해수의 수송량은 서안 경계류가 동안 경계류보다 많다.
(   )
(4) 쿠로시오 해류, 캘리포니아 해류는 모두 서안 경계류이다.
(   )

순서대로 나열하기

4. 다음은 북반구의 지형류 발생 과정을 나타낸 것이다. 차례대로 나열하시오.

> ㉠ 수압 경도력에 의해 해수가 수압이 높은 곳에서 낮은 곳으로 움직인다.
> ㉡ 유속이 점차 빨라지고 전향력은 더 커지면서 해수의 운동 방향은 점차 오른쪽으로 편향된다.
> ㉢ 수압 경도력과 전향력이 평형을 이루어 해류의 방향이 일정하다.

정답 1. (1) × (2) × (3) ○ (4) ○ 2. (1) × (2) ○ (3) × (4) ○ 3. (1) ○ (2) ○ (3) ○ (4) × 4. ㉠ - ㉡ - ㉢

탐구 활동

다양한 바람에 따른 에크만 수송 알아보기

목표

다양한 바람에 따른 에크만 수송을 이해할 수 있다.

과정

북반구에서 (가)~(라)와 같이 바람이 불 때 에크만 수송이 나타나는 방향을 각각 표시해 보자.

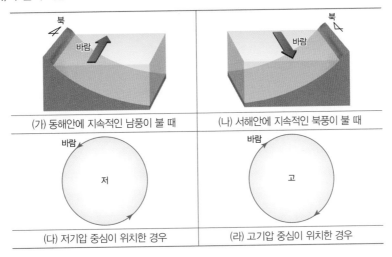

(가) 동해안에 지속적인 남풍이 불 때

(나) 서해안에 지속적인 북풍이 불 때

(다) 저기압 중심이 위치한 경우

(라) 고기압 중심이 위치한 경우

결과 정리 및 해석

(가)~(라)에서 에크만 수송의 방향을 화살표로 나타내면 다음과 같다.

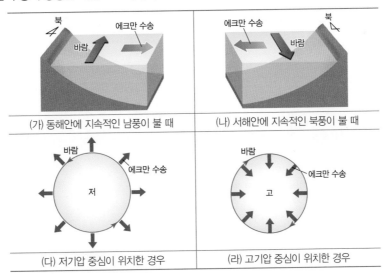

(가) 동해안에 지속적인 남풍이 불 때

(나) 서해안에 지속적인 북풍이 불 때

(다) 저기압 중심이 위치한 경우

(라) 고기압 중심이 위치한 경우

탐구 분석

1. (가)와 (나)에서 에크만 수송이 일어날 때 표층 해수의 수온 분포는 어떻게 나타나는지 서술하시오.

2. (다)와 (라)에서 에크만 수송이 일어날 때 수온 약층이 시작되는 깊이는 어떻게 나타나는지 서술하시오.

[20703–0244]
01 해수의 정역학 평형에 대한 설명으로 옳은 것만을 〈보기〉에서 있는 대로 고른 것은?

┌ 보기 ┌
ㄱ. 연직 수압 경도력은 아래에서 위로 작용한다.
ㄴ. 연직 수압 경도력과 중력이 평형을 이루는 상태이다.
ㄷ. 정역학 평형 상태에서는 해수가 수평·연직 방향으로 움직이지 않는다.

① ㄱ   ② ㄷ   ③ ㄱ, ㄴ
④ ㄴ, ㄷ   ⑤ ㄱ, ㄴ, ㄷ

[20703–0245]
02 그림은 밀도가 일정한 해수에서 해수면이 경사져 있는 모습을 나타낸 것이다.

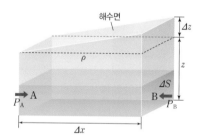

이에 대한 설명으로 옳은 것만을 〈보기〉에서 있는 대로 고른 것은?

┌ 보기 ┌
ㄱ. A와 B 사이의 수압 차이에 의해 수평 방향으로 작용하는 힘은 $(P_B - P_A) \times \Delta S$이다.
ㄴ. $(P_B - P_A) = \rho g \Delta z$이다.
ㄷ. 수평 방향으로의 수압 경도력은 $g \dfrac{\Delta z}{\Delta x}$이다.

① ㄱ   ② ㄴ   ③ ㄱ, ㄷ
④ ㄴ, ㄷ   ⑤ ㄱ, ㄴ, ㄷ

[20703–0246]
03 그림은 U자관의 가운데 마개를 막고 A와 B 쪽의 물높이가 다르도록 양쪽에 물을 채운 것이다.

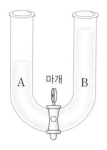

이에 대한 설명으로 옳은 것만을 〈보기〉에서 있는 대로 고른 것은?

┌ 보기 ┌
ㄱ. 마개 부근에서는 A 쪽과 B 쪽의 수압이 같다.
ㄴ. 마개를 열면 물은 B에서 A 쪽으로 흐른다.
ㄷ. 마개 부근에서 수압 경도력은 마개를 닫았을 때나 열었을 때 모두 B에서 A 쪽으로 작용한다.

① ㄱ   ② ㄴ   ③ ㄱ, ㄷ
④ ㄴ, ㄷ   ⑤ ㄱ, ㄴ, ㄷ

[20703–0247]
04 그림은 정역학 평형을 이루고 있는 해수에 작용하는 힘 A와 B를 나타낸 것이다.

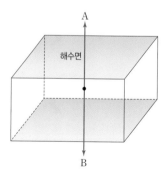

(1) A, B에 해당하는 힘은 각각 무엇인지 쓰시오.

　A: (　　　　　　　) 　B: (　　　　　　　)

(2) 힘 A, B의 크기를 비교하시오.

05 [20703-0248]
수평 방향의 수압 경도력에 대한 설명으로 옳지 않은 것은?

① 해수면의 기울기가 커질수록 커진다.
② 수압이 높은 곳에서 낮은 곳으로 작용한다.
③ 중력이 커질수록 수압 경도력이 작아진다.
④ 수압 경도력의 크기는 수압 차에 비례한다.
⑤ 수압 경도력의 크기는 두 지점 사이의 거리에 반비례한다.

06 [20703-0249]
수평 방향으로 수온 차이에 의해 밀도가 다른 해수에서의 수압 경도력과 관련된 설명으로 옳은 것만을 〈보기〉에서 있는 대로 고른 것은?

┌ 보기 ┌
ㄱ. 밀도가 작은 쪽은 등압면의 높이가 낮다.
ㄴ. 수평 수압 경도력은 밀도가 큰 쪽에서 작은 쪽으로 작용한다.
ㄷ. 해수의 이동은 따뜻한 해수에서 찬 해수 쪽으로 일어난다.

① ㄱ   ② ㄷ   ③ ㄱ, ㄴ
④ ㄴ, ㄷ   ⑤ ㄱ, ㄴ, ㄷ

07 [20703-0250]
전향력에 대한 설명으로 옳은 것만을 〈보기〉에서 있는 대로 고른 것은?

┌ 보기 ┌
ㄱ. 지구 표면 위의 어디서나 나타난다.
ㄴ. 항상 물체 운동 방향의 오른쪽으로 작용한다.
ㄷ. 지구가 자전하지 않는다면 지표면 위의 모든 곳에서 나타나지 않는다.

① ㄱ   ② ㄷ   ③ ㄱ, ㄴ
④ ㄴ, ㄷ   ⑤ ㄱ, ㄴ, ㄷ

08 [20703-0251]
그림은 회전 원판 위의 두 실험자 A와 B가 앉아서 공을 주고받는 모습을 나타낸 것이다.

회전 원판이 ㉠ 방향으로 회전하고 있을 때 A가 B를 향해 공을 던졌다. 이때 일어날 수 있는 현상으로 옳은 것만을 〈보기〉에서 있는 대로 고른 것은?

┌ 보기 ┌
ㄱ. A가 볼 때 공의 진행 방향은 A의 오른쪽으로 휘어진다.
ㄴ. B가 볼 때 공의 진행 방향은 B의 오른쪽으로 휘어진다.
ㄷ. B가 A를 향해 공을 던지면 B는 공이 왼쪽으로 휘어지는 것을 볼 것이다.

① ㄱ   ② ㄴ   ③ ㄱ, ㄷ
④ ㄴ, ㄷ   ⑤ ㄱ, ㄴ, ㄷ

09 [20703-0252]
그림과 같이 북반구 지표면 위의 어느 지점 P에서 a, b, c, d 방향으로 물체를 던졌을 때 물체의 운동 방향이 오른쪽으로 휘어지는 경우를 모두 골라 쓰시오.

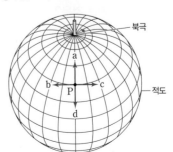

10 [20703-0253]
북반구의 에크만 수송에 대한 설명으로 옳은 것만을 〈보기〉에서 있는 대로 고른 것은?

┌─ 보기 ┌─
ㄱ. 표면 해수는 풍향의 오른쪽 45° 방향으로 흐른다.
ㄴ. 마찰층에서 해수의 평균적인 이동은 풍향의 오른쪽 90° 방향으로 나타난다.
ㄷ. 에크만 나선에서 흐름이 표면 해수의 방향과 정반대가 되는 곳의 깊이를 마찰 저항 심도라고 한다.

① ㄱ   ② ㄷ   ③ ㄱ, ㄴ
④ ㄴ, ㄷ   ⑤ ㄱ, ㄴ, ㄷ

11 [20703-0254]
그림은 북반구 어느 해역에서 지형류가 흐를 때 작용하는 힘과 지형류의 방향을 순서 없이 나타낸 것이다.

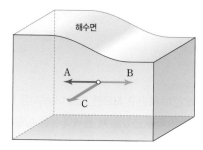

A, B, C를 각각 옳게 짝 지은 것은?

	A	B	C
①	수압 경도력	전향력	지형류
②	전향력	수압 경도력	지형류
③	전향력	지형류	수압 경도력
④	지형류	수압 경도력	전향력
⑤	지형류	전향력	수압 경도력

12 [20703-0255]
그림은 지형류가 발달하는 과정을 나타낸 것이다.

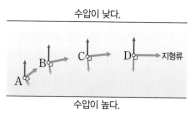

이에 대한 설명으로 옳은 것만을 〈보기〉에서 있는 대로 고른 것은?

┌─ 보기 ┌─
ㄱ. 수압 경도력의 크기는 A보다 C에서 크다.
ㄴ. 전향력의 크기는 B보다 D에서 크다.
ㄷ. 해수의 이동 속도는 B보다 D에서 빠르다.

① ㄱ   ② ㄷ   ③ ㄱ, ㄴ
④ ㄴ, ㄷ   ⑤ ㄱ, ㄴ, ㄷ

13 [20703-0256]
다음은 지형류에 대한 설명이다. ( ) 안에 들어갈 알맞은 말을 차례대로 쓰시오.

┌─────────────────────────┐
지형류는 수압 경도력과 전향력이 평형을 이루는 상태에서 흐르는 해류로 지형류의 속도는 해수면의 경사가 급할수록 (   )지며, 수압 경도력이 같은 경우 고위도로 갈수록 (   )진다.
└─────────────────────────┘

14 [20703-0257]
그림은 지형류가 흐르는 북반구의 아열대 해양을 나타낸 것이다. A와 B, C와 D는 각각 P와 Q 지점의 해수에 작용하는 힘이다.

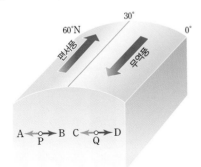

이에 대한 설명으로 옳은 것만을 〈보기〉에서 있는 대로 고른 것은?

┌─ 보기 ┐
ㄱ. A와 D는 수압 경도력이다.
ㄴ. P에서 지형류는 서쪽으로 흐른다.
ㄷ. C와 D의 크기는 같다.
└────────┘

① ㄱ   ② ㄴ   ③ ㄷ
④ ㄱ, ㄴ   ⑤ ㄱ, ㄷ

15 [20703-0258]
서안 강화 현상에 대한 설명으로 옳은 것만을 〈보기〉에서 있는 대로 고른 것은?

┌─ 보기 ┐
ㄱ. 서안 경계류는 동안 경계류보다 폭이 좁다.
ㄴ. 캘리포니아 해류는 쿠로시오 해류보다 유속이 빠르다.
ㄷ. 서안 강화 현상이 생기는 까닭은 고위도로 갈수록 전향력이 작아지기 때문이다.
└────────┘

① ㄱ   ② ㄷ   ③ ㄱ, ㄴ
④ ㄴ, ㄷ   ⑤ ㄱ, ㄴ, ㄷ

16 [20703-0259]
그림은 북반구 중위도 해역의 동서 단면을 나타낸 모식도이다.

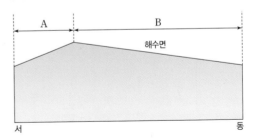

A와 B에서 흐르는 지형류에 대한 설명으로 옳은 것만을 〈보기〉에서 있는 대로 고른 것은?

┌─ 보기 ┐
ㄱ. 전향력의 크기는 A보다 B에서 작다.
ㄴ. 유속은 A보다 B에서 빠르다.
ㄷ. 지형류가 나타나는 최대 깊이는 A보다 B에서 깊다.
└────────┘

① ㄱ   ② ㄷ   ③ ㄱ, ㄴ
④ ㄴ, ㄷ   ⑤ ㄱ, ㄴ, ㄷ

17 [20703-0260]
그림은 서안 강화 현상이 나타난 북태평양의 표층 해류를 모식도로 나타낸 것이다.

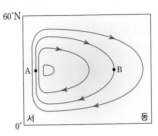

북태평양에서 A, B에 해당하는 해류를 각각 쓰시오.

A: (   )
B: (   )

01 [20703–0261]
그림은 정역학 평형 상태에 있는 해수를 나타낸 것이다.

해수면

Z

ρ

P

A

ρ: 밀도
A: 밑면적

이에 대한 설명으로 옳은 것만을 〈보기〉에서 있는 대로 고른 것은? (단, 깊이 Z에서 수압은 P이다.)

┌ 보기 ┌
ㄱ. $P = \rho g Z$이다.
ㄴ. 연직 수압 경도력과 중력은 크기가 같다.
ㄷ. 연직 수압 경도력과 중력은 방향이 반대이다.

① ㄱ   ② ㄷ   ③ ㄱ, ㄴ
④ ㄱ, ㄷ   ⑤ ㄱ, ㄴ, ㄷ

02 [20703–0262]
수압 경도력에 대한 설명으로 옳지 <u>않은</u> 것은?

① 수압 차이에 의해 생기는 힘이다.
② 해수면에 경사가 생기면 수평 방향의 수압 경도력이 생긴다.
③ 해수면의 경사가 급할수록 수평 수압 경도력의 크기는 커진다.
④ 두 지점 사이의 거리가 멀수록 수평 수압 경도력의 크기는 작아진다.
⑤ 정역학 평형 상태에서는 연직 방향의 수압 경도력이 작용하지 않는다.

03 [20703–0263]
그림은 시계 반대 방향으로 회전하는 판 위의 A 지점에서 회전판 밖의 B 지점을 향해 구슬을 굴리는 모습을 나타낸 것이다.

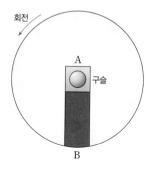

회전

A
구슬

B

이에 대한 설명으로 옳은 것만을 〈보기〉에서 있는 대로 고른 것은?

┌ 보기 ┌
ㄱ. 회전판 안의 A 지점에서 보면 구슬은 오른쪽으로 휘어진다.
ㄴ. 회전판 밖의 B 지점에서 바라보면 구슬은 직선으로 굴러간다.
ㄷ. 구슬의 속도가 빨라지면 구슬에 작용하는 전향력의 크기는 작아진다.

① ㄱ   ② ㄷ   ③ ㄱ, ㄴ
④ ㄱ, ㄷ   ⑤ ㄱ, ㄴ, ㄷ

04 [20703–0264]
서술형
해수의 밀도를 $1030 \ \mathrm{kg/m^3}$, 중력 가속도를 약 $9.80665 \ \mathrm{m/s^2}$이라고 할 때, 정역학 방정식으로 수심 1000 m에 작용하는 수압을 계산하시오.

[20703-0265]

05 그림은 어느 해역에서 에크만 수송을 나타낸 것이다.

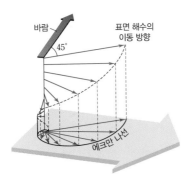

이에 대한 설명으로 옳은 것만을 〈보기〉에서 있는 대로 고른 것은?

┌─ 보기 ┌─────────────────────────────────
ㄱ. 이 해역은 북반구이다.
ㄴ. 해수의 평균 이동 방향은 바람과 90°의 각을 이룬다.
ㄷ. 수심이 깊어지면서 해수의 이동 방향은 시계 반대 방향으로 변한다.
└──────────────────────────────────────

① ㄱ   ② ㄷ   ③ ㄱ, ㄴ
④ ㄴ, ㄷ   ⑤ ㄱ, ㄴ, ㄷ

[20703-0266]

06 그림은 지형류가 흐르는 어느 해역에서 지형류에 작용하는 힘 A와 B를 나타낸 것이다.

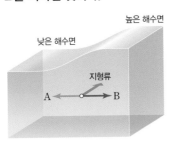

이에 대한 설명으로 옳은 것만을 〈보기〉에서 있는 대로 고른 것은?

┌─ 보기 ┌─────────────────────────────────
ㄱ. 이 해역은 남반구이다.
ㄴ. A와 B의 크기는 같다.
ㄷ. A가 일정할 때 B는 저위도로 갈수록 커진다.
└──────────────────────────────────────

① ㄱ   ② ㄴ   ③ ㄱ, ㄷ
④ ㄴ, ㄷ   ⑤ ㄱ, ㄴ, ㄷ

[20703-0267]

07 그림은 바람에 의해 해수면 경사가 발생하여 지형류 평형 상태에 있는 북반구 해역의 모습을 나타낸 것이다.

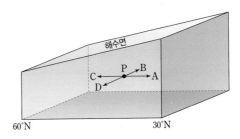

이에 대한 설명으로 옳은 것만을 〈보기〉에서 있는 대로 고른 것은?

┌─ 보기 ┌─────────────────────────────────
ㄱ. 이 해역에는 서풍 계열의 바람이 불고 있다.
ㄴ. P 지점에서 수압 경도력의 방향은 A이다.
ㄷ. 해류는 D 방향으로 흐르고 있다.
└──────────────────────────────────────

① ㄱ   ② ㄷ   ③ ㄱ, ㄴ
④ ㄴ, ㄷ   ⑤ ㄱ, ㄴ, ㄷ

서술형 [20703-0268]

08 그림은 100 km 떨어진 두 지점 A와 B의 해수면 높이 차이를 나타낸 것이다.

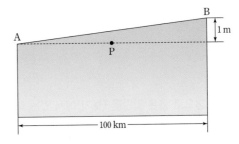

P 지점에서 단위 질량의 해수에 작용하는 수압 경도력을 구하시오. (단, 중력 가속도는 약 10 m/s²이고, 해수의 밀도는 균일하다.)

[20703–0269]

09 그림은 북대서양 서안 해역에서의 연직 수온 단면도와 이로부터 계산된 해수면의 높이를 나타낸 것이다.

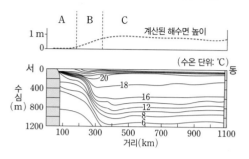

이에 대한 설명으로 옳은 것만을 〈보기〉에서 있는 대로 고른 것은?

┌ 보기 ┌
ㄱ. 표층 수온이 높을수록 해수면의 높이가 높다.
ㄴ. A 해역 부근에는 남풍 계열의 바람이 분다.
ㄷ. 지형류의 유속은 C보다 B에서 빠르다.

① ㄱ ② ㄷ ③ ㄱ, ㄴ
④ ㄴ, ㄷ ⑤ ㄱ, ㄴ, ㄷ

[20703–0270]

10 그림은 북반구 어느 해역에서 흐르는 지형류의 방향을 나타낸 것이다.

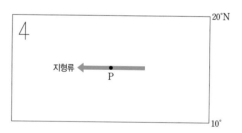

이에 대한 설명으로 옳은 것만을 〈보기〉에서 있는 대로 고른 것은?

┌ 보기 ┌
ㄱ. P에서 전향력은 북쪽으로 작용한다.
ㄴ. 해수면의 높이는 남쪽이 북쪽보다 높다.
ㄷ. 이 해역에는 서풍이 지속적으로 불고 있다.

① ㄱ ② ㄴ ③ ㄱ, ㄷ
④ ㄴ, ㄷ ⑤ ㄱ, ㄴ, ㄷ

[20703–0271]

11 그림은 전향력이 나타나는 원리를 알아보기 위한 실험이다.

[탐구 과정]
(가) 회전판 위에 두 사람이 서로 마주 보고 앉는다.
(나) 회전판을 시계 반대 방향으로 회전시키면서 한 사람이 맞은 편 사람에게 공을 던진다.
(다) 공을 던진 사람이 공의 궤적을 관찰한다.

[탐구 결과]
(다)에서 공의 궤적은 그림과 같았다.

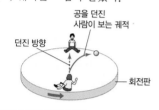

이에 대한 설명으로 옳은 것만을 〈보기〉에서 있는 대로 고른 것은?

┌ 보기 ┌
ㄱ. 북반구에서의 전향력을 알아보기 위한 것이다.
ㄴ. 회전판 밖에 있는 사람이 보면 공의 궤적은 일직선으로 나타날 것이다.
ㄷ. 회전판의 회전 속도를 더 빠르게 하면 공의 궤적은 더 많이 휘어지는 것처럼 보일 것이다.

① ㄱ ② ㄷ ③ ㄱ, ㄴ
④ ㄴ, ㄷ ⑤ ㄱ, ㄴ, ㄷ

서술형 [20703–0272]

12 북반구에서 물체를 남북 방향으로 일정한 속력으로 던졌을 때, 위도에 따라 전향력의 크기는 어떻게 달라지는지 서술하시오.

13 [20703–0273] 그림은 적도 부근에서 남북 방향의 해수 단면을 나타낸 모식도이다.

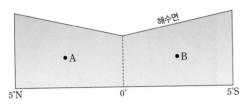

지형류가 흐르는 두 지점 A, B에 대한 설명으로 옳은 것만을 〈보기〉에서 있는 대로 고른 것은?

┌─ 보기 ┌
ㄱ. A에서 전향력은 남쪽으로 작용한다.
ㄴ. B에서 수압 경도력은 북쪽으로 작용한다.
ㄷ. B에서 지형류는 서쪽으로 흐른다.
└

① ㄱ   ② ㄷ   ③ ㄱ, ㄴ
④ ㄴ, ㄷ   ⑤ ㄱ, ㄴ, ㄷ

14 [20703–0274] 그림 (가)와 (나)는 30°S, 45°N인 두 해역의 지형류 방향을 순서 없이 나타낸 것이다. ⊙는 종이에서 나오는 방향이고, ⊗는 종이로 들어가는 방향이다.

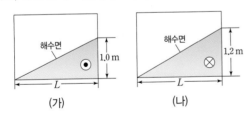

(가)   (나)

이에 대한 설명으로 옳은 것만을 〈보기〉에서 있는 대로 고른 것은?

┌─ 보기 ┌
ㄱ. (가)는 북반구이다.
ㄴ. 수압 경도력은 (가)가 (나)보다 크다.
ㄷ. 지형류의 속도는 (가)가 (나)보다 크다.
└

① ㄱ   ② ㄷ   ③ ㄱ, ㄴ
④ ㄴ, ㄷ   ⑤ ㄱ, ㄴ, ㄷ

15 [20703–0275] 에크만 수송과 해류에 대한 설명으로 옳은 것만을 〈보기〉에서 있는 대로 고른 것은?

┌─ 보기 ┌
ㄱ. 북반구에서 에크만 수송은 바람 방향의 오른쪽 45° 방향으로 일어난다.
ㄴ. 북반구에서 지형류는 전향력의 오른쪽 90° 방향으로 흐른다.
ㄷ. 서안 경계류는 동안 경계류보다 폭이 좁고 빠르다.
└

① ㄱ   ② ㄷ   ③ ㄱ, ㄴ
④ ㄴ, ㄷ   ⑤ ㄱ, ㄴ, ㄷ

서술형

16 [20703–0276] 그림은 지형류가 흐르는 30°N 해역에서 100 km 떨어진 두 지점 A와 B 사이의 해수면 높이 차와 지형류에 작용하는 힘을 나타낸 것이다.

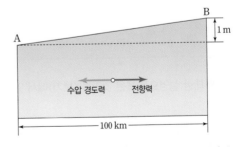

이 해역에 흐르는 지형류의 평균 유속을 구하시오. (단, 해수의 밀도는 1.02 g/cm^3, 중력 가속도는 10 m/s^2, 지구의 자전 각속도는 $7.3 \times 10^{-5}/\text{s}$이며, 소수 둘째자리에서 반올림하시오.)

17 [20703-0277]
그림은 북태평양의 아열대 환류를 나타낸 모식도이다.

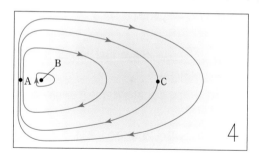

이에 대한 설명으로 옳은 것만을 〈보기〉에서 있는 대로 고른 것은?

〈보기〉
ㄱ. 유속은 A보다 C에서 빠르다.
ㄴ. 수온 약층이 시작되는 깊이는 B보다 C에서 깊다.
ㄷ. 지구의 자전 속도가 느려지면 환류의 중심 B는 동쪽
　 으로 이동할 것이다.

① ㄱ　　　　② ㄷ　　　　③ ㄱ, ㄴ
④ ㄴ, ㄷ　　　⑤ ㄱ, ㄴ, ㄷ

18 [20703-0278]
그림은 북태평양의 표층 순환을 나타낸 것이다.

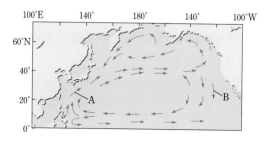

해류 A, B에 대한 설명으로 옳은 것만을 〈보기〉에서 있는 대로 고른 것은?

〈보기〉
ㄱ. B는 난류이다.
ㄴ. 해류의 속도는 A가 B보다 빠르다.
ㄷ. 지구의 자전 속도가 빨라지면 A와 B의 유속 차이는 더
　 커진다.

① ㄱ　　　　② ㄴ　　　　③ ㄱ, ㄷ
④ ㄴ, ㄷ　　　⑤ ㄱ, ㄴ, ㄷ

19 [20703-0279]
그림은 북태평양의 해수면 높이를 나타낸 것이다.

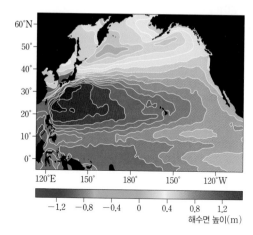

이에 대한 설명으로 옳은 것만을 〈보기〉에서 있는 대로 고른 것은?

〈보기〉
ㄱ. 환류의 중심이 서쪽으로 치우쳐 있다.
ㄴ. 북태평양에서 에크만 수송은 주로 서쪽으로 일어난다.
ㄷ. 지형류의 속도는 북태평양의 서쪽 연안보다 동쪽 연
　 안에서 빠르다.

① ㄱ　　　　② ㄷ　　　　③ ㄱ, ㄴ
④ ㄴ, ㄷ　　　⑤ ㄱ, ㄴ, ㄷ

서술형
20 [20703-0280]
대양에서 표층 해류는 환류를 이루고 있는데 환류의 중심이 서쪽으로 치우치는 현상을 서안 강화 현상이라고 한다. 이러한 서안 강화 현상이 생기는 까닭을 서술하시오.

01 [20703-0281]
그림은 태평양 적도 부근 해수의 남북 방향 단면을 나타낸 것이다.

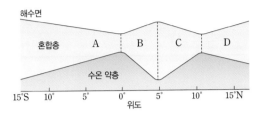

이에 대한 설명으로 옳은 것만을 〈보기〉에서 있는 대로 고른 것은?

┌ 보기 ┌
ㄱ. A와 B에서 모두 동풍 계열의 바람이 분다.
ㄴ. A와 C에서 전향력의 방향은 같다.
ㄷ. A, B, D에서 지형류의 방향은 같다.

① ㄱ   ② ㄴ   ③ ㄱ, ㄷ   ④ ㄴ, ㄷ   ⑤ ㄱ, ㄴ, ㄷ

02 [20703-0282]
그림은 $30°N$ 해역에서 지형류 평형을 이루고 있는 해수층의 단면을 나타낸 것이다.

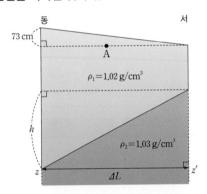

이에 대한 설명으로 옳은 것만을 〈보기〉에서 있는 대로 고른 것은? (단, 중력 가속도는 $10 \, m/s^2$, 지구의 자전 각속도는 $7.3 \times 10^{-5}/s$이다.)

┌ 보기 ┌
ㄱ. A에서 지형류는 북쪽으로 흐른다.
ㄴ. A에서 지형류의 유속이 $1 \, m/s$일 경우 $\Delta L = 100 \, km$이다.
ㄷ. $z - z'$에서 수평 방향의 수압 차가 없을 경우 $h = 74.46 \, m$이다.

① ㄱ   ② ㄷ   ③ ㄱ, ㄴ   ④ ㄴ, ㄷ   ⑤ ㄱ, ㄴ, ㄷ

03 [20703-0283]
그림은 지형류가 흐르는 북반구 아열대 해양의 남북 방향 단면을 나타낸 것이다.

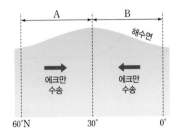

이에 대한 설명으로 옳은 것만을 〈보기〉에서 있는 대로 고른 것은? (단, A와 B 구간의 수평 거리와 해수면 높이 차는 같다.)

┌ 보기 ┌
ㄱ. A에는 동풍 계열의 바람이 분다.
ㄴ. B에서 전향력은 북쪽으로 작용한다.
ㄷ. 지형류의 평균 유속은 A와 B에서 같다.

① ㄱ   ② ㄴ   ③ ㄱ, ㄷ   ④ ㄴ, ㄷ   ⑤ ㄱ, ㄴ, ㄷ

04 [20703-0284]
그림 (가)와 (나)는 북반구에서 위도에 관계없이 전향력이 일정할 때와 전향력이 고위도로 갈수록 커질 때의 해수 순환 모형을 순서대로 나타낸 것이다.

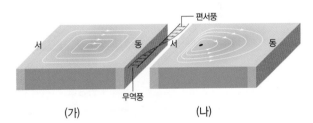

(가)   (나)

이에 대한 설명으로 옳은 것만을 〈보기〉에서 있는 대로 고른 것은?

┌ 보기 ┌
ㄱ. (가)에서 전향력의 크기는 무역풍 지역과 편서풍 지역이 같다.
ㄴ. (나)에서 단위 시간당 이동하는 해수의 양은 대양의 서쪽보다 동쪽에서 많다.
ㄷ. 대양의 서쪽에서 수압 경도력의 크기는 (가)가 (나)보다 크다.

① ㄱ   ② ㄴ   ③ ㄱ, ㄷ   ④ ㄴ, ㄷ   ⑤ ㄱ, ㄴ, ㄷ

07

해파와 조석

- 천해파와 심해파의 특성 이해하기
- 폭풍 해일과 지진 해일의 특성 이해하기
- 조석 현상의 특징 이해하기

한눈에 단원 파악, 이것이 핵심!

심해파와 천해파는 무엇이 다를까?

심해파는 해저의 영향을 받지 않고 천해파는 해저의 영향을 받는다.

구분	심해파	천해파
특징	표면파	장파
정의	수심이 파장의 $\frac{1}{2}$보다 깊은 곳에서 진행하는 해파	수심이 파장의 $\frac{1}{20}$보다 얕은 곳에서 진행하는 해파
물 입자의 운동	물 입자는 원운동을 한다.	표면의 물 입자는 타원 운동, 해저에서는 왕복 운동을 한다.
해파의 속도(v)	$v=\sqrt{\dfrac{gL}{2\pi}}$ (g: 중력 가속도, L: 파장)	$v=\sqrt{gh}$ (g: 중력 가속도, h: 수심)

조석 현상은 무엇에 따라 달라질까?

- 조석 현상은 달과 태양의 위치 관계에 따라 달라진다.
- 조석 현상은 지역에 따라 달라진다.

기조력
달을 향한 쪽과 달의 반대쪽에서 기조력의 크기는 같고 방향은 반대이다.

해수면

지구 중심 X

달

→ 원심력　→ 달의 인력　⇒ 기조력

위도에 따른 조석 현상

위도에 따라 조석 현상이 다르다.

N

달의 방향

일주조

혼합조

반일주조

간조가 되는 지역

S

01 해파와 해일

1 해파

(1) 해파의 발생: 주로 해수면 위에서 부는 바람에 의해 발생한다. 해저 지진 등에 의해서도 발생한다.

(2) 해파의 요소

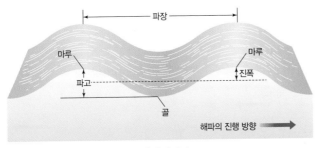

▲ 해파의 요소

① 마루와 골: 해파에서 수면이 가장 높은 곳은 마루, 수면이 가장 낮은 곳은 골이다.
② 파장: 마루(골)와 마루(골) 사이의 수평 거리
③ ❶파고: 골에서 마루까지의 높이
④ 주기: 수면 위의 어떤 지점을 마루(골)가 지나간 후 다음 마루(골)가 지나갈 때까지 걸린 시간
⑤ 전파 속도: 해파의 전파 속도는 파장을 주기로 나눈 값이다.

$$전파 속도 = \frac{파장}{주기}$$

(3) 해파와 ❷물 입자의 운동
① 바다에서 해파가 발생하여 진행될 때 파의 에너지는 파의 진행 방향을 따라 전달된다.
② 물 입자는 특정 지점을 중심으로 궤도 운동을 할 뿐 파를 따라 이동하지 않는다.

(4) 해파의 모양에 따른 분류
① 풍랑: 바람에 의해 직접 발생한 해파 ➡ 마루가 삼각형 모양으로 뾰족하고, 파장과 주기가 짧다.
② 너울: 풍랑이 발생지를 벗어나 전파되어 온 해파 ➡ 마루가 둥글고, 파고는 낮으며, 파장과 주기가 길다.
③ 연안 쇄파: 너울이 해안에 접근하여 파의 봉우리가 해안 쪽으로 넘어지면서 부서지는 해파 ➡ 너울이 해안에 접근하여 수심이 감소함에 따라 해저와의 마찰로 파의 속도가 느려지고 파장이 짧아지며 파고가 높아진다.

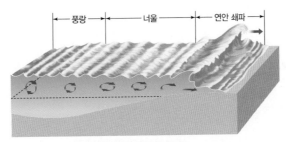

▲ 해파의 모양에 따른 분류

❶ 파고와 진폭
해파에서 파고는 골에서 마루까지의 높이이며, 진폭은 진동의 중심으로부터 최대로 움직인 거리이므로 파고는 진폭의 2배이다.

❷ 물 입자의 운동
물 입자는 해파를 따라 이동하지 않는다.

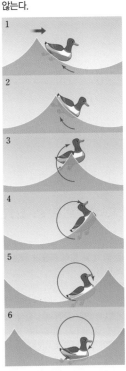

① 표면파
심해파는 해저의 물 입자에는 영향을 미치지 않고 표면의 물 입자에만 영향을 미치므로 표면파라고도 한다.

② 심해파와 천해파

(1) 심해파(①표면파): 수심이 파장의 $\frac{1}{2}$보다 깊은 해역에서 진행하는 해파

① 해저의 마찰을 받지 않으므로 물 입자는 원운동을 한다.
② 원의 크기는 수심이 깊어짐에 따라 작아진다.
③ 파장(L)이 길수록 파의 ②속도(v)가 빠르다. ➡ $v=\sqrt{\dfrac{gL}{2\pi}}$ (g:중력 가속도)

(2) 천해파(장파): 수심이 파장의 $\frac{1}{20}$보다 얕은 해역에서 진행하는 해파

① 해저의 마찰을 받으므로 물 입자는 타원 운동을 한다.
② 수심이 깊어질수록 타원 모양이 더욱 납작해지고 해저면 가까이에서는 수평으로 왕복 운동을 한다.
③ 수심(h)이 깊을수록 파의 속도(v)가 빠르다. ➡ $v=\sqrt{gh}$ (g: 중력 가속도)

② 심해파의 속도
심해파의 속도는 파장이 길수록 빠르다. 심해파에서 주기를 측정하면 아래 그래프를 이용하여 속도와 파장을 구할 수 있다.

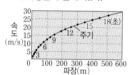

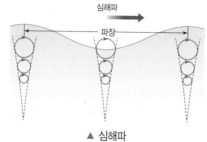

▲ 심해파

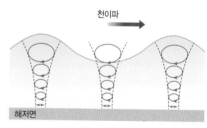

▲ 천해파

(3) 천이파(전이파): 수심이 파장의 $\frac{1}{2}$보다 얕고 $\frac{1}{20}$보다 깊은 곳의 해파

① 천해파와 심해파의 중간 성질을 나타낸다.
② 물 입자는 타원 운동을 한다.
③ 수심이 깊어질수록 수평 운동의 폭이 줄어든다.

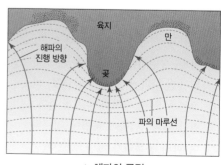

▲ 천이파(전이파)

③ 해파의 작용

(1) 해파의 굴절

① 천해파가 해안에 접근할 때 만보다 곶 부분의 수심이 먼저 얕아지므로 해파의 속도는 곶 부분에서 먼저 느려진다.
② 해파는 속력이 느린 쪽으로 휘어지므로 곶 부분으로 굴절한다.

③ 퇴적 및 침식 작용과 해안선의 변화
만에서는 퇴적 작용이 일어나 모래 등이 쌓이므로 해수욕장이 발달한다. 한편 곶에서는 침식 작용이 일어나고, 만에서는 퇴적 작용이 일어나므로 시간이 지나면 해안선은 단조로워진다.

(2) 침식 작용: 곶에서는 해파의 에너지가 집중되므로 침식 작용이 우세하게 일어난다.

(3) 퇴적 작용: 만에서는 해파의 에너지가 분산되므로 ③퇴적 작용이 우세하게 일어난다.

▲ 해파의 굴절

4 해일: 해수면이 비정상적으로 높아져서 해수가 육지로 넘쳐 오르는 현상

(1) ❶폭풍 해일: 태풍이나 대규모 온대 저기압의 낮은 중심 기압과 강한 바람으로 인해 발생하는 해일

① 태풍이 접근할 때 만조 시각과 겹치게 되면 더 큰 피해를 준다.

② 기압이 1 hPa 낮아지면 해수면 높이는 약 1 cm 상승한다. 따라서 중심 기압이 963 hPa인 태풍에 의해서 해수면은 약 0.5 m 상승한다.

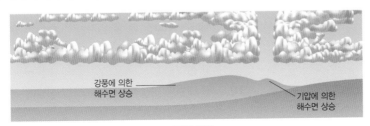

▲ 폭풍 해일

(2) 지진 해일(쓰나미): 해저에서 발생한 지진, 화산 활동, 단층 등에 의해 발생하는 해일

① 해저 지진, 화산 폭발, 단층 작용 등 갑작스런 지각 변동에 의해 지반의 상하 이동이 일어나는 경우에 발생한다.

② 해파가 연안으로 오면서 파고가 매우 높아져 피해를 입힌다.

③ 지진 해일은 수심에 비해 ❷파장이 매우 길어서 천해파의 특성을 가진다.

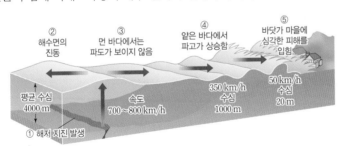

▲ 지진 해일의 발생과 전파

(3) 지진 해일(쓰나미)의 전파와 파고

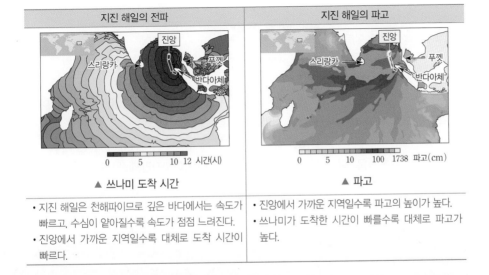

지진 해일의 전파	지진 해일의 파고
▲ 쓰나미 도착 시간	▲ 파고
• 지진 해일은 천해파이므로 깊은 바다에서는 속도가 빠르고, 수심이 얕아질수록 속도가 점점 느려진다. • 진앙에서 가까운 지역일수록 대체로 도착 시간이 빠르다.	• 진앙에서 가까운 지역일수록 파고의 높이가 높다. • 쓰나미가 도착한 시간이 빠를수록 대체로 파고가 높다.

빈칸 완성

1. 해파에서 수면이 가장 높은 부분을 ① (   ), 수면이 가장 낮은 부분을 ② (   )이라고 부른다.

2. 해파가 해안에 접근하여 파의 봉우리가 부서지는 해파를 (   )라고 한다.

3. 심해파는 수심이 파장의 ① (   )보다 깊은 곳에서 진행하는 해파이고, 천해파는 수심이 파장의 ② (   )보다 얕은 곳에서 진행하는 해파이다.

4. 심해파와 천해파의 중간에 해당하는 파를 (   )라고 한다.

5. 해파의 굴절이 일어날 때 해파는 속력이 (   ) 쪽으로 휘어진다.

6. 해파가 해안에 접근할 때 만에서는 ① (   ) 작용이 우세하고, 곶에서는 ② (   ) 작용이 우세하다.

둘 중에 고르기

7. 바람에 의해 직접 발생한 해파로 마루가 뾰족한 파를 (풍랑 , 너울)이라고 한다.

8. 심해파는 (표면파 , 장파)라고도 한다.

9. 심해파가 전파될 때 물 입자는 ① (원 , 타원) 운동을 하며, 천해파가 전파될 때 물 입자는 ② (원 , 타원) 운동을 한다.

10. 지진 해일은 파장이 매우 길어서 (심해파 , 천해파)의 특성을 나타낸다.

11. 심해파의 속력은 ① (파장 , 수심)의 제곱근에 비례하고, 천해파의 속력은 ② (파장 , 수심)의 제곱근에 비례한다.

12. 폭풍 해일이 일어날 때 (만조 , 간조) 시각과 겹치면 피해가 더 커진다.

정답 1. ① 마루 ② 골 2. 연안 쇄파 3. ① $\frac{1}{2}$ ② $\frac{1}{20}$ 4. 천이파(전이파) 5. 느린 6. ① 퇴적 ② 침식 7. 풍랑 8. 표면파 9. ① 원 ② 타원 10 천해파
11 ① 파장 ② 수심 12 만조

○X 문제

1. 해파에 대한 설명으로 옳은 것은 ○, 옳지 <u>않은</u> 것은 ×로 표시하시오.

(1) 해파가 전파될 때 물 입자는 상하로만 움직인다.

(   )

(2) 해파가 해안에 접근하면 파장이 짧아진다. (   )

(3) 풍랑이 발생지를 벗어나면 마루가 뾰족해진다.

(   )

2. 해일에 대한 설명으로 옳은 것은 ○, 옳지 <u>않은</u> 것은 ×로 표시하시오.

(1) 바다 위에서 이동하는 강한 저기압의 중심부는 해수면이 주위보다 낮다. (   )

(2) 태풍이 접근할 때 만조 시각과 겹치게 되면 피해가 커진다. (   )

(3) 지진 해일은 해저 지진, 화산 폭발, 단층 작용 등으로 지반의 수평 이동이 일어나는 경우에 잘 발생한다. (   )

3. 천해파와 심해파에 대한 설명으로 옳은 것은 ○, 옳지 <u>않은</u> 것은 ×로 표시하시오.

(1) 심해파가 진행할 때 물 입자는 해저의 마찰을 받지 않는다. (   )

(2) 심해파의 속력은 파장에 따라 달라진다. (   )

(3) 천해파가 진행할 때 물 입자는 해저의 마찰을 받는다. (   )

단답형 문제

4. 해파에서 골에서 마루까지의 높이를 무엇이라고 부르는지 쓰시오.

5. 풍랑이 발생지를 벗어나 마루가 둥글게 변한 해파를 무엇이라고 부르는지 쓰시오.

6. 해파가 진행할 때 해파에 의해 영향을 받는 해수의 깊이는 파장의 몇 배 깊이까지인지 쓰시오.

7. 해파가 해안으로 접근하여 해일이 발생할 때 파장은 어떻게 변하는지 쓰시오.

정답 1. (1) × (2) ○ (3) × 2. (1) × (2) ○ (3) × 3. (1) ○ (2) ○ (3) ○ 4. 파고 5. 너울 6. $\frac{1}{2}$ 7. 짧아진다.

02 조석

1 조석과 조차

(1) 조석과 조류: 바닷물이 태양과 달의 인력에 의해 주기적으로 상승·하강하는 운동을 조석이라 하고, 조석에 의해 나타나는 밀물·썰물과 같은 수평 방향의 해수 흐름을 조류라고 한다.

(2) 만조와 간조: 조석의 한 주기 중 해수면이 가장 높은 때를 만조, 조석의 한 주기 중 해수면이 가장 낮은 때를 간조라고 한다.

(3) 조차(조석 간만의 차): 만조 때와 간조 때 해수면의 높이 차이 ➡ 하루 동안 조차는 다르게 나타날 수 있다.

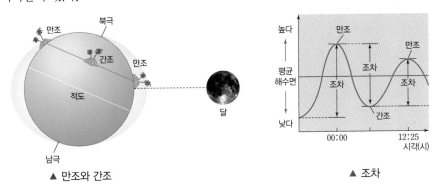

▲ 만조와 간조

▲ 조차

2 기조력

(1) 기조력: 조석 현상을 일으키는 힘

① 지구와 천체 사이에 작용하는 만유인력과 지구가 천체와의 공통 질량 중심을 돌 때 생기는 **❶원심력**이 함께 작용하여 나타난다.

② 달을 향한 쪽에서는 만유인력이 원심력보다 커서 기조력이 달 쪽으로 작용하지만 반대쪽에서는 원심력이 **❷만유인력**보다 커서 기조력이 달의 반대쪽으로 작용한다.

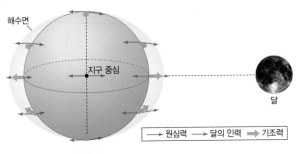

▲ 기조력

(2) 기조력의 크기

① 기조력(F)의 크기는 천체의 질량(M)에 비례하고, 천체까지의 거리(r)의 세제곱에 반비례한다.

$$F \propto \frac{M}{r^3}$$

② 태양의 질량은 달의 질량에 비해 훨씬 크지만 태양은 달에 비해 지구로부터의 거리가 훨씬 멀다. 따라서 달에 의한 기조력이 태양에 의한 기조력보다 약 2배 크다.

THE 알기

❶ 원심력
지구와 달의 공통 질량 중심은 지구 안쪽에 있다. 달이 지구 주위를 돌 때 지구도 공통 질량 중심을 중심으로 원운동을 하게 되므로 지표면 위의 모든 지점은 공통 질량 중심을 중심으로 원운동을 하게 된다. 이때 지표면 위의 모든 점은 같은 반지름을 갖는 원운동을 하며, 원심력은 항상 달의 반대편 방향으로 나타난다.

❷ 달의 인력과 기조력
지표면 위에서 달의 만유인력은 달이 있는 방향으로 작용하며, 달에 가까운 곳일수록 크다. 지구의 중심에서는 달의 만유인력이 원심력과 평형을 이룬다. 지표면 중 달을 향한 쪽과 달의 반대편에서는 기조력의 크기가 같고 방향이 반대이다.

❶ 달의 공전
달의 공전 주기는 약 27.3일이므로 12시간에 약 6.5° 만큼 지구 주위를 공전한다.

③ 조석 주기

(1) 조석 주기: 만조(간조)에서 다음 만조(간조)까지의 시간을 조석 주기라고 한다.
① 반일주조의 경우 조석 주기는 약 12시간 25분이다.

- 달이 A″에 있을 때 지표 상의 A와 A′ 지점은 만조이다. 12시간 후 지구의 자전으로 A 지점이 A′로 오면 다시 만조가 되어야 하지만 달은 12시간 동안 약 6.5°만큼 ❶공전하여 B″의 위치에 오게 된다. 따라서 A 지점은 A′를 지나 B 지점에 위치하여야 다시 만조가 된다.

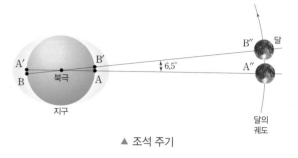

▲ 조석 주기

- 지구가 약 6.5° 자전하는 데 걸리는 시간은 약 25분이므로 반일주조의 경우 조석 주기는 약 12시간 25분이 된다.
② 일주조의 경우 조석 주기는 약 24시간 50분이다.

④ 사리와 조금

(1) 사리(대조): 달과 태양에 의한 기조력 방향이 일치하여 조차가 최대로 되는 시기 ➡ 달의 위상이 삭이나 망일 때 나타난다.

(2) 조금(소조): 달과 태양의 기조력 방향이 직각을 이루어 조차가 최소로 되는 시기 ➡ 달의 위상이 상현이나 하현일 때 나타난다.

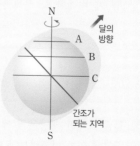

▲ 사리(대조)

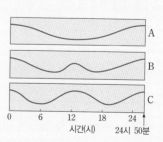

▲ 조금(소조)

위도별 만조와 간조의 횟수와 해수면 높이

- 조석 현상은 지역에 따라 다르게 나타난다.
- A는 일주조, B는 혼합조, C는 반일주조이다.
- 하루에 만조와 간조가 대략 두 번씩 나타나는 것을 반일주조라 한다.
- 일주조는 하루에 한 번의 만조와 간조가 나타난다.
- 반일주조와 일주조가 혼합된 형태로 만조와 간조 시간 간격과 해수면 높이가 일정하지 않은 조석을 혼합조라 한다.

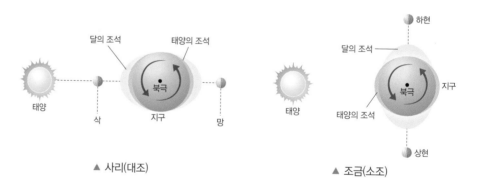

개념체크

둘 중에 고르기

1. 지구에서 달을 향한 쪽에서는 달의 만유인력이 원심력보다 ① (크 , 작)고, 달의 반대편 쪽에서는 달의 만유인력이 원심력보다 ② (크 , 작)다.

2. 조차가 최대로 되는 시기를 ① (사리 , 조금)(이)라고 하며, 조차가 최소로 되는 시기를 ② (사리 , 조금)(이)라고 한다.

빈칸 완성

3. (   ) 현상은 달과 태양의 인력에 의해 해수면이 주기적으로 상승과 하강을 하는 현상이다.

4. 만조와 간조 때 해수면의 높이 차이를 (   )라고 한다.

5. 만조와 간조가 하루에 한 번 꼴로 일어나는 조석 현상을 (   )라고 한다.

○ X 문제

6. 조석에 대한 설명으로 옳은 것은 ○, 옳지 않은 것은 × 로 표시하시오.

(1) 조석의 한 주기 중 해수면이 가장 높을 때를 간조, 가장 낮을 때를 만조라 한다. (   )

(2) 조석 주기는 대부분의 지역에서 12시간이다. (   )

(3) 지표면에서 달을 향한 쪽에서 만조가 나타날 때 달의 반대편 쪽에서는 간조가 나타난다. (   )

(4) 달의 위상이 삭이나 망일 때는 상현이나 하현일 때보다 조차가 크다. (   )

(5) 태양에 의한 기조력이 달에 의한 기조력보다 약 2배 크다. (   )

정답 1. ① 크 ② 작 2. ① 사리 ② 조금 3. 조석 4. 조차 5. 일주조 6. (1) × (2) × (3) × (4) ○ (5) ×

단답형 문제

1. 달과 태양에 의한 기조력 방향이 일치하여 조차가 최대로 되는 시기를 무엇이라고 하는지 쓰시오.

2. 만조에서 다음 만조, 또는 간조에서 다음 간조까지의 시간을 무엇이라고 하는지 쓰시오.

3. 만조와 간조가 하루에 두 번 일어나되, 만조와 간조 시간 간격이 일정하지 않은 조석을 무엇이라고 하는지 쓰시오.

선다형 문제

4. 조석에 대한 설명으로 옳은 것을 모두 고르면? (정답 3개)
① 달의 기조력은 태양의 기조력보다 작다.
② 달의 기조력은 달의 만유인력＋원심력이다.
③ 기조력은 천체까지 거리의 제곱에 반비례한다.
④ 한 지역에서 하루 동안 조차는 다르게 나타날 수 있다.
⑤ 지표면에서 달을 향한 쪽과 달의 반대편 쪽에서 기조력의 크기는 같다.

바르게 연결하기

5. 어느 날 위도마다 조석 현상의 형태가 다르게 나타났다면 지구의 각 위도별 조석 현상을 바르게 연결하시오.

(1) 고위도 ·   · ㉠ 일주조

(2) 중위도 ·   · ㉡ 반일주조

(3) 적도 ·   · ㉢ 혼합조

6. 달의 위상에 따른 조석 현상을 바르게 연결하시오.

(1)   · ㉠ 사리

(2)   · ㉡ 조금

정답 1. 사리 2. 조석 주기 3. 혼합조 4. ②, ④, ⑤ 5. (1) ㉠ (2) ㉢ (3) ㉡ 6. (1) ㉠ (2) ㉡

탐구 활동 해파 발생 및 전파

정답과 해설 44쪽

목표

해파가 발생하고 전파되는 과정을 설명할 수 있다.

과정

1. (가)와 같이 수조에 물을 넣고 빨대로 수조의 한쪽 구석에서 바람을 불어주면서 표면의 형태를 관찰한다.

2. 스타이로폼에 빨대를 꽂고 전선 테이프로 깃발을 만든다. 실의 한쪽은 스타이로폼을 통과하여 빠져나가지 않게 묶고, 다른 쪽은 동전에 연결한 후 수조의 $\frac{1}{3}$, $\frac{2}{3}$ 지점에 띄운다.

3. 수면이 잔잔해지면 (나)와 같이 탁구공을 수조의 한쪽 구석에 떨어뜨린 뒤 깃발의 움직임을 관찰한다.

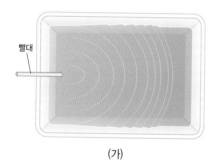

(가)

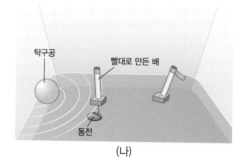

(나)

결과 정리 및 해석

1. (가)와 같이 수조에 빨대로 바람을 계속 불어 줄 때 바람의 세기에 따라 물 표면에 생긴 파의 파장과 파고를 비교해 보자.
   ➡ 바람을 분 시간이 증가하거나 세기가 강해지면 파고가 높고 파장도 길게 나타난다.

2. (나)에서 물에 띄워 놓은 배의 움직임을 그려 보고, 배 아래의 물 입자는 어떻게 운동했는지 설명해 보자.
   ➡ 탁구공을 떨어뜨리면 배는 원운동 형태로 출렁이며 배 아래의 물 입자도 원운동을 한다. 수조의 물이 얕거나 탁구공을 높은 곳에서 떨어뜨린 경우에는 수심에 비해 파장이 길어져 앞뒤로 크게 움직이는 타원 형태의 운동을 볼 수 있다.

탐구 분석

1. 해파의 발생 원인과 해파에 영향을 주는 요인은 무엇인지 서술하시오.

2. 해파에서 물 입자의 운동은 무엇에 따라 달라지는지 서술하시오.

내신 기초 문제

정답과 해설 44쪽

[20703–0285]
01 그림은 해파의 모습을 나타낸 것이다.

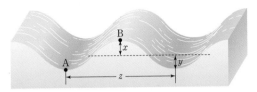

해파의 요소에 대한 설명으로 옳은 것은?

① A는 마루이다.
② B는 골이다.
③ x는 파고이다.
④ $x+y$는 진폭이다.
⑤ z는 파장이다.

[20703–0286]
02 그림은 먼 바다에서 발생한 해파가 해안으로 이동하면서 모습이 변하는 것을 나타낸 것이다.

이에 대한 설명으로 옳은 것만을 〈보기〉에서 있는 대로 고른 것은?

┌─ 보기 ┌
ㄱ. 먼 바다로 갈수록 마루가 둥글다.
ㄴ. 해안으로 접근할수록 파장이 길어진다.
ㄷ. 해안으로 접근할수록 파고가 높아진다.

① ㄱ   ② ㄷ   ③ ㄱ, ㄴ
④ ㄴ, ㄷ   ⑤ ㄱ, ㄴ, ㄷ

[20703–0287]
03 해파에 대한 설명으로 옳은 것만을 〈보기〉에서 있는 대로 고른 것은?

┌─ 보기 ┌
ㄱ. 해파는 주로 바람에 의해 발생한다.
ㄴ. 골에서 마루까지 높이는 파고의 2배이다.
ㄷ. 해파의 속도는 주기를 파장으로 나눈 값이다.

① ㄱ   ② ㄷ   ③ ㄱ, ㄴ
④ ㄴ, ㄷ   ⑤ ㄱ, ㄴ, ㄷ

[20703–0288]
04 해파의 전파에 대한 설명으로 옳은 것은?

① 해파가 진행할 때 물 입자만 이동한다.
② 해파가 진행할 때 에너지만 이동한다.
③ 해파가 진행할 때 물 입자와 에너지가 함께 이동한다.
④ 마루가 지나간 후 골이 도착할 때까지 걸린 시간을 주기라 한다.
⑤ 주기가 짧은 해파일수록 파장이 길다.

[20703–0289]
05 해파가 발생지를 벗어나 멀리 전파되어 온 해파로, 마루가 둥글고 파장과 주기가 긴 해파를 무엇이라고 부르는지 쓰시오.

[20703-0290]
06 심해파에 대한 설명으로 옳은 것은?

① 장파이다.

② 파장은 수심의 $\frac{1}{2}$보다 길다.

③ 물 입자는 타원 운동을 한다.

④ 수심에 따라 속력이 달라진다.

⑤ 해저면의 영향을 받지 않는다.

[20703-0291]
07 천해파에 대한 설명으로 옳은 것만을 〈보기〉에서 있는 대로 고른 것은?

┌ 보기 ┌
ㄱ. 표면파이다.
ㄴ. 속력은 수심의 제곱에 비례한다.
ㄷ. 수심이 깊을수록 물 입자의 운동 궤적은 작다.

① ㄱ   ② ㄷ   ③ ㄱ, ㄴ   ④ ㄴ, ㄷ   ⑤ ㄱ, ㄴ, ㄷ

[20703-0292]
08 그림은 어떤 해파가 전파될 때 물 입자의 운동을 나타낸 것이다.

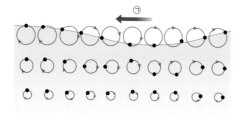

이에 대한 설명으로 옳은 것만을 〈보기〉에서 있는 대로 고른 것은?

┌ 보기 ┌
ㄱ. 해파의 진행 방향은 ㉠이다.
ㄴ. 파장은 수심의 2배 이하이다.
ㄷ. 해저의 물 입자는 직선 운동을 한다.

① ㄱ   ② ㄴ   ③ ㄱ, ㄷ
④ ㄴ, ㄷ   ⑤ ㄱ, ㄴ, ㄷ

[20703-0293]
09 심해파에서 파장과 속도의 관계를 그래프로 옳게 나타낸 것은?

①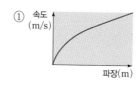
②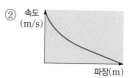
③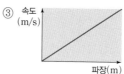
④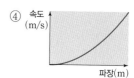
⑤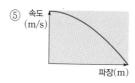

[20703-0294]
10 그림은 어느 해파가 전파될 때 물 입자의 운동을 나타낸 것이다.

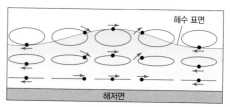

그림과 같이 물 입자가 타원 운동 또는 직선 운동을 하며, 수심이 파장의 $\frac{1}{20}$보다 얕은 곳에서 전달되는 해파를 무엇이라 하는지 쓰시오.

11 [20703–0295]

그림은 해안에 접근하는 해파의 모습을 나타낸 것이다.

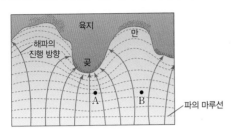

이에 대한 설명으로 옳은 것만을 〈보기〉에서 있는 대로 고른 것은?

┌ 보기 ┐
ㄱ. 수심은 A보다 B에서 깊다.
ㄴ. 해파의 속도는 A보다 B에서 빠르다.
ㄷ. 침식 작용은 곶보다 만에서 활발하다.

① ㄱ   ② ㄷ   ③ ㄱ, ㄴ
④ ㄴ, ㄷ   ⑤ ㄱ, ㄴ, ㄷ

12 [20703–0296]

그림은 지진 해일이 육지를 덮치는 모습을 나타낸 것이다.

이 지진 해일에 대한 설명으로 옳은 것만을 〈보기〉에서 있는 대로 고른 것은?

┌ 보기 ┐
ㄱ. 천해파의 성질을 가지고 있다.
ㄴ. 먼 바다에서 파장은 해안에서보다 길었다.
ㄷ. 해안에 가까워질수록 속도가 빨라진다.

① ㄱ   ② ㄷ   ③ ㄱ, ㄴ
④ ㄴ, ㄷ   ⑤ ㄱ, ㄴ, ㄷ

13 [20703–0297]

폭풍 해일에 대한 설명으로 옳은 것만을 〈보기〉에서 있는 대로 고른 것은?

┌ 보기 ┐
ㄱ. 태풍이 접근할 때 발생할 수 있다.
ㄴ. 저기압 중심부는 주위보다 해수면이 낮다.
ㄷ. 만조와 해수면 상승이 겹치면 피해가 커진다.

① ㄴ   ② ㄷ   ③ ㄱ, ㄴ
④ ㄱ, ㄷ   ⑤ ㄱ, ㄴ, ㄷ

14 [20703–0298]

해일에 대한 설명으로 옳은 것만을 〈보기〉에서 있는 대로 고른 것은?

┌ 보기 ┐
ㄱ. 지진 해일은 지진파보다 속도가 느리다.
ㄴ. 폭풍 해일은 주기적으로 나타난다.
ㄷ. 해일 예보가 발령되면 저지대로 대피해야 한다.

① ㄱ   ② ㄷ   ③ ㄱ, ㄴ
④ ㄴ, ㄷ   ⑤ ㄱ, ㄴ, ㄷ

15 [20703–0299]

지진 해일의 원인이 될 수 있는 지각 변동을 2가지 이상 쓰시오.

정답과 해설 44쪽

[20703-0300]

16 기조력에 대한 설명으로 옳은 것만을 〈보기〉에서 있는 대로 고른 것은?

┌ 보기 ┌
ㄱ. 조석 현상을 일으키는 힘이다.
ㄴ. 달의 기조력은 달의 인력과 같다.
ㄷ. 지구의 모든 지점에서 달 쪽으로 작용한다.

① ㄱ
② ㄷ
③ ㄱ, ㄴ
④ ㄴ, ㄷ
⑤ ㄱ, ㄴ, ㄷ

[20703-0301]

17 그림은 달의 위상이 망인 어느 날 지구와 달의 상대적인 위치를 나타낸 것이다.

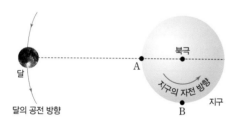

이에 대한 설명으로 옳은 것만을 〈보기〉에서 있는 대로 고른 것은? (단, 태양과 달의 기조력 이외의 조석 변동 요인은 고려하지 않는다.)

┌ 보기 ┌
ㄱ. A 지역은 만조이다.
ㄴ. A 지역에서 만조는 하루에 한 번 일어난다.
ㄷ. A 지역이 B의 위치에 오면 해수면의 높이는 현재보다 낮아진다.

① ㄱ
② ㄴ
③ ㄷ
④ ㄱ, ㄴ
⑤ ㄱ, ㄷ

[20703-0302]

18 그림은 어느 지역에서 해수면의 높이 변화를 나타낸 것이다.

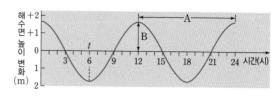

이에 대한 설명으로 옳은 것만을 〈보기〉에서 있는 대로 고른 것은?

┌ 보기 ┌
ㄱ. A는 썰물이 일어나는 기간이다.
ㄴ. 이 지역의 조차는 B이다.
ㄷ. t는 간조가 일어난 시각이다.

① ㄱ
② ㄷ
③ ㄱ, ㄴ
④ ㄴ, ㄷ
⑤ ㄱ, ㄴ, ㄷ

[20703-0303]

19 그림은 지구, 달, 태양의 상대적인 위치를 나타낸 것이다.

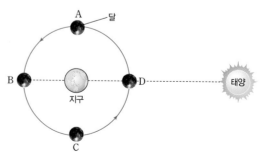

사리와 조금이 나타나는 달의 위치를 찾아 각각 쓰시오.

정답과 해설 46쪽

01 [20703-0304]
그림은 해파의 진행에 따른 물 입자의 운동을 나타낸 것이다.

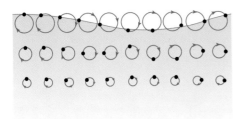

이에 대한 설명으로 옳은 것만을 〈보기〉에서 있는 대로 고른 것은?

┌─ 보기 ┌
ㄱ. 원운동의 지름은 아래로 내려갈수록 줄어든다.
ㄴ. 마루에서 물 입자의 운동 방향은 파의 진행 방향과 같다.
ㄷ. 골에서 물 입자의 운동 방향은 파의 진행 방향과 반대이다.

① ㄱ   ② ㄷ   ③ ㄱ, ㄴ
④ ㄴ, ㄷ   ⑤ ㄱ, ㄴ, ㄷ

02 [20703-0305]
그림 (가)와 (나)는 천해파와 심해파의 물 입자 운동 모습을 순서 없이 나타낸 것이다.

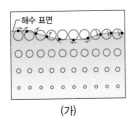 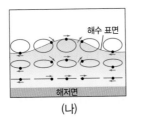
(가)   (나)

이에 대한 설명으로 옳은 것만을 〈보기〉에서 있는 대로 고른 것은?

┌─ 보기 ┌
ㄱ. (가)는 천해파이다.
ㄴ. (가)의 속도는 파장의 제곱근에 비례한다.
ㄷ. (나)의 속도는 수심의 제곱근에 비례한다.

① ㄱ   ② ㄷ   ③ ㄱ, ㄴ
④ ㄴ, ㄷ   ⑤ ㄱ, ㄴ, ㄷ

03 [20703-0306]
그림은 파장이 250 m인 해파가 해안으로 진행하는 것을 나타낸 모식도이다.

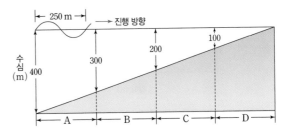

이에 대한 설명으로 옳은 것만을 〈보기〉에서 있는 대로 고른 것은? (단, A~D에서 중력 가속도는 일정하다.)

┌─ 보기 ┌
ㄱ. A와 B에서 해파의 속도는 같다.
ㄴ. 해파가 해저의 영향을 받기 시작하는 해역은 C이다.
ㄷ. 해파의 평균 속력은 C보다 D에서 느리다.

① ㄱ   ② ㄷ   ③ ㄱ, ㄴ
④ ㄴ, ㄷ   ⑤ ㄱ, ㄴ, ㄷ

04 서술형 [20703-0307]
다음은 천해파와 심해파의 특징을 순서 없이 (가), (나)로 설명한 것이다.

(가) 파장이 수심의 20배 이상이다.
(나) 해파의 속도가 파장의 제곱근에 비례한다.

(가)와 (나)에서 해수 표면 물 입자의 운동이 어떻게 다른지 서술하시오.

05 [20703–0308]
그림은 해파 A와 B의 모습을 나타낸 것이다.

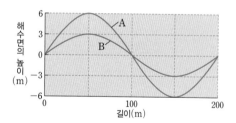

이에 대한 설명으로 옳은 것만을 〈보기〉에서 있는 대로 고른 것은?

┌─ 보기 ┌─
ㄱ. A의 파고는 6 m이다.
ㄴ. 수심이 150 m인 곳에서 해파의 속도는 A가 B의 2
배이다.
ㄷ. 수심이 5 m인 곳에서 A와 B의 속도는 같다.
└─────

① ㄱ   ② ㄷ   ③ ㄱ, ㄴ   ④ ㄴ, ㄷ   ⑤ ㄱ, ㄴ, ㄷ

06 [20703–0309]
그림은 파장과 수심에 따른 해파의 속도 변화를 나타낸
것이다. A는 검은색 실선을, ㉠은 파란색 영역을 나타낸 것이다.

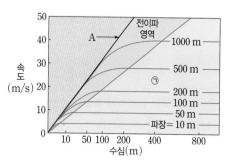

이에 대한 설명으로 옳은 것만을 〈보기〉에서 있는 대로 고른 것은?

┌─ 보기 ┌─
ㄱ. A에서 해파의 속도는 수심이 깊어질수록 크다.
ㄴ. ㉠은 심해파 영역이다.
ㄷ. 수심 100 m인 해역에서 파장 50 m인 해파와 파장
100 m인 해파는 속도가 같다.
└─────

① ㄱ   ② ㄷ   ③ ㄱ, ㄴ   ④ ㄴ, ㄷ   ⑤ ㄱ, ㄴ, ㄷ

07 [20703–0310]
그림은 어느 지역에서 해안에 도달하는 해파의 모습을
나타낸 것이다. 그림의 숫자는 수심이다.

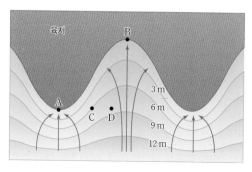

이에 대한 설명으로 옳은 것만을 〈보기〉에서 있는 대로 고른 것은?

┌─ 보기 ┌─
ㄱ. A에서는 퇴적이, B에서는 침식이 일어난다.
ㄴ. 해파의 속도는 C보다 D에서 빠르다.
ㄷ. 시간이 지날수록 해안선은 복잡해진다.
└─────

① ㄱ   ② ㄴ   ③ ㄱ, ㄷ
④ ㄴ, ㄷ   ⑤ ㄱ, ㄴ, ㄷ

08 [20703–0311]
서술형
그림은 어느 지역의 해안선에 해파가 비스듬히 입사하고
있는 것을 나타낸 것이다.

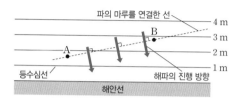

해파는 A와 B 중 어느 쪽으로 휘어질지 예상하고 그 까닭을
서술하시오.

[20703-0312]
09 그림은 어떤 해일의 발생 과정을 나타낸 것이다.

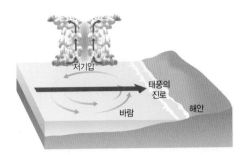

이에 대한 설명으로 옳은 것만을 〈보기〉에서 있는 대로 고른 것은?

┌─ 보기 ┌────────────────────────────
ㄱ. 지진 해일에 비해 파장이 짧다.
ㄴ. 저기압 중심부의 기압이 높을수록 피해가 크다.
ㄷ. 만조 시각에 저기압이 접근하는 경우 음력 1일보다 7
　　일일 때 피해가 크다.
└──────────────────────────────────

① ㄱ　　　　　② ㄷ　　　　　③ ㄱ, ㄴ
④ ㄴ, ㄷ　　　　⑤ ㄱ, ㄴ, ㄷ

[20703-0313]
10 쓰나미에 대한 설명으로 옳은 것만을 〈보기〉에서 있는
대로 고른 것은?

┌─ 보기 ┌────────────────────────────
ㄱ. 심해파에 속한다.
ㄴ. 해저 사태에 의해 발생할 수 있다.
ㄷ. 지진 해일 경보는 쓰나미로 인한 피해를 줄일 수 있다.
└──────────────────────────────────

① ㄱ　　　　　② ㄷ　　　　　③ ㄱ, ㄴ
④ ㄴ, ㄷ　　　　⑤ ㄱ, ㄴ, ㄷ

[20703-0314]
11 그림은 해저 지진으로 발생한 지진 해일이 전파되어 가
는 모습을 나타낸 것이다.

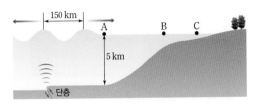

이 지진 해일에 대한 설명으로 옳은 것만을 〈보기〉에서 있는 대
로 고른 것은?

┌─ 보기 ┌────────────────────────────
ㄱ. A에서 해수 표면의 물 입자는 원운동을 한다.
ㄴ. 지진 해일의 속력은 B보다 C에서 빠르다.
ㄷ. A, B, C 중 파고는 C에서 가장 높다.
└──────────────────────────────────

① ㄱ　　　　　② ㄷ　　　　　③ ㄱ, ㄴ
④ ㄴ, ㄷ　　　　⑤ ㄱ, ㄴ, ㄷ

〔서술형〕 [20703-0315]
12 그림은 2004년 인도양에서 발생한 쓰나미의 도착 시간
을 나타낸 것이다.

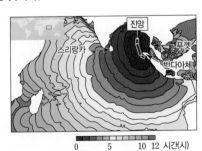

진앙으로부터 같은 거리임에도 쓰나미의 도착 시간이 다른 까
닭을 서술하시오.

13 [20703–0316]
그림은 해저 단층 작용으로 발생한 지진 해일이 전파되어 가는 모습을 나타낸 것이다.

이 지진 해일에 대한 설명으로 옳은 것만을 〈보기〉에서 있는 대로 고른 것은?

┌ 보기 ┌
ㄱ. 해저에서 역단층이 발생하였다.
ㄴ. 지진 해일의 전파 속도는 ㉠ 방향보다 ㉡ 방향이 빠르다.
ㄷ. 해파가 ㉡ 방향으로 전파되어 마루 부분이 해안에 접근할 때 해안선에서는 해수가 바다 쪽으로 빠져나간다.

① ㄴ   ② ㄷ   ③ ㄱ, ㄴ
④ ㄱ, ㄷ   ⑤ ㄱ, ㄴ, ㄷ

14 [20703–0317]
그림은 어느 지역에서 조석 현상으로 인한 해수면의 높이 변화를 나타낸 것이다.

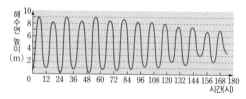

이에 대한 설명으로 옳은 것만을 〈보기〉에서 있는 대로 고른 것은?

┌ 보기 ┌
ㄱ. 만조와 간조는 하루에 약 2번 나타난다.
ㄴ. 달의 위상이 상현이나 하현에 가까워지고 있다.
ㄷ. 156시간이 지났을 때 사리이다.

① ㄱ   ② ㄷ   ③ ㄱ, ㄴ
④ ㄴ, ㄷ   ⑤ ㄱ, ㄴ, ㄷ

15 [20703–0318]
그림은 어느 지역에서 시간에 따른 해수면의 높이를 나타낸 것이다.

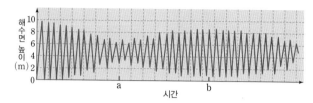

이에 대한 설명으로 옳은 것만을 〈보기〉에서 있는 대로 고른 것은? (단, 태양과 달의 기조력 이외의 조석 변동 요인은 고려하지 않는다.)

┌ 보기 ┌
ㄱ. a일 때 달의 위상은 삭이다.
ㄴ. b 무렵 사리가 나타난다.
ㄷ. 만조 수위가 높은 시기에 간조 수위도 높다.

① ㄱ   ② ㄴ   ③ ㄱ, ㄷ
④ ㄴ, ㄷ   ⑤ ㄱ, ㄴ, ㄷ

16 서술형 [20703–0319]
그림은 지구의 두 지점 A, B에서의 기조력과 달의 모습을 나타낸 것이다.

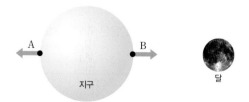

A와 B에서 달의 인력과 기조력의 크기를 비교하시오.

17 [20703-0320]
조석에 대한 설명으로 옳지 <u>않은</u> 것은?

① 반일주조의 조석 주기는 약 12시간 25분이다.

② 기조력은 천체까지의 거리의 세제곱에 반비례한다.

③ 달의 기조력은 태양의 기조력보다 크다.

④ 달의 기조력은 달에서 먼 곳일수록 작다.

⑤ 조차는 달의 위상이 망일 때가 상현일 때보다 크다.

18 [20703-0321]
그림은 위도가 다른 세 지역 A, B, C에서 해수면의 높이 변화를 나타낸 것이다.

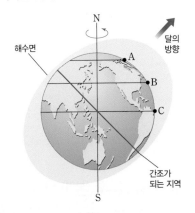

이에 대한 설명으로 옳은 것만을 〈보기〉에서 있는 대로 고른 것은?

보기
ㄱ. A에서는 만조가 하루에 1번 나타난다.
ㄴ. B에서는 만조~간조 시간 간격이 일정하지 않다.
ㄷ. C에서는 일주조가 나타난다.

① ㄱ   ② ㄷ   ③ ㄱ, ㄴ
④ ㄴ, ㄷ   ⑤ ㄱ, ㄴ, ㄷ

19 [20703-0322]
그림은 어느 지역에서 시간에 따른 해수면의 높이 변화와 간조, 만조 시각을 나타낸 것이다.

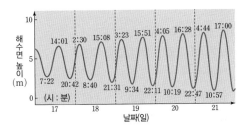

이에 대한 설명으로 옳은 것만을 〈보기〉에서 있는 대로 고른 것은? (단, 태양과 달의 기조력 이외의 조석 변동 요인은 고려하지 않는다.)

보기
ㄱ. 조차는 점점 커지고 있다.
ㄴ. 만조 시각은 점점 늦어지고 있다.
ㄷ. 달의 위상은 삭에서 상현으로 변하고 있다.

① ㄱ   ② ㄷ   ③ ㄱ, ㄴ
④ ㄴ, ㄷ   ⑤ ㄱ, ㄴ, ㄷ

20 서술형 [20703-0323]
그림은 어느 지역에서 시간에 따른 해수면의 높이 변화를 나타낸 것이다.

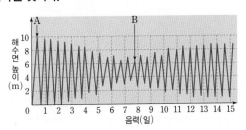

A와 B 시기에 조차가 다른 까닭을 서술하시오.

01 [20703–0324] 표는 동해에서 관측한 해파의 주기와 파장을 나타낸 것이다.
이에 대한 설명으로 옳은 것만을 〈보기〉에서 있는 대로 고른 것은?

해파	주기(초)	파장(m)
풍랑	2	6
너울	12	280
쓰나미	900	180000

┌─ 보기 ─────────────────────────┐
ㄱ. 수심 300 m에서 풍랑이 너울보다 빠르다.
ㄴ. 너울이 해안가에 접근하면 파장이 짧아진다.
ㄷ. 동해에서 쓰나미는 심해파이다.
└────────────────────────────┘

① ㄱ   ② ㄴ   ③ ㄷ   ④ ㄱ, ㄴ   ⑤ ㄴ, ㄷ

02 [20703–0325] 다음은 해안으로 접근하는 해파의 성질을 알아보기 위한 실험이다.

[실험 과정]
(가) 그림과 같이 수조의 한쪽 모퉁이에 경사면을 설치한 후, 물을 채운다.
(나) 해파 발생판을 앞뒤로 왕복시켜 해파를 발생시킨 후, 반대편 P, Q, R 지점에 도착하는 해파의 모습을 관찰한다.

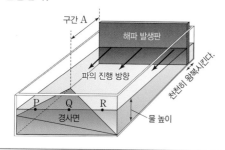

이에 대한 설명으로 옳은 것만을 〈보기〉에서 있는 대로 고른 것은?

┌─ 보기 ─────────────────────────┐
ㄱ. 해파가 가장 먼저 도착한 곳은 R이다.
ㄴ. 파고가 가장 높은 곳은 P이다.
ㄷ. A 구간에서는 해파의 속도가 모두 같다.
└────────────────────────────┘

① ㄱ   ② ㄷ   ③ ㄱ, ㄴ   ④ ㄴ, ㄷ   ⑤ ㄱ, ㄴ, ㄷ

03 [20703–0326] 그림은 파장이 400 m인 해파가 먼 바다에서 동쪽으로 진행하는 것을 나타낸 모식도이다.

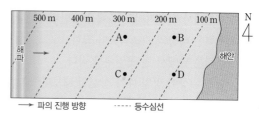

이에 대한 설명으로 옳은 것만을 〈보기〉에서 있는 대로 고른 것은?

┌─ 보기 ─────────────────────────┐
ㄱ. 파고는 B 지점이 A 지점보다 높다.
ㄴ. 해파의 속도는 A 지점이 C 지점보다 빠르다.
ㄷ. D를 지날 때 해파는 남동쪽으로 휘어진다.
└────────────────────────────┘

① ㄱ   ② ㄴ   ③ ㄱ, ㄷ
④ ㄴ, ㄷ   ⑤ ㄱ, ㄴ, ㄷ

04 [20703–0327] 그림은 파장(λ)이 각각 400 m, 100 m인 해파의 수심에 따른 속도 변화를 나타낸 것이다.

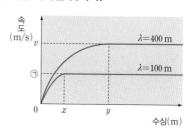

이에 대한 설명으로 옳은 것만을 〈보기〉에서 있는 대로 고른 것은? (단, x, y는 해파의 속도가 일정해지기 시작한 깊이이다.)

┌─ 보기 ─────────────────────────┐
ㄱ. $y = 20$이다.
ㄴ. ㉠은 $\dfrac{v}{2}$이다.
ㄷ. $x : y$는 1 : 4이다.
└────────────────────────────┘

① ㄱ   ② ㄴ   ③ ㄱ, ㄷ
④ ㄴ, ㄷ   ⑤ ㄱ, ㄴ, ㄷ

05 [20703-0328]

그림은 7일 간격으로 나타낸 태양, 지구, 달의 상대적 위치와 해수면의 모습을 나타낸 것이다.

이에 대한 설명으로 옳은 것만을 〈보기〉에서 있는 대로 고른 것은? (단, 지형의 영향은 무시한다.)

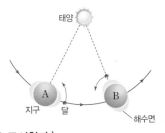

┌ 보기 ┐
ㄱ. 달의 기조력은 태양의 기조력보다 크다.
ㄴ. 조차는 A보다 B에서 크다.
ㄷ. 만조 시각은 매일 조금씩 늦어진다.

① ㄱ   ② ㄴ   ③ ㄱ, ㄷ
④ ㄴ, ㄷ   ⑤ ㄱ, ㄴ, ㄷ

06 [20703-0329]

그림은 어느 날 시간에 따른 해수면의 높이 변화를 나타낸 것이다. A와 B는 각각 태양의 기조력과 달의 기조력 중 어느 하나만을 고려했을 때 해수면의 높이 변화이다.

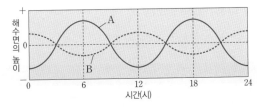

이에 대한 설명으로 옳은 것만을 〈보기〉에서 있는 대로 고른 것은? (단, 태양과 달의 기조력 이외의 조석 변동 요인은 고려하지 않는다.)

┌ 보기 ┐
ㄱ. 이날은 사리이다.
ㄴ. 6시 무렵에 만조가 나타났다.
ㄷ. B는 달의 기조력에 의한 해수면 높이 변화이다.

① ㄱ   ② ㄴ   ③ ㄱ, ㄷ
④ ㄴ, ㄷ   ⑤ ㄱ, ㄴ, ㄷ

07 [20703-0330]

표는 어느 해 8월 인천 지역의 조석 예보이다.

(▲: 만조   ▼: 간조   수위 단위: cm)

1일	2일	3일
▼ 01:13 (94)	▼ 01:46 (112)	▼ 02:21 (143)
▲ 07:16 (877)	▲ 07:46 (862)	▲ 08:20 (835)
▼ 13:42 (149)	▼ 14:13 (156)	▼ 14:46 (170)
▲ 19:32 (802)	▲ 20:06 (789)	▲ 20:45 (770)
4일	**5일**	**6일**
▼ 03:00 (186)	▼ 03:47 (283)	▼ 04:50 (290)
▲ 08:58 (796)	▲ 09:46 (747)	▲ 10:51 (699)
▼ 15:26 (190)	▼ 16:16 (213)	▼ 17:25 (228)
▲ 21:33 (746)	▲ 22:37 (724)	▲ 23:59 (722)

이에 대한 설명으로 옳은 것만을 〈보기〉에서 있는 대로 고른 것은?

┌ 보기 ┐
ㄱ. 이 지역은 조석 주기가 일정하다.
ㄴ. 이 지역은 만조가 하루에 두 번 나타난다.
ㄷ. 이 기간 동안 사리에서 조금으로 변하고 있다.

① ㄱ   ② ㄴ   ③ ㄱ, ㄷ   ④ ㄴ, ㄷ   ⑤ ㄱ, ㄴ, ㄷ

08 [20703-0331]

그림 (가)는 어느 시각에 달의 방향과 해수면의 모습을, (나)는 A, B, C 중 어느 한 곳에서 측정한 해수면의 높이 변화를 나타낸 것이다.

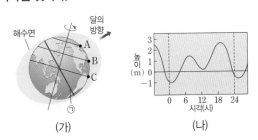

(가)   (나)

이에 대한 설명으로 옳은 것만을 〈보기〉에서 있는 대로 고른 것은? (단, 달의 기조력 이외의 조석 변동 요인은 고려하지 않는다.)

┌ 보기 ┐
ㄱ. (나)는 B에서 측정한 것이다.
ㄴ. ㉠은 간조가 나타나는 지역이다.
ㄷ. C에서는 조석 주기가 12시간이다.

① ㄱ   ② ㄷ   ③ ㄱ, ㄴ   ④ ㄴ, ㄷ   ⑤ ㄱ, ㄴ, ㄷ

8 단열 변화와 대기 안정도

- 단열 변화의 과정을 이해하고, 건조 단열 변화와 습윤 단열 변화의 차이점을 설명하기
- 대기의 상태와 안정도의 관계를 이해하기
- 구름 및 안개의 발생 원리와 유형을 설명하기

한눈에 단원 파악, 이것이 핵심!

공기가 상승하여 단열 팽창하면 단열 감률은 어떻게 나타날까?

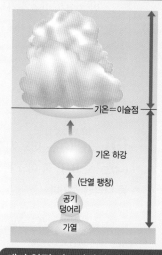

습윤 단열 감률 구간
(포화 상태인 공기 덩어리가 상승할 때 공기 덩어리 내부의 온도가 5 ℃/km로 감소)

상승 응결 고도

건조 단열 감률 구간
(불포화 상태인 공기 덩어리가 상승할 때 공기 덩어리 내부의 온도가 10 ℃/km로 감소)

대기 안정도는 어떻게 알 수 있을까?

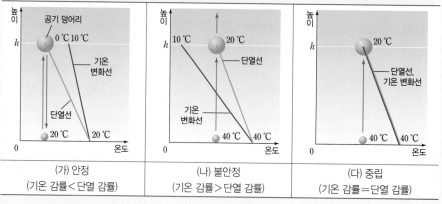

(가) 안정
(기온 감률＜단열 감률)

(나) 불안정
(기온 감률＞단열 감률)

(다) 중립
(기온 감률＝단열 감률)

- 대기 안정도: 공기 덩어리를 상승 또는 하강시켰을 때 원래의 위치로 되돌아가려는 정도

⊙ 01 단열 변화

① 단열 변화

공기 덩어리가 외부와의 열 교환 없이 상승하거나 하강하면서 주위 기압 변화에 의한 부피 변화로 인해 공기 덩어리 내부의 온도가 변하는 현상을 단열 변화라고 한다.

(1) 상승 또는 하강하는 공기 덩어리의 단열 변화

① **❶단열 팽창**: 공기 덩어리가 상승하면 주위 기압이 낮아져서 공기 덩어리 내부의 공기 분자들이 공기 덩어리 벽 쪽으로 압력을 가하여 부피가 팽창하면서 주변 공기에 일을 해서 내부 에너지가 감소하여 온도가 낮아진다.

② **❷단열 압축**: 공기 덩어리가 하강하면 주위 기압이 높아져서 외부 공기가 공기 덩어리를 수축시켜 압축되면서 일을 받아 내부 에너지가 증가하여 온도가 높아진다.

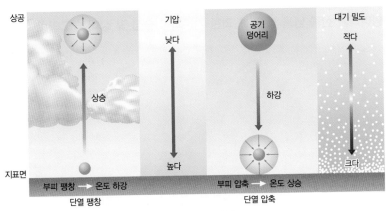

▲ 단열 변화

(2) **❸단열 감률**: 단열 변화에 의해 높이에 따라 공기 덩어리의 온도가 변하는 비율

① 건조 단열 감률: 1 ℃/100 m ➡ 불포화 상태인 공기 덩어리가 단열 변화할 때의 높이에 따른 공기의 온도 변화율로, 공기 덩어리가 상승할 때는 단열 팽창하여 100 m마다 기온이 약 1 ℃씩 낮아지고, 하강할 때는 단열 압축하여 100 m마다 기온이 약 1 ℃씩 높아진다.

② 습윤 단열 감률: 0.5 ℃/100 m ➡ 포화 상태인 공기 덩어리가 단열 변화할 때의 높이에 따른 공기의 온도 변화율로, 공기 덩어리가 상승할 때는 단열 팽창하여 100 m마다 기온이 약 0.5 ℃씩 낮아지고, 하강할 때는 단열 압축하여 100 m마다 기온이 약 0.5 ℃씩 높아진다.

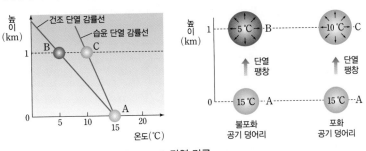

▲ 단열 감률

THE 알기

❶ 단열 팽창
공기 덩어리 상승 → 주위 기압 감소 → 부피 팽창 → 내부 에너지 감소 → 기온 하강

❷ 단열 압축
공기 덩어리 하강 → 주위 기압 증가 → 부피 감소 → 내부 에너지 증가 → 기온 상승

❸ 단열 감률
단열 변화에 의해서 높이에 따라 공기 덩어리의 온도가 변하는 비율이다. 수증기로 포화된 공기 덩어리의 온도가 하강하면 수증기가 응결하면서 숨은열(잠열)을 방출하기 때문에 습윤 단열 감률(0.5 ℃/100 m)이 건조 단열 감률(1 ℃/100 m)보다 작게 된다.

③ 이슬점 감률: 공기 덩어리가 상승 또는 하강할 때의 이슬점 변화율로, 불포화 상태인 공기 덩어리가 상승할 때의 이슬점은 100 m마다 약 0.2 ℃씩 낮아지고, 포화 상태인 공기 덩어리가 상승할 때의 이슬점은 100 m마다 약 0.5 ℃씩 낮아져서 습윤 단열 감률 (0.5 ℃/100 m)과 같다.

(3) ❶상승 응결 고도(H): 불포화 상태인 공기 덩어리가 단열 상승하여 수증기가 응결하여 구름이 만들어지기 시작하는 높이로, 기온(T)과 이슬점(T_d)이 같아지는 높이이다.

$$T - \left(\frac{1\,℃}{100\,\mathrm{m}} \times H \right) = T_d - \left(\frac{0.2\,℃}{100\,\mathrm{m}} \times H \right)$$
$$\therefore H(\mathrm{m}) = 125(T - T_d)$$

2 푄

(1) 푄: 불포화 상태인 공기가 높은 산을 타고 넘어오면서 따뜻하고 건조한 바람으로 변하는 현상으로 우리나라의 ❷높새바람이 대표적인 예이다.

(2) 공기 덩어리가 산을 넘을 때 푄에 의한 기온과 이슬점 및 상대 습도의 변화

 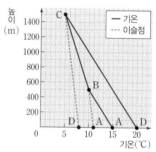

▲ 푄에 의한 기온과 이슬점 및 상대 습도의 변화

① A → B: A에서 기온이 15 ℃, 이슬점이 11 ℃인 공기 덩어리가 상승하면 기온은 건조 단열 감률(1 ℃/100 m)로 낮아지고, 이슬점은 이슬점 감률(0.2 ℃/100 m)로 낮아져서 500 m 상공(B)에서 기온과 이슬점이 같아져서 포화 상태가 된다.

② B → C: B에서 기온과 이슬점이 10 ℃인 포화 상태인 공기 덩어리가 상승하면 기온과 이슬점이 습윤 단열 감률(0.5 ℃/100 m)로 낮아져서 1500 m 상공(C)에서 5 ℃가 된다. 상대 습도는 상승하는 동안 계속 포화 상태이므로 100 %로 일정하게 유지된다.

③ C → D: C에서 기온과 이슬점이 5 ℃인 공기 덩어리가 하강하면 산 반대편 쪽에서의 강수로 인한 수증기량의 감소와 단열 압축으로 인한 기온 상승으로 기온은 1 ℃/100 m, 이슬점은 0.2 ℃/100 m씩 높아진다. D로 하강한 공기 덩어리는 기온이 20 ℃, 이슬점이 8 ℃가 되어 처음 위치인 A에서보다 기온은 높아지고, 이슬점은 낮아져서 상대 습도가 낮은 공기가 된다.

구간	포화 여부	기온 변화	이슬점 변화	상대 습도	❸절대 습도
A → B	불포화 상태	약 1 ℃/100 m 하강	약 0.2 ℃/100 m 하강	증가	감소
B → C	포화 상태	약 0.5 ℃/100 m 하강	약 0.5 ℃/100 m 하강	100 %로 일정	크게 감소
C → D	불포화 상태	약 1 ℃/100 m 상승	약 0.2 ℃/100 m 상승	감소	증가

개념체크

○ X 문제

1. 단열 변화에 대한 설명으로 옳은 것은 ○, 옳지 <u>않은</u> 것은 ×로 표시하시오.

(1) 공기 덩어리가 상승하면 주위 기압은 높아진다.
( )

(2) 공기 덩어리가 하강하면 공기 덩어리의 온도는 높아진다. ( )

(3) 건조 단열 감률이 습윤 단열 감률보다 크다. ( )

(4) 상승 응결 고도에서는 건조 단열 감률에 의해 낮아진 기온과 이슬점 감률에 의해 낮아진 이슬점이 같아진다. ( )

2. 푄에 대한 설명으로 옳은 것은 ○, 옳지 <u>않은</u> 것은 ×로 표시하시오.

(1) 푄은 높은 산을 넘어온 공기가 산을 넘기 전에 비하여 온도는 낮아지고, 이슬점은 높아지는 현상이다. ( )

(2) 우리나라에서 늦봄부터 초여름에 걸쳐서 동해로부터 태백산맥을 넘어오는 높새바람은 푄의 대표적인 예이다. ( )

(3) 산 사면을 따라 공기가 상승할 때에는 단열 압축이 일어나서 상승 응결 고도 이상에서는 구름이 형성되어 비가 내린다. ( )

빈칸 완성

3. 공기 덩어리가 단열 상승하면 부피가 팽창하면서 주변 공기에 일을 해서 ( )가 감소하여 온도가 낮아진다.

4. 불포화 상태인 공기의 이슬점 감률은 약 ① ( ) ℃/100 m이고, 포화 상태인 공기의 이슬점 감률은 약 ② ( ) ℃/100 m이다.

5. 푄이 일어났을 때 산을 넘은 후의 공기는 산을 넘기 전의 공기에 비해 상대 습도가 ( )진다.

정답 1. (1) × (2) ○ (3) ○ (4) ○ 2. (1) × (2) ○ (3) × 3. 내부 에너지 4. ① 0.2 ② 0.5 5. 낮아

단답형 문제

1. 그림은 공기 덩어리가 A 지점에서 출발하여 산을 넘어 D 지점까지 이동하는 모습을 나타낸 것이다.
A~D 지점에서의 기온을 비교하여 기온이 높은 것부터 순서대로 나열하시오.

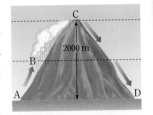

2. 지표면에서 기온이 30 ℃인 공기 덩어리가 건조 단열 감률을 따라 높이 1500 m까지 상승하면 공기 덩어리의 온도는 몇 ℃가 되겠는지 쓰시오. (단, 건조 단열 감률은 1.0 ℃/100 m이다.)

둘 중에 고르기

3. 공기 덩어리가 단열 팽창하면 부피는 ① (증가 , 감소)하고, 단열 압축되면 부피는 ② (증가 , 감소)한다.

4. 상승 응결 고도에서는 공기 덩어리가 포화되어 응결이 일어나므로 (상대 습도 , 절대 습도)는 100 %이다.

순서대로 나열하기

5. 다음은 공기가 하강하여 단열 압축이 일어날 때의 과정을 나타낸 것이다. 시간 순서대로 나열하시오.

| ㉠ 부피 감소 | ㉡ 기온 상승 |
| ㉢ 주위 기압 증가 | ㉣ 내부 에너지 증가 |

정답 1. D>A>B>C 2. 15 ℃ 3. ① 증가 ② 감소 4. 상대 습도 5. ㉢ → ㉠ → ㉣ → ㉡

대기 안정도와 구름

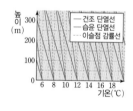
1 대기 안정도

(1) ❶기온 감률과 단열 감률에 의한 대기 안정도

① ❷안정 상태(기온 감률<단열 감률): 공기 덩어리를 강제로 상승시켰을 때 주위 공기보다 온도가 낮아져 밀도는 상대적으로 커지고, 강제로 하강시켰을 때 주위 공기보다 온도가 높아져 밀도는 상대적으로 작아진다. 따라서 공기 덩어리는 원래 위치로 돌아가게 된다.

② ❸불안정 상태(기온 감률>단열 감률): 공기 덩어리를 강제로 상승시켰을 때 주위 공기보다 온도가 높아져 밀도는 상대적으로 작아지고, 강제로 하강시켰을 때 주위 공기보다 온도가 낮아져 밀도는 상대적으로 커진다. 따라서 공기 덩어리는 원래 위치에서 멀어지게 된다.

③ 중립 상태(기온 감률=단열 감률): 공기 덩어리를 강제로 상승시키거나 하강시킬 때 주위 공기와 항상 같은 온도가 되므로 움직인 위치에서 공기 덩어리는 그대로 머무르게 된다.

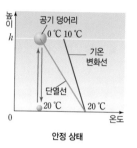 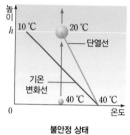 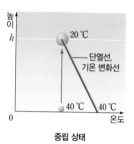

▲ 기온 감률과 단열 감률에 의한 대기 안정도

(2) 대기 안정도 판정

① 절대 불안정(A): 공기의 포화 여부에 관계없이 대기는 항상 불안정한 상태이다. ➡ 기온 감률>건조 단열 감률

② 조건부 (불)안정(B): 공기 덩어리가 포화 상태인 경우에는 불안정하고, 불포화 상태인 경우에는 안정하다. ➡ 습윤 단열 감률<기온 감률<건조 단열 감률

③ 절대 안정(C): 공기의 포화 여부에 관계없이 대기는 항상 안정한 상태이다. ➡ 기온 감률<습윤 단열 감률

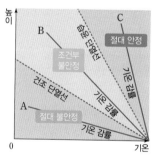

▲ 대기 안정도 판정

THE 들여다보기 역전층

• 역전층: 하층의 공기 온도가 상층의 공기 온도보다 낮아서 공기의 연직 운동이 억제되는 안정한 기층 ➡ 역전층은 절대 안정층이므로 대류가 발생하지 않아서 대기 오염 물질의 확산을 방해하고 스모그 현상을 일으키기도 한다.

• 역전층의 종류
  ① 복사 역전층: 기온의 일교차가 크고 바람이 약한 맑은 날 새벽에 지표면의 복사 냉각으로 발생하는 역전층 ➡ 해가 뜬 후, 지표면이 가열되면 대기는 불안정해져서 공기의 연직 운동이 발생하므로 지표 부근부터 복사 역전층이 소멸된다.
  ② 이류 역전층: 따뜻한 공기가 하층의 차가운 공기 위를 이동할 때 두 공기의 경계면에서 발생하는 역전층
  ③ 침강 역전층: 고기압 지역의 상층 공기가 하강 기류에 의해 침강하면 단열 압축에 의해 기온 역전이 발생하는 역전층
  ④ 전선 역전층: 한랭 전선과 온난 전선이 오래 정체되어 있을 경우 전선의 경계면에서 발생하는 역전층

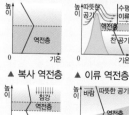

▲ 복사 역전층 ▲ 이류 역전층

▲ 침강 역전층 ▲ 전선 역전층

2 구름의 생성

공기 덩어리가 상승하여 단열 팽창에 의해 공기 덩어리의 온도가 이슬점에 도달하여 수증기가 물방울로 응결하여 구름이 생성된다.

(1) ●공기의 상승과 구름의 생성

① 국지적 가열: 지표면이 태양 복사 에너지를 받아서 국지적으로 가열되면 가벼워져서 공기 덩어리가 상승하여 구름을 생성

② 지형의 영향: 바람에 의해 산이나 언덕의 사면을 따라 공기 덩어리가 상승하여 구름을 생성

③ 공기의 수렴: 저기압 중심과 같이 공기가 수렴하여 상승 기류가 발생하여 공기 덩어리가 상승하여 구름을 생성

④ 전선면 부근: 따뜻한 공기가 전선면을 타고 상승하거나 차가운 공기가 따뜻한 공기를 파고 들면서 공기 덩어리를 밀어 올려 구름을 생성

(2) 대기 안정도와 구름의 생성

① 안정한 기층: 상승하는 공기 덩어리의 온도가 건조 단열선을 따라 하강하고 상승 응결 고도에서 구름이 생성된다. 이후에는 주위의 공기보다 온도가 낮으므로 더 이상 상승하지 못하고 옆으로 퍼진 층운형 구름이 생성되어 흐리거나 약한 비가 내릴 가능성이 높다.

② 불안정한 기층: 상승 응결 고도에서 구름이 생성된 후에도 공기 덩어리의 온도가 주위의 공기보다 높아서 계속 상승하면서 수직으로 두꺼운 적운형 구름이 생성되어 소나기가 내릴 가능성이 높다.

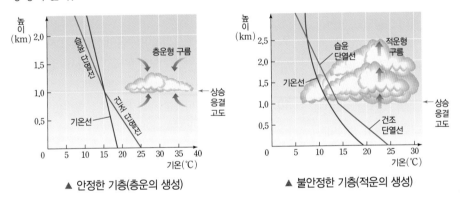

▲ 안정한 기층(층운의 생성)　　　▲ 불안정한 기층(적운의 생성)

3 ●안개의 생성

(1) ●안개의 종류

① 냉각에 의해 생성되는 안개: 지표면과 접하는 공기층의 온도가 이슬점 아래로 내려갈 때 생성되는 안개
  - 복사 안개: 지표면의 복사 냉각에 의해 기온이 이슬점 아래로 내려가 생성되는 안개
  - 이류 안개: 온난 습윤한 공기가 차가운 지표면 위로 이동하면서 생성되는 안개
  - 활승 안개: 온난 습윤한 공기가 산을 오르면서 단열 냉각되어 생성되는 안개

② 수증기의 증발에 의해 생성되는 안개: 수증기가 공급되어 포화 상태가 되면서 생성되는 안개
  - 증발 안개: 차가운 공기가 따뜻한 수면 위로 이동할 때 수면에서 증발한 수증기에 의해 생성되는 안개
  - 전선 안개: 전선이 통과할 때 수증기의 공급으로 생성되는 안개

THE 알기

● 공기가 상승하는 경우

▲ 국지적 가열　▲ 지형의 영향

▲ 공기의 수렴　▲ 전선면 부근

❷ 안개의 생성

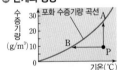

· P → A : 수증기량 증가에 의한 안개 발생
· P → B : 냉각에 의한 안개 발생

❸ 구름과 안개의 차이점
구름과 안개는 생성 원리 및 발생 위치로 구분할 수 있다. 구름은 공기가 상승해서 단열 팽창하여 상공에서 생성되고, 안개는 공기가 냉각되거나 수증기의 공급으로 지표 부근에서 생성된다.

○X 문제

1. 대기 안정도에 대한 설명으로 옳은 것은 ○, 옳지 <u>않은</u> 것은 ×로 표시하시오.

(1) 기온 감률이 단열 감률보다 크면 대기는 안정 상태이다. ( )

(2) 안정한 상태의 기층에서는 공기의 연직 운동이 억제되고, 불안정한 상태의 기층에서는 공기의 연직 운동이 활발하다. ( )

(3) 조건부 (불)안정에서 공기 덩어리는 포화 상태인 경우에는 안정하고, 불포화 상태인 경우에는 불안정하다. ( )

(4) 공기의 포화 여부에 관계없이 기층의 대기 안정도가 절대 안정일 때 기온 감률은 습윤 단열 감률보다 작다. ( )

2. 구름과 안개의 생성에 대한 설명으로 옳은 것은 ○, 옳지 <u>않은</u> 것은 ×로 표시하시오.

(1) 안정한 기층에서는 적운형 구름이 생성되고, 불안정한 기층에서는 층운형 구름이 생성된다. ( )

(2) 복사 안개는 수증기의 증발에 의해 형성되는 안개이다. ( )

(3) 기온의 일교차가 큰 맑은 날 새벽, 지표의 복사 냉각에 의해 기온이 이슬점 아래로 내려가 생성되는 안개를 복사 안개라고 한다. ( )

빈칸 완성

3. 공기의 포화 여부에 관계없이 기온 감률이 건조 단열 감률보다 큰 기층의 대기 안정도는 절대 ( )이다.

4 상층 대기의 안정도를 판단하기 위해서 여러 가지 단열선을 기온과 높이에 따라 함께 표시한 도표를 ( )라고 한다.

5. 지표면에서 위로 올라갈수록 기온이 높아지는 복사 역전층은 하루 중에서 ( )에 주로 발생한다.

6. 상승 응결 고도에 도달한 공기 덩어리의 온도가 주위의 공기보다 ( )으면 공기 덩어리는 상승한다.

7. 온난 습윤한 공기가 산을 오르면서 단열 냉각되어 생성되는 안개인 ( ) 안개는 냉각에 의해 생성되는 안개이다.

8. 역전층은 높이가 높아질수록 기온이 높아져서 공기의 연직 운동이 억제되는 매우 ( )한 층이다.

9. 상승 응결 고도에 도달하여 구름이 생성되기 시작한 공기 덩어리가 주위 공기보다 온도가 낮아서 더 이상 상승하지 못하면 ( ) 구름이 생성된다.

10. 차가운 공기가 따뜻한 수면 위로 이동할 때 수면에서 증발한 수증기가 포화되어 응결하면 ( ) 안개가 생성된다.

정답 1. (1) × (2) ○ (3) × (4) ○ 2. (1) × (2) × (3) ○ 3. 불안정 4. 단열선도 5. 새벽 6. 높 7. 활승 8. 안정 9. 층운형 10. 증발

선다형 문항

1. 다음 중 공기가 상승하는 경우가 <u>아닌</u> 것은?

① 지표면이 국지적으로 가열되는 경우

② 공기가 전선면 부근에 위치하는 경우

③ 공기가 고기압의 중심 부근에 위치하는 경우

④ 공기가 저기압의 중심 부근에 위치하는 경우

⑤ 바람에 의해 공기가 산 사면 쪽으로 이동하는 경우

2. 지표면 부근에 역전층이 형성될 때 지표면 부근의 대기에 대한 설명으로 옳지 <u>않은</u> 것은?

① 안개가 자주 발생한다.

② 일교차가 크게 나타난다.

③ 스모그 현상이 발생할 수 있다.

④ 대기 오염 물질의 농도가 높아진다.

⑤ 지표에서 높이 올라갈수록 기온이 낮아진다.

정답 1. ③ 2. ⑤

탐구 활동 — 단열선도를 이용한 대기의 안정도 해석

목표

단열선도를 이용하여 대기의 안정도를 해석할 수 있다.

과정

그림은 어느 지역의 높이에 따른 기온과 이슬점 변화를 기록하여 나타낸 것이다.

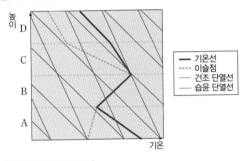

1. 기온 감률이 건조 단열 감률보다 큰 구간을 찾아본다.
2. 기온 감률이 건조 단열 감률보다 작고 습윤 단열 감률보다 큰 구간을 찾아본다.
3. 기온 감률이 습윤 단열 감률보다 작은 구간을 찾아본다.

결과 정리 및 해석

1. 기온 감률이 건조 단열 감률보다 큰 구간은 A 구간으로, 이 구간의 대기 안정도는 절대 불안정 상태이다.
2. 기온 감률이 건조 단열 감률보다 작고 습윤 단열 감률보다 큰 구간은 C 구간으로, 이 구간의 대기 안정도는 조건부 (불)
   안정 상태이다.
3. 기온 감률이 습윤 단열 감률보다 작은 구간은 B 구간으로, 이 구간의 대기 안정도는 절대 안정 상태이다.

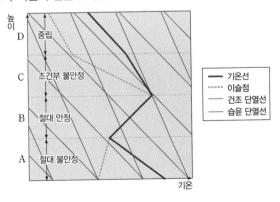

탐구 분석

1. 기온 감률이 건조 단열 감률과 같을 때 강제 상승한 공기는 어떻게 움직이는지 서술하시오.
2. 대기 오염 물질이 방출되었을 때 가장 오염 정도가 심한 경우는 어느 구간인지 고르고, 그 까닭을 서술하시오.

01 [20703–0332]
다음 〈보기〉는 공기의 단열 압축이 일어나는 과정을 나타낸 것이다. 순서대로 옳게 나열한 것은?

┌ 보기 ┐
ㄱ. 주위 기압 증가   ㄴ. 기온 상승
ㄷ. 공기 하강   ㄹ. 부피 감소
ㅁ. 내부 에너지 증가
└────────────────┘

① ㄱ—ㄴ—ㄷ—ㄹ—ㅁ   ② ㄱ—ㄷ—ㄴ—ㄹ—ㅁ
③ ㄷ—ㄱ—ㄴ—ㄹ—ㅁ   ④ ㄷ—ㄱ—ㄹ—ㅁ—ㄴ
⑤ ㄷ—ㄴ—ㄹ—ㅁ—ㄱ

02 [20703–0333]
불포화 상태의 공기 덩어리가 단열 상승할 때 나타나는 물리량의 변화에 대한 설명으로 옳은 것은?

① 온도가 높아진다.
② 부피가 감소한다.
③ 주위 기압이 높아진다.
④ 상대 습도가 낮아진다.
⑤ 내부 에너지가 감소한다.

03 [20703–0334]
그림은 단열 과정으로 상층의 공기 덩어리가 하강하는 모습을 나타낸 것이다. 하강하는 공기 덩어리에서 증가하는 물리량만을 〈보기〉에서 있는 대로 고른 것은?

┌ 보기 ┐
ㄱ. 부피
ㄴ. 기온
ㄷ. 상대 습도
└────────┘

① ㄱ   ② ㄴ   ③ ㄱ, ㄷ
④ ㄴ, ㄷ   ⑤ ㄱ, ㄴ, ㄷ

04 [20703–0335]
단열 변화에 대한 설명으로 옳은 것만을 〈보기〉에서 있는 대로 고른 것은?

┌ 보기 ┐
ㄱ. 주위 기압이 하강하면 단열 압축한다.
ㄴ. 상승하는 공기 덩어리는 단열 팽창한다.
ㄷ. 외부와의 열 교환 없이 나타나는 공기 덩어리의 온도 변화이다.
└────────────────────────────┘

① ㄱ   ② ㄴ   ③ ㄱ, ㄷ
④ ㄴ, ㄷ   ⑤ ㄱ, ㄴ, ㄷ

05 [20703–0336]
단열 감률에 대한 설명으로 옳지 <u>않은</u> 것은? (단, 건조 단열 감률은 1 ℃/100 m이다.)

① 건조 단열 감률이 습윤 단열 감률보다 작다.
② 포화 상태에서 이슬점 감률은 0.5 ℃/100 m이다.
③ 불포화 상태의 공기 덩어리가 1000 m 상승하면 온도는 10 ℃ 낮아진다.
④ 포화 상태의 공기 덩어리가 단열 변화할 때의 온도 변화율을 습윤 단열 감률이라고 한다.
⑤ 습윤 단열 감률과 건조 단열 감률이 차이가 나는 까닭은 수증기가 응결될 때 방출되는 숨은열 때문이다.

06 [20703–0337]
다음은 상승 응결 고도에 대한 설명이다.

┌──┐
상승 응결 고도(H)에서는 기온(T)과 이슬점(T_d)이 같아지므로, 건조 단열 감률과 이슬점 감률을 이용하여 다음과 같이 나타낼 수 있다.

$$H(m) = 125(T - T_d)$$

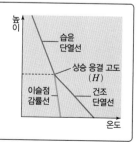
└──┘

지표면에서 상승하는 공기 덩어리의 기온이 20 ℃, 이슬점이 12 ℃일 때, 상승 응결 고도를 구하시오.

07 [20703-0338] 불포화 상태인 공기 덩어리가 상승하여 상승 응결 고도에 도달하는 과정에 대한 설명으로 옳은 것만을 〈보기〉에서 있는 대로 고른 것은?

보기
ㄱ. 상승 응결 고도에서 기온과 이슬점은 서로 같다.
ㄴ. 상승 응결 고도에서 상대 습도는 100 %가 된다.
ㄷ. 상승 응결 고도에 도달하기까지 기온은 건조 단열 감률로 감소한다.

① ㄱ ② ㄷ ③ ㄱ, ㄴ
④ ㄴ, ㄷ ⑤ ㄱ, ㄴ, ㄷ

08 [20703-0339] 푄에 대한 설명으로 옳은 것만을 〈보기〉에서 있는 대로 고른 것은?

보기
ㄱ. 우리나라의 높새바람이 대표적인 예이다.
ㄴ. 산을 넘기 전에 비해 산을 넘은 후 기온은 하강한다.
ㄷ. 산을 넘기 전에 비해 산을 넘은 후 상대 습도는 하강한다.

① ㄱ ② ㄴ ③ ㄱ, ㄷ
④ ㄴ, ㄷ ⑤ ㄱ, ㄴ, ㄷ

09 [20703-0340] 그림은 A 지점에서 공기 덩어리가 산을 넘어 D 지점까지 이동하는 모습을 나타낸 것이다.
지점 A~D에 대한 설명으로 옳은 것만을 〈보기〉에서 있는 대로 고른 것은?

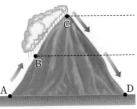

보기
ㄱ. A에서 B로 이동하는 동안 습윤 단열 변화한다.
ㄴ. B에서 C로 이동하는 동안 상대 습도는 증가한다.
ㄷ. C에서 D로 이동하는 동안 건조 단열 변화한다.

① ㄱ ② ㄷ ③ ㄱ, ㄴ
④ ㄴ, ㄷ ⑤ ㄱ, ㄴ, ㄷ

10 [20703-0341] 그림은 공기 덩어리가 A 지점에서 산을 넘어갈 때 공기 덩어리의 온도 변화를 나타낸 것이다.
이에 대한 설명으로 옳은 것만을 〈보기〉에서 있는 대로 고른 것은?

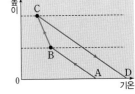

보기
ㄱ. A와 D 지점에서 높이는 같다.
ㄴ. 상대 습도는 A 지점이 D 지점보다 높다.
ㄷ. 공기 덩어리는 산을 넘어가는 동안 건조 단열 변화만 한다.

① ㄱ ② ㄷ ③ ㄱ, ㄴ
④ ㄴ, ㄷ ⑤ ㄱ, ㄴ, ㄷ

11 [20703-0342] 대기 안정도에 대한 설명으로 옳은 것만을 〈보기〉에서 있는 대로 고른 것은?

보기
ㄱ. 기온 감률이 단열 감률보다 크면 이동시킨 공기 덩어리는 원래의 위치로 돌아가게 된다.
ㄴ. 기온 감률과 단열 감률이 같으면 공기 덩어리는 움직인 위치에서 그대로 머무르게 된다.
ㄷ. 공기 덩어리를 단열적으로 상승시켰을 때 주위 공기보다 온도가 낮으면 공기 덩어리는 원래의 위치에서 멀어지게 된다.

① ㄴ ② ㄷ ③ ㄱ, ㄴ
④ ㄱ, ㄷ ⑤ ㄴ, ㄷ

12 [20703-0343] 다음 ( ) 안에 들어갈 알맞은 말을 쓰시오.

( )는 상층 대기의 안정도를 판단하기 위해 건조 단열 감률선, 습윤 단열 감률선, 이슬점 감률선을 기온과 높이에 따라 함께 표시한 도표이다.

[20703-0344]
13 그림은 서로 다른 세 지역 A, B, C에서의 높이에 따른 기온 변화를 단열선과 함께 나타낸 것이다.

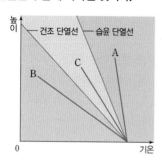

지역 A, B, C에서의 대기 상태에 대한 설명으로 옳은 것만을 〈보기〉에서 있는 대로 고른 것은?

┌─ 보기 ┌
ㄱ. A에서 대기 안정도는 절대 안정이다.
ㄴ. B에서 단열 상승시킨 공기 덩어리는 다시 원래의 위치로 돌아온다.
ㄷ. C는 포화 상태에서는 불안정, 불포화 상태에서는 안정하다.
└

① ㄱ   ② ㄴ   ③ ㄱ, ㄷ   ④ ㄴ, ㄷ   ⑤ ㄱ, ㄴ, ㄷ

[20703-0345]
14 그림은 어느 지역에서 관측한 높이에 따른 기온 변화를 나타낸 것이다.

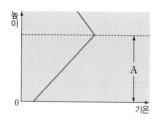

A층에 대한 설명으로 옳은 것만을 〈보기〉에서 있는 대로 고른 것은?

┌─ 보기 ┌
ㄱ. 공기의 대류 운동이 억제된다.
ㄴ. 기온 감률이 건조 단열 감률보다 작다.
ㄷ. 기온의 일교차가 크고 바람이 약한 맑은 날 새벽에 잘 발생한다.
└

① ㄱ   ② ㄷ   ③ ㄱ, ㄴ   ④ ㄴ, ㄷ   ⑤ ㄱ, ㄴ, ㄷ

[20703-0346]
15 역전층에 대한 설명으로 옳은 것만을 〈보기〉에서 있는 대로 고른 것은?

┌─ 보기 ┌
ㄱ. 매우 안정한 층이다.
ㄴ. 높이 올라갈수록 기온이 하강하는 층이다.
ㄷ. 대기의 연직 운동이 활발하게 나타나므로 대기 오염 물질의 농도가 낮아진다.
└

① ㄱ   ② ㄴ   ③ ㄱ, ㄷ
④ ㄴ, ㄷ   ⑤ ㄱ, ㄴ, ㄷ

[20703-0347]
16 다음 (   ) 안에 들어갈 알맞은 말을 쓰시오.

안정한 상태의 대기에서는 대기의 연직 운동이 약하여 (   )형 구름이 잘 생성되고, 불안정 상태의 대기에서는 대기의 연직 운동이 활발하여 (   )형 구름이 잘 생성된다.

[20703-0348]
17 그림은 공기 덩어리가 상승하여 구름이 생성되는 과정을 나타낸 것이다.

이에 대한 설명으로 옳지 않은 것은?

① 공기 덩어리는 상승하면서 단열 팽창한다.
② 상승 응결 고도에서 수증기의 응결이 일어난다.
③ 공기 덩어리가 상승하는 동안 절대 습도는 증가한다.
④ 공기 덩어리의 온도가 주위의 기온보다 높으면 상승한다.
⑤ 상승 응결 고도 이상에서 공기 덩어리의 온도가 주위 기온보다 높으면 적운형 구름이 생성될 수 있다.

18 [20703–0349]
구름이 생성되는 경우에 대한 설명으로 옳지 않은 것은?

① 지표면이 국지적으로 가열될 경우
② 공기가 고기압의 중심부에 위치할 경우
③ 차가운 공기가 따뜻한 공기를 밀어 올리는 경우
④ 따뜻한 공기가 차가운 공기를 타고 상승하는 경우
⑤ 공기가 산이나 언덕의 사면을 타고 상승하는 경우

19 [20703–0350]
그림은 어느 날 지표면 부근에서 공기 덩어리가 상승할 때의 단열 변화를 기온선과 함께 나타낸 것이다.

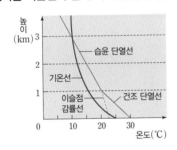

이 지역의 대기 상태에 대한 설명으로 옳은 것은?

① 층운형 구름이 생성된다.
② 지표면에서의 이슬점은 22 ℃이다.
③ 생성되는 구름의 두께는 2 km를 초과한다.
④ 구름이 최초로 생성되기 시작하는 높이는 3 km이다.
⑤ 지표면에서 상승하는 공기 덩어리의 온도는 25 ℃이다.

20 [20703–0351]
다음 ( ) 안에 들어갈 알맞은 말을 쓰시오.

> ( )은 공기가 상승해서 단열 팽창하여 상공에서 수증기가 응결하여 생성되고, ( )는 지표면 부근에서 공기가 냉각되거나 수증기의 공급으로 수증기가 응결하여 생성된다.

21 [20703–0352]
그림은 지표면에서 40 ℃인 공기 덩어리가 강제 상승할 때 공기 덩어리 내부의 온도 변화를 주변 기온 분포와 함께 나타낸 것이다.

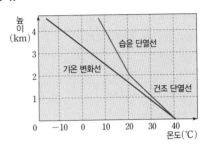

이에 대한 설명으로 옳은 것만을 〈보기〉에서 있는 대로 고른 것은?

> **보기**
> ㄱ. 상승 응결 고도는 2 km이다.
> ㄴ. 기층의 대기 안정도는 조건부 불안정이다.
> ㄷ. 이 지역의 상공에는 층운형 구름이 생성된다.

① ㄱ   ② ㄴ   ③ ㄷ   ④ ㄱ, ㄷ   ⑤ ㄴ, ㄷ

22 [20703–0353]
그림 (가)와 (나)는 증발 안개와 복사 안개를 순서 없이 나타낸 것이다

(가)   (나)

(가)와 (나)에 대한 설명으로 옳은 것만을 〈보기〉에서 있는 대로 고른 것은?

> **보기**
> ㄱ. (가)는 복사 안개, (나)는 증발 안개이다.
> ㄴ. (가)와 (나)는 상대 습도가 100 %가 되어 생성된 것이다.
> ㄷ. 맑은 날 새벽 지표면의 복사 냉각으로 생성된 것은 (나)이다.

① ㄱ   ② ㄷ   ③ ㄱ, ㄴ   ④ ㄴ, ㄷ   ⑤ ㄱ, ㄴ, ㄷ

[20703–0354]

01 그림은 불포화 상태의 공기 덩어리가 단열 상승할 때의 부피 변화를 나타낸 것이다.

공기 덩어리가 A보다 B에서 큰 값을 가지는 물리량만을 〈보기〉에서 있는 대로 고른 것은?

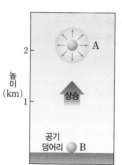

┌ 보기 ┐
ㄱ. 기온
ㄴ. 이슬점
ㄷ. 상대 습도
└─────┘

① ㄱ   ② ㄷ   ③ ㄱ, ㄴ
④ ㄴ, ㄷ   ⑤ ㄱ, ㄴ, ㄷ

[20703–0355]

02 그림 (가)와 (나)는 어느 지역의 서로 다른 날에 형성된 구름의 모습을 나타낸 것이다.

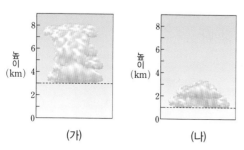

(나)보다 (가)에서 큰 값을 가지는 것만을 〈보기〉에서 있는 대로 고른 것은?

┌ 보기 ┐
ㄱ. 구름이 생성되기 시작하는 높이
ㄴ. 높이 1~2 km에서 단열 감률의 크기
ㄷ. 지표면에서 (기온−이슬점) 값
└─────┘

① ㄱ   ② ㄴ   ③ ㄱ, ㄷ
④ ㄴ, ㄷ   ⑤ ㄱ, ㄴ, ㄷ

[20703–0356]

03 표는 어느 지역에서 공기 덩어리가 단열 상승할 때 높이에 따른 기온과 이슬점을 나타낸 것이다.

높이(m)	기온(℃)	이슬점(℃)
(가)	19	19
(나)	25	21
0	30	22

이에 대한 설명으로 옳은 것만을 〈보기〉에서 있는 대로 고른 것은? (단, 건조 단열 감률은 $10 \ ℃/km$, 습윤 단열 감률은 $5 \ ℃/km$, 이슬점 감률은 $2 \ ℃/km$이다.)

┌ 보기 ┐
ㄱ. (가)의 높이는 1000 m보다 낮다.
ㄴ. (가)에서 상대 습도는 100 %이다.
ㄷ. (나)에서 공기 덩어리는 불포화 상태이다.
└─────┘

① ㄱ   ② ㄴ   ③ ㄱ, ㄷ
④ ㄴ, ㄷ   ⑤ ㄱ, ㄴ, ㄷ

[20703–0357]

04 그림은 서로 다른 두 지역 A와 B에서 공기 덩어리가 단열 상승할 때의 부피 및 온도 변화를 나타낸 것이다.

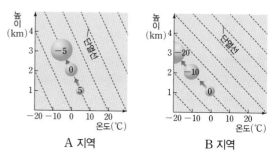

A와 B 지역의 공기 덩어리에 대한 설명으로 옳은 것만을 〈보기〉에서 있는 대로 고른 것은? (단, 건조 단열 감률은 $10 \ ℃/km$, 습윤 단열 감률은 $5 \ ℃/km$, 이슬점 감률은 $2 \ ℃/km$이다.)

┌ 보기 ┐
ㄱ. 공기 덩어리가 포화 상태인 지역은 A이다.
ㄴ. 높이에 따른 단열 감률은 A보다 B에서 크다.
ㄷ. 높이 2~3 km에서 이슬점 감률은 A보다 B에서 크다.
└─────┘

① ㄱ   ② ㄷ   ③ ㄱ, ㄴ   ④ ㄴ, ㄷ   ⑤ ㄱ, ㄴ, ㄷ

05 [20703-0358]
그림은 지표에서 기온이 30 ℃인 공기 덩어리가 단열 상승할 때의 기온 변화를 나타낸 것이다.

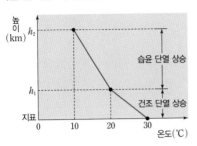

이에 대한 설명으로 옳은 것만을 〈보기〉에서 있는 대로 고른 것은? (단, 건조 단열 감률은 10 ℃/km이다.)

┌─ 보기 ┌
ㄱ. 상승 응결 고도는 1 km이다.
ㄴ. h_1~h_2 구간의 높이는 1 km이다.
ㄷ. 상대 습도는 지표~h_1 구간이 h_1~h_2 구간보다 낮다.
└

① ㄱ   ② ㄴ   ③ ㄷ
④ ㄱ, ㄷ   ⑤ ㄴ, ㄷ

06 [20703-0359]
그림은 어느 지역의 연직 기온 분포와 지표에서 단열 변화하는 공기 덩어리의 온도 변화를 함께 나타낸 것이다.

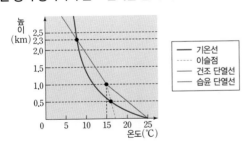

상승하는 공기 덩어리에 대한 설명으로 옳은 것만을 〈보기〉에서 있는 대로 고른 것은?

┌─ 보기 ┌
ㄱ. 구름의 두께는 약 2.3 km이다.
ㄴ. 지표면에서 이슬점은 17 ℃이다.
ㄷ. 높이 1.5 km에서 공기 덩어리는 하강한다.
└

① ㄱ   ② ㄴ   ③ ㄷ
④ ㄱ, ㄷ   ⑤ ㄴ, ㄷ

07 [20703-0360]
그림은 A 지점의 공기 덩어리가 산을 넘으면서 비를 내리고, D 지점까지 이동하는 과정을 나타낸 것이다.

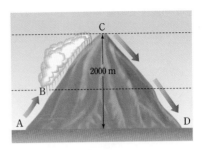

이동하는 공기 덩어리의 성질에 대한 설명으로 옳은 것은?

① 기온은 A보다 D 지점에서 낮다.
② 이슬점은 B보다 C 지점에서 높다.
③ A−B 구간에서 절대 습도는 높아진다.
④ B−C 구간에서 단열 감률과 이슬점 감률은 서로 같다.
⑤ C−D 구간에서 기온과 이슬점의 차이는 작아진다.

08 [20703-0361]
그림은 푄이 발생한 어느 날 강원도의 서로 다른 두 지역 A와 B에서의 기온과 이슬점을 나타낸 것이다.

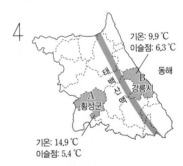

이에 대한 설명으로 옳은 것만을 〈보기〉에서 있는 대로 고른 것은?

┌─ 보기 ┌
ㄱ. 상대 습도는 A 지역이 B 지역보다 높다.
ㄴ. B 지역에서는 동풍 계열의 바람이 불고 있다.
ㄷ. 강수 현상은 태백산맥의 동쪽보다 서쪽 지역에서 나타났을 것이다.
└

① ㄴ   ② ㄷ   ③ ㄱ, ㄴ
④ ㄱ, ㄷ   ⑤ ㄱ, ㄴ, ㄷ

09 [20703–0362]

그림 (가)는 어느 날 A 지점의 공기 덩어리가 산을 넘으면서 C 지점까지 이동하는 과정을, (나)는 이날 A 지점의 시간에 따른 기온과 이슬점 변화를 나타낸 것이다. H는 상승 응결 고도이다.

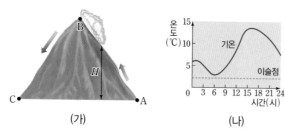

(가)   (나)

이에 대한 설명으로 옳은 것만을 〈보기〉에서 있는 대로 고른 것은?

┌ 보기 ┐
ㄱ. (가)에서 기온은 B 지점에서 가장 낮다.
ㄴ. (나)에서 상대 습도는 16시경에 가장 낮다.
ㄷ. 이날 모든 시간대에서 구름이 발생할 수 있다면 (가)의 H는 6시경에 가장 높을 것이다.
└─────┘

① ㄴ   ② ㄷ   ③ ㄱ, ㄴ
④ ㄱ, ㄷ   ⑤ ㄱ, ㄴ, ㄷ

서술형 **10** [20703–0363]

그림은 지표면 A 지점에서 기온이 30 ℃이고, 이슬점이 26 ℃인 공기 덩어리가 산 사면을 타고 이동하여 D 지점에 도달하는 과정을 나타낸 것이다. (단, 건조 단열 감률은 10 ℃/km, 습윤 단열 감률은 5 ℃/km, 이슬점 감률은 2 ℃/km이다.)

지표면

(1) 구름이 생성되기 시작하는 B 지점의 높이를 구하고, 계산 과정을 서술하시오.

(2) A 지점의 공기 덩어리가 D 지점까지 이동하는 동안 절대 습도가 가장 낮은 지점을 찾아 쓰고, 그 까닭을 서술하시오.

11 [20703–0364]

그림은 단열선도를 나타낸 것이다. A, B, C는 각각 건조 단열선, 습윤 단열선, 이슬점 감률선 중 하나이다.

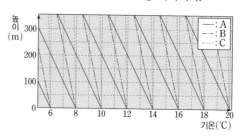

이에 대한 설명으로 옳은 것만을 〈보기〉에서 있는 대로 고른 것은?

┌ 보기 ┐
ㄱ. 습윤 단열선은 B이다.
ㄴ. 포화 상태인 공기 덩어리에서는 A와 C가 서로 같다.
ㄷ. 불포화 상태인 14 ℃의 공기 덩어리가 불포화 상태를 유지하면서 200 m 상승했을 때의 기온은 13 ℃이다.
└─────┘

① ㄱ   ② ㄴ   ③ ㄱ, ㄷ
④ ㄴ, ㄷ   ⑤ ㄱ, ㄴ, ㄷ

12 [20703–0365]

그림은 서로 다른 세 지역 A, B, C의 높이에 따른 기온 분포를 나타낸 것이다.

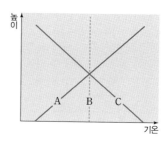

이에 대한 설명으로 옳은 것만을 〈보기〉에서 있는 대로 고른 것은?

┌ 보기 ┐
ㄱ. A 지역의 기층이 가장 안정하다.
ㄴ. 공기의 연직 운동이 가장 활발한 지역은 B이다.
ㄷ. 바람이 없는 맑은 날 새벽에 잘 나타나는 기온 분포는 C 지역과 비슷하다.
└─────┘

① ㄱ   ② ㄴ   ③ ㄱ, ㄷ
④ ㄴ, ㄷ   ⑤ ㄱ, ㄴ, ㄷ

13 [20703-0366]
그림 (가)와 (나)는 어느 지역에서 서로 다른 시간대에 관측한 높이에 따른 온도 변화를 나타낸 것이다.

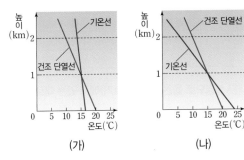

(가)와 (나)에 대한 설명으로 옳은 것만을 〈보기〉에서 있는 대로 고른 것은?

┌─ 보기 ┌
ㄱ. (가)는 불안정 상태이고, (나)는 안정 상태이다.
ㄴ. (가)에서 기온 감률이 건조 단열 감률보다 작다.
ㄷ. (나)에서는 상층에 적운형 구름이 생성될 수 있다.
└

① ㄱ   ② ㄴ   ③ ㄱ, ㄷ
④ ㄴ, ㄷ   ⑤ ㄱ, ㄴ, ㄷ

14 [20703-0367]
그림 (가)와 (나)는 서로 다른 두 지역에서 관측한 높이에 따른 기온 분포를 건조 단열선과 함께 나타낸 것이다.

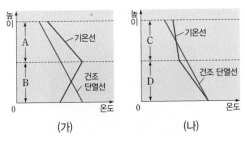

이에 대한 설명으로 옳은 것만을 〈보기〉에서 있는 대로 고른 것은?

┌─ 보기 ┌
ㄱ. 역전층이 형성된 지역은 (가)이다.
ㄴ. 기온 감률은 A층이 C층보다 크다.
ㄷ. 지표면 부근에서 생성된 대기 오염 물질은 B층보다 D층에서 잘 퍼져 나간다.
└

① ㄱ   ② ㄴ   ③ ㄱ, ㄷ
④ ㄴ, ㄷ   ⑤ ㄱ, ㄴ, ㄷ

15 [20703-0368]
그림은 서로 다른 세 지역 A, B, C에서의 높이에 따른 온도 분포를 단열선과 함께 나타낸 것이다.

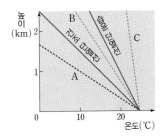

지역 A, B, C에 대한 설명으로 옳은 것만을 〈보기〉에서 있는 대로 고른 것은?

┌─ 보기 ┌
ㄱ. A에서 기온 감률은 건조 단열 감률보다 크다.
ㄴ. 기층의 대기 안정도가 절대 안정한 곳은 B이다.
ㄷ. 공기 덩어리가 포화 상태인 경우에는 불안정하고, 불포화 상태인 경우에는 안정한 곳은 C이다.
└

① ㄱ   ② ㄴ   ③ ㄱ, ㄷ
④ ㄴ, ㄷ   ⑤ ㄱ, ㄴ, ㄷ

서술형 **16** [20703-0369]
그림 (가), (나), (다)는 어느 지역에서 역전층이 생긴 날 새벽, 오전, 한낮에 관측한 높이에 따른 기온 분포를 순서 없이 나타낸 것이다.

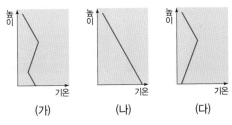

(1) 기온 분포를 빠른 시간 순서대로 나열하고, 그 까닭을 서술하시오.

(2) 지표 부근에 안개가 생성될 수 있는 가능성이 가장 높은 시간대의 기호를 쓰고, 그 까닭을 서술하시오.

17 [20703-0370] 그림 (가)와 (나)는 대기 상태가 서로 다른 두 지역에서의 높이에 따른 기온 분포와 단열 상승하는 공기 덩어리의 온도 변화를 함께 나타낸 것이다.

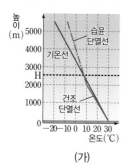
(가)

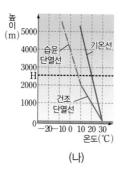
(나)

이에 대한 설명으로 옳은 것만을 〈보기〉에서 있는 대로 고른 것은?

┌─ 보기 ┌─
ㄱ. (가)에서 구름이 생성되기 시작하는 높이는 H이다.
ㄴ. (나)에서 기층의 대기 안정도는 절대 불안정이다.
ㄷ. 층운형 구름만 형성될 수 있는 것은 (나)이다.
└─────

① ㄱ   ② ㄷ   ③ ㄱ, ㄴ
④ ㄴ, ㄷ   ⑤ ㄱ, ㄴ, ㄷ

18 [20703-0371] 그림 (가)와 (나)는 구름과 안개의 모습을 순서 없이 나타낸 것이다.

(가)

(나)

(가)와 (나)에 대한 설명으로 옳은 것만을 〈보기〉에서 있는 대로 고른 것은?

┌─ 보기 ┌─
ㄱ. (가)는 구름, (나)는 안개의 모습이다.
ㄴ. 생성되는 높이는 (가)보다 (나)가 높다.
ㄷ. (가)와 (나)는 공기의 온도와 이슬점의 차이가 클수록 잘 생성된다.
└─────

① ㄱ   ② ㄴ   ③ ㄱ, ㄷ
④ ㄴ, ㄷ   ⑤ ㄱ, ㄴ, ㄷ

19 [20703-0372] 표는 여러 가지 안개의 생성 원리를 나타낸 것이다.

안개	생성 원리
(가)	전선이 통과할 때 생성되는 안개
(나)	온난 다습한 공기가 차가운 지표면 위로 이동할 때 생성
(다)	차가운 공기가 따뜻한 수면 위로 이동할 때 생성

이에 대한 설명으로 옳은 것만을 〈보기〉에서 있는 대로 고른 것은?

┌─ 보기 ┌─
ㄱ. (가)는 전선 부근에서 내린 비로 인해 생성된다.
ㄴ. (나)는 불안정한 대기 상태에서 주로 생성된다.
ㄷ. (가)와 (다)는 모두 수증기량의 증가로 인해 생성된다.
└─────

① ㄴ   ② ㄷ   ③ ㄱ, ㄴ
④ ㄱ, ㄷ   ⑤ ㄱ, ㄴ, ㄷ

서술형
20 [20703-0373] 그림은 바다 안개(해무)를 나타낸 것이다.

(1) 바다 안개가 포함되는 안개의 유형을 쓰고, 생성되는 과정을 서술하시오.

(2) 우리나라의 남해안 지역에서 주로 나타나는 바다 안개의 생성 과정을 서술하시오.

정답과 해설 56쪽

01 [20703-0374]
다음은 단열 변화를 알아보기 위한 실험이다.

[실험 과정]
(가) A에 물과 향 연기를 넣은 후 마개를 닫고, 온도와 상대 습도를 측정한다.

〈당기기 전〉 〈당긴 후〉

(나) 주사기의 손잡이를 빠르게 당긴 후, A의 변화를 관찰하고 온도와 상대 습도를 측정한다.

[실험 결과]

구분	당기기 전	당긴 후
온도(℃)	㉠	㉡
상대 습도(%)	㉢	㉣

이에 대한 설명으로 옳은 것만을 〈보기〉에서 있는 대로 고른 것은?

┌ 보기 ┐
ㄱ. ㉠은 ㉡보다 작다.
ㄴ. ㉢은 ㉣보다 크다.
ㄷ. (나) 과정 후 주사기의 손잡이를 빠르게 밀어 넣으면 A의 공기 온도는 상승한다.

① ㄴ   ② ㄷ   ③ ㄱ, ㄴ   ④ ㄱ, ㄷ   ⑤ ㄱ, ㄴ, ㄷ

02 [20703-0375]
그림 (가)와 (나)는 어느 지역의 서로 다른 날에 기온이 30 ℃인 공기 덩어리가 산을 넘으면서 구름이 생성되는 모습을 나타낸 것이다.

(가)   (나)

이에 대한 설명으로 옳은 것만을 〈보기〉에서 있는 대로 고른 것은? (단, 건조 단열 감률은 10 ℃/km, 습윤 단열 감률은 5 ℃/km, 이슬점 감률은 2 ℃/km이다.)

┌ 보기 ┐
ㄱ. 산 정상부에서 이슬점은 (가)가 (나)보다 높다.
ㄴ. A와 B에서의 기온 차이는 (가)가 (나)보다 작다.
ㄷ. (나)의 산 정상부에서 B로 내려올 때 절대 습도는 증가한다.

① ㄱ   ② ㄴ   ③ ㄱ, ㄷ   ④ ㄴ, ㄷ   ⑤ ㄱ, ㄴ, ㄷ

03 [20703-0376]
그림은 어느 지역의 높이에 따른 기온 분포를 나타낸 것이다.

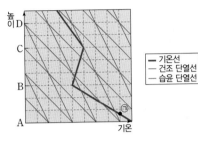

이에 대한 설명으로 옳은 것만을 〈보기〉에서 있는 대로 고른 것은?

┌ 보기 ┐
ㄱ. A~B 구간에서 ㉠에 위치한 불포화 상태의 공기 덩어리를 연직 운동시키면 이 공기 덩어리는 원래의 위치로 돌아온다.
ㄴ. 상층에 역전층이 형성된 곳은 B~C 구간이다.
ㄷ. C~D 구간에서 기층의 대기 안정도는 조건부 불안정이다.

① ㄱ   ② ㄴ   ③ ㄱ, ㄷ   ④ ㄴ, ㄷ   ⑤ ㄱ, ㄴ, ㄷ

04 [20703-0377]
그림 (가)는 어떤 안개의 생성 과정을, (나)는 기온에 따른 수증기량의 분포를 나타낸 것이다.

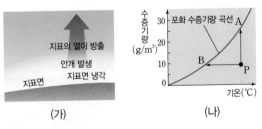
(가)   (나)

이에 대한 설명으로 옳은 것만을 〈보기〉에서 있는 대로 고른 것은?

┌ 보기 ┐
ㄱ. (가)는 복사 안개이다.
ㄴ. (나)에서 P점의 공기가 포화 수증기량 곡선과 만나면 응결이 일어난다.
ㄷ. (가)는 (나)의 A 과정을 통해 생성된 안개이다.

① ㄱ   ② ㄷ   ③ ㄱ, ㄴ   ④ ㄴ, ㄷ   ⑤ ㄱ, ㄴ, ㄷ

9

대기를 움직이는 힘과 바람

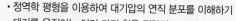

- 정역학 평형을 이용하여 대기압의 연직 분포를 이해하기
- 대기를 움직이는 여러 가지 힘을 정량적으로 설명하기
- 지균풍, 경도풍, 지상풍의 발생 원리를 비교하여 설명하기

한눈에 단원 파악, 이것이 핵심!

바람에 작용하는 힘에는 어떤 것이 있을까?

- 기압 경도력: 기압이 높은 곳에서 낮은 곳으로, 등압선에 직각 방향으로 작용 ➡ $P_H = \dfrac{1}{\rho} \cdot \dfrac{\varDelta P}{d}$

- 전향력: 지구 자전으로 인해 운동하는 물체의 운동 방향만을 바꾸는 힘 ➡ $C = 2\,m\,v\Omega\sin\varphi$

- 구심력: 원운동하는 물체가 원운동을 하도록 중심 방향으로 작용하는 힘 ➡ $F_c = \dfrac{v^2}{r} = r\omega^2$

- 마찰력: 지표면 위를 운동하는 공기가 지표면과의 마찰에 의해 받는 힘 ➡ $F_r = kv$

상층과 지상에서 부는 바람의 종류에는 무엇이 있을까?

- 상층에서 부는 바람: 지균풍, 경도풍
- 지상에서 부는 바람: 지상풍

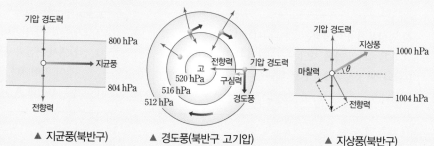

▲ 지균풍(북반구)   ▲ 경도풍(북반구 고기압)   ▲ 지상풍(북반구)

01 대기를 움직이는 힘

1 기압

공기 기둥의 질량(m)=공기의 밀도(ρ)×공기 기둥의 부피(V)이고, 공기 기둥의 부피(V)=공기 기둥의 밑면적(A)×공기 기둥의 높이(h)이므로 기압(P)을 표현하면 다음과 같다.

$$P=\frac{mg}{A}=\frac{\rho V g}{A}=\frac{\rho A h g}{A}=\rho g h \,(g: \text{중력 가속도})$$

(1) 기압의 단위와 기압의 변화

① **①기압의 단위**: 기압은 단위 면적에 작용하는 공기의 무게를 의미하므로 압력의 단위인 Pa(파스칼)을 사용한다. 하지만 Pa은 크기가 매우 작아서 100배의 크기인 hPa(헥토파스칼)이라는 단위를 주로 사용한다. 1기압은 1013 hPa에 해당하는 압력의 크기이다.

$$1 \text{ hPa}=100 \text{ N/m}^2$$
$$1\text{기압}=76 \text{ cmHg}≒101300 \text{ N/m}^2=1013 \text{ hPa}$$

② **기압의 변화**: 지표면에서 연직 상공으로 올라갈수록 공기의 밀도는 작아지고, 공기 기둥의 두께도 얇아지므로 기압은 하강한다. 실제 대기에서는 연직 방향의 기압 변화가 수평 방향의 기압 변화보다 더 크게 나타난다.

(2) 대기의 ②정역학 평형: 1 kg의 공기 덩어리가 연직 상방으로 작용하는 기압 경도력과 연직 하방으로 작용하는 중력이 평형을 이루고 있는 상태이다.

$$-\frac{1}{\rho}\cdot\frac{\Delta P}{\Delta z}(\text{연직 기압 경도력})=g(\text{중력})$$

$$\therefore \Delta P=-\rho g \Delta z$$

(ΔP: 기압 차, ρ: 공기의 밀도, g: 중력 가속도, Δz: 고도 차)

2 바람에 작용하는 힘

(1) 기압 경도력: 바람을 일으키는 근원적인 힘으로, 대기 중의 두 지점 사이에 기압 차이가 발생할 때 작용하는 힘이다.

① **작용 방향**: 기압이 높은 곳에서 낮은 쪽으로 등압선에 직각 방향으로 작용한다.

② **③힘의 크기**: 공기 덩어리에 작용하는 힘의 크기는
$$P\times\Delta A-(P-\Delta P)\times\Delta A=\Delta P\times\Delta A\text{이고, 공기의 질량}(m)=\rho\times\Delta H\times\Delta A\text{이므로,}$$
단위 질량의 공기에 작용하는 수평 기압 경도력(P_H)=$\dfrac{1}{\rho}\cdot\dfrac{\Delta P}{\Delta H}$이다.

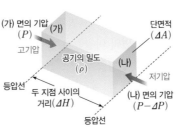

---

❶ 기압의 단위
$1 \text{ hPa}=1 \text{ mb}=0.001 \text{ bar}$
$=100 \text{ N/m}^2≒0.76 \text{ mmHg}$

❷ 정역학 평형
연직 방향의 기압 차이에 의해 위로 작용하는 힘(기압 경도력)과 공기의 무게에 의해 아래로 작용하는 힘(중력)의 크기가 같아서 실제 대기에서는 기압 차이에 의한 공기의 연직 방향의 운동은 거의 일어나지 않고 수평 방향의 기압 경도력에 의한 운동이 주로 나타난다.

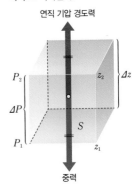

❸ 기압 경도력의 크기
두 등압선 사이의 기압 차이에 비례하고, 두 등압선 사이의 거리에 반비례한다.

❶ 전향력의 크기
운동하는 물체의 질량이 클수록, 물체의 운동 속도가 빠를수록, 고위도로 이동할수록 커진다.

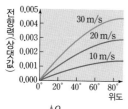

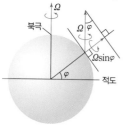

❷ 원심력
구심력에 의해 생기는 가상의 겉보기 힘이다.

❸ 마찰력과 풍속의 연직 분포

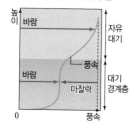

❹ 대기 경계층(마찰층)
대기 경계층에서는 지표면의 영향으로 마찰력을 받으므로 높이 1 km 이상인 자유 대기보다 풍속이 작게 나타난다.

❺ 마찰 계수
지표면이 거칠수록 마찰 계수는 커지므로 육지에서의 값이 해양에서보다 크다. 지표면의 종류에 따라 다르게 나타난다.

(2) 전향력: 지구 자전에 의해 나타나는 겉보기 힘으로, 자전하는 지구에서 운동하는 물체의 이동 방향을 바꾸는 가상적인 힘이다.

① 작용 방향: 북반구에서는 물체가 진행하는 방향의 오른쪽 직각 방향으로 작용하고, 남반구에서는 물체가 진행하는 방향의 왼쪽 직각 방향으로 작용한다.

② ❶힘의 크기: 전향력은 움직이는 물체의 속력에는 영향을 주지 않고, 운동 방향만 바꾸는 힘으로, 정지한 물체와 적도(위도 0°)에서는 전향력이 작용하지 않는다. 단위 질량의 공기에 작용하는 전향력(C)의 크기는 다음과 같다.

$$C = 2v\Omega\sin\varphi \ (v: 운동\ 속도, \ \Omega: 지구\ 자전\ 각속도, \ \varphi: 위도)$$

▲ 전향력에 의한 운동 방향 변화   ▲ 전향력의 작용

(3) 구심력: 원운동하는 물체가 원운동을 하도록 중심 방향으로 작용하는 힘으로, 운동하는 물체의 운동 방향을 곡선으로 만드는 힘이다. ❷원심력과 크기는 같지만 방향이 반대이다.

① 작용 방향: 원운동하는 물체의 운동 방향에 대해 수직으로, 원운동의 중심인 회전축 방향으로 작용한다.

② 힘의 크기: 구심력은 원운동하는 물체의 회전 반지름에 반비례하고, 물체의 운동 속도의 제곱에 비례한다. 단위 질량의 공기에 작용하는 구심력(F_c)의 크기는 다음과 같다.

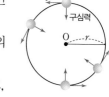

▲ 구심력

$$F_c = \frac{v^2}{r} = r\omega^2 \ (v: 운동\ 속도 \ , \ r: 회전\ 반지름, \ \omega: 회전\ 각속도)$$

(4) ❸마찰력: 지표면 위를 운동하는 공기가 지표면과의 마찰에 의해 받는 힘이다. 대기에서는 지표면의 마찰력이 영향을 미치는 높이 약 1 km까지의 대기층을 ❹대기 경계층(마찰층)이라고 한다.

① 작용 방향: 운동 방향의 반대 방향으로 작용한다.

② 힘의 크기: 마찰력은 물체의 운동 속력(v)이 빠를수록, 지표면의 거칠기인 ❺마찰 계수(k)가 클수록 커진다. 마찰력(F_r)의 크기는 다음과 같다.

$$F_r = kv \ (v: 운동\ 속력, \ k: 마찰\ 계수)$$

개념체크

OX 문제

1. 기압에 대한 설명으로 옳은 것은 ○, 옳지 <u>않은</u> 것은 ×로 표시하시오.

(1) 기압은 단위 면적에 작용하는 공기의 무게를 의미한다. ( )

(2) 공기 기둥의 질량은 공기의 밀도에 공기 기둥의 부피를 곱한 값이다. ( )

(3) 1 hPa은 1 Pa의 1000배 크기이다. ( )

(4) 정역학 평형은 연직 기압 경도력과 중력이 평형을 이루고 있는 상태이다. ( )

2. 바람에 작용하는 힘에 대한 설명으로 옳은 것은 ○, 옳지 <u>않은</u> 것은 ×로 표시하시오.

(1) 기압 경도력의 크기는 두 지점 사이의 기압 차에는 반비례한다. ( )

(2) 북반구에서 전향력은 운동 방향의 왼쪽 직각 방향으로 작용한다. ( )

(3) 원심력은 원운동에 의해 생기는 가상의 겉보기 힘이다. ( )

(4) 바람에 작용하는 마찰력은 바람의 방향에 반대 방향으로 작용하고, 풍속이 커질수록 마찰력의 크기는 커진다. ( )

둘 중에 고르기

3. 지표면에서 위로 올라갈수록 공기의 밀도가 작아지고 공기 기둥의 두께가 작아지므로, ① (수평 , 연직) 방향보다는 ② (수평 , 연직) 방향의 기압 변화가 더 크게 나타난다.

4. 기압 경도력의 크기는 두 지점 사이의 공기의 밀도에는 ① (비례 , 반비례)하고, 거리 차이에는 ② (비례 , 반비례)한다.

5. 전향력의 크기는 운동 속도에 ① (비례 , 반비례)하고, 저위도에서 고위도 지방으로 이동할수록 ② (커 , 작아)진다.

6. 마찰력은 물체의 운동 속력이 ① (빠를 , 느릴)수록 커지고, 지표면의 거칠기인 마찰 계수가 ② (클 , 작을)수록 커진다.

단답형 문제

7. 공기의 밀도는 ρ, 중력 가속도는 g, 공기 기둥의 높이는 h일 때 공기 기둥에 의해 지표면이 받게 되는 압력 P는 얼마인지 구하시오.

8. 반지름이 r인 원을 따라 속력이 v로 원운동하고 있는 공기 1 kg에 작용하는 구심력의 크기를 구하시오.

정답 1. (1) ○ (2) ○ (3) × (4) ○ 2. (1) × (2) × (3) ○ (4) ○ 3. ① 수평 ② 연직 4. ① 반비례 ② 반비례 5. ① 비례 ② 커 6. ① 빠를 ② 클 7. $P=\rho gh$ 8. $\dfrac{v^2}{r}$

빈칸 완성

1. 1기압의 크기는 수은 기둥을 ① ( )cm 높이까지 밀어 올리는 힘과 같으며, hPa 단위로 환산하면 약 ② ( ) hPa이다.

2. 정역학 평형 상태에서 공기 덩어리는 연직 상방으로 작용하는 ① ( )과 연직 하방으로 작용하는 ② ( )이 평형을 이루고 있다.

3. 전향력은 움직이는 물체의 속력에는 영향을 주지 않고, 위도가 ( )°인 곳에서는 작용하지 않는다.

4. 구심력은 원운동하는 물체가 원운동을 하도록 ( ) 방향으로 작용하는 힘이다.

바르게 연결하기

5. 바람에 작용하는 힘과 그 내용을 바르게 연결하시오.

(1) | 기압 경도력 | ·   · ㉠ | 운동을 방해하는 힘 |

(2) | 전향력 | ·   · ㉡ | 지구 자전에 의한 가상의 힘 |

(3) | 마찰력 | ·   · ㉢ | 바람을 일으키는 근원적인 힘 |

정답 1. ① 76 ② 1013 2. ① 기압 경도력 ② 중력 3. 0 4. 중심(회전축) 5. (1) ㉢ (2) ㉡ (3) ㉠

02 바람의 종류

❶ 지균풍의 속력
지균풍의 속력은 동일한 기압 차이에서 등압선의 간격이 좁을수록 크고, 간격이 넓을수록 작다. 1지점보다 2지점에서 풍속이 빨라진다.

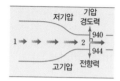

❷ 코리올리 파라미터(f)
$2\Omega\sin\varphi$는 코리올리 파라미터라 불리는데, 이를 이용하면 지균풍의 속력 $v=\dfrac{1}{\rho f}\cdot\dfrac{\Delta P}{d}$로 표현된다. 상층 일기도를 이용할 때는 $(\Delta P=\rho g\Delta h)$를 사용하면 $v=\dfrac{1}{\rho f}\cdot\dfrac{\Delta P}{d}=\dfrac{g}{f}\cdot\dfrac{\Delta h}{d}$가 된다.

❸ 경도풍이 불 때의 구심력
• 고기압성 경도풍: 구심력=전향력−기압 경도력
• 저기압성 경도풍: 구심력=기압 경도력−전향력
경도풍이 불 때의 힘의 평형 관계
• 고기압성 경도풍: 전향력=기압 경도력+원심력
• 저기압성 경도풍: 기압 경도력=전향력+원심력

❹ 경도풍(북반구)

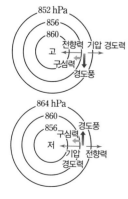

1 상층에서 부는 바람

(1) 등압선이 직선일 때 부는 바람(지균풍): 높이 1 km 이상의 상층 대기에서 등압선이 직선일 때 등압선에 나란하게 부는 바람이다.
① 작용하는 힘: 기압 경도력과 전향력이 평형을 이룬다.
② 풍향: 북반구에서는 기압 경도력의 오른쪽 직각 방향으로 불고, 남반구에서는 기압 경도력의 왼쪽 직각 방향으로 분다.
③ ❶풍속: 기압 경도력의 크기에 비례하고, 위도에는 반비례한다.

$$\frac{1}{\rho}\cdot\frac{\Delta P}{d}(\text{기압 경도력})=2\Omega v\sin\varphi\,(\text{전향력})$$
$$\therefore v=\frac{1}{2\Omega\sin\varphi}\cdot\frac{1}{\rho}\cdot\frac{\Delta P}{d}=\frac{1}{\rho f}\cdot\frac{\Delta P}{d}$$
(v: 지균풍 속력, ρ: 밀도, Ω: 지구 자전 각속도, φ: 위도, ΔP: 등압선 사이의 기압 차, d: 등압선 사이의 거리)

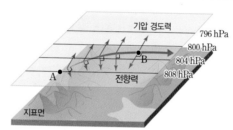

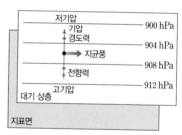

▲ 지균풍의 발달 과정(북반구)　　　▲ 지균풍(북반구)

(2) 등압선이 곡선일 때 부는 바람(경도풍): 높이 1 km 이상의 상층 대기에서 등압선이 원형이나 곡선일 때 등압선에 나란하게 부는 바람이다.
① ❸작용하는 힘: 기압 경도력, 전향력, 구심력이 평형을 이룬다.
② 풍향
• 고기압성 경도풍: 고기압 주위에서 북반구에서는 시계 방향으로, 남반구에서는 시계 반대 방향으로 등압선과 나란하게 분다.
• 저기압성 경도풍: 저기압 주위에서 북반구에서는 시계 반대 방향으로, 남반구에서는 시계 방향으로 등압선과 나란하게 분다.
③ ❹풍속
• 고기압성 경도풍(북반구)

$$2\Omega v\sin\varphi(\text{전향력})-\frac{1}{\rho}\cdot\frac{\Delta P}{d}(\text{기압 경도력})=\frac{v^2}{r}(\text{구심력})$$
(v: 경도풍 속력, ρ: 밀도, r: 회전 반지름, Ω: 지구 자전 각속도, φ: 위도, ΔP: 등압선 사이의 기압 차, d: 등압선 사이의 거리)

• 저기압성 경도풍(북반구)

$$\frac{1}{\rho}\cdot\frac{\varDelta P}{d}\text{(기압 경도력)} - 2\varOmega v\sin\varphi\text{(전향력)} = \frac{v^2}{r}\text{(구심력)}$$

(v: 경도풍 속력, ρ: 밀도, r: 회전 반지름, $\varOmega$: 지구 자전 각속도, φ: 위도, $\varDelta P$: 등압선 사이의 기압 차, d: 등압선 사이의 거리)

(3) 상층에서 부는 바람의 속력 비교: 전향력의 크기는 풍속에 비례하므로 위도가 같고 기압 경도력이 일정할 때 지균풍은 (전향력＝기압 경도력)이므로 북반구 상층에 부는 바람의 속력은 고기압성 경도풍＞지균풍＞저기압성 경도풍 순이다.

2 ❶지상에서 부는 바람

(1) 등압선이 직선일 때 부는 바람(지상풍): 높이 1 km 이하의 대기 경계층에서 등압선이 직선일 때 등압선을 가로질러 부는 바람이다.

① 작용하는 힘: 전향력과 마찰력의 합력이 기압 경도력과 평형을 이룬다.

② 풍향: 마찰력으로 인해 기압이 높은 쪽에서 기압이 낮은 쪽으로 등압선에 비스듬하게 분다. 북반구에서는 기압 경도력에 대하여 오른쪽으로 비스듬하게 불고, 남반구에서는 기압 경도력에 대하여 왼쪽으로 비스듬하게 분다.

(2) 등압선이 곡선일 때 부는 바람(지상풍): 높이 1 km 이하의 대기 경계층에서 등압선이 원형이나 곡선일 때 등압선을 가로질러 부는 바람이다.

① 작용하는 힘: 기압 경도력과 전향력, 원심력, 마찰력이 평형을 이룬다.

② 풍향: 구심력이 존재하므로 지상풍은 곡률을 갖게 된다. 또한, 마찰력의 작용으로 바람이 등압선을 가로지르기 때문에 저기압에서는 중심으로 바람이 수렴하고, 고기압에서는 중심에서 바람이 발산한다.

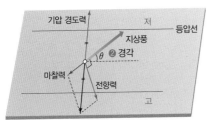
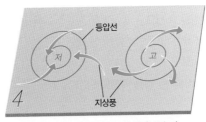

▲ 등압선이 직선일 때의 지상풍(북반구)　　▲ 등압선이 곡선일 때의 지상풍(북반구)

(3) 상층과 지상 부근의 바람 비교(북반구): ❸지상풍은 고기압에서 저기압으로 등압선을 가로질러 불고, ❸상층풍(지균풍, 경도풍)은 등압선에 나란하게 분다.

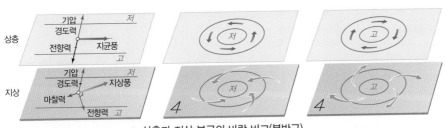

▲ 상층과 지상 부근의 바람 비교(북반구)

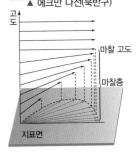

❶ 바람과 고도의 관계(북반구)
대기 경계층에서 고도가 높아지면 마찰력이 작아져서 풍속이 빨라지고, 전향력이 커져 지상풍은 점차 등압선에 나란한 방향으로 변한다.
▲ 에크만 나선(북반구)

❷ 경각(θ)
지상풍과 등압선이 이루는 각으로, 마찰력이 크게 작용할수록 커진다.

❸ 지상풍과 상층풍의 풍향 비교
지상풍은 마찰력이 작용하는 방향의 반대 방향으로 불고, 상층풍(지균풍, 경도풍)은 북반구에서 기압 경도력의 오른쪽 직각 방향으로 분다.

개념체크

OX 문제

1. 상층에서 부는 바람에 대한 설명으로 옳은 것은 ○, 옳지 <u>않은</u> 것은 ×로 표시하시오.

(1) 지균풍은 마찰력이 작용하는 대기 경계층(마찰층)에서 부는 바람이다. ( )

(2) 등압선이 직선일 때 지균풍은 기압 경도력과 전향력이 평형을 이루어 등압선에 나란하게 부는 바람이다. ( )

(3) 고기압성 경도풍은 북반구에서 시계 반대 방향으로, 남반구에서 시계 방향으로 등압선에 나란하게 부는 바람이다. ( )

2. 지상에서 부는 바람에 대한 설명으로 옳은 것은 ○, 옳지 <u>않은</u> 것은 ×로 표시하시오.

(1) 대기 경계층(마찰층)에서는 일반적으로 고도가 높아질수록 마찰력의 크기가 커진다. ( )

(2) 지상풍에서 마찰력이 커질수록 등압선과 바람이 이루는 각은 커진다. ( )

빈칸 완성

3. ( )은 지표면의 마찰이 영향을 미치는 높이가 약 1 km까지의 대기층이다.

4. 지균풍의 풍속은 기압 경도력이 클수록 ① ( )고, 기압 경도력의 크기가 같은 경우에는 저위도에서 고위도 지방으로 이동할수록 ② ( )진다.

5. 고기압성 경도풍에서는 전향력이 기압 경도력보다 ① ( )고, 저기압성 경도풍에서는 전향력이 기압 경도력보다 ② ( )다.

6. 고도가 높아질수록 바람의 속력은 대체로 ① ( ) 지고, 북반구에서 바람의 방향은 ② ( ) 방향으로 변한다.

7. 지균풍의 풍속은 기압 경도력이 같은 경우에는 공기의 ( )가 작을수록 빨라진다.

8. 경도풍에서 위도가 같고 기압 경도력의 크기가 같은 경우, 중심부가 ① ( )기압일 때는 ② ( )기압일 때보다 전향력의 크기가 더 크므로 풍속이 더 빠르다.

정답 1. (1) × (2) ○ (3) × 2. (1) × (2) ○ 3. 대기 경계층(마찰층) 4. ① 크(빠르) ② 작아(느려) 5. ① 크 ② 작 6. ① 커(빨라) ② 시계 7. 밀도 8. ① 고 ② 저

단답형 문제

1. 자유 대기에서 등압선이 곡선이거나 원형일 때 등압선에 나란하게 부는 바람의 명칭을 쓰시오.

2. 등압선이 직선일 때 지상에서 부는 바람인 지상풍에 작용하는 힘의 종류를 모두 쓰시오.

3. 지상풍에서 등압선과 바람이 이루는 각을 무엇이라고 하는지 쓰시오.

순서 대로 나열하기

4. 다음은 상층에서 부는 바람인 지균풍, 고기압성 경도풍, 저기압성 경도풍이다. 바람의 속력이 큰 것부터 순서대로 나열하시오. (단, 위도가 같고, 작용하는 기압 경도력의 크기가 동일하다고 가정한다.)

> ㉠ 지균풍
> ㉡ 고기압성 경도풍
> ㉢ 저기압성 경도풍

바르게 연결하기

5. 북반구 상층에서 부는 바람과 그 모식도를 바르게 연결하시오.

(1) 지균풍 ·

(2) 고기압성 경도풍 ·

(3) 저기압성 경도풍 ·

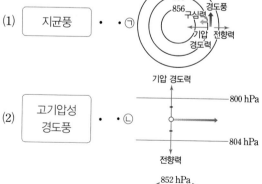

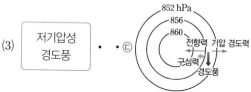

정답 1. 경도풍 2. 기압 경도력, 전향력, 마찰력 3. 경각 4. ㉡ > ㉠ > ㉢ 5. (1) ㉡ (2) ㉢ (3) ㉠

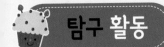
목표

상층 일기도와 지상 일기도에서 나타나는 바람의 종류와 방향을 해석할 수 있다.

과정

그림 (가)와 (나)는 우리나라 주변의 상층 일기도와 지상 일기도를 나타낸 것이다.

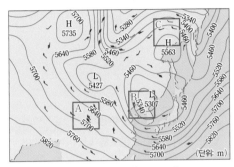

(가) 상층 일기도(500 hPa)   (나) 지상 일기도

1. (가)의 A, B, C 지역에서 나타나는 바람의 종류는 무엇인지 알아본다.
2. (나)의 D, E, F 지역에서 나타나는 바람의 종류는 무엇인지 알아본다.
3. (가)와 (나)에서 풍향과 등압선이 이루는 각이 큰 곳은 어디인지 알아본다.

결과 정리 및 해석

1. A 지역에서 바람은 방향이 등고선에 나란하게 부는 지균풍이다. B 지역에서 바람은 등고선에 나란하게 시계 반대 방향으로 회전하므로 저기압성 경도풍이다. C 지역에서 바람은 등고선에 나란하게 시계 방향으로 회전하므로 고기압성 경도풍이다.
2. D 지역에서 바람은 등압선을 가로질러 불면서 곡률을 보이고, 고기압 중심에서 발산하고 있으므로 지상풍이다. E 지역에서 바람은 등압선을 가로질러 저기압 쪽으로 불고 있으므로 지상풍이다. F 지역에서 바람은 등압선을 가로질러 불면서 곡률을 보이고, 저기압 중심으로 수렴하고 있으므로 지상풍이다.
3. 상층 일기도인 (가)에서는 지균풍과 경도풍이 불고, 지상 일기도인 (나)에서는 지상풍이 불고 있으므로 풍향과 등압선이 이루는 각은 (가)보다 (나)에서 더 크다.

탐구 분석

1. (가)의 A, B, C 지역에서 나타나는 바람에 작용하는 힘을 비교하여 서술하시오.
2. (나)에서 풍향과 등압선이 나란하게 되지 않는 까닭이 무엇인지 서술하시오.

01 [20703–0378]
1기압에 해당하는 값으로 옳지 <u>않은</u> 것은?

① 1 atm
② 76 cmHg
③ 약 1013 mb
④ 약 1013 hPa
⑤ 1013 × 1000 N/m²

02 [20703–0379]
두 지점 사이의 기압 차를 발생시키는 원인으로 옳은 것만을 〈보기〉에서 있는 대로 고른 것은?

┌─ 보기 ┌─
ㄱ. 고도의 차이
ㄴ. 중력 가속도
ㄷ. 대기의 밀도
└─────────

① ㄱ   ② ㄴ   ③ ㄱ, ㄷ
④ ㄴ, ㄷ   ⑤ ㄱ, ㄴ, ㄷ

03 [20703–0380]
그림은 공기 기둥의 모습을 모식적으로 나타낸 것이다.
이에 대한 설명으로 옳은 것만을 〈보기〉에서 있는 대로 고른 것은? (단, 기압은 P, 중력 가속도는 g이다.)

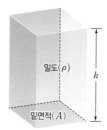

┌─ 보기 ┌─
ㄱ. 공기 기둥의 부피는 $A \times h$이다.
ㄴ. 단위 면적에 작용하는 기압은 $\rho g h$이다.
ㄷ. 공기 기둥의 밀도가 일정하다면, 공기 기둥의 높이(h)는 $\dfrac{P}{\rho g}$이다.
└─────────

① ㄱ   ② ㄴ   ③ ㄱ, ㄷ
④ ㄴ, ㄷ   ⑤ ㄱ, ㄴ, ㄷ

04 [20703–0381]
정역학 평형을 이루고 있는 공기 덩어리에 대한 설명으로 옳은 것만을 〈보기〉에서 있는 대로 고른 것은?

┌─ 보기 ┌─
ㄱ. 연직 하방으로 중력이 작용한다.
ㄴ. 연직 상방으로 기압 경도력이 작용한다.
ㄷ. 수평 방향의 운동은 거의 일어나지 않고 연직 방향의 운동만 나타난다.
└─────────

① ㄱ   ② ㄷ   ③ ㄱ, ㄴ
④ ㄴ, ㄷ   ⑤ ㄱ, ㄴ, ㄷ

05 [20703–0382]
그림은 높이에 따른 기압과 공기의 밀도 분포를 나타낸 것이다.
이에 대한 설명으로 옳은 것만을 〈보기〉에서 있는 대로 고른 것은? (단, 높이에 따른 중력 가속도 값은 일정하다고 가정한다.)

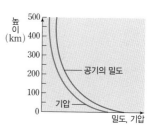

┌─ 보기 ┌─
ㄱ. 기압은 공기의 밀도에 대체로 비례한다.
ㄴ. 기압 변화율은 높이에 반비례한다.
ㄷ. 높이 0~100 km에서 기압이 변하면 대기의 조성도 변한다.
└─────────

① ㄱ   ② ㄴ   ③ ㄷ
④ ㄱ, ㄴ   ⑤ ㄴ, ㄷ

06 [20703–0383]
다음 (   ) 안에 들어갈 알맞은 식을 쓰시오.

┌─────────────────────────────
공기 기둥의 질량(m)= 공기의 밀도(ρ)×공기 기둥의 부피(V)이고, 공기 기둥의 부피(V)=공기 기둥의 밑면적(A)×공기 기둥의 높이(h)이므로 기압(P)=$\dfrac{mg}{A}$=

(   )=$\dfrac{\rho A hg}{A}$=$\rho g h$이다.
└─────────────────────────────

07 [20703-0384]
기압 경도력에 대한 설명으로 옳은 것만을 〈보기〉에서 있는 대로 고른 것은?

┌ 보기 ┐
ㄱ. 바람을 일으키는 근원적인 힘이다.
ㄴ. 기압이 높은 곳에서 기압이 낮은 쪽으로 작용한다.
ㄷ. 두 지점 사이의 기압 차가 클수록, 거리가 가까울수록 크게 작용한다.

① ㄱ   ② ㄴ   ③ ㄱ, ㄷ   ④ ㄴ, ㄷ   ⑤ ㄱ, ㄴ, ㄷ

08 [20703-0385]
그림 (가)와 (나)는 서로 다른 두 지역의 기압 분포를 등압선으로 나타낸 것이다. A와 B 지점에서 공기의 밀도는 동일하다.

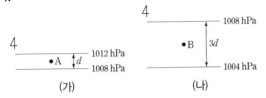

(가)   (나)

A와 B 지점에 작용하는 기압 경도력의 ㉠ <u>방향</u>과 ㉡ <u>크기</u>를 비교한 것으로 옳게 짝 지은 것은?

	㉠	㉡		㉠	㉡
①	북쪽	A<B	② 북쪽	A>B	
③	남쪽	A<B	④ 남쪽	A>B	
⑤	남쪽	A=B			

09 [20703-0386]
그림은 어느 지역의 지표면에 분포하는 등압선의 모습을 나타낸 것이다.
지점 A, B에 대한 설명으로 옳은 것만을 〈보기〉에서 있는 대로 고른 것은? (단, A와 B 지점에서 공기의 밀도와 지표면의 상태는 동일하다.)

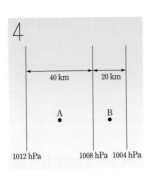

┌ 보기 ┐
ㄱ. 기압 경도력의 크기는 A에서가 B에서보다 크다.
ㄴ. 두 등압선 사이의 기압 차는 A에서가 B에서보다 크다.
ㄷ. 기압 경도력이 작용하는 방향은 A와 B에서 서로 같다.

① ㄱ   ② ㄷ   ③ ㄱ, ㄴ   ④ ㄴ, ㄷ   ⑤ ㄱ, ㄴ, ㄷ

10 [20703-0387]
그림은 북반구에서 전향력의 효과를 알아보기 위해 회전하는 판 위에서 물체를 던질 때의 모습을 나타낸 것이다. A와 B는 각각 물체의 실제 경로와 겉보기 경로 중 하나이다.

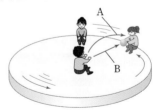

이에 대한 설명으로 옳은 것만을 〈보기〉에서 있는 대로 고른 것은?

┌ 보기 ┐
ㄱ. A는 물체의 실제 경로이고, B는 겉보기 경로이다.
ㄴ. 회전판이 회전하지 않을 때에도 동일한 현상이 나타난다.
ㄷ. 회전판의 회전 속도가 빠를수록 물체가 휘어져 보이는 정도는 커진다.

① ㄱ   ② ㄴ   ③ ㄷ   ④ ㄱ, ㄴ   ⑤ ㄴ, ㄷ

11 [20703-0388]
전향력의 크기에 대한 설명으로 옳은 것만을 〈보기〉에서 있는 대로 고른 것은?

┌ 보기 ┐
ㄱ. 위도에 따른 전향력의 크기는 극지방에서 최소이다.
ㄴ. 물체의 운동 속도가 빠를수록 전향력의 크기는 작아진다.
ㄷ. 운동하는 물체의 질량이 클수록 전향력의 크기는 커진다.

① ㄱ   ② ㄷ   ③ ㄱ, ㄴ   ④ ㄴ, ㄷ   ⑤ ㄱ, ㄴ, ㄷ

12 [20703-0389]
다음 (   ) 안에 들어갈 알맞은 식을 쓰시오.

위도가 φ인 지역에서 질량이 1 kg인 물체가 v의 속력으로 운동하고 있을 때, 지구 자전 각속도가 Ω라고 하면 전향력의 크기(C)는 다음과 같이 나타낸다.
$$C = (\qquad\qquad)$$

13 [20703–0390]
그림은 어떤 물체가 반지름이 r인 원 둘레를 속력 v로 운동하고 있는 모습을 나타낸 것이다.

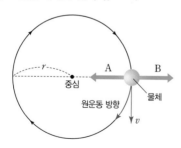

이에 대한 설명으로 옳은 것만을 〈보기〉에서 있는 대로 고른 것은?

┌ 보기 ┐
ㄱ. A는 구심력, B는 원심력이다.
ㄴ. 힘의 크기는 A>B이다.
ㄷ. 물체가 원운동을 할 수 있도록 실제 작용하는 힘은 B이다.

① ㄱ   ② ㄴ   ③ ㄱ, ㄷ
④ ㄴ, ㄷ   ⑤ ㄱ, ㄴ, ㄷ

14 [20703–0391]
그림은 높이에 따른 공기의 흐름을 나타낸 것이다. A와 B는 각각 대기 경계층과 자유 대기 중 하나이다.

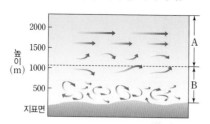

이에 대한 설명으로 옳은 것만을 〈보기〉에서 있는 대로 고른 것은?

┌ 보기 ┐
ㄱ. A는 대기 경계층, B는 자유 대기이다.
ㄴ. B에서 마찰력은 공기 흐름의 반대 방향으로 작용한다.
ㄷ. 마찰력은 풍속에 비례하고, 마찰 계수에는 반비례한다.

① ㄱ   ② ㄴ   ③ ㄱ, ㄷ
④ ㄴ, ㄷ   ⑤ ㄱ, ㄴ, ㄷ

15 [20703–0392]
다음 (   ) 안에 들어갈 알맞은 말을 쓰시오.

> 지균풍은 높이 1 km 이상의 자유 대기에서 등압선이 직선일 때 (   )과 (   )이 평형을 이루며 부는 바람이다.

16 [20703–0393]
지균풍에 대한 설명으로 옳은 것만을 〈보기〉에서 있는 대로 고른 것은?

┌ 보기 ┐
ㄱ. 등압선에 나란하게 부는 바람이다.
ㄴ. 대기 경계층에서 주로 부는 바람이다.
ㄷ. 북반구에서 바람의 방향은 기압 경도력의 왼쪽 직각 방향이다.

① ㄱ   ② ㄴ   ③ ㄱ, ㄷ
④ ㄴ, ㄷ   ⑤ ㄱ, ㄴ, ㄷ

17 [20703–0394]
그림은 어느 지역의 상층에서 부는 바람과 작용하는 힘 A, B를 등압선과 함께 나타낸 것이다.

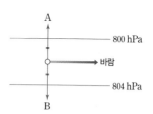

이에 대한 설명으로 옳지 않은 것은?

① 이 지역은 북반구에 위치한다.
② 기압 차에 의해 발생하는 힘은 A이다.
③ 기압 경도력과 고도가 같을 때 바람은 저위도일수록 빠르게 분다.
④ B는 지구 자전 때문에 나타나는 가상의 힘이다.
⑤ 바람은 두 등압선의 간격이 넓을수록 빠르게 분다.

18 [20703-0395]
경도풍에 대한 설명으로 옳은 것만을 〈보기〉에서 있는 대로 고른 것은?

┌ 보기 ┐
ㄱ. 대기 경계층에서 부는 바람이다.
ㄴ. 바람에 작용하는 힘의 종류는 4가지이다.
ㄷ. 북반구에서 바람의 방향은 전향력의 왼쪽 직각 방향이다.

① ㄱ   ② ㄴ   ③ ㄷ   ④ ㄱ, ㄴ   ⑤ ㄴ, ㄷ

19 [20703-0396]
그림은 등압선이 원형인 어느 지역의 상층 대기에서 부는 바람과 바람에 작용하는 힘 A, B, C를 나타낸 것이다.

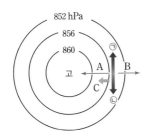

이에 대한 설명으로 옳은 것만을 〈보기〉에서 있는 대로 고른 것은?

┌ 보기 ┐
ㄱ. 바람은 등압선과 비스듬하게 분다.
ㄴ. 작용하는 힘의 크기가 가장 큰 것은 A이다.
ㄷ. 관측 지역이 남반구라면 바람의 방향은 ㉠이다.

① ㄱ   ② ㄴ   ③ ㄱ, ㄷ   ④ ㄴ, ㄷ   ⑤ ㄱ, ㄴ, ㄷ

20 [20703-0397]
등압선이 곡선일 때 부는 지상풍에 작용하는 힘으로 옳은 것만을 〈보기〉에서 있는 대로 고른 것은?

┌ 보기 ┐
ㄱ. 기압 경도력   ㄴ. 전향력
ㄷ. 구심력   ㄹ. 마찰력

① ㄱ, ㄴ   ② ㄱ, ㄷ   ③ ㄴ, ㄷ
④ ㄴ, ㄷ, ㄹ   ⑤ ㄱ, ㄴ, ㄷ, ㄹ

21 [20703-0398]
그림은 등압선이 직선일 때 지표면 부근의 어느 지역에서 부는 바람과 바람에 작용하는 힘 A, B, C를 나타낸 것이다.

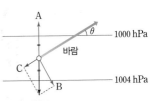

이에 대한 설명으로 옳은 것만을 〈보기〉에서 있는 대로 고른 것은?

┌ 보기 ┐
ㄱ. 이 지역은 북반구에 위치한다.
ㄴ. A와 B는 상층 대기에서 부는 바람에도 작용하는 힘이다.
ㄷ. C의 크기가 커질수록 바람과 등압선이 이루는 각(θ)은 작아진다.

① ㄱ   ② ㄷ   ③ ㄱ, ㄴ   ④ ㄴ, ㄷ   ⑤ ㄱ, ㄴ, ㄷ

22 [20703-0399]
그림은 등압선이 원형인 어느 지역의 서로 다른 두 높이 A와 B에서 부는 바람을 순서 없이 나타낸 것이다.

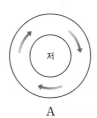   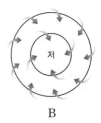

A   B

이에 대한 설명으로 옳은 것만을 〈보기〉에서 있는 대로 고른 것은?

┌ 보기 ┐
ㄱ. 이 지역은 북반구에 위치한다.
ㄴ. 바람이 부는 높이는 A보다 B에서 높다.
ㄷ. 바람에 작용하는 힘의 종류는 A보다 B에서 많다.

① ㄱ   ② ㄷ   ③ ㄱ, ㄴ   ④ ㄴ, ㄷ   ⑤ ㄱ, ㄴ, ㄷ

01 [20703-0400]
다음은 토리첼리의 기압 측정 실험에 대한 설명이다.

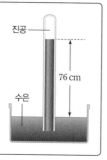

한쪽 끝이 막힌 1 m 길이의 둥근 유리관에 수은을 가득 채운 후, 수은이 들어 있는 용기에 유리관을 거꾸로 세웠다. 수은 기둥의 높이가 변하지 않을 때 수은 기둥의 높이를 측정하였더니 약 76 cm이었다.

이에 대한 설명으로 옳은 것만을 〈보기〉에서 있는 대로 고른 것은?

┌─ 보기 ┐
ㄱ. 대기압은 수은 기둥을 밀어 올리는 힘과 같다.
ㄴ. 길이가 2배인 유리관을 사용해도 수은 기둥의 높이는 약 76 cm이다.
ㄷ. 유리관의 굵기를 $\frac{1}{2}$로 줄이면 수은 기둥의 높이도 $\frac{1}{2}$로 줄어든다.

① ㄱ ② ㄷ ③ ㄱ, ㄴ ④ ㄴ, ㄷ ⑤ ㄱ, ㄴ, ㄷ

02 [20703-0401]
그림은 고기압 주변의 등압선과 두 지점 A, B에서 작용하는 기압 경도력의 방향을 나타낸 것이다.

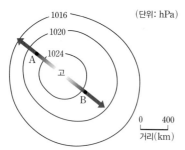

이에 대한 설명으로 옳은 것만을 〈보기〉에서 있는 대로 고른 것은?

┌─ 보기 ┐
ㄱ. 기압 경도력은 등압선에 수평한 방향으로 작용한다.
ㄴ. 기압 경도력은 공기를 움직이게 하는 근원적인 힘이다.
ㄷ. 공기의 밀도가 일정하다면 기압 경도력의 크기는 A보다 B에서 크다.

① ㄱ ② ㄴ ③ ㄱ, ㄷ ④ ㄴ, ㄷ ⑤ ㄱ, ㄴ, ㄷ

03 [20703-0402]
그림은 등압선의 연직 분포를 나타낸 것이다. 상층의 서로 다른 두 지점 P와 Q에서 공기는 각각 정역학 평형 상태이고, A와 B는 작용하는 힘이다.

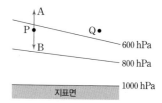

이에 대한 설명으로 옳은 것만을 〈보기〉에서 있는 대로 고른 것은?

┌─ 보기 ┐
ㄱ. A는 전향력이다.
ㄴ. B는 공기의 무게에 해당한다.
ㄷ. 수평 기압 경도력은 P에서 Q로 작용한다.

① ㄱ ② ㄴ ③ ㄱ, ㄷ
④ ㄴ, ㄷ ⑤ ㄱ, ㄴ, ㄷ

서술형 **04** [20703-0403]
그림은 대기의 정역학 평형 상태에 있는 1 kg의 공기에 작용하는 힘 A, B를 나타낸 것이다. g는 중력 가속도, ΔP는 기압 차, Δz는 높이 차이다.

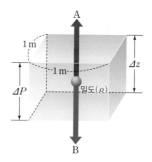

(1) A와 B의 명칭을 쓰고, 정역학 방정식에서 기압 차(ΔP)를 구하는 과정을 서술하시오.

(2) 정역학 평형이 이루어진 대기에서 나타나는 운동을 작용하는 힘과 관련시켜 서술하시오.

05 [20703-0404] 그림은 수평 방향의 기압 차이에 의해 발생하는 기압 경도력을 설명하는 모식도를 나타낸 것이다.

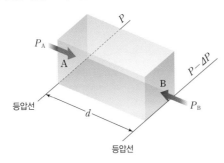

이에 대한 설명으로 옳은 것만을 〈보기〉에서 있는 대로 고른 것은? (단, 공기의 밀도는 일정하고, ΔP는 0보다 크다.)

┌ 보기 ┌
ㄱ. 기압 경도력은 A면 쪽에서 B면 쪽으로 작용한다.
ㄴ. d가 일정할 때 기압 경도력은 ΔP에 비례한다.
ㄷ. ΔP가 일정할 때 기압 경도력은 d에 반비례한다.

① ㄱ ② ㄴ ③ ㄱ, ㄷ ④ ㄴ, ㄷ ⑤ ㄱ, ㄴ, ㄷ

06 [20703-0405] 그림은 지표면 부근에서 등압면이 연직 방향에 대해 경사져 있는 모습과 P 지점의 공기에 작용하는 힘 A~D를 나타낸 것이다. P 지점의 공기는 정역학 평형 상태이다.

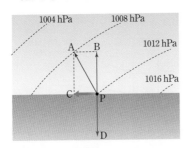

이에 대한 설명으로 옳은 것만을 〈보기〉에서 있는 대로 고른 것은?

┌ 보기 ┌
ㄱ. B와 C의 합력은 A이다.
ㄴ. P 지점의 공기는 C의 방향으로 운동한다.
ㄷ. P 지점의 공기에 작용하는 힘인 B와 D의 크기는 서로 같다.

① ㄱ ② ㄴ ③ ㄱ, ㄷ ④ ㄴ, ㄷ ⑤ ㄱ, ㄴ, ㄷ

07 [20703-0406] 그림은 북반구에서 위도가 서로 다른 두 지역 A와 B에서 동일한 시간 동안 관측한 지표면에서의 진자 진동면의 회전 모습을 나타낸 것이다.

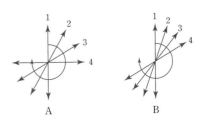

이에 대한 설명으로 옳은 것만을 〈보기〉에서 있는 대로 고른 것은?

┌ 보기 ┌
ㄱ. 위도는 A 지역이 B 지역보다 높다.
ㄴ. 지표면에서 진동면의 회전 속도는 A 지역이 B 지역보다 빠르다.
ㄷ. 적도에서 동일한 진자를 사용하면 진자의 진동면은 360° 회전한다.

① ㄱ ② ㄷ ③ ㄱ, ㄴ ④ ㄴ, ㄷ ⑤ ㄱ, ㄴ, ㄷ

08 [20703-0407] 그림은 위도와 속력에 따른 전향력의 크기를 나타낸 것이다.

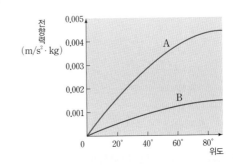

이에 대한 설명으로 옳은 것만을 〈보기〉에서 있는 대로 고른 것은?

┌ 보기 ┌
ㄱ. 속력은 A보다 B가 빠르다.
ㄴ. 물체의 운동 속력이 빠를수록 전향력의 크기는 커진다.
ㄷ. 저위도에서 고위도로 갈수록 전향력의 크기는 작아진다.

① ㄱ ② ㄴ ③ ㄱ, ㄷ ④ ㄴ, ㄷ ⑤ ㄱ, ㄴ, ㄷ

09 [20703–0408]
그림은 북반구 어느 지역의 상층에서 지균풍이 발달하는 과정과 각 과정에서 작용하는 힘을 나타낸 것이다.

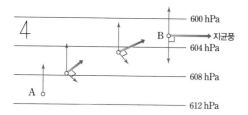

이에 대한 설명으로 옳은 것만을 〈보기〉에서 있는 대로 고른 것은?

보기
ㄱ. A에는 기압 경도력만 작용한다.
ㄴ. A에서 B로 이동하는 동안 바람의 속력은 점점 느려진다.
ㄷ. 다른 조건이 동일하다면 B에서 부는 지균풍은 고위도로 갈수록 빨라진다.

① ㄱ　② ㄴ　③ ㄱ, ㄷ　④ ㄴ, ㄷ　⑤ ㄱ, ㄴ, ㄷ

10 [20703–0409]
그림은 북반구 어느 지역의 연직 등압면 분포와 상공의 한 지점 A를 나타낸 것이다.

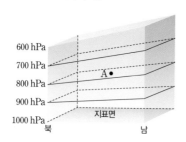

이에 대한 설명으로 옳은 것만을 〈보기〉에서 있는 대로 고른 것은?

보기
ㄱ. A 지점에는 서풍이 우세하게 나타난다.
ㄴ. 지표면 부근의 평균 기온은 남쪽이 북쪽보다 높다.
ㄷ. A 지점에서의 풍속은 연직 아래의 지표면 부근에서 부는 바람보다 더 느리다.

① ㄱ　② ㄷ　③ ㄱ, ㄴ　④ ㄴ, ㄷ　⑤ ㄱ, ㄴ, ㄷ

11 [20703–0410]
그림은 공기의 밀도가 균일한 동일 위도의 서로 다른 두 지점 A와 B의 상층에서 부는 바람을 나타낸 것이다. 화살표는 바람의 방향만을 나타낸다.

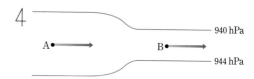

지점 A와 B에 대한 설명으로 옳은 것만을 〈보기〉에서 있는 대로 고른 것은?

보기
ㄱ. 풍속은 A에서가 B에서보다 빠르다.
ㄴ. 전향력의 크기는 A에서가 B에서보다 작다.
ㄷ. 기압 경도력이 작용하는 방향은 A와 B에서 모두 북쪽이다.

① ㄱ　② ㄴ　③ ㄱ, ㄷ　④ ㄴ, ㄷ　⑤ ㄱ, ㄴ, ㄷ

12 [20703–0411]
그림은 북반구에서 지표면의 부등 가열로 형성된 등압면의 단면을 나타낸 것이다. A, B, C는 동일 위도에 위치하는 상공의 지점이다.

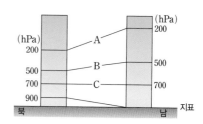

이에 대한 설명으로 옳은 것만을 〈보기〉에서 있는 대로 고른 것은?

보기
ㄱ. A, B, C 지점 중 풍속이 가장 빠른 지점은 A이다.
ㄴ. 지표 부근에서는 북동풍 계열의 바람이 불고 있다.
ㄷ. C 지점에서는 수평 방향의 공기 흐름이 나타나지 않는다.

① ㄱ　② ㄷ　③ ㄱ, ㄴ　④ ㄴ, ㄷ　⑤ ㄱ, ㄴ, ㄷ

정답과 해설 62쪽

01 [20703-0420]
그림은 북반구 어느 지역의 상층에 형성된 500 hPa 등압면의 모습과 같은 높이에 있는 서로 다른 두 지점 A와 B를 나타낸 것이다.

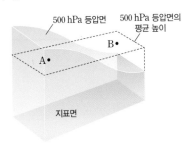

A 지점보다 B 지점에서 큰 값을 가지는 것만을 〈보기〉에서 있는 대로 고른 것은? (단, A와 B는 같은 경도 상에 위치하고, 위도별 중력 가속도의 변화는 무시한다.)

┌─ 보기 ┌
ㄱ. 기압
ㄴ. 위도
ㄷ. 지표면과 지점 사이 대기의 평균 밀도
└─────

① ㄱ   ② ㄷ   ③ ㄱ, ㄴ   ④ ㄴ, ㄷ   ⑤ ㄱ, ㄴ, ㄷ

02 [20703-0421]
그림 (가), (나), (다)는 회전 원판 실험을 통해 위도에 따른 전향력의 크기를 알아보기 위한 실험의 결과를 순서 없이 나타낸 것이다. 물체는 같은 속도로 중심에서 90° 방향으로 운동시켰으며, 붉은 실선은 물체의 이동 경로이다.

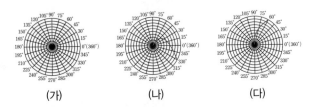

(가)   (나)   (다)

이에 대한 설명으로 옳은 것만을 〈보기〉에서 있는 대로 고른 것은? (단, 회전판의 회전은 지표면의 회전을 의미한다.)

┌─ 보기 ┌
ㄱ. (가)는 지구의 극지방에 해당한다.
ㄴ. 회전판의 회전 속도는 (나)에서 가장 빠르다.
ㄷ. (다)는 회전판을 시계 방향으로 회전시킨 것이다.
└─────

① ㄱ   ② ㄴ   ③ ㄱ, ㄷ   ④ ㄴ, ㄷ   ⑤ ㄱ, ㄴ, ㄷ

03 [20703-0422]
그림은 북반구 어느 지역의 높이에 따른 바람(→)의 변화를 나타낸 것이다.

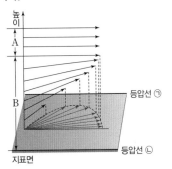

이에 대한 설명으로 옳은 것만을 〈보기〉에서 있는 대로 고른 것은? (단, 높이에 따른 등압선의 간격과 기압 차는 일정하다.)

┌─ 보기 ┌
ㄱ. A는 자유 대기, B는 대기 경계층이다.
ㄴ. 기압은 등압선 ⓛ이 등압선 ㉠보다 높다.
ㄷ. 지표면에서 A와 B의 경계까지 올라가면서 풍향은 시계 방향으로 변한다.
└─────

① ㄱ   ② ㄴ   ③ ㄱ, ㄷ   ④ ㄴ, ㄷ   ⑤ ㄱ, ㄴ, ㄷ

04 [20703-0423]
그림 (가)와 (나)는 위도가 동일한 같은 높이의 서로 다른 두 지점 P와 Q에서 지균풍과 경도풍이 불 때 바람에 작용하는 평형 관계의 힘 A~D를 화살표로 나타낸 것이다.

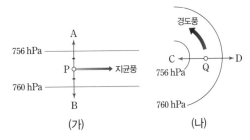

(가)   (나)

이에 대한 설명으로 옳은 것만을 〈보기〉에서 있는 대로 고른 것은? (단, P와 Q에서 기압 경도력의 크기는 동일하고, Q 지점에 작용하는 힘은 기압 경도력, 전향력, 구심력이다.)

┌─ 보기 ┌
ㄱ. (가)는 북반구, (나)는 남반구에 위치한다.
ㄴ. 바람의 속력은 (가)보다 (나)에서 느리다.
ㄷ. (가)의 힘 A와 (나)의 힘 C의 크기는 서로 같다.
└─────

① ㄱ   ② ㄴ   ③ ㄱ, ㄷ   ④ ㄴ, ㄷ   ⑤ ㄱ, ㄴ, ㄷ

편서풍 파동과 대기 대순환

- 편서풍 파동의 발생 과정과 관련지어 지상의 기압 배치를 이해하기
- 대기의 운동을 시·공간적 규모에 따라 구분하기
- 지구적 순환의 관점에서 대기 대순환을 설명하기

한눈에 단원 파악, 이것이 핵심!

편서풍 파동은 지상의 날씨에 어떤 영향을 미치는가?

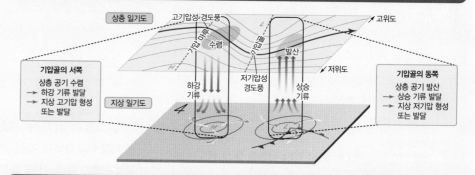

기압골의 서쪽	기압골의 동쪽
상층 공기 수렴 → 하강 기류 발달 → 지상 고기압 형성 또는 발달	상층 공기 발산 → 상승 기류 발달 → 지상 저기압 형성 또는 발달

지구 자전은 대기 대순환을 어떻게 변화시키는가?

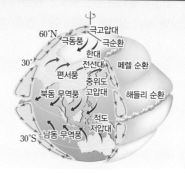

지구가 자전하지 않는 경우
- 전향력이 작용하지 않음.
- 열적 순환(북반구와 남반구에서 각각 1개의 순환 세포 형성)
- 적도 지방(상승 기류), 극지방(하강 기류)
- 북반구 지상(북풍), 남반구 지상(남풍)

지구가 자전하는 경우
- 열적 순환 + 역학적 순환

순환 세포	종류	지상풍
해들리 순환	직접 순환	무역풍
페렐 순환	간접 순환	편서풍
극순환	직접 순환	극동풍

01 편서풍 파동과 제트류

1 ❶편서풍 파동

중위도의 상층 대기에서 남북 방향으로 굽이치면서 서쪽에서 동쪽으로 흐르는 파장이 수천 km 이상인 긴 띠 모양의 파동

(1) 편서풍 파동의 발생과 역할

① 발생 원인: 태양 복사 에너지의 불균등 가열에 의한 남북 사이의 기온 차이와 지구 자전에 의한 전향력에 의해 발생한다.

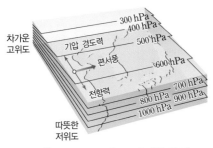

▲ ❷편서풍의 발생(남북의 기온 차이)

▲ 편서풍 파동의 발생(전향력)

② 편서풍 파동의 변동

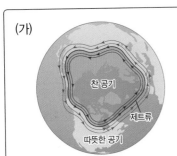

(가)

파동의 진폭이 작을 때는 남북 간의 열 수송이 거의 없어서 기온 차이가 커진다.

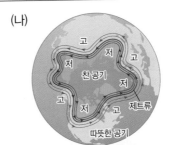

(나)

남북 간의 기온 차이가 커져 어느 한계를 넘어서면 편서풍 파동이 발달하기 시작한다.

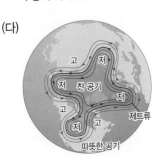

(다)

파동의 진폭이 남북 방향으로 더 커지면서 성장하고, 파동의 일부가 분리되기 시작한다.

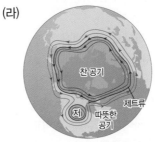

(라)

파동의 일부가 분리되면서 파동의 진폭이 작아지고 남북 간의 에너지 교환이 이루어진다.

③ 역할: 남북 간의 열 교환을 통해 저위도의 과잉 에너지를 고위도로 수송하여 남북 간의 기온 차이를 감소시키며, 지상에 ❸온대 저기압과 이동성 고기압을 발생시킨다.

THE 알기

❶ 편서풍 파동

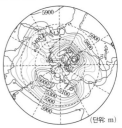

(단위: m)

▲ 500 hPa 등압면 등고선

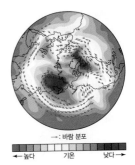

→: 바람 분포

← 높다   기온   낮다 →

▲ 바람 분포와 기온

❷ 편서풍

극과 적도 간의 온도 차이로 인해 발생한 기압 경도에 의해 생성된 기압 경도력과 전향력이 평형을 이루어 상층 대기의 서쪽에서 동쪽으로 부는 바람

❸ 온대 저기압

차가운 기단과 따뜻한 기단이 만나는 중위도의 정체 전선 상의 파동으로부터 발생하는 저기압이다. 북반구에서는 저기압 중심부의 남서쪽에 한랭 전선이, 남동쪽에 온난 전선이 주로 위치한다.

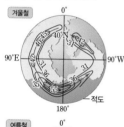

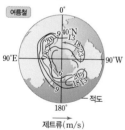

(2) 편서풍 파동과 지상의 기압 배치

① **❶기압골과 기압 마루의 발달**: 편서풍 파동이 발달하면 기압 마루 부근에서는 고기압성 경도풍이 불고, 기압골 부근에서는 저기압성 경도풍이 우세하게 분다.

② **상층 공기의 수렴과 발산**: 고기압성 경도풍의 속력이 저기압성 경도풍의 속력보다 빠르므로 공기가 기압 마루에서 기압골로 진행할 때에는 수렴하고, 저기압성 경도풍의 속력이 고기압성 경도풍의 속력보다 느리므로 공기가 기압골에서 기압 마루로 진행할 때에는 발산한다.

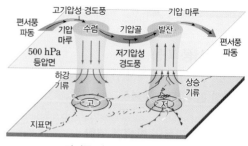

▲ 편서풍 파동과 지상의 기압 배치

③ 지상의 저기압과 고기압의 형성
- 상층 기압골의 서쪽에서 ❷공기 수렴 → 하강 기류 발달 → 지상 고기압 형성
- 상층 기압골의 동쪽에서 ❷공기 발산 → 상승 기류 발달 → 지상 저기압 형성

2 ❸제트류

중위도 상층의 편서풍 내에서 수 천 km의 길이와 수 백 km 정도의 폭을 가지면서 좁은 띠를 형성하며 부는 매우 빠른 공기의 흐름을 제트류라고 한다.

(1) 발생과 역할

① 발생: ❹대류권 계면 부근에서 남북 사이의 기온 차이가 가장 큰 지역에서 발생한다.

② 역할: 제트류에 의해 남북 방향으로 큰 진폭의 파동이 발생하면 고위도의 차가운 공기는 남쪽으로 내려 보내고, 저위도의 따뜻한 공기는 북쪽으로 올려 보내서 남북 사이의 에너지 수송이 활발하게 일어난다. 이로 인해 지구의 에너지 불균형 해소에 중요한 역할을 한다.

(2) ❺한대 (전선) 제트류: 한대 전선이 위치한 좁은 지역(한대 전선대)에서 남북 사이의 큰 기온 차이에 의해 발생하는 제트류

① 경로: 일반적으로 서쪽에서 동쪽으로 사행하는 경로를 가지며, 경우에 따라서는 남북 방향으로 불기도 하고, 분리되었다가 합쳐지기도 한다.

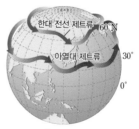

▲ 제트류의 종류   ▲ 제트류의 발생 위치

② 세기: 남북 사이의 큰 기온 차이로 인해 기압 차이가 커져서 기압 경도력이 커진 겨울철이 여름철보다 제트류의 세기가 더 강하다.

③ 발생 위치: 여름철에는 북상하고, 겨울철에는 남하한다.

(3) 아열대 제트류: 적도 부근에서 가열되어 상승한 공기가 고위도 지역으로 향하면서 위도 30° 부근의 높이 13 km 부근에서 나타나는 반영구적인 제트류

02 대기 대순환

1 대기 순환

대기의 운동은 일반적으로 고유한 크기와 지속 가능 시간을 가지고 있다.

(1) 대기 순환 규모

① 공간 규모: 대기 운동은 수평적으로 수 mm 정도의 매우 작은 크기로부터 지구 둘레에 해당하는 크기까지를 가지고, 연직적으로 지표면에서부터 대류권 계면 부근까지 매우 다양한 크기를 가지고 있다.

② ❶시간 규모: 대기 운동은 수초 미만의 짧은 시간~수 년까지 다양한 수명을 가지고 있다.

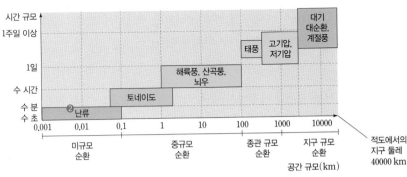

▲ 대기 순환의 규모

③ 대기 순환 규모의 특징
- 대기 순환은 공간 규모가 클수록 시간 규모가 커서 수명이 길다.
- 규모가 작은 순환은 연직 규모와 수평 규모가 대체로 비슷하고, 규모가 큰 순환은 연직 규모에 비해 수평 규모가 매우 크다.
- 미규모와 중규모는 일기도에 나타나지 않으며 전향력의 효과가 거의 무시할 수 있을 정도로 작고, ❸종관 규모와 지구 규모는 전향력의 영향을 많이 받는다.

(2) 대기 순환 규모의 종류

구분	수평 규모	시간 규모	현상의 예	힘의 작용
미규모	0.1 km 이하	수 초~수 분	난류, 토네이도 등	• 마찰력과 온도에 기인 • 전향력 무시
중(간)규모	0.1~100 km	수 분~수 일	토네이도, 해륙풍, 산곡풍, 뇌우 등	• 기압 경도력이 주요인 • 전향력 거의 무시
종관 규모	100~1000 km	수 일~수 주일	태풍, 고기압, 저기압 등	기압 경도력, 전향력, 마찰력, 구(원)심력
지구 규모	1000 km 이상	수 주일~연중	계절풍, 대기 대순환 등	기압 경도력, 전향력, 마찰력, 구(원)심력

2 대기 대순환

(1) 태양 ❹복사 에너지와 지구 복사 에너지

① 지구에 입사하는 태양 복사 에너지: 지구의 대기에 의해 선택적으로 흡수되며, 지표면에 도달하는 태양 복사 에너지의 대부분은 가시광선이다.

❶ 평균 태양 복사 에너지양

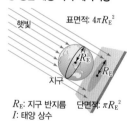

햇빛 표면적: $4\pi R_E^2$

R_E: 지구 반지름　단면적: πR_E^2
I: 태양 상수

지구의 단위 면적이 1초 동안 받는 평균 태양 복사 에너지의 양은 $\dfrac{\pi R_E^2 I}{4\pi R_E^2} = \dfrac{I}{4}$이다.

❷ 단일 세포 순환 모델

찬 공기
지상풍
따뜻한 공기
지상풍
찬 공기

❸ 3세포 순환 모델

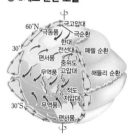

② 위도에 따른 열수지

- 저위도: 흡수하는 ❶태양 복사 에너지 > 방출하는 지구 복사 에너지 ➡ 에너지 과잉
- 고위도: 흡수하는 태양 복사 에너지 < 방출하는 지구 복사 에너지 ➡ 에너지 부족

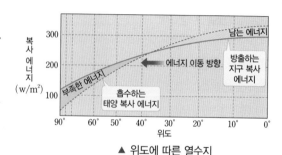

▲ 위도에 따른 열수지

(2) 대기 대순환의 발생 원인과 역할

① 발생 원인: 자전하는 지구에서 위도에 따른 태양 복사 에너지양과 지구 복사 에너지양의 차이에서 발생하는 에너지 불균형을 해소하기 위해 발생한다.

② 역할: 해수의 순환과 더불어 저위도의 과잉 에너지를 에너지가 부족한 고위도로 운반하여 위도에 따른 에너지 불균형을 해소시키는 역할을 한다.

(3) 대기 대순환 모델

① ❷단일 세포 순환 모델(지구가 자전하지 않을 때): 적도 부근에는 상승 기류가 발달하고 극 부근에서 냉각된 공기에 의해 하강 기류가 발달하여, 북반구의 지상에서는 북풍만, 남반구의 지상에서는 남풍만 분다.

② ❸3세포 순환 모델(지구가 자전할 때): 지구 자전에 의한 전향력의 영향으로 북반구와 남반구에 각각 3개의 순환 세포를 형성한다.

- 해들리 순환: 적도 부근의 가열된 공기가 상승하여 중위도 지방으로 이동한 후, 하강 기류가 생겨서 다시 적도 쪽으로 순환하는 경로로, 직접 순환이다.
- 페렐 순환: 해들리 순환과 극순환에 의해서 중위도 지방에 생긴 순환으로, 해들리 순환과 극순환에 의해 생성되는 간접 순환이다.
- 극순환: 극 부근에서 냉각된 공기가 하강하여 중위도 지방으로 이동하다가 한대 전선대에서 수렴하여 상승 기류가 생겨서 극지방으로 순환하는 경로로, 직접 순환이다.

THE 들여다보기　지구의 복사 평형

1. 지구는 흡수하는 태양 복사 에너지양과 우주 공간으로 방출하는 지구 복사 에너지양이 서로 같다.

2. 지구 전체와 대기 영역, 지표면 영역은 각각 복사 평형을 이루고 있으므로 지구의 평균 온도는 일정하게 유지되고 있다.

3. 지구가 흡수하는 태양 복사 에너지양
   - 반사: 30 (대기 25 + 지표면 5)
   - 흡수: 70 (대기 25 + 지표면 45)

구분	에너지 흡수량	에너지 방출량
지구 전체	70 (지표면 45 + 대기 25)	70 (지표면 복사 4 + 대기 복사 66)
지표면	133 (태양 복사 45 + 대기 복사 88)	133 (지표면 복사 104 + 대류, 전도 8 + 증발 21)
대기	154 (태양 복사 25 + 지표면 복사 100 + 대류, 전도 8 + 증발 21)	154 (우주 공간 66 + 지표면 88)

○X 문제

1. 편서풍 파동과 제트류에 대한 설명으로 옳은 것은 ○, 옳지 <u>않은</u> 것은 ×로 표시하시오.

(1) 편서풍 파동은 위도에 따른 기온 차와 지구 자전에 의한 전향력에 의해 발생한다. ( )

(2) 편서풍 파동은 온대 저기압이 발생하는 데 중요한 역할을 한다. ( )

(3) 한대 (전선) 제트류는 겨울철에는 북상하고, 여름철에는 남하한다. ( )

2. 대기 순환 규모와 대기 대순환에 대한 설명으로 옳은 것은 ○, 옳지 <u>않은</u> 것은 ×로 표시하시오.

(1) 대기 순환 규모는 공간 규모가 클수록 대체로 시간 규모도 커져서 수명이 길어진다. ( )

(2) 해륙풍과 산곡풍은 종관 규모에 해당하므로 전향력의 효과를 무시할 수 없다. ( )

(3) 지구의 대기 대순환은 위도에 따른 에너지의 불균형이 원인이 되어서 발생한다. ( )

빈칸 완성

3. 편서풍 파동에서 기압골의 동쪽 공기는 ① ( )하고, 서쪽 공기는 ② ( )한다.

4. 제트류는 편서풍 파동에서 축이 되는 좁고 강한 흐름으로, 대류권 계면 부근에서 남북 사이의 ( ) 차가 가장 큰 곳에서 나타난다.

5. 제트류는 겨울철이 여름철보다 기압 경도력이 ( )져서 풍속도 빠르게 나타난다.

6. 해륙풍은 해안가에서 낮(주간)에는 바다에서 육지 쪽으로 ① ( )이 불고, 밤(야간)에는 육지에서 바다 쪽으로 ② ( )이 분다.

7. 지구는 흡수하는 태양 복사 에너지양과 우주 공간으로 방출하는 지구 복사 에너지양이 서로 같은 ( ) 상태이다.

정답 1. (1) ○ (2) ○ (3) × 2. (1) ○ (2) × (3) ○ 3. ① 발산 ② 수렴 4. 온도(기온) 5. 커 6. ① 해풍 ② 육풍 7. 복사 평형

둘 중에 고르기

1. 편서풍 파동은 ① (저위도 , 고위도)의 과잉 에너지를 ② (저위도 , 고위도)로 수송한다.

2. 편서풍 파동에서 기압골의 서쪽에서는 ① (상승 , 하강) 기류가 나타나고, 지상에는 ② (고기압 , 저기압)이 나타난다.

3. 한대 (전선) 제트류는 겨울철이 여름철보다 훨씬 (고위도 , 저위도)에서 나타난다.

4. 고기압과 저기압은 (중규모 , 종관 규모)에 해당하고, 일기도에 나타난다.

5. 3세포 순환 모델에서 해들리 순환과 극순환은 ① (직접 , 간접) 순환이고, 페렐 순환은 ② (직접 , 간접) 순환이다.

순서대로 나열하기

6. 다음은 지구 대기 순환의 여러 가지 규모이다. 공간 규모와 시간 규모가 큰 것부터 순서대로 나열하시오.

㉠ 종관 규모	㉡ 미규모
㉢ 지구 규모	㉣ 중규모

단답형 문제

7. 편서풍 파동의 기압 마루 부근에서 우세하게 부는 바람의 명칭을 쓰시오.

8. 맑은 날 산악 지대에서 낮에 부는 바람은 산풍인지 곡풍인지 쓰시오.

9. 3세포 순환 모델에서 나타나는 3개의 순환 세포의 명칭을 모두 쓰시오.

정답 1. ① 저위도 ② 고위도 2. ① 하강 ② 고기압 3. 저위도 4. 종관 규모 5. ① 직접 ② 간접 6. ㉢ → ㉠ → ㉣ → ㉡ 7. 고기압성 경도풍 8. 곡풍 9. 해들리 순환, 페렐 순환, 극순환

목표

회전 수조 실험으로 편서풍 파동이 발생하는 원리를 이해할 수 있다.

과정

다음은 편서풍 파동의 발생 원리를 알아보기 위한 실험이다.

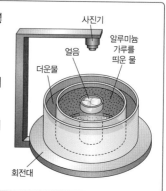

(가) 그림과 같이 회전 원통의 안쪽 원통에는 얼음을 넣고, 바깥쪽 원통에는 더운물을 넣는다.

(나) 가운데 원통에는 알루미늄 가루를 띄운 상온의 물을 넣는다.

(다) 회전대를 시계 반대 방향으로 천천히 회전시키면서 사진기에 찍힌 알루미늄 가루의 모습을 관찰한다.

(라) 회전대를 시계 반대 방향으로 빠르게 회전시키면서 사진기에 찍힌 알루미늄 가루의 변화를 관찰한다.

1. 회전대를 천천히 회전시킬 때 알루미늄 가루의 이동 모습을 관찰하고, 실제 대기 대순환과 연관시켜 서술하시오.
2. 회전대를 빠르게 회전시킬 때 알루미늄 가루의 이동 모습을 관찰하고, 실제 대기 대순환과 연관시켜 서술하시오.

결과 정리 및 해석

1. 회전대를 천천히 회전시킬 때 알루미늄 가루는 천천히 움직인다. 이는 더운물이 들어 있는 외벽 쪽의 물은 상승하고, 얼음이 들어 있는 내벽 쪽의 물은 하강하여 대류 현상이 나타난 결과이다. 이는 전향력이 작은 저위도 부근의 열적 순환에 의한 해들리 순환과 유사하다.

2. 회전대를 회전시킬 때 알루미늄 가루는 원통의 회전 방향으로 여러 개의 파동이 발생하고, 속도를 빠르게 회전시키면 서로 반대 방향으로 회전하는 여러 개의 작은 소용돌이가 나타난다. 이는 전향력이 큰 중위도 상공의 편서풍 파동과 유사하다.

천천히 회전할 때	빠르게 회전할 때
얼음 / 회전 방향	얼음 / 회전 방향

탐구 분석

1. 회전대가 빠르게 회전할 때 수온 차가 커지면 물의 흐름은 어떻게 나타나는지 서술하시오.
2. 바깥쪽 원통의 더운물과 가운데 원통의 얼음이 의미하는 것은 무엇인지 서술하시오.

01 [20703-0424]
상층 대기의 서쪽에서 동쪽으로 부는 바람에 대한 설명으로 옳은 것만을 〈보기〉에서 있는 대로 고른 것은?

┌ 보기 ┌
ㄱ. 지균풍의 형태로 분다.
ㄴ. 고도가 높아질수록 풍속이 느려진다.
ㄷ. 적도 부근을 제외하고는 상층에서 탁월하게 나타난다.

① ㄱ   ② ㄴ   ③ ㄱ, ㄷ
④ ㄴ, ㄷ   ⑤ ㄱ, ㄴ, ㄷ

02 [20703-0425]
편서풍 파동에 대한 설명으로 옳은 것은?

① 적도 지방에서 주로 발생한다.
② 지상 일기도에 등압선의 형태로 나타난다.
③ 기압골의 동쪽 대기에서 수렴이 나타난다.
④ 기압골의 서쪽 대기에는 하강 기류가 나타난다.
⑤ 고위도의 남는 에너지를 저위도로 수송하는 역할을 한다.

03 [20703-0426]
그림은 북반구 상층 대기의 편서풍 파동을 모식적으로 나타낸 것이다.

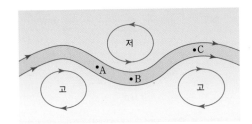

A, B, C 지점에 대한 설명으로 옳은 것만을 〈보기〉에서 있는 대로 고른 것은?

┌ 보기 ┌
ㄱ. A 지점에서 공기의 속도는 느려진다.
ㄴ. B 지점에는 저기압성 경도풍이 분다.
ㄷ. C 지점은 기압골에 위치하고 있다.

① ㄱ   ② ㄷ   ③ ㄱ, ㄴ   ④ ㄴ, ㄷ   ⑤ ㄱ, ㄴ, ㄷ

04 [20703-0427]
그림 (가)~(라)는 편서풍 파동이 발달하는 과정을 나타낸 것이다.

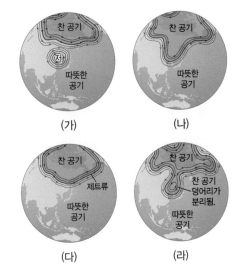

(가)   (나)

(다)   (라)

편서풍 파동이 발달하는 과정을 순서대로 옳게 나타낸 것은?

① (가) → (나) → (다) → (라)
② (나) → (가) → (라) → (다)
③ (다) → (가) → (라) → (나)
④ (다) → (나) → (라) → (가)
⑤ (라) → (가) → (다) → (나)

05 [20703-0428]
다음 ( ) 안에 들어갈 알맞은 말을 쓰시오.

┌─────────────────────────────┐
편서풍 파동은 남북 방향으로 굽이치면서 파동을 이루면서 서쪽에서 동쪽으로 이동한다. 이때 등고선이 북쪽 방향으로 볼록한 부분을 ( )라고 하고, 남쪽 방향으로 오목한 부분을 ( )이라고 한다.
└─────────────────────────────┘

06 [20703–0429]
그림은 북반구 상층의 편서풍 파동과 지상의 등압선을 나타낸 것이다.

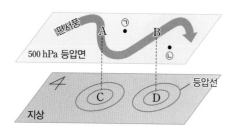

이에 대한 설명으로 옳은 것만을 〈보기〉에서 있는 대로 고른 것은?

┌─ 보기 ┐
ㄱ. A에서는 공기의 수렴, B에서는 공기의 발산이 나타난다.
ㄴ. C에는 고기압, D에는 저기압을 발달시킨다.
ㄷ. 기온은 ㉠보다 ㉡에서 더 낮다.
└─────┘

① ㄱ ② ㄷ ③ ㄱ, ㄴ ④ ㄴ, ㄷ ⑤ ㄱ, ㄴ, ㄷ

07 [20703–0430]
제트류에 대한 설명으로 옳은 것만을 〈보기〉에서 있는 대로 고른 것은?

┌─ 보기 ┐
ㄱ. 지상의 기압 배치에 영향을 미친다.
ㄴ. 여름철이 겨울철보다 풍속이 느리다.
ㄷ. 남북 간의 기온 차에 의해 생성된다.
└─────┘

① ㄱ ② ㄷ ③ ㄱ, ㄴ ④ ㄴ, ㄷ ⑤ ㄱ, ㄴ, ㄷ

08 [20703–0431]
편서풍 파동과 제트류의 관계에 대한 설명으로 옳은 것만을 〈보기〉에서 있는 대로 고른 것은?

┌─ 보기 ┐
ㄱ. 편서풍 파동 내의 축이 되는 강한 흐름이 제트류이다.
ㄴ. 편서풍 파동과 제트류에서는 동풍 계열의 대기 흐름이 나타난다.
ㄷ. 편서풍 파동과 제트류는 저위도의 남는 에너지를 고위도로 수송하는 역할을 한다.
└─────┘

① ㄴ ② ㄷ ③ ㄱ, ㄴ ④ ㄱ, ㄷ ⑤ ㄱ, ㄴ, ㄷ

09 [20703–0432]
그림은 북반구에서 나타나는 대기 대순환을 나타낸 것이다.

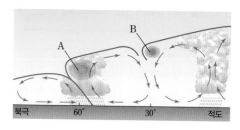

이에 대한 설명으로 옳은 것만을 〈보기〉에서 있는 대로 고른 것은?

┌─ 보기 ┐
ㄱ. 아열대 제트류가 나타나는 곳은 A이다.
ㄴ. 30°의 지표 부근에는 저기압이 주로 형성된다.
ㄷ. 대류권 계면의 높이는 저위도로 갈수록 높아진다.
└─────┘

① ㄱ ② ㄷ ③ ㄱ, ㄴ
④ ㄴ, ㄷ ⑤ ㄱ, ㄴ, ㄷ

10 [20703–0433]
그림은 북반구의 겨울철에 나타나는 제트류의 위치와 풍속을 나타낸 것이다.

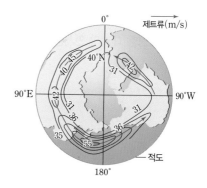

이에 대한 설명으로 옳은 것만을 〈보기〉에서 있는 대로 고른 것은?

┌─ 보기 ┐
ㄱ. 겨울철보다 여름철에 제트류의 풍속은 강해진다.
ㄴ. 여름철에 제트류의 위치는 북쪽으로 이동한다.
ㄷ. 적도 지방과 극지방의 기온 차가 작아질수록 제트류의 풍속은 강해진다.
└─────┘

① ㄴ ② ㄷ ③ ㄱ, ㄴ
④ ㄱ, ㄷ ⑤ ㄱ, ㄴ, ㄷ

11 [20703-0434]
그림은 대기 순환 규모를 시간 규모와 수평 규모로 구분하여 나타낸 것이다.

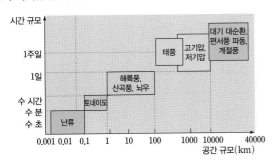

이에 대한 설명으로 옳은 것만을 〈보기〉에서 있는 대로 고른 것은?

┌─ 보기 ┌
ㄱ. 시간 규모가 클수록 공간 규모도 대체로 커진다.
ㄴ. 산곡풍은 일기도에 나타나는 대기 순환 규모이다.
ㄷ. 시간 규모가 작아질수록 전향력의 영향을 많이 받는다.

① ㄱ   ② ㄴ   ③ ㄱ, ㄷ
④ ㄴ, ㄷ   ⑤ ㄱ, ㄴ, ㄷ

12 [20703-0435]
다음과 같은 특징을 가지는 대기 현상은 무엇인가?

종관 규모의 순환에 해당하고, 해수면의 온도가 27 ℃ 이상인 열대 해상에서 주로 발생한다. 우리나라에는 여름철과 초가을에 주로 영향을 미치며, 육지에 도달하면 지표면과의 마찰에 의해 세력이 약화되어 소멸하게 된다.

① 난류   ② 뇌우
③ 고기압   ④ 계절풍
⑤ 태풍

13 [20703-0436]
다음 (   ) 안에 들어갈 알맞은 말을 쓰시오.

해륙풍과 산곡풍은 하루 주기의 시간 규모와 약 100 km 이하의 공간 규모를 가지면서 전향력의 영향을 거의 받지 않는 대기 순환 규모로써 (   )규모에 해당한다.

14 [20703-0437]
그림은 지표면의 국지적인 가열로 열적 순환이 일어날 때의 연직 등압면 분포를 나타낸 것이다.

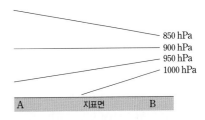

지역 A와 B에 대한 설명으로 옳은 것만을 〈보기〉에서 있는 대로 고른 것은?

┌─ 보기 ┌
ㄱ. 기온은 A보다 B에서 높을 것이다.
ㄴ. B의 상공에는 하강 기류가 나타날 수 있다.
ㄷ. 지표면 부근에서 기압 경도력은 B에서 A로 작용한다.

① ㄱ   ② ㄷ   ③ ㄱ, ㄴ   ④ ㄴ, ㄷ   ⑤ ㄱ, ㄴ, ㄷ

15 [20703-0438]
다음 (   ) 안에 들어갈 알맞은 말을 쓰시오.

(   )는 지표면으로부터 마찰의 영향을 받는 대기 경계층에서 발생하는 복잡하고 불규칙한 흐름이고, (   )는 마찰의 영향을 받지 않는 자유 대기에서 나타나는 고른 흐름이다.

16 [20703-0439]
그림은 지구가 복사 평형을 이룰 때 위도별 복사 에너지 수지를 나타낸 것이다.
이에 설명으로 옳은 것만을 〈보기〉에서 있는 대로 고른 것은?

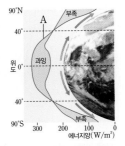

┌─ 보기 ┌
ㄱ. A는 태양 복사 에너지이다.
ㄴ. 저위도는 에너지 부족, 고위도는 에너지 과잉 상태이다.
ㄷ. 대기와 해수의 열 수송에 의해 지구는 복사 평형을 유지한다.

① ㄱ   ② ㄴ   ③ ㄱ, ㄷ   ④ ㄴ, ㄷ   ⑤ ㄱ, ㄴ, ㄷ

17 [20703-0440] 다음 ( ) 안에 들어갈 알맞은 말을 쓰시오.

( )는 지표면이 방출하는 지구 복사 에너지의 대부분이 지구 대기에 흡수되었다가 지표면으로 재방출되면서 지구의 평균 기온이 대기가 없을 때보다 높게 유지되는 현상이다.

18 [20703-0441] 그림은 복사 평형 상태에 있는 지구의 열수지를 나타낸 것이다.

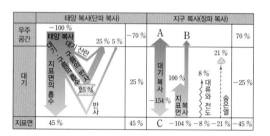

이에 대한 설명으로 옳지 않은 것은?

① (A+B)는 70 %이다.
② C는 88 %이다.
③ 대기에서는 복사 평형이 나타난다.
④ 지표면에서는 에너지의 흡수량이 방출량보다 많다.
⑤ 태양 복사는 대기보다 지표면에서 많이 흡수된다.

19 [20703-0442] 그림 (가)와 (나)는 여름철과 겨울철에 발생하는 바람의 분포를 순서 없이 나타낸 것이다.

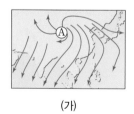
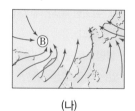

(가)   (나)

이에 대한 설명으로 옳은 것만을 〈보기〉에서 있는 대로 고른 것은?

보기
ㄱ. (가)는 여름철, (나)는 겨울철의 모습이다.
ㄴ. A는 고기압, B는 저기압이다.
ㄷ. 1년 주기로 나타나는 지구 규모의 순환이다.

① ㄱ ② ㄷ ③ ㄱ, ㄴ ④ ㄴ, ㄷ ⑤ ㄱ, ㄴ, ㄷ

20 [20703-0443] 대기 대순환에 대한 설명으로 옳은 것만을 〈보기〉에서 있는 대로 고른 것은?

보기
ㄱ. 1개의 순환 세포가 있다.
ㄴ. 가장 큰 규모의 대기 순환이다.
ㄷ. 위도에 따른 에너지의 평형으로 발생한다.

① ㄱ ② ㄴ ③ ㄱ, ㄷ ④ ㄴ, ㄷ ⑤ ㄱ, ㄴ, ㄷ

21 [20703-0444] 그림은 어떤 세포 순환 모델을 나타낸 것이다.

이에 대한 설명으로 옳은 것만을 〈보기〉에서 있는 대로 고른 것은?

보기
ㄱ. 단일 세포 순환 모델이다.
ㄴ. 열적 순환에 의한 결과로 나타나는 순환 모델이다.
ㄷ. 북반구 중위도의 지상에서는 서풍이 우세하게 분다.

① ㄱ ② ㄷ ③ ㄱ, ㄴ ④ ㄴ, ㄷ ⑤ ㄱ, ㄴ, ㄷ

22 [20703-0445] 그림은 북반구의 대기 대순환을 나타낸 것이다.

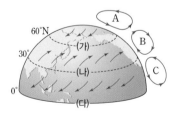

이에 대한 설명으로 옳은 것만을 〈보기〉에서 있는 대로 고른 것은?

보기
ㄱ. 상승 기류가 나타나는 곳은 (나)이다.
ㄴ. A와 C는 간접 순환, B는 직접 순환이다.
ㄷ. (가)와 (나) 사이에서는 편서풍이 우세하게 분다.

① ㄱ ② ㄷ ③ ㄱ, ㄴ ④ ㄴ, ㄷ ⑤ ㄱ, ㄴ, ㄷ

정답과 해설 66쪽

[20703-0446]
01 그림은 편서풍이 발생하는 원리를 모식적으로 나타낸 것이다.

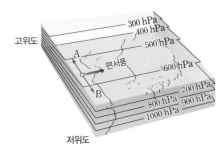

이에 대한 설명으로 옳은 것만을 〈보기〉에서 있는 대로 고른 것은?

┌ 보기 ┌
ㄱ. 기압 경도력은 A이다.
ㄴ. 편서풍은 마찰력의 영향을 받는다.
ㄷ. 높이가 높아질수록 남북 간의 기압 차는 작아진다.

① ㄱ   ② ㄷ   ③ ㄱ, ㄴ
④ ㄴ, ㄷ   ⑤ ㄱ, ㄴ, ㄷ

[20703-0447]
02 그림 (가)와 (나)는 편서풍 파동의 발달 과정 중 일부를 순서 없이 나타낸 것이다.

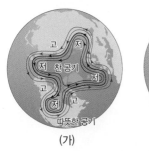 

(가)   (나)

(가)와 (나)에 대한 설명으로 옳은 것만을 〈보기〉에서 있는 대로 고른 것은?

┌ 보기 ┌
ㄱ. 시간 순서는 (가)보다 (나)가 먼저이다.
ㄴ. 파동의 진폭은 (가)보다 (나)가 크다.
ㄷ. 남북 방향의 열 교환은 (가)보다 (나)일 때 활발하다.

① ㄱ   ② ㄴ   ③ ㄱ, ㄷ
④ ㄴ, ㄷ   ⑤ ㄱ, ㄴ, ㄷ

[20703-0448]
03 그림은 북극 상공에서 내려다 본 편서풍 파동의 모습을 나타낸 것이다. 이에 대한 설명으로 옳은 것만을 〈보기〉에서 있는 대로 고른 것은?

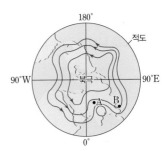

┌ 보기 ┌
ㄱ. A에는 등압선에 나란한 바람이 분다.
ㄴ. B에는 따뜻한 공기가 유입된다.
ㄷ. 지구가 자전하지 않을 때에도 편서풍 파동은 발생한다.

① ㄱ   ② ㄴ   ③ ㄱ, ㄷ   ④ ㄴ, ㄷ   ⑤ ㄱ, ㄴ, ㄷ

[20703-0449]
04 그림은 어느 날 우리나라 부근에서 발달하고 있는 중위도 저기압의 연직 구조를 나타낸 것이다.

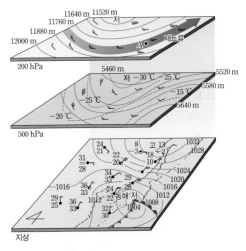

이에 대한 설명으로 옳은 것만을 〈보기〉에서 있는 대로 고른 것은?

┌ 보기 ┌
ㄱ. A 지점에는 등압선과 수직한 방향으로 바람이 분다.
ㄴ. 지상의 저기압은 500 hPa 등압면에 형성된 기압골의 동쪽에 형성된다.
ㄷ. 200 hPa 일기도에서 기압골의 축은 지상의 저기압 중심부보다 동쪽으로 치우쳐 있다.

① ㄱ   ② ㄴ   ③ ㄱ, ㄷ   ④ ㄴ, ㄷ   ⑤ ㄱ, ㄴ, ㄷ

05 [20703–0450]
그림은 어느 날 우리나라 주변의 상층 500 hPa 등압면의 고도를 나타낸 것이다.

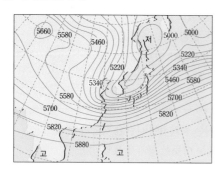

이에 대한 설명으로 옳은 것만을 〈보기〉에서 있는 대로 고른 것은?

┌─ 보기 ┌──────────────────────────────────
ㄱ. 우리나라의 동쪽에는 상승 기류가 나타난다.
ㄴ. 우리나라의 서쪽 지상에는 고기압이 형성된다.
ㄷ. 우리나라의 상층에는 기압골이 형성되어 있다.
└──

① ㄱ ② ㄴ ③ ㄱ, ㄷ ④ ㄴ, ㄷ ⑤ ㄱ, ㄴ, ㄷ

06 [20703–0451]
그림은 중위도 상공에서 나타나는 편서풍 파동을 나타낸 것이다. A와 B는 같은 위도의 상층 대기에 위치한다.

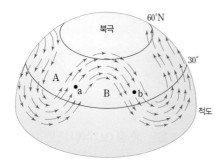

이에 대한 설명으로 옳은 것만을 〈보기〉에서 있는 대로 고른 것은?

┌─ 보기 ┌──────────────────────────────────
ㄱ. 기온은 A 부근보다 B 부근에서 높다.
ㄴ. 풍속은 A 부근보다 B 부근에서 대체로 빠르다.
ㄷ. 지상에서 공기의 수렴이 나타나는 지점은 a이다.
└──

① ㄱ ② ㄷ ③ ㄱ, ㄴ ④ ㄴ, ㄷ ⑤ ㄱ, ㄴ, ㄷ

07 [20703–0452]
그림은 어느 해 북반구에서 형성된 바람의 연직 구조를 남북 방향으로 나타낸 것이다.

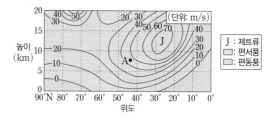

이에 대한 설명으로 옳은 것만을 〈보기〉에서 있는 대로 고른 것은?

┌─ 보기 ┌──────────────────────────────────
ㄱ. A 지점에서 기압 경도력은 남쪽으로 작용한다.
ㄴ. 제트류는 1월보다 7월에 위치하는 평균 위도가 더 낮다.
ㄷ. 대류권 계면의 높이는 30°N 지역이 60°N 지역보다 높을 것이다.
└──

① ㄱ   ② ㄷ   ③ ㄱ, ㄴ
④ ㄴ, ㄷ   ⑤ ㄱ, ㄴ, ㄷ

서술형 [20703–0453]
08 그림은 상층 대기에서 나타나는 제트류의 모습을 나타낸 것이다.

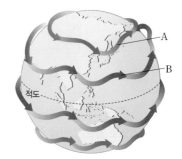

(1) A와 B의 명칭을 각각 쓰고, A와 B의 위치를 여름철과 겨울철로 구분하여 서술하시오.

(2) A와 B의 풍속을 비교하고, 여름철과 겨울철의 풍속을 비교하여 서술하시오.

09 [20703-0454]

그림 (가)와 (나)는 여름철과 겨울철 북반구의 평균 풍속을 위도와 고도에 따라 순서 없이 나타낸 것이다. 실선은 서풍을, 점선은 동풍을 의미한다.

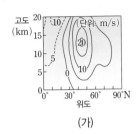
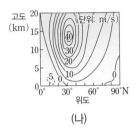

이에 대한 설명으로 옳은 것만을 〈보기〉에서 있는 대로 고른 것은?

┌ 보기 ┐
ㄱ. (가)는 여름철, (나)는 겨울철의 모습이다.
ㄴ. 최대 풍속이 나타나는 위도를 기준으로 남북 사이의 기온 차는 여름철보다 겨울철에 크게 나타난다.
ㄷ. 30°N 지역에서 지표면으로부터 대류권 계면까지의 풍속 변화 폭은 (가)보다 (나)일 때가 더 크다.

① ㄱ   ② ㄴ   ③ ㄱ, ㄷ
④ ㄴ, ㄷ   ⑤ ㄱ, ㄴ, ㄷ

10 [20703-0455]

그림은 대기 순환을 시간 규모와 공간 규모로 구분하여 나타낸 것이다.

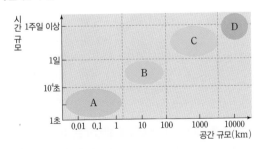

이에 대한 설명으로 옳지 <u>않은</u> 것은?

① 미규모는 A이다.
② B는 일기도에 나타난다.
③ 이동성 고기압은 C에 해당한다.
④ 지속 시간(수명)이 가장 긴 것은 D이다.
⑤ A에서 D로 갈수록 공간 규모가 커진다.

11 [20703-0456]

그림 (가)와 (나)는 대기 순환 규모가 서로 다른 두 기상 현상을 나타낸 것이다.

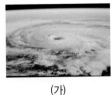

(가)   (나)

이에 대한 설명으로 옳은 것만을 〈보기〉에서 있는 대로 고른 것은?

┌ 보기 ┐
ㄱ. (가)는 태풍이다.
ㄴ. 전향력을 고려해야 하는 것은 (나)이다.
ㄷ. $\dfrac{수평\ 규모}{수직\ 규모}$ 는 (가)보다 (나)가 크다.

① ㄱ   ② ㄴ   ③ ㄱ, ㄷ
④ ㄴ, ㄷ   ⑤ ㄱ, ㄴ, ㄷ

12 [20703-0457]

그림은 열적 순환이 일어나는 어느 지역에서 관측한 대기의 연직 분포를 나타낸 것이다.

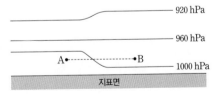

이에 대한 설명으로 옳은 것만을 〈보기〉에서 있는 대로 고른 것은?

┌ 보기 ┐
ㄱ. 바람은 A 지점에서 B 지점으로 분다.
ㄴ. 대기 순환 규모는 주로 종관 규모에 해당한다.
ㄷ. 공기의 온도는 A 지점이 B 지점보다 낮다.

① ㄱ   ② ㄴ   ③ ㄱ, ㄷ
④ ㄴ, ㄷ   ⑤ ㄱ, ㄴ, ㄷ

13 [20703-0458]
그림 (가)와 (나)는 생성 원인이 서로 다른 두 고기압의 연직 등압면 분포를 나타낸 것이다. A와 B는 높이 10 km 부근에 위치하는 지점이다.

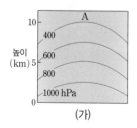
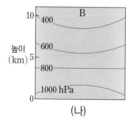

이에 대한 설명으로 옳은 것만을 〈보기〉에서 있는 대로 고른 것은?

┌ 보기 ┌
ㄱ. 한랭 고기압은 (가)이다.
ㄴ. 주위보다 A는 기압이 높고, B는 기압이 낮다.
ㄷ. (가)는 중심부의 기온이 주변부보다 낮고, (나)는 중심부의 기온이 주변부보다 높다.

① ㄱ   ② ㄴ   ③ ㄱ, ㄷ   ④ ㄴ, ㄷ   ⑤ ㄱ, ㄴ, ㄷ

14 [20703-0459]
그림 (가)와 (나)는 1월과 8월의 지상 기압 배치와 바람 분포를 순서 없이 나타낸 것이다.

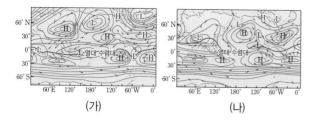

이에 대한 설명으로 옳은 것만을 〈보기〉에서 있는 대로 고른 것은?

┌ 보기 ┌
ㄱ. (가)는 8월의 자료이다.
ㄴ. (나)에서 우리나라는 주로 남풍 계열의 계절풍이 분다.
ㄷ. (가)와 (나)에서 열대 수렴대는 남동 무역풍과 북동 무역풍이 수렴하는 곳에 위치한다.

① ㄱ   ② ㄷ   ③ ㄱ, ㄴ   ④ ㄴ, ㄷ   ⑤ ㄱ, ㄴ, ㄷ

15 [20703-0460]
그림은 겨울철 어느 날 산곡풍이 불고 있는 어느 산악 지역에서 정오와 자정에 관측한 공기의 흐름을 순서 없이 나타낸 것이다. 화살표는 공기의 흐름이다.

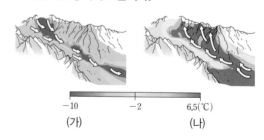

이에 대한 설명으로 옳은 것만을 〈보기〉에서 있는 대로 고른 것은?

┌ 보기 ┌
ㄱ. (가)는 정오, (나)는 자정의 자료이다.
ㄴ. 이와 같은 현상은 바람이 적은 맑은 날에 잘 발생한다.
ㄷ. 하루 중 이 지역에는 바람이 불지 않는 시각이 존재한다.

① ㄱ   ② ㄷ   ③ ㄱ, ㄴ   ④ ㄴ, ㄷ   ⑤ ㄱ, ㄴ, ㄷ

(서술형) **16** [20703-0461]
그림은 복사 평형 상태에 있는 지구의 열수지를 나타낸 것이다.

(1) 지표에서 흡수하는 에너지양과 방출하는 에너지양을 열수지 단위로 쓰고, 지표에서의 에너지 평형 상태에 대해 서술하시오.

(2) 대기에 온실 기체가 증가할 때 지표에서 나타날 수 있는 현상을 지구 온난화와 연관시켜 서술하시오.

17 [20703-0462]
그림은 지구가 받는 평균 태양 복사 에너지양을 구하는 방법을 나타낸 것이다.

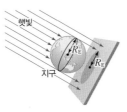

이에 대한 설명으로 옳은 것만을 〈보기〉에서 있는 대로 고른 것은? (단, I는 태양 상수이다.)

┌ 보기 ┐
ㄱ. 지구의 단면적은 지구 전체 표면적의 $\frac{1}{4}$이다.

ㄴ. 지구의 단위 면적이 1초 동안 받는 평균 태양 복사 에너지양은 $\frac{I}{2}$이다.

ㄷ. 실제 지구에서는 구름과 지표면에 의해 태양 복사 에너지의 일부를 반사시킨다.

① ㄱ   ② ㄴ   ③ ㄱ, ㄷ   ④ ㄴ, ㄷ   ⑤ ㄱ, ㄴ, ㄷ

18 [20703-0463]
그림 (가)와 (나)는 지구가 복사 평형을 이루고 있을 때, 위도별 에너지 수지와 수송량을 각각 나타낸 것이다.

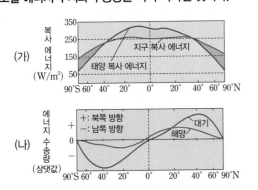

이에 대한 설명으로 옳은 것만을 〈보기〉에서 있는 대로 고른 것은?

┌ 보기 ┐
ㄱ. 고위도에서 저위도로 에너지가 수송된다.

ㄴ. 에너지 수송량은 대기보다 해양의 의한 수송량이 크다.

ㄷ. 태양 복사 에너지양과 지구 복사 에너지양의 차이가 가장 작은 위도 부근에서 에너지 수송량이 최대이다.

① ㄱ   ② ㄷ   ③ ㄱ, ㄴ   ④ ㄴ, ㄷ   ⑤ ㄱ, ㄴ, ㄷ

19 [20703-0464]
표는 어떤 대기 순환 모델에서 나타나는 각 순환 세포의 특징을 나타낸 것이다.

순환 세포	특징
(가)	지표 부근과 상층에서 모두 편서풍이 분다.
(나)	㉠열대 수렴대와 중위도 고압대를 형성한다.
(다)	한대 전선대를 형성하고 지상에서 동풍이 분다.

이에 대한 설명으로 옳은 것만을 〈보기〉에서 있는 대로 고른 것은?

┌ 보기 ┐
ㄱ. 이 순환 모델은 지구 자전을 고려한 것이다.

ㄴ. ㉠은 여름철에 북상하고, 겨울철에 남하한다.

ㄷ. 순환 세포가 위치하는 평균 위도가 가장 높은 것은 (다)이다.

① ㄱ   ② ㄴ   ③ ㄱ, ㄷ
④ ㄴ, ㄷ   ⑤ ㄱ, ㄴ, ㄷ

서술형 [20703-0465]
20 그림은 3세포 순환 모델의 모습을 나타낸 것이다.

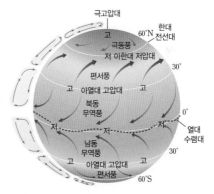

(1) 3세포 순환 세포의 명칭을 쓰고, 이와 같은 대기 대순환이 나타나는 까닭을 서술하시오.

(2) 지구가 자전하고 있지 않을 때 나타날 수 있는 대기 대순환의 모습을 서술하시오.

정답과 해설 68쪽

01 [20703-0466]
그림 (가)와 (나)는 시계 반대 방향으로 회전하는 회전 원통 실험에서 원통의 회전 속도가 느릴 때와 빠를 때를 순서 없이 나타낸 것이다.

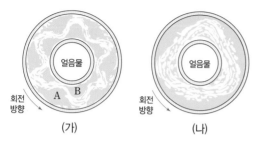

(가)   (나)

이에 대한 설명으로 옳은 것만을 〈보기〉에서 있는 대로 고른 것은?

┌ 보기 ┐
ㄱ. 회전 속도가 느릴 때는 (가)이다.
ㄴ. (가)에서 A는 고기압, B는 저기압에 해당한다.
ㄷ. 회전 속도가 빠를수록 파동의 수는 증가한다.
└─────┘

① ㄱ   ② ㄴ   ③ ㄱ, ㄷ
④ ㄴ, ㄷ   ⑤ ㄱ, ㄴ, ㄷ

02 [20703-0467]
그림 (가)와 (나)는 우리나라 주변의 지상 일기도와 상층 500 hPa 등압면의 고도를 나타낸 것이다.

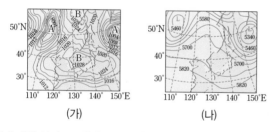

(가)   (나)

이에 대한 설명으로 옳은 것만을 〈보기〉에서 있는 대로 고른 것은?

┌ 보기 ┐
ㄱ. (가)에서 고기압은 A이다.
ㄴ. 우리나라의 날씨는 대체로 맑다.
ㄷ. 우리나라의 상층에는 기압골이 형성되어 있다.
└─────┘

① ㄱ   ② ㄴ   ③ ㄱ, ㄷ
④ ㄴ, ㄷ   ⑤ ㄱ, ㄴ, ㄷ

03 [20703-0468]
그림은 어느 날 해륙풍이 불고 있는 해안 지역의 두 지점 A와 B에서 관측한 시간에 따른 온도 변화를 나타낸 것이다. A와 B는 각각 바다와 육지 중 하나이다.

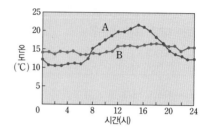

이에 대한 설명으로 옳은 것만을 〈보기〉에서 있는 대로 고른 것은?

┌ 보기 ┐
ㄱ. A는 바다, B는 육지이다.
ㄴ. 기온의 일교차는 A가 B보다 크다.
ㄷ. 낮(주간)에는 주로 육지에서 바다로 바람이 분다.
└─────┘

① ㄱ   ② ㄴ   ③ ㄱ, ㄷ
④ ㄴ, ㄷ   ⑤ ㄱ, ㄴ, ㄷ

04 [20703-0469]
그림은 지구에서 나타나는 해들리 순환을 모식적으로 나타낸 것이다.

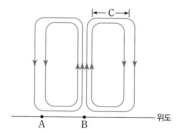

이에 대한 설명으로 옳은 것만을 〈보기〉에서 있는 대로 고른 것은?

┌ 보기 ┐
ㄱ. 해들리 순환은 열적 순환이다.
ㄴ. 대류권 계면의 높이는 A 지역이 B 지역보다 낮다.
ㄷ. C에서는 서풍이 우세하게 분다.
└─────┘

① ㄱ   ② ㄴ   ③ ㄱ, ㄷ
④ ㄴ, ㄷ   ⑤ ㄱ, ㄴ, ㄷ

단원 정리

1 해수를 움직이는 힘

(1) 정역학 평형: 연직 수압 경도력과 중력이 평형을 이루어 연직 방향으로 해수가 움직이지 않는 상태

$$-\frac{1}{\rho}\cdot\frac{\Delta P}{\Delta z}=g, \text{ 즉 } \Delta P=-\rho g \Delta z$$

(ρ: 해수의 밀도, ΔP: 수압 차, Δz: 높이 차, g: 중력 가속도)

(2) 수압 경도력

① 크기: $\frac{1}{\rho}\cdot\frac{\Delta P}{\Delta x}=g\frac{\Delta z}{\Delta x}$ (ρ: 해수의 밀도, ΔP: 수압 차, Δz: 높이 차, g: 중력 가속도)

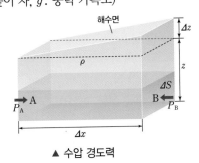

▲ 수압 경도력

➡ 수압 경도력의 크기는 해수면 경사에 비례한다.

(3) 전향력

① 크기: $C=2v\Omega\sin\varphi$ (C: 단위 질량의 해수에 작용하는 전향력, v: 해수의 속력, Ω: 지구의 자전 각속도, φ: 위도)

② 방향: 북반구에서는 물체 운동 방향의 오른쪽 직각 방향, 남반구에서 물체 운동 방향의 왼쪽 직각 방향

2 에크만 수송과 지형류

(1) 에크만 수송(북반구의 경우)

① 표면 해수의 이동 방향
: 풍향의 오른쪽 45°

② 에크만 수송: 북반구에서 마찰층 내 해수의 평균적인 이동은 바람 방향의 오른쪽 90° 방향

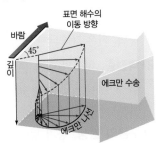

▲ 에크만 수송(북반구)

(2) 지형류: 수압 경도력과 전향력이 평형을 이루는 상태에서 흐르는 해류

① 방향: 북반구에서는 수압 경도력의 오른쪽 90° 방향, 남반구에서는 수압 경도력의 왼쪽 90° 방향

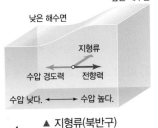

▲ 지형류(북반구)

② 유속(v): $v=\frac{1}{2\Omega\sin\varphi}\cdot g\frac{\Delta z}{\Delta x}$

(Ω: 지구 자전 각속도, φ: 위도, g: 중력 가속도, Δz: 해수면 높이 차, Δx: 수평 거리 차)

➡ 해수면의 경사가 급할수록, 위도가 낮을수록 빠르다.

3 서안 강화 현상

(1) 서안 강화 현상

① 의미: 대양에서 환류의 중심이 서쪽으로 치우쳐 서안 경계류가 강해지는 현상

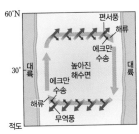

▲ 무역풍과 편서풍에 의한 에크만 수송

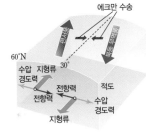

▲ 에크만 수송과 지형류

② 원인: 해수에 작용하는 전향력의 크기가 고위도로 갈수록 커지기 때문

(2) 서안 경계류와 동안 경계류

구분	서안 경계류	동안 경계류
유속	빠르다.	느리다.
폭	좁다.	넓다.
깊이	깊다.	얕다.
난류/한류	난류	한류
예	쿠로시오 해류, 멕시코 만류	캘리포니아 해류, 카나리아 해류

④ 해파와 해일

(1) 모양에 따른 해파의 분류: 풍랑, 너울, 연안 쇄파 ➡ 해파가 해안에 접근하면 속도가 느려지고 파장이 짧아지며 파고가 높아진다.

(2) 파장과 수심과의 관계에 따른 해파의 분류

구분	심해파	천해파
수심(h)	$h > \dfrac{1}{2}L$	$h < \dfrac{1}{20}L$
물 입자 운동	심해파 파장	천해파 해저면
전파 속도(v)	$v = \sqrt{\dfrac{gL}{2\pi}}$ (L: 파장)	$v = \sqrt{gh}$ (h: 수심)

(3) 해파의 작용: 해파는 속력이 느린 쪽으로 휘어지므로 곶에서는 침식 작용, 만에서는 퇴적 작용이 우세하다.

(4) 해일

구분	폭풍 해일	지진 해일
원인	태풍이나 강풍	해저 지진, 해저 화산 폭발, 해저 사태
특징	만조 시각과 겹치면 더 큰 피해가 발생	천해파. 장파이므로 속력이 느려지면 파고가 매우 높아짐.

⑤ 조석

(1) 기조력: 기조력＝천체의 만유인력＋원심력

① 달의 기조력＞태양의 기조력

② 달을 향한 쪽과 달의 반대편에서 기조력이 같으며, 동시에 만조가 나타난다.

(2) 조석 주기: 약 12시간 25분(반일주조의 경우)

(3) 사리와 조금

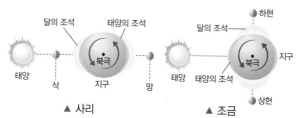

▲ 사리   ▲ 조금

① 사리(대조): 조차 최대. 삭이나 망일 때 나타남.

② 조금(소조): 조차 최소. 상현, 하현일 때 나타남.

⑥ 단열 변화

(1) 단열 변화의 종류

① 단열 팽창: 공기 덩어리 상승 → 주위 기압 하강 → 단열 팽창 → 기온 하강

② 단열 압축: 공기 덩어리 하강 → 주위 기압 상승 → 단열 압축 → 기온 상승

(2) 상승 응결 고도: 구름이 생성되기 시작하는 높이

$$상승\ 응결\ 고도(H) = 125(T - T_d)\quad(T: 기온,\ T_d: 이슬점)$$

(3) 푄: 공기가 상승하여 포화되어 비를 뿌린 후, 산을 넘어가면 산을 넘기 전에 비해 고온 건조한 상태로 변하는 현상

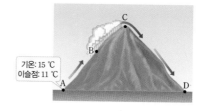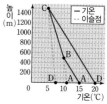

⑦ 대기 안정도와 구름 발생

(1) 대기 안정도 판정

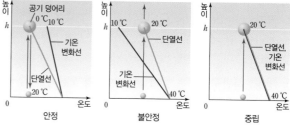

① 절대 불안정: 기온 감률＞건조 단열 감률

② 조건부 (불)안정: 건조 단열 감률＞기온 감률＞습윤 단열 감률

③ 절대 안정: 기온 감률＜습윤 단열 감률

④ 중립: 기온 감률＝단열 감률

(2) 역전층: 하층의 대기 온도가 상층의 대기 온도보다 낮은 상태로, 절대 안정 상태이므로 대기 오염 물질이 잘 확산되지 않아서 대기 오염 농도가 높아진다.

(3) 구름의 발생: 공기 덩어리 상승 → 단열 팽창 → 기온 하강 → 포화 상태 → 응결(구름 형성)

단원 정리

8 대기를 움직이는 힘

(1) 기압 경도력: 두 지점 사이의 기압 차에 의한 힘
① 방향: 고기압에서 저기압 쪽으로 등압선에 직각 방향
② 크기: 등압선 사이의 기압 차에 비례, 거리에 반비례

$$\Rightarrow \text{기압 경도력}(P_{\mathrm{H}}) = \frac{\Delta P A}{m} = \frac{1}{\rho} \cdot \frac{\Delta P}{d}$$

(ΔP: 기압 차, A: 면적, m: 질량, ρ: 밀도, d: 거리)

(2) 전향력: 지구 자전에 의해 운동하는 물체에 작용하는 가상의 힘
① 방향: 물체의 진행 방향의 오른쪽 직각 방향(북반구)
② 크기: 물체의 속도에 비례, 고위도로 갈수록 커진다.
➡ 전향력 $C = 2v\Omega\sin\varphi$ (v: 운동 속도, Ω: 지구의 자전 각속도, φ: 위도)

(3) 구심력: 원운동하는 물체의 운동 방향을 바꿔주는 힘
① 방향: 원운동의 중심(회전축) 방향
② 크기: 질량과 운동 속도의 제곱에 비례, 회전 반지름에 반비례

(4) 마찰력: 지표면의 마찰에 의해 운동을 방해하는 힘

9 바람의 종류

(1) 상층에서 부는 바람: 바람이 등압선에 나란하게 분다.
① 지균풍: 자유 대기에서 등압선이 직선일 때 기압 경도력과 전향력이 평형을 이루며 부는 바람
② 경도풍: 자유 대기에서 등압선이 곡선일 때 기압 경도력과 전향력, 구심력이 평형을 이루며 부는 바람

▲ 지균풍(북반구)   ▲ 경도풍(북반구)

(2) 지상에서 부는 바람(지상풍): 대기 경계층(마찰층)에서 기압 경도력과 전향력, 마찰력, 원심력(등압선이 곡선일 때)이 평형을 이루며 부는 바람으로, 바람이 등압선을 가로질러 분다.

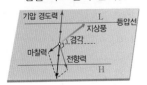 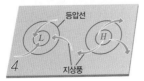

▲ 지상풍(북반구)

10 편서풍 파동

(1) 편서풍 파동: 지구 자전에 의한 전향력과 남북 간의 기온 차이로 인해 발생하며, 남북 간의 열 교환으로 남북 간의 기온 차를 해소시킨다.

(2) 편서풍 파동과 지상의 기압 배치

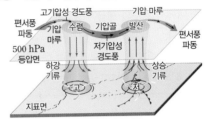

① 기압골 서쪽: 공기 수렴→하강 기류→지상 고기압 형성
② 기압골 동쪽: 공기 발산→상승 기류→지상 저기압 형성

(3) 제트류: 대류권 계면 부근에서 남북 사이의 기온 차이가 가장 큰 지역에서 발생 예 한대 전선 제트류, 아열대 제트류

11 대기 대순환

(1) 대기 운동의 규모

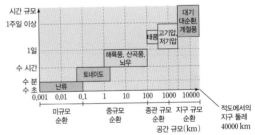

(2) 대기 대순환 모델
① 단일 세포 순환 모델(지구가 자전하지 않을 때): 열적 순환에 의해 1개의 순환 세포 형성
② 3세포 순환 모델(지구가 자전할 때): 지구 자전에 의한 전향력의 영향으로 3개의 순환 세포를 형성

 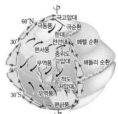

▲ 단일 세포 순환 모델   ▲ 3세포 순환 모델

[20703–0470]
01 에크만 수송에 대한 설명으로 옳은 것만을 〈보기〉에서 있는 대로 고른 것은?

┌ 보기 ┌
ㄱ. 표면 해수의 이동 방향은 바람 방향과 45°의 각을 이룬다.
ㄴ. 마찰층 내에서 해수의 평균 이동 방향은 바람과 90°의 각을 이룬다.
ㄷ. 북반구의 경우 수심이 깊어짐에 따라 해수의 이동 방향은 시계 방향으로 변한다.

① ㄱ   ② ㄷ   ③ ㄱ, ㄴ
④ ㄴ, ㄷ   ⑤ ㄱ, ㄴ, ㄷ

[20703–0471]
02 그림은 북반구에서 연안을 따라 북풍이 부는 모습을 나타낸 것이다.

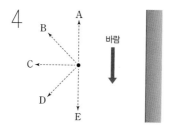

바람

⊙ **표면 해수의 이동 방향**과 ⓒ **지형류의 방향**을 옳게 짝 지은 것은?

	⊙	ⓒ		⊙	ⓒ
①	B	A	②	B	E
③	C	A	④	D	C
⑤	D	E			

[20703–0472]
03 그림은 북태평양의 해수면 형태를 나타낸 모식도이다.

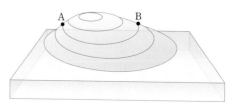

이에 대한 설명으로 옳은 것만을 〈보기〉에서 있는 대로 고른 것은? (단, A와 B는 동일 위도에 있다.)

┌ 보기 ┌
ㄱ. A에는 난류가 흐른다.
ㄴ. 전향력은 A가 B보다 크다.
ㄷ. 지형류의 깊이는 A가 B보다 깊다.

① ㄱ   ② ㄷ   ③ ㄱ, ㄴ
④ ㄴ, ㄷ   ⑤ ㄱ, ㄴ, ㄷ

[20703–0473]
04 그림은 북태평양의 표층 순환을 나타낸 모식도이다.

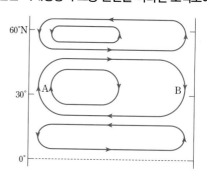

이에 대한 설명으로 옳은 것만을 〈보기〉에서 있는 대로 고른 것은? (단, A와 B는 동일 위도에 있다.)

┌ 보기 ┌
ㄱ. 캘리포니아 해류는 A에 해당한다.
ㄴ. A의 해류는 B의 해류보다 유속이 빠르다.
ㄷ. 아열대 순환의 중심이 서쪽으로 치우친 원인은 고위도로 갈수록 전향력이 커지기 때문이다.

① ㄱ   ② ㄷ   ③ ㄱ, ㄴ
④ ㄴ, ㄷ   ⑤ ㄱ, ㄴ, ㄷ

05 [20703–0474]
그림은 해파 A와 B의 물 입자 운동을 나타낸 것이다.

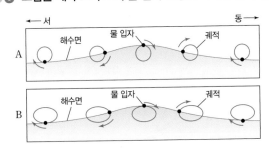

이에 대한 설명으로 옳은 것만을 〈보기〉에서 있는 대로 고른 것은?

┌─ 보기 ┌─────────────────────────────
ㄱ. A는 심해파이다.
ㄴ. B는 해저면의 영향을 받는다.
ㄷ. A, B 모두 동쪽으로 진행하는 해파이다.
└────────────────────────────────────

① ㄱ   ② ㄷ   ③ ㄱ, ㄴ
④ ㄴ, ㄷ   ⑤ ㄱ, ㄴ, ㄷ

06 [20703–0475]
그림은 해안으로 접근하는 해파 A, B, C의 파장과 진폭을 나타낸 것이다.

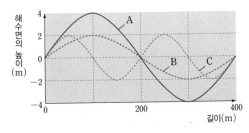

이에 대한 설명으로 옳은 것만을 〈보기〉에서 있는 대로 고른 것은?

┌─ 보기 ┌─────────────────────────────
ㄱ. 수심 300 m인 해역에서 속력은 A가 C보다 빠르다.
ㄴ. 수심 15 m인 해역에서 해수 표면의 물 입자가 원운동을 하는 것은 A와 B이다.
ㄷ. 수심 6 m인 해역에서 C의 파고는 4 m보다 높다.
└────────────────────────────────────

① ㄴ   ② ㄷ   ③ ㄱ, ㄴ
④ ㄱ, ㄷ   ⑤ ㄱ, ㄴ, ㄷ

07 [20703–0476]
그림은 수심과 파장에 따른 해파의 속력을 나타낸 것이다.

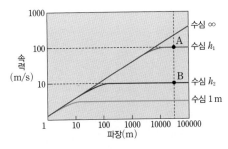

이에 대한 설명으로 옳은 것만을 〈보기〉에서 있는 대로 고른 것은?

┌─ 보기 ┌─────────────────────────────
ㄱ. $h_1 = 10\,h_2$이다.
ㄴ. 주기는 A가 B보다 길다.
ㄷ. 수심이 1 m인 곳에서 파장이 20 m 이상인 해파는 속력이 모두 동일하다.
└────────────────────────────────────

① ㄱ   ② ㄷ   ③ ㄱ, ㄴ
④ ㄴ, ㄷ   ⑤ ㄱ, ㄴ, ㄷ

08 [20703–0477]
그림은 달의 기조력에 의한 해수면의 모양을 나타낸 것이다.
이에 대한 설명으로 옳은 것만을 〈보기〉에서 있는 대로 고른 것은?

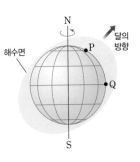

┌─ 보기 ┌─────────────────────────────
ㄱ. P와 Q 지점의 조석 주기는 같다.
ㄴ. 현재 P와 Q 지점은 모두 만조이다.
ㄷ. 7일 후 같은 시각에 P와 Q 지점은 만조이다.
└────────────────────────────────────

① ㄱ   ② ㄴ   ③ ㄷ
④ ㄱ, ㄴ   ⑤ ㄴ, ㄷ

09 [20703-0478]
그림은 **A** 지점에서 공기 덩어리가 산을 넘으면서 비를 뿌리고, **D** 지점으로 이동하는 과정을 나타낸 것이다.

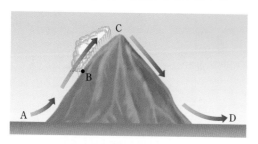

공기 덩어리가 이동하는 과정에 대한 설명으로 옳은 것만을 〈보기〉에서 있는 대로 고른 것은?

┌ 보기 ┌
ㄱ. A~B 구간에서 (기온−이슬점)은 작아진다.
ㄴ. B~C 구간에서 상대 습도는 일정하다.
ㄷ. C~D 구간에서 기온은 습윤 단열 감률에 따라 높아진다.

① ㄱ   ② ㄷ   ③ ㄱ, ㄴ   ④ ㄴ, ㄷ   ⑤ ㄱ, ㄴ, ㄷ

10 [20703-0479]
그림은 어느 지역의 높이에 따른 기온 분포를 나타낸 것이다. 지표에서 이슬점이 12 °C인 공기 덩어리가 높이 1 km에서 응결을 시작할 때, 이에 대한 설명으로 옳은 것만을 〈보기〉에서 있는 대로 고른 것은? (단, 건조 단열 감률은 10 °C/km, 습윤 단열 감률은 5 °C/km, 이슬점 감률은 2 °C/km이다.)

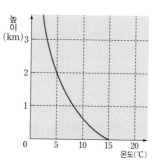

┌ 보기 ┌
ㄱ. 지표면에서 단열 상승하는 공기 덩어리의 온도는 20 °C이다.
ㄴ. 구름의 두께는 2 km이다.
ㄷ. 상대 습도는 높이 0~1 km보다 높이 1~2 km에서 낮다.

① ㄱ   ② ㄴ   ③ ㄱ, ㄷ
④ ㄴ, ㄷ   ⑤ ㄱ, ㄴ, ㄷ

11 [20703-0480]
그림 (가)와 (나)는 어느 지역에서 서로 다른 시각에 관측한 기온선을 단열선과 함께 나타낸 것이다.

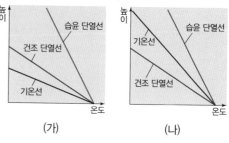

이에 대한 설명으로 옳은 것만을 〈보기〉에서 있는 대로 고른 것은?

┌ 보기 ┌
ㄱ. (가)에서 기층의 대기 안정도는 조건부 불안정이다.
ㄴ. (나)에서 공기가 포화 상태일 때는 불안정, 불포화 상태일 때는 안정하다.
ㄷ. 기온 감률이 건조 단열 감률보다 (가)에서는 작고, (나)에서는 크다.

① ㄱ   ② ㄴ   ③ ㄷ   ④ ㄱ, ㄷ   ⑤ ㄴ, ㄷ

12 [20703-0481]
그림은 지구 위의 서로 다른 세 지점 A, B, C에서 질량이 동일한 물체를 화살표 방향으로 이동시키는 모습을 나타낸 것이다.
이에 대한 설명으로 옳은 것만을 〈보기〉에서 있는 대로 고른 것은?

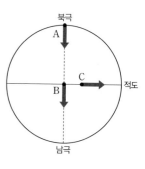

┌ 보기 ┌
ㄱ. 운동 방향의 변화가 없는 것은 A에서 이동시킨 것이다.
ㄴ. A와 B에서 이동시킨 물체는 모두 진행 방향의 왼쪽으로 이동한다.
ㄷ. 물체의 이동 속력이 모두 동일하다면 물체에 작용하는 전향력의 크기는 C에서 최소이다.

① ㄱ   ② ㄷ   ③ ㄱ, ㄴ   ④ ㄴ, ㄷ   ⑤ ㄱ, ㄴ, ㄷ

13 [20703-0482] 그림은 북반구 동일 위도의 서로 다른 두 지역 A와 B에서 관측한 높이에 따른 풍속의 변화를 나타낸 것이다.

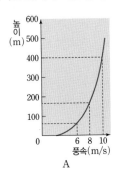
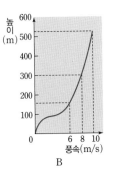

A와 B 지역에 대한 설명으로 옳은 것만을 〈보기〉에서 있는 대로 고른 것은? (단, 같은 고도에서 두 지역의 기압 경도력은 같고, 등압선은 동서 방향의 직선이다.)

┌ 보기 ┌
ㄱ. 지표 부근의 마찰력은 A보다 B에서 크게 작용한다.
ㄴ. 높이 400 m에서 바람에 작용하는 전향력은 A가 B보다 작다.
ㄷ. B의 지상에서 높이 500 m로 올라가면 풍향은 시계 반대 방향으로 변한다.

① ㄱ   ② ㄷ   ③ ㄱ, ㄴ   ④ ㄴ, ㄷ   ⑤ ㄱ, ㄴ, ㄷ

서술형
14 [20703-0483] 그림은 위도별 태양 복사 에너지양과 지구 복사 에너지양을 나타낸 것이다.

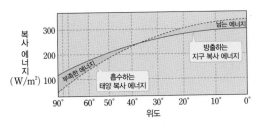

저위도 지방과 고위도 지방에서 일정한 평균 기온이 나타나는 까닭을 서술하시오.

15 [20703-0484] 그림 (가)는 북반구 500 hPa 등압면에서의 편서풍 파동을, (나)는 지상의 등압선과 일기 기호를 나타낸 것이다.

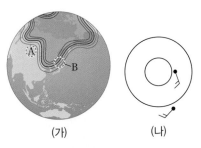

(가)   (나)

이에 대한 설명으로 옳은 것만을 〈보기〉에서 있는 대로 고른 것은?

┌ 보기 ┌
ㄱ. A에서는 시계 반대 방향의 공기 흐름이 나타난다.
ㄴ. B의 지상에서는 (나)와 같은 기압 배치가 발달한다.
ㄷ. 위도 사이의 기온 차가 증가하면 상층의 편서풍 파동은 약해진다.

① ㄱ   ② ㄴ   ③ ㄱ, ㄷ   ④ ㄴ, ㄷ   ⑤ ㄱ, ㄴ, ㄷ

16 [20703-0485] 그림은 여러 해 동안 관측하여 평균한 지구의 위도에 따른 남북 방향의 연직 대기 순환을 나타낸 것이다.

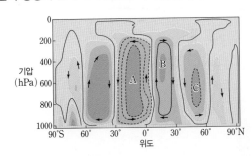

A, B, C 순환에 대한 설명으로 옳은 것만을 〈보기〉에서 있는 대로 고른 것은?

┌ 보기 ┌
ㄱ. A는 위도에 따른 기온 차에 의해 나타나는 순환이다.
ㄴ. A와 B는 대기에서 저위도의 남는 에너지를 고위도로 수송하는 역할을 한다.
ㄷ. B와 C 경계부의 지상에서는 온대 저기압이 형성된다.

① ㄱ   ② ㄷ   ③ ㄱ, ㄴ   ④ ㄴ, ㄷ   ⑤ ㄱ, ㄴ, ㄷ

Ⅲ 우주

11

좌표계와 태양계 모형

- 방위와 시각, 경도와 위도의 개념을 이해하기
- 천체의 위치 변화를 지평 좌표와 적도 좌표를 이용하여 나타내기
- 내행성과 외행성의 겉보기 운동을 이해하기
- 지구 중심설과 태양 중심설로 행성의 겉보기 운동을 설명하기

한눈에 단원 파악, 이것이 핵심!

천체의 위치는 어떻게 나타낼까?

천구의 구조	지평 좌표계	적도 좌표계
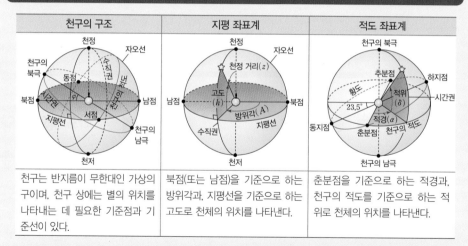		
천구는 반지름이 무한대인 가상의 구이며, 천구 상에는 별의 위치를 나타내는 데 필요한 기준점과 기준선이 있다.	북점(또는 남점)을 기준으로 하는 방위각과, 지평선을 기준으로 하는 고도로 천체의 위치를 나타낸다.	춘분점을 기준으로 하는 적경과, 천구의 적도를 기준으로 하는 적위로 천체의 위치를 나타낸다.

행성의 겉보기 운동이 복잡하게 나타나는 까닭은?

행성들의 공전 속도 차이로 인해 행성과 지구의 상대적인 위치 관계가 달라지며, 이로 인해 행성들의 적경과 적위가 시간에 따라 변하면서 적경과 적위가 변하지 않는 멀리 있는 별 사이를 복잡하게 이동하는 것처럼 겉보기 운동이 나타난다.

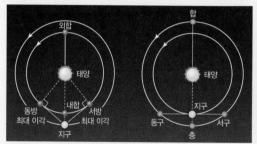

▲ 내행성과 외행성의 상대적 위치 관계

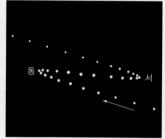

▲ 화성의 겉보기 운동

01 천체의 위치와 좌표계

1 지구 상의 위치와 시각

(1) 위도와 경도

① 위도: 자전축에 수직인 원 중 반지름이 가장 큰 원인 적도를 0°로 하고, 북쪽과 남쪽을 북위 90°와 남위 90°까지 나타낸다.

② 경도: ❶그리니치 천문대를 지나는 ❷경선을 기준으로 어떤 위치를 지나는 경선이 이루는 각을 동쪽으로는 동경, 서쪽으로는 서경으로 180°까지 나타낸다.

(2) 방위와 시각

① 방위: 북극을 바라보고 있을 때 같은 위도 상의 오른쪽은 동쪽, 왼쪽은 서쪽이다.

② 시각: 하루 중 태양이 정남쪽에 있을 때의 시각을 12시로 정하며, 경도 15° 간격으로 1시간 단위의 시차를 둔다.

2 천체의 좌표계

(1) 천구: 관측자를 중심으로 하는 반지름이 무한대인 가상의 구이다.

(2) ❸천구의 기준점

① 천정과 천저: 관측자를 지나는 연직선이 천구와 만나는 두 점 중 위를 천정, 아래를 천저라고 한다.

② 천구의 북극과 남극: 지구의 자전축을 연장할 때 천구와 만나는 두 점을 천구의 북극과 천구의 남극이라고 한다.

③ 북점과 남점: 천구의 북극과 천정을 지나는 대원(자오선)이 천구의 북극 방향에서 지평선과 만나는 지점을 북점, 그 반대편을 남점이라고 한다.

④ 동점과 서점: 천구의 적도와 지평선이 만나는 두 점으로, 북점을 바라볼 때 지평선을 따라 오른쪽으로 90°가 되는 지점을 동점, 왼쪽으로 90°가 되는 지점을 서점이라고 한다.

(3) 천구의 기준선

① 천구의 적도: 지구의 적도를 연장하여 천구와 만나는 대원이다.

② 지평선: 관측자가 서 있는 지평면을 연장하여 천구와 만나는 대원이다.

③ 시간권: 천구의 북극과 남극을 지나는 천구 상의 대원이다.

④ 수직권: 천정과 천저를 지나는 천구 상의 대원이다.

⑤ 자오선: 천구의 북극과 남극, 천정과 천저를 동시에 지나는 천구 상의 대원으로, 시간권이면서 수직권이다.

(4) 지평 좌표계: 북점(또는 남점)을 기준으로 하는 방위각과, 지평선을 기준으로 하는 고도로 천체의 위치를 나타내는 좌표계이다.

① 방위각(A): 북점(또는 남점)으로부터 지평선을 따라 시계 방향으로 천체를 지나는 수직권까지 잰 각으로, 0°~360°의 값을 갖는다.

② 고도(h): 지평선에서 수직권을 따라 천체까지 측정한 각으로, 0°~90°의 값을 갖는다.

▲ 지평 좌표계

THE 알기

❶ 그리니치 천문대
영국의 런던에 있는 천문대로, 이 천문대를 지나는 경선을 경도의 기준선으로 정하였다.

❷ 경선
구면 상에서 지리상의 북극과 남극을 잇는 최단선을 의미한다.

❸ 천구의 기준점과 기준선

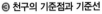

③ 천정 거리(z): 천정에서 수직권을 따라 천체까지 잰 각으로 $z=(90°-h)$이다.

④ 지평 좌표계의 특징: 천체의 위치를 쉽게 표시할 수 있지만, 관측자의 위치가 달라지면 방위각과 고도의 값이 달라지며, 지구의 자전에 의해서도 방위각과 고도가 계속 달라진다.

(5) 적도 좌표계: 춘분점을 기준으로 하는 적경과, 천구의 적도를 기준으로 하는 적위로 천체의 위치를 나타내는 좌표계이다.

① 적경(α): ❶황도와 천구의 적도가 교차하는 두 점 중 하나인 ❷춘분점을 기준으로 천구의 적도를 따라 천체를 지나는 시간권까지 시계 반대 방향(서 → 동)으로 잰 각으로, 15°를 1^h으로 환산하여 $0^h \sim 24^h$로 나타낸다.

② 적위(δ): 천구의 적도를 기준으로 시간권을 따라 천체까지 잰 각으로, $0° \sim 90°$의 값을 가지며, 천체가 천구의 적도를 기준으로 북반구에 있을 때는 (+), 남반구에 있을 때는 (−) 값으로 나타낸다.

③ 적도 좌표계의 특징: 관측 장소나 시각에 관계없이 천체의 위치가 일정한 값으로 표현되므로, 별들의 목록이나 성도를 작성하는 데 이용된다.

④ 태양의 적도 좌표: 태양은 춘분날 춘분점, 하짓날 하지점, 추분날 추분점, 동짓날 동지점에 위치하므로 태양의 절기별 적도 좌표는 다음과 같다.

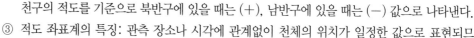

▲ 적도 좌표계

구분	춘분날	하짓날	추분날	동짓날
적경	0^h	6^h	12^h	18^h
적위	$0°$	$+23.5°$	$0°$	$-23.5°$

(6) 천체의 남중 고도

① 남중 고도: 천체가 남쪽 자오선에 위치할 때 천체의 고도이다.

② 남중 고도는 천체의 적위(δ)와 관측자의 위도(φ)에 따라 달라지며, $\varphi > \delta$일 때 천체의 남중 고도(h)는 $90° - \varphi + \delta$이다.

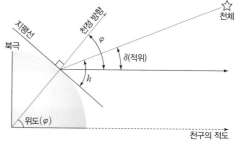

▲ 천체의 남중 고도

북반구 중위도에서 계절에 따른 태양의 남중 고도는 아래와 같다.

• 춘분날(추분날): 태양의 적위가 0°이므로 태양이 천구의 적도에 위치하여 정동쪽에서 떠서 정서쪽으로 진다. ➡ 낮과 밤의 길이가 같다.

• 하짓날: 태양의 적위가 +23.5°이므로 태양이 북동쪽에서 떠서 북서쪽으로 지며, 남중 고도가 가장 높다. ➡ 1년 중 낮의 길이가 가장 길다.

• 동짓날: 태양의 적위가 −23.5°이므로 태양이 남동쪽에서 떠서 남서쪽으로 지며, 남중 고도가 가장 낮다. ➡ 1년 중 낮의 길이가 가장 짧다.

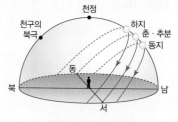

▲ 북반구 중위도 지방에서의 계절에 따른 태양의 일주권

개념체크

빈칸 완성

1. 위도는 자전축에 수직인 원 중 반지름이 가장 큰 원인 (　　　)를 위도 0°로 한다.

2. 지평 좌표계는 ① (　　　)과 ② (　　　)로 천체의 위치를 나타내는 좌표계이다.

3. 적도 좌표계는 ① (　　　)과 ② (　　　)로 천체의 위치를 나타내는 좌표계이다.

4. 천구의 적도와 황도가 교차하는 두 점 중 천구의 적도의 남쪽에서 북쪽으로 지나가면서 교차하는 점을 (　　　)이라고 한다.

5. 천체가 남쪽 자오선에 위치할 때 천체의 고도를 (　　　)라고 한다.

단답형 문제

6. 춘분점을 기준으로 천체를 지나는 시간권까지 서 → 동 방향으로 잰 각을 무엇이라고 하는지 쓰시오.

7. 위도가 30°N인 지역에서 천구의 북극의 고도는 얼마인지 쓰시오.

8. 추분날 태양의 적경과 적위는 각각 얼마인지 쓰시오.

9. 위도가 30°N인 지역에서 지평선과 천구의 적도가 이루는 각은 몇 °인지 쓰시오.

10. 위도가 30°N인 지역에서 하짓날 태양의 남중 고도는 몇 °인지 쓰시오.

정답 1. 적도 2. ① 방위각 ② 고도 3. ① 적경 ② 적위 4. 춘분점 5. 남중 고도 6. 적경 7. 30° 8. 적경: 12^h, 적위: 0° 9. 60° 10. 83.5°

O X 문제

1. 천구의 기준점에 대한 설명으로 옳은 것은 O, 옳지 않은 것은 ×로 표시하시오.
   (1) 관측자를 지나는 연직선이 천구와 만나는 두 점 중 위의 점을 천정이라고 한다. (　　　)
   (2) 지구의 자전축을 연장할 때 천구와 만나는 두 점을 북점과 남점이라고 한다. (　　　)
   (3) 자오선이 천구의 북극 방향에서 지평선과 만나는 지점을 북점이라고 한다. (　　　)
   (4) 북점을 바라볼 때 지평선을 따라 왼쪽 90°가 되는 지점을 동점이라고 한다. (　　　)

2. 천구의 기준선에 대한 설명으로 옳은 것은 O, 옳지 않은 것은 ×로 표시하시오.
   (1) 관측자가 서 있는 지평면을 연장하여 천구와 만나는 대원을 지평선이라고 한다. (　　　)
   (2) 천구의 북극과 남극을 지나는 천구 상의 대원을 수직권이라고 한다. (　　　)

   (3) 시간권은 항상 천정과 천저를 지나는 천구 상의 대원이다. (　　　)
   (4) 자오선은 천구의 북극, 천구의 남극, 북점, 남점, 천정, 천저를 동시에 지나는 천구 상의 대원이다. (　　　)

3. 천체의 좌표계에 대한 설명으로 옳은 것은 O, 옳지 않은 것은 ×로 표시하시오.
   (1) 일주 운동하는 태양의 방위각과 고도는 계속 변한다. (　　　)
   (2) 행성이 공전하는 동안 적경과 적위는 변하지 않는다. (　　　)
   (3) 같은 시각 서로 다른 지역에서 관측한 어느 천체의 적경은 서로 같다. (　　　)
   (4) 북반구 중위도 지역에서 천체가 남중했을 때 방위각은 90°이다. (　　　)
   (5) 북반구 중위도 지역에서 위도가 적위보다 클 때, 남중 고도가 높은 천체일수록 적위가 크다. (　　　)

정답 1. (1) O (2) × (3) O (4) × 2. (1) O (2) × (3) × (4) O 3. (1) O (2) × (3) O (4) × (5) O

02 행성의 겉보기 운동

1 행성의 겉보기 운동

행성의 적경과 적위가 시간에 따라 변하면서 행성이 천구 상에서 별들 사이를 매우 불규칙하고 복잡하게 움직이는 현상이다.

(1) **순행**: 행성이 배경별에 대해 서쪽에서 동쪽으로 움직이는 겉보기 운동으로, 행성의 적경이 증가한다.

(2) **역행**: 행성이 배경별에 대해 동쪽에서 서쪽으로 움직이는 겉보기 운동으로, 행성의 적경이 감소한다.

(3) **유**: 순행에서 역행으로, 또는 역행에서 순행으로 이동 방향이 바뀔 때 행성이 정지한 것처럼 보이는 시기이다.

(4) 행성의 움직임은 순행 → 유 → 역행 → 유 → 순행이 계속 반복되며 나타난다.

▲ 행성의 겉보기 운동

2 내행성의 위치와 겉보기 운동

(1)❶내행성의 위치 관계

① 내합: 지구-내행성-태양의 순서로 일직선을 이룰 때의 위치

② 외합: 지구-태양-내행성의 순서로 일직선을 이룰 때의 위치

③ 최대 ❷이각: 태양을 기준으로 동쪽과 서쪽으로 가장 멀리 떨어져 이각이 가장 클 때의 위치를 각각 동방 최대 이각, 서방 최대 이각이라고 한다.

(2) 내행성의 관측

① 지구 공전 궤도의 안쪽에서 공전하므로 늘 태양 근처에서만 관측된다.

② 태양보다 서쪽에 위치할 때는 새벽에 동쪽 하늘에서, 태양보다 동쪽에 위치할 때는 초저녁에 서쪽 하늘에서 관측할 수 있다. 외합과 내합에 위치할 때는 태양과 함께 뜨고 지므로 관측하기 어렵다.

③ 겉보기 크기(시지름)는 내합 부근에서 가장 크고, 외합 부근에서 가장 작다.

④ 외합 부근에서 보름달 모양, 동방 최대 이각에서 상현달 모양, 서방 최대 이각에서 하현달 모양으로 관측된다.

⑤ 내행성은 최대 이각에 위치할 때 ❸관측 가능한 시간이 가장 길다.

⑥ 내행성은 지구보다 ❹공전 속도가 빠르므로 지구와 가장 가까운 위치인 내합을 전후하여 역행하며, 그 외 대부분의 공전 기간에는 순행한다.

❶ 내행성
지구 공전 궤도보다 안쪽에서 공전하는 수성과 금성을 내행성이라고 한다.

❷ 이각
태양, 지구, 천체 사이의 각으로, 내행성이 내합과 외합에 위치할 때의 이각은 0°이고, 외행성이 합에 위치할 때는 0°, 충에 위치할 때는 180°, 동구나 서구에 위치할 때는 90°이다.

❸ 내행성의 관측 가능 시간
수성의 최대 이각은 약 18°~28°이고, 금성의 최대 이각은 약 48°이므로 금성은 수성에 비해 관측할 수 있는 시간이 길다.

❹ 행성의 공전 속도
태양계 행성들의 공전 속도는 태양에 가까울수록 빠르다. 따라서 내행성의 공전 속도는 지구보다 빠르며, 외행성의 공전 속도는 지구보다 느리다.

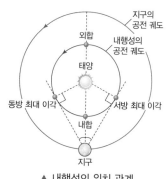

▲ 내행성의 위치 관계

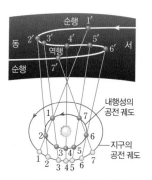

▲ 내행성의 겉보기 운동

3 외행성의 위치와 겉보기 운동

(1) ❶외행성의 위치 관계

① 합: 외행성–태양–지구의 순서로 일직선을 이룰 때의 위치

② ❷충: 외행성–지구–태양의 순서로 일직선을 이룰 때의 위치

③ 구: 외행성이 태양을 기준으로 동쪽 직각 방향에 위치하면 동구, 서쪽 직각 방향에 위치하면 서구라고 한다.

(2) 외행성의 관측

① 충에 위치할 때: 행성이 태양의 정반대 방향에 위치하므로 해가 질 무렵에 떠서 해가 뜰 무렵에 지며, 자정 무렵에는 남쪽 하늘에서 관측할 수 있다. ➡ 지구로부터의 거리가 가장 가까우므로 시지름이 최대이고, 가장 밝게 관측된다.

② 구에 위치할 때: 서구에 위치할 때는 태양보다 약 6시간 먼저 뜨고 지므로 자정부터 새벽까지 관측된다. 동구에 위치할 때는 태양보다 약 6시간 늦게 뜨고 지므로 초저녁부터 자정까지 관측된다.

③ 합에 위치할 때: 태양과 함께 뜨고 지므로 관측하기 어렵다.

④ 외행성은 지구보다 공전 속도가 느리므로 공전하는 동안 대부분 순행하고, 충 부근에 있을 때 역행한다.

⑤ 외행성은 지구보다 공전 속도가 느리므로 충 → 동구 → 합 → 서구 → 충의 순으로 위치 관계가 변한다.

⑥ 시지름은 충 → 동구 → 합까지는 감소하고, 합 → 서구 → 충까지는 증가한다.

THE 알기

❶ 외행성

지구 공전 궤도보다 바깥쪽에서 공전하는 화성, 목성, 토성, 천왕성, 해왕성을 외행성이라고 한다.

❷ 충

외행성의 이각이 180°로 태양의 정반대 방향에 위치할 때이다. 이때 외행성은 역행하며 지구와의 거리가 가장 가까워 시지름이 가장 크며 보름달 모양이므로 가장 밝게 관측된다. 또한 태양의 반대 방향에 위치하므로 관측 가능한 시간이 가장 길다.

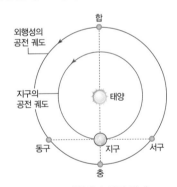

▲ 외행성의 위치 관계

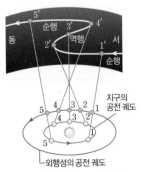

▲ 외행성의 겉보기 운동

THE 들여다보기　　**내행성과 외행성의 관측**

• 내행성: 항상 초저녁이나 새벽에만 관측 가능하다.

위치 관계	이각	위상	관측 가능 시간
내합	0°	삭	관측 어려움
서방 최대 이각	최대	하현	새벽
외합	0°	망	관측 어려움
동방 최대 이각	최대	상현	초저녁

▲ 내행성의 관측

• 외행성: 초저녁이나 새벽뿐만 아니라 한밤중에도 관측 가능하다.

위치 관계	이각	위상	관측 가능 시간
충	180°	망	초저녁~새벽
서구	90°	망~하현 사이	자정~새벽
합	0°	망	관측 어려움
동구	90°	상현~망 사이	초저녁~자정

▲ 외행성의 관측

빈칸 완성

1. 행성이 순행할 때는 배경별에 대해 ① (   )에서 ② (   )으로 움직인다.

2. 행성이 순행에서 역행으로, 또는 역행에서 순행으로 이동 방향이 바뀔 때 정지한 것처럼 보이는 시기를 (   )라고 한다.

3. 내합은 지구 − ① (   ) − ② (   ) 순서로 일직선을 이룰 때의 위치이다.

4. 내행성이 태양을 기준으로 동쪽으로의 이각이 가장 클 때의 위치를 (   )이라고 한다.

5. 충은 태양 − ① (   ) − ② (   ) 순서로 일직선을 이룰 때의 위치이다.

둘 중에 고르기

6. 외행성이 태양을 기준으로 서쪽 직각 방향에 위치할 때를 (동구 , 서구)라고 한다.

7. 행성이 배경별에 대해 동쪽에서 서쪽으로 움직일 때 행성의 적경은 (증가 , 감소)한다.

8. 내행성이 동방 최대 이각에 위치할 때는 (상현달 , 하현달) 모양으로 관측된다.

9. 충에 위치할 때 외행성의 시지름은 (최대 , 최소)이다.

단답형 문제

10. 내행성을 최대로 관측할 수 있는 시간이 수성보다 금성이 더 긴 까닭을 쓰시오.

정답 1. ① 서 ② 동 2. 유 3. ① 내행성 ② 태양 4. 동방 최대 이각 5. ① 지구 ② 외행성 6. 서구 7. 감소 8. 상현달 9. 최대 10. 금성의 최대 이각이 수성보다 크기 때문이다.

○X 문제

1. 내행성의 위치 관계와 겉보기 운동에 대한 설명으로 옳은 것은 ○, 옳지 않은 것은 ×로 표시하시오.
   (1) 내행성은 자정 무렵에 관측 가능하다. (   )
   (2) 서방 최대 이각에 위치할 때는 새벽에 동쪽 하늘에서 관측 가능하다. (   )
   (3) 외합 부근에 위치할 때 순행한다. (   )
   (4) 최대 이각은 수성보다 금성이 크다. (   )

2. 외행성의 위치 관계와 겉보기 운동에 대한 설명으로 옳은 것은 ○, 옳지 않은 것은 ×로 표시하시오.
   (1) 관측 가능한 시간은 동구보다 충에 위치할 때 길다. (   )
   (2) 외행성이 가장 밝게 관측되는 시기는 합에 위치할 때이다. (   )
   (3) 동구에 위치할 때에는 초저녁에 남서쪽 하늘에서 관측 가능하다. (   )
   (4) 합에 위치할 때 지구와의 이각은 180°이다. (   )
   (5) 충 부근에 위치할 때 역행한다. (   )

순서대로 나열하기

3. 다음은 외행성의 위치 관계를 나타낸 것이다. 현재 충에 위치한 외행성이 시간이 지남에 따라 위치하게 될 위치 관계를 순서대로 나열하시오.

   > ㉠ 합   ㉡ 동구   ㉢ 서구   ㉣ 충

선다형 문항

4. 행성의 위치와 겉보기 운동에 대한 설명으로 옳은 것을 모두 고르면? (정답 2개)
   ① 내합과 외합에 위치한 행성의 이각은 모두 0°이다.
   ② 동방 최대 이각에 위치한 내행성은 하현달 모양으로 관측된다.
   ③ 내행성과 외행성 모두 지구로부터의 거리가 가장 멀 때 역행한다.
   ④ 서구에 위치한 외행성은 새벽에 남동쪽 하늘에서 관측 가능하다.
   ⑤ 외행성이 초승달이나 그믐달 모양으로 관측되는 시기가 있다.

정답 1. (1) × (2) ○ (3) ○ (4) ○ 2. (1) ○ (2) × (3) ○ (4) × (5) ○ 3. ㉡-㉠-㉢-㉣ 4. ①, ④

03 우주관의 변천

1 지구 중심설(천동설)과 태양 중심설(지동설)

구분	프톨레마이오스의 지구 중심설	코페르니쿠스의 태양 중심설
모형	태양과 달, 행성들이 각각 원궤도를 그리며 지구 주위를 공전하고 있다는 태양계 모형이다. ▲ 프톨레마이오스의 지구 중심설	태양을 중심으로 수성, 금성, 지구, 화성, 목성, 토성이 원궤도로 공전한다는 모형이다. ▲ 코페르니쿠스의 태양 중심설
행성의 겉보기 운동	행성들은 자기 궤도 상에 중심을 두고 있는 작은 ❶주전원을 돌며, 주전원의 중심이 지구 주위를 돈다고 설명함으로써 행성의 역행을 설명한다.	행성의 공전 속도는 태양으로부터 멀어질수록 느려진다고 설명함으로써 주전원 없이 행성의 역행을 간단히 설명한다.
내행성의 최대 이각	수성과 금성의 주전원 중심은 항상 지구와 태양을 잇는 선 위에 위치한다고 설명함으로써 내행성이 새벽이나 초저녁에만 관측되는 현상을 설명한다.	수성과 금성은 지구보다 안쪽 궤도에서 공전한다고 함으로써 내행성의 최대 이각을 설명한다.

2 티코 브라헤의 지구 중심설과 갈릴레이의 관측

(1) 티코 브라헤의 지구 중심설: 태양 중심설의 증거인 별의 ❷연주 시차를 측정하기 위해 노력하였으나 연주 시차가 매우 작아 측정에 실패한 후 태양 중심설을 포기하고 자신만의 태양계 모형을 주장하였다.

① 지구는 우주의 중심이고, 달과 태양은 지구를 중심으로 공전하며, 수성, 금성, 화성, 목성, 토성은 태양을 중심으로 공전한다.

② 주전원이 없이 내행성의 최대 이각 및 행성의 역행을 설명하였다.

▲ 티코 브라헤의 지구 중심설

(2) 갈릴레이의 관측과 우주관의 확립: 갈릴레이는 직접 만든 망원경으로 밤하늘을 관측하여 지구 중심설로는 설명할 수 없는 다양한 사실을 발견하였다.

① ❸목성 위성의 위치 변화 관측: 모든 천체가 지구를 중심으로 돈다고 설명한 지구 중심설로는 목성 주위를 공전하는 목성의 위성이 설명되지 않는다.

② 보름달 모양의 ❹금성 위상 관측: 금성이 태양과 지구 사이의 주전원에서만 공전하는 지구 중심설에서는 금성이 태양의 뒤쪽에 위치하지 못하므로 보름달 모양의 금성이 설명되지 않는다.

③ 금성의 시지름 변화: 금성의 시지름 변화가 프톨레마이오스의 지구 중심설로는 설명할 수 없을 만큼 크게 관측된다.

THE 알기

❶ 주전원
행성들은 자기 궤도 상에 중심을 두고 있는 작은 주전원을 돌며 지구 주위를 공전한다. 행성의 공전 방향과 주전원 상의 이동 방향이 같은 경우에는 순행, 반대인 경우에는 역행한다.

주전원

순행 역행 순행

❷ 연주 시차
어떤 천체를 1년 동안 관측했을 때 지구의 공전에 의해 생기는 시차의 $\frac{1}{2}$이다.

❸ 목성 위성의 위치 변화
갈릴레이는 18개월 동안 목성을 관측하여 목성 주위에서 천체 위치가 규칙적으로 변하는 현상을 발견하였고, 이로부터 목성 주위를 공전하는 목성의 위성이 있다는 것을 알게 되었다.

▲ 갈릴레이가 관측한 목성의 위성

❹ 금성의 위상
갈릴레이는 망원경을 이용하여 금성도 달과 같은 위상 변화가 나타나며, 특히 보름달 모양으로 보이는 금성의 위상을 확인하였다.

개념체크

빈칸 완성

1. 프톨레마이오스의 지구 중심설에서 태양, 달, 행성의 공전 궤도는 모두 (　　　)궤도이다.

2. 프톨레마이오스의 지구 중심설에서 (　　　)은 행성의 역행을 설명하기 위해 도입되었다.

3. 프톨레마이오스의 지구 중심설에서 수성과 금성의 주전원은 항상 ① (　　　)과 ② (　　　)를 잇는 선 위에 위치한다.

4. 코페르니쿠스의 태양 중심설에서 행성의 공전 궤도는 모두 (　　　)궤도이다.

5. 코페르니쿠스의 태양 중심설에서 행성은 모두 (　　　) 주위를 공전한다.

6. 티코 브라헤의 지구 중심설에서 달은 (　　　) 주위를 공전한다.

둘 중에 고르기

7. 코페르니쿠스의 태양 중심설에서 행성의 공전 속도는 태양으로부터 멀어질수록 (빨라 , 느려)진다.

8. 프톨레마이오스의 지구 중심설에서 주전원의 중심은 (지구 , 태양) 주위를 돈다.

9. 갈릴레이의 금성 관측 결과 금성의 시지름 변화는 프톨레마이오스의 지구 중심설에서는 설명할 수 없을 만큼 (크게 , 작게) 관측된다.

단답형 문제

10. 티코 브라헤가 태양 중심설의 결정적 증거인 이것을 측정하려 노력하였으나 관측 기술 부족으로 측정에 실패하였다. 어떤 천체를 1년 동안 관측했을 때 지구의 공전에 의해 생기는 시차의 $\frac{1}{2}$인 이것은 무엇인지 쓰시오.

정답 1. 원 2. 주전원 3. ① 태양 ② 지구 4. 원 5. 태양 6. 지구 7. 느려 8. 지구 9. 크게 10. 연주 시차

○X 문제

1. 프톨레마이오스의 우주관에 대한 설명으로 옳은 것은 ○, 옳지 <u>않은</u> 것은 ×로 표시하시오.
   (1) 우주의 중심은 태양이다. (　　)
   (2) 달과 행성들의 공전 궤도는 원궤도이다. (　　)
   (3) 주전원을 이용하여 행성들의 역행을 설명하였다. (　　)
   (4) 내행성이 초저녁이나 새벽에만 관측되는 현상을 설명 가능하다. (　　)

2. 티코 브라헤의 우주관에 대한 설명으로 옳은 것은 ○, 옳지 <u>않은</u> 것은 ×로 표시하시오.
   (1) 우주의 중심은 태양이다. (　　)
   (2) 달은 지구를 중심으로 공전한다. (　　)
   (3) 주전원을 이용하여 행성들의 이각을 설명하였다. (　　)
   (4) 별의 연주 시차를 설명할 수 있다. (　　)
   (5) 내행성이 초저녁이나 새벽에만 관측되는 현상을 설명할 수 있다. (　　)

순서대로 나열하기

3. 다음은 여러 가지 우주관을 나타낸 것이다. 우주관이 등장한 순서대로 나열하시오.

   > ㉠ 티코 브라헤의 지구 중심설
   > ㉡ 프톨레마이오스의 지구 중심설
   > ㉢ 코페르니쿠스의 태양 중심설

4. 프톨레마이오스의 지구 중심설에서 지구를 중심으로 공전하는 가장 안쪽 천체부터 순서대로 나열하시오.

   > ㉠ 수성　　㉡ 달　　㉢ 태양　　㉣ 금성

선다형 문항

5. 갈릴레이의 관측으로 옳지 <u>않은</u> 것은?
   ① 직접 만든 망원경으로 달을 관찰하고 스케치하였다.
   ② 지구를 중심으로 공전하지 않는 천체를 발견하였다.
   ③ 연주 시차를 관측하였다.
   ④ 금성의 위상 변화를 관측하였다.
   ⑤ 금성의 시지름 변화를 관측하였다.

정답 1. (1) × (2) ○ (3) ○ (4) ○ 2. (1) × (2) ○ (3) × (4) × (5) ○ 3. ㉡-㉢-㉠ 4. ㉡-㉠-㉣-㉢ 5. ③

성도에 수성과 목성의 역행 현상 그리기

정답과 해설 71쪽

목표

관측 자료를 이용하여 수성과 목성의 겉보기 운동을 그리고, 서로 비교할 수 있다.

과정

1. 표는 2019년 6월부터 8월까지 태양, 수성, 목성의 적경과 적위를 나타낸 것이다.

날짜		태양		수성		목성	
월	일	적경	적위	적경	적위	적경	적위
6	5	$4^h 50^m$	$+22° 19'$	$5^h 58^m$	$+25° 28'$	$17^h 17^m$	$-22° 29'$
6	10	$5^h 11^m$	$+22° 58'$	$6^h 37^m$	$+25° 14'$	$17^h 14^m$	$-22° 26'$
6	15	$5^h 32^m$	$+23° 16'$	$7^h 10^m$	$+24° 16'$	$17^h 12^m$	$-22° 24'$
6	20	$5^h 53^m$	$+23° 25'$	$7^h 38^m$	$+22° 47'$	$17^h 09^m$	$-22° 21'$
6	25	$6^h 13^m$	$+23° 23'$	$8^h 00^m$	$+21° 00'$	$17^h 06^m$	$-22° 19'$
6	30	$6^h 34^m$	$+23° 11'$	$8^h 15^m$	$+19° 10'$	$17^h 04^m$	$-22° 16'$
7	5	$6^h 55^m$	$+22° 49'$	$8^h 23^m$	$+17° 29'$	$17^h 02^m$	$-22° 14'$
7	10	$7^h 15^m$	$+22° 17'$	$8^h 23^m$	$+16° 10'$	$16^h 59^m$	$-22° 12'$
7	15	$7^h 36^m$	$+21° 35'$	$8^h 16^m$	$+15° 27'$	$16^h 58^m$	$-22° 10'$
7	20	$7^h 56^m$	$+20° 45'$	$8^h 03^m$	$+15° 26'$	$16^h 56^m$	$-22° 09'$
7	25	$8^h 16^m$	$+19° 45'$	$7^h 50^m$	$+16° 03'$	$16^h 55^m$	$-22° 08'$
7	30	$8^h 35^m$	$+18° 37'$	$7^h 41^m$	$+17° 05'$	$16^h 54^m$	$-22° 07'$
8	4	$8^h 55^m$	$+17° 22'$	$7^h 42^m$	$+18° 12'$	$16^h 53^m$	$-22° 07'$
8	9	$9^h 14^m$	$+15° 59'$	$7^h 54^m$	$+19° 02'$	$16^h 53^m$	$-22° 07'$
8	14	$9^h 33^m$	$+14° 30'$	$8^h 17^m$	$+19° 12'$	$16^h 52^m$	$-22° 08'$
8	19	$9^h 52^m$	$+12° 56'$	$8^h 49^m$	$+18° 24'$	$16^h 53^m$	$-22° 09'$
8	24	$10^h 10^m$	$+11° 16'$	$9^h 26^m$	$+16° 28'$	$16^h 53^m$	$-22° 11'$
8	29	$10^h 28^m$	$+9° 32'$	$10^h 05^m$	$+13° 34'$	$16^h 54^m$	$-22° 14'$

2. 태양, 수성, 목성의 적경과 적위를 이용하여 아래의 성도에 각각의 위치를 표시한 후 부드러운 선으로 연결해 보자.

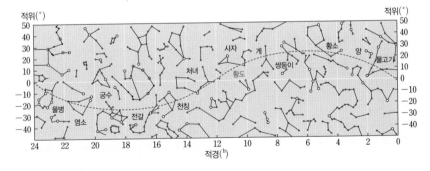

탐구 분석

1. 수성과 목성이 순행하는 시기와 역행하는 시기는 각각 언제인지 서술하시오.

2. 수성과 목성이 지구에 가장 가까울 때는 언제이며, 목성이 가장 밝게 보이는 시기는 언제인지 서술하시오.

3. 행성의 적경이 증가하다가 감소하는 까닭은 무엇인지 서술하시오.

내신 기초 문제

01 [20703–0486]
방위와 시각에 대한 설명으로 옳은 것은?

① 구면 상에서 북극과 남극을 최단으로 잇는 선을 위선이라고 한다.
② 경선은 적도와 나란하다.
③ 북극을 바라보고 있을 때 같은 위도 상의 오른쪽은 동쪽이다.
④ 경도 차가 15°인 두 지역의 시각 차는 2시간이다.
⑤ 위도는 적도에서부터 동서 방향으로 측정한 각도이다.

02 [20703–0487]
그림은 어느 지역에서 천구의 모습을 나타낸 것이다. A~D는 각각 자오선, 시간권, 수직권, 천구의 적도 중 하나이다.

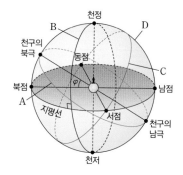

이에 대한 설명으로 옳지 <u>않은</u> 것은?

① A는 수직권이다.
② B는 항상 천정을 지난다.
③ C는 A와 수직이다.
④ D는 북점, 천구의 북극, 천정, 남점, 천저를 모두 지난다.
⑤ 천정과 남점을 지나는 A는 D이다.

03 [20703–0488]
천체의 위치에 대한 설명으로 옳은 것은?

① 방위각은 북점 또는 남점을 기준으로 시계 반대 방향으로 측정한다.
② 고도는 지평선으로부터 시간권을 따라 측정한 각이다.
③ 적경은 춘분점을 기준으로 시계 방향으로 측정한다.
④ 적위는 천구의 적도로부터 수직권을 따라 측정한 각이다.
⑤ 행성들의 적경과 적위는 매일 조금씩 달라진다.

04 [20703–0489]
그림은 어느 지역에서 별 S의 모습을 천구 상에 나타낸 것이다.

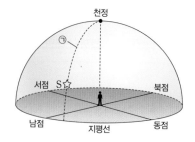

이에 대한 설명으로 옳은 것만을 〈보기〉에서 있는 대로 고른 것은? (단, 방위각은 북점을 기준으로 측정한다.)

┌ 보기 ┌
ㄱ. ㉠은 시간권이다.
ㄴ. 별 S의 방위각은 180°보다 크고 270°보다 작다.
ㄷ. 별 S의 천정 거리는 고도보다 크다.

① ㄱ　② ㄷ　③ ㄱ, ㄴ　④ ㄴ, ㄷ　⑤ ㄱ, ㄴ, ㄷ

05 [20703–0490]
그림은 천구 상에서 어느 별의 적경과 적위를 측정하는 방법을 나타낸 것이다.

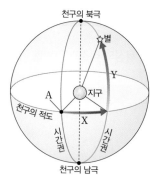

이에 대한 설명으로 옳은 것만을 〈보기〉에서 있는 대로 고른 것은? (단, X와 Y는 각각 적경과 적위 중 하나이다.)

┌ 보기 ┌
ㄱ. A는 춘분점이다.
ㄴ. X는 이 별의 적경에 해당한다.
ㄷ. Y는 (+) 값을 갖는다.

① ㄱ　② ㄴ　③ ㄱ, ㄷ　④ ㄴ, ㄷ　⑤ ㄱ, ㄴ, ㄷ

06 [20703-0491]
그림은 천구의 적도와 황도를 나타낸 것이다.

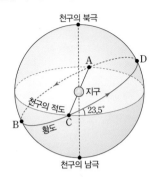

태양이 A~D에 위치할 때에 대한 설명으로 옳은 것만을 〈보기〉에서 있는 대로 고른 것은?

┌─ 보기 ┌─
ㄱ. A와 C에 위치할 때의 적위는 서로 같다.
ㄴ. 적경은 B보다 D에 위치할 때 크다.
ㄷ. 우리나라에서 태양의 남중 고도는 C보다 D에 위치할 때 높다.

① ㄱ   ② ㄴ   ③ ㄱ, ㄷ   ④ ㄴ, ㄷ   ⑤ ㄱ, ㄴ, ㄷ

07 [20703-0492]
그림은 북반구 중위도에서 A, B, C 세 시기에 태양의 일주권을 나타낸 것이다. A, B, C는 각각 춘분날, 하짓날, 동짓날 중 하나이다.

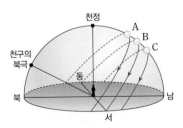

이에 대한 설명으로 옳은 것만을 〈보기〉에서 있는 대로 고른 것은?

┌─ 보기 ┌─
ㄱ. A는 춘분날이다.
ㄴ. 태양이 남동쪽에서 떠서 남서쪽으로 지는 시기는 B이다.
ㄷ. 태양의 남중 고도는 C일 때 가장 낮다.

① ㄱ   ② ㄷ   ③ ㄱ, ㄴ   ④ ㄴ, ㄷ   ⑤ ㄱ, ㄴ, ㄷ

08 [20703-0493]
그림은 내행성의 위치 관계를 나타낸 것이다.

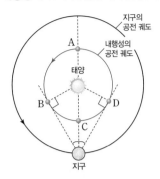

이에 대한 설명으로 옳은 것은?

① A는 내합이다.
② B에 위치할 때는 새벽에 관측 가능하다.
③ D에 위치할 때는 서쪽 하늘에서 관측 가능하다.
④ 내행성의 시지름은 C 부근에서 가장 작다.
⑤ 상현달 모양의 내행성은 B에 위치할 때 관측 가능하다.

09 [20703-0494]
그림은 외행성의 위치 관계를 나타낸 것이다.

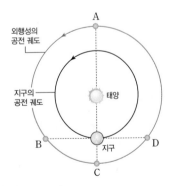

이에 대한 설명으로 옳은 것은?

① A는 충이다.
② B에 위치한 외행성은 태양보다 6시간 먼저 뜬다.
③ C에 위치할 때 외행성의 시지름이 가장 작다.
④ D에 위치할 때 외행성은 상현달 모양으로 관측된다.
⑤ C에 위치한 외행성은 B를 지나 A에 가까워진다.

10 [20703–0495]
그림은 지구와 금성이 공전함에 따라 금성의 지구와의 상대적인 위치가 A에서 A′으로 달라진 모습을 나타낸 것이다.

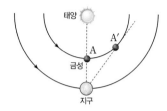

금성의 위치가 A에서 A′으로 달라진 기간에 나타날 수 있는 현상에 대한 설명으로 옳은 것만을 〈보기〉에서 있는 대로 고른 것은?

보기
ㄱ. 금성의 시지름은 증가한다.
ㄴ. 금성의 위상은 하현달 모양에 가까워진다.
ㄷ. 금성을 관측할 수 있는 시간이 증가한다.

① ㄱ   ② ㄴ   ③ ㄱ, ㄷ   ④ ㄴ, ㄷ   ⑤ ㄱ, ㄴ, ㄷ

11 [20703–0496]
그림 (가)와 (나)는 서로 다른 두 우주관에서 지구에 대한 금성의 상대적인 위치 관계를 나타낸 것이다.

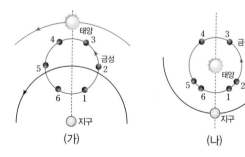

(가)   (나)

이에 대한 설명으로 옳은 것만을 〈보기〉에서 있는 대로 고른 것은?

보기
ㄱ. (가)에서 금성이 6 → 1로 이동할 때 역행한다.
ㄴ. (나)에서 2에 위치할 때의 위상은 (가)에서 금성이 2에 위치할 때의 위상과 같다.
ㄷ. (가)와 (나) 모두 금성이 3~4 사이에 위치할 때 보름달에 가까운 모양으로 관측된다.

① ㄱ   ② ㄷ   ③ ㄱ, ㄴ
④ ㄴ, ㄷ   ⑤ ㄱ, ㄴ, ㄷ

12 [20703–0497]
그림은 추분날 어느 지역에서 태양과 별 A가 남중했을 때의 모습을 나타낸 것이다.

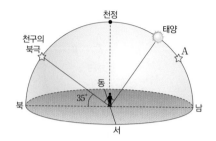

이에 대한 설명으로 옳지 않은 것은?

① 관측 지역의 위도는 35°N이다.
② A의 적경은 12^h이다.
③ A의 적위는 (+) 값을 갖는다.
④ 태양과 A는 같은 시간권에 위치한다.
⑤ 태양과 A는 같은 수직권에 위치한다.

13 [20703–0498]
표는 t_1~t_6 기간 동안 5일 간격으로 관측한 태양과 수성의 적경과 적위를 나타낸 것이다.

시기	태양		수성	
	적경	적위	적경	적위
t_1	$02^h 50^m$	$+16° 19′$	$03^h 18^m$	$+19° 33′$
t_2	$03^h 09^m$	$+17° 41′$	$03^h 08^m$	$+17° 30′$
t_3	$03^h 29^m$	$+18° 55′$	$02^h 58^m$	$+15° 19′$
t_4	$03^h 49^m$	$+20° 01′$	$02^h 52^m$	$+13° 40′$
t_5	$04^h 09^m$	$+20° 59′$	$02^h 52^m$	$+12° 54′$
t_6	$04^h 29^m$	$+21° 48′$	$02^h 59^m$	$+13° 05′$

이 자료에 대한 설명으로 옳은 것만을 〈보기〉에서 있는 대로 고른 것은?

보기
ㄱ. 가을철에 관측한 자료이다.
ㄴ. t_1일 때 수성은 초저녁에 서쪽 하늘에서 관측 가능하다.
ㄷ. t_6일 때 수성은 역행한다.

① ㄱ   ② ㄴ   ③ ㄱ, ㄷ
④ ㄴ, ㄷ   ⑤ ㄱ, ㄴ, ㄷ

14 [20703–0499]
그림은 프톨레마이오스의 지구 중심설을 나타낸 것이다.

이에 대한 설명으로 옳은 것만을 〈보기〉에서 있는 대로 고른 것은?

┌ 보기 ┌
ㄱ. 지구는 자전하지 않는다.
ㄴ. 행성들의 주전원의 중심이 지구를 중심으로 회전하는 궤도는 타원 궤도이다.
ㄷ. 수성과 금성이 초저녁이나 새벽에만 관측되는 현상을 설명할 수 있다.

① ㄱ ② ㄴ ③ ㄱ, ㄷ ④ ㄴ, ㄷ ⑤ ㄱ, ㄴ, ㄷ

15 [20703–0500]
그림은 갈릴레이가 금성을 관측한 후 그린 금성의 모습을 나타낸 것이다.

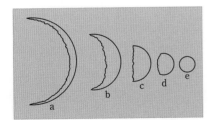

이에 대한 설명으로 옳은 것만을 〈보기〉에서 있는 대로 고른 것은?

┌ 보기 ┌
ㄱ. a~d는 새벽에 관측한 금성의 모습이다.
ㄴ. e와 같은 금성의 모습은 프톨레마이오스의 지구 중심설에서는 설명되지 않는다.
ㄷ. 갈릴레이는 관측을 통해 금성의 위상 및 시지름 변화를 확인하였다.

① ㄱ ② ㄷ ③ ㄱ, ㄴ ④ ㄴ, ㄷ ⑤ ㄱ, ㄴ, ㄷ

16 [20703–0501]
그림은 프톨레마이오스의 지구 중심설에서 어느 행성이 주전원을 따라 지구 주위를 공전하는 동안 나타나는 겉보기 운동을 나타낸 것이다.

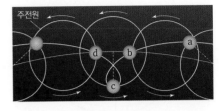

이에 대한 설명으로 옳은 것만을 〈보기〉에서 있는 대로 고른 것은?

┌ 보기 ┌
ㄱ. a → b로 이동하는 동안 행성은 배경별에 대해 동 → 서로 이동한다.
ㄴ. c → d로 이동하는 동안 유가 나타나는 시기가 있다.
ㄷ. 지구로부터 행성까지의 거리가 가장 가까울 때 이 행성은 순행한다.

① ㄱ ② ㄴ ③ ㄱ, ㄷ ④ ㄴ, ㄷ ⑤ ㄱ, ㄴ, ㄷ

17 [20703–0502]
다음은 몇 가지 천문 현상을 나타낸 것이다.

A. 행성의 역행
B. 내행성의 최대 이각
C. 별의 연주 시차
D. 보름달 모양의 금성의 위상

이에 대한 설명으로 옳은 것은?
① 코페르니쿠스의 태양 중심설과 티코 브라헤의 지구 중심설에서 B를 설명하는 방법은 같다.
② C를 최초로 관측한 사람은 갈릴레이이다.
③ 티코 브라헤의 지구 중심설로는 C와 D를 모두 설명할 수 있다.
④ 티코 브라헤의 지구 중심설에서는 주전원을 이용하여 A를 설명한다.
⑤ 프톨레마이오스의 지구 중심설에서는 D를 설명할 수 있다.

01 [20703–0503]
그림은 지구 상의 두 지점 A, B의 위치를 나타낸 것이다.

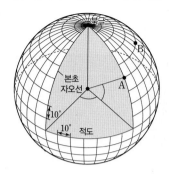

이에 대한 설명으로 옳은 것만을 〈보기〉에서 있는 대로 고른 것은?

┌─ 보기 ┐
ㄱ. 위도는 A가 B보다 낮다.
ㄴ. A의 경도는 70°W이다.
ㄷ. 표준시는 A가 B보다 느리다.
└──────┘

① ㄱ   ② ㄴ   ③ ㄱ, ㄷ
④ ㄴ, ㄷ   ⑤ ㄱ, ㄴ, ㄷ

02 [20703–0504]
그림은 어느 날 위도가 φ인 어느 지역에서 태양이 남중했을 때의 모습을 나타낸 것이다.

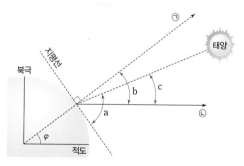

이에 대한 설명으로 옳은 것만을 〈보기〉에서 있는 대로 고른 것은?

┌─ 보기 ┐
ㄱ. 이날은 겨울철이다.
ㄴ. ㉠, ㉡ 중 천정 방향은 ㉠이다.
ㄷ. a=90°−b+c이다.
└──────┘

① ㄱ   ② ㄴ   ③ ㄱ, ㄷ
④ ㄴ, ㄷ   ⑤ ㄱ, ㄴ, ㄷ

03 [20703–0505]
그림 (가), (나), (다)는 적도, 북반구 중위도, 북극 지방에서의 별의 일주권을 순서 없이 나타낸 것이다.

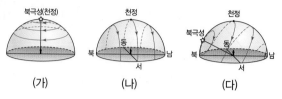

(가)   (나)   (다)

이에 대한 설명으로 옳은 것만을 〈보기〉에서 있는 대로 고른 것은?

┌─ 보기 ┐
ㄱ. 관측 지역의 위도는 (가)가 가장 낮다.
ㄴ. 하짓날 (나)와 (다)에서는 모두 태양이 북서쪽으로 진다.
ㄷ. (가), (나), (다) 모두 일주권은 천구의 적도와 나란하다.
└──────┘

① ㄱ   ② ㄴ   ③ ㄱ, ㄷ
④ ㄴ, ㄷ   ⑤ ㄱ, ㄴ, ㄷ

04 [20703–0506]
그림은 하짓날 북반구 중위도에서 관측한 태양과 별 A, B, C의 위치를 천구 상에 나타낸 것이다.

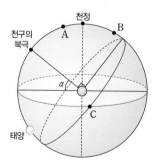

이에 대한 설명으로 옳은 것만을 〈보기〉에서 있는 대로 고른 것은?

┌─ 보기 ┐
ㄱ. A와 B의 적경 차는 12^{h}이다.
ㄴ. 이날 남중 고도는 B가 C보다 높다.
ㄷ. 천구의 적도와 지평선이 이루는 각은 $(90°−\alpha)$이다.
└──────┘

① ㄱ   ② ㄴ   ③ ㄱ, ㄷ
④ ㄴ, ㄷ   ⑤ ㄱ, ㄴ, ㄷ

[20703–0507]

05 그림은 지구와 내행성이 a 시기부터 g 시기까지 공전하는 동안 공전 궤도 상의 위치를 나타낸 것이다.

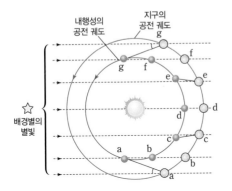

이에 대한 설명으로 옳은 것만을 〈보기〉에서 있는 대로 고른 것은?

┌ 보기 ┐
ㄱ. a → b 시기에 행성은 배경별에 대해 동쪽으로 이동한다.
ㄴ. d → e 시기에 행성의 적경은 증가한다.
ㄷ. a~g 시기 사이에 유는 3번 나타났다.

① ㄱ   ② ㄴ   ③ ㄱ, ㄷ   ④ ㄴ, ㄷ   ⑤ ㄱ, ㄴ, ㄷ

[20703–0508]

06 표는 어느 해 6월 한 달 동안 관측한 수성과 목성의 적도 좌표를 나타낸 것이다.

시기 (월/일)	수성		목성	
	적경	적위	적경	적위
6/5	$5^h 58^m$	$+25° 28'$	$17^h 17^m$	$-22° 29'$
6/10	$6^h 37^m$	$+25° 14'$	$17^h 14^m$	$-22° 26'$
6/15	$7^h 10^m$	$+24° 16'$	$17^h 12^m$	$-22° 24'$
6/20	$7^h 38^m$	$+22° 47'$	$17^h 09^m$	$-22° 21'$
6/25	$8^h 00^m$	$+21° 00'$	$17^h 06^m$	$-22° 19'$
6/30	$8^h 15^m$	$+19° 10'$	$17^h 04^m$	$-22° 16'$

이에 대한 설명으로 옳은 것만을 〈보기〉에서 있는 대로 고른 것은?

┌ 보기 ┐
ㄱ. 6월 20일에 적경은 태양이 수성보다 크다.
ㄴ. 이 기간 동안 목성은 역행한다.
ㄷ. 6월 말에 수성과 목성의 시지름은 모두 증가한다.

① ㄱ   ② ㄴ   ③ ㄱ, ㄷ   ④ ㄴ, ㄷ   ⑤ ㄱ, ㄴ, ㄷ

[20703–0509]

07 그림 (가)는 일정 기간 동안 같은 시각에 관측한 어느 행성의 위치를, (나)는 이 행성의 지구와의 상대적인 위치 관계를 나타낸 것이다.

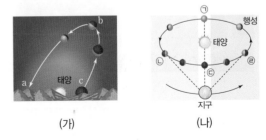

(가)   (나)

이에 대한 설명으로 옳은 것만을 〈보기〉에서 있는 대로 고른 것은?

┌ 보기 ┐
ㄱ. (가)에서 a는 (나)의 ㉢일 때 관측한 것이다.
ㄴ. (가)는 초저녁에 서쪽 하늘을 관측한 것이다.
ㄷ. 관측 순서는 b가 a보다 먼저이다.

① ㄱ   ② ㄷ   ③ ㄱ, ㄴ   ④ ㄴ, ㄷ   ⑤ ㄱ, ㄴ, ㄷ

[20703–0510]

08 그림은 어느 날 태양, 수성, 금성 및 별 A의 위치를 나타낸 것이다.

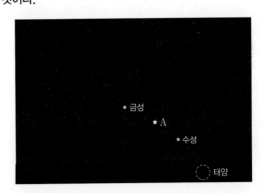

이에 대한 설명으로 옳은 것만을 〈보기〉에서 있는 대로 고른 것은? (단, 수성과 금성의 위상은 모두 상현과 망 사이이다.)

┌ 보기 ┐
ㄱ. 서쪽 하늘을 관측한 모습이다.
ㄴ. 다음 날 금성의 시지름은 이날보다 크다.
ㄷ. 다음 날 A와 수성의 각거리는 이날보다 작다.

① ㄱ   ② ㄴ   ③ ㄱ, ㄷ   ④ ㄴ, ㄷ   ⑤ ㄱ, ㄴ, ㄷ

[20703-0511]
09 그림 (가), (나), (다)는 약 4개월 동안 관측한 금성의 모습을 순서 없이 나타낸 것이다.

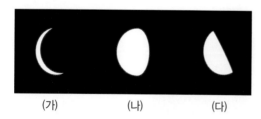

(가)　　　　(나)　　　　(다)

이에 대한 설명으로 옳은 것만을 〈보기〉에서 있는 대로 고른 것은? (단, 사진의 배율은 모두 다르다.)

┌─ 보기 ┌
ㄱ. 관측 순서는 (가)가 (나)보다 먼저이다.
ㄴ. 실제 금성의 시지름은 (가)가 (나)보다 작다.
ㄷ. (가), (나), (다) 모두 새벽에 관측한 금성의 모습이다.

① ㄱ　　　　② ㄴ　　　　③ ㄱ, ㄷ
④ ㄴ, ㄷ　　　　⑤ ㄱ, ㄴ, ㄷ

[20703-0512]
10 그림은 어느 날 우리나라(37.5°N)에서 시간에 따른 태양, 금성, 수성의 고도를 나타낸 것이다.

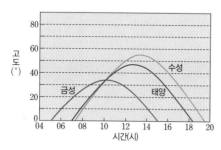

이에 대한 설명으로 옳은 것만을 〈보기〉에서 있는 대로 고른 것은?

┌─ 보기 ┌
ㄱ. 이날 남중 고도는 수성이 금성보다 높다.
ㄴ. 이날 태양의 적위는 (+) 값을 갖는다.
ㄷ. 이날 수성은 그믐달 모양으로 관측된다.

① ㄱ　　　　② ㄴ　　　　③ ㄱ, ㄷ
④ ㄴ, ㄷ　　　　⑤ ㄱ, ㄴ, ㄷ

[20703-0513]
11 표는 주요 별자리들의 위치를 적도 좌표로 나타낸 것이다.

별자리	적경	적위
독수리자리	20^h	$+5°$
남십자자리	12^h	$-60°$
마차부자리	6^h	$+40°$
카시오페이아자리	1^h	$+60°$

우리나라(37.5°N)에서 위의 별자리들을 관측했을 때에 대한 설명으로 옳은 것만을 〈보기〉에서 있는 대로 고른 것은?

┌─ 보기 ┌
ㄱ. 하루 중 최대 고도는 독수리자리가 마차부자리보다 높다.
ㄴ. 카시오페이아자리는 4계절 내내 관측 가능하다.
ㄷ. 춘분날 자정 남쪽 하늘에서 남십자자리를 관측할 수 있다.

① ㄴ　　　　② ㄷ　　　　③ ㄱ, ㄴ
④ ㄱ, ㄷ　　　　⑤ ㄱ, ㄴ, ㄷ

[20703-0514]
12 그림은 황도 부근의 대표적인 12개의 별자리를 나타낸 성도이다.

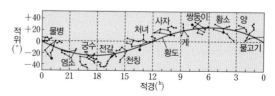

우리나라에서 관측한 위의 별자리에 대한 설명으로 옳은 것만을 〈보기〉에서 있는 대로 고른 것은? (단, 방위각은 북점을 기준으로 측정한다.)

┌─ 보기 ┌
ㄱ. 사자자리는 천칭자리보다 먼저 뜬다.
ㄴ. 지평선 위로 뜰 때의 방위각은 쌍둥이자리가 천칭자리보다 작다.
ㄷ. 궁수자리는 동짓날 자정 무렵 남쪽 하늘에서 관측할 수 있다.

① ㄱ　　　　② ㄷ　　　　③ ㄱ, ㄴ
④ ㄴ, ㄷ　　　　⑤ ㄱ, ㄴ, ㄷ

13 [20703-0515]
그림은 어느 행성이 공전하는 동안 나타난 천구 상에서의 겉보기 운동을 나타낸 것이다.

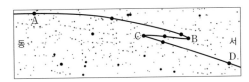

이에 대한 설명으로 옳은 것만을 〈보기〉에서 있는 대로 고른 것은?

┌─ 보기 ┌─────────────────────────────
ㄱ. 관측 순서는 A가 D보다 먼저이다.
ㄴ. B일 때 행성의 겉보기 운동은 순행에서 역행으로 바뀐다.
ㄷ. C−D 구간에서 행성의 적경은 증가한다.
└────────────────────────────────────

① ㄱ　　　　② ㄷ　　　　③ ㄱ, ㄴ
④ ㄴ, ㄷ　　　⑤ ㄱ, ㄴ, ㄷ

14 [20703-0516]
그림 (가)는 어느 우주관의 일부를, (나)는 갈릴레이가 관측한 목성 위성의 위치 변화를 나타낸 것이다.

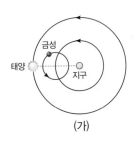

(가)　　　　　　　　　(나)

이에 대한 설명으로 옳은 것만을 〈보기〉에서 있는 대로 고른 것은?

┌─ 보기 ┌─────────────────────────────
ㄱ. (가)에서 금성은 초저녁이나 새벽에만 관측 가능하다.
ㄴ. (가)에서 주전원의 중심과 태양이 지구 주위를 회전하는 주기는 서로 같다.
ㄷ. (가)의 우주관으로 (나)의 현상을 설명할 수 있다.
└────────────────────────────────────

① ㄱ　　　　② ㄷ　　　　③ ㄱ, ㄴ
④ ㄴ, ㄷ　　　⑤ ㄱ, ㄴ, ㄷ

15 [20703-0517]
그림은 어느 날 북반구 중위도 지역에서 관측한 태양과 별 A, B, C의 위치를 나타낸 것이다.

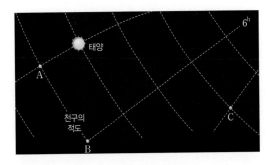

이에 대한 설명으로 옳은 것만을 〈보기〉에서 있는 대로 고른 것은? (단, 방위각은 북점을 기준으로 측정한다.)

┌─ 보기 ┌─────────────────────────────
ㄱ. 태양의 적경은 6^h보다 크다.
ㄴ. B의 방위각은 270°이다.
ㄷ. 적위는 A가 C보다 작다.
└────────────────────────────────────

① ㄱ　② ㄴ　③ ㄱ, ㄷ　④ ㄴ, ㄷ　⑤ ㄱ, ㄴ, ㄷ

16 [20703-0518]
그림 (가), (나), (다)는 코페르니쿠스, 프톨레마이오스, 티코 브라헤의 우주관 모형을 순서 없이 나타낸 것이다.

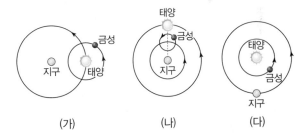

(가)　　　　　(나)　　　　　(다)

이에 대한 설명으로 옳은 것만을 〈보기〉에서 있는 대로 고른 것은?

┌─ 보기 ┌─────────────────────────────
ㄱ. (가)에서 금성은 주전원을 따라 공전한다.
ㄴ. (나)에서는 보름달 모양의 금성 위상이 나타나지 않는다.
ㄷ. (가)와 (다)에서 행성들은 모두 태양을 중심으로 공전한다.
└────────────────────────────────────

① ㄱ　② ㄴ　③ ㄱ, ㄷ　④ ㄴ, ㄷ　⑤ ㄱ, ㄴ, ㄷ

17 [20703–0519]
그림은 서로 다른 우주론에 근거한 금성의 시간에 따른 지구로부터의 거리를 나타낸 것이다. A와 B는 프톨레마이오스의 지구 중심설과 코페르니쿠스의 태양 중심설 중 하나이다.

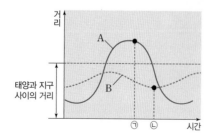

이에 대한 설명으로 옳은 것만을 〈보기〉에서 있는 대로 고른 것은?

┌ 보기 ┌
ㄱ. A에서 ㉠일 때 금성의 위상은 하현달 모양이다.
ㄴ. B에서 ㉡일 때 금성의 적경은 감소한다.
ㄷ. 금성의 시지름이 최대일 때와 최소일 때의 시지름 차는 A가 B보다 크다.

① ㄱ   ② ㄴ   ③ ㄱ, ㄷ
④ ㄴ, ㄷ   ⑤ ㄱ, ㄴ, ㄷ

18 [20703–0520]
그림은 어느 지역에서 추분날 18시에 관측한 별 A, B, C의 위치를 적도 좌표계에 나타낸 것이다.

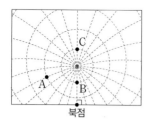

북점

이에 대한 설명으로 옳은 것만을 〈보기〉에서 있는 대로 고른 것은?

┌ 보기 ┌
ㄱ. 적경은 A가 B보다 크다.
ㄴ. 적위는 C가 B보다 크다.
ㄷ. A의 방위각은 증가하고 고도는 낮아지고 있다.

① ㄱ   ② ㄴ   ③ ㄱ, ㄷ
④ ㄴ, ㄷ   ⑤ ㄱ, ㄴ, ㄷ

19 [20703–0521]
표는 어느 해 5월과 6월에 나타나는 행성들의 천문 현상을 나타낸 것이다.

행성	날짜(월/일)	현상
수성	5/10	내합
	5/22	유
	6/5	서방 최대 이각(24°)
금성	6/7	외합
화성	5/22	충
	6/30	유
토성	6/3	충

이에 대한 설명으로 옳은 것은?

① 5월 15일 무렵 수성은 초승달 모양으로 관측된다.
② 6월 5일 수성은 초저녁에 관측 가능하다.
③ 6월 7일 금성은 역행한다.
④ 화성은 5월 22일보다 6월 30일에 더 밝게 관측된다.
⑤ 6월 3일에 화성과 토성은 모두 배경별에 대해 동쪽 → 서쪽으로 이동한다.

20 [20703–0522]
그림은 어느 해 5월부터 10월까지 태양, 수성, 금성, 목성의 지는 시각을 나타낸 것이다.

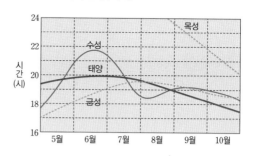

이에 대한 설명으로 옳은 것만을 〈보기〉에서 있는 대로 고른 것은?

┌ 보기 ┌
ㄱ. 8월 말에 목성은 서구 부근에 위치한다.
ㄴ. 7월에 수성이 역행하는 시기가 있다.
ㄷ. 10월에 금성은 새벽에 동쪽 하늘에서 관측 가능하다.

① ㄱ   ② ㄴ   ③ ㄱ, ㄷ
④ ㄴ, ㄷ   ⑤ ㄱ, ㄴ, ㄷ

신유형·수능 열기

정답과 해설 77쪽

01 [20703-0523]
그림은 어느 날 관측한 금성의 태양면 통과 현상을 나타낸 것이다.

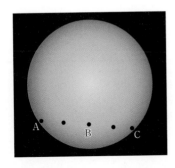

이에 대한 설명으로 옳은 것만을 〈보기〉에서 있는 대로 고른 것은?

┌─ 보기 ┌─
ㄱ. 관측 순서는 A가 C보다 먼저이다.
ㄴ. 이날 금성은 외합 부근에 위치하였다.
ㄷ. 이날 이후 금성은 새벽에 동쪽 하늘에서 관측 가능하다.

① ㄱ ② ㄴ ③ ㄱ, ㄷ
④ ㄴ, ㄷ ⑤ ㄱ, ㄴ, ㄷ

02 [20703-0524]
그림은 2년 동안 관측한 금성과 화성의 겉보기 등급을 A와 B로 순서 없이 나타낸 것이다.

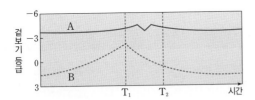

이에 대한 설명으로 옳은 것만을 〈보기〉에서 있는 대로 고른 것은?

┌─ 보기 ┌─
ㄱ. A는 금성이다.
ㄴ. T_1일 때 해가 진 후 금성과 화성을 모두 관측할 수 있다.
ㄷ. T_2 무렵에 금성과 화성 모두 지구로부터의 거리는 멀어진다.

① ㄱ ② ㄷ ③ ㄱ, ㄴ
④ ㄴ, ㄷ ⑤ ㄱ, ㄴ, ㄷ

03 [20703-0525]
그림 (가), (나), (다)는 2019년 9월 26일부터 15일 간격으로 같은 시각에 관측한 화성의 모습을 순서대로 나타낸 것이다.

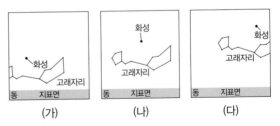

(가)　　　(나)　　　(다)

이에 대한 설명으로 옳은 것만을 〈보기〉에서 있는 대로 고른 것은?

┌─ 보기 ┌─
ㄱ. 이 기간 동안 화성의 적경은 감소하였다.
ㄴ. 이 기간 동안 화성은 합 부근에 위치하였다.
ㄷ. 관측 시각은 새벽이다.

① ㄱ ② ㄴ ③ ㄱ, ㄷ
④ ㄴ, ㄷ ⑤ ㄱ, ㄴ, ㄷ

04 [20703-0526]
그림은 북반구 어느 지역에서 태양과 별 A, B, C의 위치를 나타낸 것이다.

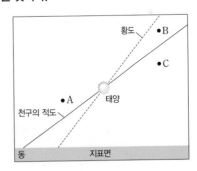

이에 대한 설명으로 옳은 것만을 〈보기〉에서 있는 대로 고른 것은?

┌─ 보기 ┌─
ㄱ. 이날 태양은 남동쪽에서 떴다.
ㄴ. 적경은 B가 C보다 크다.
ㄷ. 이날 남중 고도는 A가 C보다 높다.

① ㄴ ② ㄷ ③ ㄱ, ㄴ
④ ㄱ, ㄷ ⑤ ㄱ, ㄴ, ㄷ

12 행성의 궤도 운동

- 회합 주기를 이용하여 공전 주기를 구하는 원리 이해하기
- 행성의 겉보기 운동 관측 자료로부터 공전 궤도 반지름 구하기
- 케플러 법칙의 물리적 이해를 바탕으로 행성의 운동 설명하기
- 케플러 법칙을 쌍성계 등의 다른 천체에 적용하기

한눈에 단원 파악, 이것이 핵심!

행성의 공전 주기와 회합 주기는 어떤 관계가 있을까?

내행성의 공전 주기를 $P_내$, 지구의 공전 주기를 E, 외행성의 공전 주기를 $P_외$라고 할 때, 지구와 행성이 하루 동안 공전한 각도의 차는 내행성과 외행성이 각각 $\left(\dfrac{360°}{P_내} - \dfrac{360°}{E}\right)$, $\left(\dfrac{360°}{E} - \dfrac{360°}{P_외}\right)$ 이며, 이 값이 누적되어 360°가 될 때까지 걸린 시간이 회합 주기(S)이다.

$$\frac{1}{S} = \frac{1}{P_내} - \frac{1}{E}, \quad \frac{1}{S} = \frac{1}{E} - \frac{1}{P_외}$$

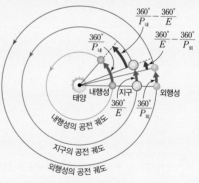

▲ 회합 주기와 공전 주기

케플러의 세 가지 법칙은 무엇일까?

케플러 제1법칙 — 타원 궤도 법칙	케플러 제2법칙 — 면적 속도 일정 법칙	케플러 제3법칙 — 조화 법칙
행성은 태양을 한 초점으로 하는 타원 궤도를 따라 공전한다.	태양과 행성을 잇는 선분은 같은 시간 동안 같은 면적을 쓸고 지나간다.	행성의 공전 주기의 제곱은 공전 궤도 긴반지름의 세제곱에 비례한다.

01 행성의 공전 주기와 궤도

1 행성의 공전 주기와 회합 주기

(1) **공전 주기**: 행성이 태양 둘레를 한 바퀴 도는 데 걸리는 시간 ➡ 지구에서 직접 행성의 공전 주기를 측정하기 어렵기 때문에 회합 주기를 이용하여 행성의 ❶공전 주기를 구한다.

(2) **회합 주기**: 내행성이 내합(또는 외합)에서 다음 내합(또는 외합)이 되는 데까지, 외행성이 충(또는 합)에서 다음 충(또는 합)이 되는 데까지 걸리는 시간

① 내행성의 회합 주기: 내행성의 공전 주기를 P, 지구의 공전 주기를 E라고 할 때, 하루 동안 내행성과 지구가 공전한 각도는 각각 $\dfrac{360°}{P}$와 $\dfrac{360°}{E}$이다. 내합에서 동시에 공전을 시작했을 때 내행성은 지구보다 하루에 $\left(\dfrac{360°}{P}-\dfrac{360°}{E}\right)$만큼씩 앞서게 된다. 이 각도 차가 누적되어 $360°$가 되면 내행성은 다시 내합에 위치하므로, 이 기간이 회합 주기(S)가 된다.

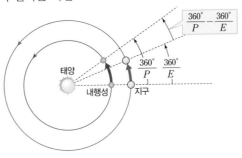

▲ 내행성의 회합 주기와 공전 주기

$$\left(\frac{360°}{P}-\frac{360°}{E}\right)\times S=360°,\quad \frac{1}{S}=\frac{1}{P}-\frac{1}{E}$$

② 외행성의 회합 주기: 외행성의 공전 주기를 P, 지구의 공전 주기를 E라고 할 때, 하루 동안 외행성과 지구가 공전한 각도는 각각 $\dfrac{360°}{P}$와 $\dfrac{360°}{E}$이다. 충에서 동시에 공전을 시작했을 때 지구는 외행성보다 하루에 $\left(\dfrac{360°}{E}-\dfrac{360°}{P}\right)$ 만큼씩 앞서게 된다. 이 각도 차가 누적되어 $360°$가 되면 외행성은 다시 충에 위치하므로, 이 기간이 회합 주기(S)가 된다.

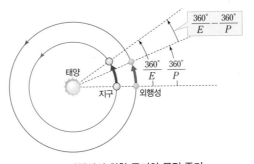

▲ 외행성의 회합 주기와 공전 주기

$$\left(\frac{360°}{E}-\frac{360°}{P}\right)\times S=360°,\quad \frac{1}{S}=\frac{1}{E}-\frac{1}{P}$$

③ ❷행성의 거리와 회합 주기
  - 내행성은 지구에 가까울수록 회합 주기가 길다.
  - 외행성은 지구에서 멀수록 회합 주기가 짧아지면서 점점 1년에 가까워진다. 이는 지구로부터 거리가 먼 외행성일수록 지구가 태양 둘레를 1회 공전하는 동안 외행성이 공전하는 각이 작아지기 때문이다.

❶ 공전 주기
행성의 공전 주기를 계산할 때는 지구와 행성의 공전 궤도가 원이고, 같은 평면 상에서 공전한다고 가정한다.

❷ 행성의 거리와 회합 주기

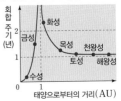

행성	수성	금성	화성	목성	토성	천왕성	해왕성
공전 주기(일)	88	225	687	4335	10759	30685	60188
공전 주기(년)	0.24	0.62	1.88	11.88	29.48	84.07	164.90
회합 주기(일)	116	584	780	399	378	370	368

▲ 태양계 행성의 공전 주기와 회합 주기

(3) 행성의 공전 궤도 반지름

① 내행성의 공전 궤도 반지름
- 내행성의 최대 이각(θ)을 이용하여 공전 궤도 반지름을 구할 수 있다.
- 태양을 S, 지구를 E, 행성을 P라고 할 때, $\angle SEP = \theta$ 이므로 내행성의 공전 궤도 반지름인 $\overline{SP} = 1 AU \times \sin\theta$이다.

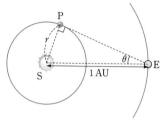

▲ 내행성의 공전 궤도 반지름

❶ 외행성의 공전 궤도 반지름
외행성의 공전 궤도를 구할 때는 먼저 행성이 합(또는 충)에 위치한 날을 관측하여 기록한 후, 이 날로부터 행성의 공전 주기만큼 지난 날에 행성의 이각을 측정하면 행성의 위치를 알 수 있다.

② ❶외행성의 공전 궤도 반지름
- 지구에서 관측한 태양과 행성의 상대적 위치와 행성의 공전 주기를 이용하여 공전 궤도 반지름을 구할 수 있다.
- 행성 P가 한 바퀴 공전하는 동안 E_1에 위치한 지구는 P보다 공전 속도가 빠르므로 한 바퀴 이상을 공전하여 E_2에 위치한다. 이때 $\angle PE_1S$와 $\angle PE_2S$를 각각 관측하여 선을 이으면 교점이 생기는데, 태양에서 이 교점까지의 거리가 외행성의 공전 궤도 반지름에 해당한다.

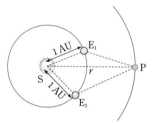

▲ 외행성의 공전 궤도 반지름

[관측 자료]
2016년 4월 18일에 수성은 동방 최대 이각에 위치하였고, 그 각도는 20°였다.

[탐구 과정]
1. (가)와 같이 반지름이 10 cm인 원을 그려 지구 공전 궤도라고 한다. 태양(S)과 지구(E)를 표시한 후, 선분 SE를 그린다.
2. (나)와 같이 지구의 동쪽(왼쪽)으로 선분 SE와 20°를 이루는 직선 EM을 그리고, 태양(S)에서 EM에 수선을 그려 만나는 점에 수성의 위치 M_1을 표시한다.
3. (다)와 같이 태양(S)를 중심으로 선분 SM_1을 반지름으로 하는 수성의 궤도를 그린다.
4. 그려진 수성의 공전 궤도에서 반지름을 측정한다. 실제 태양에서 지구까지의 거리가 1 AU이므로 비례식을 이용하여 수성의 궤도 반지름을 계산한다.

10 cm : 1 AU = 측정한 반지름 : 실제 궤도 반지름

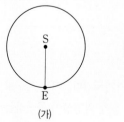

(가)

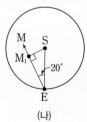

(나)

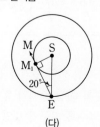

(다)

개념체크

빈칸 완성

1. 행성이 태양 둘레를 한 바퀴 도는 데 걸리는 시간은 (   ) 주기이다.

2. 내행성의 공전 주기를 P, 지구의 공전 주기를 E라고 할 때 하루 동안 내행성과 지구가 공전한 각도 차는 (   )이다.

3. 외행성의 공전 주기를 P, 지구의 공전 주기를 E라고 할 때 하루 동안 외행성과 지구가 공전한 각도 차는 (   )이다.

4. 외행성은 지구에서 멀수록 회합 주기가 (   )에 가까워진다.

5. 내행성의 공전 궤도 반지름은 내행성의 (   )을 이용하여 구할 수 있다.

6. 외행성의 공전 궤도 반지름은 지구에서 관측한 태양과 행성의 상대적 위치와 행성의 (   )를 이용하여 구할 수 있다.

둘 중에 고르기

7. 내행성이 내합에서 다음 내합이 되는 데까지 걸리는 시간은 (공전 , 회합) 주기이다.

8. 내행성은 지구에 가까울수록 회합 주기가 (짧다 , 길다).

9. 외행성은 지구에 가까울수록 회합 주기가 (짧다 , 길다).

10. 태양계 행성 중 지구와의 회합 주기가 가장 긴 행성은 (금성 , 화성)이다.

11. 하루 동안 행성과 지구가 공전한 각도 차가 누적되어 (180° , 360°)가 될 때까지의 기간이 회합 주기이다.

12. 내행성은 최대 이각이 작을수록 공전 궤도 반지름이 (짧다 , 길다).

정답 1. 공전 2. $\dfrac{360°}{P} - \dfrac{360°}{E}$ 3. $\dfrac{360°}{E} - \dfrac{360°}{P}$ 4. 1년 5. 최대 이각 6. 공전 주기 7. 회합 8. 길다 9. 길다 10. 화성 11. 360° 12. 짧다

○X 문제

1. 그림은 내행성의 공전 궤도 반지름을 구하기 위한 과정을 나타낸 것이다. 이에 대한 설명으로 옳은 것은 ○, 옳지 <u>않은</u> 것은 ×로 표시하시오.

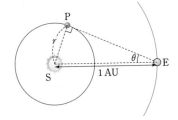

(1) 이 행성은 서방 최대 이각에 위치한다. (   )

(2) 이 행성의 최대 이각은 θ이다. (   )

(3) 이 행성의 공전 궤도 반지름(r)은 $1\,\mathrm{AU} \times \cos\theta$ 이다. (   )

선다형 문항

2. 행성의 공전 주기와 회합 주기에 대한 설명으로 옳은 것을 모두 고르면? (정답 2개)
   ① 공전 주기는 수성이 화성보다 길다.
   ② 하루 동안 행성이 공전한 각도는 지구가 목성보다 크다.
   ③ 하루 동안 지구와 행성이 공전한 각도의 차는 화성이 천왕성보다 크다.
   ④ 지구와의 회합 주기는 수성이 금성보다 짧다.
   ⑤ 태양계 행성의 회합 주기는 모두 1년보다 길다.

순서대로 나열하기

3. 지구에서 관측할 때 태양계를 구성하는 7개의 행성들을 회합 주기가 긴 행성부터 순서대로 나열하시오.

정답 1. (1) ○ (2) ○ (3) × 2. ②, ④ 3. 화성 - 금성 - 목성 - 토성 - 천왕성 - 해왕성 - 수성

02 케플러 법칙

THE 알기

❶ 타원
두 초점으로부터의 거리의 합이 일정한 점들을 연결한 자취를 타원이라고 한다. 이때 거리의 합은 항상 궤도 긴반지름의 2배이다.

❷ 궤도 이심률

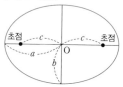

타원의 긴반지름을 a, 짧은반지름을 b, 초점 거리를 c라고 할 때, 이심률(e)은 다음과 같이 나타낸다.

$$e = \frac{c}{a} = \frac{\sqrt{a^2 - b^2}}{a}$$

❸ 케플러 제3법칙
조화 법칙이라고도 하며, 행성이 태양으로부터 멀리 떨어져 있을수록 공전 주기가 길며, 공전 궤도 긴반지름의 세제곱은 공전 주기의 제곱에 비례한다.

1 케플러 법칙

(1) 케플러 제1법칙(타원 궤도 법칙): 행성은 태양을 한 초점으로 하는 ❶타원 궤도를 따라 공전한다.

① 근일점과 원일점: 타원 궤도에서 태양에 가장 가까운 지점을 근일점, 가장 먼 지점을 원일점이라고 한다.

② 궤도 긴반지름: 타원 궤도의 중심으로부터 원일점 또는 근일점까지의 거리이다. 궤도 긴반지름은 태양과 행성 사이의 평균 거리에 해당한다.

③ ❷궤도 이심률: 타원의 납작한 정도를 나타내는 값으로, 타원의 긴반지름에 대한 초점 거리의 비를 의미한다. 이심률이 0이면 원이며, 궤도 이심률이 클수록 타원은 더 납작한 모양이 된다.

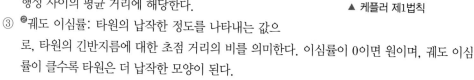

▲ 케플러 제1법칙

행성	수성	금성	지구	화성	목성	토성	천왕성	해왕성
궤도 긴반지름 (AU)	0.387	0.723	1	1.524	5.203	9.537	19.189	30.070
이심률	0.206	0.007	0.017	0.093	0.048	0.054	0.047	0.009

(2) 케플러 제2법칙(면적 속도 일정 법칙): 행성이 타원 궤도를 따라 공전할 때 태양과 행성을 잇는 선분은 같은 시간 동안 같은 면적을 쓸고 지나간다.

① 행성의 공전 속도: 근일점에서 가장 빠르고, 원일점에서 가장 느리다.

② 타원 궤도의 이심률이 클수록 근일점과 원일점에서의 공전 속도 차가 커진다.

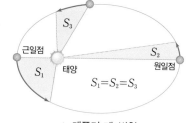

▲ 케플러 제2법칙

(3) ❸케플러 제3법칙(조화 법칙): 행성의 공전 주기의 제곱은 공전 궤도 긴반지름의 세제곱에 비례한다.

① 행성의 공전 주기 P와, 행성의 공전 궤도 긴반지름 a 사이에는 다음과 같은 관계가 성립한다.

$$\left(\frac{a^3}{P^2}\right)_{수성} = \left(\frac{a^3}{P^2}\right)_{금성} = \left(\frac{a^3}{P^2}\right)_{지구} = \left(\frac{a^3}{P^2}\right)_{화성} = \cdots = \left(\frac{a^3}{P^2}\right)_{해왕성} = k(일정)$$

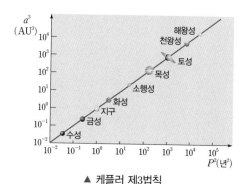

▲ 케플러 제3법칙

이때 P의 단위를 년, a의 단위를 AU로 하면, 비례 상수 $k=1$이 된다.

② 공전 궤도 긴반지름이 큰 행성일수록 공전 속도가 느리다. ➡ 수성의 공전 속도가 가장 빠르다.

③ **쌍성을 이용한 케플러 제3법칙 유도:** 그림과 같이 공전 주기가 P, 질량이 각각 m_1, m_2 인 두 천체가 공통 질량 중심 O로부터 a_1, a_2만큼 떨어진 거리에서 각각 v_1과 v_2의 속력으로 등속 원운동하고 있다. 두 천체의 등속 원운동에 필요한 구심력을 각각 F_1, F_2라고 할 때,

$$F_1=\frac{m_1v_1^2}{a_1},\ F_2=\frac{m_2v_2^2}{a_2}$$이다.

$v_1=\dfrac{2\pi a_1}{P}$, $v_2=\dfrac{2\pi a_2}{P}$이므로 $F_1=\dfrac{4\pi^2a_1m_1}{P^2}$, $F_2=\dfrac{4\pi^2a_2m_2}{P^2}$

이다. 천체의 원운동을 일으키는 구심력은 두 천체

사이에 작용하는 만유인력인 $F=\dfrac{Gm_1m_2}{a^2}$와 같으므로

$F_1=F_2=F$이다. 따라서, 두 천체에 작용하는 힘은 다음과 같이 나타낼 수 있다.

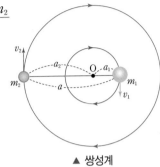

▲ 쌍성계

$$\frac{4\pi^2a_1m_1}{P^2}=\frac{Gm_1m_2}{a^2},\ \frac{4\pi^2a_2m_2}{P^2}=\frac{Gm_1m_2}{a^2}$$

위의 두 식을 정리하면 $\dfrac{4\pi^2(a_1+a_2)}{P^2}=\dfrac{G(m_1+m_2)}{a^2}$이다. $(a_1+a_2)=a$이므로 결국

$\dfrac{a^3}{P^2}=\dfrac{G(m_1+m_2)}{4\pi^2}$가 성립한다. 태양계의 경우 태양의 질량($M$)은 행성의 질량($m$)에 비해

매우 크므로, 위의 식은 다음과 같이 나타낼 수 있다.

$$\frac{a^3}{P^2}=\frac{G(M+m)}{4\pi^2}\approx\frac{GM}{4\pi^2}=k(일정)$$

2 ◉케플러 제3법칙의 응용

두 별 사이의 거리와 공전 주기를 알면 케플러 제3법칙으로부터 쌍성계의 질량을 구할 수 있고, 공통 질량 중심으로부터 별까지의 거리 비를 알면 별 각각의 질량도 결정할 수 있다.

> • 공전 주기의 단위를 년, 거리의 단위를 AU로 나타내면 케플러 제3법칙으로부터,
> $m_1+m_2=\dfrac{a^3}{P^2}\cdot\dfrac{4\pi^2}{G}$이고, $\dfrac{4\pi^2}{G}=M_\odot$($M_\odot$: 태양 질량)이므로, 두 별 질량의 합은 다음과 같이 구할 수 있다.
> $$m_1+m_2=\frac{a^3}{P^2}M_\odot$$
> • $a_1m_1=a_2m_2$의 관계가 성립하므로, $\dfrac{a_1}{a_2}$을 측정하면 별의 질량을 각각 구할 수 있다.

THE 알기

❶ 쌍성
두 별이 중력적으로 묶여서 공통 질량 중심 주위를 동일한 주기로 회전하는 천체이다.

❷ 케플러 법칙의 응용
별과 은하 및 행성, 왜소 행성, 혜성 등도 케플러 법칙에 따라 운동하며, 행성 주위를 공전하는 위성이나 지구 주위를 도는 인공위성도 케플러 법칙에 따라 운동한다. 또한, 우주 탐사선을 발사할 때 연료의 소모를 최소로 하기 위해서 케플러 법칙을 이용하여 궤도를 결정하고 있다.

THE 들여다보기 **지구의 공전 주기를 이용한 태양 질량 구하기**

지구의 공전 궤도 반지름(a)을 1.5×10^8 km, 지구의 공전 주기를 1년($\fallingdotseq3\times10^7$ s), 만유인력 상수(G)를 6.67×10^{-11} N·m²/kg²이라고 할 때 태양의 질량(M)을 구해 보자.

➡ 만유인력 상수의 단위를 바꿔 쓰면 $G=6.67\times10^{-11}$ N·m²/kg²$=6.67\times10^{-11}$ m³/s²/kg이다. 따라서 $\pi=3.14$라고 할 때 태양의 질량(M)은 다음과 같이 구할 수 있다.

$$M=\frac{4\pi^2}{G}\times\frac{a^3}{P^2}=\frac{4\times3.14^2}{6.67\times10^{-11}\ \text{m}^3/\text{s}^2/\text{kg}}\times\frac{(1.5\times10^{11}\ \text{m})^3}{(3\times10^7\ \text{s})^2}\fallingdotseq2.2\times10^{30}\ \text{kg}$$

빈칸 완성

1. 타원은 두 (　　　)으로부터의 거리의 합이 일정한 점들을 연결한 자취이다.

2. 궤도 이심률은 타원의 긴반지름에 대한 (　　　)의 비를 의미한다.

3. 태양계 행성 중 궤도 이심률이 가장 큰 행성은 (　　　)이다.

4. 행성의 공전 속도는 ① (　　　)에서 가장 빠르고, ② (　　　)에서 가장 느리다.

5. 케플러 제3법칙은 (　　　) 법칙이라고도 한다.

6. 쌍성은 두 별이 (　　　) 주위를 동일한 주기로 회전하는 천체이다.

7. 쌍성의 원운동을 일으키는 구심력은 두 천체 사이에 작용하는 (　　　)과 같다.

둘 중에 고르기

8. 타원의 이심률이 (클 , 작을)수록 타원은 더 납작한 모양이 된다.

9. 타원 궤도에서 태양에 가장 가까운 지점을 (근일점 , 원일점)이라고 한다.

10. 타원 궤도의 이심률이 클수록 근일점과 원일점에서의 공전 속도 차가 (커 , 작아)진다.

11. 공전 궤도 긴반지름이 큰 행성일수록 공전 속도가 (빠르 , 느리)다.

12. 행성의 공전 주기의 ① (제곱 , 세제곱)은 공전 궤도 긴반지름의 ② (제곱 , 세제곱)에 비례한다.

정답 1. 초점 2. 초점 거리 3. 수성 4. ① 근일점 ② 원일점 5. 조화 6. 공통 질량 중심 7. 만유인력 8. 클 9. 근일점 10. 커 11. 느리 12. ① 제곱 ② 세제곱

○X 문제

1. 케플러 제1법칙과 제2법칙에 대한 설명으로 옳은 것은 ○, 옳지 않은 것은 ×로 표시하시오.

(1) 행성은 태양을 한 초점으로 하는 타원 궤도를 따라 공전한다. (　　　)

(2) 근일점 거리와 원일점 거리를 합한 값은 궤도 긴반지름과 같다. (　　　)

(3) 궤도 이심률이 0인 경우 이 행성의 공전 궤도는 원이다. (　　　)

(4) 원일점 거리에서 근일점 거리를 뺀 값은 초점 거리와 같다. (　　　)

(5) 지구의 공전 속도는 근일점 부근에서 가장 느리다. (　　　)

2. 케플러 제3법칙에 대한 설명으로 옳은 것은 ○, 옳지 않은 것은 ×로 표시하시오.

(1) 공전 궤도 긴반지름이 클수록 공전 주기가 짧다. (　　　)

(2) 공전 주기(P)의 단위를 년, 공전 궤도 긴반지름(a)의 단위를 AU로 하면, $\dfrac{P^2}{a^3}=1$이다. (　　　)

(3) 두 별 사이의 거리와 공전 주기를 알면 쌍성계의 질량을 구할 수 있다. (　　　)

단답형 문제

3. 질량이 각각 m_1, m_2이고 두 쌍성 사이의 거리가 a인 쌍성계에서 케플러 제3법칙에 의해 $\dfrac{a^3}{P^2}=\dfrac{G(m_1+m_2)}{4\pi^2}$ 가 성립한다고 할 때 다음 물음에 답하시오.

(1) 공전 주기(P)의 단위를 년, 공전 궤도 긴반지름(a)의 단위를 AU로 할 때, $\dfrac{4\pi^2}{G}$의 값은 얼마인지 쓰시오.

(2) $m_1>m_2$라고 할 때 공통 질량 중심으로부터 두 별까지의 거리는 어느 별이 더 가까운지 쓰시오.

정답 1. (1) ○ (2) × (3) ○ (4) × (5) × 2. (1) × (2) ○ (3) ○ 3. (1) $1M_\odot$($M_\odot$: 태양 질량) (2) 질량이 m_1인 별까지의 거리가 더 가깝다.

 **화성의 공전 궤도 그리기**

정답과 해설 78쪽

목표

지구의 공전 주기와 화성의 관측 자료를 이용하여 화성의 공전 궤도를 그릴 수 있다.

과정

1. 지구의 공전 궤도를 반지름이 5 cm가 되도록 그리고, 그 중심에 태양(S)이 있다고 가정한다.
2. 임의의 방향에 춘분점이 있다고 가정하고, 태양에서 춘분점 방향으로 선을 그린다.
3. 춘분점−태양−지구 사이의 각을 이용하여 춘분점과 태양을 이은 선에서 시계 반대 방향으로 81°인 지점에 지구의 위치 E_1을 표시한다.
4. 춘분점−지구−화성 사이의 각을 이용하여 춘분점과 지구를 이은 선에서 시계 반대 방향으로 25°가 되도록 선을 긋는다.
5. 과정 3과 같은 방법으로 춘분점과 태양을 이은 선에서 시계 반대 방향으로 39°인 지점에 지구의 위치 E_1'을 표시한다.
6. 과정 4와 같은 방법으로 춘분점과 지구를 이은 선에서 시계 반대 방향으로 90°가 되도록 선을 긋는다.
7. 과정 4와 6에서 그은 두 선이 만나는 지점에 화성의 위치 M_1을 표시한다.
8. 위의 과정 3~7을 반복하여 화성의 위치 M_2~M_5를 표시한 후 부드러운 곡선으로 연결하여 화성의 공전 궤도를 완성한다.

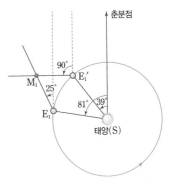

화성의 위치	지구의 위치	춘분점−태양−지구 사이의 각(°)	춘분점−지구−화성 사이의 각(°)	관측 시기 (년.월.일)
M_1	E_1	81	25	99.06.13
	E_1'	39	90	01.04.30
M_2	E_2	128	75	01.08.01
	E_2'	87	151	03.06.19
M_3	E_3	176	151	03.06.20
	E_3'	134	215	05.08.07
M_3	E_4	226	223	05.11.08
	E_4'	183	269	07.09.26
M_5	E_5	276	271	07.12.28
	E_5'	233	312	09.11.14

▲ 지구에서 태양과 화성을 관측한 위치 자료

결과 정리 및 해석

1. 화성의 공전 궤도는 어떤 모양인지 쓰시오.
2. 태양은 공전 궤도의 어디에 위치하는지 서술하시오.
3. 지구가 E_1에 위치했을 때와 E_1'에 위치했을 때의 시간 차는 며칠이며, 그 기간은 화성의 공전 주기와 회합 주기 중 어느 것에 해당하는지 서술하시오.

01 [20703–0527]
태양 주위를 원궤도로 공전하는 외행성과 지구에 대한 설명으로 옳지 <u>않은</u> 것은? (단, 외행성과 지구의 공전 주기는 각각 P, E이다.)

① P는 E보다 길다.

② 지구의 공전 각속도는 일정하다.

③ 외행성이 하루 동안 공전한 각도는 $\dfrac{360°}{P}$이다.

④ 지구와 외행성이 하루 동안 공전한 각도의 차는 $\dfrac{360°}{E} - \dfrac{360°}{P}$ 이다.

⑤ P가 긴 외행성일수록 지구와의 회합 주기는 길어진다.

02 [20703–0528]
표는 태양계 행성의 공전 주기와 회합 주기를 나타낸 것이다. A~D는 각각 수성, 금성, 화성, 목성 중 하나이다.

행성	A	B	C	D
공전 주기(일)	4335	225	687	88
회합 주기(일)	㉠	584	780	( )

이에 대한 설명으로 옳은 것만을 〈보기〉에서 있는 대로 고른 것은?

┌ 보기 ┌
ㄱ. 공전 각속도는 A가 B보다 크다.
ㄴ. ㉠은 365보다 크다.
ㄷ. 회합 주기는 B가 D보다 길다.

① ㄱ ② ㄴ ③ ㄱ, ㄷ ④ ㄴ, ㄷ ⑤ ㄱ, ㄴ, ㄷ

03 [20703–0529]
공전 주기와 회합 주기에 대한 설명으로 옳은 것은?

① 공전 주기는 금성이 화성보다 길다.

② 행성이 하루 동안 공전한 각도는 수성이 화성보다 크다.

③ 외행성의 위치가 합에서 충이 될 때까지 걸리는 시간은 회합 주기에 해당한다.

④ 회합 주기를 이용하여 행성의 공전 주기를 구할 때는 지구와 행성의 공전 궤도가 타원 궤도라고 가정하고 계산한다.

⑤ 행성과 지구가 하루 동안 공전한 각도의 차가 회합 주기 만큼 더해지면 그 값은 180°이다.

04 [20703–0530]
그림은 공전 주기가 각각 P, E인 내행성과 지구가 공전 궤도 상에서 하루 동안 공전한 각도 x, y를 나타낸 것이다.

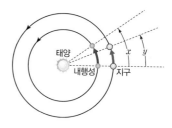

이에 대한 설명으로 옳은 것만을 〈보기〉에서 있는 대로 고른 것은?

┌ 보기 ┌
ㄱ. 공전 궤도 상에서 하루 동안 공전한 각도는 내행성이 지구보다 크다.
ㄴ. $x = \dfrac{360°}{P}$이다.
ㄷ. 내행성의 공전 주기가 지금보다 짧아지면 $(x-y)$의 값은 증가한다.

① ㄱ ② ㄴ ③ ㄱ, ㄷ ④ ㄴ, ㄷ ⑤ ㄱ, ㄴ, ㄷ

05 [20703–0531]
그림은 태양으로부터의 거리에 따른 행성들의 회합 주기를 나타낸 것이다.

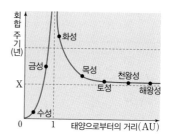

이에 대한 설명으로 옳은 것만을 〈보기〉에서 있는 대로 고른 것은?

┌ 보기 ┌
ㄱ. 회합 주기가 가장 짧은 행성은 수성이다.
ㄴ. X=1이다.
ㄷ. 외행성은 태양으로부터의 거리가 가까울수록 회합 주기가 길어진다.

① ㄱ ② ㄴ ③ ㄱ, ㄷ ④ ㄴ, ㄷ ⑤ ㄱ, ㄴ, ㄷ

06 [20703−0532] 다음은 어느 행성의 회합 주기를 구하는 과정을 나타낸 것이다.

원궤도를 공전하는 행성과 지구의 공전 주기를 각각 P, E라고 할 때, 하루 동안 행성과 지구가 공전한 각도는 각각 $\frac{360°}{P}$와 $\frac{360°}{E}$이다. 지구로부터의 거리가 가장 가까운 지점에서 동시에 공전을 시작했을 때 행성은 지구보다 하루에 $\left(\frac{360°}{P}-\frac{360°}{E}\right)$만큼씩 앞서게 된다. 이 각도 차가 누적되어 (㉠)가 되면 행성은 다시 지구로부터의 거리가 가장 가까운 지점에 위치하므로, 이 기간이 회합 주기(S)가 된다. 따라서, 이 행성의 회합 주기(S)와 공전 주기(P) 사이에는 다음과 같은 관계가 성립한다.

$$\frac{1}{S}=(\ \ ㉡\ \ )$$

이에 대한 설명으로 옳은 것만을 〈보기〉에서 있는 대로 고른 것은?

┌ 보기 ┐
ㄱ. 이 행성은 내행성이다.
ㄴ. ㉠은 360°이다.
ㄷ. ㉡은 $\frac{360°}{P}-\frac{360°}{E}$이다.

① ㄱ 　② ㄷ 　③ ㄱ, ㄴ
④ ㄴ, ㄷ 　⑤ ㄱ, ㄴ, ㄷ

07 [20703−0533] 그림은 어느 행성의 공전 궤도를 나타낸 것이다. 이에 대한 설명으로 옳지 않은 것은?

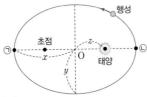

① ㉠은 원일점, ㉡은 근일점이다.
② 타원의 두 초점 중 하나에 태양이 위치한다.
③ 태양으로부터 ㉠까지의 거리에서 태양으로부터 ㉡까지의 거리를 뺀 값이 z이다.
④ y는 공전 궤도 짧은반지름이다.
⑤ 공전 궤도 이심률은 $\frac{z}{x}$이다.

08 [20703−0534] 표는 어느 두 시기에 관측한 수성의 최대 이각을 나타낸 것이다.

시기	동방 최대 이각	서방 최대 이각
A	27°	−
B	−	23°

수성의 공전 궤도가 원궤도라고 가정할 때 수성의 최대 이각을 이용하여 공전 궤도 반지름을 구하는 과정에 대한 설명으로 옳은 것만을 〈보기〉에서 있는 대로 고른 것은? (단, 지구의 공전 궤도 반지름은 1 AU라고 가정한다.)

┌ 보기 ┐
ㄱ. 수성의 공전 궤도 반지름은 최대 이각이 클수록 크다.
ㄴ. A, B 시기의 자료를 이용하여 계산한 수성의 공전 궤도 반지름은 모두 0.5 AU보다 작다.
ㄷ. 지구로부터 수성까지의 거리는 A 시기가 B 시기보다 멀다.

① ㄱ 　② ㄷ 　③ ㄱ, ㄴ 　④ ㄴ, ㄷ 　⑤ ㄱ, ㄴ, ㄷ

09 [20703−0535] 그림 (가)와 (나)는 지구가 근일점과 원일점에 위치할 때 같은 배율로 관측한 태양의 모습을 순서 없이 나타낸 것이다.

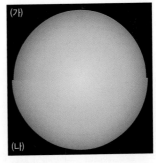

이에 대한 설명으로 옳은 것만을 〈보기〉에서 있는 대로 고른 것은?

┌ 보기 ┐
ㄱ. 지구로부터 태양까지의 거리는 (가)보다 (나)일 때 멀다.
ㄴ. 지구의 공전 속도는 (가)보다 (나)일 때 빠르다.
ㄷ. 지구 공전 궤도 이심률이 커지면 (가)와 (나)의 시지름 차는 증가한다.

① ㄱ 　② ㄴ 　③ ㄱ, ㄷ 　④ ㄴ, ㄷ 　⑤ ㄱ, ㄴ, ㄷ

정답과 해설 78쪽

10 [20703–0536]
표는 두 행성 A와 B의 공전 궤도 긴반지름과 이심률을 나타낸 것이다.

행성	공전 궤도 긴반지름	이심률
A	2 AU	0.2
B	2 AU	0.4

이에 대한 설명으로 옳은 것만을 〈보기〉에서 있는 대로 고른 것은?

> **보기**
> ㄱ. 두 초점 사이의 거리는 A가 B보다 멀다.
> ㄴ. 공전 주기는 A와 B가 서로 같다.
> ㄷ. 평균 공전 속도는 A가 B보다 빠르다.

① ㄱ   ② ㄴ   ③ ㄱ, ㄷ
④ ㄴ, ㄷ   ⑤ ㄱ, ㄴ, ㄷ

11 [20703–0537]
그림은 어느 행성이 P_1, P_2, P_3에서 같은 시간 동안 공전한 모습을 나타낸 것이다. S_1, S_2, S_3는 행성과 태양을 잇는 가상의 직선이 쓸고 지나간 면적이다.

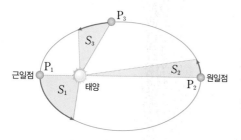

이에 대한 설명으로 옳은 것만을 〈보기〉에서 있는 대로 고른 것은?

> **보기**
> ㄱ. S_1은 S_3보다 크다.
> ㄴ. 행성의 공전 속도는 P_2일 때 가장 느리다.
> ㄷ. 공전 궤도 긴반지름의 변화없이 이심률이 커진다면 P_1과 P_2에서의 공전 속도 차는 작아진다.

① ㄴ   ② ㄷ   ③ ㄱ, ㄴ
④ ㄱ, ㄷ   ⑤ ㄱ, ㄴ, ㄷ

12 [20703–0538]
그림은 어느 쌍성계를 구성하는 두 별 A와 B의 질량, 공통 질량 중심으로부터의 거리 및 공전 속도를 나타낸 것이다.

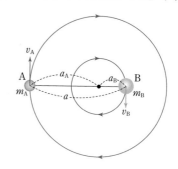

이에 대한 설명으로 옳은 것은?

① $m_A > m_B$이다.
② $v_A > v_B$이다.
③ 공전 주기는 B가 A보다 짧다.
④ $\dfrac{m_A}{m_B} = \dfrac{a_A}{a_B}$이다.
⑤ 두 별의 질량이 일정할 때, 쌍성의 공전 주기가 짧을수록 a는 증가한다.

13 [20703–0539]
그림은 두 행성 A와 B의 공전 궤도를 나타낸 것이다.

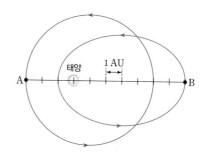

이에 대한 설명으로 옳은 것만을 〈보기〉에서 있는 대로 고른 것은?

> **보기**
> ㄱ. 공전 주기는 A와 B가 서로 같다.
> ㄴ. 공전 궤도 이심률은 A가 B보다 크다.
> ㄷ. 근일점에서의 공전 속도는 A가 B보다 빠르다.

① ㄱ   ② ㄴ   ③ ㄱ, ㄷ
④ ㄴ, ㄷ   ⑤ ㄱ, ㄴ, ㄷ

정답과 해설 79쪽

01 [20703-0540]
다음은 우리나라에서 어느 행성을 관측한 내용을 나타낸 것이다.

 어느 날 새벽 동쪽 하늘에서 왼쪽 사진과 같은 하현달 모양으로 관측되었으며, 이날로부터 약 1.6년째 되는 날에 또다시 하현달 모양으로 관측되었다.

이 행성에 대한 설명으로 옳은 것만을 〈보기〉에서 있는 대로 고른 것은?

┌ 보기 ┐
ㄱ. 외행성이다.
ㄴ. 공전 주기는 0.6년보다 길다.
ㄷ. 이날로부터 0.8년째 되는 날에는 상현달 모양으로 관측된다.

① ㄱ ② ㄴ ③ ㄱ, ㄷ
④ ㄴ, ㄷ ⑤ ㄱ, ㄴ, ㄷ

02 [20703-0541]
표는 주기 혜성 A, B, C의 궤도 요소를 나타낸 것이다.

혜성	근일점 거리(AU)	이심률	공전 주기(년)
A	1.7	0.575	8
B	2.4	0.551	12.59
C	2.4	0.201	㉠

이에 대한 설명으로 옳은 것만을 〈보기〉에서 있는 대로 고른 것은?

┌ 보기 ┐
ㄱ. 공전 궤도 긴반지름에 대한 초점 거리의 비는 A가 B보다 크다.
ㄴ. (원일점 거리-근일점 거리)는 B가 C보다 크다.
ㄷ. ㉠은 12.59보다 크다.

① ㄱ ② ㄷ ③ ㄱ, ㄴ
④ ㄴ, ㄷ ⑤ ㄱ, ㄴ, ㄷ

03 [20703-0542]
다음은 공전 궤도 긴반지름이 0.4 AU, 이심률이 0.2인 어느 행성의 타원 궤도를 작도하는 과정을 나타낸 것이다.

[탐구 과정]
(가) 1 AU를 10 cm로 가정했을 때, 이 행성의 ㉠ 두 초점 사이의 거리를 계산하고, 두 초점의 위치에 압정을 고정한다.
(나) (㉡)의 2배 길이가 되도록 실의 끝을 두 초점에 묶고, 연필을 실에 걸어 타원을 그린다.

이에 대한 설명으로 옳은 것만을 〈보기〉에서 있는 대로 고른 것은?

┌ 보기 ┐
ㄱ. ㉠은 1.6 cm이다.
ㄴ. ㉡은 초점 거리이다.
ㄷ. 이 행성의 공전 궤도 긴반지름은 같고 이심률을 0.2보다 작게 한다면, 두 초점에 묶인 실의 길이는 짧아질 것이다.

① ㄱ ② ㄴ ③ ㄱ, ㄷ
④ ㄴ, ㄷ ⑤ ㄱ, ㄴ, ㄷ

04 [20703-0543]
표는 태양계 행성 A, B, C의 공전 궤도 긴반지름과 공전 주기를 나타낸 것이다.

행성	공전 궤도 긴반지름(AU)	공전 주기(년)
A	0.39	0.24
B	9.54	( )
C	19.19	84.02

이에 대한 설명으로 옳은 것만을 〈보기〉에서 있는 대로 고른 것은?

┌ 보기 ┐
ㄱ. 행성이 한 달 동안 공전하는 각도는 A가 C보다 크다.
ㄴ. B의 공전 주기는 약 42년이다.
ㄷ. 회합 주기에 대한 공전 주기의 비율은 B가 C보다 크다.

① ㄱ ② ㄴ ③ ㄱ, ㄷ
④ ㄴ, ㄷ ⑤ ㄱ, ㄴ, ㄷ

05 [20703-0544]
그림은 태양계 행성들의 공전 궤도 긴반지름(a)과 공전 주기(P)와의 관계를 나타낸 것이다. 이에 대한 설명으로 옳은 것만을 〈보기〉에서 있는 대로 고른 것은?

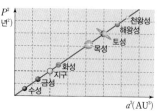

┌ 보기 ┐

ㄱ. 행성의 공전 궤도 긴반지름이 짧을수록 공전 주기가 짧아진다.

ㄴ. 직선의 기울기는 1이다.

ㄷ. 공전 주기가 2년인 가상의 태양계 행성의 공전 궤도 긴반지름은 4 AU이다.

① ㄱ   ② ㄷ   ③ ㄱ, ㄴ   ④ ㄴ, ㄷ   ⑤ ㄱ, ㄴ, ㄷ

06 [20703-0545]
그림은 어느 날 금성, 지구, 화성의 공전 궤도 상의 위치를, 표는 세 행성의 공전 주기를 나타낸 것이다.

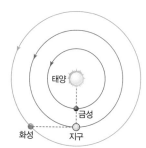

행성	공전 주기(년)
금성	0.6
지구	1.0
화성	1.9

이날로부터 1년 동안 우리나라에서 관측할 수 있는 현상에 대한 설명으로 옳은 것만을 〈보기〉에서 있는 대로 고른 것은?

┌ 보기 ┐

ㄱ. 금성이 보름달에 가까운 모양으로 관측되는 시기가 있다.

ㄴ. 화성이 배경별을 기준으로 동 → 서로 이동한 시기가 있다.

ㄷ. 금성은 새벽에, 화성은 초저녁에 관측되는 날이 있다.

① ㄱ   ② ㄴ   ③ ㄱ, ㄷ   ④ ㄴ, ㄷ   ⑤ ㄱ, ㄴ, ㄷ

07 [20703-0546]
그림은 어느 날 지구와의 회합 주기가 1.5년으로 같은 가상의 두 행성 P, Q의 위치를 지구와 함께 나타낸 것이다.

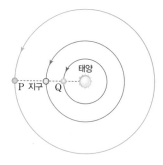

이에 대한 설명으로 옳은 것만을 〈보기〉에서 있는 대로 고른 것은?

┌ 보기 ┐

ㄱ. Q에서 측정한 지구의 회합 주기는 1.5년이다.

ㄴ. 공전 주기는 P가 Q보다 5배 길다.

ㄷ. 이날로부터 0.75년째 되는 날 P−Q−태양은 일직선 상에 위치한다.

① ㄱ   ② ㄴ   ③ ㄱ, ㄷ   ④ ㄴ, ㄷ   ⑤ ㄱ, ㄴ, ㄷ

08 [20703-0547]
그림은 시간에 따른 가상의 태양계 행성으로부터 지구까지의 거리를 나타낸 것이다.

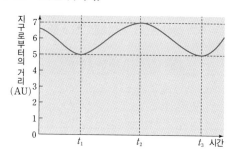

이 행성에 대한 설명으로 옳은 것만을 〈보기〉에서 있는 대로 고른 것은?

┌ 보기 ┐

ㄱ. t_1~t_2 사이에 서구를 지난다.

ㄴ. 겉보기 밝기는 t_2보다 t_3일 때 밝다.

ㄷ. 회합 주기는 (t_3-t_1)이다.

① ㄱ   ② ㄴ   ③ ㄱ, ㄷ   ④ ㄴ, ㄷ   ⑤ ㄱ, ㄴ, ㄷ

09 [20703-0548] 그림은 태양 주위를 공전하는 가상의 두 행성을 나타낸 것이다.

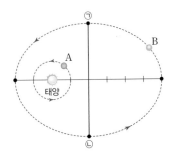

이에 대한 설명으로 옳은 것만을 〈보기〉에서 있는 대로 고른 것은?

┌─ 보기 ┌
ㄱ. 공전 주기는 B가 A의 4배이다.
ㄴ. B의 이심률은 0.5이다.
ㄷ. B가 ㉠에서 ㉡까지 공전하는 데 걸린 시간은 공전 주기의 $\frac{1}{2}$이다.

① ㄱ ② ㄴ ③ ㄱ, ㄷ
④ ㄴ, ㄷ ⑤ ㄱ, ㄴ, ㄷ

10 [20703-0549] 그림은 가상의 태양계 행성 A와 B의 공전 궤도를 나타낸 것이다.

 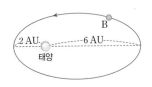

이에 대한 설명으로 옳은 것만을 〈보기〉에서 있는 대로 고른 것은?

┌─ 보기 ┌
ㄱ. 공전 궤도 이심률은 A가 B보다 크다.
ㄴ. (원일점 거리−근일점 거리)는 B가 A보다 2배 크다.
ㄷ. 한 달 동안 태양과 행성을 잇는 선분이 쓸고 지나간 면적은 A가 B보다 크다.

① ㄱ ② ㄴ ③ ㄱ, ㄷ
④ ㄴ, ㄷ ⑤ ㄱ, ㄴ, ㄷ

11 [20703-0550] 표는 어느 쌍성계를 구성하는 두 별 A, B의 특징을 나타낸 것이다.

별	질량 ($M_\odot=1$)	공통 질량 중심으로부터의 거리(AU)	공전 주기 (년)
A	3	a_A	3
B	9	a_B	

이에 대한 설명으로 옳은 것만을 〈보기〉에서 있는 대로 고른 것은? (단, $M_\odot$은 태양 질량이다.)

┌─ 보기 ┌
ㄱ. $a_A=3a_B$이다.
ㄴ. 공전 속도는 A가 B보다 빠르다.
ㄷ. a_A+a_B의 값은 5 AU보다 작다.

① ㄱ ② ㄴ ③ ㄱ, ㄷ
④ ㄴ, ㄷ ⑤ ㄱ, ㄴ, ㄷ

12 [20703-0551] 그림은 가상의 태양계 행성 A와 B가 각각 1년 동안 전체 공전 궤도 면적의 $\frac{1}{40}$과 $\frac{1}{5}$을 지나간 모습을 나타낸 것이다.

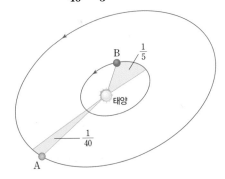

이에 대한 설명으로 옳은 것만을 〈보기〉에서 있는 대로 고른 것은?

┌─ 보기 ┌
ㄱ. A의 공전 주기는 40년이다.
ㄴ. 이 기간 동안 B의 공전 속도는 계속 느려졌다.
ㄷ. A와 B의 공전 궤도 긴반지름의 비는 4 : 1이다.

① ㄱ ② ㄴ ③ ㄱ, ㄷ
④ ㄴ, ㄷ ⑤ ㄱ, ㄴ, ㄷ

13 [20703–0552]
그림은 공전 궤도 상에서 수성의 위치를 5일 간격으로 나타낸 것이다.

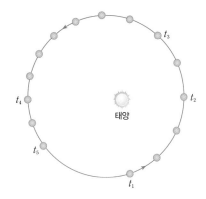

이에 대한 설명으로 옳은 것만을 〈보기〉에서 있는 대로 고른 것은? (단, 수성은 t_2일 때 근일점에 위치하였다.)

┌─ 보기 ┐
ㄱ. 수성의 공전 속도는 t_2보다 t_5일 때 빠르다.
ㄴ. 수성의 공전 주기는 80일보다 길다.
ㄷ. 태양과 수성을 잇는 선분이 쓸고 지나간 면적은 $t_2 \sim t_3$ 기간보다 $t_4 \sim t_5$ 기간이 넓다.
└──────┘

① ㄱ　② ㄴ　③ ㄱ, ㄷ　④ ㄴ, ㄷ　⑤ ㄱ, ㄴ, ㄷ

14 [20703–0553]
표는 가상의 태양계 소행성 A와 B의 근일점 거리와 원일점 거리를 나타낸 것이다.

소행성	근일점 거리(AU)	원일점 거리(AU)
A	1	7
B	3	5

이에 대한 설명으로 옳은 것만을 〈보기〉에서 있는 대로 고른 것은?

┌─ 보기 ┐
ㄱ. A가 1년 동안 지나간 궤도 면적은 전체 궤도 면적의 $\frac{1}{8}$이다.
ㄴ. 1년 동안 지나간 궤도 면적은 A와 B가 서로 같다.
ㄷ. 근일점과 원일점에서의 공전 속도 차는 A가 B보다 크다.
└──────┘

① ㄱ　② ㄴ　③ ㄱ, ㄷ　④ ㄴ, ㄷ　⑤ ㄱ, ㄴ, ㄷ

15 [20703–0554]
그림은 공전 주기가 10년, 공통 질량 중심으로부터의 거리가 각각 2 AU, 3 AU인 쌍성계의 두 별 A, B를 나타낸 것이다.

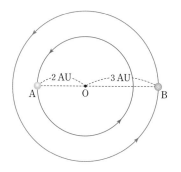

이에 대한 설명으로 옳은 것만을 〈보기〉에서 있는 대로 고른 것은? (단, A, B의 공전 궤도는 원궤도이다.)

┌─ 보기 ┐
ㄱ. A와 B 사이의 거리는 항상 5 AU이다.
ㄴ. 질량은 A가 B보다 1.5배 크다.
ㄷ. A와 B의 질량의 합은 태양의 질량보다 작다.
└──────┘

① ㄱ　② ㄷ　③ ㄱ, ㄴ　④ ㄴ, ㄷ　⑤ ㄱ, ㄴ, ㄷ

16 [20703–0555]
그림 (가)와 (나)는 서로 다른 두 쌍성계 X, Y의 모습을 나타낸 것이다. 두 쌍성계를 구성하는 별들의 공전 주기는 모두 4년이다.

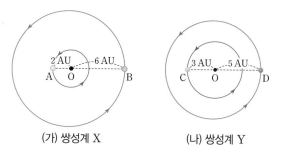

(가) 쌍성계 X　　　　(나) 쌍성계 Y

이에 대한 설명으로 옳은 것만을 〈보기〉에서 있는 대로 고른 것은?

┌─ 보기 ┐
ㄱ. 쌍성계 X의 질량은 태양 질량의 32배이다.
ㄴ. 두 쌍성계 X, Y의 질량은 서로 같다.
ㄷ. A의 질량은 D의 2배이다.
└──────┘

① ㄱ　② ㄴ　③ ㄱ, ㄷ　④ ㄴ, ㄷ　⑤ ㄱ, ㄴ, ㄷ

신유형·수능 열기

정답과 해설 82쪽

[20703-0556]

01 그림은 지구와 화성이 각각 E_0, M_0에 위치할 때 지구에서 발사한 화성 탐사선이 타원 궤도를 따라 추진력 없이 탐험하는 모습을 나타낸 것이다. 탐사선은 지구가 E_1에 위치했을 때 M_1에 위치한 화성에 도착하였다.

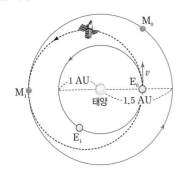

이에 대한 설명으로 옳은 것만을 〈보기〉에서 있는 대로 고른 것은?

┌─ 보기 ┌──────────────────────────────
ㄱ. 궤도 진입 후 화성 탐사선의 속력은 점차 느려진다.
ㄴ. 지구에서 발사된 탐사선이 화성에 도착하는 데에는 7개월 이상 소요된다.
ㄷ. 탐사선의 공전 궤도 긴반지름은 1.5 AU이다.
└─────────────────────────────────────

① ㄱ ② ㄷ ③ ㄱ, ㄴ ④ ㄴ, ㄷ ⑤ ㄱ, ㄴ, ㄷ

[20703-0557]

02 그림 (가)는 어느 날 지구, 목성, 토성의 위치를, (나)는 (가)로부터 6년 후, (다)는 (가) 이후 최초로 태양과 목성, 토성이 일직선을 이룰 때의 모습을 나타낸 것이다.

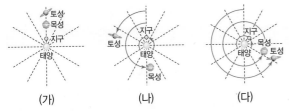

(가)   (나)   (다)

이에 대한 설명으로 옳은 것만을 〈보기〉에서 있는 대로 고른 것은?

┌─ 보기 ┌──────────────────────────────
ㄱ. 목성의 공전 주기는 12년보다 짧다.
ㄴ. (가) 이후 (나)일 때까지 목성은 6번 충에 위치하였다.
ㄷ. 토성에 대한 목성의 회합 주기는 18년보다 길다.
└─────────────────────────────────────

① ㄱ ② ㄴ ③ ㄱ, ㄷ ④ ㄴ, ㄷ ⑤ ㄱ, ㄴ, ㄷ

[20703-0558]

03 그림은 같은 평면 상에서 공전하고 있는 쌍성계의 두 별 A, B의 공전 궤도를 나타낸 것이다.

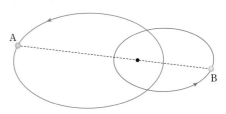

이에 대한 설명으로 옳은 것만을 〈보기〉에서 있는 대로 고른 것은?

┌─ 보기 ┌──────────────────────────────
ㄱ. 질량은 A가 B보다 크다.
ㄴ. 두 별 사이의 거리가 가장 가까울 때의 거리는 A의 공전 궤도 긴반지름보다 짧다.
ㄷ. A와 B는 공전하는 동안 절대 충돌하지 않는다.
└─────────────────────────────────────

① ㄱ ② ㄴ ③ ㄱ, ㄷ ④ ㄴ, ㄷ ⑤ ㄱ, ㄴ, ㄷ

[20703-0559]

04 그림은 화성의 공전 궤도를 결정하는 탐구 과정의 일부를 나타낸 모식도이다. E_1에 위치한 지구는 687일 후 E_2에 위치하며, 지구가 E_1과 E_2에 위치할 때 화성의 위치는 동일하다.

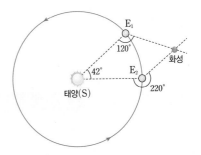

이에 대한 설명으로 옳은 것만을 〈보기〉에서 있는 대로 고른 것은?

┌─ 보기 ┌──────────────────────────────
ㄱ. 687일은 화성의 회합 주기이다.
ㄴ. 지구가 E_1에 위치할 때 화성은 충보다 동구에 가깝다.
ㄷ. 지구의 공전 주기가 360일이라면, $\angle E_1SE_2$는 42°보다 커진다.
└─────────────────────────────────────

① ㄱ ② ㄴ ③ ㄱ, ㄷ ④ ㄴ, ㄷ ⑤ ㄱ, ㄴ, ㄷ

13 천체의 거리와 성단

• 다양한 방법으로 천체까지의 거리를 구하는 과정 이해하기
• 성단의 종류와 특징에 대해 이해하기
• 색등급도와 주계열 맞추기 이해하기

한눈에 단원 파악, 이것이 핵심!

천체까지의 거리는 어떻게 알 수 있을까?

1. 겉보기 등급과 절대 등급 및 거리와의 관계 이용

> 겉보기 등급(m)과 절대 등급(M)의 차이를 이용하여 천체까지의 거리(r)를 알 수 있다.
>
> $$m - M = 5\log r - 5$$

2. 세페이드 변광성

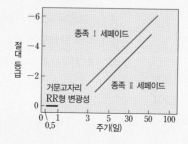

3. 주계열 맞추기

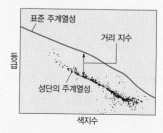

성단에는 어떤 것들이 있고 특징은 무엇일까?

산개 성단	구상 성단
• 나이가 젊고 고온의 푸른 별들이 많다. • 대부분 주계열성으로 이루어져 있다. • 주로 파란색을 띤다.	• 나이가 많고 저온의 붉은 별들이 많다. • 적색 거성이나 질량이 작은 주계열성이 많다. • 주로 붉은색을 띤다.

01 천체의 거리

1 연주 시차를 이용한 거리 측정

(1) 연주 시차(p): 지구 공전 궤도의 양 끝에서 지구로부터의 거리가 상대적으로 가까운 별 S를 관측했을 때 별 S가 먼 거리에 있는 배경별을 기준으로 이동한 각(❶시차)의 $\dfrac{1}{2}$이다.

① 1월에 관측할 때는 별 S가 배경별의 오른쪽에 위치하고, 7월에는 왼쪽에 위치한 것처럼 보인다.

② 1월~7월 동안 별 S가 배경별에 대해 이동한 각의 절반이 연주 시차이다.

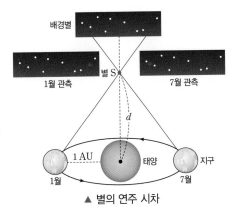

▲ 별의 연주 시차

(2) 연주 시차를 이용한 별까지의 거리(d) 측정: $d(\mathrm{pc}) = \dfrac{1}{p('')}$

① 1파섹(pc): 별의 연주 시차가 $1''\left(=\dfrac{1}{3600}^\circ\right)$인 별까지의 거리를 말한다.

➡ 1 pc≒3.26 광년≒206265 AU

② 연주 시차는 별까지의 거리에 반비례하므로 지구에 가까운 별일수록 연주 시차가 크게 나타나고, 먼 별일수록 작게 나타난다.

③ 연주 시차가 0.01″보다 작은 별들은 연주 시차가 너무 작아서 측정하기 어렵다. 또한, 별까지의 거

별	연주 시차(″)	거리(pc)
프록시마 센타우리	0.76	1.3
백조자리 61번	0.28	3.6
시리우스	0.38	2.6
데네브	0.0012	833.3

리가 멀면 연주 시차가 너무 작아서 측정 오차가 크게 나타나기 때문에 보통 100 pc 이상 거리의 천체는 다른 방법을 사용하여 별까지의 거리를 구한다.

2 별의 밝기를 이용한 거리 측정

(1) 별의 밝기와 등급: 별의 밝기는 등급으로 나타내며 밝은 별일수록 작은 숫자로 나타낸다.

① 포그슨은 1등급의 별은 6등급의 별보다 100배 밝은 것을 알게 되었다. 따라서 1등급 사이의 밝기 비는 $\sqrt[5]{100} = 10^{\frac{2}{5}}$배, 즉 약 2.5배이다.

등급 차이	1	2	3	4	5
밝기 비(배)	$10^{\frac{2}{5}}≒2.5$	$\left(10^{\frac{2}{5}}\right)^2≒6.3$	$\left(10^{\frac{2}{5}}\right)^3≒16$	$\left(10^{\frac{2}{5}}\right)^4≒40$	100

② 등급과 밝기 사이의 관계(포그슨 방정식): 등급이 각각 m_1, m_2인 두 별의 밝기를 각각 l_1, l_2라 하면 $\dfrac{l_1}{l_2} = 10^{\frac{2}{5}(m_2-m_1)}$이므로 $m_2 - m_1 = 2.5\log\dfrac{l_1}{l_2}$이다.

> **포그슨 방정식**
>
> $$100^{\frac{1}{5}(m_2-m_1)} = 10^{\frac{2}{5}(m_2-m_1)} = \frac{l_1}{l_2} \qquad \therefore m_2 - m_1 = -2.5\log\left(\frac{l_2}{l_1}\right)$$

❶ 시차
서로 다른 두 지점에서 하나의 물체를 볼 때 생기는 변위를 말한다. 가까이 있는 물체는 멀리 있는 물체에 비해 시차가 크게 나타나므로 거리를 측정할 때 사용할 수 있다.

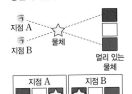

(2) 별의 밝기와 거리: 별의 밝기는 거리의 제곱에 반비례한다. 따라서 실제 밝기가 같고 겉보기 밝기가 l_1, l_2인 두 별까지의 거리를 d_1, d_2라고 하면, $\frac{l_1}{l_2}=\left(\frac{d_2}{d_1}\right)^2$이므로 $m_2-m_1=5\log\frac{d_2}{d_1}$이다.

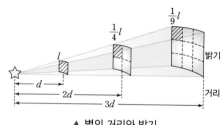

▲ 별의 거리와 밝기

(3) 거리 지수: 거리가 d(pc)인 어떤 별의 ❶겉보기 등급을 m, ❷절대 등급을 M이라 하면 $m-M=5\log\frac{d}{10}$이므로 $m-M=5\log d-5$이다. 이때 $m-M$을 거리 지수라고 한다.

➡ 거리 지수가 큰 별일수록 지구로부터의 거리가 멀다.

> **거리 지수와 거리의 관계**
> $$m-M=5\log\left(\frac{d}{10}\right)=5\log d-5$$

① $(m-M)<0$: 거리가 10 pc보다 가까운 별
② $(m-M)=0$: 거리가 10 pc인 별
③ $(m-M)>0$: 거리가 10 pc보다 먼 별

③ 세페이드 ❸변광성을 이용한 거리 측정

(1) 세페이드 변광성: 1912년 리비트는 당시 성운으로 알려져 있던 소마젤란은하 내의 수많은 세페이드 변광성의 밝기를 기록하는 작업 중 세페이드 변광성들은 변광 주기와 밝기 사이에 규칙성이 있음을 알게 되었다.

(2) 세페이드 변광성의 주기-광도 관계

① ❹세페이드 변광성은 별의 내부가 불안정하여 팽창과 수축을 반복하기 때문에 밝기가 주기적으로 변하는 맥동 변광성으로 변광 주기가 길수록 광도가 크다. 이를 세페이드 변광성의 주기-광도 관계라고 한다.

② 세페이드 변광성의 주기를 측정하면 광도를 알 수 있고, 따라서 절대 등급을 알 수 있으며 이미 알고 있는 겉보기 등급의 평균값을 가지고 거리 지수 공식에 대입하여 세페이드 변광성까지의 거리를 계산할 수 있다.

③ 미국의 천문학자 허블은 세페이드 변광성을 이용하여 안드로메다은하까지의 거리를 측정하여 안드로메다은하가 외부 은하임을 밝혀냈다.

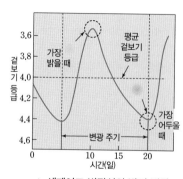

▲ 세페이드 변광성의 밝기 변화

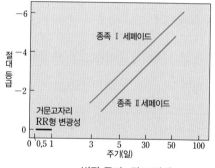

▲ 변광 주기-광도 관계

개념체크

빈칸 완성

1. 연주 시차는 지구 공전 궤도의 양 끝에서 별을 볼 때 생기는 각의 (　　　)이다.

2. 연주 시차가 $1''$인 별까지의 거리는 (　　　)이다.

3. 지구에서 가까운 거리에 있는 별일수록 연주 시차가 (　　　).

4. 별의 밝기는 ① (　　　)으로 나타내며, 밝은 별일수록 ② (　　　) 숫자로 나타낸다.

5. 우리 눈에 보이는 밝기에 따라 정한 등급을 (　　　) 등급이라고 한다.

6. 1등급의 별은 6등급의 별보다 ① (　　　)배 밝다. 따라서 1등급 간의 밝기 비는 약 ② (　　　)배이다.

7. 모든 별을 10 pc의 거리에 옮겨 놓았다고 가정했을 때의 밝기를 (　　　) 등급이라고 한다.

8. 어떤 별의 겉보기 등급을 m, 절대 등급을 M이라 하면 $m-M$을 (　　　)라고 한다.

9. 별의 밝기는 거리의 (　　　)에 반비례한다.

10. 세페이드 변광성은 변광 주기가 (　　　)에 비례한다.

11. 허블은 (　　　) 변광성을 이용하여 안드로메다은하가 외부 은하임을 밝혀냈다.

정답 1. $\frac{1}{2}$　2. 1 pc　3. 크다　4. ① 등급 ② 작은　5. 겉보기　6. ① 100 ② 2.5　7. 절대　8. 거리 지수　9. 제곱　10. 광도　11. 세페이드

O X 문제

※다음 설명 중 옳은 것은 O, 옳지 않은 것은 ×로 표시하시오.

1. 별의 연주 시차는 지구가 태양을 공전하기 때문에 나타나는 현상이다. (　　　)

2. 목성에서 연주 시차를 관측하면 같은 별을 지구에서 관측할 때보다 연주 시차가 크다. (　　　)

3. 지구에서부터의 거리가 먼 별일수록 연주 시차가 크다. (　　　)

4. 별의 등급은 별의 밝기가 밝은 별일수록 숫자가 작다. (　　　)

5. 1등급인 별과 6등급인 별의 밝기 차이는 100배이다. (　　　)

6. 절대 등급은 모든 별을 1 pc의 거리에 옮겨 놓았다고 가정했을 때의 밝기이다. (　　　)

7. 별의 등급이 10등급 감소하면 별의 밝기는 100배 감소한다. (　　　)

8. 별의 겉보기 등급과 절대 등급의 차이인 거리 지수가 클수록 그 별까지의 거리는 가깝다. (　　　)

9. 별의 광도를 비교할 때 겉보기 등급을 기준으로 비교한다. (　　　)

10. 안드로메다은하까지의 거리는 연주 시차를 이용하여 측정하였다. (　　　)

11. 세페이드 변광성의 변광 주기가 길수록 세페이드 변광성의 광도는 작다. (　　　)

12. 세페이드 변광성을 이용한 거리 측정은 연주 시차를 이용한 방법보다 더 먼 거리에 있는 천체에 이용할 수 있다. (　　　)

정답 1. O　2. O　3. ×　4. O　5. O　6. ×　7. ×　8. ×　9. ×　10. ×　11. ×　12. O

02 색등급도와 성단

❶ 색지수
색지수는 어떤 물체의 색을 수치적으로 나타낸 것이다. 천문학에서는 별의 색은 표면 온도를 나타낸다. 하나의 별을 서로 다른 파장대에서 측정했을 때 나타나는 등급의 차이를 색지수라고 한다.

❷ U, B, V 필터
• U 필터: 보라색 빛($0.36~\mu m$ 부근)을 통과시키는 필터
• B 필터: 파란색 빛($0.42~\mu m$ 부근)을 통과시키는 필터
• V 필터: 노란색 빛($0.54~\mu m$ 부근)을 통과시키는 필터

❸ 필터
일반적으로 U, B, V 필터가 많이 쓰이지만 이외에도 G, R, I 등 다양한 필터가 사용된다.

1 색등급도(C-M도)

(1) ❶색지수: 대부분의 별들은 육안으로 색깔을 구별하기 어렵기 때문에 서로 다른 파장에서 관측한 별의 등급을 이용하여 별의 색깔을 양적으로 나타내는데, 이 값을 색지수라고 한다.

① 등급의 종류: 별의 복사 에너지 세기는 파장에 따라 달라지므로 별의 등급은 우리가 관측하는 파장에 따라 달라진다.

• 사진 등급(m_p): 사진 건판에 찍힌 별의 상의 크기와 농도를 측정하여 결정하는 별의 등급
➡ 사진 건판은 파란색 파장대의 빛에 민감하여 파란색 별이 밝게 관측된다.

• 안시 등급(m_v): 육안으로 결정한 별의 밝기를 등급으로 정한 것 ➡ 사람의 눈은 황색 파장대($0.54~\mu m$)의 빛에 민감하여 황색 별이 밝게 관측된다.

• U, B, V 등급: ❷U, B, V ❸필터를 이용하여 측정한 등급을 각각 U 등급, B 등급, V 등급이라고 한다. 청색 파장대에서 측정한 별의 등급(B 등급)은 사진 등급과 비슷하고, 우리 눈이 민감하게 반응하는 황색 파장대에서 측정한 별의 등급(V 등급)은 안시 등급과 비슷하다. 따라서 $(B-V)$ 색지수가 천문학에서 많이 활용된다.

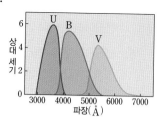
▲ U, B, V 필터

➡ $(B-V)$ 색지수는 별의 표면 온도가 높을수록 작다.

② 색지수: 일반적으로 사진 등급(m_p)에서 안시 등급(m_v)을 뺀 값을 색지수라고 한다.

• $(U-B)$, $(B-V)$ 등도 사용한다.

• 표면 온도가 약 $10000~K$인 백색 별의 $(B-V)$ 색지수는 0, 태양의 $(B-V)$ 색지수는 0.62이다.

③ 색지수와 표면 온도

• 색지수가 $(-)$인 경우: 짧은 파장 쪽의 빛을 많이 방출하여 플랑크 곡선이 파란색 쪽으로 치우치고 표면 온도가 높다.

• 색지수가 $(+)$인 경우: 긴 파장 쪽의 빛을 많이 방출하여 플랑크 곡선이 붉은색 쪽으로 치우치고 표면 온도가 낮다.

구분	파란색 별	붉은색 별
밝기	$l_B > l_V$	$l_B < l_V$
등급	$B < V$	$B > V$
색지수	$(B-V) < 0$	$(B-V) > 0$

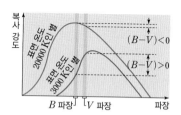
▲ 별의 표면 온도와 색지수

(2) 색등급도(C-M도)와 주계열 맞추기

❹ H-R도
별의 표면 온도(분광형)를 가로축에, 별의 절대 등급(광도)을 세로축에 표현한 것이다.

① 색등급도: ❹H-R도의 가로축에 별의 색지수를, 세로축에 등급을 놓은 것을 색등급도(C-M도)라고 한다. 성단의 색등급도는 겉보기 등급을 사용한다.

② 성단의 주계열 맞추기: 성단 내의 모든 별은 지구로부터 거의 같은 거리에 있다는 점을 이용하여 성단까지의 거리를 구할 수 있다.

• 같은 성단에 속한 별들의 색지수와 겉보기 등급의 관계를 나타낸 색등급도를 작성하여 색지수와 절대 등급이 알려진 표준 주계열성의 색등급도와 비교하면 성단을 구성하는 별들의 절대 등급을 알 수 있고, 이로부터 구한 거리 지수($m-M$)는 성단의 모든 별에서 같다고 할 수 있으므로 성단까지의 거리를 구할 수 있다. 이를 주계열 맞추기라고 한다.

주계열 맞추기를 통한 성단까지의 거리 측정 과정

성단의 별들은 거의 같은 장소에서 같은 시기에 태어났기 때문에 모든 별들이 거의 같은 거리에 있다고 생각할 수 있다. 따라서 성단의 색등급도를 표준 주계열의 색등급도와 비교하여 성단의 거리를 구할 수 있다.

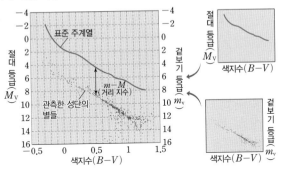

① 표준 주계열의 색지수와 절대 등급을 색등급도에 그린다. (➡ 파란색 실선)
② 거리를 구하고자 하는 성단의 색지수와 겉보기 등급을 ①에서 그린 색등급도에 겹쳐 그린다. (➡ 붉은색 점)
③ 두 색등급도를 비교하여 거리 지수를 결정한다.
④ $m-M=5\log r-5$를 이용하여 거리를 구한다.
  • 주계열 맞추기는 우리은하 내에 있는 천체의 거리를 구하는 데 사용할 수 있다.
  • 성단의 색등급도를 표준 주계열의 색등급도와 비교하면 성단까지의 거리뿐만 아니라 나이도 추정할 수 있다. ➡ 성단의 색등급도에서 별이 주계열을 떠나기 시작하는 위치를 ❶전향점이라 하는데, 성단의 나이가 많을수록 전향점이 오른쪽 아래로 이동한다.

---

❷ 산개 성단과 구상 성단

(1) 산개 성단

① 산개 성단: 산개 성단은 수백~수천 개의 별들이 비교적 허술하게 모여 있는 집단이다. 우리은하에만 1000개가 넘는 산개 성단이 발견된다. 주로 나선 은하와 불규칙 은하에서 발견된다.
  • 같은 분자 구름에서 형성되어 나이가 비슷하고, 비교적 최근에 형성되었기 때문에 젊은 별이 많다.
  • 주계열 단계의 젊고 질량과 광도가 매우 큰 별이 많기 때문에 성단은 대체로 파란색을 나타낸다.
② 산개 성단의 색등급도(C−M도)
  • 대부분 주계열성으로, 표면 온도가 높고 광도가 큰 별들이 많다.
  • 전향점은 온도가 높고 광도가 큰 곳에 위치하므로 산개 성단은 비교적 나이가 젊다는 것을 알 수 있다.
  • 전향점이 낮을수록 성단의 나이가 많다. ➡ 플레이아데스 성단의 전향점은 히아데스 성단의 전향점보다 광도가 높은 곳에 위치하므로 플레이아데스 성단은 히아데스 성단보다 나이가 젊다는 것을 알 수 있다.

❶ 전향점
전향점은 색등급도에서 중심부의 수소를 모두 소진한 별이 주계열 상태에서 벗어나기 시작하는 단계에 있는 지점이다. 성단이 처음 만들어지면 전향점이 존재하지 않다가 시간이 지나면서 전향점은 색등급도에서 색지수는 커지고 등급은 커지는 방향으로 이동한다.

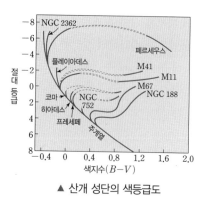

▲ 산개 성단의 색등급도

▲ 산개 성단(M25)

(2) 구상 성단

① 구상 성단: 수만~수십만 개의 별들이 구형으로 매우 조밀하게 모여 있는 집단이다. 구상 성단의 별들은 중력에 의해 단단히 묶여 있어 구형의 모양을 유지하며, 중심으로 들어갈수록 별들이 밀집해 있다.

- 현재까지 약 150개의 구상 성단이 우리은하에서 발견되었고, 이들은 은하 중심 주위를 공전한다.
- 큰 은하일수록 구상 성단도 많이 존재할 것으로 추측된다.
- 나이가 100억 년 이상인 것들도 관측될 만큼 오래전에 형성되었고, 따라서 형성 초기에 존재하였던 질량이 큰 별들은 주계열 단계를 벗어났다.
- 성단의 색: 현재 관측되는 별들은 대부분 적색 거성 또는 나이가 많고 질량이 작은 주계열 성이기 때문에 성단은 대체로 붉은색을 띤다.

② 구상 성단의 색등급도(C-M도)

❶ ❷ ❸ 적색 거성 가지, 점근 거성 가지, 수평 가지

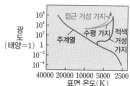

- 구상 성단의 색등급도에서 전향점에 위치하는 별은 산개 성단과 비교할 때 상대적으로 어둡고 색지수가 크다. 따라서 구상 성단에서 주계열 단계에 남아 있는 별들은 질량이 작고 표면 온도가 낮아서 광도가 작은 별들인 것을 알 수 있다.
- 구상 성단의 색등급도에는 ❶적색 거성 가지에 별들이 많이 분포하고, 산개 성단에는 나타나지 않는 ❷점근 거성 가지와 ❸수평 가지에도 별들이 나타나는 것으로 보아 나이가 많은 별들로 구성되었다는 것을 알 수 있다.
- 구성 성단의 전향점은 절대 등급이 4등급으로 거의 일정하다.

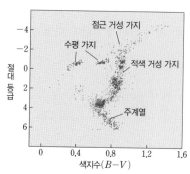

▲ 구성 성단의 색등급도

▲ 구상 성단(NGC 362)

빈칸 완성

1. 사진 건판에 나타난 별의 밝기를 등급으로 정한 것을 (   ) 등급이라고 한다.

2. 눈의 감도에 의한 별의 밝기를 등급으로 정한 것을 (   ) 등급이라고 한다.

3. 사진 등급에서는 (   )색 별이 밝게 측정된다.

4. 안시 등급에서는 (   )색 별이 밝게 측정된다.

5. 색지수는 별의 표면 온도가 높을수록 (   )진다.

6. 색등급도는 가로축에는 ① (   ), 세로축에는 ② (   )을 표현한 그림이다.

7. 색등급도에서 왼쪽으로 갈수록 표면 온도가 (   ) 별이다.

8. 색등급도에서 성단을 이루는 별들이 주계열 단계에서 벗어나는 지점을 (   )이라고 한다.

9. 성단의 색등급도를 색지수와 절대 등급이 알려진 (   )과 비교하면 성단까지의 거리를 알 수 있다.

10. 수만~수십만 개의 별들이 구형으로 매우 조밀하게 모여 있는 집단을 (   )이라고 한다.

11. 산개 성단에는 주계열 단계의 질량과 광도가 큰 별이 많이 있기 때문에 대체로 (   )색으로 관측된다.

정답 1. 사진 2. 안시 3. 파란 4. 황 5. 작아 6. ① 색지수 ② 별의 등급 7. 높은 8. 전향점 9. 표준 주계열성 10. 구상 성단 11. 파란

○X 문제

※ 다음 설명 중 옳은 것은 ○, 옳지 않은 것은 ×로 표시하시오.

1. 색지수($B-V$)는 별의 표면 온도를 나타내는 척도가 된다. (   )

2. 안시 등급은 사진 건판에 나타난 별의 밝기를 등급으로 정한 것이다. (   )

3. 사진 등급은 안시 등급보다 파란색 빛에 민감하여 파란색 별이 더 밝게 측정된다. (   )

4. B 필터와 V 필터로 정해지는 겉보기 등급을 각각 B 등급과 V 등급이라고 한다. (   )

5. 표면 온도가 높은 별은 상대적으로 표면 온도가 낮은 별보다 색지수($B-V$)가 크다. (   )

6. 색등급도에 가로축에는 별의 절대 등급이나 광도를 사용한다. (   )

7. 표준 주계열성의 색등급도와 성단의 색등급도를 비교하여 성단까지의 거리를 구하는 방법을 주계열 맞추기라고 한다. (   )

8. 색등급도에서 성단의 주계열성 분포가 표준 주계열성과 일치하면 그 성단은 10 pc 거리에 위치한다. (   )

9. 산개 성단은 주로 나선 은하나 불규칙 은하에서 발견된다. (   )

10. 구상 성단은 수백~수천 개의 별들이 허술하게 모여 있는 집단이다. (   )

11. 산개 성단의 전향점은 온도가 높고 광도가 큰 곳에 위치한 것으로 보아 산개 성단은 비교적 나이가 많다. (   )

12. 구상 성단의 색등급도에서 전향점에 위치한 별은 산개 성단에서보다 색지수가 크다. (   )

정답 1. ○ 2. × 3. ○ 4. ○ 5. × 6. × 7. ○ 8. ○ 9. ○ 10. × 11. × 12. ○

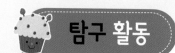

목표

산개 성단과 구상 성단을 색등급도(C−M도) 상에서 표준 주계열성과 비교하여 각각의 성단까지의 거리와 나이를 추정할 수 있다.

과정

다음은 표준 주계열성과 산개 성단 그리고 구상 성단의 색지수와 겉보기 등급을 나타낸 것이다.

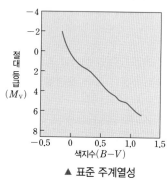
▲ 표준 주계열성

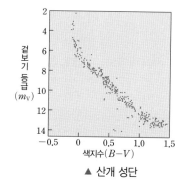
▲ 산개 성단

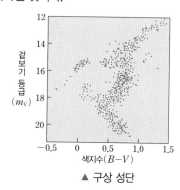
▲ 구상 성단

1. 산개 성단과 구상 성단의 색지수와 겉보기 등급이 표시된 색등급도 상에 표준 주계열성을 등급과 색지수에 맞게 그린다.
2. 성단을 이루는 주계열성의 겉보기 등급과 표준 주계열성의 절대 등급의 등급 차이인 거리 지수를 구한다.
3. 성단을 이루는 별이 주계열에서 벗어나기 시작하는 점인 전향점을 색등급도에 각각 표시한다.

결과 정리 및 해석

1. 표준 주계열성의 색지수와 절대 등급이 표시된 색등급도에 성단의 별들을 표시하면 주계열 맞추기 그림처럼 된다.
2. 성단을 이루는 주계열성의 겉보기 등급과 표준 주계열성의 절대 등급의 등급 차이인 거리 지수가 0이면 이 성단까지의 거리는 10 pc, 거리 지수가 (+)이면 10 pc보다 멀며, (−)이면 10 pc보다 가깝다.
3. 성단을 이루는 별이 주계열에서 벗어나기 시작하는 점인 전향점은 성단의 나이가 많을수록 색등급도 상에서 오른쪽 아래로 이동한다. 산개 성단의 경우 전향점이 왼쪽 위에 있고, 구상 성단의 경우 오른쪽 아래에 있다는 것을 알 수 있다.

탐구 분석

1. 주계열 맞추기를 통해 측정된 성단의 거리 지수가 0이면 성단까지의 거리는 10 pc이다. 그 까닭은 무엇인지 서술하시오.
2. 성단의 전향점이 색등급도에서 오른쪽 아래에 위치한 것은 성단의 나이가 많다는 것이다. 그 까닭은 무엇인지 서술하시오.

01 [20703-0560]
연주 시차에 대한 설명으로 옳은 것은?

① 지구에서 가까운 별일수록 연주 시차가 작다.
② 연주 시차가 1″인 별의 거리는 10 pc이다.
③ 외부 은하에 위치한 별은 연주 시차가 측정된다.
④ 지구에서 별을 1년 동안 관측했을 때 생기는 최대 시차의 $\frac{1}{2}$을 연주 시차라고 한다.
⑤ 같은 별을 목성에서 관측하면 지구에서보다 연주 시차가 작게 나타난다.

02 [20703-0561]
그림은 연주 시차를 이용한 거리 측정에 대해 나타낸 것이다.

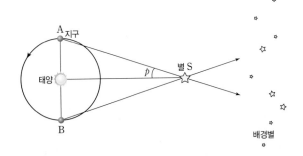

이에 대한 설명으로 옳은 것만을 〈보기〉에서 있는 대로 고른 것은?

┌ 보기 ┌
ㄱ. 별 S의 연주 시차는 p이다.
ㄴ. 배경별은 먼 거리에 위치해 연주 시차가 나타나지 않는다.
ㄷ. 지구의 자전 때문에 나타난다.

① ㄱ   ② ㄷ   ③ ㄱ, ㄴ
④ ㄴ, ㄷ   ⑤ ㄱ, ㄴ, ㄷ

03 [20703-0562]
별의 밝기와 등급에 대한 설명으로 옳은 것만을 〈보기〉에서 있는 대로 고른 것은?

┌ 보기 ┌
ㄱ. 등급은 밝은 별일수록 큰 숫자로 나타낸다.
ㄴ. 1등급의 별과 6등급 별의 밝기는 100배 차이가 난다.
ㄷ. 절대 등급은 별을 10 pc의 거리에 옮겨 놓았다고 가정했을 때의 밝기이다.

① ㄱ   ② ㄴ   ③ ㄷ
④ ㄱ, ㄴ   ⑤ ㄴ, ㄷ

04 [20703-0563]
그림은 별의 거리와 밝기와의 관계를 나타낸 것이다.

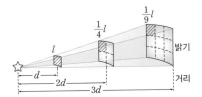

이에 대한 설명으로 옳은 것만을 〈보기〉에서 있는 대로 고른 것은?

┌ 보기 ┌
ㄱ. 별의 밝기는 거리의 제곱에 비례한다.
ㄴ. 절대 등급이 동일할 경우 겉보기 등급은 별까지의 거리가 멀수록 증가한다.
ㄷ. 절대 등급은 별까지의 거리에 영향을 받지 않는다.

① ㄱ   ② ㄷ   ③ ㄱ, ㄴ
④ ㄴ, ㄷ   ⑤ ㄱ, ㄴ, ㄷ

05 [20703-0564]
세페이드 변광성에 대한 설명으로 옳은 것은?

① 격렬하게 폭발하여 밝기가 변하는 변광성이다.
② 변광 주기와 관계 없이 절대 등급은 일정하다.
③ 세페이드 변광성은 외부 은하에서만 관측된다.
④ 세페이드 변광성의 절대 등급을 알아내면 겉보기 등급과 관계없이 거리를 계산할 수 있다.
⑤ 세페이드 변광성을 이용하여 안드로메다은하가 외부 은하임을 알게 되었다.

06 [20703–0565]
그림은 어떤 세페이드 변광성의 밝기 변화를 나타낸 것이다.

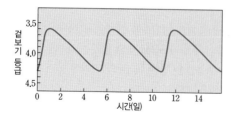

이에 대한 설명으로 옳은 것만을 〈보기〉에서 있는 대로 고른 것은?

┌ 보기 ┌
ㄱ. 변광 주기는 4일보다 짧다.
ㄴ. 평균 겉보기 등급은 약 4.0이다.
ㄷ. 평균 겉보기 등급과 절대 등급의 차이를 이용하면 세페이드 변광성까지의 거리를 알 수 있다.

① ㄱ   ② ㄷ   ③ ㄱ, ㄴ
④ ㄴ, ㄷ   ⑤ ㄱ, ㄴ, ㄷ

07 [20703–0566]
그림은 여러 가지 필터의 투과 영역을 나타낸 것이다.

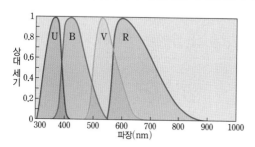

이에 대한 설명으로 옳은 것만을 〈보기〉에서 있는 대로 고른 것은?

┌ 보기 ┌
ㄱ. B 필터는 V 필터보다 평균적으로 짧은 파장의 빛을 통과시킨다.
ㄴ. 파란색 별은 붉은색 별보다 색지수($B-V$)가 작다.
ㄷ. 500 nm 파장의 빛은 R 필터에서 관측되지 않는다.

① ㄱ   ② ㄷ   ③ ㄱ, ㄴ
④ ㄴ, ㄷ   ⑤ ㄱ, ㄴ, ㄷ

08 [20703–0567]
표는 절대 등급이 같은 별 (가), (나), (다)의 겉보기 등급을 나타낸 것이다.

별	(가)	(나)	(다)
겉보기 등급	+3	+1	−1

이에 대한 설명으로 옳은 것만을 〈보기〉에서 있는 대로 고른 것은?

┌ 보기 ┌
ㄱ. 연주 시차가 가장 작은 별은 (가)이다.
ㄴ. 지구에서 가장 멀리 있는 별은 (나)이다.
ㄷ. 거리 지수가 가장 큰 별은 (다)이다.

① ㄱ   ② ㄷ   ③ ㄱ, ㄴ
④ ㄴ, ㄷ   ⑤ ㄱ, ㄴ, ㄷ

09 [20703–0568]
어떤 별의 겉보기 등급이 +2.5등급이고, 별까지의 거리가 10000 pc이다. 이 별의 절대 등급은 얼마인지 쓰시오.

10 [20703–0569]
그림은 변광성들의 변광 주기─광도 관계를 나타낸 것이다.

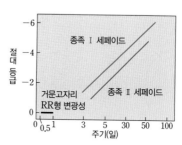

이에 대한 설명으로 옳은 것만을 〈보기〉에서 있는 대로 고른 것은?

┌ 보기 ┌
ㄱ. 세페이드 변광성의 변광 주기와 절대 등급은 비례한다.
ㄴ. 변광 주기가 같은 경우 종족 I 세페이드 변광성이 종족 II 세페이드 변광성보다 광도가 크다.
ㄷ. 거문고자리 RR형 변광성은 절대 등급이 변광 주기와 관계없이 일정하다.

① ㄱ   ② ㄷ   ③ ㄱ, ㄴ
④ ㄴ, ㄷ   ⑤ ㄱ, ㄴ, ㄷ

11 [20703–0570]
표는 평균 겉보기 등급이 같은 종족 Ⅰ 세페이드 변광성 (가), (나), (다)의 변광 주기를 나타낸 것이다.

세페이드 변광성	(가)	(나)	(다)
변광 주기	3	5	30

이에 대한 설명으로 옳은 것만을 〈보기〉에서 있는 대로 고른 것은?

┌ 보기 ┌
ㄱ. 절대 등급이 가장 작은 별은 (가)이다.
ㄴ. 거리 지수가 가장 큰 별은 (나)이다.
ㄷ. 지구에서 가장 멀리 있는 별은 (다)이다.

① ㄱ   ② ㄷ   ③ ㄱ, ㄴ   ④ ㄴ, ㄷ   ⑤ ㄱ, ㄴ, ㄷ

12 [20703–0571]
색지수($B-V$)에 대한 설명으로 옳은 것은?

① 색지수가 (−)인 별은 B 등급이 V 등급보다 크다.
② 눈으로 보는 등급과 비슷한 겉보기 등급을 나타내는 필터는 B 필터이다.
③ 색지수($B-V$)는 별의 표면 온도에 비례한다.
④ 색지수($B-V$)가 0일 때 별의 표면 온도는 약 $10000\,\mathrm{K}$이다.
⑤ 분광형이 A형인 별은 K형인 별보다 색지수($B-V$)가 크다.

13 [20703–0572]
그림은 소마젤란은하 내에서 발견된 2개의 세페이드 변광성(종족 Ⅰ)의 변광 곡선과 겉보기 등급을 나타낸 것이다.

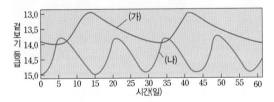

이에 대한 설명으로 옳은 것만을 〈보기〉에서 있는 대로 고른 것은?

┌ 보기 ┌
ㄱ. 변광 주기는 (가)가 (나)보다 길다.
ㄴ. 평균 겉보기 등급은 (가)가 (나)보다 크다.
ㄷ. (가)와 (나)의 절대 등급은 동일하다.

① ㄱ   ② ㄷ   ③ ㄱ, ㄴ   ④ ㄴ, ㄷ   ⑤ ㄱ, ㄴ, ㄷ

14 [20703–0573]
그림은 구상 성단의 모습이다.

이 천체에 대한 설명으로 옳은 것은?

① 대체로 파란색을 띈다.
② 수백~수천 개의 별들이 모여 있는 집단이다.
③ 우리은하에서는 관측되지 않는다.
④ 나이가 많고 질량이 작은 주계열성의 비율이 높다.
⑤ 나이가 100억 년 이상인 구상 성단은 존재하지 않는다.

15 [20703–0574]
그림은 여러 산개 성단의 색등급도이다.

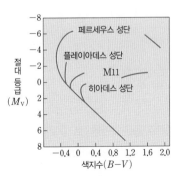

(1) 가장 나이가 많은 성단은 무엇인지 쓰시오.

(2) 성단을 구성하는 별들 중 주계열성의 비율이 가장 높은 성단은 무엇인지 쓰시오.

16 [20703-0575]
그림은 주계열 맞추기를 통한 천체까지의 거리를 구하는 방법을 나타낸 것이다.

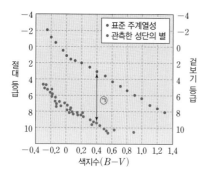

이에 대한 설명으로 옳은 것만을 〈보기〉에서 있는 대로 고른 것은?

┌─ 보기 ┌
ㄱ. 연주 시차를 사용하는 방법보다 가까운 거리의 천체에 사용한다.
ㄴ. 성단의 등급은 겉보기 등급으로 나타난다.
ㄷ. ㉠은 거리 지수를 의미한다.

① ㄱ ② ㄷ ③ ㄱ, ㄴ ④ ㄴ, ㄷ ⑤ ㄱ, ㄴ, ㄷ

17 [20703-0576]
그림 (가)와 (나)는 산개 성단과 구상 성단의 색등급도를 순서 없이 나타낸 것이다.

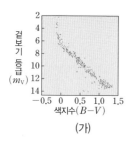
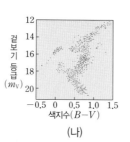

(가)　　　　　　　(나)

이에 대한 설명으로 옳은 것만을 〈보기〉에서 있는 대로 고른 것은?

┌─ 보기 ┌
ㄱ. 성단에 포함된 별의 개수는 (가)가 (나)보다 적다.
ㄴ. (나)는 산개 성단이다.
ㄷ. 성단의 색은 (가)가 (나)보다 붉은색으로 관측된다.

① ㄱ ② ㄷ ③ ㄱ, ㄴ ④ ㄴ, ㄷ ⑤ ㄱ, ㄴ, ㄷ

18 [20703-0577]
천체까지의 거리를 추정하는 데 이용되는 것이 아닌 것은?

① 지구 공전 궤도의 양 끝에서 별을 바라보았을 때 생기는 각도를 측정
② 별에 직접 전파를 쏘았을 때 되돌아오는 시간을 측정
③ 세페이드 변광성의 주기-광도 관계를 측정
④ 겉보기 등급과 절대 등급의 차이를 측정
⑤ 표준 주계열성과 성단의 색등급도의 비교

19 [20703-0578]
다음은 플레이아데스 성단과 히아데스 성단에 대한 설명이다. ( ) 안에 들어갈 공통적인 말을 쓰시오.

색등급도에서 플레이아데스 성단의 (　　　)은 히아데스 성단의 (　　　)보다 광도가 큰 곳에 위치하므로 히아데스 성단보다 나이가 젊다는 것을 알 수 있다.

20 [20703-0579]
그림은 천체까지의 거리를 측정하는 방법을 나타낸 것이다.

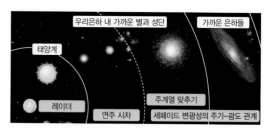

이에 대한 설명으로 옳은 것만을 〈보기〉에서 있는 대로 고른 것은?

┌─ 보기 ┌
ㄱ. 연주 시차는 구상 성단에는 적용하기 어렵다.
ㄴ. 주계열 맞추기는 주로 우리은하 내의 성단에 적용한다.
ㄷ. 가장 멀리 있는 천체까지 거리를 측정할 수 있는 것은 세페이드 변광성을 이용하는 방법이다.

① ㄱ ② ㄷ ③ ㄱ, ㄴ ④ ㄴ, ㄷ ⑤ ㄱ, ㄴ, ㄷ

정답과 해설 86쪽

01 [20703–0580]
표는 별 (가), (나), (다)의 연주 시차를 나타낸 것이다.

별	연주 시차(")
(가)	0.76
(나)	0.10
(다)	0.20

이에 대한 설명으로 옳은 것만을 〈보기〉에서 있는 대로 고른 것은?

┌ 보기 ┌
ㄱ. 별까지의 거리가 가장 먼 것은 (가)이다.
ㄴ. (나)는 절대 등급과 겉보기 등급이 동일하다.
ㄷ. (다)는 지구에서 5 pc 거리에 위치한다.
└

① ㄱ   ② ㄷ   ③ ㄱ, ㄴ
④ ㄴ, ㄷ   ⑤ ㄱ, ㄴ, ㄷ

02 [20703–0581]
표는 별 (가), (나)의 겉보기 등급, 절대 등급, 연주 시차를 나타낸 것이다.

별	겉보기 등급	절대 등급	연주 시차(")
(가)	( )	1	0.1
(나)	3	( )	0.01

이에 대한 설명으로 옳은 것만을 〈보기〉에서 있는 대로 고른 것은?

┌ 보기 ┌
ㄱ. 맨눈으로 볼 때 (가)가 (나)보다 밝게 보인다.
ㄴ. 별까지 거리는 (가)가 (나)의 10배이다.
ㄷ. 광도는 (가)가 (나)보다 크다.
└

① ㄱ   ② ㄷ   ③ ㄱ, ㄴ
④ ㄴ, ㄷ   ⑤ ㄱ, ㄴ, ㄷ

03 [20703–0582]
겉보기 등급이 같은 별 A, B의 절대 등급이 각각 −5등급과 5등급이다. 별 A와 별 B의 지구로부터의 거리 비는?

① 2 : 1   ② 5 : 1
③ 100 : 1   ④ 1 : 5
⑤ 1 : 100

04 [20703–0583]
그림 (가)는 종족 Ⅰ 세페이드 변광성에 해당하는 별의 겉보기 등급 변화를, (나)는 세페이드 변광성의 주기−광도 관계를 나타낸 것이다.

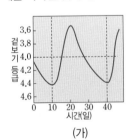
(가)

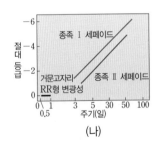
(나)

이에 대한 설명으로 옳은 것만을 〈보기〉에서 있는 대로 고른 것은?

┌ 보기 ┌
ㄱ. 변광 주기는 약 30일이다.
ㄴ. 절대 등급은 −4보다 작다.
ㄷ. 지구로부터 거리는 100 pc보다 멀다.
└

① ㄱ   ② ㄷ   ③ ㄱ, ㄴ
④ ㄴ, ㄷ   ⑤ ㄱ, ㄴ, ㄷ

05 [20703–0584]
다음은 세페이드 변광성을 이용하여 거리를 측정하는 과정을 순서 없이 나타낸 것이다.

> (가) 세페이드 변광성 주기 – 광도 관계로부터 절대 등급을 알아낸다.
> (나) 거리 지수를 이용하여 세페이드 변광성까지의 거리를 계산한다.
> (다) 평균 겉보기 등급과 절대 등급을 비교하여 거리 지수를 구한다.
> (라) 세페이드 변광성의 변광 주기와 겉보기 등급을 측정한다.

거리를 측정하는 과정을 순서대로 옳게 나열한 것은?

① (가) – (나) – (다) – (라) ② (가) – (라) – (다) – (나)
③ (라) – (가) – (다) – (나) ④ (라) – (다) – (가) – (나)
⑤ (다) – (라) – (가) – (나)

06 [20703–0585]
그림은 두 별 (가), (나)의 파장에 따른 복사 강도와 B 필터, V 필터의 관측 파장대를 나타낸 것이다.

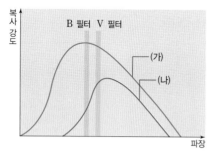

이에 대한 설명으로 옳은 것만을 〈보기〉에서 있는 대로 고른 것은?

> **보기**
> ㄱ. B 필터는 V 필터보다 짧은 파장의 빛을 통과시킨다.
> ㄴ. (가) 별의 색지수($B-V$)는 (−)이다.
> ㄷ. 같은 파장대에서 (가) 별의 복사 강도는 (나) 별보다 크다.

① ㄱ   ② ㄷ   ③ ㄱ, ㄴ
④ ㄴ, ㄷ   ⑤ ㄱ, ㄴ, ㄷ

07 [20703–0586]
그림은 어떤 성단까지의 거리를 구하는 방법을 나타낸 것이다.

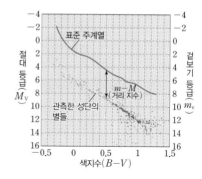

이에 대한 설명으로 옳은 것만을 〈보기〉에서 있는 대로 고른 것은?

> **보기**
> ㄱ. 동일한 색지수의 성단 내 주계열성과 표준 주계열성은 절대 등급이 같다.
> ㄴ. 성단의 주계열성이 표준 주계열성 아래에 위치한 것으로 보아 지구로부터의 거리는 10 pc보다 가깝다.
> ㄷ. 성단의 색등급도 상 분포로 보아 산개 성단이다.

① ㄱ   ② ㄴ   ③ ㄱ, ㄷ
④ ㄴ, ㄷ   ⑤ ㄱ, ㄴ, ㄷ

08 서술형 [20703–0587]
표는 절대 등급이 5등급인 별로만 구성된 성단 (가)와 (나)의 물리량을 나타낸 것이다.

성단	거리(pc)	성단 내 별 개수
(가)	10000	1000000
(나)	100	10000

(가)와 (나) 중 겉보기 등급이 큰 성단은 무엇인지 쓰고, 그렇게 판단한 까닭을 서술하시오.

09 [20703-0588]
그림은 어떤 성단의 색등급도이다.

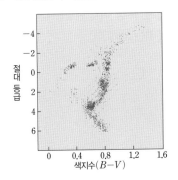

이에 대한 설명으로 옳은 것은?

① 산개 성단이다.
② 대부분의 별은 주계열 단계에 위치한다.
③ 적색 거성 단계에 도달한 별이 있다.
④ 색지수가 0인 주계열성이 존재한다.
⑤ 성단은 주로 파란색으로 관측된다.

10 [20703-0589]
그림은 성단 (가)와 (나)의 색등급도이다.

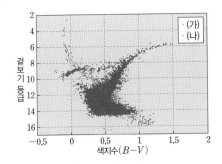

이에 대한 설명으로 옳은 것은?

① (가)는 (나)보다 별의 개수 밀도가 크다.
② 나이는 (가)가 (나)보다 많다.
③ 성단까지의 거리는 (가)가 (나)보다 멀다.
④ 질량이 큰 주계열성의 비율은 (가)가 (나)보다 작다.
⑤ 적색 거성의 비율은 (가)가 (나)보다 작다.

11 [20703-0590]
표는 산개 성단 (가), (나), (다)의 물리량을 나타낸 것이다.

성단	거리(pc)	나이(백만 년)
(가)	46	625
(나)	888	1900
(다)	51400	25

이에 대한 설명으로 옳은 것만을 〈보기〉에서 있는 대로 고른 것은?

┌─ 보기 ┌
ㄱ. 전향점의 색지수는 (가)가 (나)보다 작다.
ㄴ. (다)에 속한 별은 연주 시차가 관측된다.
ㄷ. (가), (나), (다)에 속한 주계열성의 겉보기 등급을 색
    등급도 상에 표시하면 같은 색지수의 표준 주계열성
    위쪽에 위치한다.

① ㄱ   ② ㄷ   ③ ㄱ, ㄴ
④ ㄴ, ㄷ   ⑤ ㄱ, ㄴ, ㄷ

12 [20703-0591]
그림은 별 (가), (나), (다)의 파장에 따른 복사 강도를 나타낸 것이다.

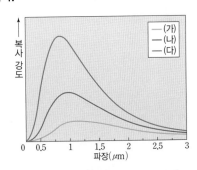

이에 대한 설명으로 옳은 것만을 〈보기〉에서 있는 대로 고른 것은?

┌─ 보기 ┌
ㄱ. 최대 복사 에너지를 방출하는 파장은 (가)가 가장 길다.
ㄴ. 표면 온도는 (나)가 가장 높다.
ㄷ. 색지수는 (다)가 가장 작다.

① ㄱ   ② ㄴ   ③ ㄱ, ㄷ
④ ㄴ, ㄷ   ⑤ ㄱ, ㄴ, ㄷ

[20703-0592]

13 그림 (가)와 (나)는 구상 성단과 산개 성단을 순서 없이 나타낸 것이다.

 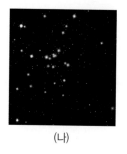

(가)   (나)

이에 대한 설명으로 옳은 것만을 〈보기〉에서 있는 대로 고른 것은?

┌─ 보기 ┐
ㄱ. (가)는 주로 우리은하의 나선팔에 분포한다.
ㄴ. (나)는 주로 나선 은하나 불규칙 은하에서 발견된다.
ㄷ. 성단의 색은 (가)가 (나)보다 더 파랗게 보인다.
└─────┘

① ㄱ   ② ㄴ   ③ ㄱ, ㄷ
④ ㄴ, ㄷ   ⑤ ㄱ, ㄴ, ㄷ

[20703-0593]

14 그림은 여러 산개 성단의 색등급도이다.

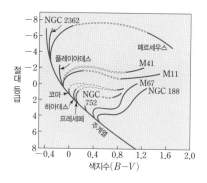

이 성단들에 대한 설명으로 옳지 <u>않은</u> 것은?

① 대체로 파란색을 띤다.
② 외부 은하에서는 발견되지 않는다.
③ 수백~수천 개의 별들이 모여 있는 집단이다.
④ 플레이아데스 성단이 히아데스 성단보다 나이가 적다.
⑤ 각 성단의 별들은 같은 분자 구름에서 형성되어 나이가 비슷하다.

[20703-0594]

15 그림은 황도 부근에 위치한 별 A와 B를 6개월 간격으로 1년 동안 관측한 천구 상 위치 변화를 나타낸 것이다. 겉보기 등급은 A는 0.0, B는 5.0이다.

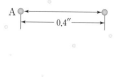

이에 대한 설명으로 옳은 것만을 〈보기〉에서 있는 대로 고른 것은?

┌─ 보기 ┐
ㄱ. A의 연주 시차는 0.1″이다.
ㄴ. 지구로부터 거리는 A가 B보다 가깝다.
ㄷ. 절대 등급은 A가 B보다 크다.
└─────┘

① ㄱ   ② ㄴ   ③ ㄱ, ㄷ   ④ ㄴ, ㄷ   ⑤ ㄱ, ㄴ, ㄷ

[20703-0595]

16 그림은 성단 (가)와 (나)의 색등급도를 나타낸 것이다. 두 성단 모두 지구로부터 10 pc 이상 떨어져 있다.

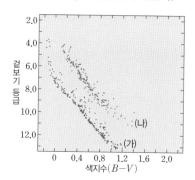

이에 대한 설명으로 옳은 것만을 〈보기〉에서 있는 대로 고른 것은?

┌─ 보기 ┐
ㄱ. 지구로부터 성단까지의 거리는 (가)가 (나)보다 멀다.
ㄴ. 성단의 나이는 (나)가 (가)보다 많다.
ㄷ. 두 성단 모두 산개 성단이다.
└─────┘

① ㄱ   ② ㄴ   ③ ㄱ, ㄷ   ④ ㄴ, ㄷ   ⑤ ㄱ, ㄴ, ㄷ

[20703–0596]

17 그림은 어느 성단의 색등급도를 나타낸 것이다.

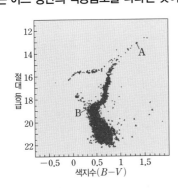

이에 대한 설명으로 옳은 것만을 〈보기〉에서 있는 대로 고른 것은?

┌ 보기 ┌
ㄱ. 이 성단은 구상 성단이다.
ㄴ. 별 A는 별 B보다 겉보기 등급이 크다.
ㄷ. 표면 온도는 별 A가 별 B보다 높다.

① ㄱ ② ㄷ ③ ㄱ, ㄴ ④ ㄴ, ㄷ ⑤ ㄱ, ㄴ, ㄷ

[20703–0597]

18 그림 (가)와 (나)는 서로 다른 두 성단의 색등급도를 나타낸 것이다.

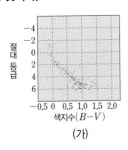 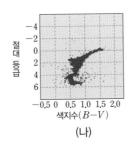

(가)   (나)

이에 대한 설명으로 옳은 것만을 〈보기〉에서 있는 대로 고른 것은?

┌ 보기 ┌
ㄱ. (가)는 대부분 주계열성으로 구성된다.
ㄴ. (가)는 (나)보다 붉은색 별의 비율이 높다.
ㄷ. 성단의 나이는 (가)보다 (나)가 많다.

① ㄱ ② ㄴ ③ ㄱ, ㄷ ④ ㄴ, ㄷ ⑤ ㄱ, ㄴ, ㄷ

[20703–0598]

19 표는 산개 성단 (가)와 구상 성단 (나)의 물리량을 나타낸 것이다.

구분	(가)	(나)
거리 지수	5	15
전향점의 절대 등급	0	3

이에 대한 설명으로 옳은 것만을 〈보기〉에서 있는 대로 고른 것은?

┌ 보기 ┌
ㄱ. (가)와 (나)의 주계열성의 겉보기 등급을 색등급도에 표시하면 표준 주계열성 아래쪽에 위치한다.
ㄴ. 지구로부터의 거리는 (가)가 (나)보다 멀다.
ㄷ. (가)가 (나)보다 붉은색으로 관측된다.

① ㄱ ② ㄷ ③ ㄱ, ㄴ ④ ㄴ, ㄷ ⑤ ㄱ, ㄴ, ㄷ

[20703–0599]

20 그림은 맥동 변광성의 주기─광도 관계를 나타낸 것이다.

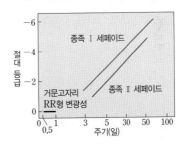

이에 대한 설명으로 옳은 것만을 〈보기〉에서 있는 대로 고른 것은?

┌ 보기 ┌
ㄱ. 변광 주기가 동일하다면 종족 Ⅰ 세페이드 변광성은 종족 Ⅱ 세페이드 변광성보다 절대 등급이 크다.
ㄴ. 거문고자리 RR형 변광성들은 절대 등급이 일정하다.
ㄷ. 변광 주기가 30일과 50일인 종족 Ⅰ 세페이드 변광성들은 절대 등급 차이가 2 이상이다.

① ㄱ ② ㄴ ③ ㄱ, ㄷ ④ ㄴ, ㄷ ⑤ ㄱ, ㄴ, ㄷ

[20703-0600]

01 그림 (가)와 (나)는 서로 다른 두 성단의 색등급도를 나타낸 것이다. 시리우스의 색지수는 0이다.

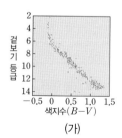
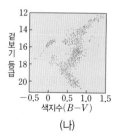

(가)　　　　　(나)

이에 대한 설명으로 옳은 것만을 〈보기〉에서 있는 대로 고른 것은?

┌ 보기 ┌
ㄱ. (가)는 대부분 주계열성으로 구성된다.
ㄴ. (나)에는 시리우스보다 나이가 적은 주계열성이 존재한다.
ㄷ. 성단의 나이는 (가)가 (나)보다 많다.

① ㄱ　　　　② ㄷ　　　　③ ㄱ, ㄴ
④ ㄴ, ㄷ　　　⑤ ㄱ, ㄴ, ㄷ

[20703-0601]

02 그림은 두 별 (가), (나)의 파장에 따른 복사 강도와 B 필터, V 필터의 관측 파장대를 나타낸 것이다.

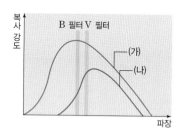

(가) 별이 (나) 별보다 더 큰 값을 가지는 것만을 〈보기〉에서 있는 대로 고른 것은?

┌ 보기 ┌
ㄱ. 표면 온도
ㄴ. 색지수$(B-V)$
ㄷ. 최대 복사 강도가 나타나는 파장

① ㄱ　　　　② ㄷ　　　　③ ㄱ, ㄴ
④ ㄴ, ㄷ　　　⑤ ㄱ, ㄴ, ㄷ

[20703-0602]

03 그림 (가)와 (나)는 별 a와 b를 B 필터와 V 필터로 관측한 것을 나타낸 것이다.

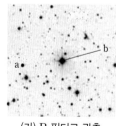
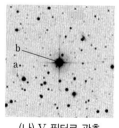

(가) B 필터로 관측　　　(나) V 필터로 관측

이에 대한 설명으로 옳은 것만을 〈보기〉에서 있는 대로 고른 것은?

┌ 보기 ┌
ㄱ. a는 B 등급이 V 등급보다 작다.
ㄴ. b의 색지수$(B-V)$는 $(-)$이다.
ㄷ. 표면 온도는 a가 b보다 높다.

① ㄱ　　　　② ㄴ　　　　③ ㄱ, ㄷ
④ ㄴ, ㄷ　　　⑤ ㄱ, ㄴ, ㄷ

[20703-0603]

04 그림은 성간 소광을 받지 않은 어느 성단의 색등급도를 표준 주계열성과 함께 나타낸 것이다.

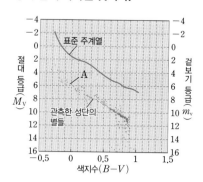

이에 대한 설명으로 옳은 것만을 〈보기〉에서 있는 대로 고른 것은?

┌ 보기 ┌
ㄱ. 별 A의 표면 온도는 태양보다 낮다.
ㄴ. 이 성단은 구상 성단이다.
ㄷ. 지구로부터 성단까지의 거리는 100 pc보다 가깝다.

① ㄱ　　　　② ㄷ　　　　③ ㄱ, ㄴ
④ ㄴ, ㄷ　　　⑤ ㄱ, ㄴ, ㄷ

05 [20703-0604] 표는 별 (가), (나), (다)가 연주 운동을 하여 1년 동안 천구 상에서 움직인 궤적의 특징을 나타낸 것이다.

별	궤적 모양	궤적 크기($''$)
(가)		반지름=0.01
(나)		긴반지름=0.02 짧은반지름=0.01
(다)		길이=0.1

이에 대한 설명으로 옳은 것만을 〈보기〉에서 있는 대로 고른 것은?

보기
ㄱ. (가)는 황도 근처에 위치한다.
ㄴ. (나)의 연주 시차는 0.005$''$이다.
ㄷ. 지구로부터의 거리가 가장 가까운 별은 (다)이다.

① ㄱ ② ㄷ ③ ㄱ, ㄴ ④ ㄴ, ㄷ ⑤ ㄱ, ㄴ, ㄷ

06 [20703-0605] 그림 (가)와 (나)는 종족 I 세페이드 변광성 A, B의 겉보기 등급 변화를 나타낸 것이다.

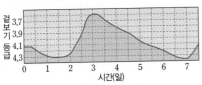

(가) 세페이드 변광성 A

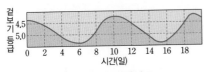

(나) 세페이드 변광성 B

이에 대한 설명으로 옳은 것만을 〈보기〉에서 있는 대로 고른 것은?

보기
ㄱ. 변광 주기는 A가 B보다 짧다.
ㄴ. 절대 등급은 A가 B보다 크다.
ㄷ. 평균 겉보기 등급은 A와 B가 동일하다.

① ㄱ ② ㄷ ③ ㄱ, ㄴ ④ ㄴ, ㄷ ⑤ ㄱ, ㄴ, ㄷ

07 [20703-0606] 표는 맥동 변광성 A, B의 물리량을, 그림은 맥동 변광성의 주기−광도 관계를 나타낸 것이다.

맥동 변광성	겉보기 등급	주기(일)
A	10	30
B	5	0.7

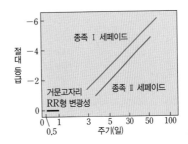

이에 대한 설명으로 옳은 것만을 〈보기〉에서 있는 대로 고른 것은?

보기
ㄱ. A는 거문고자리 RR형 변광성이다.
ㄴ. 광도는 A가 B보다 크다.
ㄷ. 지구로부터의 거리는 A가 B보다 멀다.

① ㄱ ② ㄷ ③ ㄱ, ㄴ
④ ㄴ, ㄷ ⑤ ㄱ, ㄴ, ㄷ

08 [20703-0607] 표는 별 (가), (나), (다)의 물리량을 나타낸 것이다.

별	겉보기 등급	절대 등급	표면 온도(K)
(가)	−0.1	1.4	10000
(나)	13	4.8	5940
(다)	12	15	3040

이에 대한 설명으로 옳은 것만을 〈보기〉에서 있는 대로 고른 것은?

보기
ㄱ. (가)의 연주 시차는 관측되지 않는다.
ㄴ. 지구로부터의 거리가 가장 먼 것은 (나)이다.
ㄷ. 색지수($B-V$)가 가장 작은 것은 (다)이다.

① ㄱ ② ㄴ ③ ㄱ, ㄷ
④ ㄴ, ㄷ ⑤ ㄱ, ㄴ, ㄷ

14 우리은하의 구조

- 성간 티끌에 의한 성간 소광과 성간 적색화 이해하기
- 성간 기체는 다양한 상태로 분포함을 이해하기
- 21 cm 수소선 관측 결과로 우리은하 나선 구조를 알아내는 과정 이해하기
- 은하 나선팔의 회전에 따른 별의 공간 운동 이해하기

한눈에 단원 파악, 이것이 핵심!

성간 물질은 어떤 상태이고, 성간 소광과 성간 적색화는 왜 일어날까?

성간 물질	성간 적색화와 성간 소광
• 성간 물질은 성간 기체와 성간 티끌로 구분된다. • 성간 티끌은 미세한 고체 입자이다. • 성간 기체는 성간 물질의 약 99 %를 차지하며 대부분 수소이다. • 성간 기체는 수소의 온도, 밀도에 따라 분자운, H I 영역, H II 영역으로 분포한다. 얼음 규산염 또는 흑연 100 nm ▲ 성간 티끌	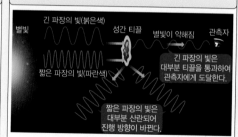 성간 티끌은 별빛을 산란시키거나 흡수하여 별빛의 양을 감소시킨다. 또한, 파장이 긴 붉은 빛에 비해 파장이 짧은 파란 빛은 성간 티끌을 잘 통과하지 못한다.

우리은하의 구조는 어떻게 추정하였으며 회전 속도는 어떤 분포를 나타낼까?

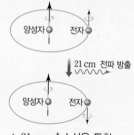

▲ 21 cm 수소선을 통한 우리은하 구조 추정

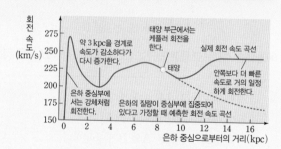

▲ 우리은하의 회전 속도 곡선

01 성간 물질

1 성간 물질

(1) 성간 물질: 별과 별 사이의 공간에는 원자와 분자의 형태로 존재하는 성간 기체와 미세한 고체 입자인 성간 티끌이 존재한다. 이와 같은 ❶성간 기체와 성간 티끌 등의 물질을 성간 물질이라고 하며, 성간 물질은 매우 엷게 퍼져 있거나 구름 같은 덩어리로 모여 있다. 이러한 성간 물질은 별이 탄생하는 데 필요한 재료가 되며 별빛의 진행을 방해하기 때문에 천체 관측 결과에 직접적인 영향을 끼치는 중요한 요인이다.

① 성간 물질의 약 99 %는 원자와 분자 형태로 존재하는 성간 기체이며, 그 중 수소와 헬륨이 가장 많다.

② 나머지 1 %는 규산염 또는 흑연, 얼음 등으로 이루어진 미세한 고체 입자인 성간 티끌이 차지한다.

(2) 성간 소광: 성간 티끌이 성간 물질에서 차지하는 비율은 매우 낮지만, 별빛을 흡수하거나 산란시키기 때문에 성간 티끌에 의해 우리의 눈에 도달하는 별빛의 양이 줄어들어 별은 실제보다 어둡게 보인다. 이와 같이 성간 티끌에 의한 빛의 흡수와 산란으로 우리 눈에 도달하는 별빛의 양이 감소하는 현상을 성간 소광이라고 한다.

① 성간 소광과 은하의 관측: ❷성간 소광량은 빛의 파장에 따라 다르다. 성간 티끌은 가시광선과 자외선 영역의 빛을 더 잘 흡수하거나 산란시켜 성간 소광을 일으킨다. 상대적으로 파장이 긴 적외선 영역에서는 소광 효과가 훨씬 작아지며, 전파 영역에서는 거의 무시할 수 있을 정도로 작다. 따라서 천체 관측 시 성간 물질의 영향을 적게 받기 위해서는 적외선 또는 전파 관측이 유리하다. 적외선으로 관측하면 가시광선으로는 잘 보이지 않는 별의 생성 장소나 은하 중심부를 자세히 관측할 수 있다.

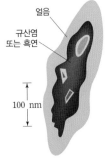
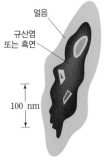

얼음

규산염 또는 흑연

100 nm

▲ 성간 티끌의 구조

❶ 성간 기체

지구 상에서 지표면 근처 대기에는 1 cm³당 10^{19}개의 분자가 존재하지만 성간 기체는 밀도가 높은 지역도 1 cm³당 10^6개의 분자가 존재한다.

▲ 성간 기체

❷ 성간 소광량

성간 소광량은 빛의 파장에 대체적으로 반비례한다.

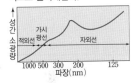

성간 소광량 / 파장(nm)
가시광선, 적외선, 자외선
1000 500 300 200 125

◀ 가시광선으로 본 우리은하

◀ 적외선으로 본 우리은하

② 소광 보정: 성간 소광이 일어나면 관측한 별이 더 어둡게 관측되므로 별의 겉보기 등급이 실제보다 크게 관측된다. 따라서 별의 겉보기 등급에 소광량만큼 보정해 주어야 정확한 거리를 구할 수 있다. ➡ 성간 소광이 일어나면 별이 더 어둡게 관측되므로 별의 겉보기 등급이 실제보다 크게 관측된다.

• $m - A - M = 5\log r - 5$ (A: 성간 소광된 양을 등급으로 나타낸 값)

(3) 성간 적색화: 별빛이 성간 티끌층을 통과할 때 짧은 파장의 빛은 긴 파장의 빛보다 성간 티끌층에 쉽게 흡수되거나 산란된다.

① 성간 적색화: 성간 티끌층을 통과한 별빛은 파장이 짧은 파란색 빛은 줄어들고 파장이 긴 붉은색 빛이 상대적으로 많이 도달하기 때문에 실제보다 붉게 보인다. 이러한 현상을 성간 적색화라고 한다.

② 색초과: 같은 별을 청색 파장 영역(B)과 황색 파장 영역(V)에서 각각 관측한 등급의 차이인 색지수($B-V$)를 이용하면 성간 적색화를 정량적으로 표현할 수 있다. 즉 성간 티끌을 통과하여 적색화된 별빛의 색지수는 고유한 색지수보다 더 크게 나타나는데, 그 차이를 색초과라고 한다.

> 색초과 = 관측된 색지수 − 고유 색지수

③ 우리은하의 원반에는 성간 기체와 성간 티끌이 많이 분포하므로 별빛이 이들을 통과할 때 성간 소광과 성간 적색화가 나타난다. 따라서 별이나 성단 등 우리은하의 천체를 관측할 때는 반드시 성간 소광과 성간 적색화 효과를 보정해야 한다.

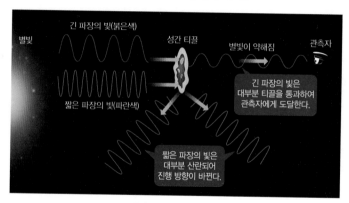

▲ 성간 소광과 성간 적색화

(4) 성간 기체: 성간 기체는 전체 성간 물질의 약 99 %를 차지하고, 대부분 수소로 이루어져 있다. 성간 기체는 수소의 상태와 온도, 밀도에 따라 다양한 형태로 분포한다.

① H I 영역: 원자 상태의 수소가 주성분인 중성 수소 지역
② 분자운: 주로 수소 분자로 이루어진 지역
③ H II 영역: 이온화된 수소로 이루어진 전리 지역

(5) 성운: 우주 공간에서 성간 기체나 성간 티끌과 같은 물질들이 집중되어 있어서 구름처럼 보이는 것을 성운이라고 한다.

① 암흑 성운: 성운 중에서도 특히 고체 입자인 성간 티끌이 밀집된 성운이 뒤쪽에 위치한 별빛의 진행 경로 상에 있으면, 별빛은 그 성운에 흡수되거나 산란되어 우리 눈에 도달하지 못해서 어둡게 보이는데 이런 성운을 ❶암흑 성운이라고 한다.

② 반사 성운: 밝은 별 근처에 있는 성간 티끌은 별에서 나오는 빛을 산란시킨다. 이때 산란된 빛은 주로 파란색 별빛이기 때문에 지구 관측자에게 파란색 성운으로 관측된다. 이런 성운을 ❷반사 성운이라고 한다.

③ 방출 성운: 뜨거운 별 주위로 이온화된 물질이 방출선을 내는 성운을 ❸방출 성운이라고 한다.

❶ 암흑 성운

❷ 반사 성운

❸ 방출 성운

개념체크

빈칸 완성

1. 우주 공간에 존재하는 기체와 티끌을 ( )이라고 한다.

2. 성간 물질의 약 99 %는 원자와 분자 형태로 존재하는 기체이며 대부분 ① ( )와 ② ( )이다.

3. 성간 티끌은 ① ( ), ② ( ), ③ ( ) 등으로 이루어진 미세한 고체 입자이다.

4. 성간 티끌은 별빛을 ① ( )하거나 ② ( )시켜 우리 눈에 도달하는 별빛의 양을 감소시킨다.

5. 성간 티끌은 자신의 온도에 해당하는 전자기파를 방출하는데 대부분 ( ) 영역에서 방출이 나타난다.

6. 우리은하를 적외선으로 관측하면 ( )에서 적외선 방출이 집중되어 나타난다.

7. 성간 물질에 의한 빛의 흡수와 산란으로 별빛의 세기가 원래보다 약해지는 현상을 ( )이라고 한다.

8. 성간 소광이 일어나면 별이 더 어둡게 관측되므로 별의 겉보기 등급이 실제보다 ( ) 관측된다.

9. 성간 티끌층을 통과해 온 별빛은 파장이 짧은 ① ( ) 빛은 줄어들고, 파장이 긴 ② ( ) 빛은 상대적으로 많이 도달한다.

10. 성간 적색화가 되면 별의 색지수가 고유 색지수보다 ( ) 관측된다.

11. 뜨거운 별 주위로 이온화된 물질이 방출선을 내는 성운을 ( ) 성운이라고 한다.

정답 1. 성간 물질 2. ① 수소 ② 헬륨 3. ① 규산염 ② 흑연 ③ 얼음 4. ① 흡수 ② 산란 5. 적외선 6. 은하 원반 7. 성간 소광 8. 크게 9. ① 파란 ② 붉은 10. 크게 11. 방출

○X 문제

1. 다음 설명 중 옳은 것은 ○, 옳지 않은 것은 ×로 표시하시오.

(1) 성간 물질 중 가장 많은 비율을 차지하는 것은 성간 티끌이다. ( )

(2) 성간 소광에 의해 별의 겉보기 등급은 실제보다 작아진다. ( )

(3) 우리은하 중심부는 적외선보다 가시광선으로 더 자세히 관측할 수 있다. ( )

(4) 성간 적색화가 크게 일어날수록 색초과 값이 커진다. ( )

(5) 성간 기체는 수소의 온도, 밀도에 따라 다양한 상태로 존재한다. ( )

(6) 성간 기체 중 별이 탄생하는 데에 좋은 조건을 가진 곳은 분자운이다. ( )

바르게 연결하기

2. 성운의 종류에 따른 성운의 모습과 특징을 바르게 연결하시오.

(1) 방출 성운 • • ㉠

(2) 반사 성운 • • ㉡

(3) 암흑 성운 • • ㉢

정답 1. (1) × (2) × (3) × (4) ○ (5) ○ (6) ○ 2. (1) ㉢ (2) ㉡ (3) ㉠

02 우리은하의 나선 구조

❶ 허셜이 생각한 우주

태양

❷ 캅테인이 생각한 우주

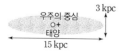

우주의 중심
태양
3 kpc
15 kpc

❸ 섀플리가 생각한 우주

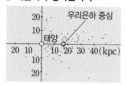

우리은하 중심
태양

1 우리은하

(1) 우리은하의 발견

① **❶허셜**: 우주의 크기를 측정하기 위해 별들의 공간 분포를 연구하였다. 밤하늘에 보이는 천체들의 공간 분포로부터 우주의 모습과 크기를 알아내고자 하였다. 허셜은 태양이 우리은하, 즉 우주의 중심 근처에 있다고 생각하였다.

② **❷캅테인**: 하늘을 200여 개의 구역으로 나누어 별의 분포를 통계적으로 조사하여, 우주는 지름 15 kpc 정도인 납작한 원반 모양이라고 주장하였다. 그가 주장한 우주는 허셜의 우주에 비하여 9배 정도 확장된 것이었고, 태양은 우주의 중심에서 약간 벗어나 있다.

③ **❸섀플리**: 여러 개의 구상 성단의 좌표와 거리를 통해 공간 분포를 알아내어 우리은하의 중심이 태양계가 아니라는 사실을 밝혀냈다. 당시 섀플리는 성간 물질의 영향을 고려하지 못해 우리은하의 지름을 실제보다 크게 추정하였다.

(2) 우리은하의 모습

① 우리은하는 태양과 같은 별이 약 2000억 개 모여 있는 별들의 집단으로 형태는 막대 나선 은하이고 지름은 약 30 kpc이다.

② 우리은하는 중심부에 중앙 팽대부, 은하면에 해당하는 은하 원반, 이를 둘러싸고 있는 헤일로로 구성되어 있다.

- 궁수자리 방향의 중심부에는 나이가 많은 별들이 밀집된 볼록하고 길쭉한 막대 구조의 팽대부가 있다.
- 은하 원반에는 젊고 푸른 별들과 기체와 티끌로 이루어진 성간 물질이 분포하고 있다. 기체와 티끌이 밀집되어 있는 은하 원반에서는 새로운 별이 많이 탄생하고 있는데, 산개 성단이 주로 이곳에 분포하고 있다.
- 은하 원반을 구형으로 둘러싸고 있는 헤일로에는 늙고 붉은 별들로 이루어진 구상 성단이 분포하고 있다.

2 별의 운동

(1) 고유 운동: 별이 공간 운동에 의해 천구 상에서 1년 동안 움직인 각거리를 고유 운동이라고 하며, 단위는 ″/년으로 나타낸다.

(2) 공간 속도(V): 접선 속도(V_t)와 시선 속도(V_r)를 각각 구하여 $V = \sqrt{V_t^2 + V_r^2}$으로부터 알아낸다.

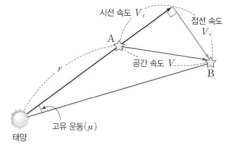

시선 속도 V_r
접선 속도 V_t
A
공간 속도 V
B
r
고유 운동(μ)
태양

▲ 별의 운동

① 시선 속도(V_r): 별이 관측자의 시선 방향으로 멀어지거나 접근하는 속도를 말하며, 도플러 효과에 의한 별빛의 파장 변화를 측정하여 구한다. ➡ $V_r = \dfrac{\Delta\lambda}{\lambda_0} \times c$ (c: 빛의 속도, λ_0: 정지 상태에서 흡수선 파장, $\Delta\lambda$: 관측한 별의 흡수선 파장 변화량)

② 접선 속도(V_t): 시선 방향에 수직인 방향의 선속도를 말하며, 별의 거리(r)와 고유 운동(μ)을 이용하여 구한다. ➡ $V_t(\text{km/s}) \fallingdotseq 4.74\mu r$ (μ: ″/년, r: pc)

3 21 cm 수소선의 관측과 해석

(1) 21 cm 수소선: 수소 원자에서 전자는 양성자를 중심으로 공전하고, 양성자와 전자는 각각 자신의 축을 중심으로 자전한다. 이때 양성자와 전자의 자전 방향이 같은 경우 에너지 준위가 높고 반대인 경우 에너지 준위가 낮은데, 높은 에너지 상태에서 낮은 에너지 상태로 바뀌는 과정에서 21 cm 전파가 방출된다.

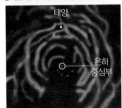

▲ 21cm 전파로 알아낸 우리은하의 구조

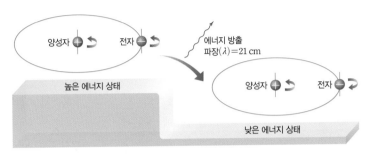

▲ 21 cm 수소선의 방출

(2) 나선팔 구조의 발견: 21 cm 수소선 관측 결과를 보면 중성 수소 원자들이 우리은하의 은하면에 집중되어 있다는 것을 알 수 있다. 이 관측 결과를 자세히 분석하면 ❶은하의 세부적인 구조를 밝혀낼 수 있다.

① 21 cm 전파는 성간 물질을 통과할 때 성간 소광이 거의 일어나지 않으므로 우리은하의 구조를 밝히는 데 중요하게 이용된다.

② 전파 망원경으로 21 cm 전파를 관측하면 우리은하에서 중성 수소 원자가 은하 원반에 납작한 모양으로 얇은 층을 이루며 분포하고 있다는 것을 알 수 있다.

③ 중성 수소 구름에서 나오는 21 cm 수소선의 파장은 우리은하의 회전 때문에 ❷도플러 이동을 일으키므로 시선 속도를 통해 위치를 알 수 있으며, 21 cm 수소선의 세기는 구름에서 시선 방향의 수소 원자 수에 비례한다.

THE 알기

❶ 은하의 세부적인 구조

❷ 도플러 이동
관측자로부터 광원이 멀어져가고 있으면 파장이 길어지는 적색 편이가 나타나고 가까워지면 파장이 짧아지는 청색 편이가 나타난다. 적색 편이값이 클수록 더 빠른 속도로 멀어지는 것을 나타낸다.

THE 들여다보기 **21 cm 전파의 관측과 해석**

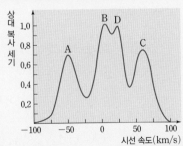

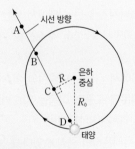

▲ 우리은하의 회전과 21 cm 수소선의 복사 세기

· 시선 속도가 (+)인 것은 관측자에게서 멀어지는 것이고, (−)인 것은 관측자에게 가까워지는 것이다.

· 태양계 주변의 중성 수소 구름이 케플러 회전을 할 때 시선 속도 분포는 다음과 같다.

① 시선 속도가 −50 km/s에 해당하는 방출선은 A에 위치한 구름에서 나온 것이다.

② A~D 중 가장 빠르게 멀어지는 것은 회전 속도가 가장 큰 것이므로 은하 중심에서 가장 가까운 곳에 위치한 것이다. 따라서 시선 속도가 +65 km/s에 해당하는 방출선은 C에 위치한 구름에서 나온 것이다.

③ 시선 속도가 +5 km/s와 +25 km/s에 해당하는 방출선은 각각 B와 D에 위치한 구름에서 나온 것이다.

빈칸 완성

1. 태양은 우리은하의 중심 가까이에 위치하며, 우리은하가 납작한 회전 타원체를 이루고 있다고 주장한 사람은 (   )이다.

2. 섀플리는 (   )을 이용하여 구상 성단까지의 분포를 알아내어 우주의 크기를 추정하였다.

3. 우리은하를 구형으로 감싸고 있어 희미하게 보이며, 대체로 나이가 많고 붉은색의 별들과 구상 성단이 분포하는 부분을 (   )라고 한다.

4. 별이 1년 동안 천구 상을 움직인 각거리를 (   )이라고 한다.

5. 접선 속도는 시선 방향에 (   )인 방향의 선속도를 말한다.

6. 우리은하의 나선팔 구조는 중성 수소가 방출하는 (   ) cm 파장의 전파로 추론한다.

7. 21 cm 수소선의 (   )는 구름에서 시선 방향의 수소 원자 수에 비례한다.

8. 우리은하는 태양과 같은 별이 2000억 개 정도 모여 있는 별들의 집단으로 형태는 (   ) 은하이다.

정답 **1.** 캅테인 **2.** 변광성 **3.** 헤일로 **4.** 고유 운동 **5.** 수직 **6.** 21 **7.** 세기 **8.** 막대 나선

○X 문제

1. 다음 설명 중 옳은 것은 ○, 옳지 않은 것은 ×로 표시하시오.

(1) 시선 속도는 별이 관측자의 시선 방향으로 멀어지거나 접근하는 속도를 말하며, 고유 운동을 이용하여 구한다. (   )

(2) 원자 상태로 존재하는 중성 수소는 양성자와 전자의 자전 방향이 서로 같을 때가 반대일 때보다 에너지 상태가 조금 더 낮다. (   )

(3) 중성 수소는 에너지가 높은 상태에서 낮은 상태로 자발적으로 바뀌면서 21 cm 수소선을 방출한다. (   )

(4) 중성 수소 구름에서 나오는 방출선의 파장은 우리은하의 회전 때문에 도플러 이동을 일으키므로 접선 속도를 통해 위치를 알 수 있다. (   )

(5) 허셜은 태양이 우리은하의 중심에 있다고 생각하였다. (   )

(6) 캅테인은 태양이 우리은하 중심 가까이에 위치하며, 우리은하가 납작한 회전 타원체를 이루고 있다고 생각하였다. (   )

(7) 섀플리는 연주 시차를 이용하여 구상 성단까지의 분포를 알아냈다. (   )

(8) 우리은하의 중앙 팽대부에는 주로 젊고 푸른 별들과 성간 물질이 분포하고 있다. (   )

바르게 연결하기

2. 성운의 종류에 따른 성운의 모습과 특징을 바르게 연결하시오.

(1) 허셜 ·

· ㉠

(2) 캅테인 ·

· ㉡

(3) 섀플리 ·

· ㉢

정답 **1.** (1) × (2) × (3) ○ (4) × (5) ○ (6) ○ (7) × (8) × **2.** (1) ㉢ (2) ㉠ (3) ㉡

03 우리은하의 질량과 암흑 물질

1 우리은하의 회전 곡선

① 우리은하에 있는 별들의 회전 속도는 은하 중심으로부터 1 kpc까지는 속도가 급격히 증가하는 **①강체 회전**을 나타냈다가 다시 감소하여 3 kpc 근처에서 최소가 되고, 그 바깥에서 다시 증가한다.

② 태양 부근에서는 **②케플러 회전**과 비슷하게 감소하고, 태양계 바깥쪽 은

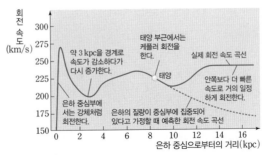

▲ 우리은하의 회전 속도 곡선

하의 외곽에서는 다시 증가하다가 은하 중심에서 약 15 kpc에서부터는 거의 일정한 속도를 유지하는 **③등속 회전**을 나타낸다. 이를 통해 우리은하의 질량이 중심부에 집중되어 있지 않고 은하 외곽에도 상당히 분포함을 알 수 있다. 이는 우리은하의 질량이 관측 가능한 물질 분포를 통해 구한 것보다 훨씬 크다는 것을 의미한다.

2 우리은하의 질량과 암흑 물질

(1) 별(태양)의 운동을 이용한 은하 질량 계산: 은하 질량이 별에 미치는 만유인력과 별이 원운동하기 위하여 필요한 구심력이 같아야 한다. 은하핵으로부터 8.5 kpc 떨어진 태양의 경우

$$M_{8.5\,\text{kpc}} = \frac{rv^2}{G}$$ ($M_{8.5\,\text{kpc}}$: 태양 궤도 안쪽 물질의 총 질량, G: 만유인력 상수, r: 은하핵으로부터 태양까지 거리, v: 태양의 회전 속도)이다.

(2) 케플러 제3법칙을 이용한 은하 질량 계산: 태양은 우리은하의 중심으로부터 약 8.5 kpc 떨어진 곳에서 약 220 km/s의 속력으로 회전하고 있으며, 은하핵을 한 번 공전하는 데 대략 2억 2500만 년이 걸린다. ➡ $M_{은하} + M_\odot = \frac{4\pi^2}{G} \cdot \frac{a^3}{P^2} = 10^{11} M_\odot$ ($M_{은하}$: 우리은하의 질량, $M_\odot$: 태양의 질량, G: 만유인력 상수, P: 은하 중심에 대한 태양의 회전 주기, a: 은하 중심으로부터 태양까지의 거리)

(3) 광도를 활용한 은하 질량 계산: 주계열성은 질량이 클수록 대체로 광도가 크게 나타나는데, 이를 은하에 적용할 수 있다. 우리은하에서 빛을 내는 물질들의 광도로 추정한 은하의 총 질량은 태양 질량의 약 10^{11}배이다. 이 값은 역학적으로 계산한 우리은하의 질량보다 작다.

(4) 구상 성단의 운동을 통한 은하 질량 계산: 구상 성단의 운동을 통해 알아낸 우리은하의 질량은 약 $10^{12} M_\odot$로, 태양의 속도로 구한 질량의 10배이다. 이 결과는 관측 가능한 물질의 질량이 우리은하 질량의 약 10 %에 불과하며 우리은하 질량의 약 90 % 이상이 관측되지 않고 있다는 것을 뜻한다. 이처럼 빛을 방출하지 않아 관측되지는 않지만, 질량을 가지는 미지의 물질을 암흑 물질이라고 한다. **④암흑 물질**은 중력 렌즈 현상 같은 방법으로 그 존재를 추정할 수 있다.

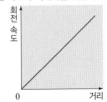
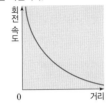
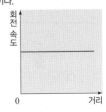

빈칸 완성

1. 회전 중심에서 멀어질수록 회전 속도가 증가하는 회전을 ( ) 회전이라 한다.

2. 회전 중심으로부터 거리와 상관없이 각속도가 일정한 회전을 ( ) 회전이라 한다.

3. 태양 부근의 별들은 ( ) 회전을 한다.

4. 태양계 외곽의 은하 회전 속도는 은하 중심으로부터 거리가 13 kpc 이상인 거리에서는 일정한데, 이는 우리은하의 질량이 ( )에 집중되어 있지 않다는 것을 의미한다.

5. 별의 운동을 이용하여 은하의 질량을 계산할 때에는 은하 질량이 별에 미치는 ① ( )과 별이 원운동하기 위해 필요한 ② ( )이 같다는 것을 이용한다.

6. 우리은하에서 빛을 내는 물질들의 광도로 추정한 은하의 총질량은 ( )적인 방법으로 계산한 우리은하의 질량보다 작다.

7. 암흑 물질은 직접 관측을 통해 확인할 수 없으며, 다른 천체의 빛의 경로가 암흑 물질의 중력에 의해 휘어지는 ( ) 현상 같은 방법으로 존재를 추정할 수 있다.

8. 우리은하 질량의 약 90 %를 ( )이 차지하고 있다.

정답 1. 강체 2. 등속 3. 케플러 4. 중심 5. ① 만유인력 ② 구심력 6. 역학 7. 중력 렌즈 8. 암흑 물질

○X 문제

1. 다음 설명 중 옳은 것은 ○, 옳지 <u>않은</u> 것은 ×로 표시하시오.

(1) 우리은하의 회전 속도 곡선은 별들의 접선 속도를 관측하여 알아낸다. ( )

(2) 태양계 부근의 별들은 등속 회전을 한다. ( )

(3) 우리은하의 회전 속도 곡선으로부터 은하의 질량을 계산할 수 있다. ( )

(4) 태양계 외곽의 은하 회전 속도는 일정하게 감소하지 않고, 어느 정도 감소하다가 다시 증가하다가 일정해진다. 이는 우리은하의 질량이 중심부에 집중되어 있다는 것을 의미한다. ( )

(5) 암흑 물질은 광학적인 방법으로 그 존재를 추정할 수 있으며, 정확한 성질과 정체는 알려지지 않았다. ( )

(6) 우리은하 내의 물질이 대부분 은하 중심부에 집중되어 있다면 태양보다 바깥쪽에 있는 별들은 태양보다 공전 속도가 느릴 것이다. ( )

(7) 암흑 물질의 후보로는 갈색 왜성, 블랙홀, 아직 탐지되지 않는 입자 등이 있다. ( )

바르게 연결하기

2. 강체 회전, 등속 회전, 케플러 회전을 바르게 연결하시오.

(1) 강체 •

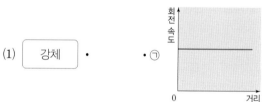

(2) 등속 •

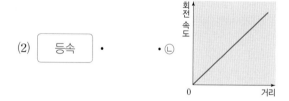

(3) 케플러 •

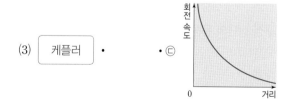

정답 1. (1) × (2) × (3) ○ (4) × (5) × (6) ○ (7) ○ 2. (1) ㉡ (2) ㉠ (3) ㉢

목표

항성 계수법으로 성간 소광량을 구할 수 있다.

과정

그림은 암흑 성운이 분포하는 어느 영역을 가시광선(청색)에서 관측한 사진이다.

1. 그림에 반지름이 동일한 동그란 영역 3곳을 별의 수가 가장 적은 영역(암흑 성운이 위치한 영역)에 빨간색으로 표시한 후, 동그란 영역 안에 보이는 별의 수를 센다.

2. 그림에 반지름이 1번에서 그린 동그란 영역과 동일한 동그란 영역 3곳을 별의 수가 보통인 영역(암흑 성운 바깥쪽 영역)에 파란색으로 표시한 후, 동그란 영역 안에 보이는 별의 수를 센다.

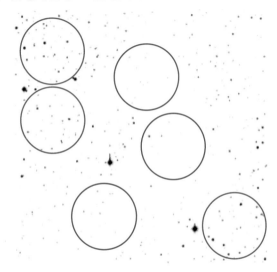

결과 정리 및 해석

1. 같은 영역의 하늘에는 동일한 숫자의 별이 존재한다고 가정한다.

2. 빨간색 동그란 영역에서 보이는 별의 숫자는 파란색 동그란 영역에서 보이는 별의 숫자에 비해 상당히 적다.

3. 동일한 숫자의 별이 존재해야 하지만 빨간색 영역은 파란색 영역에 비해 별의 숫자가 현저히 적다. ➡ 암흑 성운의 존재로 인해 암흑 성운 뒤쪽에 존재하는 별들은 성간 소광을 받았고 관측되는 별의 숫자가 줄었다는 것을 알 수 있다.

탐구 분석

1. 암흑 성운이 존재하는 영역에서 관측되는 별의 숫자는 암흑 성운 바깥에서 관측되는 별의 숫자보다 적은 까닭은 무엇인지 서술하시오.

2. 만약 같은 영역을 적외선으로 찍은 사진으로 같은 실험을 하면 어떻게 되겠는지 서술하시오.

[20703-0608]
01 성간 물질에 대한 설명으로 옳지 <u>않은</u> 것은?

① 성간 물질은 대부분 성간 기체이다.
② 성간 기체는 주로 수소와 헬륨이다.
③ 성간 티끌은 규산염, 흑연, 얼음 등으로 구성된다.
④ 성간 티끌은 별빛을 흡수하거나 산란시킨다.
⑤ 성간 티끌은 전자기파를 방출하지 않는다.

[20703-0609]
02 성간 소광에 대한 설명으로 옳은 것은?

① 성간 티끌은 대부분 가시광선 영역에서 전자기파를 방출한다.
② 성간 티끌은 적외선보다 가시광선 영역의 빛을 더 잘 흡수한다.
③ 은하 중심부는 전파보다 가시광선으로 관측하는 것이 유리하다.
④ 성간 소광을 받은 별은 실제보다 더 가까이 있는 것으로 관측된다.
⑤ 성간 소광을 받은 별은 겉보기 등급이 실제보다 더 작게 나타난다.

[20703-0610]
03 성운에 대한 설명으로 옳은 것은?

① 성운의 대부분은 성간 티끌로 구성된다.
② 방출 성운은 고온의 별 주변에서 주로 나타난다.
③ 분자운은 온도가 높고 밀도가 낮아 수소 분자 상태로 존재한다.
④ 대부분의 수소 기체는 주로 이온화 상태로 존재한다.
⑤ 별은 주로 H Ⅱ 영역에서 탄생한다.

[20703-0611]
04 그림 (가)와 (나)는 암흑 성운과 반사 성운의 모습을 나타낸 것이다.

(가) 암흑 성운   (나) 반사 성운

이에 대한 설명으로 옳은 것만을 〈보기〉에서 있는 대로 고른 것은?

┌ 보기 ┌
ㄱ. (가)는 성운 뒤쪽의 별빛이 성운에 가려 어둡게 보인다.
ㄴ. (나)는 별빛이 산란되어 뿌옇게 보인다.
ㄷ. (가)와 (나)는 성간 티끌에 의해 나타난다.

① ㄱ   ② ㄷ   ③ ㄱ, ㄴ   ④ ㄴ, ㄷ   ⑤ ㄱ, ㄴ, ㄷ

[20703-0612]
05 그림은 성간 적색화의 원리를 나타낸 것이다.

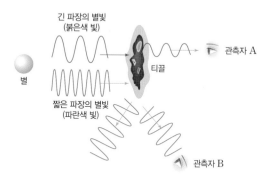

이에 대한 설명으로 옳은 것만을 〈보기〉에서 있는 대로 고른 것은?

┌ 보기 ┌
ㄱ. 긴 파장의 별빛이 짧은 파장의 별빛보다 티끌을 잘 통과한다.
ㄴ. 관측자 A에게는 별이 실제보다 붉게 보인다.
ㄷ. 관측자 B에게는 산란으로 인해 파란색의 빛이 더 많이 보인다.

① ㄱ   ② ㄴ   ③ ㄱ, ㄷ   ④ ㄴ, ㄷ   ⑤ ㄱ, ㄴ, ㄷ

정답과 해설 90쪽

[20703-0613]
06 우리은하에 대한 설명으로 옳은 것은?

① 막대 나선 은하이다.

② 태양계는 헤일로에 위치한다.

③ 우리은하의 지름은 약 10 kpc이다.

④ 은하 중심부에는 별이 거의 존재하지 않는다.

⑤ 성간 물질은 은하 원반보다 팽대부에 높은 비율로 분포한다.

[20703-0614]
07 우리은하의 나선 구조를 밝혀낸 방법으로 가장 알맞은 것은?

① 항성 계수법

② 연주 시차 관측

③ 21 cm 수소선 관측

④ 구상 성단의 분포 관측

⑤ 세페이드 변광성 주기─광도 관계

[20703-0615]
08 그림은 우리은하를 옆에서 본 모습을 나타낸 것이다.

이에 대한 설명으로 옳지 <u>않은</u> 것은?

① 태양계는 은하 원반에 위치한다.

② 중앙 팽대부에는 나이가 많은 별들이 많이 존재한다.

③ 구상 성단은 은하 원반보다 헤일로에 많이 분포한다.

④ 별의 탄생은 헤일로보다 은하 원반에서 잘 일어난다.

⑤ 헤일로에는 대체로 나이가 젊고 파란색을 띠는 별들이 은하 원반에 비해 많이 분포한다.

[20703-0616]
09 허셜, 캅테인, 섀플리의 우주에 대한 설명으로 옳지 <u>않은</u> 것은?

① 허셜은 우주의 크기를 측정하기 위해 별들의 공간 분포를 이용하였다.

② 허셜은 태양이 우주의 중심에 있다고 생각하였다.

③ 캅테인은 우주가 납작한 원반 모양이라고 생각하였다.

④ 섀플리는 구상 성단의 분포를 이용하여 우리은하의 중심이 태양임을 밝혀냈다.

⑤ 섀플리는 성간 소광을 고려하지 못하였다.

[20703-0617]
10 다음은 방출 성운의 모습이다.

이 성운에 대한 설명으로 옳은 것만을 〈보기〉에서 있는 대로 고른 것은?

┌─ 보기 ┌
ㄱ. 고온의 별 주변에서 나타난다.

ㄴ. 이온화된 수소로 이루어져 있다.

ㄷ. 별이 방출하는 자외선을 흡수하였다가 가시광선을 방출한다.

① ㄱ   ② ㄷ   ③ ㄱ, ㄴ   ④ ㄴ, ㄷ   ⑤ ㄱ, ㄴ, ㄷ

정답과 해설 90쪽

11 [20703-0618] **21 cm 수소선에 대한 설명으로 옳지 않은 것은?**

① 원자 상태의 중성 수소에서 방출된다.

② 가시광선보다 성간 소광을 적게 받는다.

③ 21 cm 수소선의 파장 변화로 시선 속도를 알 수 있다.

④ 21 cm 수소선을 이용하여 우리은하의 나선팔 구조를 확인하였다.

⑤ 중성 수소는 양성자와 전자의 자전 방향이 같을 경우가 반대 방향일 때보다 에너지 상태가 낮다.

12 [20703-0619] **암흑 물질에 대한 설명으로 옳지 않은 것은?**

① 우리은하의 질량의 약 90 %는 암흑 물질이다.

② 암흑 물질은 21 cm 수소선이나 전파로 관측 가능하다.

③ 중력 렌즈 현상을 통해 암흑 물질의 존재를 추정할 수 있다.

④ 우리은하 회전 곡선을 분석하면 암흑 물질의 존재가 예측된다.

⑤ 우리은하 외곽에 암흑 물질이 많이 존재한다.

13 [20703-0620] **우리은하의 질량을 추정하는 방법으로 옳지 않은 것은?**

① 광도를 활용한 은하 질량 계산

② 우리은하의 회전 곡선을 이용한 은하 질량 계산

③ 구상 성단의 운동을 통한 은하 질량 계산

④ 케플러 제3법칙을 이용한 은하 질량 계산

⑤ 은하 내 별의 등속 원운동을 가정한 은하 질량 계산

14 [20703-0621] **그림은 우리은하의 회전 속도 곡선을 나타낸 것이다.**

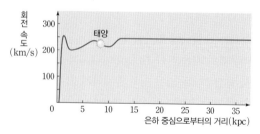

이에 대한 설명으로 옳은 것은?

① 우리은하를 구성하는 별들의 속도를 측정하여 얻어낸 곡선이다.

② 은하 중심으로부터 1 kpc 이내의 천체들은 케플러 회전을 한다.

③ 태양계 부근의 별들은 일정한 각속도로 회전한다.

④ 은하 중심으로부터 15 kpc 이상 떨어진 천체들은 강체 회전을 한다.

⑤ 회전 속도 곡선으로 보아 우리은하의 질량은 대부분 은하 중심에 집중되어 있다.

15 [20703-0622] **그림은 별의 1년 동안 공간 운동을 나타낸 것이다.**

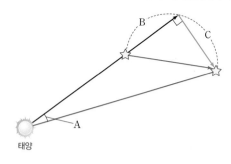

이에 대한 설명으로 옳은 것은?

① 별이 천구 상을 움직인 각거리를 공간 운동이라 한다.

② A는 별이 우주 공간에서 실제로 운동한 거리이다.

③ B는 고유 운동을 이용하여 구한다.

④ C는 도플러 효과에 의한 별빛의 파장 변화를 측정하여 구한다.

⑤ 공간 속도는 접선 속도와 시선 속도로부터 계산한다.

실력 향상 문제

01 [20703-0623]
그림은 수소 원자를 이루고 있는 양성자와 전자의 자전 방향을 나타낸 것이다.

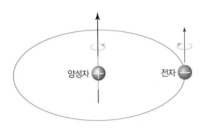

이에 대한 설명으로 옳은 것만을 〈보기〉에서 있는 대로 고른 것은?

┌ 보기 ┐
ㄱ. 양성자와 전자의 자전 방향이 서로 같은 상태보다 에너지가 높은 상태이다.
ㄴ. 자발적으로 양성자와 전자의 자전 방향이 같아지면서 21 cm 수소선을 방출한다.
ㄷ. 21 cm 수소선을 통해 H I 영역의 위치를 알 수 있다.

① ㄱ   ② ㄷ   ③ ㄱ, ㄴ   ④ ㄴ, ㄷ   ⑤ ㄱ, ㄴ, ㄷ

02 [20703-0624]
그림 (가)와 (나)는 암흑 성운과 방출 성운의 모습을 나타낸 것이다.

(가) 암흑 성운   (나) 방출 성운

이에 대한 설명으로 옳은 것만을 〈보기〉에서 있는 대로 고른 것은?

┌ 보기 ┐
ㄱ. (가)의 뒤쪽에는 배경별이 존재하지 않는다.
ㄴ. (나)는 H II 영역에서 잘 나타난다.
ㄷ. (가)와 (나)는 주로 티끌로 구성된다.

① ㄱ   ② ㄴ   ③ ㄱ, ㄷ   ④ ㄴ, ㄷ   ⑤ ㄱ, ㄴ, ㄷ

03 [20703-0625]
그림 (가)는 우리은하를 위에서 본 모습이고, (나)는 우리은하를 옆에서 바라본 모습을 나타낸 것이다.

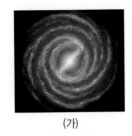
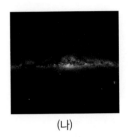

(가)   (나)

이에 대한 설명으로 옳지 않은 것은?

① 우리은하는 납작한 원반 모양이다.
② 구상 성단은 주로 헤일로에 분포한다.
③ 나선팔에는 주로 젊은 별과 기체가 분포한다.
④ 우리은하는 중앙부에 막대 모양의 구조가 나타난다.
⑤ 은하의 중심부에는 젊은 별들이 모여 있는 팽대부가 존재한다.

04 [20703-0626]
그림 (가)와 (나)는 캅테인과 섀플리가 생각한 우리은하의 모습을 각각 나타낸 것이다.

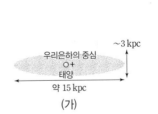
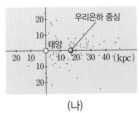

(가)   (나)

이에 대한 설명으로 옳은 것만을 〈보기〉에서 있는 대로 고른 것은?

┌ 보기 ┐
ㄱ. (가)는 우리은하를 납작한 원반 모양이라고 생각하였다.
ㄴ. (나)는 구상 성단의 분포를 통해 추정한 모습이다.
ㄷ. (가)와 (나)는 태양이 우리은하의 중심이라고 생각하였다.

① ㄱ   ② ㄷ   ③ ㄱ, ㄴ   ④ ㄴ, ㄷ   ⑤ ㄱ, ㄴ, ㄷ

05 [20703-0627]
그림 (가)와 (나)는 우리은하의 중심부 방향을 가시광선과 적외선으로 관측한 것을 순서 없이 나타낸 것이다.

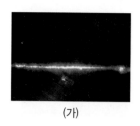 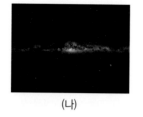

(가)   (나)

이에 대한 설명으로 옳은 것만을 〈보기〉에서 있는 대로 고른 것은?

┌─ 보기 ┌
ㄱ. (가)는 가시광선으로 관측한 것이다.
ㄴ. (나)에서 은하 원반의 어둡게 보이는 영역에는 성간 물질이 많이 분포하고 있다.
ㄷ. (가)에서는 (나)에서 잘 보이지 않던 별의 생성 장소나 은하 중심부를 자세히 관측할 수 있다.

① ㄱ   ② ㄷ   ③ ㄱ, ㄴ
④ ㄴ, ㄷ   ⑤ ㄱ, ㄴ, ㄷ

06 [20703-0628]
그림은 별 A와 B의 1년 동안의 공간 운동을 나타낸 것이다. 화살표의 길이는 이동 거리를 나타내며, A와 B의 화살표 길이는 같다.

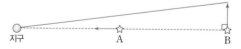

지구   A   B

이에 대한 설명으로 옳은 것만을 〈보기〉에서 있는 대로 고른 것은?

┌─ 보기 ┌
ㄱ. A의 고유 운동은 관측되지 않는다.
ㄴ. B는 도플러 효과에 의한 별빛의 파장 변화가 나타난다.
ㄷ. 공간 속도는 A가 B보다 크다.

① ㄱ   ② ㄷ   ③ ㄱ, ㄴ
④ ㄴ, ㄷ   ⑤ ㄱ, ㄴ, ㄷ

07 [20703-0629]
그림 (가)와 (나)는 암흑 성운 BHR 71을 가시광선과 적외선으로 관측한 것을 순서 없이 나타낸 것이다.

(가)   (나)

이에 대한 설명으로 옳은 것만을 〈보기〉에서 있는 대로 고른 것은?

┌─ 보기 ┌
ㄱ. (가)는 가시광선으로 관측한 것이다.
ㄴ. 암흑 성운은 성간 티끌에 의해 어둡게 보인다.
ㄷ. 암흑 성운 뒤쪽의 별들은 (나)보다 (가)에서 성간 소광을 많이 받았다.

① ㄱ   ② ㄷ   ③ ㄱ, ㄴ   ④ ㄴ, ㄷ   ⑤ ㄱ, ㄴ, ㄷ

08 [20703-0630]
그림은 성간 물질에 의한 별빛의 파장에 따른 상대적인 소광량을 나타낸 것이다.

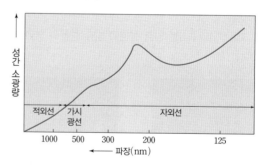

이에 대한 설명으로 옳은 것만을 〈보기〉에서 있는 대로 고른 것은?

┌─ 보기 ┌
ㄱ. 대체로 파장과 성간 소광량은 비례한다.
ㄴ. 성간 소광을 받은 별의 색지수는 고유 색지수보다 작게 관측된다.
ㄷ. 암흑 성운 뒤쪽의 별은 자외선보다 적외선으로 관측하는 것이 유리하다.

① ㄱ   ② ㄷ   ③ ㄱ, ㄴ   ④ ㄴ, ㄷ   ⑤ ㄱ, ㄴ, ㄷ

---

09 [20703-0631]

그림은 어느 별의 겉보기 등급이 성간 소광에 의해 m에서 $m+A$로 변하는 모습을 나타낸 것이다.

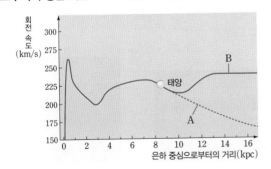

이에 대한 설명으로 옳은 것만을 〈보기〉에서 있는 대로 고른 것은?

┌ 보기 ┌
ㄱ. A는 등급으로 나타낸다.
ㄴ. 별의 관측된 색지수는 고유 색지수보다 크게 나타난다.
ㄷ. 적외선보다 자외선으로 관측할 때 A는 크게 나타난다.

① ㄱ   ② ㄷ   ③ ㄱ, ㄴ   ④ ㄴ, ㄷ   ⑤ ㄱ, ㄴ, ㄷ

10 [20703-0632]

그림은 우리은하의 실제 회전 속도 곡선과 빛을 내는 물질로부터 추정한 회전 속도 곡선을 나타낸 것이다.

이에 대한 설명으로 옳은 것만을 〈보기〉에서 있는 대로 고른 것은?

┌ 보기 ┌
ㄱ. 태양 주변의 별들은 케플러 회전을 한다.
ㄴ. 빛을 내는 물질들은 은하 외곽보다 은하 중심부에 많이 존재한다.
ㄷ. A는 실제 회전 속도, B는 빛을 내는 물질로부터 추정된 회전 속도 곡선이다.

① ㄱ   ② ㄷ   ③ ㄱ, ㄴ   ④ ㄴ, ㄷ   ⑤ ㄱ, ㄴ, ㄷ

11 [20703-0633]

그림은 21 cm 전파를 통해 알아낸 우리은하의 모습을 나타낸 것이다.

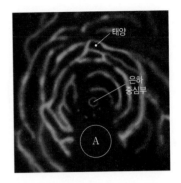

이에 대한 설명으로 옳은 것만을 〈보기〉에서 있는 대로 고른 것은?

┌ 보기 ┌
ㄱ. 우리은하는 나선 은하이다.
ㄴ. A 영역에는 별이 존재하지 않는다.
ㄷ. 밝게 보이는 부분에는 원자 상태로 존재하는 수소가 분포한다.

① ㄱ   ② ㄴ   ③ ㄱ, ㄷ   ④ ㄴ, ㄷ   ⑤ ㄱ, ㄴ, ㄷ

12 [20703-0634]

그림은 우리은하를 옆에서 본 모습을 나타낸 것이다.

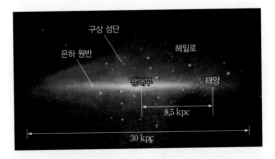

이에 대한 설명으로 옳은 것만을 〈보기〉에서 있는 대로 고른 것은?

┌ 보기 ┌
ㄱ. 산개 성단은 헤일로보다 은하 원반에서 주로 관측된다.
ㄴ. 구상 성단은 태양을 중심으로 분포한다.
ㄷ. 우리은하는 팽대부에 대부분의 질량이 집중되어 있다.

① ㄱ   ② ㄷ   ③ ㄱ, ㄴ   ④ ㄴ, ㄷ   ⑤ ㄱ, ㄴ, ㄷ

13 [20703-0635]
그림은 케플러 회전을 하는 태양과 별 A~D를 나타낸 것이다.

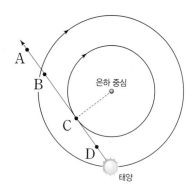

⊙ 가장 큰 적색 편이를 보이는 별과 ⓒ 가장 큰 청색 편이를 보이는 별을 옳게 짝 지은 것은?

	⊙	ⓒ			⊙	ⓒ
①	A	B		②	A	C
③	B	D		④	C	A
⑤	D	A				

서술형 [20703-0636]
14 그림 (가), (나), (다)는 어떤 별과 지구 사이에 일직선 상에 있는 두 개의 성운을 통과하기 전과 후의 별빛의 스펙트럼을 순서 없이 나타낸 것이다.

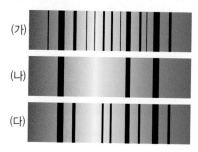

성운을 통과하기 전, 한 개만 통과했을 때, 두 개 모두 통과했을 때의 스펙트럼을 순서대로 배열하고, 그 까닭을 서술하시오.

15 [20703-0637]
그림은 별 A와 B의 1년 동안의 공간 운동을 나타낸 것이다. 별 A와 B의 이동 방향과 이동 거리는 동일하다.

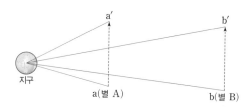

이에 대한 설명으로 옳은 것만을 〈보기〉에서 있는 대로 고른 것은?

┌ 보기 ┐
ㄱ. 고유 운동은 B가 A보다 크다.
ㄴ. A와 B가 각각 a, b의 위치에 있을 때 시선 속도의 절댓값은 A가 B보다 크다.
ㄷ. 공간 속도는 A와 B가 같다.
└────┘

① ㄱ   ② ㄷ   ③ ㄱ, ㄴ
④ ㄴ, ㄷ   ⑤ ㄱ, ㄴ, ㄷ

16 [20703-0638]
그림 (가)와 (나)는 우리은하를 21 cm 수소선으로 관측한 것을 나타낸 것이다.

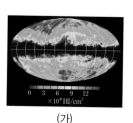

(가)

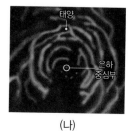

(나)

이에 대한 설명으로 옳은 것만을 〈보기〉에서 있는 대로 고른 것은?

┌ 보기 ┐
ㄱ. 나선팔은 은하 원반면에 존재한다.
ㄴ. 중성 수소는 대부분 헤일로에 분포한다.
ㄷ. 나선 구조가 보이는 지역은 대부분 H Ⅱ 영역이다.
└────┘

① ㄱ   ② ㄷ   ③ ㄱ, ㄴ
④ ㄴ, ㄷ   ⑤ ㄱ, ㄴ, ㄷ

17 [20703-0639] 그림 (가)와 (나)는 외부 나선 은하의 H I 영역과 H II 영역의 모습을 나타낸 것이다.

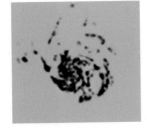

(가) H I 영역 　　　　　(나) H II 영역

이에 대한 설명으로 옳은 것만을 〈보기〉에서 있는 대로 고른 것은?

┌─ 보기 ┐
ㄱ. 21 cm 수소선으로 관측하면 (가)처럼 보일 것이다.
ㄴ. 나선 구조는 (나)보다 (가)에서 뚜렷하다.
ㄷ. 영역의 평균 온도는 (가)가 (나)보다 높다.
└─────┘

① ㄱ　　② ㄷ　　③ ㄱ, ㄴ　　④ ㄴ, ㄷ　　⑤ ㄱ, ㄴ, ㄷ

18 [20703-0640] 그림은 나선 은하 A, B, C의 회전 속도 곡선을 나타낸 것이다.

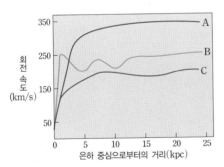

이에 대한 설명으로 옳은 것만을 〈보기〉에서 있는 대로 고른 것은?

┌─ 보기 ┐
ㄱ. A에서 케플러 회전이 나타난다.
ㄴ. 우리은하의 회전 속도 곡선과 가장 비슷한 것은 B이다.
ㄷ. A, B, C는 질량이 중심부에 집중되어 있지 않다.
└─────┘

① ㄱ　　② ㄷ　　③ ㄱ, ㄴ　　④ ㄴ, ㄷ　　⑤ ㄱ, ㄴ, ㄷ

19 [20703-0641] 그림은 어떤 별이 2015년부터 2019년까지 5년 간 천구 상에서 이동한 각거리를 나타낸 것이다. 이 별의 연주 시차는 0.1″이고, 별빛의 도플러 효과는 관측되지 않는다.

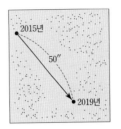

별 A에 대한 설명으로 옳은 것만을 〈보기〉에서 있는 대로 고른 것은?

┌─ 보기 ┐
ㄱ. 고유 운동은 10″/년이다.
ㄴ. 접선 속도는 474 km/s이다.
ㄷ. 공간 속도는 접선 속도보다 크다.
└─────┘

① ㄱ　　② ㄷ　　③ ㄱ, ㄴ　　④ ㄴ, ㄷ　　⑤ ㄱ, ㄴ, ㄷ

20 [20703-0642] 그림은 태양과 별 A, B의 회전을 나타낸 것이다.

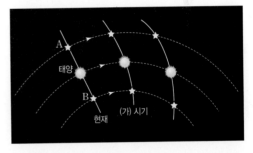

이에 대한 설명으로 옳은 것만을 〈보기〉에서 있는 대로 고른 것은? (단, 현재 별 A와 태양은 은하 중심과 일직선 상에 놓여있다.)

┌─ 보기 ┐
ㄱ. 현재 별 A의 시선 속도는 0이다.
ㄴ. 현재에서 (가) 시기로 갈수록 B는 청색 편이를 나타낸다.
ㄷ. 태양과 별 A, B는 강체 회전을 하고 있다.
└─────┘

① ㄱ　　② ㄷ　　③ ㄱ, ㄴ　　④ ㄴ, ㄷ　　⑤ ㄱ, ㄴ, ㄷ

01 [20703-0643]
그림은 별 A의 고유 운동과 연주 시차로 인해 천구 상에서 위치가 변한 것을 나타낸 것이다.

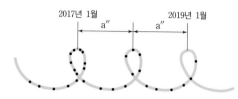

이에 대한 설명으로 옳은 것만을 〈보기〉에서 있는 대로 고른 것은?

┌ 보기 ┐
ㄱ. 별 A는 황도에 위치한다.
ㄴ. 별 A의 고유 운동은 2a″/년이다.
ㄷ. 고유 운동에 의한 이동을 제거하면 별 A까지의 거리를 알 수 있다.

① ㄱ   ② ㄷ   ③ ㄱ, ㄴ
④ ㄴ, ㄷ   ⑤ ㄱ, ㄴ, ㄷ

02 [20703-0644]
그림은 별 A와 같은 거리 만큼 떨어진 관측자 (가)와 (나)에게 별빛이 오는 경로를 나타낸 것이다.

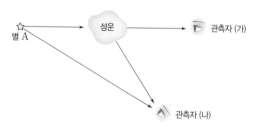

이에 대한 설명으로 옳은 것만을 〈보기〉에서 있는 대로 고른 것은?

┌ 보기 ┐
ㄱ. A의 색초과는 (가)보다 (나)에서 작게 관측된다.
ㄴ. (나)에게 성운은 반사 성운으로 관측된다.
ㄷ. A의 겉보기 등급은 (나)보다 (가)에서 크게 관측된다.

① ㄱ   ② ㄷ   ③ ㄱ, ㄴ   ④ ㄴ, ㄷ   ⑤ ㄱ, ㄴ, ㄷ

03 [20703-0645]
그림은 암흑 성운이 포함된 천구 상의 어느 지역을 나타낸 것이다. 영역 A와 영역 B의 면적은 동일하다.

이에 대한 설명으로 옳은 것만을 〈보기〉에서 있는 대로 고른 것은?

┌ 보기 ┐
ㄱ. A 영역 뒤쪽의 별은 실제보다 가깝게 관측된다.
ㄴ. 관측되는 별의 개수는 B가 A보다 많다.
ㄷ. A와 B에서 관측되는 별의 개수비로 성간 소광량을 구한다.

① ㄱ   ② ㄷ   ③ ㄱ, ㄴ   ④ ㄴ, ㄷ   ⑤ ㄱ, ㄴ, ㄷ

04 [20703-0646]
그림 (가)는 우리은하 원반에서 케플러 회전을 하고 있는 태양과 중성 수소 영역의 위치를, (나)는 21 cm 전파로 관측한 시선 방향의 시선 속도에 따른 복사 세기를 나타낸 것이다.

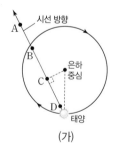 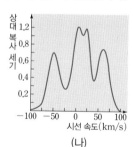

(가)   (나)

이에 대한 설명으로 옳은 것만을 〈보기〉에서 있는 대로 고른 것은?

┌ 보기 ┐
ㄱ. 청색 편이가 나타나는 것은 A이다.
ㄴ. 시선 속도의 절댓값이 가장 큰 것은 B이다.
ㄷ. 중성 수소 밀도는 C가 D보다 크다.

① ㄱ   ② ㄷ   ③ ㄱ, ㄴ   ④ ㄴ, ㄷ   ⑤ ㄱ, ㄴ, ㄷ

[20703-0647]

05 표는 적색 편이가 나타나는 별 A, B, C의 고유 운동과 접선 속도 및 공간 속도이다.

별	A	B	C
고유 운동("/년)	0.20	0.15	0.10
접선 속도(km/s)	20	15	5
공간 속도(km/s)	25	30	26

이에 대한 설명으로 옳은 것만을 〈보기〉에서 있는 대로 고른 것은?

┌─ 보기 ┌
ㄱ. 천구 상에서 1년 동안 이동한 각거리는 A가 B보다 크다.
ㄴ. 시선 속도의 크기는 A가 B보다 작다.
ㄷ. 지구로부터의 거리는 A가 C보다 멀다.

① ㄱ ② ㄷ ③ ㄱ, ㄴ ④ ㄴ, ㄷ ⑤ ㄱ, ㄴ, ㄷ

[20703-0648]

06 그림은 우리은하 중심에 대해 케플러 회전을 하고 있는 태양과 태양 주변의 별들을 나타낸 것이다.

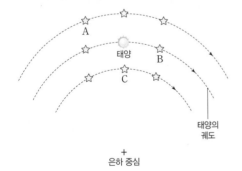

이에 대한 설명으로 옳은 것만을 〈보기〉에서 있는 대로 고른 것은?

┌─ 보기 ┌
ㄱ. 별 A에서는 적색 편이가 나타난다.
ㄴ. 별 B의 시선 속도는 0이다.
ㄷ. 은하 중심에 대한 공전 속도의 크기는 A가 C보다 크다.

① ㄱ ② ㄷ ③ ㄱ, ㄴ ④ ㄴ, ㄷ ⑤ ㄱ, ㄴ, ㄷ

[20703-0649]

07 그림 (가)와 (나)는 우리은하에서 관측되는 성운을 나타낸 것이다.

(가) 반사 성운   (나) 방출 성운

각 성운에 대한 설명으로 옳은 것만을 〈보기〉에서 있는 대로 고른 것은?

┌─ 보기 ┌
ㄱ. (가)는 별빛의 산란에 의해 나타난다.
ㄴ. (나)는 이온화된 수소가 내는 에너지에 의해 나타난다.
ㄷ. (가)와 (나)는 대부분 성간 기체로 구성된다.

① ㄱ ② ㄷ ③ ㄱ, ㄴ ④ ㄴ, ㄷ ⑤ ㄱ, ㄴ, ㄷ

[20703-0650]

08 그림은 외부 은하로 인한 중력 렌즈 효과로 하나의 천체가 2개로 보이는 것을 나타낸 것이다.

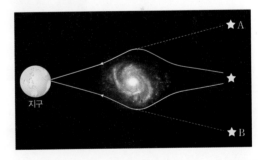

이에 대한 설명으로 옳은 것만을 〈보기〉에서 있는 대로 고른 것은?

┌─ 보기 ┌
ㄱ. 지구에서는 천체가 A와 B에 위치한 것으로 보인다.
ㄴ. 외부 은하 내의 암흑 물질의 질량에 따라 빛이 휘는 정도가 달라진다.
ㄷ. 외부 은하에 의한 중력 렌즈 효과는 보이는 물질에 의한 것보다 더 크게 나타난다.

① ㄱ ② ㄷ ③ ㄱ, ㄴ ④ ㄴ, ㄷ ⑤ ㄱ, ㄴ, ㄷ

15

우주의 구조

- 은하들이 은하군, 은하단, 초은하단으로 집단을 이루며, 우리은하와 안드로메다 은하가 국부 은하군에 속한 것을 설명하기
- 은하 장성과 거대 공동 등 우주 거대 구조를 파악하고 우주 전반적인 모습을 이해하기

한눈에 단원 파악, 이것이 핵심!

은하들은 어떤 형태의 집단을 구성할까?

은하들은 독립적으로 존재하는 것이 아니라 다양한 규모의 집단을 이루고 있다.

은하군	은하단	초은하단
• 은하의 무리를 구성하는 가장 작은 단위 • 수십 개의 은하들이 중력에 속박되어 구성된 집단	• 수백 ~수천 개의 은하로 구성 • 중력적으로 묶여 있는 천체들 중 가장 큰 규모	• 은하군과 은하단으로 이루어진 대규모의 은하 집단 • 국부 은하군은 처녀자리 초은하단에 속해 있다.

우주 거대 구조는 무엇이고 어떻게 구성되어 있을까?

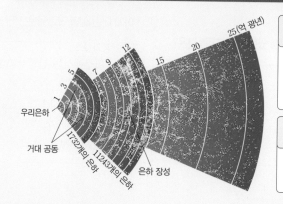

25 (억 광년)

우리은하

거대 공동

17322개의 은하

11243개의 은하

은하 장성

은하 장성

은하들이 띠를 이루고 있는 거대 구조로 은하군, 은하단이 모여서 형성된다.

거대 공동

우주에서 은하가 거의 없는 공간으로 우주의 대부분을 차지한다.

01 우주의 구조

1 은하의 집단
은하들은 독립적으로 존재하는 것이 아니라 다양한 규모의 집단을 이루고 있다.

(1) 은하군
① 은하군: 수십 개의 은하들이 서로의 중력에 속박되어 구성된 집단이다. 일반적으로 지름은 수 Mpc 정도이고, 질량은 태양의 10^{13}배 정도이다.

② 국부 은하군: 우리은하가 속해 있는 은하군으로 지름은 약 3 Mpc(1000만 광년)이며, 50개 이상의 크고 작은 은하들로 이루어져 있다. 특히 질량이 가장 큰 우리은하와 ❶안드로메다은하는 국부 은하군 전체 질량의 약 70 % 이상을 차지하고 있어 역학적 운동의 중심 은하이다. 우리은하와 가까운 곳에 위치한 대마젤란은하와 소마젤란은하는 우리은하로 접근하고 있어 약 20억 년 후에 우리은하와 충돌할 것으로 보이며, 안드로메다은하의 경우도 우리은하와 충돌할 것으로 예상된다.

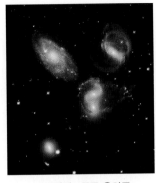

▲ 스테판 5중주 은하군

(2) 은하단
① 은하단: 수백 개~수천 개의 은하로 구성되어 은하군보다 규모가 더 큰 집단이다. 은하단은 우주에서 서로의 중력에 묶여 있는 천체들 중 가장 규모가 크다. 은하단의 지름은 2 Mpc~10 Mpc 정도이며, 질량은 태양 질량의 10^{14}~10^{15}배 정도이다.

② 처녀자리 은하단: 우리은하에서 약 16.5 Mpc 거리에 있는 가장 가까운 은하단으로 약 1300개의 은하들로 구성되어 있다.
  • 처녀자리 은하단은 대부분 나선 은하로 구성되는데, 중심으로 갈수록 타원 은하가 증가하며 중심부에는 거대 타원 은하가 위치한다.
  • 처녀자리 은하단은 매우 강력한 중력을 가지고 있어 국부 은하군은 처녀자리 은하단 방향으로 서서히 움직이고 있다.

(3) 초은하단: 은하군과 은하단으로 이루어진 대규모 은하의 집단이다. 관측 가능한 우주에 약 1000만 개가 존재한다.
① 초은하단은 은하들의 집단으로서는 가장 큰 단위이며, 초은하단을 이루는 각 은하단들은 서로 중력적으로 묶여 있지 않고 우주가 팽창함에 따라 흩어지고 있다.

② 국부 은하군은 처녀자리 초은하단에 속해 있다. 처녀자리 초은하단은 처녀자리 은하단을 포함하여 적어도 100개의 은하군과 은하단으로 구성되어 있으며, 지름은 약 33 Mpc으로 추정된다.

③ 2014년 연구 결과에 따르면 처녀자리 초은하단은 ❷라니아케아 초은하단이라는 거대 초은하단의 외각에 분포한다는 것이 밝혀졌다. 라니아케아 초은하단에는 약 10만 개의 은하가 포함되어 있고, 지름은 약 160 Mpc이고, 질량은 태양 질량의 약 10^{17}배이다

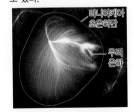

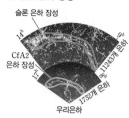

❷ 우주 거대 구조

1980년대 초반까지 과학자들은 초은하단이 우주에서 가장 큰 구조라고 생각하였고, 은하들이 우주에 고르게 분포할 것이라고 생각했다. 하지만 연구 결과 은하들은 우주에 고르게 분포하지 않았고, 은하단들은 서로 연결되어 우주에 마치 거품의 표면을 따라 분포하는 것처럼 보였으며, 거품 내부에는 은하들이 거의 존재하지 않았다.

(1) 은하 장성(Great Wall): 수많은 은하로 이루어진 거대한 벽과 같은 3차원 구조를 은하 장성(Great Wall)이라 하고, 은하 장성의 길이는 약 10억 광년 이상이다. 은하 장성이 우주에서 볼 수 있는 최대 규모의 구조이다. 은하 장성의 크기는 10억 광년 이상이다. ❶CfA2 은하 장성과 ❷슬론 은하 장성, 헤르쿨레스자리−북쪽왕관자리 은하 장성 등이 있다.

(2) 거대 공동(void): 초은하단과 초은하단 사이에 은하가 발견되지 않아 거의 텅 비어 있는 듯한 광활한 공간이 존재한다는 것이다. 이러한 구조를 거대 공동(void)이라고 한다. 지름은 대략 11 Mpc~150 Mpc에 이른다. 우주 전체 공간에서 은하가 차지하는 부피는 일부분이고, 거대 공동이 대부분을 차지한다.

(3) 우주 거대 구조 형성: 우주 거대 구조는 암흑 물질에 의해 형성된 것으로 생각된다. 암흑 물질은 질량이 있으므로 중력적으로 우리가 관측할 수 있는 일반 물질을 끌어당긴다. 즉, 암흑 물질이 분포하고 있는 형태에 따라 은하 장성과 같은 구조가 형성된다. 현대 우주론에 따르면 대폭발 이후 미세한 밀도 차이가 점점 커져서 은하를 형성하였다. 초기 우주에는 미세한 물질 분포의 차이가 있었고, 물질은 중력의 영향으로 밀도가 높은 곳으로 모여 들어 별과 은하를 만들었다. 이 과정에서 밀도가 평균보다 높은 곳에서는 은하들이 계속 성장하여 은하군, 은하단, 초은하단을 이루었고, 밀도가 낮은 곳은 점점 더 비어 있는 공간으로 남게 되었다. 즉, 우주의 거대 구조를 우주 진화의 초기 단계 흔적으로 보고 있다.

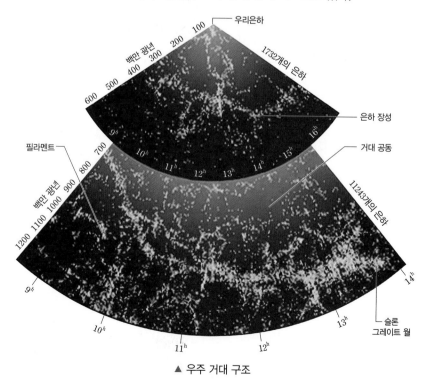

▲ 우주 거대 구조

개념체크

빈칸 완성

1. 은하의 무리를 구성하는 가장 작은 단위로 수십 개의 은하들로 구성된 것을 (　　　)이라고 한다.

2. 국부 은하군에서 중심이 되는 은하는 ① (　　　)은하와 ② (　　　)은하이다.

3. 우리은하와 가까운 곳에 위치한 ① (　　　)은하와 ② (　　　)은하는 약 20억 년 후에 우리은하와 충돌할 것으로 보인다.

4. 우주에서 서로의 중력으로 묶여 있는 천체들 중 가장 큰 규모인 것을 (　　　)이라고 한다.

5. 우리은하에서 가장 가까운 은하단은 (　　　)은하단으로 약 1300개의 은하들로 구성되어 있다.

6. 은하군과 은하단으로 이루어진 대규모 은하의 집단을 (　　　)이라고 한다.

7. 초은하단보다 더 거대한 규모로 은하들이 모여 이룬 그물망과 같은 구조를 (　　　)이라고 한다.

8. 우주에서 은하가 거의 존재하지 않는 곳을 (　　　)이라고 한다.

9. (　　　)이 분포하고 있는 형태에 따라 은하 장성과 같은 구조가 형성된다.

10. (　　　)가 평균보다 높은 곳에서는 은하들이 계속 성장하여 은하군, 은하단, 초은하단을 이루었다.

정답 1. 은하군 2. ① 우리 ② 안드로메다 3. ① 대마젤란 ② 소마젤란 4. 은하단 5. 처녀자리 6. 초은하단 7. 은하 장성 8. 거대 공동 9. 암흑 물질 10. 밀도

○X 문제

1. 다음 설명 중 옳은 것은 ○, 옳지 <u>않은</u> 것은 ×로 표시하시오.

(1) 은하군은 은하의 무리를 구성하는 가장 작은 단위로 은하들은 서로의 중력에 속박되어 있지 않다. (　　　)

(2) 은하단은 우주에서 서로의 중력에 묶여 있는 천체들 중 가장 큰 집단이다. (　　　)

(3) 우리은하에서 가장 가까운 거리에 있는 은하단은 처녀자리 은하단이다. (　　　)

(4) 초은하단은 은하들의 집단으로서는 우주에서 가장 큰 단위이다. (　　　)

(5) 국부 은하군은 처녀자리 초은하단에 속해 있다. (　　　)

(6) 초은하단을 이루고 있는 각 은하단들은 서로 중력적으로 묶여 있다. (　　　)

(7) 은하 장성은 초은하단보다는 규모가 작은 구조이다. (　　　)

(8) 거대 공동에는 은하가 거의 존재하지 않는다. (　　　)

바르게 연결하기

2. 은하 집단의 종류에 따른 특징을 바르게 연결하시오.

(1) 은하군 ·　　· ㉠ 수백~수천 개의 은하로 구성되며 서로의 중력에 묶여 있다.

(2) 은하단 ·　　· ㉡ 수십 개의 은하들이 서로의 중력에 속박되어 구성된 집단이다.

(3) 초은하단 ·　　· ㉢ 은하들의 집단으로서는 가장 큰 단위이며 서로 중력적으로 묶여 있지 않다.

정답 1. (1) × (2) ○ (3) ○ (4) ○ (5) ○ (6) × (7) × (8) ○ 2. (1) ㉡ (2) ㉠ (3) ㉢

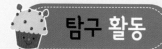
목표

우리은하가 속한 은하단과 초은하단의 분포를 통해 우주에서 우리은하의 위치를 알 수 있다.

과정

그림은 처녀자리 초은하단과 그 안에 위치한 국부 은하군을 나타낸 것이다.

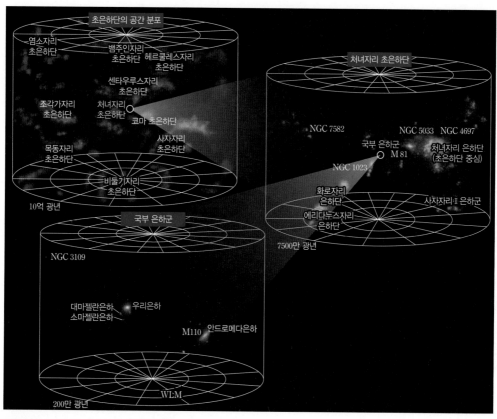

1. 국부 은하군을 구성하는 주요 은하들을 찾는다.
2. 처녀자리 초은하단을 구성하는 주요 은하군과 은하단을 찾는다.

결과 정리 및 해석

1. 국부 은하군에서 우리은하와 안드로메다은하를 중심으로 은하들이 분포한다.
2. 국부 은하군은 처녀자리 은하단 주변부에 위치한다.
3. 처녀자리 초은하단 주변에는 많은 수의 다른 초은하단이 존재한다.

탐구 분석

1. 국부 은하군을 구성하는 은하에는 어떤 것들이 있는지 쓰시오.
2. 처녀자리 초은하단 주변에는 어떤 초은하단들이 존재하는지 쓰시오.

정답과 해설 98쪽

01 [20703-0651]
은하군에 대한 설명으로 옳은 것은?

① 규모가 수백 Mpc이다.
② 우리은하는 국부 은하군에 속한다.
③ 은하들이 이루는 가장 큰 집단이다.
④ 수백 개~수천 개의 은하로 구성된다.
⑤ 은하들은 서로의 중력에 속박되지 않는다.

02 [20703-0652]
은하단에 대한 설명으로 옳은 것은?

① 은하들의 집단으로서는 가장 큰 단위이다.
② 국부 은하군은 처녀자리 은하단에 속한다.
③ 은하단은 우주가 팽창함에 따라 흩어진다.
④ 처녀자리 은하단은 대부분 타원 은하로 구성된다.
⑤ 은하단은 서로의 중력에 묶여 있는 천체들 중 가장 규모가 크다.

03 [20703-0653]
초은하단에 대한 설명으로 옳은 것만을 〈보기〉에서 있는 대로 고른 것은?

┌ 보기 ┐
ㄱ. 규모가 수백 Mpc 정도이다.
ㄴ. 초은하단을 이루는 은하단들은 중력적으로 묶여 있다.
ㄷ. 초은하단은 우주에서 볼 수 있는 최대 규모의 구조이다.

① ㄱ   ② ㄴ   ③ ㄱ, ㄷ
④ ㄴ, ㄷ   ⑤ ㄱ, ㄴ, ㄷ

04 [20703-0654]
그림은 4개의 은하로 구성된 어떤 은하군을 나타낸 것이다.

이에 대한 설명으로 옳은 것만을 〈보기〉에서 있는 대로 고른 것은?

┌ 보기 ┐
ㄱ. 4개의 은하들은 서로 중력적으로 묶여 있다.
ㄴ. 지구에서의 거리는 안드로메다은하보다 가깝다.
ㄷ. 은하들의 형태는 우리은하와 같은 막대 나선 은하이다.

① ㄱ   ② ㄷ   ③ ㄱ, ㄴ
④ ㄴ, ㄷ   ⑤ ㄱ, ㄴ, ㄷ

05 [20703-0655]
은하의 집단에 대한 설명으로 옳은 것은?

① 은하군은 은하단에 속한다.
② 우리은하는 처녀자리 은하군에 속한다.
③ 은하단은 대부분 수십 개의 은하들로 구성된다.
④ 우리은하에서 가장 가까운 은하단은 처녀자리 은하단이다.
⑤ 처녀자리 초은하단의 중심에는 국부 은하군이 위치한다.

06 [20703-0656]
그림 (가), (나), (다)는 국부 은하군을 이루는 은하 중 가장 규모가 큰 은하 3개를 나타낸 것이다.

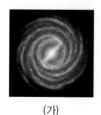  

(가)　　　　　　　(나)　　　　　　　(다)

이에 대한 설명으로 옳은 것만을 〈보기〉에서 있는 대로 고른 것은?

┌─ 보기 ┌
ㄱ. (가)가 우리은하이다.
ㄴ. (나)는 우리은하에 접근하고 있다.
ㄷ. (가), (나), (다)는 서로 중력적으로 묶여 있다.
└─────

① ㄱ　② ㄴ　③ ㄱ, ㄷ　④ ㄴ, ㄷ　⑤ ㄱ, ㄴ, ㄷ

07 [20703-0657]
그림은 국부 은하군과 처녀자리 은하단이 포함된 처녀자리 초은하단의 일부를 나타낸 것이다.

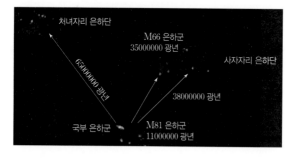

이에 대한 설명으로 옳은 것만을 〈보기〉에서 있는 대로 고른 것은?

┌─ 보기 ┌
ㄱ. 은하단은 은하군보다 규모가 크다.
ㄴ. 국부 은하군은 처녀자리 은하단에 포함된다.
ㄷ. M81 은하군이 M66 은하군보다 우리은하에 가깝게 위치한다.
└─────

① ㄱ　② ㄴ　③ ㄱ, ㄷ　④ ㄴ, ㄷ　⑤ ㄱ, ㄴ, ㄷ

08 [20703-0658]
우주 거대 구조에 대한 설명으로 옳지 않은 것은?

① 은하들은 우주에 고르게 분포한다.
② 은하 장성은 초은하단보다 더 큰 구조이다.
③ 거대 공동에는 은하가 거의 존재하지 않는다.
④ 거대 공동의 밀도는 우주 평균 밀도보다 작다.
⑤ 은하들이 그물망과 비슷한 거대 가락 구조를 따라 존재한다.

09 [20703-0659]
그림은 우주 거대 구조의 일부를 나타낸 것이다. A와 B는 각각 은하 장성과 거대 공동 중 하나이다.

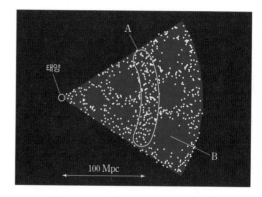

이에 대한 설명으로 옳은 것만을 〈보기〉에서 있는 대로 고른 것은?

┌─ 보기 ┌
ㄱ. A를 이루는 점들은 별이다.
ㄴ. B는 거대 공동을 나타낸다.
ㄷ. 은하 장성의 길이는 100 Mpc 이상이다.
└─────

① ㄱ　② ㄴ　③ ㄱ, ㄷ　④ ㄴ, ㄷ　⑤ ㄱ, ㄴ, ㄷ

10 [20703-0660]
거대 공동에 대한 설명으로 옳지 않은 것은?

① 밀도는 우주 평균 밀도보다 작다.
② 우주에서 은하가 거의 없는 공간이다.
③ 초은하단과 초은하단 사이에서 나타난다.
④ 거대 공동에는 암흑 물질이 존재하지 않는다.
⑤ 우주 전체 부피의 대부분은 거대 공동이 차지한다.

[20703-0661]
11 그림 (가)~(라)는 우주 거대 구조의 형성 과정을 순서 없이 나타낸 것이다.

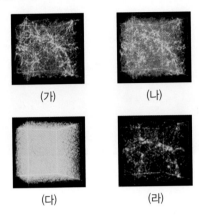

(가) (나)

(다) (라)

우주 거대 구조가 형성되는 순서를 가장 옳게 나열한 것은?

① (가)-(나)-(다)-(라) ② (나)-(가)-(다)-(라)
③ (다)-(가)-(라)-(나) ④ (다)-(나)-(가)-(라)
⑤ (라)-(가)-(나)-(다)

[20703-0662]
12 우주의 구조에 대한 설명으로 옳지 <u>않은</u> 것은?

① 우주 거대 구조는 우주 진화의 초기 단계의 흔적이다.
② 우주에는 관측 가능한 물질보다 암흑 물질이 많이 존재한다.
③ 암흑 물질이 존재하는 형태에 따라 은하 장성과 같은 구조가 형성된다.
④ 우주는 작은 구조들이 모여 더 큰 구조가 되는 계층적 구조를 이루고 있다.
⑤ 물질은 중력의 영향으로 밀도가 낮은 곳으로 모여 들어 별과 은하를 만들었다.

[20703-0663]
13 은하 장성에 대한 설명으로 옳은 것은?

① 은하단보다 작은 구조이다.
② 암흑 물질이 존재하지 않는 영역이다
③ 은하들이 거의 존재하지 않는 영역이다.
④ 은하 장성의 크기는 10억 광년보다 작다.
⑤ CfA2 은하 장성과 슬론 은하 장성 등이 있다.

[20703-0664]
14 그림은 우주 거대 구조를 나타낸 것이다.

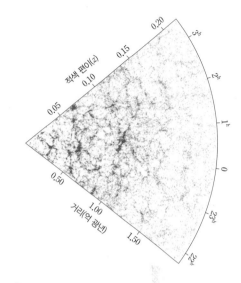

이에 대한 설명으로 옳은 것만을 〈보기〉에서 있는 대로 고른 것은?

┌ 보기 ┐
ㄱ. 은하들이 거의 없는 거대 공동이 나타난다.
ㄴ. 은하들이 띠를 이루고 있는 거대 구조가 나타난다.
ㄷ. 초기 우주의 미세한 물질 분포의 차이에 의해 거대 구조가 형성되었다.

① ㄱ   ② ㄴ   ③ ㄱ, ㄷ
④ ㄴ, ㄷ   ⑤ ㄱ, ㄴ, ㄷ

[20703-0665]
15 우주 거대 구조 형성에 대한 설명으로 옳지 <u>않은</u> 것은?

① 초기 우주에는 미세한 물질 분포의 차이가 있었다.
② 우주 거대 구조의 형태는 우주의 팽창과 관련이 있다.
③ 초기 우주에서 밀도가 작은 부분은 거대 공동이 되었다.
④ 우주 거대 구조는 시간과 관계없이 일정한 모양을 나타낸다.
⑤ 물질은 중력의 영향으로 밀도가 높은 곳으로 모여 들어 별과 은하를 만들었다.

01 [20703-0666]
그림 (가)와 (나)는 안드로메다은하와 처녀자리 은하단을 나타낸 것이다.

(가) 안드로메다은하   (나) 처녀자리 은하단

이에 대한 설명으로 옳은 것만을 〈보기〉에서 있는 대로 고른 것은?

보기
ㄱ. (가)는 국부 은하군의 일원이다.
ㄴ. (나)는 대부분 나선 은하로 구성된다.
ㄷ. (가)는 (나)에 포함된다.

① ㄱ   ② ㄷ   ③ ㄱ, ㄴ
④ ㄴ, ㄷ   ⑤ ㄱ, ㄴ, ㄷ

02 [20703-0667]
그림 (가)와 (나)는 은하군과 은하단을 나타낸 것이다.

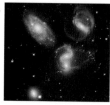 

(가) 은하군   (나) 은하단

이에 대한 설명으로 옳은 것만을 〈보기〉에서 있는 대로 고른 것은?

보기
ㄱ. (가)를 구성하는 은하들은 형태가 동일하다.
ㄴ. (나)를 구성하는 은하들은 중력적으로 묶여 있다.
ㄷ. 은하의 개수는 (가)가 (나)보다 적다.

① ㄱ   ② ㄴ   ③ ㄱ, ㄷ
④ ㄴ, ㄷ   ⑤ ㄱ, ㄴ, ㄷ

03 [20703-0668]
그림은 국부 은하군의 일부를 나타낸 것이다.

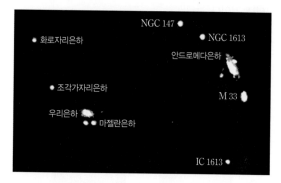

이에 대한 설명으로 옳은 것만을 〈보기〉에서 있는 대로 고른 것은?

보기
ㄱ. 국부 은하군은 10개 이하의 은하로 구성된다.
ㄴ. 대마젤란은하는 안드로메다은하보다 우리은하에 가깝다.
ㄷ. 국부 은하군의 무게 중심은 우리은하와 안드로메다은하 사이에 존재한다.

① ㄱ   ② ㄴ   ③ ㄱ, ㄷ
④ ㄴ, ㄷ   ⑤ ㄱ, ㄴ, ㄷ

04 [20703-0669]
그림 (가)와 (나)는 국부 은하군과 처녀자리 은하단을 나타낸 것이다.

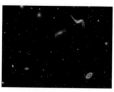 

(가) 국부 은하군   (나) 처녀자리 은하단

이에 대한 설명으로 옳은 것만을 〈보기〉에서 있는 대로 고른 것은?

보기
ㄱ. (가)는 우리은하를 포함한다.
ㄴ. (나)는 수십 개의 은하들로 구성된다.
ㄷ. (가)는 (나)에 포함된다.

① ㄱ   ② ㄴ   ③ ㄱ, ㄷ
④ ㄴ, ㄷ   ⑤ ㄱ, ㄴ, ㄷ

05 [20703-0670] 그림은 우주 거대 구조를 나타낸 것이다. A와 B는 각각 은하 장성과 거대 공동 중 하나이다.

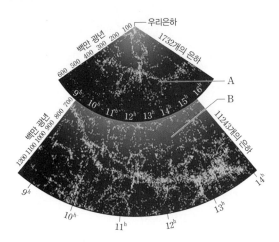

이에 대한 설명으로 옳은 것만을 〈보기〉에서 있는 대로 고른 것은?

┌ 보기 ┐
ㄱ. 평균 밀도는 A가 B보다 크다.
ㄴ. 은하들이 그물망과 같이 연결되어 있다.
ㄷ. A에는 암흑 물질이 없고 보통 물질만 존재한다.

① ㄱ　　　② ㄷ　　　③ ㄱ, ㄴ
④ ㄴ, ㄷ　　　⑤ ㄱ, ㄴ, ㄷ

06 [20703-0671] 그림 (가)는 초은하단을, (나)는 우주 거대 구조를 나타낸 것이다.

(가) 초은하단　　　　(나) 우주 거대 구조

이에 대한 설명으로 옳은 것만을 〈보기〉에서 있는 대로 고른 것은?

┌ 보기 ┐
ㄱ. (가)는 수십 개의 은하들로 구성된다.
ㄴ. (나)에서 은하들은 띠 모양으로 분포한다.
ㄷ. 규모는 (가)가 (나)보다 크다.

① ㄱ　② ㄴ　③ ㄱ, ㄷ　④ ㄴ, ㄷ　⑤ ㄱ, ㄴ, ㄷ

07 [20703-0672] 그림 (가)는 은하군을, (나)는 은하단을, (다)는 우주 거대 구조를 나타낸 것이다.

(가) 은하군　　　(나) 은하단　　　(다) 우주 거대 구조

이에 대한 설명으로 옳은 것만을 〈보기〉에서 있는 대로 고른 것은?

┌ 보기 ┐
ㄱ. (가)에는 막대 나선 은하가 존재한다.
ㄴ. (나)의 은하들은 서로 중력적으로 묶여 있다.
ㄷ. 공간 규모가 가장 큰 것은 (다)이다.

① ㄱ　　　② ㄴ　　　③ ㄱ, ㄷ
④ ㄴ, ㄷ　　　⑤ ㄱ, ㄴ, ㄷ

08 [20703-0673] 그림 (가)는 초기 우주의 은하 분포를, (나)는 현재 우주의 은하 분포를 나타낸 것이다.

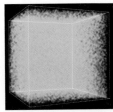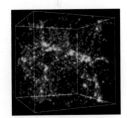

(가) 초기 우주　　　　(나) 현재 우주

이에 대한 설명으로 옳은 것만을 〈보기〉에서 있는 대로 고른 것은?

┌ 보기 ┐
ㄱ. (가)는 (나)보다 물질 분포가 균일하지 않다.
ㄴ. (나)에는 띠 모양의 구조가 나타난다.
ㄷ. 중력에 의해 (가)에서 (나)의 형태로 바뀌었다.

① ㄱ　　　② ㄷ　　　③ ㄱ, ㄴ
④ ㄴ, ㄷ　　　⑤ ㄱ, ㄴ, ㄷ

01 [20703-0674]
그림은 총알 은하군에서 암흑 물질(파란색)과 일반 물질(분홍색)의 분포를 나타낸 것이다. 조그만 원은 총알 은하군을 구성하는 은하들을 나타낸 것이다.

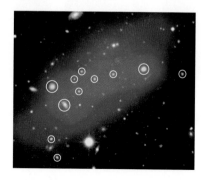

이에 대한 설명으로 옳은 것만을 〈보기〉에서 있는 대로 고른 것은?

보기
ㄱ. 수백 개의 은하들로 구성된다.
ㄴ. 은하군에는 암흑 물질과 일반 물질이 섞여 있다.
ㄷ. 은하군의 암흑 물질은 전자기파로 관측할 수 없다.

① ㄱ ② ㄷ ③ ㄱ, ㄴ ④ ㄴ, ㄷ ⑤ ㄱ, ㄴ, ㄷ

02 [20703-0675]
그림은 처녀자리 초은하단의 구성을 나타낸 것이다.

이에 대한 설명으로 옳은 것만을 〈보기〉에서 있는 대로 고른 것은?

보기
ㄱ. 은하 장성보다 더 큰 규모이다.
ㄴ. 국부 은하군은 처녀자리 초은하단에 속한다.
ㄷ. 처녀자리 초은하단은 은하군과 은하단으로 이루어져 있다.

① ㄱ ② ㄷ ③ ㄱ, ㄴ ④ ㄴ, ㄷ ⑤ ㄱ, ㄴ, ㄷ

03 [20703-0676]
그림은 우주 거대 구조를 나타낸 것이다.

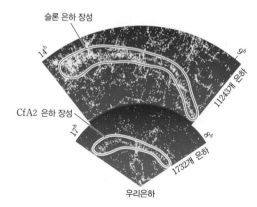

슬론 은하 장성이 CfA2 은하 장성 보다 큰 값을 나타내는 것만을 〈보기〉에서 있는 대로 고른 것은?

보기
ㄱ. 규모
ㄴ. 적경의 범위
ㄷ. 지구로부터 거리

① ㄱ   ② ㄴ   ③ ㄱ, ㄷ
④ ㄴ, ㄷ   ⑤ ㄱ, ㄴ, ㄷ

04 [20703-0677]
표의 은하 장성과 거대 공동에 대한 설명을 순서 없이 나타낸 것이다.

구분	설명
(가)	은하들이 띠를 이루고 있는 거대 구조
(나)	우주에서 은하들이 거의 없는 공간

이에 대한 설명으로 옳은 것만을 〈보기〉에서 있는 대로 고른 것은?

보기
ㄱ. (가)는 초기 우주의 밀도가 상대적으로 낮은 지역에 형성되었다.
ㄴ. (나)에는 암흑 물질이 존재하지 않는다.
ㄷ. (가)와 (나)의 형태는 시간에 따라 변한다.

① ㄱ   ② ㄷ   ③ ㄱ, ㄴ
④ ㄴ, ㄷ   ⑤ ㄱ, ㄴ, ㄷ

1 천체의 좌표계

(1) 천구의 기준점과 기준선

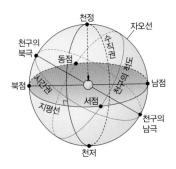

(2) 지평 좌표계

방위각	• 북점(또는 남점)으로부터 지평선을 따라 시계 방향으로 천체를 지나는 수직권까지 잰각 • 범위: 0°∼360°
고도	• 지평선에서 수직권을 따라 천체까지 측정한 각 • 범위: 0°∼90°

(3) 적도 좌표계

적경	• 춘분점을 기준으로 천구의 적도를 따라 천체를 지나는 시간권까지 시계 반대 방향으로 잰 각 • 범위: $0^h∼24^h$
적위	• 천구의 적도를 기준으로 시간권을 따라 천체까지 잰 각 • 범위: 0°∼±90°

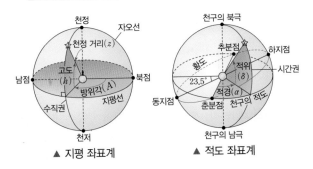

▲ 지평 좌표계   ▲ 적도 좌표계

2 행성의 겉보기 운동

(1) 순행과 역행

순행	행성이 배경별에 대해 서쪽에서 동쪽으로 움직이는 겉보기 운동 ➡ 적경 증가
역행	행성이 배경별에 대해 동쪽에서 서쪽으로 움직이는 겉보기 운동 ➡ 적경 감소
유	순행에서 역행으로, 또는 역행에서 순행으로 바뀔 때 정지한 것처럼 보이는 시기

(2) 내행성의 위치와 겉보기 운동

① 초저녁이나 새벽에만 관측 가능

② 내합과 외합에 위치할 때는 관측 어려움.

③ 시지름은 내합에서 외합으로 갈수록 작아짐.

④ 동방 최대 이각일 때 상현달, 서방 최대 이각일 때 하현달 모양으로 관측됨.

⑤ 내합 부근에서 역행하며, 나머지 기간에는 순행

(3) 외행성의 위치와 겉보기 운동

① 충에 위치할 때는 초저녁부터 자정까지 관측 가능하며, 시지름이 최대이고 보름달 모양이므로 가장 밝게 관측됨.

② 동구에 위치할 때는 초저녁부터 자정까지, 서구에 위치할 때는 자정부터 새벽까지 관측 가능

③ 합에 위치할 때는 관측 어려움.

④ 충 부근에서 역행하며, 나머지 기간에는 순행

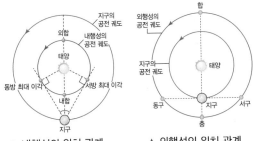

▲ 내행성의 위치 관계   ▲ 외행성의 위치 관계

3 우주관의 변천

(1) **프톨레마이오스의 지구 중심설(천동설)**: 우주의 중심은 지구, 주전원을 이용하여 행성의 역행을 설명, 수성과 금성의 주전원의 중심은 항상 지구와 태양을 잇는 선 위에 위치 ➡ 내행성의 최대 이각 설명

(2) **코페르니쿠스의 태양 중심설(지동설)**: 우주의 중심은 태양, 행성의 공전 속도는 태양으로부터 멀어질수록 느려지고, 수성과 금성은 지구보다 안쪽 궤도에서 공전

(3) **티코 브라헤의 지구 중심설**: 우주의 중심은 지구. 달과 태양은 지구를 중심으로 공전하며, 행성들은 태양을 중심으로 공전 ➡ 주전원 없이 내행성의 최대 이각 및 행성의 역행 설명

(4) **갈릴레이의 관측**: 목성 위성의 위치 변화, 보름달 모양의 금성 등 지구 중심설에서는 설명 불가능한 현상을 관측

단원 정리

❹ 행성의 공전 주기(P)와 회합 주기(S)

(1) 내행성의 회합 주기(S): 내행성과 지구가 하루 동안 공전한 각도의 차인 $\left(\dfrac{360°}{P}-\dfrac{360°}{E}\right)$가 누적되어 $360°$가 될 때까지의 기간 ➡ $\dfrac{1}{S}=\dfrac{1}{P}-\dfrac{1}{E}$

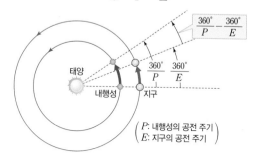

$\left(\begin{array}{l} P: \text{내행성의 공전 주기} \\ E: \text{지구의 공전 주기} \end{array}\right)$

(2) 외행성의 회합 주기(S): 지구와 외행성이 하루 동안 공전한 각도의 차인 $\left(\dfrac{360°}{E}-\dfrac{360°}{P}\right)$가 누적되어 $360°$가 될 때까지의 기간 ➡ $\dfrac{1}{S}=\dfrac{1}{E}-\dfrac{1}{P}$

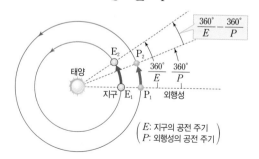

$\left(\begin{array}{l} E: \text{지구의 공전 주기} \\ P: \text{외행성의 공전 주기} \end{array}\right)$

(3) 행성의 거리와 회합 주기: 내행성은 지구에 가까울수록 회합 주기가 길어지며, 외행성은 지구에서 멀어질수록 회합 주기가 짧아지면서 점점 1년에 가까워진다.

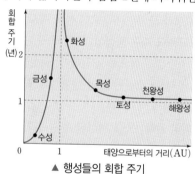

▲ 행성들의 회합 주기

(4) 행성의 공전 궤도 반지름: 내행성은 최대 이각을, 외행성은 지구에서 관측한 태양과 행성의 상대적 위치와 행성의 공전 주기를 이용하여 공전 궤도 반지름을 구할 수 있다.

❺ 케플러 법칙

(1) 케플러 제1법칙
① 행성은 태양을 한 초점으로 하는 타원 궤도를 공전한다.
② 궤도 이심률: 타원의 납작한 정도를 나타내는 값으로, 타원의 긴반지름에 대한 초점 거리의 비이다.

(2) 케플러 제2법칙
① 행성이 타원 궤도를 따라 공전할 때 태양과 행성을 잇는 선분은 같은 시간 동안 같은 면적을 쓸고 지나간다.
② 행성의 공전 속도는 근일점에서 가장 빠르고, 원일점에서 가장 느리다.

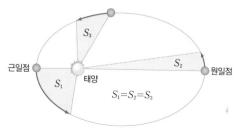

(3) 케플러 제3법칙: 행성의 공전 주기의 제곱은 공전 궤도 긴반지름의 세제곱에 비례한다.

$$\left(\dfrac{a^3}{P^2}\right)_{\text{수성}}=\left(\dfrac{a^3}{P^2}\right)_{\text{금성}}=\cdots=\left(\dfrac{a^3}{P^2}\right)_{\text{해왕성}}=K(\text{일정})$$

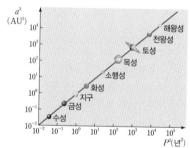

단원 정리

6 천체의 거리와 성단

(1) 천체의 거리 측정 방법

구분	특징
연주 시차	지구 공전 궤도의 양 끝에서 별을 바라보았을 때 생기는 각의 $\frac{1}{2}$
세페이드 변광성	세페이드 변광성의 주기−광도 관계를 이용하여 별의 절대 등급을 구한 뒤, 겉보기 등급과 비교하여 거리 측정
주계열 맞추기	표준 주계열성의 색등급도와 성단의 색등급도를 비교하여 성단의 거리 지수 측정

(2) 산개 성단과 구상 성단

구분	특징
산개 성단	• 수백~수천 개의 별들이 허술하게 모여 있는 집단으로 대체로 파란색을 띤다. • 전향점은 표면 온도가 높고, 광도가 큰 곳에 위치한다.
구상 성단	• 수만~수십만 개의 별들이 구형으로 매우 조밀하게 모여 있는 집단으로 성단은 대체로 붉은색을 띤다. • 전향점에 위치하는 별이 산개 성단보다 상대적으로 어둡고 색지수가 크다.

7 우리은하의 구조

(1) 성간 물질

구분	특징
기체	성간 물질의 약 99 %를 차지하며, 주로 수소와 헬륨이다.
티끌	규산염 또는 흑연, 얼음 등으로 이루어진 미세한 고체 입자로 성간 물질의 약 1 %를 차지한다.

(2) 성간 소광과 성간 적색화

구분	특징
성간 소광	성간 물질에 의해 별빛의 세기가 원래보다 약해지는 현상
성간 적색화	별이 실제 색깔보다 붉게 보이는 현상으로 색초과 값이 클수록 성간 적색화가 더 크게 일어난 것이다.

(3) 성운

① 방출 성운: 뜨거운 별 주위에서 이온화된 물질이 방출선을 내는 성운

② 반사 성운: 밝은 별 근처에 있는 성간 티끌이 주변 별빛을 산란시켜 파란색으로 보이는 성운

③ 암흑 성운: 성간 티끌이 밀집된 성운이 뒤쪽에 위치한 별빛을 가려 어둡게 보이는 성운

(4) 우리은하의 나선 구조

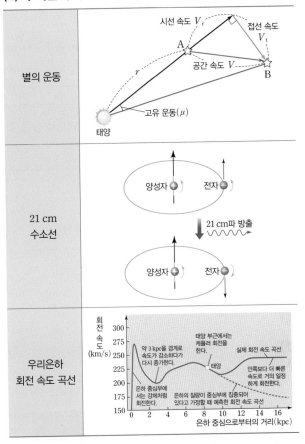

별의 운동	
21 cm 수소선	
우리은하 회전 속도 곡선	

8 우주의 구조

(1) 은하들의 집단

은하 → 은하군, 은하단 → 초은하단

(2) 우주 거대 구조

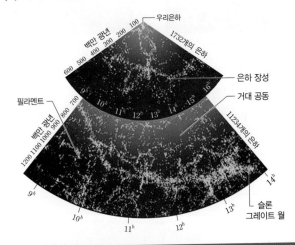

01 [20703-0678]
표는 어느 날 태양, 목성, 금성의 위치를 나타낸 것이다.

천체	위치
태양	하지점
목성	충
금성	동방 최대 이각

이날 서울(37.5°N)에서 관측했을 때에 대한 설명으로 옳은 것만을 〈보기〉에서 있는 대로 고른 것은?

┌ 보기 ┌
ㄱ. 금성의 적경은 태양보다 크다.
ㄴ. 남중 고도는 태양보다 목성이 높다.
ㄷ. 새벽에는 금성과 목성을 동시에 관측할 수 있다.

① ㄱ　　　　② ㄴ　　　　③ ㄱ, ㄷ
④ ㄴ, ㄷ　　　⑤ ㄱ, ㄴ, ㄷ

02 [20703-0679]
그림 (가)와 (나)는 서로 다른 두 우주관을 나타낸 것이다.

(가)　　　　　　(나)

(가)에서는 설명되고, (나)에서는 설명되지 않는 것만을 〈보기〉에서 있는 대로 고른 것은?

┌ 보기 ┌
ㄱ. 가까운 별의 연주 시차가 나타난다.
ㄴ. 금성이 보름달 모양으로 관측된다.
ㄷ. 태양보다 화성이 지구에 더 가까워질 때가 있다.

① ㄱ　　　　② ㄴ　　　　③ ㄱ, ㄷ
④ ㄴ, ㄷ　　　⑤ ㄱ, ㄴ, ㄷ

03 [20703-0680]
표는 어느 날 우리나라에서 태양, 수성, 금성, 목성이 뜨고 지는 시각을 나타낸 것이다.

천체	뜨는 시각(시 : 분)	지는 시각(시 : 분)
태양	6 : 40	17 : 55
수성	5 : 59	17 : 39
금성	9 : 32	19 : 28
목성	5 : 24	17 : 22

이에 대한 설명으로 옳은 것만을 〈보기〉에서 있는 대로 고른 것은?

┌ 보기 ┌
ㄱ. 이날 초저녁에 금성을 관측할 수 있다.
ㄴ. 이날 금성과 목성은 모두 지구에 가까워지고 있다.
ㄷ. 이날 남쪽 자오선을 통과하는 시각은 수성이 목성보다 빠르다.

① ㄱ　　　　② ㄷ　　　　③ ㄱ, ㄴ
④ ㄴ, ㄷ　　　⑤ ㄱ, ㄴ, ㄷ

04 [20703-0681]
그림은 2020년 6월 어느 날 우리나라에서 관측되는 행성들의 모습을 나타낸 것이다.

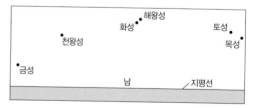

이 행성들에 대한 설명으로 옳은 것만을 〈보기〉에서 있는 대로 고른 것은?

┌ 보기 ┌
ㄱ. 초저녁에 관측한 모습이다.
ㄴ. 적위는 금성이 목성보다 높다.
ㄷ. 다음 날 화성이 태양과 이루는 이각은 이날보다 크다.

① ㄱ　　　　② ㄴ　　　　③ ㄱ, ㄷ
④ ㄴ, ㄷ　　　⑤ ㄱ, ㄴ, ㄷ

[20703-0682]

05 그림은 위도가 30°인 어느 지역에서 관측한 별 A, B, C 의 위치를 천구에 나타낸 것이다.

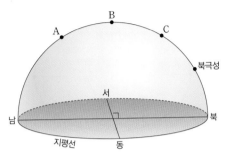

별 A, B, C에 대한 설명으로 옳은 것만을 〈보기〉에서 있는 대로 고른 것은?

┌ 보기 ┐
ㄱ. 적위는 B가 가장 크다.
ㄴ. A, B, C의 적경은 서로 같다.
ㄷ. B는 일주 운동하는 동안 지평선 아래로 지지 않는다.

① ㄱ ② ㄴ ③ ㄱ, ㄷ ④ ㄴ, ㄷ ⑤ ㄱ, ㄴ, ㄷ

[20703-0683]

06 그림은 지구의 공전 궤도, 황도, 천구의 적도를 나타낸 것이다.

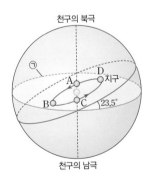

이에 대한 설명으로 옳은 것만을 〈보기〉에서 있는 대로 고른 것은?

┌ 보기 ┐
ㄱ. ㉠은 황도이다.
ㄴ. 우리나라에서 태양의 남중 고도는 지구가 B보다 C에 위치할 때 높다.
ㄷ. 태양의 적경은 지구가 A보다 C에 위치할 때 크다.

① ㄱ ② ㄷ ③ ㄱ, ㄴ ④ ㄴ, ㄷ ⑤ ㄱ, ㄴ, ㄷ

[20703-0684]

07 다음은 어떤 행성의 위상 변화를 알아보기 위한 실험 과정을 나타낸 것이다.

[실험 과정]
(가) 흰 탁구공을 행성이라고 가정하고 빛을 받지 않는 면을 나타내기 위해 흰 탁구공의 한쪽 면을 검게 칠한다.

(나) 실험대 위에 원을 그리고 한 개의 탁구공과 카메라를 설치한다.
(다) 그림과 같이 탁구공의 위치를 바꾸어가며 위상 변화를 각각 촬영한다.

이에 대한 설명으로 옳은 것만을 〈보기〉에서 있는 대로 고른 것은?

┌ 보기 ┐
ㄱ. 탁구공은 외행성에 해당한다.
ㄴ. 탁구공의 하양 면이 보름달에 가까운 모양으로 관측되는 시기가 있다.
ㄷ. 위의 실험으로 프톨레마이오스의 우주관에서 나타나는 내행성의 위상과 시지름의 변화를 설명할 수 있다.

① ㄱ ② ㄴ ③ ㄱ, ㄷ ④ ㄴ, ㄷ ⑤ ㄱ, ㄴ, ㄷ

[20703-0685]

08 그림은 지구(E)와 어느 행성(P)이 태양 주위를 공전하는 모습을 나타낸 것이다. 지구가 E_1, E_2, E_3에 위치할 때 행성의 위치는 각각 P_1, P_2, P_3이다. 이에 대한 설명으로 옳은 것만을 〈보기〉에서 있는 대로 고른 것은?

┌ 보기 ┐
ㄱ. 공전 궤도 상에서 하루 동안 공전한 각도는 E가 P보다 작다.
ㄴ. 지구가 E_1에 위치할 때 우리나라에서 관측한 P의 위상은 하현달 모양이다.
ㄷ. P의 공전 주기는 0.5년보다 짧다.

① ㄱ ② ㄷ ③ ㄱ, ㄴ ④ ㄴ, ㄷ ⑤ ㄱ, ㄴ, ㄷ

09 [20703-0686]
그림은 어느 해 1월부터 6월까지 금성, 지구, 화성, 목성의 공전 궤도 상의 위치를 나타낸 것이다. 숫자는 매월 1일의 위치이다.

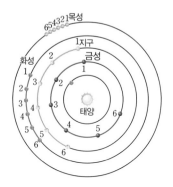

우리나라에서 관측할 때에 대한 설명으로 옳은 것만을 〈보기〉에서 있는 대로 고른 것은?

┌ 보기 ┌
ㄱ. 3월 초에 금성은 초저녁에 서쪽 하늘에서 관측 가능하다.
ㄴ. 4월에 화성의 적경은 계속 증가한다.
ㄷ. 5월 초에는 목성과 화성을 동시에 관측할 수 있다.

① ㄱ　② ㄷ　③ ㄱ, ㄴ　④ ㄴ, ㄷ　⑤ ㄱ, ㄴ, ㄷ

10 [20703-0687]
그림은 어느 해 1년 동안 금성과 수성의 겉보기 밝기 변화를 나타낸 것이다.

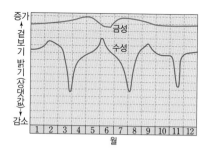

이에 대한 설명으로 옳은 것만을 〈보기〉에서 있는 대로 고른 것은?

┌ 보기 ┌
ㄱ. 수성의 공전 주기는 4개월보다 길다.
ㄴ. 6월에 금성은 내합을 지난다.
ㄷ. 4월 말 금성은 보름달 모양으로 관측된다.

① ㄱ　② ㄴ　③ ㄱ, ㄷ　④ ㄴ, ㄷ　⑤ ㄱ, ㄴ, ㄷ

11 [20703-0688]
그림은 가상의 태양계 행성 P의 공전 궤도를 나타낸 것이다.

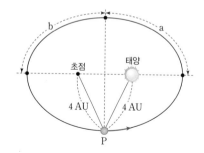

이 행성에 대한 설명으로 옳은 것만을 〈보기〉에서 있는 대로 고른 것은?

┌ 보기 ┌
ㄱ. 공전 궤도 긴반지름은 4 AU이다.
ㄴ. 지구와의 회합 주기는 $\frac{7}{8}$년이다.
ㄷ. 태양과 행성을 잇는 선분이 쓸고 지나간 면적은 a 구간과 b 구간이 서로 같다.

① ㄱ　② ㄷ　③ ㄱ, ㄴ　④ ㄴ, ㄷ　⑤ ㄱ, ㄴ, ㄷ

12 [20703-0689]
표는 코페르니쿠스, 티코 브라헤, 프톨레마이오스의 우주관에서 설명 가능한 현상과 설명 불가능한 현상을 각각 ○와 ×로 나타낸 것이다.

천문 현상	우주관		
	A	B	C
행성의 역행	○	○	○
보름달 모양의 금성의 위상	×	○	○
내행성의 최대 이각	○	○	○
별의 연주 시차	×	×	○

이에 대한 설명으로 옳은 것만을 〈보기〉에서 있는 대로 고른 것은?

┌ 보기 ┌
ㄱ. 주전원을 이용해서 행성의 역행을 설명하는 우주관은 A와 B이다.
ㄴ. 우주의 중심이 지구인 우주관은 A와 B이다.
ㄷ. A와 C에서 천체들은 모두 원궤도를 따라 운동한다.

① ㄱ　② ㄴ　③ ㄱ, ㄷ　④ ㄴ, ㄷ　⑤ ㄱ, ㄴ, ㄷ

13 [20703–0690]
표는 별 A, B, C의 연주 시차와 겉보기 등급을 나타낸 것이다.

별	연주 시차($''$)	겉보기 등급
A	1	0
B	0.1	5
C	0.01	10

이에 대한 설명으로 옳은 것만을 〈보기〉에서 있는 대로 고른 것은?

보기
ㄱ. 지구에서 가장 가까운 별은 A이다.
ㄴ. 눈으로 볼 때 A는 B보다 100배 밝다.
ㄷ. 절대 등급은 A, B, C가 동일하다.

① ㄱ 　　② ㄷ 　　③ ㄱ, ㄴ
④ ㄴ, ㄷ 　　⑤ ㄱ, ㄴ, ㄷ

14 [20703–0691]
그림 (가)와 (나)는 종족 I 세페이드 변광성 A, B의 겉보기 등급 변화를 나타낸 것이다.

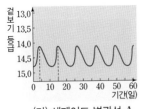

(가) 세페이드 변광성 A 　　(나) 세페이드 변광성 B

이에 대한 설명으로 옳은 것만을 〈보기〉에서 있는 대로 고른 것은?

보기
ㄱ. 변광 주기는 A가 B보다 짧다.
ㄴ. 절대 등급은 A가 B보다 작다.
ㄷ. 평균 겉보기 등급은 A가 B보다 크다.

① ㄱ 　　② ㄴ 　　③ ㄱ, ㄷ
④ ㄴ, ㄷ 　　⑤ ㄱ, ㄴ, ㄷ

15 [20703–0692]
그림은 표준 주계열성과 어느 성단의 색등급도를 나타낸 것이다.

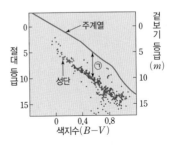

이에 대한 설명으로 옳은 것만을 〈보기〉에서 있는 대로 고른 것은?

보기
ㄱ. 성단에는 표면 온도가 10000 K인 주계열성이 존재하지 않는다.
ㄴ. ㉠은 성단의 거리 지수를 나타낸다.
ㄷ. 성단까지의 거리는 약 10 pc이다.

① ㄱ 　② ㄴ 　③ ㄱ, ㄷ 　④ ㄴ, ㄷ 　⑤ ㄱ, ㄴ, ㄷ

16 [20703–0693]
그림 (가)와 (나)는 중성 수소를 이루고 있는 양성자와 전자의 자전 모습을 나타낸 것이다.

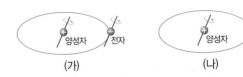

(가) 　　　　　　(나)

이에 대한 설명으로 옳은 것만을 〈보기〉에서 있는 대로 고른 것은?

보기
ㄱ. (가)일 때는 (나)일 때보다 에너지 상태가 낮다.
ㄴ. (가)에서 (나)로 상태가 바뀔 때 21 cm 수소선이 방출된다.
ㄷ. 21 cm 수소선을 이용하여 우리은하의 나선 구조를 확인할 수 있다.

① ㄱ 　② ㄴ 　③ ㄱ, ㄷ
④ ㄴ, ㄷ 　⑤ ㄱ, ㄴ, ㄷ

17 [20703-0694] 그림은 우리은하 원반에서 케플러 회전을 하는 태양과 중성 수소 영역 A~D의 위치를 나타낸 것이다.

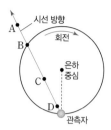

이에 대한 설명으로 옳은 것만을 〈보기〉에서 있는 대로 고른 것은?

┌ 보기 ┐
ㄱ. A는 청색 편이가 나타날 것이다.
ㄴ. B의 공간 속도는 시선 속도와 같다.
ㄷ. 시선 속도는 C가 D보다 작다.

① ㄱ   ② ㄴ   ③ ㄱ, ㄷ
④ ㄴ, ㄷ   ⑤ ㄱ, ㄴ, ㄷ

18 [20703-0695] 그림은 별의 광도로부터 추정한 우리은하의 회전 속도 분포와 실제로 관측한 회전 속도 분포를 나타낸 것이다.

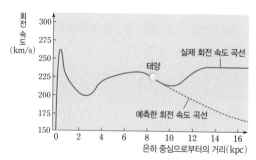

이에 대한 설명으로 옳은 것만을 〈보기〉에서 있는 대로 고른 것은?

┌ 보기 ┐
ㄱ. 태양 근처의 천체들은 케플러 회전을 한다.
ㄴ. 은하 중심부에는 강체 회전 구간이 존재한다.
ㄷ. 우리은하 외곽에는 눈에 보이지 않는 물질이 많이 존재한다.

① ㄱ   ② ㄷ   ③ ㄱ, ㄴ
④ ㄴ, ㄷ   ⑤ ㄱ, ㄴ, ㄷ

19 [20703-0696] 그림 (가)와 (나)는 반사 성운과 방출 성운의 모습을 나타낸 것이다.

(가) 반사 성운   (나) 방출 성운

이에 대한 설명으로 옳은 것만을 〈보기〉에서 있는 대로 고른 것은?

┌ 보기 ┐
ㄱ. (가)는 주로 붉은색으로 관측된다.
ㄴ. (나)에는 H Ⅱ 영역이 존재한다.
ㄷ. (가)와 (나)는 대부분 티끌로 구성된다.

① ㄱ   ② ㄴ   ③ ㄱ, ㄷ
④ ㄴ, ㄷ   ⑤ ㄱ, ㄴ, ㄷ

20 [20703-0697] 그림 (가)와 (나)는 은하들의 집단을 나타낸 것이다.

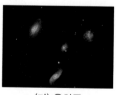 

(가) 은하군   (나) 초은하단

이에 대한 설명으로 옳은 것만을 〈보기〉에서 있는 대로 고른 것은?

┌ 보기 ┐
ㄱ. 규모는 (가)가 (나)보다 크다.
ㄴ. (가)의 은하들은 중력적으로 묶여 있지 않다.
ㄷ. (나)는 은하군과 은하단으로 구성된다.

① ㄱ   ② ㄷ   ③ ㄱ, ㄴ
④ ㄴ, ㄷ   ⑤ ㄱ, ㄴ, ㄷ

정시 확대! 수능 개편!
완벽한 수능 적응을 위한
EBS 수능 입문 시리즈

수능 감(感) 잡기
동일한 소재·유형을
내신형과 수능형 문항으로 한번에!
내신을 넘어 수능의 감을 잡는 입문서

국어, 수학 I , 수학 II , 확률과 통계, 미적분, 영어

뉴수능 스타트
한국교육과정평가원
개편 수능 예시문항 최초 분석
NEW 수능을 위한 가장 확실한 매뉴얼

국어, 수학 I , 수학 II , 확률과 통계, 미적분, 기하, 영어

수능특강 Light
수능특강과 동일한 체제로
본격 연계교재 학습 전 가볍게!
수능 연계 대비 No.1 학습서

국어, 영어 독해, 영어 듣기

EBS

정답과 해설

개념
완성

과학탐구영역

기본 개념부터 실전 연습, 수능 + 내신까지
한 번에 다 끝낼 수 있는 **탐구영역 기본서**

지구과학 Ⅱ

수능 국어 어휘

최근 7개년 수능, 평가원 6월·9월 모의평가 국어 영역
빈출 어휘, 개념어, 관용 표현, 필수 배경지식 등 선정 수록

어휘가 바로 독해의 열소!
수능 국어 성적을 판가름하는 비문학(독서) 고난도 지문도
이 책으로 한 방에 해결!!!

배경지식, 관용 표현과 어휘를 설명하면서
삽화와 사진을 적절히 활용하여
쉽고 재미있게 읽을 수 있는 구성

고1 , 2 예비 수험생이
어휘&독해 기본기를 다지면서
수능 국어에 빠르게 적응하는 **29강 단기 완성!**

EBS 개념완성

지구과학 II

정답과 해설

Ⅰ. 고체 지구

1 지구의 탄생과 지구 내부 구조

탐구 활동
본문 016쪽

1 진앙   **2** 중국 북경 근처

1
세 관측소에서 진원 거리를 반지름으로 하는 원을 그렸을 때 각 원들의 교점을 연결하면 3개의 현이 교차하는 하나의 점이 나타나는데, 이곳이 진앙이다.

2
지진이 발생한 위치를 진원이라 하고, 진원의 연직 방향에 위치한 지표 상의 지점을 진앙이라고 한다.

내신 기초 문제
본문 017~020쪽

01 ①	**02** ㄱ－ㄹ－ㄴ－ㄷ	**03** ⑤
04 A: 질소, B: 이산화 탄소, C: 산소		**05** ⑤
06 해설 참조	**07** ⑤	**08** ㄴ, ㄷ, ㄹ
09 ①	**10** (1) (가) P파, (나) S파 (2) (가)	**11** ⑤
12 ④	**13** ①	**14** 160 km	**15** ⑤
16 ②	**17** ②	**18** ③	**19** ②	**20** ㄱ, ㄷ

01
정답 맞히기 ㄱ. 미행성체들의 충돌이 감소하면서 지구의 온도는 점점 낮아졌고, 지표가 식으면서 원시 지각이 형성되었다. 그 이후에 많은 비가 내렸고, 낮은 곳으로 모인 물이 원시 해양을 형성하였다.

오답 피하기 ㄴ. 원시 지구는 수많은 미행성체들과 충돌하면서 병합에 의해 점차 크기가 커졌다.

ㄷ. 마그마 바다 상태에서 밀도가 큰 철과 니켈의 금속 성분이 가라앉아 지구 중심부의 핵을 만들었고, 밀도가 작은 규산염 물질은 위로 떠올라 맨틀을 형성하였다.

02
태양계는 태양계 성운으로부터 만들어졌다. 태양계 성운이 중력 수축과 회전하여 원반을 형성한 후, 중심에서는 원시 태양이, 가장자리에서는 미행성체를 거쳐 원시 행성이 만들어졌다. 따라서 태양계의 형성 과정은 ㄱ－ㄹ－ㄴ－ㄷ이다.

03
정답 맞히기 ㄱ. 수축하면서 회전하는 성운을 이루는 물질은 성운의 회전축을 중심으로 공전한다. 따라서 성운 내에서 형성된 행성들의 공전 방향은 모두 같다.

ㄴ. 수축하면서 회전하는 성운은 납작해진다. 행성들은 납작해진 태양계 성운 원반 내에서 형성되었기 때문에 행성들의 공전 궤도면은 태양계 성운 원반 안에서 국한된다. 그러므로 행성의 공전 궤도면은 대체로 나란하다.

ㄷ. 태양계 성운은 수축하면서 회전해 납작한 원반 모양이 되었다. 수축의 결과 밀도와 온도가 상승해 원반의 중심부에 원시 태양이 만들어진다. 이후 수축이 계속되어 질량과 온도가 증가하여 수소 핵융합 반응을 하는 태양이 형성되었다. 태양은 태양계 전체 질량의 약 99.86 %를 차지할 정도로 태양계 질량의 대부분을 차지하고 있다.

04
원시 대기의 성분이었던 암모니아가 광분해 작용을 받아 질소가 생성되었다. 대기 중의 이산화 탄소가 원시 바다에 녹아들어 탄산염 이온의 형태가 되었고, 이후 석회암 등의 형태로 지권에 고정되었다. 광합성을 하는 원시 생명체가 약 35억 년 전에 나타나 해양 속에 산소를 공급하기 시작했고, 그 결과 대기에도 산소가 축적되기 시작했다.

05
정답 맞히기 ⑤ 화산 활동이나 조산 운동이 활발한 지역에서는 지각 열류량이 많고, 오래된 지각이나 안정된 순상지에서는 지각 열류량이 적다. 따라서 A, B, C 중 조산 운동이 가장 활발한 지역은 지각 열류량이 가장 많은 A이다.

오답 피하기 ① 평균 지각 열류량을 볼 때 A는 신생대 조산대, B는 고생대 조산대, C는 순상지이다.

② A, B, C 지역 중 지각이 가장 안정한 지역은 지각 열류량이 가장 적은 순상지(C)이다.

③ 지각의 평균 연령이 가장 많은 지역은 선캄브리아 시대의 암석이 주로 분포하는 순상지(C)이며, 지각의 평균 연령이 가장 적은 지역은 신생대 조산대(A)이다.

④ 순상지(C)와 고생대 조산대(B)에는 현재 판의 경계가 거의 분

포하지 않으며, 신생대 조산대(A)에는 현재 판의 경계가 발달한다.

06
지구 내부 에너지는 지구 내부에 저장되어 있는 열에너지로, 지구가 생성될 당시 미행성체 충돌에 의한 열, 지구 구성 물질의 분화에 의한 열, 방사성 동위 원소의 붕괴열 등이 이에 해당한다.
모범 답안 미행성체 충돌에 의한 열, 지구 구성 물질의 분화에 의한 열(또는 중력 수축에 의한 열), 방사성 동위 원소의 붕괴열

07
정답 맞히기 ㄱ. 해령에서는 지하의 뜨거운 마그마가 상승하여 화산 활동으로 이어지기 때문에 지각 열류량이 많다.
ㄴ. 화산 활동이 활발한 해령에서 멀어질수록 지각 열류량은 적어지는 경향을 보인다.
ㄷ. 해령을 기준으로 지각 열류량의 분포가 대칭을 보이는 까닭은 판이 양쪽으로 이동하기 때문이다.

08
정답 맞히기 ㄴ, ㄷ, ㄹ. 화산 활동이 활발하게 일어나고 있는 변동대에서는 지구 내부에서 방출되어 나오는 열량이 주변 지역보다 많다.
오답 피하기 ㄱ. 해양판이 대륙판 아래로 섭입하는 해구 부근이나 화산 활동이 없는 대륙의 중앙부에서는 지구 내부에서 방출되어 나오는 열량이 주변보다 적다.

09
정답 맞히기 ① 지구 내부 연구 방법에는 시추와 화산 분출물 연구와 같은 직접적인 방법이 있다.
오답 피하기 ②, ③, ④, ⑤ 운석 연구, 지진파 탐사, 고온 고압 실험, 지각 열류량 측정 등은 간접적인 방법에 해당한다.

10
(가)는 매질의 진동 방향과 파의 진행 방향이 나란한 P파이고, (나)는 매질의 진동 방향과 파의 진행 방향이 수직인 S파이다. P파는 S파보다 전파 속도가 더 빠르다.

11
정답 맞히기 ㄱ. P파는 매질의 진동 방향과 파의 진행 방향이 나란한 종파이다.
ㄴ. P파는 고체, 액체, 기체를 모두 통과하지만 S파는 매질의 진동 방향과 파의 진행 방향이 수직인 횡파로서 고체만 통과한다.
ㄷ. 평균 진폭의 크기는 지표면을 따라 전파되는 표면파가 S파보다 크다.

12
정답 맞히기 ④ P파가 도달한 후 S파가 도달할 때까지의 시간 차이를 PS시라고 한다. PS시는 진원으로부터의 거리가 멀수록 길게 나타난다.
오답 피하기 ①, ② 지진계에는 P파, S파, 표면파의 순으로 기록이 된다. 따라서 A는 P파, B는 S파, C는 표면파의 도착을 각각 나타낸다.
③ 지진 기록에서 P파와 S파가 도달하는 데 걸린 시간의 차이를 PS시라고 하므로 A와 B 사이의 시간 간격이 PS시에 해당한다.
⑤ 지진파 중 지표면을 따라 전파되며, 진폭이 가장 크고 가장 큰 피해를 주는 것은 표면파 C이다.

13
정답 맞히기 ㄱ. 세 관측소에서 관측한 진원 거리를 반지름으로 하는 원을 그렸을 때 나타나는 세 원의 교점 X가 진앙이다.
오답 피하기 ㄴ. PS시는 진원 거리에 비례하므로 진원 거리가 가장 먼 관측소 B에서 PS시가 가장 길고, 관측소 A에서 가장 짧다.
ㄷ. 관측소 B의 진원 거리가 가장 멀기 때문에 이 관측소에서 관측되는 지진파의 진폭이 세 관측소 중에서 가장 작게 나타날 것이다.

14
진원 거리$(d) = \dfrac{V_P \times V_S}{V_P - V_S} \times t$ (V_P: P파의 속도, V_S: S파의 속도, t: PS시)이다. P파와 S파의 도착 시각은 각각 10시 30분 23초와 10시 30분 43초이므로 PS시는 20초이다. 따라서 위 식에 대입하면 $\dfrac{8 \times 4}{8 - 4} \times 20 = 160 \text{ km}$이다.

15
정답 맞히기 ⑤ 진앙으로부터의 각거리 약 110°에 약한 P파가 도달한다는 사실로부터 내핵을 발견하게 되었다.
오답 피하기 ① 지구 내부를 통과하는 지진파가 굴절되거나 반사되는 성질을 이용하여 지구 내부가 지각, 맨틀, 외핵, 내핵의 층상 구조를 이루고 있음을 알아내었다.
② 지각과 맨틀의 경계면은 모호로비치치 불연속면(모호면), 맨틀과 외핵의 경계면은 구텐베르크 불연속면, 외핵과 내핵의 경계면은 레만 불연속면이다.

③ P파의 속도 변화는 고체인 맨틀과 액체인 외핵의 경계면에서 가장 크게 나타난다.
④ P파의 암영대는 진앙으로부터의 각거리가 약 103°~142°인 지역으로 P파가 도달하지 않는다. S파 암영대는 진앙으로부터의 각거리가 약 103°~180°인 지역으로 S파가 도달하지 않는다.

16

정답 맞히기 ㄴ. 외핵은 지구 내부 온도가 구성 물질의 용융 온도보다 높으므로 액체 상태이다.

오답 피하기 ㄱ. 깊이에 따른 지온 상승률은 지각이 가장 크다.
ㄷ. 연약권에서는 지구 내부 온도가 구성 물질의 용융 온도에 근접하여 부분 용융이 일어나며 지진파 저속도층에 해당한다.

17

정답 맞히기 ② A는 중심으로 갈수록 증가하며, 깊이에 따른 증가율은 외핵에서 가장 크기 때문에 압력 분포를 나타낸 것이다. B는 불연속면에서 급격히 증가하는 계단 모양의 분포를 보이므로 밀도 분포를 나타낸다. C는 지표 가까운 지하에서는 상승률이 크지만 깊이 들어갈수록 감소하여 내핵에서는 상승률이 매우 작으므로 온도를 나타낸다.

18

정답 맞히기 ㄱ. 대륙 지각은 해양 지각보다 밀도가 작지만 평균 두께는 두껍다.
ㄴ. 대륙 지각이 침식 작용을 많이 받으면 A 지점에 작용하는 압력이 감소하여 대륙 지각은 융기하고, A 지점의 깊이는 얕아진다.

오답 피하기 ㄷ. 해양 지각에 퇴적물이 두껍게 퇴적되면 B 지점에 작용하는 압력이 증가하고 해양 지각은 침강한다.

19

정답 맞히기 ㄴ. 나무토막보다 밀도가 큰 물은 맨틀을, 물보다 밀도가 작은 나무토막은 지각을 의미한다.

오답 피하기 ㄱ. 이 모형실험은 지각을 이루는 물질의 밀도는 어디에서나 같으므로 산맥 지역에서는 지각이 맨틀 속으로 깊이 들어가 평형을 이룬다는 에어리설을 설명할 수 있다.
ㄷ. 물 위에 떠 있는 나무토막의 밀도가 모두 같으므로 대륙 지각과 해양 지각의 밀도 차이를 설명할 수 없다.

20

정답 맞히기 ㄱ. 이 지역은 빙하기에 두꺼운 얼음으로 덮여 있다가 빙하가 녹기 시작하면서 서서히 융기하여 현재의 모습에 이르게 되었다.

ㄷ. 넓은 지역에 걸쳐 지각이 서서히 융기하거나 침강하는 연직 운동인 조륙 운동은 지각 평형을 지속적으로 유지하기 위한 지구의 운동이다.

오답 피하기 ㄴ. 지난 6000년 동안 빙하의 융해로 이 지역은 융기를 하였기 때문에 모호면 깊이는 얕아졌다.

---

01 지구의 층상 구조

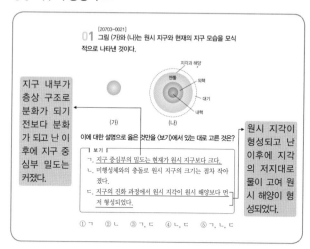

정답 맞히기 ㄱ. 지구 내부의 층상 구조는 마그마 바다 시기에 무거운 금속 성분이 가라앉아 핵을 만들었고, 가벼운 물질이 위로 떠올라 맨틀을 만들면서 형성되었다. 따라서 지구 중심부의 밀도는 현재가 원시 지구보다 크다.
ㄷ. 원시 해양은 원시 지각이 형성된 이후에 활발한 화산 활동으로 대기에 공급된 수증기가 응결하여 구름을 만들고 비가 내려 형성되었다.

오답 피하기 ㄴ. 지구 탄생 초기에는 수많은 미행성체들이 충돌하면서 점차 원시 지구의 크기가 커졌다.

02 지구의 형성과 대기의 성분 변화

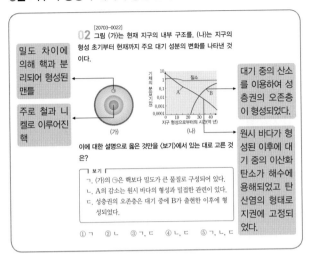

02 [20703-0022]
그림 (가)는 현재 지구의 내부 구조를, (나)는 지구의 형성 초기부터 현재까지 주요 대기 성분의 변화를 나타낸 것이다.

밀도 차이에 의해 핵과 분리되어 형성된 맨틀

주로 철과 니켈로 이루어진 핵

(가)

(나)

대기 중의 산소를 이용하여 성층권의 오존층이 형성되었다.

원시 바다가 형성된 이후에 대기 중의 이산화 탄소가 해수에 용해되었고 탄산염의 형태로 지권에 고정되었다.

이에 대한 설명으로 옳은 것만을 〈보기〉에서 있는 대로 고른 것은?

┌ 보기 ┐
ㄱ. (가)의 ⊙은 핵보다 밀도가 큰 물질로 구성되어 있다.
ㄴ. A의 감소는 원시 바다의 형성과 밀접한 관련이 있다.
ㄷ. 성층권의 오존층은 대기 중에 B가 출현한 이후에 형성되었다.

① ㄱ ② ㄴ ③ ㄱ, ㄷ ④ ㄴ, ㄷ ⑤ ㄱ, ㄴ, ㄷ

정답 맞히기 ㄴ. 마그마 바다 시기에 대기에 방출되었던 다량의 A(이산화 탄소)는 원시 바다가 형성된 후 해수에 녹아 들어가 감소하였다.

ㄷ. 성층권의 오존층은 대기 중에 B(산소)가 출현한 이후에 형성되었다.

오답 피하기 ㄱ. ⊙은 맨틀로서 철, 니켈 등으로 구성된 핵보다 밀도가 작은 물질로 이루어져 있다.

03 지구 대기 성분의 변화

정답 맞히기 ② 지구 대기 성분비는 대기 중에서 이산화 탄소가 차지하는 비율이 감소하는 (가) → (나) → (다) 순으로 변하였다.

오답 피하기 ① 광합성을 하는 남세균이 등장하여 바다에 산소를 공급하기 시작했고, 이후 대기에도 산소가 축적되기 시작하였다.

③ (가)에서 (나) 시기 사이에는 이산화 탄소가 감소하였으므로 대기 중에서 질소가 차지하는 비율이 증가하였다. 그러나 (나)에서 (다) 시기 사이에는 산소가 증가하였으므로 대기 중에서 질소가 차지하는 비율은 감소하였다.

④ (가) 시기에는 대기 중에 산소가 없었으므로 오존층이 형성되기 이전이다. 따라서 지표면에 도달하는 자외선의 양은 (다) 시기보다 (가) 시기에 많았다.

⑤ 원시 바다가 형성된 이후에 대기 중의 이산화 탄소가 바다에 용해되어 그 양이 줄게 되었고, 이후 탄산염의 형태로 퇴적되어 지권에 고정되었다.

04 지구의 형성 과정

정답 맞히기 ㄷ. 대기 중에 존재하던 이산화 탄소는 원시 해양이 형성된 후 해수 속에 녹아 들어가 대부분 석회암의 형태로 퇴적되

면서 대기 중의 농도가 급격하게 감소하였다.

오답 피하기 ㄱ. 마그마 바다 상태에서 무거운 금속 성분은 가라앉아 지구 중심부의 핵을 형성하였고, 가벼운 규산염 물질은 위로 떠올라 맨틀을 구성하였다. A는 마그마 바다가 형성되기 이전이므로 지구 내부의 층상 구조는 형성되지 않았다.

ㄴ. 미행성체들의 충돌이 감소하면서 지구의 온도는 점점 낮아져 지표가 식어 원시 지각이 형성되었다. 또한 온도가 더욱 낮아지면서 화산 활동으로 대기에 공급된 수증기가 응결하여 많은 비가 내렸고, 저지대에 물이 모여 원시 해양이 만들어졌다.

05 태양계의 형성 과정

정답 맞히기 ④ D의 원시 태양은 중력 수축 에너지에 의해 성운 물질이 수축하여 만들어졌기 때문에 처음부터 수소 핵융합 반응이 일어나지는 않았다.

오답 피하기 ① A의 원시 행성은 현재 행성의 약 $\frac{1}{10}$ 크기로 소행성보다는 훨씬 크다.

② B의 성운이 수축하는 과정에서 중심에서 먼 곳에 있던 물질이 중심에서 가까운 곳으로 이동하게 되면 위치 에너지가 감소하고, 감소한 위치 에너지는 운동 에너지로 전환되어 열에너지가 발생하므로 중심부 온도가 높아진다.

③ C에서 태양계 성운이 회전할 때 원반의 수직 방향으로는 중력에 의한 수축이 잘 일어나지만, 원반의 수평 방향으로는 성운의 회전에 의한 원심력이 중력 수축을 방해하여 성운은 납작한 원반 모양을 형성하게 된다. 따라서 C의 원반은 회전축의 수직 방향에 형성되었다.

⑤ 성운설에 따르면 태양계는 B→C→D→A 순으로 형성되었다.

06 원시 지구의 진화 과정

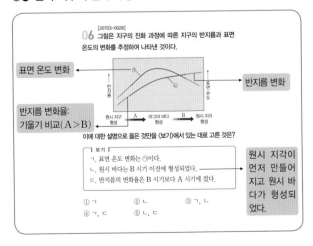

06 [20703-0026]
그림은 지구의 진화 과정에 따른 지구의 반지름과 표면 온도의 변화를 추정하여 나타낸 것이다.

표면 온도 변화

반지름 변화

반지름 변화율: 기울기 비교(A>B)

원시 지구 형성 A 마그마 바다 형성 B 원시 지각 형성

이에 대한 설명으로 옳은 것만을 〈보기〉에서 있는 대로 고른 것은?

┌ 보기 ┐
ㄱ. 표면 온도 변화는 ⊙이다.
ㄴ. 원시 바다는 B 시기 이전에 형성되었다.
ㄷ. 반지름의 변화율은 B 시기보다 A 시기에 컸다.

① ㄱ ② ㄴ ③ ㄱ, ㄴ
④ ㄱ, ㄷ ⑤ ㄴ, ㄷ

원시 지각이 먼저 만들어지고 원시 바다가 형성되었다.

정답 맞히기 ㄱ. 지구의 반지름은 미행성체의 충돌에 의해 커졌으며, 지구의 표면 온도는 미행성체의 충돌에 의해 상승하였다가 충돌이 차츰 줄어들면서 하강하게 되었다. 따라서 ㉠은 표면 온도 변화이고, ㉡은 반지름 변화이다.

ㄷ. 반지름의 변화율은 기울기로 알 수 있는데 A 시기가 B 시기보다 급하다. 따라서 반지름의 변화율은 B 시기보다 A 시기에 컸다.

오답 피하기 ㄴ. 원시 바다는 원시 지각 형성 이후에 생겨났기 때문에 B 이후에 해당한다.

07 방사성 동위 원소의 방출 열량과 지각 열류량

(1) 방사성 동위 원소는 규산염 마그마에 농집되는 성질이 있으므로 핵에는 거의 없고, 대부분 지각과 맨틀에 존재한다. 또한, 지각과 맨틀의 경우 방사성 동위 원소의 함량은 대륙 지각 > 해양 지각 > 맨틀이며, 화강암 > 현무암 > 감람암이다. 따라서 단위 부피당 방출되는 열량은 화강암 > 현무암 > 감람암이다.

(2) 대륙 지각과 해양 지각의 평균 지각 열류량은 각각 $65 \, mW/m^2$, $101 \, mW/m^2$ 정도이다. 구성 암석의 방사성 동위 원소에 의한 방출 열량은 대륙 지각이 해양 지각보다 많지만, 해양 지각이 대륙 지각보다 맨틀 대류에 의한 열 공급량이 더 많기 때문에 결국 해양 지각이 대륙 지각보다 지각 열류량이 많다.

모범 답안 (2) 해양 지각, 해양 지각이 대륙 지각보다 맨틀 대류에 의한 열 공급량이 더 많기 때문이다.

08 해양 지각에서의 지각 열류량

정답 맞히기 ㄱ. 지각 열류량은 해령에서 많고, 해구 쪽으로 갈수록 적어진다. A는 맨틀 물질이 상승하는 해령이고, B는 해구 부근이므로 A가 B보다 지각 열류량이 많다.

ㄴ. C는 호상 열도로 섭입대에서 생성된 마그마의 상승으로 인해 지각 열류량이 많다.

ㄷ. 해양 지각의 열류량은 해령과 호상 열도에서 많고, 해구에서 적다. 따라서 지각 열류량은 해령에서 해구 쪽으로 갈수록 적어지는 경향을 보인다.

09 방사성 동위 원소의 붕괴열

정답 맞히기 ㄱ. 방사성 동위 원소의 함량이 적고 발열량도 적은 (가)는 현무암, 방사성 동위 원소의 함량이 많고 발열량도 많은 (나)는 화강암이다.

ㄴ. 방사성 동위 원소는 규산염 마그마에 농집되는 성질이 있으므로 방사성 동위 원소의 함량은 지각이 핵보다 많다.

ㄷ. 해양 지각이 대륙 지각보다 지각 열류량이 많다. 그러나 방사성 동위 원소의 발열량은 대륙 지각이 해양 지각보다 많다. 따라서 $\dfrac{\text{지각 열류량}}{\text{방사성 동위 원소의 발열량}}$ 은 대륙 지각이 해양 지각보다 작다.

10 지각 열류량의 분포

정답 맞히기 ㄱ. 대륙의 중앙부는 안정하기 때문에 지각 열류량이 적게 나타나는 경향이 있다.

ㄷ. 대서양의 중앙부는 대서양 중앙 해령이 발달하여 화산 활동이 활발하기 때문에 가장자리보다 지각 열류량이 많다.

오답 피하기 ㄴ. 해양판이 대륙판 아래로 섭입하며 해구가 발달하는 수렴형 경계는 지각 열류량이 적은 경향을 보인다.

11 대륙의 지각 열류량

정답 맞히기 ㄱ. 시대별 조산대의 지각 열류량의 분포를 보면 고생대 조산대 < 중생대 조산대 < 신생대 조산대 순이므로 오래된 조산대일수록 지각 열류량이 적다.

ㄴ. 안정한 지괴인 순상지보다 화산대에서 지각 열류량이 더 많다.

오답 피하기 ㄷ. 오래된 지괴인 순상지는 대륙의 가장자리보다 중앙부에 주로 분포한다.

12 해구와 호상 열도에서의 지각 열류량

호상 열도나 해령처럼 화산 활동이 활발한 지역에서는 지각 열류량이 많고 해구 부근에서는 지각 열류량이 적다.

모범 답안 B, 호상 열도에서는 화산 활동이 활발하기 때문에 지온 상승률이 해구보다 크다.

13 지구 내부 연구 방법

정답 맞히기 ⑤ 지진파를 분석하여 지구 내부 불연속면의 깊이와 층상 구조 및 지구 내부를 구성하는 물질의 물리적 성질을 알 수 있다.

오답 피하기 ① 화산 분출물은 하부 지각이나 상부 맨틀의 정보를 제공한다.

② 현재 시추는 가능 깊이가 $15 \, km$ 정도에 불과하기 때문에 맨틀에 대한 연구는 수행할 수 없다.

③ 야외 지질 조사는 주로 노두를 통해 진행되므로 지구 내부 전체의 특징을 알 수 없다.

④ 지구 물리 탐사는 지구 내부로 들어갈수록 해상도가 감소하므로 맨틀보다 지각에 대한 상세한 정보를 제공한다.

14 지진파의 주시 곡선

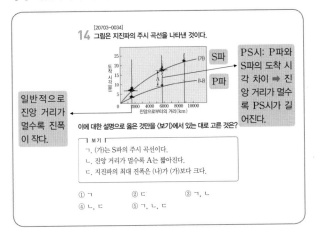

정답 맞히기 ㄱ. 진앙으로부터의 거리가 같을 때 지진파의 도착 시각은 (나)가 (가)보다 더 빠르다. 따라서 (가)는 S파, (나)는 P파의 주시 곡선에 해당한다.

오답 피하기 ㄴ. P파와 S파의 도착 시각 차이인 PS시(A)는 진앙 거리가 멀수록 길어진다.

ㄷ. S파(가)의 최대 진폭이 P파(나)의 최대 진폭보다 더 크다.

15 지진파의 암영대

정답 맞히기 ① 진앙에서 각거리 0°~103°되는 구역은 P파와 S파가 모두 도달하지만, 각거리 103°~142°인 구역에서는 P파와 S파가 모두 맨틀과 외핵의 경계에서 크게 굴절하여 지진파가 도달하지 못하는데 이를 암영대라고 한다. 각거리 142°~180°인 구역에서 S파는 도달하지 않고, P파만 도달한다.

16 지진파 속도와 지구 내부 구조

정답 맞히기 ㄱ. 지각과 맨틀에서 지진파의 속도는 B가 A보다 빠르므로 B는 P파이고, A는 S파이다.

ㄴ. 맨틀과 외핵의 경계인 구텐베르크 불연속면에서는 물질의 상태가 고체에서 액체로 바뀌면서 P파의 속도가 급격히 감소하고, S파는 이보다 더 깊은 곳으로 전파되지 못한다.

ㄷ. 내핵은 외핵보다 밀도가 커서 지구 중심부에 위치한다. 또한, 외핵은 액체 상태, 내핵은 고체 상태이므로 지진파의 속도도 내핵보다 외핵이 느리다.

17 진앙 위치 구하기

정답 맞히기 ④ 지반 상태가 모두 동일할 때 지진파의 최대 진폭은 진원 거리가 멀수록 작다. 파리는 진원 거리가 가장 멀기 때문에 최대 진폭은 가장 작게 관측될 것이다.

오답 피하기 ① 진앙의 위치를 결정할 때는 관측소에서 진원 거리를 반지름으로 하는 원을 그려야 하므로 ⊙에 해당하는 것은 반지름이다.

② 진원 거리가 멀수록 PS시가 길다. 따라서 진원에서 가장 먼 파리의 PS시가 가장 길다.

③ 세 개의 원에 의해 세 개의 공통현이 생기고 이것들이 한 점에서 만나는 곳이 진앙의 위치이다.

⑤ 진앙을 찾으려면 최소 세 군데 이상의 관측 기록이 필요하다.

18 지구 내부의 구조

정답 맞히기 ㄱ. 지구 내부는 구성 물질에 따라 지각, 맨틀, 핵의 세 부분으로, 물리적 성질에 따라 암석권, 연약권, 중간권, 외핵, 내핵으로 구분한다. 따라서 (가)는 구성 물질을 기준으로, (나)는 물리적 성질을 기준으로 지구 내부 구조를 나타낸 것이다.

ㄴ. 지구 내부로 들어갈수록 구성 물질이 달라지고 압력이 커져 밀도는 증가한다.

오답 피하기 ㄷ. 핵은 철이 가장 많고, 그 밖에 니켈, 황 등으로 구성되어 있다. 지진파의 속도 분포로부터 외핵은 액체 상태이고, 내핵은 고체 상태일 것으로 추정된다. 따라서 외핵과 내핵은 구성 물질의 상태인 물리적 성질의 차이를 기준으로 구분한다.

19 조륙 운동

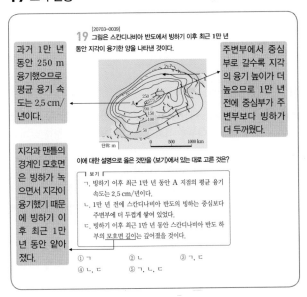

①ㄱ ②ㄴ ③ㄱ,ㄷ
④ㄴ,ㄷ ⑤ㄱ,ㄴ,ㄷ

정답 맞히기 ㄱ. 빙하기 이후 최근 1만 년 동안 A 지점은 250 m 융기하였다. 따라서 연간 평균 융기 속도는 $\dfrac{250\,\text{m}}{10000년} = \dfrac{25000\,\text{cm}}{10000년}$ $=2.5\,\text{cm/년}$이다.

오답 피하기 ㄴ. 스칸디나비아 반도의 중심으로 들어갈수록 지각이 더 많이 융기하였으므로 1만 년 전에 빙하는 주변부보다 중심에 더 두껍게 쌓여 있었다.

ㄷ. 스칸디나비아 반도 위를 덮고 있던 빙하가 녹으면서 지각은 평형을 유지하기 위해 모호면이 상승하였다. 따라서 빙하기 이후 최근 1만 년 동안 스칸디나비아 반도 하부의 모호면 깊이는 얕아졌다.

20 지각 평형설

에어리설은 지각의 밀도는 일정하며, 높이 솟은 지각일수록 모호면의 깊이가 깊다. 프래트설은 모호면의 깊이는 모든 지역에서 같으며, 높이 솟은 지각일수록 밀도가 작다.

모범 답안 지각의 두께에 따라 모호면의 깊이가 다른 것은 에어리설로 잘 설명되며, 대륙 지각과 해양 지각의 밀도가 다른 것은 프래트설로 잘 설명된다.

신유형·수능 열기   본문 026~027쪽

01 ②   02 ③   03 ⑤   04 ④   05 ⑤
06 ③   07 ③   08 ①

01

정답 맞히기 ㄴ. ㉠은 이산화 탄소로 원시 바다가 형성된 이후 해수에 녹아 침전되어 대부분 석회암과 같은 탄산염의 형태로 저장되었다.

오답 피하기 ㄱ. 마그마 바다 상태에서 철과 니켈 등 밀도가 큰 금속 성분들은 지구 중심부로 가라앉아 핵을 형성하였다. 밀도가 작은 규산염 물질은 지구 표면 쪽으로 떠올라 맨틀을 형성하면서 층의 분화가 진행되었다.

ㄷ. ㉡은 최초의 광합성 생명체가 출현한 이후 대기 중에 축적된 산소이다. 산소는 대기 중에서 광화학 반응을 통해 오존을 형성하였고, 강한 자외선이 성층권의 오존층에 의해 차단된 이후 육상 생물이 출현하였다. 따라서 B 시기는 육상 생물이 출현하기 이전이며, 광합성을 하는 원시 해양 생명체에 의해 산소가 발생하였다.

02

정답 맞히기 ㄱ. 방사성 동위 원소는 규산염질 마그마에 농집되는 성질이 있기 때문에 대부분 지각과 맨틀에 존재하고 핵에는 거의 없다.

ㄴ. 대륙 지각은 화강암질 암석, 해양 지각은 현무암질 암석으로 구성되어 있으므로 방사성 동위 원소에 의한 발열량은 대륙 지각이 해양 지각보다 많다.

오답 피하기 ㄷ. 맨틀이 지각보다 지열의 총량이 더 큰 까닭은 방사성 원소의 함량은 상대적으로 적지만 부피비가 가장 크기 때문이다.

03

정답 맞히기 학생 A: 화산 분출물에 상부 맨틀 물질이 함께 분출될 수 있으므로 화산 분출물을 조사하여 맨틀 물질의 종류를 알 수 있다.

학생 B: 운석은 주로 암석이나 철질 성분으로 이루어져 있으며, 맨틀이나 핵을 구성하는 물질의 밀도를 간접적으로 추정하는 데 이용한다.

학생 C: 지진파를 분석하여 S파의 암영대에서는 S파가 도달하지 않는 것으로 외핵이 액체 상태라는 것을 알 수 있다.

04

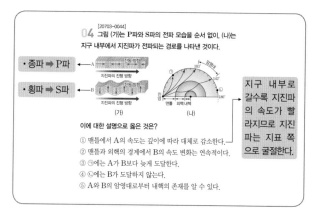

정답 맞히기 ④ ㉡은 진앙으로부터 각거리를 놓고 볼 때 S파 암영대에 해당하므로 B(S파)가 도달하지 않는다.

오답 피하기 ① 맨틀 안에서는 구성 물질의 종류가 거의 비슷하고 상태도 같으므로 깊이에 따른 압력 증가로 A(P파)의 속도는 증가한다.

② 맨틀과 외핵은 구성 물질의 종류와 상태가 다르므로 맨틀과 외핵의 경계에서 지진파의 속도는 불연속적이다.

③ A는 파의 진행 방향과 매질의 진동 방향이 나란한 P파이고, B는 파의 진행 방향과 매질의 진동 방향이 수직인 S파이다. 따라서 ㉠에는 A가 B보다 먼저 도달한다.

⑤ P파와 S파의 암영대는 S파는 외핵을 통과하지 못하고 P파는 구텐베르크면에서 크게 굴절하기 때문에 생성된다. 내핵의 존재는 진앙으로부터 각거리 110°인 곳에 약한 P파가 도달하는 것을 통해 알게 되었다.

05

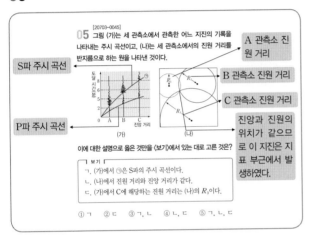

정답 맞히기 ㄱ. (가)에서 ㉠은 늦게 도달하는 S파의 주시 곡선이다.

ㄴ. (나)에서 세 원의 교점이 진앙의 위치이며, 진원의 위치가 지표 부근이다. 따라서 진원 거리와 진앙 거리가 같다.

ㄷ. (나)에서 R_3이 가장 반지름이 크므로, (가)에서 진앙 거리가 가장 긴 관측소인 C에 해당하는 진원 거리는 (나)의 R_3이다.

06

정답 맞히기 ㄱ. A는 지구 내부 온도가 용융점보다 낮으므로 고체 상태이고 가장 큰 부피비를 차지하므로 맨틀에 해당한다.

ㄷ. 지구 내부로 들어갈수록 깊이에 따른 지온 상승률은 감소한다. 따라서 외핵인 B가 내핵인 C보다 지온 상승률이 크다.

오답 피하기 ㄴ. B는 지구 내부 온도가 용융점보다 높아 액체 상태이므로 P파만 통과하고 S파는 통과하지 못한다.

07

정답 맞히기 ㄱ. 나무토막 A, B, C 모두 밀도가 같으므로

$$\frac{\text{수면 아랫부분의 두께}}{\text{나무토막 전체 두께}}=0.75$$로 일정하다. 따라서 ㉠은 30 cm
×0.75=22.5 cm이다.

ㄴ. 나무토막을 물 위에 띄워 평형을 유지시키고 있으므로 나무토막은 지각, 물은 맨틀에 해당한다.

오답 피하기 ㄷ. 이 실험은 밀도가 같고 두께가 다른 나무토막을 띄웠으므로 에어리의 지각 평형설의 원리를 알아보기 위한 것이다.

08

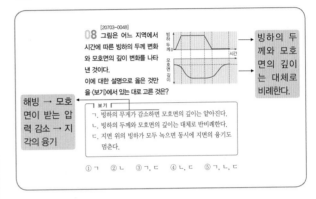

정답 맞히기 ㄱ. 지면 위의 빙하가 녹아 무게가 감소하면 지각의 무게와 맨틀 부력 사이의 평형이 깨지면서 새로운 평형 상태에 도달할 때까지 지각이 위로 올라간다. 따라서 모호면의 깊이는 얕아진다.

오답 피하기 ㄴ. 모호면에 가해지는 압력이 증가하면 지각 평형이 깨지면서 새로운 평형을 이루기 위해 점차적으로 지각이 침강하며 모호면의 깊이 변화가 나타난다. 따라서 빙하의 두께와 모호면의 깊이는 대체로 비례한다.

ㄷ. 지면 위의 빙하가 모두 녹은 후에도 어느 정도 시간이 지난 후까지 융기가 지속된다.

1 해설 참조 　　　　**2** 해설 참조

1

표준 중력의 크기는 적도에서 극으로 갈수록 커진다. 표준 중력의 방향은 적도와 극에서는 지구 중심을 향하지만, 그 외의 지역에서는 지구 중심을 향하지 않는다.

모범 답안 　표준 중력의 크기는 커지고, 표준 중력의 방향은 적도와 극에서만 지구 중심을 향하고 나머지 지역은 지구 중심을 향하지 않는다.

2

만유인력 식을 이용하여 중력 가속도(적도 반지름 6.38×10^6 m 대입) g를 구하면 다음과 같다.

$$g = \frac{GM}{R^2} = \frac{6.67 \times 10^{-11} (\text{m}^3/\text{kg} \cdot \text{s}^2) \times 5.97 \times 10^{24} (\text{kg})}{6.38 \times 10^6 \times 6.38 \times 10^6 (\text{m}^2)}$$

$$\fallingdotseq 9.78 \text{ m/s}^2$$

지구의 표준 중력 가속도는 9.78 m/s²(적도 지방)~9.83 m/s² (극지방)으로 만유인력 식으로 구한 중력 가속도 값과 잘 맞는다. 그러나 탐구 활동에서 구한 중력 가속도 값은 실제 중력보다 작게 측정되었다. 그 까닭은 공기와의 마찰, 스탠드에 실이 묶여 있는 지점의 마찰 등에 의해 주기(T)가 더 길어졌기 때문으로 분석된다.

모범 답안 　탐구 활동에서 구한 중력 가속도 값은 실제 중력보다 작게 측정되었다. 그 까닭은 공기와의 마찰, 스탠드에 실이 묶여 있는 지점의 마찰 등에 의해 주기(T)가 더 길어졌기 때문이다.

01 ⑤

02 (1) A: 원심력, B: 만유인력, C: 중력　(2) 지구 중심

03 ③　　　**04** ⑤　　　**05** ③

06 A: 만유인력, B: 표준 중력, C: 원심력

07 (1) A: 만유인력, B: 원심력　(2) 978.0 Gal

08 ①　　　**09** 감람암, 철광석

10 (가) ⓒ (나) ⓒ (다) ⓐ　　　**11** ②　　　**12** ⑤

13 A: 편각, B: 수평 자기력, C: 복각, D: 연직 자기력

14 ④　　　**15** ㄴ, ㄷ　　**16** ④　　　**17** ⓐ +90° ⓑ 0 ⓒ 0

18 ②　　　**19** ⑤　　　**20** ①

01

정답 맞히기　⑤ 원심력은 지구 자전 때문에 생긴 힘으로 자전축에 수직이고, 지구의 바깥쪽으로 작용하며, 크기는 자전축으로부터의 수직 거리에 비례한다.

오답 피하기　① 지구 상의 물체에 작용하는 만유인력과 지구 자전에 의한 원심력의 합력을 중력이라고 한다.

② 지구 타원체 내부의 밀도가 균일하다고 가정할 때 위도에 따라 달라지는 이론적인 중력값을 표준 중력이라고 하며, 고위도로 갈수록 증가한다.

③ 중력이 작용하는 지구 주위의 공간을 중력장이라고 한다.

④ 만유인력은 항상 지구 중심을 향하며, 지구와 물체 사이의 거리 제곱에 반비례한다.

02

(1) A는 지구 자전 때문에 생기는 힘으로 자전축에 수직이고 지구의 바깥쪽으로 작용하므로 원심력이다. B는 중위도 지역에서 지구 중심을 향하므로 만유인력이다. C는 만유인력과 원심력의 합력이므로 중력이다.

(2) 적도에서 중력은 지구 중심 방향으로 작용하는 만유인력과 지구의 바깥쪽 방향으로 작용하는 원심력의 합력이므로 결국 지구 중심을 향한다. 북극에서는 지구 자전에 의한 원심력이 0이므로 만유인력과 중력의 크기는 서로 같고 두 힘의 방향은 모두 지구 중심을 향한다.

03

정답 맞히기　ㄱ. 대체로 대륙과 해양의 중력 이상은 밀도 차이에 의하여 해양에서는 (+)로, 대륙에서는 (−)로 나타난다.

ㄴ. 중력 이상을 이용하여 지하 물질의 밀도 분포를 알 수 있다.

지하에 철광석이나 감람암 같은 밀도가 큰 물질이 매장되어 있으면 밀도 차이에 의한 중력 이상은 (+), 석유나 암염 같은 밀도가 작은 물질이 매장되어 있으면 (−)로 나타난다.

오답 피하기 ㄷ. 중력은 측정 지점의 해발 고도, 지형의 기복, 지하 물질의 밀도 등에 따라 달라진다. 관측된 실측 중력에서 이론적으로 구한 표준 중력을 뺀 값을 중력 이상이라고 한다.

04

정답 맞히기 ⑤ 지구 타원체 상에서 만유인력이 가장 작은 곳은 지구 중심과의 거리가 가장 먼 적도 지역이다. 원심력이 가장 작은 곳은 자전 선속도가 0인 극 지역이다. 지구의 중력은 만유인력과 원심력의 합력이므로, 표준 중력이 가장 작은 곳은 만유인력은 최소이고, 원심력은 최대인 적도 지역이다.

05

정답 맞히기 ㄱ. 용수철이 늘어난 길이는 (나)가 (가)보다 길다. 표준 중력의 크기는 북극보다 적도에서 더 작기 때문에 용수철이 늘어난 길이가 더 짧은 (가)가 적도에서의 모습이다.

ㄷ. 지구 타원체 상에서 적도와 북극에서는 표준 중력이 지구 중심 방향으로 작용하므로, (가)와 (나)의 화살표는 모두 지구 중심을 향하고 있다.

오답 피하기 ㄴ. 지구와 물체 사이에 작용하는 만유인력 크기는 지구 중심과 물체 사이의 거리 제곱에 반비례하고 물체의 질량에 비례한다. 물체의 질량은 서로 같기 때문에 지구와 물체 사이의 거리가 짧은 (나)가 (가)보다 크다.

06

만유인력은 항상 지구 중심을 향하며, 지구와 물체 사이의 거리 제곱에 반비례한다. 표준 중력은 저위도에서 고위도로 갈수록 커지고 극에서 최대를 나타낸다. 원심력은 지구 자전 때문에 생긴 힘으로 자전축에 수직이고, 저위도에서 고위도로 갈수록 작아져 극에서 0이 된다. 따라서 A는 만유인력, B는 표준 중력, C는 원심력이 된다.

07

⑴ A는 적도에서 극으로 가면서 증가하므로 만유인력이고, B는 적도에서 극으로 가면서 감소하므로 원심력이다.
⑵ 적도에서 중력＝만유인력－원심력이다. 따라서 981.4−3.4＝978.0 Gal이다.

08

정답 맞히기 ㄱ. 표준 중력은 지구 타원체 내부의 밀도가 균일하

다고 가정할 때 위도에 따라 달라지는 이론적인 중력값으로 고위도로 갈수록 증가한다.

ㄹ. 만유인력은 지구와 물체 사이의 거리 제곱에 반비례하며 고위도로 갈수록 증가한다.

오답 피하기 ㄴ. 원심력은 지구 자전 때문에 생기는 힘으로 그 크기는 자전축으로부터의 수직 거리에 비례하므로 고위도로 갈수록 작아진다.

ㄷ. 지구는 적도 반지름이 극 반지름보다 크기 때문에 지구 반지름은 고위도로 갈수록 작아진다.

09

㉠의 위쪽 지표면은 중력 이상이 (+)로 실측 중력이 표준 중력보다 크기 때문에 지하에는 감람암이나 철광석과 같은 밀도가 큰 물질이 매장된 것으로 해석된다.

10

어느 지점에서 실제로 측정한 중력에서 이론적으로 구한 표준 중력을 뺀 값을 중력 이상이라고 한다. 어느 지역의 지하에 밀도가 큰 물질이 매장되어 있으면 실제로 측정한 중력값이 표준 중력값보다 크므로 중력 이상은 (+)가 된다. 반대로 밀도가 작은 물질이 매장되어 있으면 중력 이상은 (−)로 나타난다. 따라서 (가)는 ㉡, (나)는 ㉢, (다)는 ㉠이 된다.

11

정답 맞히기 ㄴ. 지구 자기장의 발생 원인은 다이너모 이론으로 설명할 수 있다. 다이너모 이론에 의하면 액체 상태의 외핵은 철과 니켈로 이루어져 있고, 외핵에서 지구 자전, 핵 내부의 온도 차와 밀도 차 등으로 열대류가 일어나면서 자기장이 형성된다. 이 지구 자기장의 영향으로 유도 전류가 발생하고, 이 전류의 작용으로 다시 자기장이 발생하여 지구 자기장이 지속적으로 유지된다.

오답 피하기 ㄱ. 지구의 공전은 지구 자기장의 발생 원인과 전혀 무관하다.

ㄷ. 지각과 맨틀의 방사성 원소 붕괴열은 지구 내부 에너지원으로서 판의 운동, 화산 활동, 지진 등을 일으킨다.

12

정답 맞히기 ⑤ 한 지점의 지구 자기장의 방향과 세기는 편각, 복각, 수평 자기력으로 나타낼 수 있으며, 이를 지구 자기 3요소라고 한다.

오답 피하기 ① 자침이 수평면과 이루는 각인 복각은 자북극으로 갈수록 커진다.

② 편각은 나침반 자침의 N극이 가리키는 방향인 자북과 진북이

이루는 각이다.

③ 나침반의 N극이 가리키는 방향은 자북이다.

④ 지구 자기장의 방향과 세기는 항상 일정한 것이 아니라 시각과 장소에 따라 계속 변한다.

13

A는 진북 방향과 자북 방향이 이루는 각이므로 편각이고, B는 전자기력의 수평 성분이므로 수평 자기력이다. C는 전자기력이 수평 방향에 대하여 기울어진 각이므로 복각이고, D는 전자기력의 연직 성분이므로 연직 자기력이다.

14

정답 맞히기 ㄴ. B는 밴앨런대 안쪽의 내대로서 주로 양성자로 이루어져 있다.

ㄷ. 밴앨런대는 태양에서 오는 대전 입자가 지구 자기장에 붙잡혀 특히 밀집되어 있는 도넛 모양의 방사선대이다.

오답 피하기 ㄱ. A는 밴앨런대 바깥쪽의 외대로서 주로 전자로 이루어져 있다.

15

정답 맞히기 ㄴ. 영년 변화는 지구 내부의 변화 때문에 지구 자기의 방향과 세기가 긴 기간에 걸쳐 서서히 변하는 현상이다.

ㄷ. 자기 폭풍은 태양의 흑점 주변에서 플레어가 활발해질 때 방출되는 많은 양의 대전 입자가 지구의 전리층을 교란시켜 수 시간에서 수일 동안에 지구 자기장이 불규칙하고 급격하게 변하는 현상이다.

오답 피하기 ㄱ. 일변화는 태양의 영향으로 하루를 주기로 일어나는 지구 자기장의 변화로, 그 변화폭은 밤보다 낮에, 겨울보다는 여름에 더 크다.

16

정답 맞히기 ④ 자북극에서는 복각이 90°로 최대가 되므로 연직 자기력도 최대가 되고, 수평 자기력은 0으로 최소가 된다.

17

복각은 지구 자기장의 방향이 수평 자기력의 방향에 대하여 기울어진 각으로 자북극에서 +90°이다. 자기 적도에서 수평 자기력은 전자기력과 같기 때문에 연직 자기력은 0이다. 자북극에서 연직 자기력은 전자기력과 같으므로 수평 자기력은 0이다.

18

정답 맞히기 ㄴ. A는 역자극기이고, B는 정자극기이다. 따라서 A와 B의 지구 자기장 방향은 서로 반대이다.

오답 피하기 ㄱ. A는 역자극기로서 지구 자기장의 방향이 현재와 반대 방향이다.

ㄷ. 지자기 역전은 다이너모 이론에 의해 지구 내부의 변화로 설명하고 있다.

19

정답 맞히기 ⑤ 지구 자기장의 일변화의 원인은 태양 활동에 있다.

오답 피하기 ① 지구 자기장의 일변화는 태양 활동에 의해 발생하므로 밤보다 낮에 그 변화량이 더 크다.

② 복각이 가장 큰 시각은 12시 이전이고, 편각이 가장 큰 시각은 12시 이후이다. 따라서 복각과 편각이 가장 큰 시각은 일치하지 않는다.

③ 수평 자기력은 전자기력의 수평 성분으로 복각의 변화와 반대 경향을 보이게 된다. 따라서 복각이 작아지면 수평 자기력은 커지고, 복각이 커지면 수평 자기력은 작아진다.

④ 수평 자기력은 12시경에 가장 작고, 21시경에 가장 크기 때문에 낮보다 밤에 크다.

20

정답 맞히기 ㄱ. 런던에서 1843년보다 1775년에 복각이 더 크므로 자북극까지의 거리는 1843년보다 1775년에 더 가까웠다.

오답 피하기 ㄴ. 진북 방향과 자북 방향이 이루는 각은 편각이다. 파리에서 편각이 1820년에는 서쪽으로 약 23°이고, 1914년에는 서쪽으로 약 14°이다. 따라서 진북과 자북이 이루는 각의 크기는 1914년보다 1820년에 더 컸다.

ㄷ. 런던과 파리 모두 1800년에 서편각이므로 자북극의 위치는 진북의 서쪽에 있었다.

실력 향상 문제
본문 039~042쪽

01 ⑤	02 ②	03 ⑤	04 ③	05 ②
06 ④	07 ①	08 ③	09 해설 참조	
10 ⑤	11 ⑤	12 ①	13 ③	14 ①

15 A>B, 복각의 크기는 같지만 전자기력의 크기는 A가 B 지점보다 크기 때문이다. 16 ⑤

01 지구의 중력

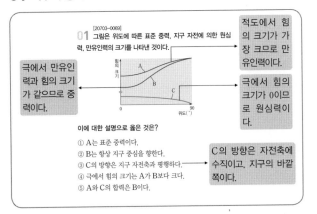

극에서 만유인력과 힘의 크기가 같으므로 중력이다.

적도에서 힘의 크기가 가장 크므로 만유인력이다.

극에서 힘의 크기가 0이므로 원심력이다.

[20703-0069]
01 그림은 위도에 따른 표준 중력, 지구 자전에 의한 원심력, 만유인력의 크기를 나타낸 것이다.

이에 대한 설명으로 옳은 것은?
① A는 표준 중력이다.
② B는 항상 지구 중심을 향한다.
③ C의 방향은 지구 자전축과 평행하다. ← C의 방향은 자전축에 수직이고, 지구의 바깥쪽이다.
④ 극에서 힘의 크기는 A가 B보다 크다.
⑤ A와 C의 합력은 B이다.

정답 맞히기 ⑤ 만유인력 A와 원심력 C의 합력은 표준 중력 B이다.

오답 피하기 ① A는 극에서 가장 크고, 극에서는 B와 같다. C는 적도에서 극으로 가면서 작아지고, 극에서는 0이다. 따라서 A는 만유인력, B는 표준 중력, C는 원심력이다.
② B는 적도와 극 지역에서만 지구 중심을 향한다.
③ 원심력 C는 지구 자전 때문에 생기는 힘으로 자전축에 수직이고, 지구의 바깥쪽으로 작용한다.
④ 극에서는 원심력이 작용하지 않으므로 만유인력과 표준 중력의 힘의 크기는 서로 같다.

02 중력 이상

정답 맞히기 ㄴ. B에서는 중력 이상이 (+)로 나타난다. 중력 이상은 실측 중력에서 표준 중력을 뺀 값이므로 B에서는 실측 중력이 표준 중력보다 더 크다.

오답 피하기 ㄱ. A에서는 중력 이상 곡선이 (−)로 나타나므로 이 구역에서의 중력 이상은 (−)이다.
ㄷ. 지하에 철광석과 같이 밀도가 큰 물질이 매장되어 있으면 중력 이상은 (+)로, 석유나 암염 같은 밀도가 작은 물질이 매장되어 있으면 중력 이상은 (−)로 나타난다. A에서는 중력 이상이 (−), B에서는 중력 이상이 (+)이기 때문에 지하 물질의 밀도는 A보다 B에서 더 크다.

03 우리나라 동해의 중력 이상

지구를 내부가 균질한 회전 타원체라고 가정할 때 위도에 따라 달라지는 이론적인 중력 값을 표준 중력이라고 한다. 즉, 표준 중력은 위도만의 함수이므로 같은 위도에서는 어느 지점에서나 표준 중력이 같다.

정답 맞히기 ㄱ. 표준 중력은 위도에 따라 달라지는 값으로 고위

도로 갈수록 크다. A 지점이 B 지점보다 위도가 높으므로 표준 중력이 크다.
ㄴ. C 지점은 중력 이상이 (−) 값이므로 실측 중력이 표준 중력보다 작다.
ㄷ. 지하에 밀도가 큰 물질이 매장되어 있으면 중력 이상이 (+) 값을 나타내고, 지하에 밀도가 작은 물질이 매장되어 있으면 중력 이상이 (−) 값을 나타낸다. 따라서 중력 이상이 (+) 값인 B 지점의 해수면 아래 지하 물질의 평균 밀도는 중력 이상이 (−) 값인 C 지점보다 크다.

04 중력 탐사

중력 이상을 이용하여 지하 물질의 밀도 분포를 알아내는 탐사 방법을 중력 탐사라고 한다.

정답 맞히기 ㄱ. C 지점의 중력 이상은 0이고, 표준 중력이 같은 A와 C 지점 중에서 실측 중력이 C보다 A 지점에서 작다. 따라서 A 지점의 중력 이상은 (−)이다.
ㄴ. 실측 중력이 큰 B 지점의 지하 물질의 밀도가 C 지점보다 크다.

오답 피하기 ㄷ. 지하 물질의 밀도가 큰 해양 지역이나 철광층 등에서는 중력 이상이 (+)로 나타나고, 지하 물질의 밀도가 작은 대륙 지각이나 석유 매장층, 암염층 등에서는 중력 이상이 (−)로 나타난다. 따라서 석유 매장층이 있을 확률이 가장 높은 곳은 중력 이상이 (−)인 A이다.

05 표준 중력의 크기와 방향

정답 맞히기 ㄴ. A는 표준 중력의 방향과 만유 인력 방향인 지구 중심 방향이 서로 일치하고 있으므로 적도나 극 중 하나이다. 표준 중력의 크기는 A가 983217 mGal, B가 979837 mGal이므로 표준 중력의 크기는 A가 B보다 크다. 그러므로 A는 북극에 위치하기 때문에 위도는 A가 B보다 높다.

오답 피하기 ㄱ. A는 북극이므로 지구 자전에 의한 원심력은 0이 된다.
ㄷ. A가 북극이므로 지구 반지름이 가장 작아서 만유인력은 최대가 된다. 따라서 만유인력의 크기는 B에서 A로 갈수록 증가한다.

06 중력

정답 맞히기 ㄴ. 지구가 자전하지 않으면 원심력이 없어지므로 만유인력과 표준 중력은 같아지게 된다.
ㄷ. 적도에서 만유인력과 원심력의 방향이 서로 정반대이기 때문에 두 힘이 이루는 각은 180°로 가장 크다.

오답 피하기 ㄱ. 지구가 타원체이므로 지구 중심까지의 거리는 적도보다 극지방이 짧다. 따라서 만유인력은 고위도로 갈수록 증가한다.

07 위도에 따른 지구의 중력

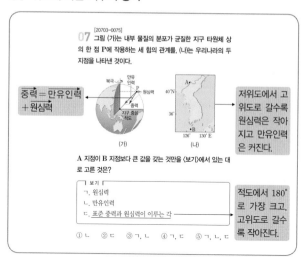

07 [20703-0075]
그림 (가)는 내부 물질의 분포가 균질한 지구 타원체 상의 한 점 P에 작용하는 세 힘의 관계를, (나)는 우리나라의 두 지점을 나타낸 것이다.

중력 = 만유인력 + 원심력

저위도에서 고위도로 갈수록 원심력은 작아지고 만유인력은 커진다.

A 지점이 B 지점보다 큰 값을 갖는 것만을 〈보기〉에서 있는 대로 고른 것은?

보기
ㄱ. 원심력
ㄴ. 만유인력
ㄷ. 표준 중력과 원심력이 이루는 각

적도에서 180°로 가장 크고, 고위도로 갈수록 작아진다.

① ㄴ ② ㄷ ③ ㄱ, ㄴ ④ ㄱ, ㄷ ⑤ ㄱ, ㄴ, ㄷ

정답 맞히기 ㄴ. 만유인력은 지구와 물체 사이의 거리 제곱에 반비례하므로 B 지점보다 A 지점에서 크다.

오답 피하기 ㄱ. 원심력의 크기는 지구 자전축으로부터의 수직 거리에 비례하므로 A 지점보다 B 지점에서 크다.

ㄷ. 표준 중력과 원심력이 이루는 각은 적도에서 가장 크고, 적도에서 고위도로 갈수록 작아지기 때문에 A 지점보다 B 지점에서 크다.

08 지구 자기 3요소

정답 맞히기 ㄱ. 복각은 자북극으로 갈수록 커지므로 자북극에 가까운 A 지점이 B 지점보다 복각이 크다.

ㄴ. A 지점에서는 자북극이 진북의 동쪽에 있으므로 동쪽 방향(+)의 편각이 나타난다. 그러나 B 지점에서는 진북과 자북극의 방향이 같으므로 편각은 0°이다.

오답 피하기 ㄷ. 자기 적도에서 자북극으로 갈수록 수평 자기력은 작아지고 연직 자기력은 커진다. 따라서 자북극에서 상대적으로 먼 B 지점이 A 지점보다 수평 자기력이 크다.

09 복각과 나침반 제작

복각은 자침이 수평 방향에 대하여 기울어진 각으로, 자기 적도에서 0°이고, 자북극 또는 자남극으로 갈수록 크기가 커진다. 북반구인 우리나라에서 자기 적도로 갈수록 자침이 수평 방향에 대하여 기울어진 각인 복각이 감소하여 나침반의 N극이 위쪽으로 향하여 나침반 자침이 수평을 유지하지 못한다. 따라서 나침반의 N극을 S극보다 무겁게 하거나 길이를 길게 한다.

모범 답안 무겁게 하거나 길이를 길게 한다. 그 까닭은 우리나라에서 저위도로 갈수록 복각이 작아지기 때문이다.

10 지구 자기장

정답 맞히기 ㄴ. 복각은 전자기력과 수평 자기력이 이루는 각으로 자북극에 가까울수록 커진다.

ㄷ. 연직 자기력은 전자기력의 연직 성분으로 자기 적도에 가까울수록 작아진다.

오답 피하기 ㄱ. 이 지역에서는 수평 자기력의 방향이 진북의 서쪽에 있으므로 편각은 서편각(−)을 나타낸다.

11 우리나라 부근의 자기장

정답 맞히기 ㄴ. 복각이 45°일 때 수평 자기력과 연직 자기력의 크기가 같다. 부산에서의 복각은 약 50.5°로 45°보다 더 기울어졌으므로 수평 자기력이 연직 자기력보다 더 작다.

ㄷ. 부산과 서울에서의 편각은 각각 약 5.8°W와 6.7°W이므로, 부산에서 서울까지 직선 거리로 이동할 때 나침반의 자침은 시계 반대 방향으로 회전한다.

오답 피하기 ㄱ. 서울에서의 편각은 약 6.7°W로 서편각이다. 서편각의 경우는 진북이 자북보다 오른쪽인 동쪽 방향에 있다.

12 수평 자기력

정답 맞히기 ㄱ. 저위도에서 고위도록 갈수록 수평 자기력은 감소한다.

오답 피하기 ㄴ. 수평 자기력은 전자기력×$\cos\theta$(θ: 복각)이다. 전자기력의 크기가 일정할 때 수평 자기력은 A 지점보다 B 지점에서 크므로 복각은 A 지점보다 B 지점에서 작다.

ㄷ. 연직 자기력은 전자기력×$\sin\theta$(θ: 복각)이다. 전자기력의 크기가 일정할 때 복각은 A 지점이 B 지점보다 크므로 연직 자기력도 A 지점이 B 지점보다 크다.

13 지구 자기장의 일변화

태양 고도의 영향으로 하루를 주기로 일어나는 지구 자기장의 변화를 지구 자기장의 일변화라고 하고, 이에 비해 태양 활동의 정도가 매우 활발하여 많은 양의 대전 입자가 지구 전리층을 교란시켜 수시간에서 수일 동안의 지구 자기장의 급격한 변화를 자기 폭풍이라고 한다.

정답 맞히기 ㄱ. 편각이 가장 큰 시각은 09시경이고, 가장 작은 시각은 15시경이므로 편각의 일변화는 밤보다 낮에 크게 나타난다.

ㄷ. 태양의 고도가 변함에 따라 지구 대기의 전리층이 영향을 받는 정도가 달라지기 때문에 지구 자기 편각의 일변화가 나타난다.

오답 피하기 ㄴ. 편각의 일변화는 일사량이 많은 여름이 겨울보다 더 크게 나타난다.

14 지자기 역전

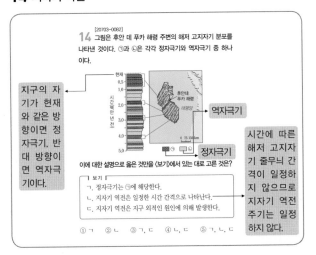

14 그림은 후안 데 푸카 해령 주변의 해저 고지자기 분포를 나타낸 것이다. ㉠과 ㉡은 각각 정자극기와 역자극기 중 하나이다.

지구의 자기가 현재와 같은 방향이면 정자극기, 반대 방향이면 역자극기이다.

역자극기

정자극기

시간에 따른 해저 고지자기 줄무늬 간격이 일정하지 않으므로 지자기 역전 주기는 일정하지 않다.

이에 대한 설명으로 옳은 것만을 〈보기〉에서 있는 대로 고른 것은?

보기
ㄱ. 정자극기는 ㉠에 해당한다.
ㄴ. 지자기 역전은 일정한 시간 간격으로 나타난다.
ㄷ. 지자기 역전은 지구 외적인 원인에 의해 발생한다.

① ㄱ   ② ㄴ   ③ ㄱ, ㄷ   ④ ㄴ, ㄷ   ⑤ ㄱ, ㄴ, ㄷ

정답 맞히기 ㄱ. 지구 자기가 현재와 같은 방향으로 배열된 시기를 정자극기, 반대 방향으로 배열된 시기를 역자극기라고 한다. 따라서 정자극기는 ㉠, 역자극기는 ㉡에 해당한다.

오답 피하기 ㄴ. 시간에 따른 해저 고지자기 줄무늬의 간격이 일정하지 않으므로 지자기 역전은 일정한 시간 간격으로 나타나지 않는다.

ㄷ. 지자기 역전은 지구 내부의 변화에 의해 발생한다.

15 복각과 전자기력

A > B, A와 B지점은 복각의 크기가 같다. 하지만 전자기력의 크기는 A가 B 지점보다 커서 결국 연직 자기력의 크기도 A가 B 지점보다 크다.

16 중력 가속도 측정

정답 맞히기 ㄴ. $T = 2\pi\sqrt{\dfrac{l}{g}}$ 을 중력 가속도(g)에 대해 정리하면 $g = 4\pi^2\dfrac{l}{T^2}$ 이 된다. 따라서 중력 가속도 $g = \dfrac{4 \times (3.14^2) \times 1}{(2.006)^2} ≒ 9.80 \text{ m/s}^2$ 이다.

ㄷ. 실의 길이와 추의 질량이 일정할 때 고위도로 갈수록 중력 가속도가 커지기 때문에 단진자의 주기는 짧아진다.

오답 피하기 ㄱ. 단진자의 주기는 실의 길이에 영향을 받지만 추의 질량과는 무관하므로 ㉠은 2.197이다.

01

정답 맞히기 ㄴ. 1700년경에는 복각의 변화는 거의 없고 편각만 변했으므로 복각보다 편각의 변화량이 컸다.

ㄷ. 진북과 자북의 방향이 일치하면 편각이 0°이며, 관측 기간 동안 편각이 0°였던 시기가 있었다.

오답 피하기 ㄱ. 자북극에 가장 가까운 시기가 복각이 가장 큰 시기이다. 1600년은 1500년보다 복각이 크므로 자북극에 가까웠다.

02

정답 맞히기 ㄱ. ㉠ 지점은 ㉡ 지점보다 중력 이상이 크기 때문에 ㉠ 지점이 ㉡ 지점보다 평균 밀도가 크다.

ㄴ. A 지점과 B 지점은 모두 실측 중력이 표준 중력보다 크므로 중력 이상이 A와 B 지점 모두 (+)로 나타난다.

ㄷ. 중력 이상은 실측 중력에서 표준 중력을 뺀 값이다. (가)의 단층면에서 (나)의 (실측 중력−표준 중력)값이 급변하므로 단층면에서 중력 이상의 변화율이 가장 크게 나타난다.

03

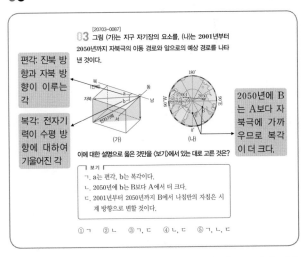

03 그림 (가)는 지구 자기장의 요소를, (나)는 2001년부터 2050년까지 자북극의 이동 경로와 앞으로의 예상 경로를 나타낸 것이다.

편각: 진북 방향과 자북 방향이 이루는 각

복각: 전자기력이 수평 방향에 대하여 기울어진 각

2050년에 B는 A보다 자북극에 가까우므로 복각이 더 크다.

이에 대한 설명으로 옳은 것만을 〈보기〉에서 있는 대로 고른 것은?

보기
ㄱ. a는 편각, b는 복각이다.
ㄴ. 2050년에 b는 B보다 A에서 더 크다.
ㄷ. 2001년부터 2050년까지 B에서 나침반의 자침은 시계 방향으로 변할 것이다.

① ㄱ   ② ㄴ   ③ ㄱ, ㄷ   ④ ㄴ, ㄷ   ⑤ ㄱ, ㄴ, ㄷ

정답 맞히기 ㄱ. a는 진북 방향과 자북 방향이 이루는 각인 편각이다. b는 전자기력이 수평 방향에 대하여 기울어진 각으로 복각에 해당한다.

ㄷ. 2050년까지 B에서 나침반의 자침은 자북의 이동으로 인하여

시계 방향으로 변할 것이다.

오답 피하기 ㄴ. 2050년에 A보다 B는 자북극에 상대적으로 가깝기 때문에 복각인 b는 A보다 B에서 더 크다.

04

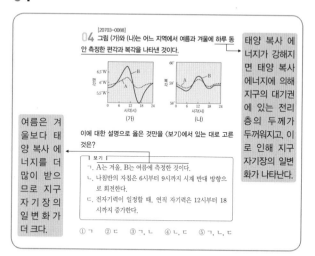

정답 맞히기 ㄱ. 지구 자기장의 일변화는 겨울보다 여름에 크다. 따라서 편각과 복각의 변화가 작은 A는 겨울에, B는 여름에 측정한 것이다.

ㄴ. 편각은 진북과 자북이 이루는 각이다. 6시부터 9시까지는 편각이 더욱 서편향되고 있으므로 나침반의 자침은 시계 반대 방향으로 회전한다.

오답 피하기 ㄷ. 전자기력의 성분 중 연직 성분의 세기를 연직 자기력이라고 하며, 복각이 증가하면 연직 자기력도 커진다. 전자기력이 일정할 때 12시부터 18시까지는 복각이 작아졌기 때문에 연직 자기력도 감소한다.

---

3 광물

탐구 활동   본문 051쪽

1 해설 참조   **2** 해설 참조

1

석영과 사장석은 무색 광물이므로 개방 니콜에서는 구별하기 어렵다. 그러나 직교 니콜에서 석영은 파동 모양의 소광을 보이고, 사장석은 밝고 어두운 부분의 경계가 뚜렷한 좁고 긴 기둥 모양의 소광이 나타난다.

모범 답안 직교 니콜에서 석영은 파동 모양의 소광이, 사장석은 좁고 긴 기둥 모양의 소광이 나타난다.

2

화강암 박편에서는 석영, 사장석, 흑운모, 정장석이 주요 광물로 관찰되며, 화강암의 생성 환경에 따라 각섬석 등이 포함되어 있는 경우도 있다. 화강암은 마그마가 지하 깊은 곳에서 굳어 생성된 암석이므로 조립질 조직이 나타난다.

모범 답안 석영, 사장석, 흑운모, 정장석 등이 조립질 광물로 관찰된다.

내신 기초 문제   본문 052쪽~055쪽

01 ③	**02** ④	**03** ㉠→㉡→㉢	
04 A>D>C>B	**05** ③	**06** ②	**07** B−C−A
08 ①, ④	**09** ③	**10** ③	**11** ②	**12** ④
13 석영, 감람석	**14** C − A − B	**15** ②	
16 ④	**17** ⑤	**18** ①	**19** 고용체	**20** ⑤
21 ⑤	**22** ②	**23** ⑤	**24** ④	**25** 방해석, 사장석, 석영

01

정답 맞히기 ㄱ. 광물은 자연에서 생성된 고체로 일정한 화학 조성을 가져야 한다.

ㄴ. 광물은 규칙적인 내부 결정 구조를 가진다.

오답 피하기 ㄷ. 광물은 자연에서 산출되는 물질로 무기물의 고체이어야 한다.

02

정답 맞히기 ④ 결정질 광물은 원자나 이온의 배열이 일정하고 질서 정연한 상태를 나타내므로 규칙적인 면으로 둘러싸여 있다. 이러한 광물로는 석영, 정장석, 방해석, 흑운모, 각섬석, 암염 등이 있다.

오답 피하기 ① 유리는 대표적인 비결정질 물질로 특징적인 내부 구조를 갖지 않으므로 쉽게 다양한 형태로 만들 수 있다.
② 흑요석은 비결정질이므로 특정한 결정면을 갖지 않는다.
③ 단백석은 특별한 결정형이 없는 비결정질 규산염 광물이다.
⑤ 암염과 감람석은 결정질이지만, 유리는 비결정질이다.

03

광물 결정면의 발달 정도에 따라 고온에서 정출되는 광물은 고유한 결정면을 가진 형태인 자형, 온도가 낮아지면 일부만 고유한 결정면을 가진 형태인 반자형, 가장 나중에 정출되는 광물은 고유한 결정면을 갖지 못한 타형의 결정 형태가 된다. 따라서 정출 순서는 ㉠ → ㉡ → ㉢이다.

04

광물의 상대적 굳기는 서로 긁어 보면 된다. 이때 긁히는 쪽이 무르고, 긁히지 않는 쪽이 단단하다. 따라서 A~D의 상대적 굳기는 A>D>C>B이다.

05

정답 맞히기 ③ 정장석은 모스 굳기가 6이고, 형석은 모스 굳기가 4이므로 정장석은 형석보다 굳기가 크다.

오답 피하기 ① 석영은 모스 굳기가 7이고, 강옥은 모스 굳기가 9이다. 따라서 석영보다 강옥이 더 단단하다.
② 방해석은 모스 굳기가 3이고, 형석은 4이므로 방해석보다 형석이 더 단단하다.
④ 정장석은 모스 굳기가 6, 석영은 7이므로 석영이 정장석보다 단단하다.
⑤ 방해석은 모스 굳기가 3, 정장석은 6이므로 정장석이 방해석보다 단단하다.

06

정답 맞히기 ㄴ. 자철석은 철이 산소와 결합하여 만들어진 산화 광물 중의 하나이며, 화학식은 Fe_3O_4이다.

오답 피하기 ㄱ. 암염은 나트륨과 염소가 결합하여 만들어진 화

합물이므로 원소 하나로만 이루어진 원소 광물이 아니다. 암염은 할로젠 광물로 분류된다.

ㄷ. 석영은 규산염 광물이므로 묽은 염산과 반응하지 않는다. 묽은 염산을 떨어뜨릴 때 거품이 발생하는 것은 탄산염 광물이다.

07

B는 고유한 결정면이 모두 잘 나타나므로 자형이고, C는 먼저 생긴 B의 부분적인 방해로 일부만 고유한 결정면을 나타내므로 반자형이다. A는 먼저 생긴 결정들 사이에서 고유한 결정면을 갖지 못한 형태를 나타내므로 타형이다. 광물은 생성 온도가 가장 높은 것이 먼저 만들어져 자형을 나타내게 되며, 생성 온도가 가장 낮은 것은 가장 나중에 만들어져 타형을 갖게 되므로 광물의 생성 온도가 가장 높은 것은 B이며, 가장 낮은 것은 A이다.

08

유색 광물은 발색 원소인 Fe이나 Mg을 포함한 광물로, 주요 규산염 광물 중에서 유색 광물은 감람석, 휘석, 각섬석, 흑운모이다.

09

정답 맞히기 ③ 암석을 구성하는 주요 광물을 조암 광물이라 하며 약 30여 종이 있다. 조암 광물의 대부분은 규산염 광물에 속하므로 지각의 구성 원소 중 가장 많은 원소도 산소와 규소이다.

오답 피하기 ① 산화 광물은 산소가 한 가지 또는 그 이상의 금속과 결합한 화합물로서 여러 가지 금속의 공급원이다.
② 황화 광물은 황이 금속이나 반금속과 결합한 화합물로서 대부분 경제적으로 중요한 광물로 취급되지만 지각에 포함되어 있는 양은 약 0.15 % 정도로 그리 많지 않다.
④ 황산염 광물은 하나의 황 원자와 4개의 산소 원자로 이루어진 황산 이온이 칼슘, 바륨 이온 등과 결합한 화합물로 산소 분압이 높은 지표 근처에서 생성된다.
⑤ 탄산염 광물은 하나의 탄소 원자와 3개의 산소 원자로 이루어진 탄산 이온이 칼슘 이온, 철 이온, 마그네슘 이온 등과 결합한 화합물로 방해석, 돌로마이트, 마그네사이트, 능철석 등이 있다.

10

정답 맞히기 ③ 광물을 초벌구이 도자기판(조흔판)에 문지르는 것은 광물 가루의 색인 조흔색을 알아보기 위한 것이다.

오답 피하기 ① 초벌구이 도자기판에 문지르는 것은 결정형과는 무관하다.
② 광택은 육안으로도 관찰이 가능하다.
④ 쪼개짐과 깨짐을 알아보기 위해서는 망치로 충격을 가해 본다.

⑤ 굳기를 알아보기 위해서는 다른 광물과 서로 긁어 본다.

11

정답 맞히기 ㄴ. 방해석의 굳기는 3, 손톱은 2.5이므로 방해석은 손톱으로 긁히지 않는다.

오답 피하기 ㄱ. 형석의 굳기는 4, 석고의 굳기는 2이지만 모스 굳기는 절대 굳기가 아니므로 형석이 석고보다 2배 단단하다는 뜻은 아니다.
ㄷ. 정장석의 굳기는 6, 칼끝은 6.5이므로 정장석은 칼끝으로 긁힌다.

12

정답 맞히기 ④ 광물을 망치로 충격을 가해 보는 것은 쪼개짐이나 깨지는 성질을 알아보기 위한 것이다.

오답 피하기 ① 광물을 서로 긁어 보는 것은 광물의 굳기를 비교하기 위한 것이다.
② 광물 가루의 색인 조흔색을 알아보기 위해서는 광물을 조흔판에 긁어보아야 한다.
③ 굳기를 알아보기 위한 방법은 ㄱ이다.
⑤ 묽은 염산을 떨어뜨려 보는 것은 탄산염 광물인지 알아보기 위한 것이다.

13

흑운모는 1방향, 휘석은 2방향, 방해석은 3방향의 쪼개짐이 나타나며, 석영, 감람석은 쪼개짐이 없이 깨짐을 나타낸다.

14

A는 복사슬 구조를 갖는 각섬석, B는 판상 구조를 갖는 흑운모, C는 단사슬 구조를 갖는 휘석이므로 정출 순서는 C→A→B가 된다. 일반적으로 나중에 정출된 규산염 광물일수록 규소 1개에 대한 산소 원자의 수는 감소한다.

15

정답 맞히기 ② 지각에 가장 많이 들어 있는 원소는 산소이며, 산소는 다른 원소와 결합하여 화합물의 형태로 들어 있다.

오답 피하기 ① 규소는 지각에서 두 번째로 많이 들어 있는 원소이다.
③ 철은 지각에서 4번째로 많이 들어 있는 원소이며, 지구 전체로는 가장 많이 들어 있는 원소이다.
④ 알루미늄은 지각에서 3번째로 많은 원소이며, 지각에 들어 있는 금속 원소 중에서는 가장 많다.
⑤ 마그네슘은 지각에서 8번째로 많은 원소이다.

16

정답 맞히기 ④ $CaCO_3$는 탄산 이온을 포함하는 광물이므로 탄산염 광물이다.

오답 피하기 ① Fe_3O_4는 자철석으로, 산소가 금속 원소와 결합한 산화 광물이다.
② Fe_2O_3는 적철석으로, 산화 광물이다.
③ Al_2O_3는 강옥으로, 산소가 금속 원소와 결합한 산화 광물이다.
⑤ MgO는 산소가 금속 원소와 결합한 산화 광물이다.

17

정답 맞히기 ㄱ. 규산염 사면체는 규소 원자 1개와 산소 원자 4개가 공유 결합을 하여 만들어진 정사면체 구조를 하고 있다.
ㄴ. 규산염 사면체들은 사면체 사이에 산소를 공유하여 사면체가 다양하게 연결된 구조를 가짐으로써 서로 다른 광물을 구성한다.
ㄷ. 규산염 사면체와 사면체 사이 또는 사면체가 연결된 구조와 사면체가 연결된 구조 사이에는 금속 양이온을 통해 결합하기도 한다.

18

정답 맞히기 ㄱ. (가)는 감람석, (나)는 각섬석, (다)는 흑운모의 결합 구조이다. (가)에서 (다)로 갈수록 유색 광물의 함량은 적고 풍화에 강하다.

오답 피하기 ㄴ. (가)에서 (다)로 갈수록 정출 온도가 낮으며, 공유 산소의 수가 많다.
ㄷ. (가)는 깨짐을 보이고, (나)는 2방향의 쪼개짐, (다)는 1방향의 쪼개짐이 나타난다. 따라서 (가)에서 (다)로 갈수록 쪼개지는 방향 수가 증가하는 것은 아니다.

19

대부분의 규산염 광물은 일정한 범위 내에서 화학 조성이 변하는 고용체 광물이다.

20

정답 맞히기 ⑤ 광학적 등방체 광물을 직교 니콜에서 관찰하면 완전 소광이 일어나므로 재물대를 회전시켜도 계속 검게 보인다.

오답 피하기 ① 복굴절은 광학적 이방체 광물에서 나타나는 현상이다.
② 다색성은 유색의 광학적 이방체 광물을 개방 니콜에서 회전시킬 때 나타나는 현상이다.
③ 광학적 등방체 광물은 개방 니콜에서 관측이 되므로 항상 검게 보이지는 않는다.

④ 간섭색은 광학적 이방체 광물을 직교 니콜에서 관측할 때 나타나는 현상이다.

21

정답 맞히기 ㄱ. 편광 현미경에서 상부 편광판은 뺄 수 있도록 설계되어 있다.

ㄴ. 광원에서 출발한 빛은 자연광이며, 이 빛이 하부 편광판을 통과하면 편광이 된다.

ㄷ. 편광 현미경은 상부 편광판과 하부 편광판의 편광축이 직교하도록 설계하여 광물의 광학적 성질을 관찰할 수 있도록 하였다.

22

정답 맞히기 ㄷ. 석류석은 광학적 등방체이므로 빛이 석류석을 통과할 때 단굴절한다. 따라서 상부 편광판을 넣은 상태인 직교 니콜에서는 재물대를 회전시켜도 항상 검게 관찰된다.

오답 피하기 ㄱ. 석류석은 투명 광물이면서 광학적 등방체이므로 상부 편광판을 뺀 개방 니콜 상태에서 검은색으로 보이지 않는다.

ㄴ. 석류석은 다색성을 보이지 않으므로 상부 편광판을 뺀 개방 니콜 상태에서 재물대를 회전시켜도 색깔이 변하지 않는다.

23

정답 맞히기 ⑤ 개방 니콜에서 다색성을 보이는 것은 광학적 이방체 중 유색 광물이다. 석영은 무색 광물이므로 다색성을 보이지 않는다.

오답 피하기 ① 전기석은 유색 광물로 광학적 이방체이므로 다색성이 잘 나타난다.

② 휘석은 광학적 이방체이면서 유색 광물이므로 다색성이 나타난다.

③ 각섬석은 광학적 이방체이면서 유색 광물이므로 다색성이 나타난다.

④ 흑운모는 광학적 이방체이면서 유색 광물이므로 다색성이 나타난다.

24

정답 맞히기 ㄴ. 광학적 이방체를 직교 니콜에서 관찰하면 상광선과 이상 광선의 간섭에 의한 간섭색이 나타난다.

ㄷ. 광학적 이방체를 직교 니콜에서 관찰할 때 재물대를 회전시키면 90°마다 어두워지는 소광 현상이 나타난다.

오답 피하기 ㄱ. 다색성은 유색의 광학적 이방체 광물을 개방 니콜에서 관찰하면서 재물대를 회전시킬 때 나타나는 현상이다.

25

암염, 금강석은 복굴절이 나타나지 않는 광학적 등방체이며, 방해석, 사장석, 석영은 복굴절이 일어나는 광학적 이방체이다.

실력 향상 문제
본문 056~060쪽

01 ① **02** ① **03** ① **04** ③
05 (1) C (2) 두 광물을 서로 긁어 본다. 묽은 염산을 떨어뜨려 본다. **06** ① **07** ③ **08** ③
09 해설 참조 **10** ③ **11** ⑤ **12** ④
13 (1) 복사슬 구조 (2) 2방향의 쪼개짐을 나타낸다.
14 ② **15** ② **16** ① **17** 개방 니콜에서 재물대를 회전시키면서 관찰한다. **18** ③ **19** ④
20 ④ **21** ④ **22** 해설 참조

---

01 광물의 색

정답 맞히기 ㄱ. 광물이 가지고 있는 고유의 색을 자색이라 하고, 불순물에 의해 본래의 색과 다르게 나타나는 색을 타색이라고 한다.

오답 피하기 ㄴ. 광물을 초벌구이 도자기판에 긁었을 때 나오는 광물 가루의 색은 조흔색이라고 한다.

ㄷ. 광물에 포함된 소량의 불순물에 의한 색은 타색이다.

02 광물의 성질

정답 맞히기 ① 결정질 광물이라도 주변 환경에 따라 타형으로 산출될 수 있다. 다른 광물보다 나중에 정출되는 광물은 자형으로 산출되기 어렵다.

오답 피하기 ② 간섭색은 직교 니콜에서 관찰되는 색이다. 편광판과 광물 박편을 통과한 빛이 관찰되는 것이므로 간섭색이 관찰되는 광물은 투명 광물이다.

③ 규산염 광물은 모두 SiO_4 사면체를 기본 구조로 가진다.

④ 1방향의 쪼개짐이 발달하는 광물은 얇은 판 모양의 구조를 갖게 되므로 판상 구조를 갖는다.

⑤ 라우에 반점이 규칙적인 모양을 나타내는 것은 결정질 광물에서 원자나 이온의 배열이 규칙적이기 때문이다.

03 방해석의 성질

정답 맞히기 ① 방해석은 탄산염 광물이면서 3방향의 쪼개짐이 발달한 광학적 이방체이다.

오답 피하기 ② 석영은 쪼개짐이 나타나지 않으며, 묽은 염산과 반응하지 않는다.

③ 정장석은 묽은 염산과 반응하지 않는다.

④ 흑운모은 1방향의 쪼개짐이 나타나며, 묽은 염산과 반응하지 않는다.

⑤ 감람석은 깨짐이 나타나며, 묽은 염산과 반응하지 않는다.

04 광물의 물리적 성질

정답 맞히기 ㄱ. 광물을 망치로 깨뜨렸을 때 평탄한 면이 관찰되는 것으로 보아 방향성 있게 쪼개짐이 발달하는 광물이다.

ㄴ. 초벌구이 자기판에 문지르는 것은 조흔색을 알아보기 위한 실험이다. 흑색 가루가 묻어났으므로 조흔색이 흑색임을 알 수 있다.

오답 피하기 ㄷ. 광물을 유리판에 긁었을 때 유리판이 긁히지 않은 것으로 보아 이 광물은 굳기가 유리보다 작은 광물이다. 굳기가 유리보다 큰 광물이었다면 유리판이 긁혔을 것이다.

05 광물의 구별

⑴ $(Fe, Mg)_2SiO_4$는 감람석으로 철과 마그네슘의 함량에 따라 일정한 범위 내에서 화학 조성이 변하는 고용체 광물이다.

⑵ A와 B는 굳기가 다르므로 서로 긁어 보아서 구별할 수 있으며, A는 탄산염 광물이므로 묽은 염산을 떨어뜨리면 이산화 탄소가 발생한다.

06 모스 굳기

정답 맞히기 ㄱ. 모스 굳기는 각 광물의 상대적인 굳기 순서를 나타내지만 절대 굳기가 큰 광물의 모스 굳기가 크므로 모스 굳기가 커질수록 절대 굳기도 크다.

오답 피하기 ㄴ. 모스 굳기는 황옥이 8이고, 형석이 4이지만 모스 굳기는 상대적인 굳기 순서를 나타낼 뿐 절대 굳기를 의미하지는 않는다. 실제 굳기인 절대 굳기는 황옥이 형석의 2배보다 크다.

ㄷ. 모스 굳기가 석영은 7이고, 정장석은 6이므로 정장석이 석영에 긁힌다.

07 광물의 비교

정답 맞히기 ㄱ. (가)는 흑운모, (나)는 석영, (다)는 흑요석이다. 흑운모는 1방향의 쪼개짐이 발달하고, 석영과 흑요석은 깨짐이 나타나므로 쪼개짐이 발달하는 것은 (가)이다.

ㄷ. (다)의 흑요석은 패각상으로 깨질 때 유리와 같이 매우 날카로운 모서리가 생기므로 깨진 면이 유리와 가장 비슷하다.

오답 피하기 ㄴ. 모스 굳기는 석영이 7이고, 흑요석은 유리와 비슷한 5~5.5이다. 따라서 (나)의 석영이 (다)의 흑요석보다 단단하다.

08 고용체

정답 맞히기 ㄱ. 감람석은 화학 조성이 $(Fe, Mg)_2SiO_4$로 감람석 내에서 Fe과 Mg의 비율이 다양하게 나타나는 고용체이다.

ㄴ. 감람석 내에서 Mg보다 원자량이 큰 Fe의 성분의 비가 증가할수록 비중이 커진다.

오답 피하기 ㄷ. Fe과 Mg의 비율에 따라 감람석의 비중은 달라지지만 감람석의 결정 구조는 동일하다.

09 광물의 구별

염산과 반응하는 광물은 탄산염 광물인 방해석($CaCO_3$)이므로 A는 방해석이다. 흑운모와 정장석 중 흑색을 나타내며 1방향 쪼개짐을 보이는 것은 흑운모이므로 C는 흑운모이다. 나머지 B는 정장석이다.

모범 답안 염산과 반응하는 A는 방해석이며, 2방향의 쪼개짐을 나타내는 B는 정장석, 1방향의 쪼개짐을 나타내는 C는 흑운모이다.

10 규산염 광물

정답 맞히기 ㄱ. (가)는 감람석, (나)는 각섬석, (다)는 흑운모이다. 규산염 광물인 감람석, 각섬석, 흑운모는 모두 고용체이다.

ㄴ. 규산염 광물 중 감람석, 휘석, 각섬석, 흑운모는 유색 광물이다.

오답 피하기 ㄷ. (나)의 각섬석과 (다)의 흑운모는 쪼개짐이 발달하지만, (가)의 감람석은 깨짐이 나타난다.

11 비규산염 광물

정답 맞히기 ㄱ. 감람석은 고용체이므로 화학식이 $(Fe, Mg)_2$ $-SiO_4$와 같이 표현된다.

ㄴ. 탄산염 광물은 염산과 반응하여 이산화 탄소를 발생시키는 성질이 있다.

ㄷ. 광물은 음이온에 따라 비슷한 성질을 나타내므로 원소 광물을 제외하고는 음이온에 따라 분류할 수 있다.

12 광물의 색

정답 맞히기 ㄴ. 석영은 육각 기둥 모양의 결정 구조를 갖는 결정질 광물이다.

ㄷ. 석영의 본래 색은 무색 투명하다. (가)는 불순물 때문에 생긴 색으로 타색이며, (나)는 본래의 색인 자색이다.

오답 피하기 ㄱ. 석영은 투명하므로 무색 광물이다. 광물에서 유색 광물은 어두운 색 광물을 뜻한다.

13 복사슬 구조

각섬석은 규산염 사면체가 연결된 사슬 2개가 결합한 복사슬 구조를 하고 있으며, 이에 따라 2방향의 쪼개짐이 발달한다.

14 규산염 광물의 결합 구조

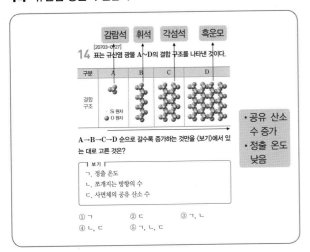

정답 맞히기 ㄷ. A→B→C→D로 갈수록 사면체 간의 결합이 많아지므로 사면체 사이에 공유하는 산소 수가 많아진다. 따라서 사면체의 공유 산소 수가 많아진다. A는 감람석으로 공유 산소 수가 0개, B는 휘석으로 공유 산소 수가 2개, C는 각섬석으로 공유 산소 수가 2~3개, D는 흑운모로 공유 산소 수가 3개이다.

오답 피하기 ㄱ. A→B→C→D로 갈수록 정출 온도는 낮아진다.

ㄴ. 쪼개지는 방향의 수는 B와 C가 2방향, D가 1방향, A가 깨짐을 나타내므로 A→B→C→D로 변한다고 하여도 특정한 경향성을 나타내지 않는다.

15 광학적 등방체와 이방체

정답 맞히기 ㄷ. 석류석은 광학적 등방체로 직교 니콜에서는 소광이 일어난다. 따라서 석류석이 검게 보이는 (나)가 직교 니콜에서 관측한 것이다.

오답 피하기 ㄱ. (가)의 개방 니콜에서는 광학적 이방체 중 유색 광물에서 다색성이 나타난다. 석영은 무색 광물이므로 다색성이 보이지 않는다.

ㄴ. 석류석은 광학적 등방체이므로 직교 니콜인 (나)에서 완전 소광이 나타나 재물대를 회전시켜도 항상 검게 보인다.

16 개방 니콜과 직교 니콜

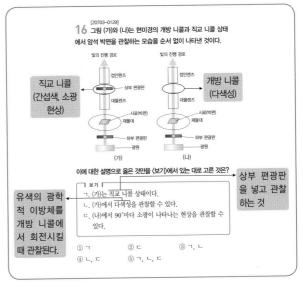

정답 맞히기 ㄱ. (가)는 상부 편광판을 넣은 상태이므로 직교 니콜 상태이다.

오답 피하기 ㄴ. (가)의 직교 니콜에서는 간섭색을 관찰할 수 있다. 다색성은 개방 니콜에서 유색의 광학적 이방체 광물을 회전시킬 때 관찰할 수 있는 현상이다.

ㄷ. (나)는 상부 편광판을 제거한 상태이므로 개방 니콜에 해당한다. 개방 니콜에서는 90° 마다 소광이 나타나는 현상을 관찰할 수 없다.

17 흑운모의 광학적 성질

흑운모는 유색 광물이면서 광학적 이방체이다. 광학적 이방체 중 유색 광물은 개방 니콜에서 재물대를 회전시킬 때 색과 밝기가 일정한 범위에서 변하는 다색성을 나타낸다.

모범 답안 개방 니콜에서 재물대를 회전시키면서 관찰한다.

18 광물의 광학적 성질

정답 맞히기 ㄱ. 광물의 아래와 위에 있는 편광판은 편광 현미경에서 각각 하부 니콜과 상부 니콜에 해당한다. 두 편광판의 편광축을 직교시켜 놓았으므로 직교 니콜로 관찰하는 것과 같다. 감람석은 광학적 이방체이므로 직교 니콜에서 알록달록한 간섭색이 관찰된다.

ㄷ. 감람석은 광학적 이방체이므로 직교 니콜에서 90° 회전할 때마다 검게 변하는 소광 현상이 나타난다. 따라서 360° 회전시키면 4회 검게 변하는 것을 관찰할 수 있다.

오답 피하기 ㄴ. 다색성은 개방 니콜에서 나타나는 현상이므로 두 편광판의 편광축을 직교 시킨 상태에서는 관찰할 수 없다.

19 편광 현미경의 사용법

정답 맞히기 ④ 다색성은 개방 니콜에서 재물대를 회전시킬 때 관찰할 수 있으므로 B에서 관찰할 수 있고, 소광 현상은 직교 니콜에서 재물대를 회전시킬 때 관찰할 수 있는 현상이므로 D에서 관찰할 수 있다.

오답 피하기 ① B는 개방 니콜 상태이므로 소광 현상을 볼 수 없다.

② A와 C에서는 재물대를 회전시키지 않으므로 다색성과 소광 현상을 볼 수 없다.

③ A는 개방 니콜 상태이므로 소광 현상을 볼 수 없다.

⑤ C는 직교 니콜 상태이므로 다색성을 볼 수 없다.

20 석영과 사장석

정답 맞히기 ㄴ. 석영은 광학적 이방체이므로 직교 니콜에서 소광 현상이 나타나는데 파동 모양의 소광을 보인다.

ㄷ. 사장석은 광학적 이방체이므로 직교 니콜에서 소광 현상이 나타나는데 좁고 긴 기둥 모양의 소광이 나타나므로 밝은 부분과 어두운 부분이 교대로 나타난다.

오답 피하기 ㄱ. 사장석은 무색 광물이므로 다색성이 나타나지 않는다.

21 단굴절 광물과 복굴절 광물

정답 맞히기 ㄱ. (가)에서는 선이 두 개로 보이는 것으로 보아 (가)는 복굴절을 일으키는 방해석이다.

ㄷ. (나)는 유리이다. 유리는 복굴절을 일으키지 않으므로 편광 현미경의 직교 니콜에서 재물대를 회전시켜도 항상 검게 보인다.

오답 피하기 ㄴ. (가) 방해석은 3방향의 쪼개짐이 발달하지만, (나)의 유리는 비결정질 광물이므로 쪼개짐이 발달하지 않는다.

22 복굴절

광학적 이방체는 광학적 등방체와 달리 빛의 통과 방향에 따라 빛이 광물을 통과하는 속도가 달라지므로 굴절률이 달라져 복굴절이 일어난다.

모범 답안 빛이 광물을 통과하는 방향에 따라 빛의 속도가 달라지므로 복굴절이 일어난다.

01 ④   **02** ③   **03** ③   **04** ⑤

01

정답 맞히기 ④ A는 굳기가 3이므로 석영에 긁히고, 쪼개짐이 3방향이므로 일정한 방향으로 갈라짐을 보이는 광물이다. 따라서 ©에 해당한다.

오답 피하기 ① ㉠은 Si와 O가 주요 성분이므로 규산염 광물이며, 석영에 긁히므로 굳기는 7보다 작다. 따라서 ㉠에 들어갈 수 있는 것은 B이다.

② ©은 석영에 긁히므로 굳기가 7보다 작고 일정한 방향으로 갈라지므로 쪼개짐이 발달한 광물이다. 따라서 A이다.

③ ©은 Si와 O가 주요 성분이므로 규산염 광물이며, 일정한 방향으로 갈라지므로 쪼개짐이 발달한 광물이다. 따라서 C가 올 수 있다.

⑤ B는 규산염 광물이면서 쪼개짐이 없고, 굳기가 6.5이므로 ㉠에 들어갈 수 있다.

02

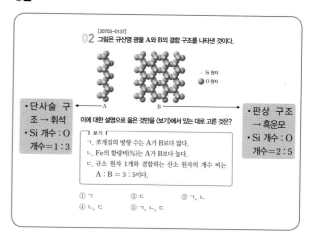

```
[20703-0137]
02 그림은 규산염 광물 A와 B의 결합 구조를 나타낸 것이다.
```

· Si 원자
· O 원자

· 단사슬 구조 → 휘석
· Si 개수 : O 개수 = 1 : 3

· 판상 구조 → 흑운모
· Si 개수 : O 개수 = 2 : 5

이에 대한 설명으로 옳은 것만을 〈보기〉에 있는 대로 고른 것은?

〈보기〉
ㄱ. 쪼개짐의 방향 수는 A가 B보다 많다.
ㄴ. Fe의 함량비(%)는 A가 B보다 높다.
ㄷ. 규소 원자 1개와 결합하는 산소 원자의 개수 비는 A : B = 3 : 5이다.

① ㄱ   ② ㄷ   ③ ㄱ, ㄴ
④ ㄴ, ㄷ   ⑤ ㄱ, ㄴ, ㄷ

정답 맞히기 ㄱ. A는 휘석으로 2방향의 쪼개짐이 발달하고, B는 흑운모로 1방향의 쪼개짐이 발달한다. 따라서 쪼개짐의 방향 수는 A가 B보다 많다.

ㄴ. A는 B보다 고온에서 정출되며, Fe의 함량비(%)가 높아 비중이 크다.

오답 피하기 ㄷ. 휘석은 사면체에서 규소 원자와 산소 원자의 비가 1 : 3이고, 흑운모는 규소 원자와 산소 원자의 비가 2 : 5이므로 규소 원자 1개와 결합하는 산소 원자의 개수 비는 A : B = 3 : 2.5 = 6 : 5이다.

03

정답 맞히기 ③ 개방 니콜에서 다색성이 나타나는 A는 유색 광물이므로 흑운모가 될 수 있고, B는 깨짐이 나타나는 무색 광물이므로 석영이 될 수 있다. C는 쪼개짐이 나타나는 광학적 이방체이므로 방해석이 될 수 있다.

오답 피하기 ① 석영은 쪼개짐이 나타나지 않으므로 A가 될 수 없다.

②, ④ 각섬석은 개방 니콜에서 다색성을 나타내므로 C가 될 수 없다.

⑤ 감람석은 쪼개짐이 나타나지 않으므로 C가 될 수 없다.

04

정답 맞히기 ㄱ. (가)는 직교 니콜, (나)는 개방 니콜에서 관찰한 것이다. 직교 니콜에서 기둥 모양의 소광을 보이는 A는 사장석이다.

ㄴ. (가)는 직교 니콜에서 관찰한 것이므로 A의 간섭색을 볼 수 있다.

ㄷ. 사장석은 두 방향의 쪼개짐이 발달하는 광물이다.

---

4 지구의 자원

탐구 활동
본문 069쪽

1 해설 참조　　　　　**2** 해설 참조

1

모범 답안 상온 대기 중에서는 쉽게 분해되기 때문에 대책 없이 채굴할 경우 온실 기체인 메테인이 방출될 수 있다. 가스수화물은 심해에서 형성되는데, 그 곳의 온도와 압력이 지표면과 많이 다르므로 채굴하는 데 어려움이 있다.

2

모범 답안 이전 방식으로 해상에서 해저에 버킷을 내려 채집할 경우 망가니즈 단괴와 막대한 양의 해저 퇴적물이 한꺼번에 뒤섞여서 해저 생태계가 파괴될 뿐만 아니라 버킷을 해상으로 인양하는 과정에서 발생하는 먼지구름 또한 해수를 오염시키는 원인이 되기 때문이다.

내신 기초 문제
본문 070~72쪽

01 금속 광물 자원, 비금속 광물 자원　　**02** ⑤

03 A: 화성 광상 B: 변성 광상 C: 퇴적 광상　**04** ②

05 ③　　**06** ④　　**07** ③　　**08** ③　　**09** ⑤

10 ④　　**11** ①　　**12** ① 달 ② 썰물 ③ 조석 간만

13 ⑤　　**14** ③　　**15** ③

01

광물 자원은 금속 광물 자원과 비금속 광물 자원으로 구분한다. 금속 광물 자원은 금, 은, 구리, 철 등의 금속이 주성분인 광물이며, 제련 과정을 거쳐 사용한다. 비금속 광물 자원은 석회석, 고령토 등과 같은 광물 자원을 말한다.

02

정답 맞히기 ㄱ. 자원이란 인간의 활동과 생산에 필요한 모든 것을 말한다. 지구에서 자연 현상으로 땅속에서 만들어진 자원을 지하자원이라고 한다.

ㄴ. 유용한 광물이 지각 내의 평균적인 함량보다 훨씬 높은 비율로 모여 있는 장소를 광상이라고 한다.

ㄷ. 광상에서 채굴한 경제성이 있는 암석을 광석이라고 하며, 광상에서 광석을 채굴하는 곳을 광산이라고 한다.

03

마그마가 냉각되는 과정에서 마그마 속에 포함된 유용한 원소들이 분리되거나 한 장소에 집적되어 형성되는 광상을 화성 광상이라고 한다. 변성 광상은 암석이 고온·고압의 환경에서 변성 작용을 받아 새롭게 생긴 유용한 광물이 모인 광상이다. 퇴적 광상은 지표의 광상이나 암석이 풍화, 침식, 운반되는 과정 중에 유용 광물이 집적되어 형성된 광상을 말한다. 따라서 A는 화성 광상, B는 변성 광상, C는 퇴적 광상이다.

04

정답 맞히기 ② 마그마 냉각 말기에 마그마가 주변의 암석을 뚫고 들어가서 형성되는 페그마타이트 광상은 화성 광상에 포함된다.

오답 피하기 ① 고령토는 장석이 풍화 작용을 받아 만들어지므로 퇴적 광상에서 산출되는 자원이다.

③ 암석이 고온·고압에 의해 변성 작용을 받아 새롭게 생긴 유용한 광물이 모인 광상은 변성 광상이다.

④ 지표의 암석이 풍화·침식·운반되는 과정 중에 유용 광물이 집중적으로 집적되어 형성된 경우는 퇴적 광상이다.

⑤ 해수가 증발하면서 해수에 녹아 있는 물질이 침전되어 형성된 광상은 침전 광상으로 넓은 의미로는 퇴적 광상에 포함된다.

05

정답 맞히기 ㄱ. (가)의 망가니즈 단괴는 해수에 녹아 있던 여러 금속 성분들이 침전되어 형성되므로 퇴적 광상에서 산출된다.

ㄴ. 장석과 같은 규산염 광물이 화학적 풍화 작용을 거쳐 생성되는 (나)의 고령토는 순백색 또는 회색이며 도자기의 원료로 사용된다.

오답 피하기 ㄷ. (가)의 망가니즈 단괴는 다양한 금속 성분이 포함되어 있으므로 제련 과정을 거친 후 이용해야 한다. 그러나 (나)의 고령토는 비금속 광물 자원으로 제련 과정이 필요 없다.

06

정답 맞히기 ㄱ. 흑연과 활석은 주로 광역 변성 작용을 받아 형성되므로 변성 광상에서 산출된다.

ㄷ. 변성 광상은 광물이 변성 작용을 받는 과정에서 재배열됨으로써 새로운 광물이 농집되거나 기존의 광상이 변성 작용을 받아 광

물의 조성이 달라져 형성된다.

오답 피하기 ㄴ. 기성 광상은 마그마에 포함된 수증기와 휘발 성분이 주위의 암석을 뚫고 들어가 일부를 녹이고 침전하여 형성된 광상이므로 화성 광상에 포함된다.

07

정답 맞히기 ㄱ. ㉠은 기존의 암석이 풍화 작용을 받은 후 풍화의 산물이 그 자리에 남아서 만들어진 풍화 잔류 광상으로 고령토와 보크사이트 등이 산출된다.

ㄴ. 해수가 증발하면서 해수에 녹아 있는 물질이 침전되어 만들어진 침전 광상에서는 석회석, 암염, 망가니즈 단괴, 석고, 황산 나트륨 등이 산출된다.

오답 피하기 ㄷ. 퇴적 광상에서는 금속 광물과 비금속 광물 모두 산출된다.

08

정답 맞히기 ③ 정장석이 이산화 탄소가 용해된 물에 의해 풍화 작용을 받으면 고령토가 생성된다. 고령토가 열대 지방에서 화학적 풍화 작용을 받으면 수산화 알루미늄 광물의 집합체인 보크사이트가 만들어진다. 따라서 광석이 형성되는 순서는 (나)정장석 → (가)고령토 → (다)보크사이트이다.

09

정답 맞히기 ㄱ. 지각의 구성 원소 중 가장 풍부한 금속 원소는 알루미늄으로 전기가 잘 통하여 고압 전선, 전기 제품 등에 이용된다.

ㄴ. 철은 지각에서 알루미늄 다음으로 풍부한 금속 원소로서 각종 기계와 도구, 다리, 고층 건물, 배, 비행기 등 인류가 사용하는 금속 대부분을 차지한다.

ㄷ. 구리는 부식에 강하고 전기와 열을 잘 전달하므로 전기 재료, 합금, 전자 제품에 주로 이용된다.

10

정답 맞히기 ㄱ. (가)의 석회암은 탄산 칼슘 성분으로 시멘트나 비료의 원료로 쓰인다.

ㄷ. (다)의 대리암은 석회암이 변성 작용을 받아 형성되며 무늬가 아름다워 건물의 벽이나 바닥을 장식하는데 이용된다.

오답 피하기 ㄴ. (나)의 화강암을 구성하는 주요 광물은 비금속 광물인 석영과 장석, 흑운모이다.

11

정답 맞히기 ① 밀물과 썰물의 해수면 높이 차이를 이용하는 조

력 발전은 해양 에너지 자원에 해당한다.

오답 피하기 ② 메테인이 저온 고압의 환경에서 물 분자와 결합하여 형성된 가스수화물은 해양 에너지 자원에 포함된다.
③ 해양 생물은 육상 생물에 비하여 재생산력이 약 5~7배에 달한다.
④ 세계에서 사용되는 소금의 약 30 %는 해양에서 채취된다.
⑤ 해양 자원은 아직도 잠재력이 무궁무진하므로 육상 자원 고갈의 문제를 해결할 가능성이 충분하다.

12

조력 발전은 달과 태양의 인력에 의해 발생하는 밀물과 썰물의 에너지를 이용한다. 즉, 밀물과 썰물의 높이 차이를 이용하여 위치 에너지를 전기 에너지로 전환하는 발전 방식이 조력 발전이다. 우리나라 서해안의 경우 조석 간만의 차가 커서 밀물과 썰물의 해수면 높이 차이를 이용한 조력 발전을 하기에 적합하다.

13

정답 맞히기 ㄱ. 조류 발전은 조석에 의해 자연적으로 발생하는 빠른 흐름인 조류가 흐르는 곳에 직접 터빈을 설치함으로써 해수의 수평 흐름을 회전 운동으로 변환시켜 발전하는 방식이다.
ㄴ. 조류 발전은 조석 현상에 의한 조류의 흐름을 이용하여 전기 에너지를 생산하는 방식이므로 날씨나 계절에 상관없이 항상 발전할 수 있다.
ㄷ. 조류 발전은 제방을 쌓는 조력 발전보다 생태계에 미치는 영향이 작다.

14

정답 맞히기 ㄱ. 그림은 파도의 운동 에너지를 이용하여 전기 에너지를 생산하는 파력 발전 방식이다.
ㄴ. 파력 발전은 바람에 의해 생기는 파도의 상하좌우 운동을 이용한다.
오답 피하기 ㄷ. 파도는 바람에 의해 발생하며 풍향과 풍속은 예측이 어렵다. 반면에 밀물과 썰물은 비교적 규칙적으로 발생하므로 파력 발전보다 조력 발전이 발전 가능량을 예측하기 쉽다.

15

정답 맞히기 ③ (다)의 해양 온도 차 발전은 표층수와 심층수의 온도 차이를 이용하므로 고위도보다 저위도 지역에서 유리하다
오답 피하기 ① (가)의 조력 발전은 밀물과 썰물의 높이 차이를 이용하여 위치 에너지를 전기 에너지로 전환하는 발전 방식이므로 수력 발전과 원리가 동일하다.
② (나)의 파력 발전은 바람에 의해 생기는 파도의 운동을 이용하

여 전기 에너지를 생산하므로 발전량은 날씨의 영향을 받는다.
④ (나)의 파력 발전과 (다)의 해양 온도 차 발전의 근원 에너지는 모두 태양 에너지이다.
⑤ (가)의 조력 발전, (나)의 파력 발전, (다)의 해양 온도 차 발전은 모두 해양 에너지 자원에 속한다.

실력 향상 문제
본문 073~076쪽

01 ⑤   02 ⑤   03 ④   04 ③   05 ③
06 ①   07 ⑤   08 ⑤   09 ②   10 ④
11 해설 참조   12 ⑤   13 ④   14 ③
15 ②   16 ①

01 지하자원의 분류

정답 맞히기 ㄱ. 변성 광상에서 산출되는 자원은 활석이므로 A에 해당한다. 활석은 비금속 광물 자원이다.
ㄴ. 화학적 풍화 작용을 받아 형성된 자원은 보크사이트이므로 B에 해당한다. 보크사이트는 알루미늄을 다량 포함하고 있다.
ㄷ. C는 텅스텐으로 용융점이 매우 높아 전구의 필라멘트 재료로 사용된다.

02 광상의 종류

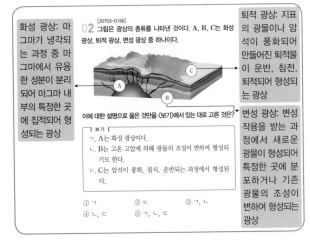

정답 맞히기 ㄱ. A는 마그마가 냉각되는 과정에서 형성되므로 화성 광상이다.

ㄴ. B는 광물이 변성 작용을 받는 과정에서 재배열됨으로써 새로운 광물이 농집되거나 기존의 광상이 변성 작용을 받아 광물의 조성이 달라져 형성된 변성 광상이다.

ㄷ. C는 지표의 광상이나 암석이 풍화, 침식, 운반되는 과정 중에 유용 광물이 집중적으로 집적되어 형성된 퇴적 광상이다.

03 광상과 광석

정답 맞히기 ④ 흑연은 변성 광상에서 산출되므로 A는 변성암이다. 석회석은 퇴적 광상에서 산출되므로 B는 퇴적암이다. 고령토는 정장석이 풍화되어 형성되므로 C는 화성암이다.

04 우리나라의 금속 광물 자원 매장량

정답 맞히기 ㄱ. 우리나라에서 금속 광물 자원의 매장량이 가장 많은 것은 철이다.

ㄷ. 금속 광물 자원의 대부분은 제련 과정을 거쳐 사용한다.

오답 피하기 ㄴ. 철, 텅스텐, 몰리브덴, 희토류, 납 등은 모두 금속 광물 자원에 포함되며, 금속 광물 자원은 대체로 전기와 열을 잘 전달한다.

05 광상의 종류

정답 맞히기 ㄱ. A는 광역 변성 작용이 일어나면서 물과 휘발 성분이 빠져나와 생긴 열수에 의해 형성된 변성 광상이다.

ㄴ. 갈철석이나 적철석은 철분이 많이 포함된 암석이 풍화되어 생성되므로 B는 퇴적 광상이다. 장석이 풍화 작용을 받아 만들어진 고령토는 퇴적 광상에서 산출된다.

오답 피하기 ㄷ. 석영과 장석은 마그마가 냉각되는 과정에서 형성되므로 화성 광상에서 산출된다.

06 광물 자원의 활용

정답 맞히기 ㄱ. A는 고령토로서 도자기의 원료로 이용되며 비금속 광물에 속한다.

오답 피하기 ㄴ. 유리는 주로 석영(규사)으로 만들어지므로 B에 해당하는 유리는 비금속 광물 자원에 속한다.

ㄷ. A인 고령토는 퇴적 광상, B인 석영(규사)은 화성 광상 또는 퇴적 광상에서 얻을 수 있다.

07 광물의 활용 사례

정답 맞히기 ㄱ. 석영은 이산화 규소가 주성분인 비금속 광물이다.

ㄴ. 납과 구리는 금속 광물이기 때문에 제련 과정을 통해 얻을 수 있다.

ㄷ. 알루미늄은 전기가 잘 통하므로 고압 전선, 전기 제품 등에 이용된다. 또한 쉽게 녹슬지 않고 가벼워 창틀, 알루미늄 캔, 주방 용기로 활용된다.

08 광물 자원

정답 맞히기 ㄱ. A는 고온 다습한 지역에서 고령토가 화학적 풍화 작용을 받아 생성된 자원으로, 알루미늄 성분이 풍부하므로 보크사이트이다.

ㄴ. B는 망가니즈 단괴로, 수심 4~6 km의 심해저에서 해수 및 퇴적물에 용존된 금속 성분의 침전이 매우 느린 속도로 진행되며 형성된다.

ㄷ. 제련은 원하는 광물의 순도를 높이는 과정으로, 주로 금속 광물의 개발 과정에 사용한다. 따라서 보크사이트나 망가니즈 단괴는 제련을 통해 알루미늄, 망가니즈와 같은 금속을 얻을 수 있다.

09 사람이 일생 동안 소비하는 자원

정답 맞히기 ㄷ. 에너지 자원에서 천연가스는 석유보다 700배 정도 소비량이 많다.

오답 피하기 ㄱ. 금속 광물 자원은 금, 은, 납, 알루미늄, 아연, 철, 구리 등이고, 비금속 광물 자원은 소금, 점토, 인광석, 시멘트, 암석, 모래, 자갈 등이다. 금속 광물보다 비금속 광물의 소비량이 많다.

ㄴ. 금속 광물 중에서 철의 소비량이 가장 많다.

10 가스수화물

정답 맞히기 ㄱ. (가)는 해양 자원 중 해양 에너지 자원에 포함된다.

ㄷ. (나)의 탐사 지점에는 가스수화물이 매장되어 있다. 가스수화물은 메테인이 주성분이며, 메테인은 온실 기체 중 하나이다.

오답 피하기 ㄴ. (가)는 메테인이 저온 고압의 환경에서 물 분자와 결합한 고체 물질이다.

11 망가니즈 단괴

망가니즈 단괴는 심해저에서 해수에 녹아 있던 망가니즈, 철, 구리, 코발트 등이 침전하여 공 모양의 덩어리로 성장한다. 이때 망가니즈 단괴 중심부에는 돌 부스러기, 상어 이빨, 고래 뼈, 방산충이나 유공충 껍질 등이 핵을 이루고, 그 둘레를 망가니즈와 철의 산화물을 주성분으로 하는 광물이 동심원 모양으로 둘러싸게 된다. 따라서 망가니즈 단괴를 잘라 보면 마치 나무를 잘라 놓은 것처럼 나이테 구조로 보인다.

[모범 답안] 망가니즈 단괴 중심부에는 돌 부스러기, 상어 이빨, 고래 뼈, 방산충이나 유공충 껍질 등이 핵을 이루고, 그 둘레를 망가니즈와 철의 산화물을 주성분으로 하는 광물이 동심원 모양으로 둘러싸며 성장하기 때문이다.

12 해양 에너지 자원의 발전 방식 분류

[정답 맞히기] ⑤ (가)에 들어갈 기준은 조류 발전과 조력 발전은 '예'가 되고, 파력 발전과 해양 온도 차 발전은 '아니요'가 되므로 기조력과 관련된 '달과 태양의 인력에 의한 에너지를 주로 이용하는가?'이다. 조류 발전과 조력 발전을 구분짓는 기준 (나)는 '풍력 발전과 원리가 동일한가?'이다. 기준 (다)는 파력 발전과 해양 온도 차 발전을 분류하므로 '바람과 관련이 있는가?'가 적합하다. 따라서 (가)는 ㄷ, (나)는 ㄴ, (다)는 ㄱ이다.

13 조력 발전의 원리

[정답 맞히기] ㄴ. 밀물과 썰물에 의해 발생하는 수위 차를 이용해 전기를 생산하는 발전 방식인 조력 발전은 해양 에너지 자원에 해당한다.
ㄷ. 조력 발전은 수위 차를 이용해 전기를 생산하기 때문에 조석 간만의 차가 큰 지역이 유리하다.

[오답 피하기] ㄱ. (가)는 바다 쪽 해수면이 낮고, 호수 쪽 해수면이 높기 때문에 썰물 시기이다. (나)는 바다 쪽 해수면이 높고, 호수 쪽 해수면이 낮기 때문에 밀물 시기이다.

14 해양 온도 차 발전과 파력 발전

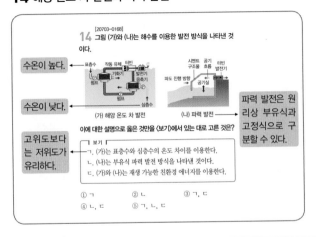

[정답 맞히기] ㄱ. (가)의 해양 온도 차 발전은 표층수와 심층수의 온도 차이를 이용하여 전기를 생산하는 방식이다.
ㄷ. (가)와 (나)는 각각 해수의 온도 차와 파도를 이용하기 때문에 환경 오염과 고갈 염려가 거의 없는 친환경 발전 방식이다.

[오답 피하기] ㄴ. 파력 발전은 바다에 부표나 원통형 실린더를 띄워 놓고 여기에 발전기를 설치하여 파도가 칠 때 전기 에너지를 생산하는 방식인 부유식과 파도가 상하로 진동하면서 얻어지는 압축 공기를 이용하여 터빈을 돌려서 전기 에너지를 생산하는 방식인 고정식이 있다. 그림 (나)는 파도의 운동으로 얻어지는 압축 공기를 이용하여 터빈을 돌려서 발전하는 고정식 방식이다.

15 조력 발전과 조류 발전

[정답 맞히기] ㄴ. 조석에 의해 발생하는 조류를 이용하여 전기 에너지를 생산하는 조류 발전은 조류가 빠를수록 발전에 유리하다. 따라서 세 지역 중 조류 발전에 가장 적합한 곳은 C이다.

[오답 피하기] ㄱ. 조석 간만의 차가 가장 작은 곳은 C 지역인데 조류가 가장 느린 곳은 A 지역이므로 조석 간만의 차가 작은 지역일수록 조류가 느리게 나타나는 것은 아니다.
ㄷ. 제방을 쌓아서 해수면의 높이 차를 이용하여 전기 에너지를 생산하는 조력 발전은 조류 발전보다 해양 생태계에 미치는 영향이 크다.

16 해양 자원의 분류

[정답 맞히기] ㄱ. 대부분의 생물 자원은 식량으로 이용되지만 최근에는 의약품 원료, 공업 원료, 공예품 원료로도 이용되고 있다.

[오답 피하기] ㄴ. (나)의 바다 목장은 바다에 물고기들이 모여 살 수 있는 환경을 만들어 물고기를 양식하는 어업 방식으로, 해양 생물 자원의 생산량을 늘리는 하나의 방법이다.
ㄷ. 해양에서 채취되는 소금은 해양 광물 자원의 예이다.

신유형·수능 열기   본문 077쪽

01 ③   **02** ④   **03** ②   **04** ①

01

[정답 맞히기] ㄱ. 표사 광상은 광상이나 암석 중에 있던 광물들이 풍화 작용으로 분리되고 침식 작용으로 깎여 나가 강바닥으로 운

반된 후 모래 사이로 가라앉아 진흙층이나 기반암 위에 모여서 형성된다. 표사 광상에서는 금이나 백금, 금강석, 주석 등이 산출된다.

ㄴ. 기존의 암석이 풍화 작용을 받은 후 풍화의 산물이 그 자리에 남아서 만들어진 광상을 풍화 잔류 광상(A)이라고 한다. 풍화 잔류 광상에서는 장석이 풍화 작용을 받아 형성된 고령토, 고령토가 풍화 작용을 받아 만들어진 보크사이트 등이 산출된다.

오답 피하기 ㄷ. 해수가 증발하면서 해수에 녹아 있는 물질이 침전되어 형성된 침전 광상(B)에서는 석회석, 암염, 망가니즈 단괴, 석고, 호상 철광석 등이 산출된다. 따라서 침전 광상에서는 금속과 비금속 광물 자원이 모두 산출된다.

02

정답 맞히기 ㄴ. 조력 발전소는 제방을 쌓은 과정에서 갯벌이 사라지고 염분이 변화하면서 해양 생태계에 영향을 미친다.

ㄷ. 조력 발전소는 밀물과 썰물에 의해 발생하는 조석 간만의 차가 큰 지역에 설치하는 것이 유리하다.

오답 피하기 ㄱ. 밀물일 때는 바다의 해수면이 제방 안쪽인 호수의 해수면보다 높기 때문에 ㉠ 시기는 (나)이다. (가)는 바다의 해수면이 제방 안쪽인 호수의 해수면보다 낮기 때문에 썰물 시기이다.

03

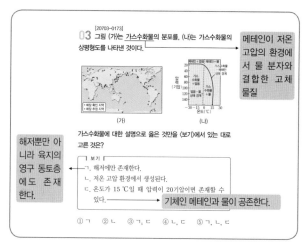

정답 맞히기 ㄴ. 가스수화물은 심해저나 영구 동토층과 같은 저온·고압 상태의 환경에서 천연가스에 해당하는 탄화수소(C_xH_y)와 물 분자(H_2O)가 결합하여 형성된다.

오답 피하기 ㄱ. 가스수화물은 해저뿐만 아니라 고위도 지방의 영구 동토층 내에도 분포한다.

ㄷ. 온도가 15 ℃일 때 압력이 20기압이면 기체인 메테인 상태로 존재한다.

04

정답 맞히기 ㄱ. 석탄, 석유, 천연가스 등 화석 연료의 소비량은 1990년에 약 72억 톤이지만 2015년에는 약 110억 톤이다. 따라서 화석 연료의 소비량은 1990년보다 2015년이 많다.

오답 피하기 ㄴ. 석탄, 석유, 천연가스와 같은 화석 연료의 사용량이 증가하고 있으며, 이와 같은 추세가 지속되면 온실 기체 배출량이 계속 증가하여 지구 온난화는 심화될 것이다.

ㄷ. 석탄, 석유, 천연가스와 같은 화석 연료 중에서 소비량이 가장 많이 증가한 것은 석탄이다.

5   한반도의 지질

탐구 활동

본문 088쪽

1 해설 참조   **2** 해설 참조
3 해설 참조   **4** 해설 참조

1

A의 지층 경계선에 200 m나 300 m, 또는 400 m 주향선을 그렸을 때, 주향선의 방향은 북−남 방향이다.

모범 답안 A의 주향은 NS이다.

2

가장 아래에 위치한 지층이 가장 오래되었다.

모범 답안 C가 가장 오래된 지층이다.

3

상반이 아래로 내려가면 정단층, 상반이 위로 올라가면 역단층이다.

모범 답안 단층면을 경계로 오른쪽의 상반이 아래로 내려가 있으므로 이 단층은 정단층이다.

4

모범 답안 A, B, C가 수평 방향으로 퇴적된 후 지각 변동으로 인해 지층이 수면 위로 노출되어 침식 작용을 받았다. 이후 다시 침강하여 D가 퇴적되었으므로 이 지역에서는 부정합이 나타난다.

내신 기초 문제

본문 089~092쪽

01 ④	02 ③	03 ②	04 ②	05 ③
06 ⑤	07 ④	08 ④	09 ④	10 ②
11 ③	12 ⑤	13 ②	14 ④	15 ③
16 ②	17 ③	18 ③	19 ④	20 ⑤
21 ②				

01

정답 맞히기 ④ 주향을 측정할 때는 클리노미터의 바깥쪽 눈금을 읽는다.

오답 피하기 ① 일반적으로 주향과 경사는 클리노미터를 이용하여 측정한다.

②, ③ 주향은 지층면과 가상의 수평면의 교선 방향이며, 주향선이 진북을 기준으로 20°만큼 서쪽으로 돌아가 있다면 주향은 N20°W이다.

⑤ 경사 방향은 항상 주향과 직각 방향이다.

02

정답 맞히기 ㄱ, ㄴ. 주향선이 북쪽을 기준으로 45°만큼 동쪽으로 돌아가 있으므로 주향은 N45°E이며, 경사는 30°이다.

오답 피하기 ㄷ. 짧은 직선의 방향이 경사 방향이므로, 이 지층은 남동쪽으로 경사져 있다.

03

정답 맞히기 ㄴ. (나)는 수직층으로 경사가 90°, (다)는 경사가 60°이므로 경사는 (나)가 (다)보다 더 크다.

오답 피하기 ㄱ. (가)는 수평층이다.

ㄷ. (라)의 주향은 N45°W이다.

04

정답 맞히기 ㄷ. 지형 단면도에 지층의 경계와 분포를 나타낸 것은 지질 단면도인 (나)이다.

오답 피하기 ㄱ. (가)는 지질도이다.

ㄴ. 노선 지질도인 (다)를 먼저 작성한 다음, 이를 종합하여 지질도인 (가)를 작성한다.

05

정답 맞히기 ㄱ. 주향을 측정할 때는 클리노미터에서 나침반 역할을 하는 D를 이용한다. B는 경사를 측정하는 경사추이다.

ㄴ. 경사를 측정할 때는 클리노미터의 안쪽 눈금인 C를 읽는다.

오답 피하기 ㄷ. 수준기(E)의 기포를 이용하여 클리노미터가 수평이 되게 해야 하는 경우는 주향을 측정할 때이다.

06

정답 맞히기 ㄱ. 두 주향선의 방향이 모두 북−남 방향이므로 A층의 주향은 NS이다.

ㄴ. a는 지층 경계선이 500 m 등고선과 만나는 주향선이고, b는 400 m 등고선과 만나는 주향선이므로 주향선의 고도는 a가 b보

다 높다.

ㄷ. 주향선의 고도가 동쪽으로 갈수록 낮아지므로 A층은 동쪽으로 경사져 있다.

07

정답 맞히기 ④ D층은 지층 경계선이 등고선과 나란하므로 수평층이다.

오답 피하기 ①, ② (가)에서 지층 경계선이 등고선과 관계없이 직선으로 나타나므로 수직층이다.

③, ⑤ (나)에는 수평층이 나타나므로 C층이 고도가 낮아 아래에 위치하며, 습곡은 나타나지 않는다.

08

정답 맞히기 ④ B층이 오른쪽으로 기울어진 지질도이다.

오답 피하기 ①, ② A층은 B층보다 위에 위치하며 왼쪽으로 기울어진 지질도이다.

③ B층이 A층 위에 위치하며 오른쪽으로 기울어진 지질도이다.

⑤ A와 B가 수평으로 분포하고 있는 수평층이다.

09

정답 맞히기 ④ 지층 경계선이 다른 지층 경계선을 끊으면서 양쪽에 같은 지층이 반복되어 나타나면 단층이다.

오답 피하기 ①, ②, ③ 지층 경계선은 수평층일 경우 등고선과 나란하게, 수직층일 경우 직선으로, 경사층일 경우 등고선과 교차하며 곡선으로 나타난다.

⑤ 습곡일 경우 지층 경계선이 습곡축을 기준으로 대칭을 이루며, 경사 방향이 반대로 나타난다.

10

정답 맞히기 ② 옥천 습곡대는 태백산 분지와 옥천 분지로 구분된다.

오답 피하기 ①, ③ 퇴적 분지는 주로 육괴와 육괴 사이에 분포하며, 퇴적암으로 이루어져 있다.

④ 습곡대는 지각 변동에 의해 지형이 복잡하게 변형된 지역이다.

⑤ 육괴는 대부분 선캄브리아 시대의 변성암으로 이루어져 있다.

11

정답 맞히기 ③ 고생대 중기의 지층은 대체로 발견되지 않으나, 강원도 정선의 회동리층 같은 실루리아기 지층이 발견되기도 한다.

오답 피하기 ① 조선 누층군은 고생대 초인 캄브리아기와 오르도비스기에 걸쳐 퇴적되었다.

② 평안 누층군 하부는 따뜻한 바다 환경에서 퇴적되었으며, 석회암, 사암, 셰일 등의 해성층으로 구성되어 있다.

④ 조선 누층군은 고생대 초기에, 평안 누층군은 고생대 후기~중생대 초기에 퇴적되었으며, 두 누층군 사이에는 오랫동안 퇴적이 중단된 시기가 존재하는 부정합 관계이다.

⑤ 경상 누층군은 중생대 백악기에 퇴적된 육성층이며, 다양한 식물과 민물어류, 공룡 화석 등이 발견된다.

12

정답 맞히기 ㄱ. 한반도의 지질 시대별 암석은 C인 선캄브리아 시대의 암석이 가장 많고 그 다음으로 중생대의 암석이 많다. 따라서 A는 중생대이다.

ㄴ. (나)에서 ㉠은 퇴적암, ㉡은 화성암, ㉢은 변성암이다. 따라서 B 시기의 ㉠은 고생대의 퇴적암이며, 이 시기의 지층은 주로 조선 누층군과 평안 누층군에 분포한다.

ㄷ. C 시기는 선캄브리아 시대이며, 이 시기의 암석은 대부분 변성암으로 구성되어 있다.

13

정답 맞히기 ② 선캄브리아 변성암 복합체는 지각 변동과 변성 작용으로 지층의 선후 관계 및 형성 시기의 파악이 어려운 암석이다.

오답 피하기 ① 선캄브리아 시대의 암석은 주로 낭림 육괴, 경기 육괴, 영남 육괴 등지에서 발견된다.

③ 석회암층은 선캄브리아 시대 지층에서 거의 발견되지 않는다.

④ 소청도의 대리암층에서 발견되는 스트로마톨라이트 화석은 원생 누대 후기에 형성되었다.

⑤ 우리나라에서 가장 오래된 암석은 대이작도에서 발견된 약 25억 년 전의 편마암(혼성암)이다.

14

정답 맞히기 ④ 조선 누층군과 평안 누층군에는 모두 바다에서 퇴적된 석회암층이 존재한다.

오답 피하기 ① 조선 누층군이 평안 누층군보다 먼저 형성되었다.

② 석탄층은 평안 누층군의 상부에서 발견된다.

③ 필석류 화석은 조선 누층군에서 발견된다.

⑤ 평안 누층군은 하부는 고생대 말, 상부는 중생대 초에 퇴적된 지층으로 구성되어 있다.

15

정답 맞히기 ③ 경상 누층군에는 화산 활동에 의해 형성된 응회암층이 존재한다.

오답 피하기 ① 송림 변동은 경상 누층군이 퇴적되기 전에 일어났다.

② 대동 누층군의 지층은 육성층으로, 해양 생물 화석이 발견되지 않는다.

④ 불국사 변동은 백악기 말에 일어났다.

⑤ 경상 누층군은 대보 조산 운동 이후에 퇴적되었으므로, 대보 조산 운동의 영향을 받지 않았다.

16

정답 맞히기 ㄷ. 중생대 초에 남중 지괴와 한중 지괴가 충돌하면서 송림 변동이 일어났다.

오답 피하기 ㄱ. A는 한중 지괴, B는 남중 지괴이다.

ㄴ. A와 B는 고생대 말에 곤드와나 대륙으로부터 분리되어 점차 북쪽으로 이동하였다.

17

정답 맞히기 ③ 고생대 말 곤드와나 대륙에서 한중 지괴와 남중 지괴가 분리되어 북쪽으로 이동하다가 중생대 초에 두 지괴가 충돌하였고 이후 중생대 중기에 한반도가 현재와 비슷한 모습을 갖추게 되었다. 이후 중생대 말 불국사 변동이 일어났다. 따라서 시간 순서는 (다)－(가)－(나)－(라)이다.

18

정답 맞히기 ③ 셰일이 접촉 변성 작용을 받으면 혼펠스 조직이 나타난다.

오답 피하기 ①, ② 접촉 변성 작용은 주로 열에 의해 일어나므로, 엽리가 나타나지 않는다.

④ 입상 변정질 조직은 재결정 작용으로 인해 입자의 크기가 커진 조직을 말한다.

⑤ 편마 구조에서 줄무늬는 압력에 수직인 방향으로 발달한다.

19

정답 맞히기 ④ 점판암은 셰일이 광역 변성 작용을 받아 생성된다.

오답 피하기 ① 규암은 사암의 변성 작용으로 생성된다.

② 혼펠스는 셰일이 접촉 변성 작용을 받아 생성된다.

③ 천매암은 셰일이 광역 변성 작용을 받아 생성된다.

⑤ 각섬암은 현무암이 광역 변성 작용을 받아 생성된다.

20

정답 맞히기 ㄱ. A가 접촉 변성 작용을 받아 혼펠스가 생성되었으므로, A는 셰일이다.

ㄴ. 사암이 접촉 변성 작용을 받으면 재결정 작용으로 입자의 크기가 커지는 입상 변정질 조직이 나타난다.

ㄷ. 이 지역의 변성암은 암석이 마그마와 접촉하면서 열에 의한 접촉 변성 작용으로 생성되었다.

21

정답 맞히기 ㄷ. 엽리는 A보다 고압 환경인 B에서 변성 작용을 받을 때 잘 형성된다.

오답 피하기 ㄱ. A는 고온 저압 환경이므로 접촉 변성 작용이 우세하게 일어난다.

ㄴ. B는 고압 환경이므로 셰일이 B 환경에서 변성 작용을 받으면 점판암, 천매암, 편암, 편마암 등이 만들어진다.

실력 향상 문제
본문 093~097쪽

01 ③	02 ②	03 ③	04 ④	05 ③
06 ⑤	07 ⑤	08 ③	09 ④	10 ④
11 ②	12 ③	13 ③	14 ①	15 ②
16 ④	17 ④	18 ③	19 ②	20 ④

01 한반도의 지질 계통

정답 맞히기 ㄱ. A는 송림 변동이다. 이로 인해 기존의 고생대 지층들이 변형되었다.

ㄷ. 경상 누층군과 대동 누층군은 모두 중생대 지층으로 육상 환경에서 퇴적된 육성층이다.

오답 피하기 ㄴ. ㉠은 조선 누층군과 평안 누층군 사이의 대결층이만, 회동리층과 같은 실루리아기 지층이 발견되기도 한다.

02 조선 누층군과 평안 누층군

정답 맞히기 ㄷ. 석회암층은 조선 누층군과 평안 누층군의 하부에서 모두 발견된다.

오답 피하기 ㄱ. (가)는 평안 누층군, (나)는 조선 누층군의 분포 지역이다.

ㄴ. 석탄층은 평안 누층군의 상부에서 발견되므로 (가)에서 발견된다.

03 우리나라의 화강암 분포

정답 맞히기 ㄱ. A는 쥐라기, B는 페름기~트라이아스기, C는 백악기에 형성된 화강암류이다. 따라서 암석의 형성 시기는 A가 C보다 먼저이다.

ㄷ. (나)의 북한산 화강암은 대보 조산 운동에 의해 관입한 화강암이다. 따라서 A에 해당한다.

오답 피하기 ㄴ. 불국사 화강암은 주로 경상 분지에 분포하는 C에 해당한다.

04 변성 환경과 변성 작용

정답 맞히기 ㄴ. B는 섭입대에서 멀리 떨어져 있어 압력은 낮지만 마그마와 인접하여 온도가 높은 환경이므로 접촉 변성 작용이 우세하게 일어난다.

ㄷ. 엽리는 섭입대 부근에 위치하여 B보다 상대적으로 압력이 높은 지역인 A에서 만들어진 변성암에 잘 발달한다.

오답 피하기 ㄱ. A에서는 온도와 압력이 높아지는 환경에서 암석이 변성되므로 (나)의 ⓒ에 해당한다.

05 지질도 해석

정답 맞히기 ㄱ. C의 지층 경계선과 같은 높이의 등고선이 만나는 두 점을 연결한 직선이 남북 방향을 향하고 있으므로 주향은 NS이다.

ㄴ. B층을 중심으로 A층의 경사 방향이 반대이고, D층을 중심으로 A층의 경사 방향이 반대이므로 이 지역에는 배사와 향사가 모두 나타나는 습곡이 존재한다. 따라서 과거에 횡압력을 받은 적이 있다.

오답 피하기 ㄷ. C는 배사축의 아래에, D는 향사축의 위에 위치하므로 가장 오래된 지층은 C이다.

06 한반도의 지체 구조

정답 맞히기 ㄱ. A는 낭림 육괴이다.

ㄴ. B는 평남 분지로 주로 고생대 퇴적암으로 구성되어 있으며, E는 경상 분지로 주로 중생대 퇴적암으로 구성되어 있다.

ㄷ. C는 옥천 분지, D는 태백산 분지로 C와 D는 옥천 습곡대에 해당한다.

07 한반도의 형성 과정

정답 맞히기 ㄱ. A는 남중 지괴이다.

ㄴ. (가)는 트라이아스기 말, (나)는 백악기 초, (다)는 쥐라기 초의 모습이다. 따라서 중생대 말에 있었던 불국사 변동과 가장 가까운 시기는 (나)이다.

ㄷ. 남중 지괴와 한중 지괴는 곤드와나 대륙에서 분리된 후 점차 북쪽으로 이동하며 한반도를 형성하였다.

08 한반도의 지체 구조

정답 맞히기 ㄱ. (가)에서 파란색은 중생대, 주황색은 고생대, 다홍색은 신생대 암석이다. (나)에서 분홍색은 화성암, 녹색은 퇴적암, 노란색은 변성암이다. 따라서 A에는 중생대 화강암이 분포한다.

ㄴ. B는 고생대, C는 중생대의 암석이므로 B가 먼저 생성되었다.

오답 피하기 ㄷ. C는 중생대의 퇴적암이다. 따라서 불국사 변동이 일어나기 전에 퇴적되었다.

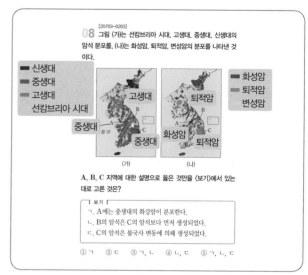

08 그림 (가)는 선캄브리아 시대, 고생대, 중생대, 신생대의 암석 분포를, (나)는 화성암, 퇴적암, 변성암의 분포를 나타낸 것이다.

A, B, C 지역에 대한 설명으로 옳은 것만을 〈보기〉에서 있는 대로 고른 것은?

보기
ㄱ. A에는 중생대의 화강암이 분포한다.
ㄴ. B의 암석은 C의 암석보다 먼저 생성되었다.
ㄷ. C의 암석은 불국사 변동에 의해 생성되었다.

① ㄱ   ② ㄷ   ③ ㄱ, ㄴ   ④ ㄴ, ㄷ   ⑤ ㄱ, ㄴ, ㄷ

09 주향과 경사 측정

정답 맞히기 ④ 수평면과 지층면이 만나서 이룬 교선의 방향은 북쪽을 기준으로 서쪽으로 30°만큼 돌아가 있고, 지층면은 남서쪽으로 45°만큼 기울어져 있으므로 주향은 N30°W, 경사는 45° SW이다.

10 변성암

정답 맞히기 ㄴ. (가)는 편마암이므로 (나)의 혼펠스보다 고압 환경에서 광역 변성 작용을 받아 형성되었다.

ㄷ. 셰일이 광역 변성 작용을 받으면 점판암 → 천매암 → 편암 → 편마암이 생성되며, 접촉 변성 작용을 받으면 혼펠스가 생성되므로, 두 암석 모두 셰일의 변성 작용으로 생성되었다.

오답 피하기 ㄱ. (가)는 흰색과 검은색의 줄무늬가 발달한 편마 구조가 나타나는 편마암, (나)는 혼펠스이다.

11 한반도의 지질 시대별 퇴적암

정답 맞히기 ㄴ. 하부는 해성층, 상부는 육성층이 나타나며, 고생대의 표준 화석이 나타나므로 이 지층은 평안 누층군이다. 평안 누층군 하부는 고생대 말에 퇴적되었다.

오답 피하기 ㄱ. 평안 누층군은 주로 강원도 일대에 분포한다. 경상남도 일대에 주로 분포하는 지층은 경상 누층군이다.

ㄷ. ㉠은 방추충으로 고생대 말에 번성했던 생물이다. 따라서 ㉠은 고생대 바다에서 퇴적된 하부의 지층에서 발견된다.

12 한반도의 지질 계통

정답 맞히기 ㄱ. A는 평안 누층군, B는 대동 누층군, C는 경상 누층군이다. 육성층은 A의 상부와 B, C에 분포한다.

ㄴ. (나)는 공룡 발자국 화석이다. 경남 고성에서 발견되는 공룡 발자국 화석은 경상 누층군인 C에서 산출된다.

오답 피하기 ㄷ. 대보 조산 운동은 중생대 쥐라기에 일어났으므로 A와 B는 대보 조산 운동의 영향을 받았지만, C는 대보 조산 운동이 끝난 이후에 퇴적되었으므로 영향을 받지 않았다.

13 변성 광물의 형성 환경

정답 맞히기 ㄱ. 압력이 같을 때 규선석은 남정석보다 온도가 높은 쪽에 위치하므로 상대적으로 남정석보다 고온 환경에서 안정하다.

ㄴ. ㉠ 조건은 홍주석이 안정한 영역이다. 온도의 변화 없이 압력이 5 kb 증가한다면 남정석의 안정 영역에 들어가므로 홍주석은 남정석으로 치환된다.

오답 피하기 ㄷ. 광역 변성 작용으로 생성된 변성암은 고압 환경에서 생성되었으므로 압력이 낮은 영역에서 안정한 홍주석 대신 남정석이나 규선석이 주로 산출된다.

14 한반도의 지질 계통

정답 맞히기 ㄱ. A는 고생대, B는 중생대, C는 신생대의 퇴적층이다. 따라서 생성 시기는 A가 B보다 먼저이다.

오답 피하기 ㄴ. (나)에는 고생대 표준 화석인 삼엽충과 방추충 등이 산출되므로 A 지역의 지질 단면도이다.

ㄷ. (나)의 지질 단면도에는 고생대 초 생성된 지층과 고생대 말에 생성된 지층 사이에 부정합면이 존재한다. 부정합면은 상하 두 지층 사이에 큰 시간적 간격이 있음을 의미하므로 부정합면 위에 위치한 역암층은 고생대 말에 형성된 것이다.

15 지질도 해석

정답 맞히기 ㄷ. B를 중심으로 양쪽의 A가 반대 방향으로 경사져 있고, A와 C의 침식면 위에 B가 수평으로 퇴적되어 있으므로 이 지역에는 부정합이 존재한다.

오답 피하기 ㄱ, ㄴ. A는 C를 중심으로 바깥쪽으로 경사져 있으므로 배사 구조가 나타난다. 따라서 지층은 A가 C보다 나중에 생

성되었다.

16 지질도 해석

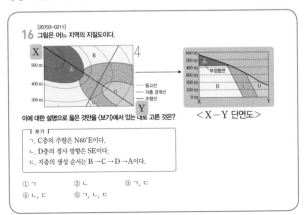

[20703-0211]
16 그림은 어느 지역의 지질도이다.

이에 대한 설명으로 옳은 것만을 〈보기〉에서 있는 대로 고른 것은?

〈보기〉
ㄱ. C층의 주향은 N60°E이다.
ㄴ. D층의 경사 방향은 SE이다.
ㄷ. 지층의 생성 순서는 B → C → D → A이다.

① ㄱ ② ㄴ ③ ㄱ, ㄷ
④ ㄴ, ㄷ ⑤ ㄱ, ㄴ, ㄷ

〈X−Y 단면도〉

정답 맞히기 ㄴ. D층의 지층 경계선에 300 m 주향선과 200 m 주향선을 그리고, 300 m 주향선에서 수직 방향으로 200 m 주향선에 화살표를 그었을 때 남동쪽을 향하므로 경사 방향은 SE이다.

ㄷ. B, C, D층은 모두 남동쪽으로 경사져 있고, 부정합이 나타나므로, 지층의 생성 순서는 B → C → D → A이다.

오답 피하기 ㄱ. C층에 그려진 주향선은 300 m 주향선이다. 주향선이 북쪽을 기준으로 동쪽으로 돌아가 있고, 그 각은 30°이므로 주향은 N30°E이다.

17 한반도의 지질 계통

정답 맞히기 ④ (가)는 중생대, (나)는 신생대, (다)는 고생대의 암석 분포이다. 따라서 암석의 생성 순서는 (다) → (가) → (나)이다.

18 퇴적암과 변성암

정답 맞히기 ㄱ. 편암과 혼펠스는 셰일이 변성되어 생성될 수 있지만, 대리암은 셰일의 변성 작용으로 생성되지 않는다. 따라서 A는 대리암이며, 대리암은 석회암의 변성 작용으로 생성된다.

ㄷ. C는 엽리가 나타나는 편암이다. 편암은 점판암의 변성 정도가 심해지면서 생성되며, 이때 재결정 작용으로 인해 광물 입자의 크기가 커지게 된다.

오답 피하기 ㄴ. B는 혼펠스이다. 혼펠스에는 입자의 방향성이 없으며 치밀하고 균질하게 짜여진 조직인 혼펠스 조직이 나타난다.

19 중생대의 지각 변동

정답 맞히기 ㄴ. (나)는 고생대 말~중생대 초에 일어난 송림 변동이다. 이때 발달한 단층선을 따라 대동 누층군과 같은 소규모의

퇴적 분지가 형성되었다.

오답 피하기 ㄱ. (가)는 중생대 후기인 백악기에 한반도 남부에서 화강암의 관입과 화산 분출을 일으켰던 불국사 변동이다.

ㄷ. 불국사 화강암은 (가)의 불국사 변동이 일어날 때 관입한 화강암이다. (다)는 대보 조산 운동이다.

20 지질도 해석

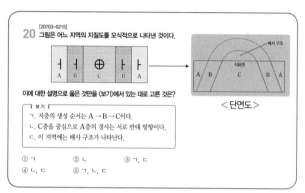

20 [20703-0215]
그림은 어느 지역의 지질도를 모식적으로 나타낸 것이다.

이에 대한 설명으로 옳은 것만을 〈보기〉에서 있는 대로 고른 것은?

〈 보기 〉
ㄱ. 지층의 생성 순서는 A → B → C이다.
ㄴ. C층을 중심으로 A층의 경사는 서로 반대 방향이다.
ㄷ. 이 지역에는 배사 구조가 나타난다.

① ㄱ ② ㄴ ③ ㄱ, ㄷ
④ ㄴ, ㄷ ⑤ ㄱ, ㄴ, ㄷ

정답 맞히기 ㄴ, ㄷ. C는 수평층이며, C의 왼쪽 지층들은 왼쪽으로, C의 오른쪽 지층들은 오른쪽으로 경사져 있으므로 양쪽 지층의 경사 방향은 서로 반대이다. 따라서 이 지역에는 배사 구조가 나타난다.

오답 피하기 ㄱ. 배사 구조가 나타날 때 지층의 생성 순서는 배사 축에 가까울수록 먼저 생성된 것이며, 양쪽으로 멀어질수록 나중에 생성된 것이다. 따라서 지층의 생성 순서는 C → B → A이다.

신유형·수능 열기

본문 098~099쪽

01 ① 02 ⑤ 03 ③ 04 ④ 05 ③
06 ③ 07 ① 08 ③

01

정답 맞히기 ㄱ. B층의 지층 경계선과 등고선이 만나는 지점을 연결한 주향선이 북쪽을 기준으로 서쪽으로 40° 돌아가 있으므로 B층의 주향은 N40°W이다.

오답 피하기 ㄴ. 지질도의 경사 기호를 보면 B층이 북동쪽으로 기울어져 있으므로 A층이 가장 아래에 위치한다. 따라서 가장 먼

저 생성된 지층은 A이다.

ㄷ. B층이 북동쪽으로 기울어져 있으므로 주향선의 높이는 북동쪽으로 갈수록 낮아져야 한다. 따라서 등고선의 고도는 a가 b보다 높다.

02

정답 맞히기 ㄱ. A 시기에 퇴적된 지층은 조선 누층군이며, 조선 누층군은 모두 바다에서 퇴적된 해성층이다.

ㄴ. 대보 조산 운동은 중생대 쥐라기에 일어났으므로 B와 C 시기 사이에 일어났다.

ㄷ. C 시기에 퇴적된 지층은 경상 누층군이며, 이 지층에서는 민물어류, 공룡, 연체동물, 속씨식물 등의 화석이 발견된다.

03

정답 맞히기 ㄱ. A는 석회암이 접촉 변성 작용을 받아 생성된 암석이므로 대리암이다.

ㄴ. A와 B는 각각 석회암과 사암이 접촉 변성 작용을 받아 생성된 대리암과 규암이다. 이 두 암석에서는 광물의 재결정 작용으로 입자의 크기가 커진 입상 변정질 조직이 나타난다.

오답 피하기 ㄷ. C는 편암이다. 편암은 화강암의 관입 이전에 고압 환경에서 광역 변성 작용을 받아 생성되었다.

04

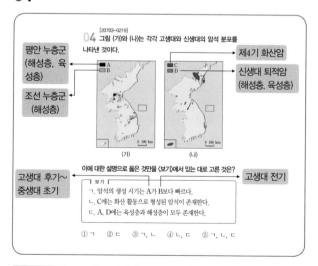

04 [20703-0219]
그림 (가)와 (나)는 각각 고생대와 신생대의 암석 분포를 나타낸 것이다.

평안 누층군 (해성층, 육성층)
제4기 화산암
신생대 퇴적암 (해성층, 육성층)
조선 누층군 (해성층)

(가) (나)

이에 대한 설명으로 옳은 것만을 〈보기〉에서 있는 대로 고른 것은?

고생대 후기~중생대 초기
고생대 전기

〈 보기 〉
ㄱ. 암석의 생성 시기는 A가 B보다 빠르다.
ㄴ. C에는 화산 활동으로 형성된 암석이 존재한다.
ㄷ. A, D에는 육성층과 해성층이 모두 존재한다.

① ㄱ ② ㄷ ③ ㄱ, ㄴ ④ ㄴ, ㄷ ⑤ ㄱ, ㄴ, ㄷ

정답 맞히기 ㄴ. C는 신생대 제4기의 암석으로 화산 활동으로 백두산, 제주도, 철원 일대의 용암 대지 등이 형성되었다.

ㄷ. A는 고생대 말~중생대 초의 평안 누층군, D는 신생대의 퇴적암층이다. 따라서 두 지역의 지층에서는 육성층과 해성층이 모

두 발견된다.

오답 피하기 ㄱ. A는 평안 누층군, B는 조선 누층군이다. 고생대 초에 퇴적된 B의 조선 누층군이 A의 평안 누층군보다 먼저 형성되었다.

05

정답 맞히기 ㄱ. A는 태백산 분지이다. 태백산 분지는 옥천 분지와 함께 옥천 습곡대에 해당한다.

ㄴ. B는 영남 육괴, C는 경상 분지로, 각각 육괴와 퇴적 분지에 해당한다.

오답 피하기 ㄷ. (나)는 고생대 초기에 번성했던 생물인 필석 화석이다. (가)에서 고생대 퇴적층은 A인 태백산 분지에서 주로 나타난다. D는 포항 분지로 신생대의 퇴적층이 주로 분포한다.

06

정답 맞히기 ㄱ. 신생대에 태평양판이 유라시아판 밑으로 섭입하기 시작하면서 동해가 확장되기 시작하였다.

ㄴ. 동해가 확장되는 과정에서 일본 열도는 점차 동쪽으로 이동하였다.

오답 피하기 ㄷ. (나) → (다) 과정에서 울릉도와 독도가 먼저 형성되었고, 이후 제주도가 형성되었다.

07

정답 맞히기 ① 지질 단면도에서 석탄층은 산 정상보다 오른쪽의 지표에 노출되어 있으며, 왼쪽으로 기울어져 있다. 따라서 지질도 상에서 석탄층은 등고선을 교차하며, 석탄층 주향선의 고도는 왼쪽으로 갈수록 낮아져야 한다.

오답 피하기 ② 석탄층이 오른쪽으로 경사져 있다.

③ 석탄층이 수직층으로 나타난다.

④ 석탄층이 수직층으로 나타난다.

⑤ 석탄층이 수평층으로 나타난다.

08

정답 맞히기 ㄱ. A는 사암이 접촉 변성 작용을 받아 생성된 변성 암이므로 규암이다.

ㄴ. B는 광역 변성 작용을, C는 접촉 변성 작용을 받아 생성된 암석이므로 광역 변성 작용을 받은 B가 더 고압 환경에서 변성되었다.

오답 피하기 ㄷ. C와 D는 모두 접촉 변성 작용을 받은 변성암이다. 따라서 엽리는 나타나지 않으며 혼펠스 조직이나 입상 변정질 조직이 나타난다.

단원 마무리 문제
본문 103~107쪽

01 ①	02 ④	03 ②	04 ③	05 ②
06 ①	07 ③	08 ⑤	09 ①	10 ③
11 ①	12 ③	13 ⑤	14 ⑤	15 ③
16 ②	17 ③	18 ①	19 ②	20 ②

01

정답 맞히기 ㄱ. 약 50억 년 전 기체와 먼지로 이루어진 거대한 성운은 주변에 있던 초신성이 폭발하며 전해진 충격파로 밀도 차가 생기고, 밀도가 높은 부분이 자체 중력으로 수축하면서 서서히 회전하기 시작하였고, 이후 태양계가 만들어졌다.

오답 피하기 ㄴ. 원시 태양에 가까운 영역에서는 메테인, 암모니아 등과 같은 가벼운 물질들은 증발하고, 녹는점이 높은 규소, 철, 니켈과 같은 무거운 물질들은 산소와 결합해 지구형 행성으로 진화하였다.

ㄷ. 태양계 성운의 수축과 회전으로 납작한 원반 모양이 만들어졌고, 그 회전 방향은 오늘날 태양의 자전 방향인 동시에 태양계 행성의 공전 방향이다. 따라서 태양의 자전 방향은 태양계 행성의 공전 방향과 같다.

02

정답 맞히기 ㄴ. A는 맨틀 대류가 상승하는 해령으로서 B로 갈수록 지각 열류량이 적어지는 경향을 보인다.

ㄷ. C는 아프리카의 대륙의 중앙부로 지각 열류량이 적고 안정한 지괴인 순상지이다.

오답 피하기 ㄱ. A는 지각 열류량이 많은 것으로 보아 맨틀 대류의 상승부에 해당한다.

03

정답 맞히기 ㄴ. 세 지역 중 평균 진폭은 나그푸르에서 가장 크고, 파리에서 가장 작기 때문에 다원이 파리보다 크다.

오답 피하기 ㄱ. 지진 기록에서 P파가 도달한 후 S파가 도달할 때까지의 시간 차이를 PS시라고 한다. PS시는 나그푸르에서 가장 짧고, 파리에서 가장 길다.

ㄷ. 나그푸르에서 PS시는 5분이고, 진앙 거리가 6000 km인 지점은 PS시가 약 8분이다. 따라서 나그푸르에서 진앙 거리는 6000 km보다 짧다.

04

정답 맞히기 ㄱ. A는 외핵으로 약 2900 km 깊이에서 P파의 속도가 급감하고 S파가 더 이상 전파되지 않으므로 액체 상태이다. B는 내핵으로 약 5100 km 깊이에서 P파의 속도와 밀도가 불연속적으로 증가하는 것을 통해 고체 상태임을 알 수 있다.

ㄴ. 지각과 맨틀을 구성하는 원소 중에는 산소와 규소가 가장 많다. A(외핵)와 B(내핵)는 주로 철과 니켈로 구성되어 있다.

오답 피하기 ㄷ. 약 2900 km 깊이에 위치하는 구텐베르크 불연속면은 맨틀과 외핵의 경계면이다. 구텐베르크 불연속면에서 지진파의 속도가 급감하는 것과 달리 밀도는 급증한다.

05

정답 맞히기 ② A 지역은 지난 8000년 동안 매년 2 cm씩 융기했기 때문에 융기한 총 높이는 160 m(=2 cm/년×8000년=16000 cm=160 m)이다. 빙하가 녹은 만큼 지표가 융기하게 되는데, 줄어든 빙하에 의한 압력과 늘어난 맨틀에 의한 압력이 같아야 한다.

$P=\rho gh$(P: 압력, ρ: 밀도, g: 중력 가속도, h: 두께)에서 줄어든 빙하에 의한 압력은 $0.9 \times g \times h$이고, 늘어난 맨틀에 의한 압력은 $3.3 \times g \times 160$이다. 즉, $0.9 \times g \times h = 3.3 \times g \times 160$이므로 h(빙하의 두께)는 약 587 m이다.

06

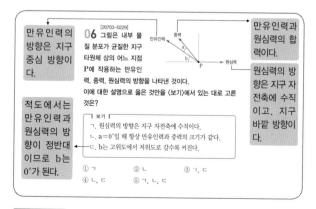

만유인력의 방향은 지구 중심 방향이다.

적도에서는 만유인력과 원심력의 방향이 정반대이므로 b는 0°가 된다.

[20703-0229]
06 그림은 내부 물질 분포가 균질한 지구 타원체 상의 어느 지점 P에 작용하는 만유인력, 중력, 원심력의 방향을 나타낸 것이다. 이에 대한 설명으로 옳은 것만을 〈보기〉에 있는 대로 고른 것은?

〈보기〉
ㄱ. 원심력의 방향은 지구 자전축에 수직이다.
ㄴ. a=0°일 때 항상 만유인력과 중력의 크기가 같다.
ㄷ. b는 고위도에서 저위도로 갈수록 커진다.

① ㄱ   ② ㄴ   ③ ㄱ, ㄴ
④ ㄴ, ㄷ   ⑤ ㄱ, ㄴ, ㄷ

만유인력과 원심력의 합력이다.

원심력의 방향은 지구 자전축에 수직이고, 지구 바깥쪽 방향이다.

정답 맞히기 ㄱ. 원심력은 지구 자전 때문에 생긴 힘으로, 원심력의 방향은 자전축에 수직이고, 지구의 바깥쪽으로 작용한다.

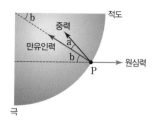

오답 피하기 ㄴ. a=0°일 때는 중력과 만유인력의 방향이 같은 곳으로 극 지역과 적도 지역이다. 극 지역에서는 원심력의 크기가 0이기 때문에 만유인력과 중력의 크기가 같다. 그러나 적도 지역에서는 원심력과 만유인력이 서로 반대 방향을 향하므로 만유인력과 중력의 차이가 원심력의 크기에 해당하므로 만유인력과 중력의 크기가 같을 수 없다.

ㄷ. b는 적도에서 0°이므로 저위도에서 고위도로 갈수록 값이 커진다.

07

정답 맞히기 ㄱ. 그림에서 붉고 솟아오른 부분은 다른 곳보다 중력이 큰 영역이며, 파랗고 가라앉은 부분은 다른 곳보다 중력이 작은 영역이다.

ㄴ. A 지역은 중력 이상이 (+) 값이므로 실측 중력이 표준 중력보다 크다.

오답 피하기 ㄷ. 중력 이상은 지하에 밀도가 큰 물질이 분포하는 경우에는 (+) 값으로, 밀도가 작은 물질이 분포하는 경우에는 (−) 값으로 나타난다. 따라서 중력 이상이 (+) 값인 A 지역이 (−) 값인 B 지역보다 지하에 밀도가 큰 물질이 매장되어 있을 확률은 더 높다.

08

정답 맞히기 ㄱ. 1700년에 A 지점에서의 자북극은 진북 방향에 대해 서쪽에 위치하므로 서편각에 해당한다.

ㄴ. 복각은 자북극에서 +90°로 최대이며, 자기 적도에서 0°이다. 2000년은 1600년보다 자북극이 A 지점에 가까웠던 시기이므로 복각의 크기는 2000년이 1600년보다 크다.

ㄷ. 자북극의 이동은 지구 내부 변화로 지구 자기의 방향과 세기가 긴 기간에 걸쳐 서서히 변하는 영년 변화 때문에 나타난다.

09

정답 맞히기 ㄱ. 방해석은 탄산염 광물이므로 묽은 염산을 떨어뜨리면 이산화 탄소가 발생한다. 따라서 염산과 반응하여 기포가 발생한다.

오답 피하기 ㄴ. 굳기와 쪼개짐 사이에는 연관성이 없으므로 굳기가 단단할수록 쪼개짐이 발달하는 것은 아니다.

ㄷ. 석영의 굳기는 7이라서 조흔판보다 단단하다. 따라서 석영은 조흔판에 긁어서 조흔색을 볼 수 없다. 그렇다고 석영의 조흔색이 무색인 것은 아니며, 조흔색인 가루의 색은 백색이다.

10

정답 맞히기 ㄱ. (가)는 두 편광판의 편광축을 직각으로 교차시킨 것이다. (나)에서 광물을 넣었더니 알록달록한 간섭색이 보인 것으로 보아 (나)의 광물은 복굴절을 일으킴을 알 수 있다.

ㄴ. 복굴절을 일으키는 광물은 직교 니콜에서 재물대를 한 바퀴 회전시키면 4회 소광을 나타내므로 (다)에서와 같이 광물을 360° 회전시키면 4회의 소광을 나타낸다.

오답 피하기 ㄷ. 개방 니콜에서 다색성을 나타내는 광물은 광학적 이방체이면서 유색 광물인 경우이다. (나)에서는 이 광물이 광학적 이방체인 것만 알 수 있을 뿐 유색 광물인지 무색 광물인지는 알 수 없다. 따라서 이 광물이 개방 니콜에서 다색성을 나타내는지는 알 수 없다.

11

정답 맞히기 ㄱ. 규산염 광물 중 A는 감람석, B는 휘석, C는 각섬석, D는 흑운모이다. 깨짐이 발달하는 광물은 감람석이므로 A이다.

오답 피하기 ㄴ. 휘석은 두 방향의 쪼개짐이 발달하며, 한 방향의 쪼개짐이 발달하는 것은 판상 구조를 보이는 D이다.

ㄷ. 감람석, 휘석, 각섬석, 흑운모는 모두 유색 광물이다.

12

정답 맞히기 ㄱ. A는 개방 니콜에서 한 방향으로 선들이 발달한 것으로 보아 쪼개짐이 발달한 광물이다.

ㄷ. C는 개방 니콜에서 무색으로 보였지만, 직교 니콜에서 간섭색이 나타나는 것으로 보아 광학적 이방체이다.

오답 피하기 ㄴ. B는 개방 니콜에서 무색으로 보였지만, 직교 니콜에서 소광이 나타나기도 하고 투명하게 보이기도 하므로 광학적 등방체가 아님을 알 수 있다.

13

정답 맞히기 ㄱ. 보크사이트는 고온 다습한 열대 지방에서 고령토가 화학적 풍화 작용을 받아 생성된다.

ㄴ. 보크사이트에서 금속 성분인 알루미늄을 얻기 위해서는 화학적인 제련 과정을 거쳐야 한다.

ㄷ. 보크사이트는 화학적 풍화 작용을 받아 형성되므로 퇴적 광상에서 산출된다.

14

정답 맞히기 ㄱ. 석회석, 규석, 석탄, 고령토는 비금속 광물 자원으로서 제련 과정이 필요 없다.

ㄴ. 침전 광상은 해수가 증발하면서 해수에 녹아 있는 물질이 침전되어 형성된 광상으로 석회석은 이와 같은 과정을 거쳐 형성된다.

ㄷ. 석회석의 생산량은 대략 9580만 톤으로 규석, 석탄, 고령토의 생산량을 모두 합친 700만 톤 정도보다 훨씬 많다.

15

정답 맞히기 ㄱ. (가)의 조력 발전은 주기적으로 해수면의 높이가 변하면서 나타나는 조석 간만의 차를 이용하여 전기 에너지를 생산하는 방식이다.

ㄷ. (가)의 조력 발전과 (나)의 조류 발전은 조력 에너지인 달과 태양의 인력에 의해 발생하는 밀물과 썰물의 흐름을 이용하는 방식이다.

오답 피하기 ㄴ. (나)의 조류 발전은 조석에 의해 발생하는 빠른 흐름인 조류에 직접 터빈을 설치함으로써 해수의 수평 흐름을 회전 운동으로 변환시켜 발전하는 방식이다.

16

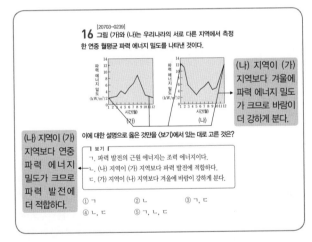

정답 맞히기 ㄴ. (나) 지역이 (가) 지역보다 연중 파력 에너지 밀도가 크기 때문에 파력 발전에 적합하다.

오답 피하기 ㄱ. 파력 발전은 바람에 의해 발생한 해수의 운동 에너지를 전기 에너지로 전환하는 방식이다. 따라서 근원 에너지는 부등 가열로 기압 차를 만들어 바람을 발생시키는 태양 에너지이다.

ㄷ. (가) 지역이 (나) 지역보다 겨울에 파력 에너지 밀도가 작다. 따라서 (가) 지역이 (나) 지역보다 겨울에 바람이 약하게 분다.

17

정답 맞히기 ㄱ. 혼펠스 조직은 접촉 변성 작용을 받은 변성암에서 나타나므로, 저압 환경인 A 조건에서 잘 형성된다.

ㄴ. (나)에서 홍주석은 남정석이나 규선석에 비해 저압 환경에서 안정하다. 따라서 고압 환경인 B보다 저압 환경인 A에서 안정하게 존재한다.

오답 피하기 ㄷ. 불국사 화강암체와 접하고 있는 퇴적암들은 주로 마그마에 의한 열에 의해 변성 작용을 받았으므로 B보다 A 조건에서 변성되었다.

18

정답 맞히기 ㄱ. (가)에서 주향은 N40°W이다. 따라서 이 지층의 지층면이 가상의 수평면과 만나서 이루는 교선의 방향은 북서−남동 방향을 향한다.

오답 피하기 ㄴ. (나)에서 경사는 클리노미터의 안쪽 눈금을 읽어야 한다. 따라서 지층의 경사각은 20°이다.

ㄷ. (나)의 클리노미터에서는 경사 각도만 알 수 있고, 경사 방향은 알 수 없다.

19

정답 맞히기 ㄴ. 하부의 누층군은 중생대 초에 생성된 대동 누층군이며, 상부의 누층군은 응회암과 화산암이 존재하는 경상 누층군이다. B는 대동 누층군은 관입했지만, 경상 누층군은 관입하지 못하였으므로 경상 누층군 생성 이전에 관입한 대보 화강암이다.

오답 피하기 ㄱ. A는 대동 누층군과 경상 누층군을 모두 관입한 불국사 화강암이다.

ㄷ. 고태평양판의 섭입으로 인해 한반도 남부에서 화성 활동이 활발하게 일어났으며, 이 과정에서 불국사 변동이 일어나 화강암의 관입이 있었다. 따라서 이 화강암은 A이다.

20

정답 맞히기 ㄴ. 한반도가 적도 부근에서 곤드와나 대륙 주변에 위치한 시기는 고생대이다. 이 시기에 형성된 지층에서는 적도 부근의 따뜻한 바다에서 퇴적된 석회암층이 나타나며 삼엽충 화석이 발견된다.

오답 피하기 ㄱ. A는 태평양판이 일본 아래로 섭입하면서 동해가 확장되는 시기이므로 신생대이다.

ㄷ. 한중 지괴와 남중 지괴가 충돌하면서 합쳐지는 시기는 중생대이며, 이로 인해 송림 변동이 일어나 고생대 지층들이 변형되었다. 불국사 변동은 고태평양판의 섭입이 주요 원인이다.

Ⅱ. 대기와 해양

6 해류

탐구 활동
본문 117쪽

1 해설 참조 **2** 해설 참조

1

(가)에서 남풍이 불면 에크만 수송은 육지에서 멀어지는 쪽으로 일어난다. (나)에서 북풍이 불면 에크만 수송은 육지에서 멀어지는 쪽으로 일어난다. (가)와 (나) 모두 에크만 수송이 육지에서 멀어지는 쪽으로 일어나면 연안을 따라 찬 해수의 용승이 일어나고 이에 따라 해안에서 멀어질수록 수온이 높아지게 된다.

모범 답안 해안에서 멀어질수록 수온이 높아진다.

2

(다)에서 에크만 수송이 저기압의 바깥쪽으로 일어나면 저기압 중심부에서는 용승이 일어나므로 수온 약층이 시작되는 깊이가 얕아지게 되고, (라)에서 에크만 수송이 고기압의 중심쪽으로 일어나면 고기압 중심부에서는 침강이 일어나므로 수온 약층이 시작되는 깊이가 깊어지게 된다.

모범 답안 (다)에서는 수온 약층이 시작되는 깊이가 얕아지고, (라)에서는 수온 약층이 시작되는 깊이가 깊어진다.

내신 기초 문제
본문 118~121쪽

01 ③ **02** ⑤ **03** ②
04 (1) A: 연직 수압 경도력, B: 중력 (2) A와 B의 크기는 같다.
05 ③ **06** ② **07** ② **08** ①
09 a, b, c, d **10** ⑤ **11** ② **12** ④
13 빨라, 느려 **14** ⑤ **15** ① **16** ①
17 A: 쿠로시오 해류, B: 캘리포니아 해류

01

정답 맞히기 ㄱ. 해수에서 정역학 평형이란 해수에 작용하는 연직 수압 경도력과 중력이 평형을 이루고 있는 상태이다. 이때 중력은 아래로 향하므로 연직 수압 경도력은 위로 향한다.

ㄴ. 정역학 평형 상태에서는 연직 수압 경도력과 중력이 평형을 이루고 있으므로 해수가 연직 방향으로 움직이지 않는 상태이다.

오답 피하기 ㄷ. 정역학 평형 상태는 연직 방향의 힘이 평형을 이루고 있으므로 해수가 연직 방향으로만 움직이지 않을 뿐이다.

02

정답 맞히기 ㄱ. A에서의 수압을 P_A, B에서의 수압을 P_B라 하면 A와 B 사이의 수압 차이는 $(P_B - P_A)$이다. 압력은 단위 면적당 작용하는 힘이므로 $(P_B - P_A) = \dfrac{수압 경도력}{\varDelta S}$이다. 따라서 수평 수압 경도력은 $(P_B - P_A) \times \varDelta S$이다.

ㄴ. A와 B 지점에서 해수면 높이 차이는 $\varDelta z$이므로 $P_B - P_A = \rho g \varDelta z$이다.

ㄷ. 수평 방향으로의 수압 경도력은 $\dfrac{1}{\rho} \cdot \dfrac{\varDelta P}{\varDelta x}$이다. 이때 $\varDelta P = \rho g \varDelta z$이므로 수압 경도력은 $g \dfrac{\varDelta z}{\varDelta x}$이다.

03

정답 맞히기 ㄴ. 마개를 열면 물은 수압이 높은 곳에서 수압이 낮은 곳으로 이동하므로 B에서 A 쪽으로 흐른다.

오답 피하기 ㄱ. 마개로부터 물의 높이는 B가 A보다 높으므로 마개 부근에서 수압은 B 쪽이 A 쪽보다 높다.

ㄷ. 마개를 닫았을 때는 A와 B의 물이 각각 정역학 평형 상태에 있으므로 수압 경도력은 위쪽으로만 작용한다. 하지만 마개를 열면 수압 경도력은 B에서 A 쪽으로 작용할 것이다.

04

물속에서 한 지점의 물이 위나 아래로 이동하지 않는 것은 정역학 평형을 이루고 있기 때문이다. 정역학 평형은 위로 향하는 수압 경도력과 아래로 향하는 중력이 그 크기가 같아 평형을 이룬 상태이다.

05

정답 맞히기 ③ 수평 수압 경도력은 중력에 비례하므로 중력이 커질수록 수압 경도력이 커진다.

오답 피하기 ① 수압 경도력은 두 지점의 해수면 높이 차이에 비례하므로 해수면의 기울기가 커질수록 수압 경도력의 크기가 크다.

② 수압 경도력의 방향은 수압이 높은 곳에서 낮은 곳으로 작용한다.

④ 수압 경도력의 크기는 두 지점 사이의 수압 차이에 비례한다.

⑤ 수압 경도력의 크기는 두 지점 사이의 거리에 반비례한다.

06

정답 맞히기 ㄷ. 수압 경도력은 따뜻한 해수에서 찬 해수 쪽으로 작용하므로 해수의 이동은 따뜻한 해수에서 찬 해수 쪽으로 일어난다.

오답 피하기 ㄱ. 밀도가 작은 쪽은 해수가 팽창해 있으므로 등압면의 높이가 높다.

ㄴ. 해수면의 높이는 밀도가 작은 쪽이 밀도가 큰 쪽보다 높으므로 수평 수압 경도력은 밀도가 작은 쪽에서 큰 쪽으로 작용한다.

07

정답 맞히기 ㄷ. 전향력은 지구 자전에 의한 가상적인 힘이다. 따라서 지구가 자전하지 않는다면 지표면 위의 어느 곳에서도 나타나지 않는다.

오답 피하기 ㄱ. 적도에서는 전향력이 나타나지 않는다.

ㄴ. 남반구에서는 전향력이 물체 운동 방향의 왼쪽으로 작용한다.

08

정답 맞히기 ㄱ. 시계 반대 방향으로 회전하는 회전 원판 위에 있는 A가 볼 때 공의 진행 방향은 A의 오른쪽으로 휘어진다.

오답 피하기 ㄴ. B에게 관측되는 공의 진행 방향은 B의 왼쪽으로 휘어진다.

ㄷ. 시계 반대 방향으로 회전할 때 공은 진행 방향의 오른쪽으로 휘어지므로 B가 A를 향해 공을 던지면 B는 공이 오른쪽으로 휘어지는 것을 보게 된다.

09

P 지점은 북반구에 있으므로 전향력이 오른쪽으로 작용한다. 따라서 P에서 a, b, c, d 어느 방향으로 던지더라도 물체의 운동 방향은 오른쪽으로 휘어진다.

10

정답 맞히기 ㄱ. 북반구에서 표면 해수의 이동 방향은 풍향과 45°의 각을 이루고 풍향의 오른쪽으로 흐른다.

ㄴ. 마찰층에서 해수의 평균적인 이동은 풍향의 오른쪽 90° 방향으로 나타난다. 이를 에크만 수송이라 한다.

ㄷ. 마찰 저항 심도는 에크만 나선에서 흐름이 표면 해수와 정반

대가 되는 곳의 깊이를 말한다.

11

[정답 맞히기] ② 해수면이 높은 곳에서 낮은 곳으로 작용하는 힘 B는 수압 경도력, 수압 경도력의 반대 방향으로 작용하는 힘 A는 전향력, 수압 경도력의 오른쪽으로 표시된 C는 지형류의 방향이다.

[오답 피하기] ① A는 전향력이다.
③ B는 수압 경도력이다.
④ C는 지형류의 방향을 나타낸다.
⑤ 지형류의 방향은 수압 경도력의 오른쪽인 C이다.

12

[정답 맞히기] ㄴ. 전향력의 크기는 유속에 비례하므로 B보다 D에서 크다.
ㄷ. B에서 D로 이동하는 동안 기압 경도력과 전향력의 합력을 계속 받으므로 해수의 이동 속도는 점점 빨라진다.

[오답 피하기] ㄱ. 해수의 밀도가 일정할 때 수압 경도력의 크기는 수압 차이에 비례하고, 등수압선 사이의 거리에 반비례하므로 수압 경도력의 크기는 A, B, C, D에서 같다.

13

해수면의 경사가 급할수록 수압 경도력이 커지므로 지형류의 속도가 빨라진다. 전향력의 크기는 지형류의 속력과 sin(위도)의 곱에 비례하므로 수압 경도력이 같아 전향력이 같을 때 지형류의 속도는 고위도로 갈수록 느려진다.

14

[정답 맞히기] ㄱ. A와 D는 모두 해수면의 높이가 높은 쪽에서 낮은 쪽으로 작용하는 힘이므로 수압 경도력이다.
ㄷ. 지형류는 수압 경도력과 전향력이 평형을 이룬 상태에서 흐르는 해류이므로 C와 D의 크기는 같다.

[오답 피하기] ㄴ. P에서 지형류는 수압 경도력인 A의 오른쪽으로 흐르므로 동쪽으로 흐른다.

15

[정답 맞히기] ㄱ. 서안 경계류는 동안 경계류보다 폭이 좁고 강하게 흐른다.

[오답 피하기] ㄴ. 캘리포니아 해류는 동안 경계류이므로 서안 경계류인 쿠로시오 해류보다 유속이 느리다.
ㄷ. 서안 강화 현상이 생기는 까닭은 고위도로 갈수록 전향력이 커지기 때문이다.

16

[정답 맞히기] ㄱ. 전향력의 크기는 수압 경도력의 크기가 클수록 커지므로 해수면의 경사가 큰 A보다 해수면의 경사가 작은 B에서 작다.

[오답 피하기] ㄴ. 수압 경도력의 크기가 클수록 지형류의 속력이 빨라지므로 지형류의 유속은 B보다 A에서 빠르다.
ㄷ. 지형류의 깊이는 유속이 빠른 곳에서 깊게 나타나므로 B보다 A에서 깊다.

17

북태평양에서 서안 경계류인 A는 쿠로시오 해류에 해당하고 동안 경계류인 B는 캘리포니아 해류에 해당한다.

실력 향상 문제　　　　　　　　본문 122~126쪽

01 ⑤	02 ⑤	03 ③	04 해설 참조	05 ③
06 ②	07 ①	08 해설 참조		09 ⑤
10 ①	11 ⑤	12 해설 참조		13 ④
14 ②	15 ②	16 해설 참조		17 ②
18 ④	19 ①	20 해설 참조		

01 정역학 평형

[정답 맞히기] ㄱ. 압력은 단위 면적당 누르는 힘이므로 깊이 Z에서 수압 $P=\dfrac{mg}{A}$이다. $\dfrac{mg}{A}=\dfrac{\rho AZg}{A}=\rho gZ$이므로 $P=\rho gZ$이다.
ㄴ. 정역학 평형 상태에서는 연직 수압 경도력과 중력이 평형을 이루고 있으므로 수압 경도력과 중력의 크기는 같고 방향은 반대이다.
ㄷ. 연직 수압 경도력은 위로 작용하고 중력은 아래로 작용하므로 방향이 서로 반대이다.

02 수압 경도력

[정답 맞히기] ⑤ 정역학 평형 상태에서는 연직 방향의 수압 경도력이 중력과 평형을 이루고 있어 해수가 움직이지 않지만 연직 수압 경도력은 작용하고 있다.

오답 피하기 ① 수압 경도력은 수압 차이에 의해 생기는 힘이다.
② 해수면에 경사가 생기면 두 지점 사이에 수압 차이가 생기게 되므로 수평 방향의 수압 경도력이 생긴다.
③ 해수면의 경사가 급해지면 수압 차이가 커지므로 수평 수압 경도력의 크기가 커진다.
④ 수압 경도력의 크기는 두 지점 사이의 수압 차이에 비례하고 두 지점 사이의 거리에 반비례한다.

03 전향력
정답 맞히기 ㄱ. 회전판이 시계 반대 방향으로 회전하고 있으므로 A 지점에서 구슬은 오른쪽으로 휘어지는 것처럼 보인다.
ㄴ. 회전판 밖의 정지된 B 지점에서 바라보면 구슬은 똑바로 굴러온다.
오답 피하기 ㄷ. 전향력의 크기는 물체의 운동 속도에 비례하므로 구슬의 속도가 빨라지면 구슬에 작용하는 전향력의 크기도 커진다.

04 정역학 방정식
깊이 z인 곳에서의 수압은 $P=\rho gz$이므로 $P=\rho gz=1030\ \mathrm{kg/m^3}\times 9.80665\ \mathrm{m/s^2}\times 1000\ \mathrm{m}=10100849.5\ \mathrm{Pa}=101008495\ \mathrm{hPa}≒100기압이다.$
모범 답안 $P=\rho gz=1030\ \mathrm{kg/m^3}\times 9.80665\ \mathrm{m/s^2}\times 1000\ \mathrm{m}=10100849.5\ \mathrm{Pa}=101008.495\ \mathrm{hPa}≒100기압이다.$

05 에크만 나선
정답 맞히기 ㄱ. 표면 해수의 이동 방향이 바람의 오른쪽 45°이므로 이 해역은 북반구이다.
ㄴ. 해수의 평균 이동 방향인 에크만 수송은 바람과 90°의 각을 이룬다.
오답 피하기 ㄷ. 수심이 깊어지면서 해수의 이동 방향은 점차 시계 방향으로 변한다.

06 지형류
정답 맞히기 ㄴ. 지형류 평형 상태에서 수압 경도력과 전향력은 평형을 이루므로 수압 경도력 A와 전향력 B의 크기는 같다.
오답 피하기 ㄱ. 지형류가 수압 경도력의 오른쪽 90° 방향으로 흐르므로 이 해역은 북반구이다.
ㄷ. 수압 경도력 A와 전향력 B의 크기는 같으므로 수압 경도력인 A의 크기가 일정하면 전향력의 크기도 같다.

07 지형류 평형

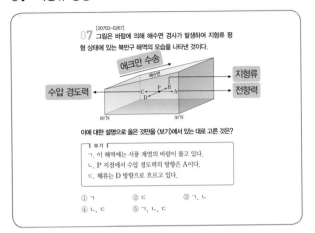

[20703-0267]
07 그림은 바람에 의해 해수면 경사가 발생하여 지형류 평형 상태에 있는 북반구 해역의 모습을 나타낸 것이다.

이에 대한 설명으로 옳은 것만을 〈보기〉에 있는 대로 고른 것은?

〈보기〉
ㄱ. 이 해역에는 서풍 계열의 바람이 불고 있다.
ㄴ. P 지점에서 수압 경도력의 방향은 A이다.
ㄷ. 해류는 D 방향으로 흐르고 있다.

① ㄱ　　② ㄷ　　③ ㄱ, ㄴ
④ ㄴ, ㄷ　　⑤ ㄱ, ㄴ, ㄷ

정답 맞히기 ㄱ. 남쪽으로 갈수록 해수면의 높이가 높으므로 에크만 수송이 남쪽으로 일어났다. 북반구에서 에크만 수송은 바람의 오른쪽 직각 방향으로 일어나므로 이 해역에는 서풍 계열의 바람이 불고 있다고 추정할 수 있다.
오답 피하기 ㄴ. 수압 경도력은 수압이 높은 곳에서 수압이 낮은 곳으로 작용하므로 해수면의 높이가 높은 곳에서 낮은 곳으로 작용한다. 따라서 P 지점에서 수압 경도력의 방향은 C이다.
ㄷ. 지형류는 수압 경도력의 오른쪽으로 흐르므로 해류의 방향은 수압 경도력 C의 오른쪽 방향인 B이다.

08 수압 경도력
단위 질량의 해수에 작용하는 수압 경도력은 $\dfrac{1}{\rho}\cdot\dfrac{\Delta P}{\Delta x}=g\dfrac{\Delta z}{\Delta x}$이므로 $g\dfrac{\Delta z}{\Delta x}=10\ \mathrm{m/s^2}\times 1\ \mathrm{m}/10^5\ \mathrm{m}=10^{-4}\ \mathrm{m/s^2}$이다. 따라서 해수 1 kg에 작용하는 수압 경도력은 $F=ma$이므로 $1\ \mathrm{kg}\times 10^{-4}\ \mathrm{m/s^2}=10^{-4}\ \mathrm{N/kg}$이다.
모범 답안 수압 경도력$=g\dfrac{\Delta z}{\Delta x}=10\ \mathrm{m/s^2}\times 1\ \mathrm{m}/10^5\ \mathrm{m}=10^{-4}\ \mathrm{m/s^2}=10^{-4}\ \mathrm{N/kg}$이다.

09 수온에 따른 해수면 높이 차이
정답 맞히기 ㄱ. 표층 수온이 높아지면 해수가 팽창하므로 해수면의 높이가 높아진다.
ㄴ. 육지에서 먼 곳으로 갈수록 해수면의 온도가 높은 것으로 보아 동쪽으로 에크만 수송이 일어났다. 북반구에서 에크만 수송은 바람의 오른쪽 방향으로 일어나므로 A 해역 부근에서 바람은 남쪽에서 북쪽으로 불었다. 즉, 남풍이 불었다.

ㄷ. 지형류의 유속은 해수면의 경사가 급한 곳일수록 빠르므로 C
보다 B에서 빠르다.

10 지형류의 방향

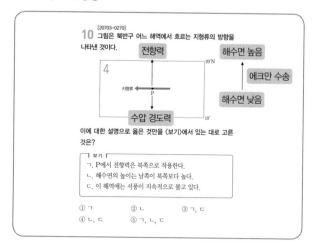

[20703-0270]
10 그림은 북반구 어느 해역에서 흐르는 지형류의 방향을
나타낸 것이다.

이에 대한 설명으로 옳은 것만을 〈보기〉에서 있는 대로 고른
것은?

[보기]
ㄱ. P에서 전향력은 북쪽으로 작용한다.
ㄴ. 해수면의 높이는 남쪽이 북쪽보다 높다.
ㄷ. 이 해역에는 서풍이 지속적으로 불고 있다.

① ㄱ   ② ㄴ   ③ ㄱ, ㄷ
④ ㄴ, ㄷ   ⑤ ㄱ, ㄴ, ㄷ

[정답 맞히기] ㄱ. 북반구에서 지형류는 수압 경도력의 오른쪽으로
흐르므로 P에서 수압 경도력은 남쪽으로 작용한다. 전향력은 수
압 경도력의 반대 방향으로 작용하므로 P에서 전향력은 북쪽으로
작용한다.

[오답 피하기]
ㄴ. 수압 경도력이 남쪽으로 작용하므로 해수면의 높이는 북쪽이
남쪽보다 높다.
ㄷ. 에크만 수송에 의해 표층 해수가 북쪽으로 이동하여 북쪽 해
수면의 높이가 높아졌으므로 바람은 동풍이 분다.

11 전향력
[정답 맞히기] ㄱ. 공의 궤적이 진행 방향의 오른쪽으로 휘어지므
로 북반구에서의 전향력을 알아보기 위한 것이다.
ㄴ. 회전판 밖에 있는 사람이 보면 공의 궤적은 변하지 않으므로
일직선으로 나타난다.
ㄷ. 회전판의 회전 속도를 더 빠르게 하면 전향력의 크기가 더 커
지므로 공의 궤적은 더 많이 휘어진다.

12 전향력의 크기
단위 질량의 물체에 작용하는 전향력의 크기 $C=2v\Omega\sin\varphi$(v: 물
체의 속력, Ω: 지구의 자전 각속도, φ: 위도)이므로 고위도로 갈
수록 전향력의 크기는 위도의 sin 값에 비례하여 커진다.
[모범 답안] 고위도로 갈수록 위도의 sin 값에 비례하여 커진다.

13 적도 부근의 지형류
[정답 맞히기] ㄴ. 수압 경도력은 해수면의 높이가 높은 쪽에서 낮
은 쪽으로 작용하므로 B에서 수압 경도력은 북쪽을 향한다.
ㄷ. B는 남반구에 위치한다. 남반구에서는 지형류가 수압 경도력
의 왼쪽으로 흐르므로 B에서 지형류는 서쪽으로 흐른다.
[오답 피하기] ㄱ. 전향력은 수압 경도력의 반대 방향으로 작용한
다. A에서 수압 경도력은 남쪽을 향하므로 전향력은 북쪽을 향
한다.

14 지형류 평형

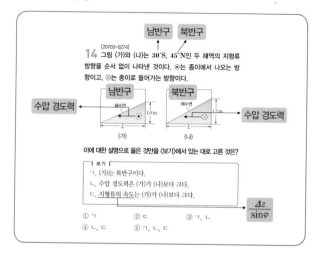

[20703-0274]
14 그림 (가)와 (나)는 30°S, 45°N인 두 해역의 지형류
방향을 순서 없이 나타낸 것이다. ⊙는 종이에서 나오는 방
향을, ⊗는 종이로 들어가는 방향이다.

이에 대한 설명으로 옳은 것만을 〈보기〉에서 있는 대로 고른 것은?
[보기]
ㄱ. (가)는 북반구이다.
ㄴ. 수압 경도력은 (가)가 (나)보다 크다.
ㄷ. 지형류의 속도는 (가)가 (나)보다 크다.

① ㄱ   ② ㄴ   ③ ㄱ, ㄴ
④ ㄴ, ㄷ   ⑤ ㄱ, ㄴ, ㄷ

[정답 맞히기] ㄷ. 지형류의 유속(v)은 $v=\dfrac{1}{2\Omega\sin\varphi}\cdot g\dfrac{\Delta z}{\Delta x}$ (Ω:
지구 자전 각속도, φ: 위도, g: 중력 가속도, Δz: 해수면 높이 차,
Δx: 수평 거리)로 표현되므로 $\dfrac{\Delta z}{\sin\varphi}$에 비례한다. $\dfrac{\Delta z}{\sin\varphi}$ 값은
(가)에서는 2이고, (나)에서는 $1.2\times\sqrt{2}≒1.7$이므로 (가)가 (나)보
다 크다. 따라서 지형류의 속도는 (가)가 (나)보다 크다.
[오답 피하기] ㄱ. (가)에서 지형류는 수압 경도력의 왼쪽으로 흐르
므로 (가)는 남반구이다.
ㄴ. 두 지점 사이의 수평 거리가 같을 때 수압 경도력의 크기는 해수
면의 높이 차이에 비례하므로 수압 경도력은 (나)가 (가)보다 크다.

15 에크만 수송
[정답 맞히기] ㄷ. 서안 강화 현상으로 인하여 서안 경계류는 동안
경계류보다 폭이 좁고 빠르다.
[오답 피하기] ㄱ. 북반구에서 에크만 수송은 바람 방향의 오른쪽
90° 방향으로 일어난다.
ㄴ. 북반구에서 지형류는 수압 경도력의 오른쪽 90° 방향으로 흐
른다.

16 지형류의 유속

지형류는 수압 경도력과 전향력이 평형을 이루고 있으므로 수압 경도력=전향력이다.

$g\dfrac{\Delta z}{\Delta x}=2v\Omega\sin\varphi$이므로 $v=\dfrac{1}{2\Omega\sin\varphi}\cdot g\dfrac{\Delta z}{\Delta x}$이다. 따라서

$v=\dfrac{1}{2\times(7.3\times10^{-5}/\text{s})\times\frac{1}{2}}\cdot\dfrac{10\text{ m/s}^2\times1\text{ m}}{100\text{ km}}\fallingdotseq1.4\text{ m/s}$이다.

모범 답안 지형류의 유속은 약 1.4 m/s이다.

17 서안 강화 현상

정답 맞히기 ㄷ. 서안 강화 현상은 지구가 서에서 동으로 자전하기 때문에 나타나는 현상이다. 따라서 지구의 자전 속도가 느려지면 환류의 중심 B는 동쪽으로 이동한다.

오답 피하기 ㄱ. 수압 경도력은 해수면의 경사가 큰 A 지점이 C 지점보다 크다. 따라서 지형류의 유속도 C보다 A에서 크다.

ㄴ. 해수면의 높이는 B에서 가장 높으므로 수온 약층이 시작되는 깊이는 B에서 가장 깊다.

18 북태평양의 표층 해류

정답 맞히기 ㄴ. 해류의 속도는 서안 경계류인 A가 동안 경계류인 B보다 빠르다.

ㄷ. 지구의 자전 속도가 빨라지면 서안 강화 현상이 더 강하게 나타나므로 A와 B의 유속 차이는 더 커진다.

오답 피하기 ㄱ. B는 고위도에서 저위도로 흐르는 한류이다.

19 북태평양의 해수면 높이

정답 맞히기 ㄱ. 북태평양에서 해수면의 높이는 아열대 해역의 서쪽에서 가장 높게 나타난다. 따라서 환류의 중심이 서쪽으로 치우쳐 있음을 알 수 있다.

오답 피하기 ㄴ. 북태평양에서 바람은 무역풍과 편서풍이 불고 있으므로 바람에 의해 일어나는 에크만 수송은 남북 방향으로 일어난다.

ㄷ. 해수면의 높이가 가장 높은 곳이 서쪽으로 치우쳐 있어 해수면의 경사가 동쪽보다 서쪽에서 더 크므로 지형류의 속도는 서쪽 연안에서 더 빠르다.

20 서안 강화 현상의 원인

서안 강화 현상이 생기는 까닭은 지구 자전에 의한 전향력의 크기가 고위도로 갈수록 커지기 때문이다.

모범 답안 해수에 작용하는 전향력의 크기가 고위도로 갈수록 커지기 때문이다.

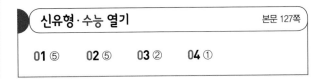

신유형·수능 열기   본문 127쪽

01 ⑤   **02** ⑤   **03** ②   **04** ①

01

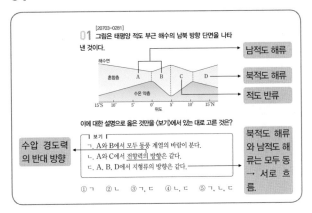

정답 맞히기 ㄱ. 남반구인 A에서 에크만 수송은 남쪽으로 일어났으므로 바람은 동풍 계열의 바람이 불었다. 북반구인 B에서 에크만 수송은 북쪽으로 일어났으므로 바람은 동풍 계열의 바람이 불었다.

ㄴ. 지형류는 수압 경도력과 전향력이 평형을 이루며 흐르는 해류이다. A에서 수압 경도력은 북쪽으로 작용하므로 전향력은 남쪽으로 작용한다. C에서 수압 경도력은 북쪽으로 작용하므로 전향력은 남쪽으로 작용한다. 따라서 A와 C에서 전향력의 방향은 같다.

ㄷ. A에서 지형류는 수압 경도력의 왼쪽인 서쪽으로 흐른다. B에서 지형류는 수압 경도력의 오른쪽인 서쪽으로 흐른다. D에서 지형류는 수압 경도력의 오른쪽인 서쪽으로 흐른다. 따라서 A, B, D에서 지형류의 방향은 같다.

02

정답 맞히기 ㄱ. A에서 수압 경도력은 서쪽으로 작용하므로 지형류는 수압 경도력의 오른쪽인 북쪽으로 흐른다.

ㄴ. 지형류의 유속(v)은 $v=\dfrac{1}{2\Omega\sin\varphi}\cdot g\dfrac{\Delta z}{\Delta x}$($\Omega$: 지구 자전 각속도, φ: 위도, g: 중력 가속도, Δz: 해수면 높이 차, Δx: 수평 거리)

이므로 $1\text{ m/s}=\dfrac{1}{2\times7.3\times10^{-5}/\text{s}\times\frac{1}{2}}\cdot\dfrac{10\text{ m/s}^2\times0.73\text{ m}}{\Delta L}$

에서 $\Delta L=10^5\text{ m}=100\text{ km}$이다.

ㄷ. $z-z'$에서 수평 방향의 수압 차가 없을 경우 $\rho_1 g(0.73+h)=\rho_2 gh$이므로 $1.02(0.73+h)=1.03h$에서 $h=74.46\text{ m}$이다.

03

정답 맞히기 ㄴ. B에서 수압 경도력은 남쪽으로 작용하므로 전향력은 북쪽으로 작용한다.

오답 피하기 ㄱ. A에서 에크만 수송은 남쪽으로 일어났으므로 서풍 계열의 바람이 불었다.

ㄷ. 지형류의 속도는 $\frac{\Delta z}{\sin\varphi}$에 비례한다. A와 B에서 해수면의 높이 차이는 같으므로 지형류의 평균 유속은 $\sin\varphi$ 값이 적은 B에서 더 빠르다.

04

정답 맞히기 ㄱ. (가)에서는 위도에 따른 전향력의 차이가 없으므로 무역풍 지역과 편서풍 지역에서 전향력의 크기가 같다.

오답 피하기 ㄴ. (나)에서는 서안 강화 현상이 나타나 서안 경계류에 의한 해수의 이동량이 동안 경계류에 의한 해수의 이동량보다 많다. 따라서 단위 시간당 이동하는 해수의 양은 대양의 동쪽보다 서쪽에서 많다.

ㄷ. (가)에서는 서안 강화 현상이 나타나지 않으므로 환류의 중심과 가장자리 사이의 해수면의 높이 차이는 (가)보다 (나)에서 크다. 따라서 대양의 서쪽에서 수압 경도력의 크기는 (가)가 (나)보다 작다.

7 해파와 조석

탐구 활동

본문 136쪽

1 해설 참조   **2** 해설 참조

1

해파는 바람에 의해 발생하므로 바람의 세기와 지속 시간에 영향을 받으며 해파가 전달되는 데 있어 수심의 영향을 받는다.

모범 답안 해파의 발생 원인은 바람이며, 해파에 영향을 주는 요인으로는 바람의 세기와 지속 시간, 수심 등이 있다.

2

파장에 비해 수심이 깊은 경우에는 원운동을 하고, 파장에 비해 수심이 얕은 경우에는 타원 운동을 한다. 또, 수심이 깊어질수록 원운동이나 타원 운동의 궤적 크기는 작아진다.

모범 답안 수심 및 수심과 파장의 관계에 따라 달라진다.

내신 기초 문제

본문 137~140쪽

01 ⑤	**02** ②	**03** ①	**04** ②	**05** 너울
06 ⑤	**07** ②	**08** ②	**09** ①	**10** 천해파
11 ③	**12** ③	**13** ④	**14** ①	
15 해저 지진(단층), 해저 화산 분출		**16** ①		**17** ⑤
18 ②	**19** 사리: B, D, 조금: A, C			

01

정답 맞히기 ⑤ z는 골에서 골까지의 길이로 해파의 파장이다.

오답 피하기 ① A는 골이다.

② B는 마루이다.

③ x는 진폭이다.

④ $x+y$는 파고이다.

02

정답 맞히기 ㄷ. 해파가 해안으로 접근하면 속력이 느려지면서 파고가 높아진다.

오답 피하기 ㄱ. 바람이 불어 해파가 발생한 곳에서는 파의 마루가 뾰족하고 해파가 발생 지역을 벗어나면서 마루가 둥글게 된다. 따라서 먼 바다라고 해서 마루가 둥근 것은 아니다.

ㄴ. 해파가 해안으로 접근하면 해파의 전파 속력이 느려지면서 파장이 짧아진다.

03

정답 맞히기 ㄱ. 해파는 해수면에 변동을 유발하는 여러 가지 원인에 의해 발생할 수 있으나 해파가 발생하는 주 원인은 바람이다.

오답 피하기 ㄴ. 골에서 마루까지 높이는 파고에 해당한다.

ㄷ. 해파의 속도는 파장을 주기로 나눈 값이다.

04

정답 맞히기 ② 해파가 진행할 때 물 입자는 이동하지 않고 에너지만 이동한다.

오답 피하기 ① 해파가 진행할 때 물 입자는 이동하지 않는다.

③ 해파가 진행할 때 물 입자는 왕복 운동하면서 제자리에서 상하로 운동한다.

④ 주기는 마루(골)가 지나간 후 다시 마루(골)가 지나갈 때까지의 시간이다.

⑤ 주기가 짧은 해파일수록 대체로 파장이 짧다.

05

바람에 의해 생성된 해파는 마루가 뾰족하며 풍랑이라고 하고, 풍랑이 발생지를 벗어나 마루가 둥글고 파장과 주기가 길어진 해파를 너울이라고 한다.

06

정답 맞히기 ⑤ 심해파는 수심이 깊어 해저면의 영향을 받지 않는다.

오답 피하기 ① 심해파는 해저의 물 입자에까지 영향을 주지 않고 표면 부근의 물 입자에만 영향을 주므로 표면파이다.

② 심해파는 수심이 파장의 $\frac{1}{2}$보다 깊은 곳에서 전달되는 해파이다.

③ 심해파에서는 표면의 물 입자가 원운동을 한다.

④ 심해파의 속력은 파장에 따라 달라진다.

07

정답 맞히기 ㄷ. 수심이 깊을수록 해파의 에너지는 감소하므로 물 입자의 운동 궤적은 작아진다.

오답 피하기 ㄱ. 천해파는 얕은 수심에 비해 상대적으로 파장이 긴 해파이므로 장파라고 한다.

ㄴ. 천해파의 속력은 수심의 제곱근에 비례한다.

08

정답 맞히기 ㄴ. 표면의 물 입자가 원운동을 하므로 심해파이다. 심해파는 수심이 파장의 $\frac{1}{2}$배 이상이다. 따라서 파장은 수심의 2배 이하이다.

오답 피하기 ㄱ. 해파의 진행 방향은 마루에서 물 입자의 운동 방향과 같으므로 ㉠의 반대 방향이다.

ㄷ. 심해파에서는 해저의 물 입자가 해파의 영향을 받지 않으므로 움직이지 않는다.

09

정답 맞히기 ① 심해파는 해파의 속력이 파장의 제곱근에 비례한다. 속도가 파장의 제곱근에 비례하는 형태는 ①이다.

오답 피하기 ② 속도가 파장의 제곱에 반비례하는 형태의 그래프이다.

③ 속도가 파장에 비례하는 형태의 그래프이다.

④ 속도가 파장의 제곱에 비례하는 형태의 그래프이다.

⑤ 속도가 파장의 제곱근에 반비례하는 형태의 그래프이다.

10

해수 표면의 물 입자가 타원 운동을 하며, 해저면에서 직선 운동을 하는 해파는 천해파이다.

11

정답 맞히기 ㄱ. 수심은 해파의 속도가 빠른 B가 해파의 속도가 느린 A보다 깊다.

ㄴ. 해파의 속도는 파의 마루선이 앞서나가는 B에서 더 빠르다.

오답 피하기 ㄷ. 곶에서는 해파의 에너지가 집중되므로 침식 작용이 활발하며, 만에서는 퇴적 작용이 활발하다.

12

정답 맞히기 ㄱ. 지진 해일은 파장이 매우 긴 해파이며, 해저의 영향을 받아 파고가 높아지므로 천해파의 성질을 가지고 있다.

ㄴ. 지진 해일이 해안으로 접근하면 속력이 느려지고 파장이 짧아지므로 먼 바다에서의 파장은 해안에서보다 길었다.

오답 피하기 ㄷ. 해안에 가까워질수록 속도가 느려지므로 파장이 짧아지고 파고가 높아진다.

13

정답 맞히기 ㄱ. 폭풍 해일은 강한 저기압인 태풍이 접근할 때나 온대 저기압이 접근할 때 발생할 수 있다.

ㄷ. 저기압으로 인한 해수면 상승이 만조와 겹치면 피해가 더 커진다.

오답 피하기 ㄴ. 저기압 중심부는 주위보다 기압이 낮으므로 해수면의 높이가 높다.

14

정답 맞히기 ㄱ. 지진 해일의 속도는 심해에서는 시속 800 km 정도이고, 수심이 얕은 해안가에서는 시속 45~60 km 정도이다. 이에 비해 지진파는 초속 2~8 km이다. 이는 시속 7200 km~28800 km이므로 지진파의 속도는 지진 해일보다 훨씬 빠르다. 따라서 지진파를 지진 해일 예보에 이용하기도 한다.

오답 피하기 ㄴ. 폭풍 해일은 태풍과 같이 강한 저기압이나 강풍에 의해 나타나므로 특정한 주기를 갖지 않는다.

ㄷ. 해일 발생 예보나 경보가 발령되면 즉시 안전한 고지대로 대피해야 한다.

15

지진 해일은 해저에서 발생한 단층(지진), 화산 분출, 사태 등에 의해 해수면에 급격한 변화가 발생할 때 파동의 형태로 퍼져 나가면서 발생한다.

16

정답 맞히기 ㄱ. 조석 현상을 일으키는 힘을 기조력이라 한다.

오답 피하기 ㄴ. 달의 기조력은 달의 인력과 공통 질량 중심 주위를 도는 지구의 원운동으로 인해 생기는 원심력의 합력이다.

ㄷ. 달의 기조력은 지구 중심을 기준으로 달에 가까운 쪽에서는 달 쪽으로 작용하지만 달에서 먼 쪽에서는 달이 있는 방향의 반대쪽으로 작용한다.

17

정답 맞히기 ㄱ. 지구의 해수면은 달이 있는 쪽과 그 반대 방향으로 동시에 부풀어 있으므로 A 지역은 만조이다.

ㄷ. B 위치는 간조가 되는 지역이므로 A 지역이 B의 위치에 오면 해수면의 높이는 현재보다 낮아진다.

오답 피하기 ㄴ. A 지역에서 만조는 A 지역이 달이 있는 방향에 올 때와 달이 있는 방향의 정반대 방향에 올 때 일어나므로 하루에 두 번 일어난다.

18

정답 맞히기 ㄷ. 시간이 t일 때 해수면의 높이는 최저가 되므로 간조가 일어난다. 따라서 t는 간조가 일어난 시각이다.

오답 피하기 ㄱ. 12시경부터 18시경까지는 해수면의 높이가 낮아지므로 썰물이 일어나며, 18시경부터 24시경까지는 해수면의 높이가 높아지므로 밀물이 일어난다.

ㄴ. B는 진폭이라 한다. 조차는 밀물 때 수위와 썰물 때 수위의 차이이므로 이 지역의 조차는 약 2B이다.

19

사리는 달이 태양과 일직선 상에 있을 때 나타나며, 조금은 달이 태양과 90°를 이루고 있을 때 나타난다.

실력 향상 문제
본문 141~145쪽

01 ⑤	02 ④	03 ⑤	04 해설 참조	05 ②
06 ③	07 ②	08 해설 참조		09 ①
10 ④	11 ②	12 해설 참조		13 ④
14 ③	15 ②	16 해설 참조		17 ④
18 ③	19 ③	20 해설 참조		

01 해파와 물 입자의 운동

정답 맞히기 ㄱ. 수심이 깊어질수록 해파의 에너지가 적게 도달하므로 원운동의 지름은 아래로 내려갈수록 줄어든다.

ㄴ. 마루 부분이 이동하는 방향이 해파의 전달 방향이므로 마루에서 물 입자의 운동 방향은 해파의 진행 방향과 같다.

ㄷ. 마루 부분이 이동함에 따라 움직였던 물 입자가 골 부분을 따

라 움직이면서 제자리로 돌아오므로 골에서 물 입자의 운동 방향은 파의 진행 방향과 반대이다.

02 천해파와 심해파

정답 맞히기 ㄴ. (가)는 심해파이다. 심해파의 속도는 파장의 제곱근에 비례한다.

ㄷ. (나)는 천해파이다. 천해파의 속도는 수심의 제곱근에 비례한다.

오답 피하기 ㄱ. (가)는 심해파, (나)는 천해파이다.

03 수심에 따른 해파의 속도

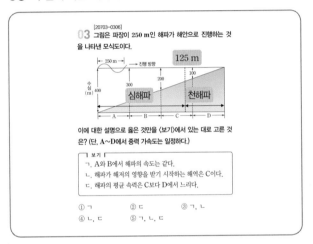

정답 맞히기 ㄱ. 파장이 250 m인 해파는 수심이 125 m 이상인 곳에서 심해파의 특성을 띤다. A와 B에서는 모두 심해파의 특성을 띠므로 해파의 속도는 일정하다.

ㄴ. 파장이 250 m인 해파는 수심 125 m인 지점을 지나면서 해저의 영향을 받기 시작하므로 해파가 해저의 영향을 받기 시작하는 해역은 C이다.

ㄷ. 해파가 해저의 영향을 받으면 수심이 얕을수록 해파의 속력이 느려지므로 해파의 평균 속력은 C보다 D에서 느리다.

04 천해파와 심해파의 물 입자 운동

파장이 수심의 20배 이상이면 수심은 파장의 $\frac{1}{20}$ 이하이므로 천해파의 특성이 나타난다. 천해파에서 물 입자는 타원 운동을 한다. 해파의 속도가 파장의 제곱근에 비례하는 해파는 심해파이다. 심해파에서 물 입자는 원운동을 한다.

모범 답안 (가)에서는 물 입자가 타원 운동을 하며, (나)에서는 물 입자가 원운동을 한다.

05 해파의 요소

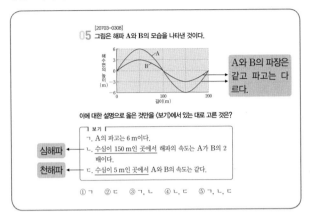

정답 맞히기 ㄷ. 수심이 파장의 $\frac{1}{2}$ 보다 깊은 곳의 해파는 심해파이고, 수심이 파장의 $\frac{1}{20}$ 보다 얕은 곳에서의 해파는 천해파이다. A와 B의 파장은 모두 200 m이므로 수심이 5 m인 곳에서 A와 B는 모두 천해파이다. 천해파의 속도는 수심에 따라 달라지므로 수심이 같은 곳에서 천해파의 속도는 같다.

오답 피하기 ㄱ. A는 진폭이 6 m, 파고가 12 m인 해파이다.

ㄴ. 수심이 150 m인 곳에서는 A와 B 모두 심해파이다. 심해파의 속도는 파장에 따라 달라지는데 A와 B는 파장이 같으므로 해파의 속도도 같다.

06 해파의 속도

정답 맞히기 ㄱ. A는 수심에 따라 속도가 달라지는 부분이므로 천해파의 속도를 나타낸다. 천해파의 속도는 수심이 깊어질수록 크다.

ㄴ. ㉠은 수심에 관계없이 해파의 속도가 일정하고 파장에 따라 달라지는 부분이므로 심해파 영역이다.

오답 피하기 ㄷ. 수심 100 m인 해역에서 파장 50 m인 해파와 파장 100 m인 해파는 모두 심해파이다. 심해파는 파장에 따라 속도가 달라지므로 두 해파의 속도는 다르다.

07 해안 지형과 해파의 굴절

정답 맞히기 ㄴ. 수심은 D보다 C에서 더 얕으므로 해파의 속도는 C보다 D에서 빠르다.

오답 피하기 ㄱ. A에는 해파의 에너지가 집중되므로 침식 작용이, B에서는 해파의 에너지가 분산되므로 퇴적 작용이 일어난다.

ㄷ. 곶(A) 부분에서는 침식 작용이 일어나고 만(B) 부분에서는 퇴적 작용이 활발하므로 시간이 지날수록 해안선은 단순해진다.

08 해파의 굴절

해안에서 해파의 속력은 수심이 깊은 곳일수록 빠르다. 수심이 얕은 A보다 수심이 깊은 B에서 해파의 속력이 빠르므로 해파는 A 쪽으로 휘어진다. 따라서 파의 마루를 연결한 선이 해안선에 나란해지려는 경향을 나타낸다.

모범 답안 해파의 속력은 A보다 B에서 빠르므로 해파는 A 쪽으로 휘어진다.

09 폭풍 해일

정답 맞히기 ㄱ. 폭풍 해일은 저기압의 접근이나 강풍으로 인해 발생하므로 파장이 매우 긴 지진 해일에 비해 파장이 짧다.

오답 피하기 ㄴ. 해일이 발생하는 까닭은 저기압 중심부의 기압이 낮아 해수면이 높아진 상태로 접근하기 때문이다. 따라서 저기압 중심부의 기압이 낮을수록 피해가 크다.

ㄷ. 만조 수위는 음력 7일보다 1일에 높다. 따라서 만조 시각에 저기압이 접근하는 경우 음력 7일보다 1일일 때 피해가 더 클 것이다.

10 쓰나미(지진 해일)

정답 맞히기 ㄴ. 쓰나미는 해저 지진이나 화산 분출, 해저 사태 등에 의해 발생한다.

ㄷ. 쓰나미가 도착하기 전에 지진파를 감지하여 지진 해일 경보를 발령하면 쓰나미로 인한 피해를 줄일 수 있다.

오답 피하기 ㄱ. 쓰나미는 파장이 매우 긴 해파이므로 천해파에 속한다.

11 지진 해일의 전파

정답 맞히기 ㄷ. 지진 해일이 해안으로 다가옴에 따라 파고가 점점 높아지므로 A, B, C 중 파고는 C에서 가장 높다.

오답 피하기 ㄱ. 지진 해일은 파장이 매우 길어 천해파의 성질을 갖고 있으므로 A에서 해수 표면의 물 입자는 타원 운동을 한다.

ㄴ. 지진 해일은 천해파의 성질을 갖고 있어 수심이 얕아질수록 속력이 느려지므로 지진 해일의 속력은 B보다 C에서 느리다.

12 지진 해일의 전파 속도

쓰나미는 천해파의 성질을 갖고 있어 수심에 따라 속력이 달라진다. 쓰나미가 전파될 때 해저 지형이 달라지면 수심이 달라지므로 전파 속도가 달라진다. 따라서 진앙으로부터 같은 거리에 있는 곳이라도 쓰나미의 이동 경로 부분의 해저 수심에 따라 쓰나미의 도착 시간이 달라진다.

모범 답안 쓰나미는 천해파의 성질을 가지고 있어 수심에 따라 전파 속도가 달라지기 때문이다.

13 지진 해일의 특성

정답 맞히기 ㄱ. 해저에서 발생한 단층은 상반이 위로 올라간 역단층이다.

ㄷ. 파장이 긴 지진 해일의 마루 부분이 해안에 접근함에 따라 해안에서는 해수가 바다 쪽으로 빠져나간다.

오답 피하기 ㄴ. 지진 해일의 전파 속도는 수심이 얕을수록 느리므로 ㉠ 방향보다 ㉡ 방향에서 느리다.

14 조석 현상의 이해

정답 맞히기 ㄱ. 24시간 안에 만조가 2번 나타나므로 만조와 간조는 하루에 약 2번 나타난다.

ㄴ. 조차가 점점 작아지고 있으므로 달의 위상은 상현이나 하현에 가까워지고 있다.

오답 피하기 ㄷ. 사리는 조차가 최대인 시기이다. 156시간이 지났을 때 조차는 처음보다 작아졌으므로 사리가 아니다.

15 사리와 조금

정답 맞히기 ㄴ. b일 때 조차는 최대가 되므로 사리가 나타난다.

오답 피하기 ㄱ. a일 때 조차가 가장 작아지므로 달의 위상은 상현이나 하현이다.

ㄷ. 만조 수위는 조차가 큰 시기에 높아진다. 따라서 만조 수위가 높은 시기에는 간조 수위가 낮다.

16 기조력

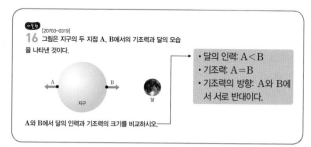

기조력은 달의 만유인력과 달이 지구와 달의 공통 질량 중심 주위를 공전함으로 인해 발생하는 원심력의 합력이다. A, B 지점에서 두 힘은 서로 반대 방향으로 작용하며 달에 가까운 곳에서는 달의 만유인력이 크고, 달에서 먼 곳에서는 원심력이 크다. 달의 만유인력과 원심력의 합력인 기조력의 크기는 A와 B에서 같다.

모범 답안 달의 만유인력은 A보다 B에서 크고, 기조력은 A와 B에서 같다.

17 조석

정답 맞히기 ④ 달의 기조력은 지구 중심에서 가장 작고 달에 가까운 곳과 달에서 먼 곳에서 크다.

오답 피하기 ① 지구가 자전하는 동안 달도 지구 주위를 공전하므로 조석 주기는 약 12시간 25분이다.

② 기조력은 천체의 질량에 비례하고 천체까지의 거리의 세제곱에 반비례한다.

③ 달은 태양보다 질량이 작지만 지구로부터의 거리가 가까우므로 달의 기조력이 태양의 기조력보다 크다.

⑤ 조차는 달의 위상이 삭이나 망일 때 최대이고, 하현이나 상현일 때 최소이다.

18 위도에 따른 조석

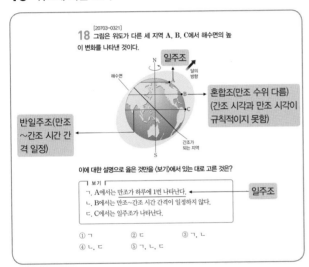

정답 맞히기 ㄱ. A에서는 만조가 하루에 1번 나타나는 일주조가 나타난다.

ㄴ. B에서는 하루에 두 번 만조가 일어나지만 만조 수위가 같지 않고 만조~간조 시간 간격도 일정하지 않다.

오답 피하기 ㄷ. C에서는 하루에 두 번 만조가 나타나는 반일주조가 나타난다.

19 조석 자료의 해석

정답 맞히기 ㄱ. 만조 수위와 간조 수위의 차이인 조차는 점점 커지고 있다.

ㄴ. 달의 공전으로 인해 조석 주기가 12시간보다 길어졌으므로 만조 시각이 점점 늦어진다.

오답 피하기 ㄷ. 조차가 점점 커지고 있으므로 달의 위상은 망이나 삭으로 변하고 있다.

20 달의 위상과 조석

A 시기에는 달의 기조력과 태양의 기조력이 같은 방향으로 작용하므로 조차가 크고, B 시기에는 달의 기조력과 태양의 기조력이 수직으로 작용하여 상쇄되므로 조차가 작다.

모범 답안 A 시기에는 달의 기조력과 태양의 기조력이 같은 방향으로 작용하고, B 시기에는 달의 기조력과 태양의 기조력이 수직으로 작용하여 상쇄되기 때문이다.

신유형·수능 열기　　　　　본문 146~147쪽

01 ②　　**02** ⑤　　**03** ③　　**04** ④　　**05** ⑤
06 ②　　**07** ④　　**08** ③

01

정답 맞히기 ㄴ. 너울이 해안가에 접근하면 파장이 짧아지고 파고가 높아지면서 파봉우리가 부서져 연안 쇄파가 된다.

오답 피하기 ㄱ. 해파의 속도는 $\dfrac{\text{파장}}{\text{주기}}$이다. 풍랑의 속도는 $\dfrac{6\,\text{m}}{2\,\text{s}}$ $=3\,\text{m/s}$이고, 너울의 속도는 $\dfrac{280\,\text{m}}{13\,\text{s}} ≒21.5\,\text{m/s}$이므로 수심 300 m에서 너울이 풍랑보다 빠르다.

ㄷ. 쓰나미의 파장은 180 km이므로 수심이 9000 m 이하인 바다에서는 천해파의 특성을 가진다. 따라서 수심 2000 m~3000 m인 동해에서 쓰나미는 천해파이다.

02

정답 맞히기 ㄱ. A 구간에서는 해파의 속도가 동일하지만 그 이후는 수심에 따라 해파의 속도가 달라진다. 해파의 속도는 수심이 낮을수록 느려지므로 해파는 수심이 가장 낮은 P에 가장 늦게 도착하고 수심이 가장 깊은 R에 가장 먼저 도착한다.

ㄴ. 수심이 낮아 해파의 속력이 느려지면 파고가 높아지므로 파고가 가장 높은 곳은 P이다.

ㄷ. A 구간에서는 수심이 모두 같으므로 해파의 속도가 모두 같다.

03

정답 맞히기 ㄱ. 파장이 400 m인 해파는 수심이 200 m일 때부터 해저의 영향을 받기 시작한다. 수심이 200 m보다 깊은 A에서는 해저의 영향을 받지 않지만 수심이 200 m 이하인 B에서는 해저의 영향을 받아 파고가 높아지므로 파고는 B 지점이 A 지점보다 높다.

ㄷ. 수심이 100 m인 D를 지날 때 해파는 해저의 영향을 받으므로 수심이 낮은 쪽으로 휘어진다. 따라서 D를 지날 때는 수심이 낮은 남동쪽으로 휘어진다.

오답 피하기 ㄱ. A와 C 지점은 모두 수심이 200 m 이상이므로 해파는 해저의 영향을 받지 않는다. 따라서 해파의 속도는 A와 C에서 동일하다.

04

정답 맞히기 ㄴ. 해파의 속력이 수심에 관계 없이 일정한 구간은 심해파이다. 심해파의 속력은 파장의 제곱근에 비례한다. 파장이 100 m인 해파는 파장이 400 m인 해파에 비해 파장이 $\frac{1}{4}$이므로 속도는 $\sqrt{\frac{1}{4}}=\frac{1}{2}$이다. 따라서 ㉠은 $\frac{v}{2}$이다.

ㄷ. x, y는 파장이 각각 100 m, 400 m인 해파의 속도가 수심의 영향을 받지 않는 깊이이므로 파장의 $\frac{1}{2}$이 되는 깊이이다. 두 해파의 파장의 비가 1 : 4이므로 파장의 $\frac{1}{2}$이 되는 깊이도 1 : 4이다.

오답 피하기 ㄱ. x, y는 각각 파장의 $\frac{1}{2}$이 되는 깊이이므 $x=50$, $y=200$이다.

05

정답 맞히기 ㄱ. 달의 기조력이 태양의 기조력보다 크기 때문에 해수는 달 쪽으로 부푼다.

ㄴ. A에서는 달의 기조력과 태양의 기조력의 방향이 다르므로 조차가 작고, B에서는 달의 기조력과 태양의 기조력의 방향이 같으므로 조차가 크다. 따라서 조차는 A보다 B에서 크다.

ㄷ. 달의 공전으로 인해 만조 시각은 매일 조금씩 늦어진다.

06

정답 맞히기 ㄴ. 달의 기조력이 태양의 기조력보다 크므로 해수면의 높이가 더 크게 변하는 A가 달의 기조력에 의한 해수면 변화이다. 6시 무렵에는 달의 기조력이 태양의 기조력보다 크므로 만조가 나타난다.

오답 피하기 ㄱ. 이날 달의 기조력이 최대일 때는 태양의 기조력이 최소이고, 달의 기조력이 최소일 때는 태양의 기조력이 최대이므로 달과 태양의 방향은 수직을 이룬다. 따라서 이날은 조금이다.

ㄷ. 달의 기조력에 의한 해수면의 높이 변화는 A이고, B는 태양의 기조력에 의한 해수면의 높이 변화이다.

07

정답 맞히기 ㄴ. 이 지역은 만조와 간조가 각각 하루에 두 번씩 나타나고 있다.

ㄷ. 이 기간 동안 조차는 점점 작아지고 있으므로 사리에서 조금으로 변하고 있다.

오답 피하기 ㄱ. 이 지역에서 조석 주기는 12시간 29분이었다가 12시간 4분이 되는 등 조석 주기가 일정하지 않다.

08

정답 맞히기 ㄱ. (나)에서는 하루 중 만조 수위가 다르고 만조-간조 시간 간격도 일정하지 않다. 따라서 B에서 측정한 것이다.

ㄴ. ㉠은 해수가 양쪽으로 빠져 나간 지역이므로 간조가 나타나는 지역이다.

오답 피하기 ㄷ. C에서는 하루 중 나타나는 두 번의 만조 수위가 같으며, 조석 주기는 달의 공전으로 인해 약 12시간 25분이다.

8 단열 변화와 대기 안정도

▶ 탐구 활동
본문 155쪽

1 움직인 위치에서 공기 덩어리는 그대로 머무르게 된다.

2 해설 참조

1

공기 덩어리는 강제로 상승시키거나 하강시킬 때 주위 공기와의 온도 차에 의해 운동 경향이 달라진다. 주위 공기보다 온도가 높으면 밀도가 상대적으로 작아져서 상승하려고 하고, 온도가 낮으면 밀도가 상대적으로 커져서 하강하려고 한다. 기온 감률과 단열 감률이 같으면 기층은 중립 상태가 된다.

2

기온 감률이 습윤 단열 감률보다 작으면 기층은 절대 안정 상태가 된다. 기층은 불안정한 상태에서는 공기의 연직 운동이 활발하게 일어나지만, 안정한 상태에서는 공기의 연직 운동이 억제되어 원래의 위치로 되돌아가려고 한다.

모범 답안 B, B층의 대기 안정도는 절대 안정 상태이므로 대기의 연직 운동이 억제되어 대기 오염 물질이 확산되지 못해서 대기 오염이 심해진다.

▶ 내신 기초 문제
본문 156~159쪽

01 ④	**02** ⑤	**03** ②	**04** ④	**05** ①
06 1000 m		**07** ⑤	**08** ③	**09** ②
10 ③	**11** ①	**12** 단열선도		**13** ③
14 ⑤	**15** ①	**16** 층운, 적운		**17** ③
18 ②	**19** ②	**20** 구름, 안개		**21** ①
22 ④				

01

정답 맞히기 ④ 공기 덩어리가 하강하면 주변 공기의 압력이 높아져서 단열 압축하게 된다. 이로 인해 부피는 감소하고 외부에서 일을 받아서 내부 에너지는 증가하며 기온은 상승하게 된다. 따라서 단열 압축하는 과정을 순서대로 나열하면 ㄷ → ㄱ → ㄹ → ㅁ → ㄴ이다.

02

정답 맞히기 ⑤ 공기 덩어리가 단열 상승할 때에는 단열 팽창이 일어나서 외부에 일을 하여 내부 에너지가 감소한다.

오답 피하기 ① 단열 팽창하면 온도는 낮아진다.

② 단열 팽창에 의해 부피는 증가하게 된다.

③ 기압은 높이 올라갈수록 감소하므로 단열 상승하면 주위 기압은 낮아진다.

④ 불포화 상태의 공기 덩어리가 단열 상승하면 온도가 낮아지므로 포화 수증기량이 감소하여 상대 습도는 높아지다가 일정하게 된다.

03

정답 맞히기 ㄴ. 공기 덩어리가 하강하면 공기 덩어리의 기온은 높아진다.

오답 피하기 ㄱ. 공기 덩어리가 하강하면 단열 압축되어 부피는 감소한다.

ㄷ. 공기 덩어리가 단열 하강하면 온도가 높아지므로 포화 수증기량이 증가하여 상대 습도는 낮아진다.

04

정답 맞히기 ㄴ. 공기 덩어리가 상승하면 공기 덩어리의 부피는 증가하여 단열 팽창하게 된다.

ㄷ. 단열 변화는 외부와의 열 교환 없이 나타나는 공기 덩어리의 온도 변화이다.

오답 피하기 ㄱ. 주위 기압이 하강하면 부피가 증가하여 단열 팽창하게 된다.

05

정답 맞히기 ① 건조 단열 감률은 1 ℃/100 m이고, 습윤 단열 감률은 0.5 ℃/100 m이다. 따라서 건조 단열 감률이 습윤 단열 감률보다 크다.

오답 피하기 ② 이슬점 감률은 불포화 상태에서는 0.2 ℃/100 m이고, 포화 상태에서는 0.5 ℃/100 m이다.

③ 불포화 상태의 공기 덩어리가 1000 m 상승하면 온도는 건조 단열 감률로 10 ℃ 낮아진다.

④ 습윤 단열 감률은 포화 상태의 공기 덩어리가 단열 변화할 때의 온도 변화율이다.

⑤ 포화 상태인 공기 덩어리는 상승하는 동안 수증기가 물로 변하면서 숨은열(응결열)을 방출하여 공기의 온도를 높이기 때문에 습윤 단열 감률(0.5 ℃/100 m)이 건조 단열 감률(1 ℃/100 m)보다 작게 나타난다.

06

지표면에서 상승하는 공기 덩어리의 기온(T)이 20 ℃이고, 이슬점(T_d)이 12 ℃이므로 상승 응결 고도(H) 공식을 이용하면 다음과 같이 구할 수 있다.

상승 응결 고도(m)$=125(T-T_d)=125(20-12)=1000$ m

07

정답 맞히기 ㄱ. 상승 응결 고도는 지표에서 상승한 공기 덩어리의 온도와 이슬점이 같아지는 고도이다.

ㄴ. 지표에서 상승한 공기 덩어리의 온도와 이슬점이 같아지면 포화 상태가 되어 상대 습도는 100 %가 된다.

ㄷ. 상승 응결 고도에 도달하기까지 공기 덩어리는 불포화 상태이므로 온도는 건조 단열 감률로 감소하게 된다.

08

정답 맞히기 ㄱ. 우리나라에서 늦봄과 초여름 사이 오호츠크해 기단의 세력이 강해질 때 영동 지방에서 영서 지방 쪽으로 북동풍이 불어 영서 지방에 고온 건조한 바람이 불게 되는데 이 바람을 높새바람이라고 한다. 높새바람은 대표적인 푄이다.

ㄷ. 푄은 불포화 상태의 공기 덩어리가 산을 타고 넘어가면서 포화 상태에 도달하여 응결이 일어나 비가 내린 후, 산을 타고 내려오기 때문에 상대 습도는 하강하여 건조하게 된다.

오답 피하기 ㄴ. 푄이 일어나면 풍하측(공기가 산을 넘어 간 쪽)에서 공기의 온도는 증가하여 산을 넘기 전에 비해 온도가 높아진다.

09

정답 맞히기 ㄷ. 공기 덩어리가 C 지점에서 D 지점으로 이동할 때에는 다시 불포화 상태가 되므로 건조 단열 감률로 온도가 상승하게 된다.

오답 피하기 ㄱ. 공기 덩어리가 A 지점에서 B 지점으로 이동할 때에는 불포화 상태이므로 건조 단열 감률로 온도가 하강한다.

ㄴ. 공기 덩어리가 B 지점에서 C 지점으로 이동할 때에는 포화 상태이므로 습윤 단열 감률로 온도가 하강하고, 상대 습도는 100 %로 일정하게 유지된다.

10

정답 맞히기 ㄱ. 그림에서 살펴보면 A 지점(처음 지점)과 D 지점(산을 넘은 후 지점)의 높이는 0 m로 서로 같다.

ㄴ. A 지점에 비해 산을 넘은 후 지점인 D 지점에서 기온은 높아지고, 이슬점은 감소하여 건조해진다. 따라서 상대 습도는 A 지점이 D 지점보다 높다.

오답 피하기 ㄷ. 공기 덩어리는 A-B 구간에서 건조 단열 변화, B-C 구간에서 습윤 단열 변화, C-D 구간에서 다시 건조 단열 변화를 한다.

11

정답 맞히기 ㄴ. 기온 감률과 단열 감률이 같으면 중립 상태가 되므로 공기 덩어리는 움직인 위치에 그대로 머무르게 된다.

오답 피하기 ㄱ. 기온 감률이 단열 감률보다 크면 불안정 상태이므로 공기 덩어리는 원래의 위치에서 멀어지게 된다.

ㄷ. 공기 덩어리를 단열적으로 상승시켰을 때 주위 공기보다 온도가 낮으면 밀도가 커지므로 공기 덩어리는 원래의 위치로 되돌아오게 된다.

12

상층 대기의 안정도를 판단하기 위해 여러 가지 감률선을 기온과 높이에 따라 표시한 도표를 단열선도라고 한다.

13

정답 맞히기 ㄱ. A 지역의 기층은 기온 감률이 습윤 단열 감률보다 작으므로 기층의 대기 안정도는 절대 안정 상태이다.

ㄷ. C 지역의 기층은 조건부 불안정 상태이다. 조건부 불안정 상태에서는 공기 덩어리가 포화 상태일 때는 불안정지만, 불포화 상태일 때는 기층이 안정해진다.

오답 피하기 ㄴ. B 지역의 기층은 절대 불안정 상태이다. 절대 불안정 상태에서 단열 상승시킨 공기 덩어리는 주위보다 온도가 높아서 원래의 지점에서 멀어지게 되어 계속 상승하게 된다.

14

정답 맞히기 ㄱ. A층은 복사 역전층이다. 역전층에서는 공기의 대류 운동이 억제되어 공기의 연직 운동이 거의 나타나지 않는다.

ㄴ. 역전층은 절대 안정한 층이므로 기온 감률이 건조 단열 감률보다 작다.

ㄷ. 기온의 일교차가 크고 바람이 약한 맑은 날 새벽에 지표면의 냉각으로 복사 역전층이 잘 발생한다.

15

정답 맞히기 ㄱ. 역전층은 하층의 기온이 상층의 기온보다 낮아서 대류 현상이 나타나지 않는 안정한 층이다.

오답 피하기 ㄴ. 역전층은 높이 올라갈수록 기온이 증가하는 층으로 안정한 층이다.

ㄷ. 역전층은 안정하여 연직 운동이 억제되므로 대기 오염 물질의 농도가 높아질 수 있다.

16

안정한 상태의 대기에서는 상승시킨 공기 덩어리의 온도가 주위 기온보다 낮아서 공기 덩어리는 상승하지 못하므로 두께가 얇은 층운형 구름이 잘 생성되고, 불안정한 상태의 대기에서는 상승시킨 공기 덩어리의 온도가 주위 기온보다 높아서 공기 덩어리는 계속 상승하여 두께가 두꺼운 적운형 구름이 잘 생성된다.

17

정답 맞히기 ③ 절대 습도는 단위 부피당 들어 있는 수증기량이다. 공기 덩어리가 상승하면 단열 팽창이 일어나서 부피가 증가하게 된다. 따라서 절대 습도는 감소하게 된다.

오답 피하기 ① 공기 덩어리가 상승하면 주위 기압의 감소로 단열 팽창이 일어난다.
② 상승 응결 고도는 기온과 이슬점이 같아지는 고도로, 포화 상태가 되어 수증기의 응결이 일어난다.
④ 상승하는 공기 덩어리의 온도가 주위의 기온보다 높으면 공기 덩어리는 계속 상승하게 된다.
⑤ 상승 응결 고도 이상에서 공기 덩어리의 온도가 주위 기온보다 높으면 공기 덩어리는 주위 기온과 같아지는 고도까지 계속 상승하여 적운형 구름이 생성될 수 있다.

18

정답 맞히기 ② 고기압의 중심부에는 하강 기류가 우세하게 나타난다. 따라서 공기가 고기압의 중심부에 위치하면 공기는 상승하지 못하여 구름을 생성시키지 못한다.

오답 피하기 ① 지표면이 국지적으로 가열되면 주위보다 공기 덩어리의 온도가 높아서 상승하게 되어 구름을 생성시킬 수 있다.
③ 차가운 공기가 따뜻한 공기를 밀어 올리는 한랭 전선면 부근에서는 공기가 상승하여 구름을 생성시킬 수 있다.
④ 따뜻한 공기가 차가운 공기를 타고 상승하는 온난 전선면 부근에서는 구름이 생성될 수 있다.
⑤ 공기가 산이나 언덕의 사면을 타고 상승하는 경우에는 지형의 영향으로 구름이 생성될 수 있다.

19

정답 맞히기 ② 수증기의 응결이 일어나는 상승 응결 고도가 1 km이고, 지표면에서 상승하는 공기 덩어리의 온도가 30 ℃이므로 지표면에서의 이슬점은 22 ℃이다.

오답 피하기 ① 상승 응결 고도에서 공기 덩어리의 온도가 주위 기온보다 높으므로 공기 덩어리는 계속 상승하여 적운형 구름을 형성한다.
③ 높이 1 km에서 생성된 구름은 높이 3 km 아래 부분까지 상

승하여 적운형 구름을 형성한다. 따라서 구름의 두께는 2 km 이하이다.
④ 구름이 최초로 생성되기 시작하는 높이를 상승 응결 고도라고 한다. 상승 응결 고도는 상승하는 공기 덩어리의 기온과 이슬점이 같아지는 높이 1 km이다.
⑤ 지표면에서 상승하는 불포화 상태인 공기 덩어리는 건조 단열 변화로 온도가 변하므로 지표면에서의 온도는 30 ℃이다.

20

구름은 상공에서 수증기가 응결되어 생성된 작은 물방울이나 빙정으로 이루어져 있으며, 안개는 지표면 부근에서 수증기가 응결되어 생성된 작은 물방울이 공기 중에 떠 있는 것을 말한다.

21

정답 맞히기 ㄱ. 지표면에서 상승하는 공기 덩어리가 높이 2 km를 경계로 건조 단열선에서 습윤 단열선으로 기온이 변하므로 상승 응결 고도는 2 km이다.

오답 피하기 ㄴ. 기온 감률이 건조 단열 감률보다 클 때는 공기 덩어리의 포화 여부와 관계없이 불안정 상태이므로 기층의 대기 안정도는 절대 불안정 상태이다.
ㄷ. 상승하는 공기 덩어리의 온도가 주위 기온보다 높으므로 공기 덩어리는 계속 상승할 수 있다. 따라서 이 지역의 상공에는 적운형 구름이 생성될 수 있다.

22

정답 맞히기 ㄴ. 안개는 지표면 부근에서 상대 습도가 100 %가 되어 수증기가 응결되어 생성된다.
ㄷ. 맑은 날 새벽 지표면의 복사 냉각으로 생성된 안개는 복사 안개인 (나)이다.

오답 피하기 ㄱ. (가)는 수증기가 공급되어 포화 상태가 되면서 생성되는 증발 안개이고, (나)는 지표의 복사 냉각에 의해 온도가 이슬점 아래로 내려가 생성되는 복사 안개이다.

실력 향상 문제

본문 160~164쪽

01 ③	**02** ⑤	**03** ④	**04** ③	**05** ④
06 ②	**07** ④	**08** ①	**09** ③	
10 해설 참조		**11** ①	**12** ①	**13** ④
14 ⑤	**15** ①	**16** 해설 참조		**17** ②
18 ②	**19** ④	**20** 해설 참조		

01 단열 변화

[정답 맞히기] ㄱ. A는 단열 상승한 공기 덩어리이고, B는 상승하기 전의 공기 덩어리이다. 불포화 상태의 공기 덩어리가 단열 상승하면 부피가 팽창하면서 내부 에너지가 감소하여 기온은 낮아진다.

ㄴ. 불포화 상태의 공기 덩어리가 단열 상승하면 이슬점은 이슬점 감률에 의해 0.2 ℃/100 m씩 감소하게 된다.

[오답 피하기] ㄷ. 상대 습도는 포화 수증기량에 반비례하고, 포화 수증기량은 온도에 비례한다. 따라서 온도가 낮은 A에서의 상대 습도가 B에서의 상대 습도보다 높다.

02 단열 변화와 구름의 생성

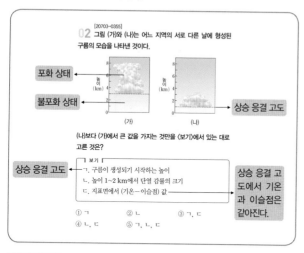

[정답 맞히기] ㄱ. 구름이 생성되기 시작하는 높이인 상승 응결 고도는 (가)에서 3 km이고, (나)에서 1 km이다. 따라서 (나)보다 (가)에서 상승 응결 고도는 높다.

ㄴ. 높이 1~2 km에서 (가)는 불포화 상태이므로 건조 단열 감률(1 ℃/100 m)로 기온이 낮아지고, (나)는 포화 상태이므로 습윤 단열 감률(0.5 ℃/100 m)로 기온이 낮아지므로 (나)보다 (가)에서 단열 감률의 크기가 크다.

ㄷ. 지표면에서 (기온−이슬점) 값은 상승 응결 고도에 비례하여 나타나므로 (나)보다 (가)에서 크다.

03 단열 팽창

[정답 맞히기] ㄴ. (가)에서는 기온과 이슬점이 같으므로 상대 습도는 100 %이고, (나)에서의 상대 습도는 100 % 미만이다.

ㄷ. (나)에서는 기온이 이슬점보다 높으므로 불포화 상태이다.

[오답 피하기] ㄱ. 지표면에서 상승하는 공기 덩어리의 온도는 30 ℃이고, 이슬점은 22 ℃이므로 상승 응결 고도는 125 × (30−22)=1000 m이다. 따라서 상승 응결 고도에서의 기온과 이슬점은 모두 20 ℃이므로 기온과 이슬점이 19 ℃인 지점은 1000 m보다 높다.

04 단열 감률

[정답 맞히기] ㄱ. A 지역은 단열 상승할수록 기온이 5 ℃/km로 감소하므로 A 지역의 공기 덩어리는 포화 상태이다.

ㄴ. A 지역은 습윤 단열 감률(5 ℃/km)로 기온이 낮아지고, B 지역은 건조 단열 감률(10 ℃/km)로 기온이 낮아지므로 높이에 따른 단열 감률은 A보다 B에서 크다.

[오답 피하기] ㄷ. A 지역에서는 높이 2~3 km에서 포화 상태이므로 이슬점 감률은 습윤 단열 감률과 같은 5 ℃/km이고, B 지역에서는 불포화 상태이므로 이슬점 감률은 2 ℃/km이다. 따라서 이슬점 감률은 A보다 B에서 작다.

05 단열 감률 변화

[정답 맞히기] ㄱ. 높이 1 km에서 단열 감률이 건조 단열 감률에서 습윤 단열 감률로 바뀌므로 상승 응결 고도는 1 km이다.

ㄷ. 지표~h_1 구간은 불포화 상태이므로 상대 습도가 낮고, h_1~h_2 구간은 포화 상태이므로 상대 습도가 100 %이다.

[오답 피하기] ㄴ. h_1~h_2 구간에서 포화 상태인 공기 덩어리의 온도가 10 ℃ 감소하므로 h_1~h_2 구간의 높이는 2 km이다.

06 적운의 생성

[정답 맞히기] ㄴ. 상승 응결 고도가 1 km이고, 지표면에서 공기 덩어리의 온도가 25 ℃이므로 지표면에서 이슬점은 17 ℃이다.

[오답 피하기] ㄱ. 구름은 높이 1 km에서 생성되고, 습윤 단열선과 기온선이 같아지는 높이인 2.3 km 아래까지 구름이 성장한다. 따라서 구름의 두께는 1.3 km이다.

ㄷ. 높이 1.5 km에서는 상승하는 공기 덩어리의 온도가 주위 공기보다 높으므로 상승하는 공기 덩어리는 계속 상승하려고 한다.

07 푄

[정답 맞히기] ④ B−C 구간에서는 포화 상태이므로 공기 덩어리의 단열 감률과 이슬점 감률은 5 ℃/km로 서로 같다.

[오답 피하기] ① 기온은 A보다 D 지점에서 높다.

② 이슬점은 B보다 C 지점에서 낮다.

③ A－B 구간에서 절대 습도는 낮아진다.

⑤ C－D 구간에서 기온과 이슬점의 차이는 커진다.

08 높새바람

정답 맞히기 ㄴ. B 지역은 A 지역에 비해 기온은 낮고, 이슬점은 높으므로 풍상측(공기가 산을 넘기 전 쪽)에 위치한다. 따라서 B 지역은 동풍 계열의 바람이 불고 있다.

오답 피하기 ㄱ. A 지역은 B 지역보다 기온은 높고, 이슬점은 낮으므로 상대 습도는 A 지역이 B 지역보다 낮다.

ㄷ. 푄이 발생했을 때 강수 현상은 주로 풍상측에서 발생하므로 태백산맥의 동쪽에서 강수 현상이 나타났을 것이다.

09 푄과 온도 변화

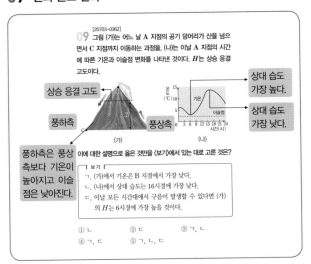

[20703-0362]

09 그림 (가)는 어느 날 A 지점의 공기 덩어리가 산을 넘으면서 C 지점까지 이동하는 과정을, (나)는 이날 A 지점의 시간에 따른 기온과 이슬점 변화를 나타낸 것이다. H는 상승 응결 고도이다.

상승 응결 고도

풍하측 / 풍상측

상대 습도 가장 높다.

상대 습도 가장 낮다.

풍하측은 풍상측보다 기온이 높아지고 이슬점은 낮아진다.

이에 대한 설명으로 옳은 것만을 〈보기〉에서 있는 대로 고른 것은?

〈보기〉
ㄱ. (가)에서 기온은 B 지점에서 가장 낮다.
ㄴ. (나)에서 상대 습도는 16시경에 가장 낮다.
ㄷ. 이날 모든 시간대에서 구름이 발생할 수 있다면 (가)의 H는 6시경에 가장 높을 것이다.

① ㄴ   ② ㄷ   ③ ㄱ, ㄴ
④ ㄱ, ㄷ   ⑤ ㄱ, ㄴ, ㄷ

정답 맞히기 ㄱ. 대류권에서는 위로 올라갈수록 기온은 대체로 낮아지므로 (가)에서 기온은 높이가 가장 높은 B 지점에서 가장 낮다.

ㄴ. 상대 습도는 (기온－이슬점) 값에 반비례하여 나타나므로 (기온－이슬점) 값이 가장 큰 16시경에 상대 습도는 가장 낮다.

오답 피하기 ㄷ. H는 상승 응결 고도이므로 지표면에서 (기온－이슬점) 값이 클수록 높아진다. 따라서 H는 16시경에 가장 높을 것이다.

10 푄과 구름의 생성

불포화 상태의 공기 덩어리가 산 사면을 타고 이동하면 공기 덩어리는 단열 상승하여 상승 응결 고도에서 응결이 일어나서 구름을 생성하여 비를 내리고, 반대편 산 사면을 타고 이동하여 처음 지점과 같은 고도에 도달하면 온도는 높아지고 상대 습도는 낮아진다.

모범 답안 (1) 500 m, 상승 응결 고도(m)＝125(30－26)＝500 m

(2) C, 산 정상에 도달하는 동안 수증기를 많이 잃어버리고 부피가 가장 팽창한 상태여서 절대 습도가 가장 낮다.

11 단열 감률선

정답 맞히기 ㄱ. 기온 감률이 1 ℃/100 m인 A는 건조 단열선, 기온 감률이 0.5 ℃/100 m인 B는 습윤 단열선, 기온 감률이 0.2 ℃/100 m인 C는 이슬점 감률선이다.

오답 피하기 ㄴ. 포화 상태인 공기 덩어리에서는 습윤 단열선(B)과 이슬점 감률선(C)이 서로 같다.

ㄷ. 불포화 상태인 14 ℃인 공기 덩어리가 불포화 상태를 유지하면서 200 m 상승하면 기온은 2 ℃가 감소하여 12 ℃가 된다.

12 높이에 따른 기온 분포

정답 맞히기 ㄱ. 높이 올라갈수록 기온이 증가하는 층은 안정한 층이다. 따라서 가장 안정한 기층이 존재하는 지역은 A이다.

오답 피하기 ㄴ. 기층이 불안정할수록 공기의 연직 운동은 활발해진다. 따라서 C 지역의 기층에서 공기의 연직 운동이 가장 활발할 것이다.

ㄷ. 바람이 없는 맑은 날 새벽에는 지표면의 냉각으로 안정한 층인 역전층이 형성될 수 있다. 즉, 기온 분포는 A 지역과 유사하게 나타난다.

13 대기 안정도

정답 맞히기 ㄴ. (가)에서 기온 감률은 건조 단열 감률보다 작은 안정 상태이다.

ㄷ. (나)는 불안정 상태이므로 상층에 적운형 구름이 생성될 수 있다.

오답 피하기 ㄱ. (가)는 강제로 연직 운동시킨 공기 덩어리가 원래의 위치로 되돌아오므로 안정 상태이고, (나)는 강제로 연직 운동시킨 공기 덩어리가 원래의 위치에서 멀어지므로 불안정 상태이다.

14 대기 안정도

정답 맞히기 ㄱ. 위로 올라갈수록 기온이 높아지는 기층을 역전층이라고 한다. 역전층은 (가)에 형성되어 있다.

ㄴ. 높이에 따라 기온이 감소하는 비율인 기온 감률은 A층이 C층보다 크다.

ㄷ. B층은 안정 상태이고, D층은 불안정 상태이므로 지표면 부근에서 생성된 대기 오염 물질은 B층보다 D층에서 잘 퍼져 나간다.

15 대기 안정도 판정

[정답 맞히기] ㄱ. A 지역의 기층은 절대 불안정 상태이므로 기온 감률이 건조 단열 감률보다 크다.

[오답 피하기] ㄴ. 기층의 대기 안정도가 절대 안정 상태인 곳은 기온 감률이 습윤 단열 감률보다 작은 C 지역이다.

ㄷ. 공기 덩어리가 포화 상태인 경우에는 불안정하고, 불포화 상태인 경우에는 안정한 기층은 조건부 불안정 상태이므로 B 지역의 기층에 해당한다.

16 역전층

바람이 없는 맑은 날 새벽에 지표면의 복사 냉각으로 지표 부근에 절대 안정층인 복사 역전층이 형성될 수 있다. 이후 태양 복사 에너지의 영향으로 지표면이 가열되면 대기는 불안정해져서 공기의 연직 운동이 발생하므로 지표 부근부터 역전층이 소멸되어 한낮에는 불안정한 층만 존재하게 된다.

[모범 답안] (1) (다), (가), (나), 지표면의 복사 냉각으로 인해 역전층이 나타나고, 이후 태양 복사 에너지의 흡수로 인해 대기 하층부터 온도가 올라가서 한낮에는 역전층이 해소되어 불안정한 층이 형성된다.

(2) (다), 지표 부근의 복사 냉각으로 인해 수증기의 응결이 발생하여 안개가 생성될 가능성이 가장 높다.

17 조건부 불안정과 절대 안정 상태

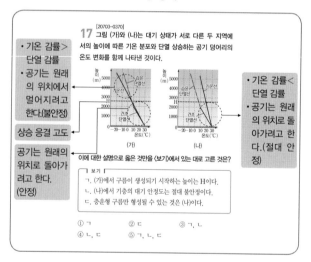

[정답 맞히기] ㄷ. (나)에서는 대기 안정도가 절대 안정이므로 층운형 구름만 생성되고, 대기 안정도가 조건부 불안정인 (가)에서는 층운형 구름과 적운형 구름이 모두 생성될 수 있다.

[오답 피하기] ㄱ. (가)에서 구름이 생성되기 시작하는 높이는 건조 단열선에서 습윤 단열선으로 바뀌는 높이 2000 m이다.

ㄴ. (나)에서는 단열 감률이 기온 감률보다 크므로 기층의 대기 안

정도는 절대 안정이다.

18 구름과 안개의 생성

[정답 맞히기] ㄴ. 생성되는 높이는 구름이 안개보다 높다.

[오답 피하기] ㄱ. (가)는 지표면 부근에서 수증기가 응결하여 발생한 안개이고, (나)는 상공에서 수증기가 응결하여 발생한 구름이다.

ㄷ. 구름과 안개는 포화 상태에서 수증기가 응결하여 생성되므로 공기의 온도와 이슬점의 차이가 작을수록 잘 생성된다.

19 안개의 종류

[정답 맞히기] ㄱ. (가)는 전선 안개이고, 전선 부근에서 내린 비가 수증기로 증발한 후 수증기량 증가로 인해 포화 상태가 되어 생성된 안개이다.

ㄷ. (다)는 증발 안개이고, 따뜻한 수면에서 증발한 수증기로 인해 주로 생성된다. 따라서 (가)와 (다)는 수증기량의 증가로 인해 생성된 안개이다.

[오답 피하기] ㄴ. (나)는 이류 안개이다. 이류 안개는 안정한 대기 상태에서 주로 생성된다.

20 이류 안개

이류 안개는 온난 다습한 공기가 차가운 지표면이나 수면 위로 이동할 때, 접하는 경계부 공기층의 온도가 이슬점 아래로 내려가서 생성되는 안개이다.

[모범 답안] (1) 이류 안개, 온난 다습한 공기가 차가운 지표면 위로 이동하여 생성된다.

(2) 우리나라의 남해안 지역에서 발생하는 이류 안개는 대체로 따뜻한 남풍 계열의 바람이 한반도 부근의 차가운 해수면 위를 지나면서 포화되어 발생한다.

신유형 · 수능 열기

본문 165쪽

01 ②   **02** ④   **03** ④   **04** ③

01

[정답 맞히기] ㄷ. 주사기의 손잡이를 빠르게 밀어 넣으면 A의 공기는 단열 압축이 일어나므로 A의 공기 온도는 상승하게 된다.

[오답 피하기] ㄱ. 단열 팽창이 일어나면 온도는 낮아지므로 온도는 ㉠이 ㉡보다 크다.

ㄴ. 단열 팽창이 일어나면 온도는 낮아지고, 상대 습도는 높아지게 되므로 상대 습도는 ㉢이 ㉣보다 작다.

02

정답 맞히기 ㄴ. A와 B일 때의 기온 차이는 상승 응결 고도에 반비례한다. 따라서 (가)일 때가 (나)일 때보다 작다.

ㄷ. 산 정상부에서 B로 내려올 때는 단열 압축이 일어나므로 부피가 감소하여 절대 습도는 증가하게 된다.

오답 피하기 ㄱ. 상승하는 공기 덩어리의 온도가 같을 때 산 정상부에서의 이슬점은 상승 응결 고도와 반비례하므로 (가)일 때가 (나)일 때보다 낮다.

03

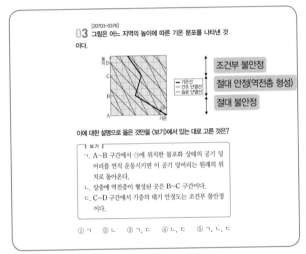

[20703-0376]
03 그림은 어느 지역의 높이에 따른 기온 분포를 나타낸 것이다.

조건부 불안정
절대 안정(역전층 형성)
절대 불안정

이에 대한 설명으로 옳은 것만을 〈보기〉에서 있는 대로 고른 것은?

〈 보기 〉
ㄱ. A~B 구간에서 ⑦에 위치한 불포화 상태의 공기 덩어리를 연직 운동시키면 이 공기 덩어리는 원래의 위치로 돌아온다.
ㄴ. 상층에 역전층이 형성된 곳은 B~C 구간이다.
ㄷ. C~D 구간에서 기층의 대기 안정도는 조건부 불안정이다.

① ㄱ ② ㄴ ③ ㄱ, ㄷ ④ ㄴ, ㄷ ⑤ ㄱ, ㄴ, ㄷ

정답 맞히기 ㄴ. 높이 올라갈수록 기온이 높아지는 층인 역전층은 B~C 구간에 형성되어 있다.

ㄷ. C~D 구간에서 기온 감률은 건조 단열 감률보다 작고, 습윤 단열 감률보다 크므로 기층의 대기 안정도는 조건부 불안정이다.

오답 피하기 ㄱ. A~B 구간은 절대 불안정 상태이므로 연직 운동시키면 공기 덩어리는 원래의 위치에서 멀어지게 된다.

04

정답 맞히기 ㄱ. (가)는 바람이 약한 맑은 날 새벽에 지표면의 냉각으로 생성된 복사 안개이다.

ㄴ. (나)에서 P점 상태인 공기가 포화 수증기량 곡선과 만나면 포화 상태가 되어 수증기의 응결이 일어난다.

오답 피하기 ㄷ. (가)는 복사 안개이므로 온도의 하강으로 포화 상태가 되는 (나)의 B 과정을 통해 생성된다.

---

9 대기를 움직이는 힘과 바람

▶ 탐구 활동
본문 173쪽

1 해설 참조   **2** 해설 참조

1
상층 대기에서 등압선이 직선일 때 부는 바람은 지균풍이고, 등압선이 곡선이나 원형일 때 등압선에 나란하게 부는 바람은 경도풍이다. 경도풍에 작용하는 기압 경도력과 전향력, 구심력의 크기에 따라 바람의 속력은 다르게 나타난다.

모범 답안 A에는 지균풍, B에는 저기압성 경도풍, C에는 고기압성 경도풍이 불고 있다. 따라서 A에서 부는 지균풍은 기압 경도력과 전향력이 평형을 이루어서 나타나고, B와 C에서 부는 경도풍은 기압 경도력, 전향력, 원심력이 평형을 이루면서 나타난다.

2
대기 경계층(마찰층)에서는 지표면과의 마찰에 의해 마찰력이 작용하여 등압선을 가로지르는 지상풍이 나타난다. 대기 경계층에서 마찰력이 작용하여 풍속이 느려지면 전향력이 작아진다. 이로 인해 전향력이 기압 경도력에 비해 더 작아지므로 바람은 등압선을 가로질러 저기압 쪽으로 불게 된다.

모범 답안 지상 일기도에서 나타나는 바람은 지표면과의 마찰에 의해 지상풍이 분다. 지상풍은 마찰력과 전향력의 합력이 기압 경도력과 평형을 이루며 나타나므로 등압선을 가로질러 바람이 불게 된다.

▶ 내신 기초 문제
본문 174~177쪽

01 ⑤	02 ⑤	03 ⑤	04 ③	05 ④
06 $\frac{\rho V g}{A}$	07 ⑤	08 ④	09 ②	10 ③
11 ②	12 $2v\Omega\sin\varphi$		13 ①	14 ②
15 기압 경도력, 전향력			16 ①	17 ⑤
18 ③	19 ④	20 ⑤	21 ③	22 ②

01

정답 맞히기 ⑤ 1기압은 1013×100 N/m²이므로 1013×1000 N/m²은 10기압에 해당한다.

오답 피하기 ① 1 atm은 1기압을 표시한 것이다.

② 76 cmHg는 1기압에서 수은 기둥의 높이가 76 cm인 것을 표시한 것이다.

③, ④ 1013 mb과 1013 hPa은 1기압에서 단위 면적에 작용하는 공기의 무게와 같다.

02

정답 맞히기 ㄱ, ㄴ, ㄷ. 기압 $P = \rho g h$이므로 기압은 고도의 차이(공기 기둥의 높이), 중력 가속도, 대기의 밀도에 따라 값이 변하게 된다.

03

정답 맞히기 ㄱ. 공기 기둥의 부피는 밑면적(A) × 공기 기둥의 높이(h)이다.

ㄴ. 단위 면적에 작용하는 공기의 무게인 기압은 $\rho g h$로 나타낼 수 있다.

ㄷ. 기압 $P = \rho g h$이므로 공기 기둥의 높이(h)는 $\dfrac{P}{\rho g}$로 나타낼 수 있다.

04

정답 맞히기 ㄱ, ㄴ. 정역학 평형에서는 연직 상방으로 기압 경도력이 작용하고, 연직 하방으로 중력(g)이 작용한다.

오답 피하기 ㄷ. 연직 방향으로 정역학 평형 상태가 되면 연직 방향의 운동은 거의 일어나지 않는다.

05

정답 맞히기 ㄱ. 기압 $P = \rho g h$이므로 기압은 공기의 밀도에 대체로 비례한다.

ㄴ. 그림에서 살펴보면 높이 올라갈수록 기압 변화율(ΔP)은 감소하므로 반비례 관계이다.

오답 피하기 ㄷ. 높이 0~100 km에서 기압이 변하면 대기의 무게는 변화되지만 대기의 조성은 변하지 않는다.

06

기압(P)은 단위 면적에 작용하는 공기의 무게(mg)이다. 공기 기둥의 밀도(ρ)는 $\dfrac{\text{공기 기둥의 질량}(m)}{\text{공기 기둥의 부피}(V)}$이고, 부피($V$)는 단위

면적(A) × 공기 기둥의 높이(h)이므로 기압(P) $= \dfrac{mg}{A} = \dfrac{\rho V g}{A}$

$= \dfrac{\rho A h g}{A} = \rho g h$가 된다.

07

정답 맞히기 ㄱ. 기압 경도력은 바람을 일으키는 근원적인 힘이다.

ㄴ. 기압이 높은 쪽에서 낮은 쪽으로 기압 경도력이 작용한다.

ㄷ. 기압 경도력 $P_{\mathrm{H}} = \dfrac{1}{\rho} \cdot \dfrac{\Delta P}{d}$ (ρ: 공기의 밀도)이므로 두 지점 사이의 기압 차에 비례하고 거리(d)에 반비례한다.

08

정답 맞히기 ④ A와 B 지점 모두에서 북쪽이 기압이 높고, 남쪽이 기압이 낮으므로 기압 경도력은 북쪽에서 남쪽으로 작용한다. 또한, 기압 경도력의 크기는 기압 차에 비례하고, 등압선 사이의 거리에 반비례하므로 A 지점이 B 지점보다 작용하는 기압 경도력의 크기가 크다.

09

정답 맞히기 ㄷ. A와 B 지점 모두에서 서쪽이 동쪽보다 기압이 높으므로 기압 경도력이 작용하는 방향은 모두 동쪽이다.

오답 피하기 ㄱ, ㄴ. A와 B 지점에서 두 등압선 사이의 기압 차는 동일하고, 등압선의 거리가 A 지점이 B 지점보다 2배 만큼 멀기 때문에 작용하는 기압 경도력의 크기는 A 지점이 B 지점보다 $\dfrac{1}{2}$ 배로 작다.

10

정답 맞히기 ㄷ. 회전판의 회전 속도가 빠를수록 전향력이 크게 작용하므로 물체가 휘어져 보이는 정도는 더 커진다.

오답 피하기 ㄱ. A는 물체의 겉보기 경로이고, B는 실제 경로이다.

ㄴ. 회전판이 회전하지 않으면 겉보기 경로는 실제 경로와 같아지게 된다.

11

정답 맞히기 ㄷ. 전향력 $C = 2mv\Omega\sin\varphi$이므로 물체의 질량(m)에 비례한다.

오답 피하기 ㄱ. 전향력은 저위도에서 고위도로 갈수록 크기가 커지므로 극지방에서 최대이다.

ㄴ. 물체의 운동 속도는 전향력에 비례하므로 속도가 빠를수록 전향력의 크기는 커진다.

12

단위 질량의 공기에 작용하는 전향력(C)의 크기는 저위도에서 고위도로 갈수록 커지고, 물체의 운동 속력(v)에 비례한다. 따라서 전향력(C)=$2v\Omega\sin\varphi$이다.

13

정답 맞히기 ㄱ. A는 원운동을 일으키는 구심력이고, B는 구심력과 크기는 같고 방향만 반대인 원심력이다.

오답 피하기 ㄴ. 구심력과 원심력은 힘의 크기는 같고, 방향만 반대이다.
ㄷ. 물체가 원운동을 할 수 있도록 실제 작용하는 힘은 구심력이고, 겉보기 힘이 원심력이다.

14

정답 맞히기 ㄴ. 대기 경계층 내에서 마찰력은 운동 방향의 반대 방향으로 작용한다.

오답 피하기 ㄱ. A는 마찰의 영향을 받지 않는 층류가 흐르므로 자유 대기이고, B는 마찰의 영향에 의해 난류가 흐르므로 대기 경계층이다.
ㄷ. 마찰력 $F_r = kv$이므로 마찰 계수(k)와 운동 속력(v)에 비례한다.

15

상층 대기에서 등압선이 직선일 때 부는 지균풍은 기압 차이에 의한 기압 경도력과 지구 자전에 의한 전향력이 평형을 이룰 때 부는 바람이다.

16

정답 맞히기 ㄱ. 지균풍은 상층 대기에서 등압선이 직선일 때 등압선에 나란하게 부는 바람이다.

오답 피하기 ㄴ. 지균풍은 마찰의 영향을 받지 않는 자유 대기에서 부는 바람이다.
ㄷ. 북반구에서는 기압 경도력의 오른쪽 직각 방향으로 지균풍이 분다.

17

정답 맞히기 ⑤ 두 등압선 사이의 간격이 넓어지면 기압 경도력은 감소하므로 지균풍의 풍속도 느려지게 된다.

오답 피하기 ① 바람이 기압 경도력의 오른쪽 직각 방향으로 불기 때문에 관측 지역은 북반구에 위치한다.
② 기압 차이에 의해 발생하는 힘은 기압 경도력(A)이다.
③ 기압 경도력이 같은 경우 지균풍의 풍속은 위도에 반비례하므로 저위도일수록 바람의 속력은 빨라진다.
④ B는 지구 자전 때문에 나타나는 가상의 힘인 전향력이다.

18

정답 맞히기 ㄷ. 북반구에서 경도풍은 전향력의 왼쪽 직각 방향으로 분다.

오답 피하기 ㄱ. 경도풍은 마찰력이 작용하지 않는 자유 대기에서 부는 바람이다.
ㄴ. 경도풍에 작용하는 힘은 기압 경도력, 전향력, 구심력이므로 모두 3가지이다.

19

정답 맞히기 ㄴ. 고기압성 경도풍은 전향력이 기압 경도력보다 커서 그 차이에 해당하는 힘이 구심력으로 작용하는 바람이다. 따라서 힘의 크기가 가장 큰 것은 전향력이다.
ㄷ. 관측 지역이 남반구라면 바람의 방향은 기압 경도력의 왼쪽 직각 방향으로 작용하므로 ㉠ 방향으로 분다.

오답 피하기 ㄱ. 상층 대기에서 부는 경도풍은 등압선과 나란하게 분다.

20

정답 맞히기 ⑤ 지상풍은 지표의 마찰이 존재하는 높이 1 km 이하의 대기 경계층에서 나타나는 바람이다. 등압선이 직선일 때는 기압 경도력이 전향력과 마찰력의 합력과 평형을 이루고, 등압선이 곡선일 때는 여기에 구심력도 고려해 주어야 한다.

21

정답 맞히기 ㄱ. 지상풍이 기압 경도력의 오른쪽 방향으로 등압선을 가로질러 불고 있으므로 이 지역은 북반구에 위치한다.
ㄴ. A는 기압 경도력, B는 전향력이므로 A와 B는 상층 대기에서 부는 지균풍과 경도풍에서도 작용하는 힘이다.

오답 피하기 ㄷ. C는 마찰력으로, C의 크기가 커질수록 바람의 속력이 느려진다. 바람의 속력이 느리면 전향력의 크기가 작아져서 전향력이 바람의 방향을 등압선과 나란하게 변화시키지 못한다. 그러므로 등압선과 바람이 이루는 경각(θ)은 커진다.

22

정답 맞히기 ㄷ. A에서는 저기압성 경도풍이 불고, B에서는 저기압성 지상풍이 불고 있으므로 바람에 작용하는 힘의 종류는 마찰력을 고려한 B에서가 A에서보다 더 많다.

오답 피하기 ㄱ. 저기압성 경도풍은 북반구에서는 시계 반대 방향으로 불고, 남반구에서는 시계 방향으로 분다. 따라서 이 지역은 남반구에 위치한다.

ㄴ. 바람이 부는 높이는 경도풍이 부는 A에서가 지상풍이 부는 B에서보다 높다.

실력 향상 문제
본문 178~182쪽

01 ③	02 ②	03 ④	04 해설 참조	05 ⑤
06 ⑤	07 ③	08 ②	09 ①	10 ③
11 ④	12 ⑤	13 ①	14 ③	
15 해설 참조		16 ②	17 ⑤	18 ④
19 ②		20 해설 참조		

01 기압 측정

정답 맞히기 ㄱ. 대기압은 단위 면적을 누르는 공기의 힘으로서 수은 기둥을 밀어 올리는 힘과 같다.

ㄴ. 길이가 2배인 유리관을 사용해도 수은 기둥의 높이는 약 76 cm가 된다.

오답 피하기 ㄷ. 유리관의 굵기를 $\frac{1}{2}$로 줄여도 수은 기둥의 높이는 약 76 cm가 된다.

02 기압 경도력의 작용

정답 맞히기 ㄴ. 기압 경도력은 공기를 움직이게 하는 근원적인 힘이다.

오답 피하기 ㄱ. 기압 경도력은 기압이 높은 쪽에서 낮은 쪽으로 등압선에 수직하게 작용한다.

ㄷ. 공기의 밀도가 일정하다면 등압선 사이의 간격이 좁은 A가 간격이 먼 B보다 기압 경도력의 크기가 더 크다.

03 정역학 평형

정답 맞히기 ㄴ. B는 중력이므로 P 지점 공기의 무게에 해당한다.

ㄷ. 수평 기압 경도력은 기압이 높은 P 지점에서 기압이 낮은 Q 지점으로 작용한다.

오답 피하기 ㄱ. A는 연직 기압 경도력이다.

04 정역학 평형 상태에 작용하는 힘

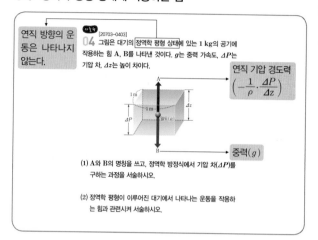

[20703-0403]
04 그림은 대기의 정역학 평형 상태에 있는 1 kg의 공기에 작용하는 힘 A, B를 나타낸 것이다. g는 중력 가속도, ΔP는 기압 차, Δz는 높이 차이다.

(1) A와 B의 명칭을 쓰고, 정역학 방정식에서 기압 차(ΔP)를 구하는 과정을 서술하시오.

(2) 정역학 평형이 이루어진 대기에서 나타나는 운동을 작용하는 힘과 관련시켜 서술하시오.

정역학 평형은 공기 덩어리가 연직 상방으로 작용하는 기압 경도력과 연직 하방으로 작용하는 중력이 서로 평형을 이루고 있는 상태이다.

모범 답안 (1) A: 연직 기압 경도력, B: 중력, $-\frac{1}{\rho} \cdot \frac{\Delta P}{\Delta z} = g$, $\Delta P = -\rho g \Delta z$

(2) 정역학 평형이 이루어진 대기는 연직 방향의 기압 경도력과 중력이 평형을 이루고 있으므로 연직 방향으로의 운동은 나타나지 않는다.

05 수평 기압 경도력

정답 맞히기 ㄱ. 기압 경도력은 기압이 높은 A면 쪽에서 기압이 낮은 B면 쪽으로 작용한다.

ㄴ. 기압 경도력은 d가 일정할 때 기압 차이인 ΔP에 비례하여 작용한다.

ㄷ. ΔP가 일정할 때 기압 경도력은 d에 반비례하여 작용한다.

06 연직 기압 경도력과 수평 기압 경도력

정답 맞히기 ㄱ. B는 연직 기압 경도력이고, C는 수평 기압 경도력이므로 B와 C의 합력은 기압 경도력(A)이다.

ㄴ. P 지점에서의 공기는 정역학 평형 상태이므로 공기는 수평 기압 경도력만 작용하여 C의 방향으로 운동한다.

ㄷ. P 지점은 정역학 평형 상태이므로 연직 기압 경도력(B)과 중력(D)의 크기는 서로 같다.

07 위도에 따른 진자의 운동

정답 맞히기 ㄱ, ㄴ. 지구 자전의 영향으로 진자의 진동 방향이 동일한 시간에 A 지역이 B 지역보다 많이 회전하였으므로 지표면에서의 회전 속도는 A 지역이 B 지역보다 빠르고 더 고위도에 위치한다.

오답 피하기 ㄷ. 적도에서는 전향력이 작용하지 않으므로 진자의 진동면은 회전하지 않는다.

08 전향력의 크기

정답 맞히기 ㄴ. 전향력은 물체의 운동 속력에 비례하므로 운동 속력이 빠를수록 전향력의 크기는 커진다.

오답 피하기 ㄱ. 동일 위도에서 전향력의 크기는 A가 B보다 크므로 A의 속력이 B의 속력보다 빠르다.

ㄷ. 전향력의 크기는 위도의 sin 값에 비례하므로 저위도에서 고위도로 갈수록 전향력의 크기는 커진다.

09 지균풍의 발달 과정

정답 맞히기 ㄱ. A는 정지 상태의 물체가 운동하기 시작하는 순간의 지점이므로 A에서 작용하는 힘은 기압 경도력뿐이다.

오답 피하기 ㄴ. 북반구에서는 A에서 B로 이동하는 동안 전향력의 영향을 받아서 오른쪽으로 방향이 바뀌어 진행하며, 기압 경도력에 의해 점차 바람의 속력이 빨라진다.

ㄷ. 다른 조건이 동일하다면 B에서 부는 지균풍은 고위도로 갈수록 sin(위도)의 크기가 커져 지균풍의 풍속은 느려지게 된다.

10 지균풍의 발생

정답 맞히기 ㄱ. A 지점에서는 남쪽에서 북쪽으로 기압 경도력이 작용하므로 바람은 기압 경도력의 오른쪽 직각 방향으로 나타난다. 따라서 서풍이 분다.

ㄴ. 등압면의 간격이 넓고 위도가 낮은 남쪽이 등압면의 간격이 좁고 위도가 높은 북쪽보다 지표면 부근의 평균 기온은 높다.

오답 피하기 ㄷ. 지표면 부근에서는 지표면의 마찰에 의한 마찰력이 작용하고, 기압 경도력의 크기가 더 작게 작용한다. 따라서 A 지점에서 부는 지균풍이 지표면 부근에서 부는 바람보다 풍속이 더 빠르다.

11 지균풍 비교

정답 맞히기 ㄴ. 전향력의 크기는 풍속에 비례하므로 A가 B에서보다 작다.

ㄷ. 기압 경도력은 기압이 높은 쪽에서 낮은 쪽으로 작용하므로 A와 B에서 기압 경도력이 작용하는 방향은 북쪽으로 서로 같다.

오답 피하기 ㄱ. 지균풍의 풍속은 두 등압선 사이의 거리에 반비례하므로 A가 B에서보다 풍속은 더 느리다.

12 지균풍

정답 맞히기 ㄱ. A, B, C 중 지균풍의 풍속은 기압 차이(경도)에 비례하므로 풍속이 가장 빠른 지점은 A이다.

ㄴ. 지표 부근에서는 상층과 달리 북쪽에서 남쪽으로 기압 경도력이 작용하므로 마찰력을 고려하면 북동쪽에서 남서쪽으로 바람이 분다.

ㄷ. C 지점에서는 수평 방향의 기압 차이가 없으므로 수평 기압 경도력이 작용하지 않는다.

13 저기압성 경도풍

정답 맞히기 ㄱ. 그림에서 살펴보면 저기압성 경도풍에서 기압 경도력의 오른쪽 직각 방향으로 바람이 시계 반대 방향으로 불고 있으므로 이 지역은 북반구이다.

오답 피하기 ㄴ. 저기압성 경도풍에 작용하는 힘의 관계는 기압 경도력(A)이 전향력(C)과 원심력(B)의 합과 같으므로 A=B+C이다.

ㄷ. 남반구에서 전향력(C)은 바람의 왼쪽 직각 방향으로 작용한다.

14 저기압성 경도풍과 고기압성 경도풍

정답 맞히기 ㄱ. 바람의 속력은 고기압성 경도풍이 형성된 A보다 저기압성 경도풍이 형성된 B에서 더 느리다.

ㄴ. 고기압성 경도풍에서 전향력의 크기는 기압 경도력과 원심력의 합과 같다.

오답 피하기 ㄷ. 저기압성 경도풍은 상층 대기의 기압골 부근에 대체로 위치한다.

15 고기압성 경도풍

마찰이 작용하지 않는 높이 1 km 이상의 상층 대기에서는 등압선이 곡선이나 원형을 이루고 있을 때 기압 배치에 따라 기압 경도력, 전향력, 원심력이 힘의 평형을 이루어 경도풍이 발생한다.

모범 답안 (1) 고기압성 경도풍은 전향력이 기압 경도력과 원심력의 합과 평형을 이루어 부는 바람이다.

(2) 저기압성 경도풍은 기압 경도력이 전향력과 원심력의 합과 평형을 이루어 부는 바람이다.

16 상층에서 부는 바람

정답 맞히기 ㄴ. B는 저기압성 경도풍이 불고 있으므로 바람은 시계 반대 방향으로 회전한다.

오답 피하기 ㄱ. A에서는 지균풍이 불고 있으므로 작용하는 힘은 기압 경도력과 전향력이므로 2가지이다.

ㄷ. A와 B에서는 지균풍과 저기압성 경도풍이 나타나므로 바람은 등고선에 나란하게 분다.

17 등압선이 원형일 때의 지상풍

정답 맞히기 ㄱ. (가)에서 바람은 시계 방향으로 중심부에서 멀어지므로 A는 고기압이고, (나)에서 바람은 시계 방향으로 중심부로 들어오고 있으므로 B는 저기압이다.

ㄴ. (가)와 (나)는 등압선이 원형이므로 구심력이 작용한다.

ㄷ. 지표면 부근에서 마찰력의 크기가 커지면 전향력이 작아져서 바람과 등압선이 이루는 각인 경각은 커진다.

18 지상풍

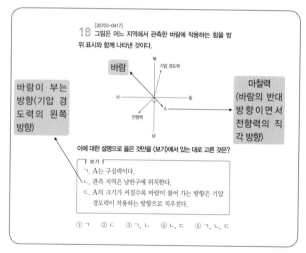

18 [20703-0417]
그림은 어느 지역에서 관측한 바람에 작용하는 힘을 방위 표시와 함께 나타낸 것이다.

바람
북
기압 경도력

바람이 부는 방향(기압 경도력의 왼쪽 방향)

서   동

마찰력
(바람의 반대 방향이면서 전향력의 직각 방향)

전향력
남
A

이에 대한 설명으로 옳은 것만을 〈보기〉에 있는 대로 고른 것은?

〈보기〉
ㄱ. A는 구심력이다.
ㄴ. 관측 지역은 남반구에 위치한다.
ㄷ. A의 크기가 커질수록 바람이 불어 가는 방향은 기압 경도력이 작용하는 방향으로 치우친다.

① ㄱ   ② ㄷ   ③ ㄱ, ㄴ   ④ ㄴ, ㄷ   ⑤ ㄱ, ㄴ, ㄷ

정답 맞히기 ㄴ. 그림에서 바람은 마찰력(A)의 반대 방향으로 나타나고, 기압 경도력의 왼쪽 방향으로 불고 있으므로 관측 지역은 남반구에 위치한다.

ㄷ. 마찰력(A)의 크기가 커질수록 바람이 불어 가는 방향은 기압 경도력이 작용하는 방향으로 치우쳐 나타나게 된다.

오답 피하기 ㄱ. A는 전향력에 직각으로 작용하는 힘이므로 마찰력이다.

19 지균풍과 지상풍

정답 맞히기 ㄴ. 지상풍은 전향력에 직각 방향으로 분다.

오답 피하기 ㄱ. (가)는 바람의 방향이 기압 경도력의 왼쪽 직각 방향으로 나타나므로 남반구의 상층 대기에서 부는 지균풍이고,

(나)는 바람의 방향이 기압 경도력의 오른쪽으로 등압선에 가로질러 나타나므로 북반구의 대기 경계층에서 부는 지상풍이다.

ㄷ. 다른 조건이 동일하다면 바람의 속력은 대체로 지균풍이 지상풍보다 빠르다.

20 상층과 지상에서 부는 바람 비교

상층 대기에서는 기압 경도력과 전향력이 평형을 이루어 등압선에 나란하게 바람이 불고, 지상에서는 기압 경도력이 전향력과 마찰력의 합력과 평형을 이루어 등압선을 가로지르는 바람이 분다.

모범 답안 ⑴ A: 남서풍 계열, B: 서풍, 북반구의 상층 대기에서는 기압 경도력의 오른쪽 직각 방향으로 바람이 불고, 지상에서는 기압 경도력의 오른쪽으로 등압선에 비스듬하게 바람이 분다. 기압 경도력이 남쪽에서 북쪽을 향하므로 A에서는 남서풍 계열, B에서는 서풍이 분다.

⑵ 지상에서 위로 올라가면 마찰력이 작아져서 풍속이 빨라지고, 빨라진 풍속만큼 전향력의 크기는 커진다.

신유형·수능 열기

본문 183쪽

01 ④   **02** ②   **03** ⑤   **04** ②

01

정답 맞히기 ㄴ. 그림에서 살펴보면 A 지점이 B 지점보다 높이에 따른 연직 등압면 간격이 넓으므로 A 지점이 기온이 높은 저위도이고, B 지점이 기온이 낮은 고위도 지역이다.

ㄷ. A 지점이 B 지점보다 기온이 높아 등압면 간격이 넓으므로 지표면과 지점 사이 대기의 평균 밀도는 A 지점이 B 지점보다 작다.

오답 피하기 ㄱ. A 지점은 500 hPa 등압면의 아래에 위치하고, B 지점은 500 hPa 등압면의 위에 위치하므로 기압은 A 지점이 B 지점보다 크다.

02

정답 맞히기 ㄴ. 회전판의 회전 속도가 빠를수록 물체의 이동 경로는 더 많이 휘어지게 된다. 따라서 회전판의 속도는 (나)에서 가장 빠르다.

오답 피하기 ㄱ. (가)는 물체의 이동 경로가 직선이므로 전향력이 작용하지 않는 적도 지방에 해당한다.

ㄷ. (다)는 물체의 이동 경로가 진행 방향의 오른쪽으로 편향되어 휘어져 있으므로 회전판을 시계 반대 방향으로 회전시킨 것이다.

03

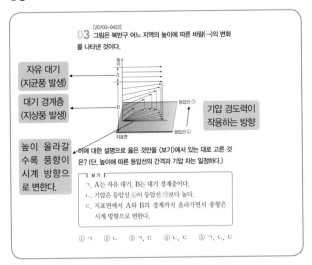

자유 대기
(지균풍 발생)

대기 경계층
(지상풍 발생)

높이 올라갈
수록 풍향이
시계 방향으
로 변한다.

기압 경도력이
작용하는 방향

[20703-0422]
03 그림은 북반구 어느 지역의 높이에 따른 바람(→)의 변화를 나타낸 것이다.

이에 대한 설명으로 옳은 것만을 〈보기〉에 있는 대로 고른 것은? (단, 높이에 따른 등압선의 간격과 기압 차는 일정하다.)

〈보기〉
ㄱ. A는 자유 대기, B는 대기 경계층이다.
ㄴ. 기압은 등압선 ⓛ이 등압선 ㄱ보다 높다.
ㄷ. 지표면에서 A와 B의 경계까지 올라가면서 풍향은 시계 방향으로 변한다.

① ㄱ   ② ㄴ   ③ ㄱ, ㄷ   ④ ㄴ, ㄷ   ⑤ ㄱ, ㄴ, ㄷ

정답 맞히기 ㄱ. A는 바람이 등압선에 나란하게 불고 있으므로 자유 대기이고, B는 바람이 등압선을 가로질러 불고 있으므로 대기 경계층이다.

ㄴ. 북반구에서 바람은 기압 경도력의 오른쪽 방향으로 불므로 등압선 ⓛ이 등압선 ㄱ보다 기압이 높다.

ㄷ. 높이 올라갈수록 마찰력이 감소하므로 바람은 등압선에 나란하게 불게 된다. 따라서 풍향은 시계 방향으로 변한다.

04

정답 맞히기 ㄴ. 다른 조건이 동일하므로 바람의 속력은 지균풍보다 저기압성 경도풍에서 더 느리다.

오답 피하기 ㄱ. (가)와 (나)는 모두 바람이 기압 경도력의 오른쪽 직각 방향으로 불고 있으므로 북반구에 위치한다.

ㄷ. (가)의 힘 A는 기압 경도력이고, (나)의 힘 C는 기압 경도력과 구심력의 합력이므로 힘의 크기는 A가 C보다 크다.

---

10 편서풍 파동과 대기 대순환

탐구 활동 　　　　　　　　본문 190쪽

1 물의 대류 현상이 활발해지고, 파동의 수가 많아진다.
2 해설 참조

1
원통이 천천히 회전할 때에는 전향력이 작은 저위도 지방에서 나타나는 현상을, 빠르게 회전할 때에는 전향력이 큰 중위도 지방에서 나타나는 현상을 나타낸 것이다. 수온 차이가 커지는 것은 지구의 남북 간의 기온 차이가 커져 열적 순환이 두드러지게 나타날 수 있는 조건을 만드는 것이다.

2
적도 지방의 가열과 극지방의 냉각에 의해 열적 불균형이 생기고, 이를 해소하기 위해 중위도 상공에서는 편서풍이 파동 형태로 나타나 열을 이동시킨다.

모범 답안 바깥쪽 원통의 더운물은 기온이 높은 지구의 저위도 지방 상공을 의미하고, 가운데 원통의 얼음은 지구의 고위도 지방 상공을 의미한다.

내신 기초 문제 　　　　　　본문 191~194쪽

01 ③	**02** ④	**03** ③	**04** ④
05 기압 마루, 기압골	**06** ③	**07** ⑤	**08** ④
09 ②	**10** ①	**11** ①	**12** ⑤	**13** 중(간)
14 ④	**15** 난류, 층류	**16** ③	
17 온실 효과		**18** ④	**19** ④	**20** ②
21 ③	**22** ②		

01

정답 맞히기 ㄱ. 상층 대기의 서쪽에서 동쪽으로 부는 바람은 상층 대기에서 기압 경도력과 전향력이 평형을 이루어 지균풍의 형태로 분다.

ㄷ. 상층 대기의 서쪽에서 동쪽으로 부는 바람은 적도 부근을 제외하고 전 지구적으로 상층 대기에서 우세하게 나타난다.

오답 피하기 ㄴ. 고도가 높아질수록 남북 간의 기온 차가 커져서 풍속이 빨라진다.

02

정답 맞히기 ④ 기압골의 서쪽에는 수렴에 의해 하강 기류가 나타난다.

오답 피하기 ① 편서풍 파동은 중위도 상공에서 우세하게 나타난다.

② 편서풍 파동은 상층 대기에서 나타나는 현상이므로 상층 일기도에 등압선의 등고선 형태로 나타난다.

③ 기압골의 동쪽에서는 발산이 나타난다.

⑤ 편서풍 파동은 저위도의 남는 에너지를 고위도로 수송하는 역할을 한다.

03

정답 맞히기 ㄱ. A 지점에서는 공기의 수렴이 나타나므로 공기의 속도는 느려진다.

ㄴ. B 지점에서는 시계 반대 방향으로 흐르는 저기압성 경도풍이 분다.

오답 피하기 ㄷ. C 지점은 고위도 쪽으로 볼록한 형태이므로 기압 마루에 해당한다.

04

정답 맞히기 ④ 편서풍 파동은 파동의 진폭이 작을 때는 남북 사이의 열 수송이 거의 없어서 남북 사이의 기온 차이가 커지게 되고, 어느 한계를 넘어서면 파동이 발달하기 시작한다. 이후 남북 방향으로 파동의 진폭이 더 커지면 파동의 일부가 분리되면서 남북 사이의 에너지 교환이 이루어지게 된다. 따라서 편서풍 파동이 발달하는 과정을 순서대로 나열하면 (다)→(나)→(라)→(가)이다.

05

기압골은 등압면 등고선에서 저위도 쪽을 향하여 아래로 오목한 부분이고, 기압 마루는 고위도 쪽을 향하여 위로 볼록한 부분이다.

06

정답 맞히기 ㄱ. 기압골의 서쪽에 위치한 A에서는 공기의 수렴이, 동쪽에 위치한 B에서는 공기의 발산이 나타난다.

ㄴ. C에서는 하강 기류에 의해 고기압이 발달되고, D에서는 상승 기류에 의해 저기압이 발달된다.

오답 피하기 ㄷ. 기온은 편서풍 파동의 북쪽에 위치한 ㉠에서보다 남쪽에 위치한 ㉡에서 더 높다.

07

정답 맞히기 ㄱ. 제트류는 편서풍 파동과 밀접한 관련이 있으므로 지상의 기압 배치에 영향을 준다.

ㄴ. 제트류는 남북 간의 기온 차가 클수록 빨라지므로 겨울철이 여름철보다 더 빠르다.

ㄷ. 제트류는 남북 간의 기온 차에 의해 발생하고, 기온 차가 가장 큰 대류권 계면 부근에서 나타난다.

08

정답 맞히기 ㄱ. 제트류는 편서풍 파동 내의 축이 되는 강한 흐름이다.

ㄷ. 편서풍 파동과 제트류는 저위도의 남는 에너지를 에너지가 부족한 고위도로 수송하는 역할을 한다.

오답 피하기 ㄴ. 편서풍 파동과 제트류는 서풍 계열의 대기 흐름이다.

09

정답 맞히기 ㄷ. 대류권 계면의 높이는 지표면에서 방출하는 복사 에너지양에 비례하여 나타나므로 저위도로 갈수록 대체로 높이가 높아진다.

오답 피하기 ㄱ. 위치하는 위도대가 낮은 B가 아열대 제트류가 주로 나타나는 곳이다.

ㄴ. 30°N 지표 부근은 하강 기류에 의해 고기압이 주로 형성된다.

10

정답 맞히기 ㄴ. 여름철에 제트류의 위치는 북상한다.

오답 피하기 ㄱ. 겨울철에 비해 여름철에 제트류의 풍속은 약해진다.

ㄷ. 적도 지방과 극지방의 기온 차이가 작을수록 제트류의 풍속은 약해진다.

11

정답 맞히기 ㄱ. 그림에서 살펴보면 대체적으로 시간 규모가 클수록 공간 규모도 커진다.

오답 피하기 ㄴ. 산곡풍은 중규모에서 나타나는 대기 현상이므로 일기도에 대체로 나타나지 않는다.

ㄷ. 시간 규모가 작아질수록 공간 규모도 작아지므로 시간 규모가 작아지면 전향력의 영향을 적게 받는다.

12

정답 맞히기 ⑤ 제시된 특징은 태풍(열대 저기압)에 대한 내용이다.

오답 피하기 ① 난류는 여러 소용돌이가 섞인 흐름이다.
② 뇌우는 천둥과 번개를 동반한 구름에서 발생하는 폭풍우이다.
③ 고기압은 주변보다 상대적으로 기압이 높은 곳을 의미한다.
④ 계절풍은 대륙과 해양의 비열 차에 의해 발생하며 계절에 따라
방향이 크게 바뀌는 바람이다.

13
중(간)규모는 하루 정도의 시간 규모와 약 100 km의 공간 규모
를 가지는 대기 순환 규모이다.

14
정답 맞히기 ㄴ. B 지역의 상공에는 지표 부근에 형성된 고기압
에 의해 하강 기류가 나타날 것이다.
ㄷ. 지표면 부근에서 기압 경도력은 기압이 높은 B 지역에서 기
압이 낮은 A 지역으로 작용한다.
오답 피하기 ㄱ. 연직 등압선의 간격이 넓은 A 지역이 간격이 좁
은 B 지역보다 지표면 부근의 기온이 높을 것이다.

15
대기 경계층(마찰층)에서는 마찰의 영향으로 난류가 주로 발생하
고, 자유 대기에서는 규칙적인 흐름인 층류가 주로 나타난다.

16
정답 맞히기 ㄱ. A는 지구가 흡수하는 태양 복사 에너지양이다.
ㄷ. 지구는 대기와 해수의 열 수송에 의해 복사 평형 상태를 유지
한다.
오답 피하기 ㄴ. 저위도는 흡수하는 에너지양이 방출하는 에너지
양보다 많으므로 에너지 과잉 상태이고, 고위도는 반대로 에너지
부족 상태이다.

17
지구는 온실 효과로 인해 일정한 온도를 유지하여 생명체가 서식
하기 좋은 환경을 조성한다.

18
정답 맞히기 ④ 지표면에서는 에너지의 흡수량과 방출량이 같아
복사 평형 상태를 유지한다.
오답 피하기 ① A와 B는 지표 및 대기에서 우주로 방출하는 에
너지에 해당하므로 70 %이다.
② C는 지표가 대기로부터 흡수하는 에너지양이므로 88 %이다.
③ 대기에서도 복사 평형 상태를 유지한다.

⑤ 태양 복사 에너지는 지표면에서 45 %, 대기에서 25 % 흡수
된다.

19
정답 맞히기 ㄴ. A에서는 바람이 중심에서 주변으로 불어 나가
므로 고기압이고, B는 바람이 주변에서 중심으로 불어 들어오므
로 저기압이다.
ㄷ. 계절풍은 1년 주기로 나타나는 지구 규모의 대기 순환이다.
오답 피하기 ㄱ. 여름철에는 대륙이 해양보다 온도가 높아 해양
에서 대륙으로 바람이 불고, 겨울철에는 반대로 나타난다. 따라서
(가)는 겨울철, (나)는 여름철의 모습이다.

20
정답 맞히기 ㄴ. 대기 대순환은 지구 규모의 순환 규모로서 가장
큰 규모의 대기 순환이다.
오답 피하기 ㄱ. 지구의 자전에 의해 지구에는 3개의 순환 세포
가 있다.
ㄷ. 대기 대순환은 남북 간의 기온 차와 지구 자전에 의한 전향력
의 영향으로 발생한다.

21
정답 맞히기 ㄱ. 지구가 자전하지 않을 때 나타나는 단일 세포 순
환 모델이다.
ㄴ. 단일 세포 순환 모델은 지구의 열적 순환에 의한 결과로 나타
나는 순환 모델이다.
오답 피하기 ㄷ. 북반구 중위도의 지상에서는 북풍이 우세하게
나타난다.

22
정답 맞히기 ㄷ. (가)와 (나)의 사이인 중위도에서는 편서풍이 우
세하게 분다.
오답 피하기 ㄱ. (나)는 중위도 고압대로서 하강 기류가 나타난다.
ㄴ. A와 C는 대기 순환에 의한 직접 순환(열적 순환)이고, B는
A와 C에 의해 형성되는 간접 순환(역학적 순환)이다.

01 ① 02 ① 03 ① 04 ② 05 ⑤
06 ⑤ 07 ② 08 해설 참조 09 ⑤
10 ② 11 ① 12 ③ 13 ② 14 ④
15 ④ 16 해설 참조 17 ③ 18 ②
19 ⑤ 20 해설 참조

01 편서풍의 발생 원리

정답 맞히기 ㄱ. A는 기압이 높은 쪽에서 낮은 쪽으로 작용하는 기압 경도력이다.

오답 피하기 ㄴ. 그림에서 발생한 편서풍에는 기압 경도력과 전향력만이 힘으로 작용한다.

ㄷ. 높이가 높아질수록 남북 간의 기압 차는 커진다.

02 편서풍 파동의 변동

정답 맞히기 ㄱ. 시간 순서는 파동의 진폭이 작은 (나)가 파동의 진폭이 큰 (가)보다 먼저이다.

오답 피하기 ㄴ. 그림에서 살펴보면 남북 방향으로 형성된 파동의 진폭은 (가)보다 (나)에서 작다.

ㄷ. 파동의 진폭이 클수록 남북 방향의 열 교환이 활발하게 일어나므로 (나)보다 (가)일 때 활발하다.

03 편서풍 파동

정답 맞히기 ㄱ. A에는 고기압성 경도풍이 불고 있으므로 바람은 등압선에 나란하다.

오답 피하기 ㄴ. B는 기압골에 위치하고 있으므로 북쪽의 차가운 공기가 유입된다.

ㄷ. 지구가 자전하지 않으면 편서풍 파동은 발생하지 않는다.

04 편서풍 파동과 지상의 날씨 변화

정답 맞히기 ㄴ. 지상의 저기압은 기압골의 동쪽 지상에 형성된다.

오답 피하기 ㄱ. 상층 대기에서는 등압선에 나란한 바람이 분다.

ㄷ. 그림에서 살펴보면 200 hPa 일기도에서 기압골의 축은 지상의 저기압 중심보다 서쪽으로 치우쳐서 위치한다.

05 상층 일기도

정답 맞히기 ㄱ. 우리나라의 동쪽에는 기압골의 동쪽 대기의 발산에 의해 상승 기류가 나타난다.

ㄴ. 우리나라의 서쪽에는 대기의 수렴에 의해 하강 기류가 나타나므로 지상에는 고기압이 형성된다.

ㄷ. 우리나라의 상층에는 기압골이 형성되어 있다.

06 편서풍 파동

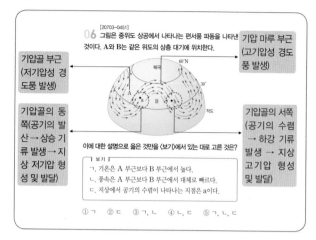

[20703-0451]
06 그림은 중위도 상공에서 나타나는 편서풍 파동을 나타낸 것이다. A와 B는 같은 위도의 상층 대기에 위치한다.

기압골 부근
(저기압성 경도풍 발생)

기압골의 동쪽(공기의 발산→상승 기류 발생→지상 저기압 형성 및 발달)

기압 마루 부근
(고기압성 경도풍 발생)

기압골의 서쪽
(공기의 수렴 → 하강 기류 발생 → 지상 고기압 형성 및 발달)

이에 대한 설명으로 옳은 것만을 〈보기〉에 있는 대로 고른 것은?

보기
ㄱ. 기온은 A 부근보다 B 부근에서 높다.
ㄴ. 풍속은 A 부근보다 B 부근에서 대체로 빠르다.
ㄷ. 지상에서 공기의 수렴이 나타나는 지점은 a이다.

① ㄱ ② ㄷ ③ ㄱ, ㄴ ④ ㄴ, ㄷ ⑤ ㄱ, ㄴ, ㄷ

정답 맞히기 ㄱ. 기온은 차가운 공기가 유입된 A 부근보다 따뜻한 공기가 유입된 B 부근에서 높다.

ㄴ. 풍속은 저기압성 경도풍이 부는 A 부근보다 고기압성 경도풍이 부는 B 부근에서 대체로 빠르다.

ㄷ. 지상에서 공기의 수렴이 나타나는 곳은 저기압의 중심부이므로 상층 대기에서는 발산이 일어나는 기압골의 동쪽 대기에 위치한 a 지점에 해당한다.

07 바람의 연직 구조

정답 맞히기 ㄷ. 대류권 계면의 높이는 대체로 저위도에서 높고, 고위도에서 낮다. 따라서 대류권 계면의 높이는 30 °N 지역이 60 °N 지역보다 높을 것이다.

오답 피하기 ㄱ. A 지점에서 기압 경도력은 저위도에서 고위도로 작용하므로 북쪽으로 작용한다.

ㄴ. 제트류는 1월(겨울철)에 저위도로 이동하고, 7월(여름철)에 고위도로 이동한다.

08 제트류의 종류

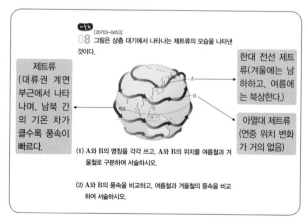

[20703-0453]
08 그림은 상층 대기에서 나타나는 제트류의 모습을 나타낸 것이다.

제트류
(대류권 계면 부근에서 나타나며, 남북 간의 기온 차가 클수록 풍속이 빠르다.)

한대 전선 제트류(겨울에는 남하하고, 여름에는 북상한다.)

아열대 제트류
(연중 위치 변화가 거의 없음)

(1) A와 B의 명칭을 각각 쓰고, A와 B의 위치를 여름철과 겨울철로 구분하여 서술하시오.

(2) A와 B의 풍속을 비교하고, 여름철과 겨울철의 풍속을 비교하여 서술하시오.

모범 답안 (1) A: 한대 (전선) 제트류, B: 아열대 제트류, A는 여름철에는 북상하고, 겨울철에는 남하한다. 이에 비해 B는 연중 일정한 위치(위도 30° 상공) 부근에 위치한다.

(2) A는 B보다 풍속이 강하며, 남북 사이의 큰 기온 차이가 발생하는 겨울철이 여름철보다 풍속이 강하게 나타난다.

09 제트류

정답 맞히기 ㄱ. 제트류가 나타나는 위도대가 (가)보다 (나)에서 더 낮으므로 (가)는 여름철, (나)는 겨울철의 모습이다.

ㄴ. 남북 사이의 기온 차이는 겨울철이 여름철보다 크다.

ㄷ. 그림에서 살펴보면 30°N에서의 연직 풍속 변화폭은 (가)보다 (나)일 때 더 크다.

10 대기 순환 규모

정답 맞히기 ② B는 중규모이다. 중규모는 일기도에 나타나지 않는다.

오답 피하기 ① A는 미규모이다.

③ 이동성 고기압은 종관 규모로 C에 해당한다.

④ 지속 시간(수명)은 시간 규모와 공간 규모에 비례한다. 따라서 가장 긴 지속 시간을 가지는 규모는 D이다.

⑤ A에서 D로 진행될수록 시간 규모와 공간 규모가 커진다.

11 태풍과 토네이도

정답 맞히기 ㄱ. (가)는 종관 규모인 태풍이다.

오답 피하기 ㄴ. 이동 속력에 전향력을 고려해야 하는 것은 종관 규모인 (가)이다.

ㄷ. $\dfrac{\text{수평 규모}}{\text{수직 규모}}$는 (가)보다 (나)가 더 작다.

12 열적 순환

정답 맞히기 ㄱ. 바람은 기압이 높은 A 지점에서 기압이 낮은 B 지점으로 분다.

ㄷ. 지표면 부근 공기의 온도는 연직 등압선 간격이 넓은 B 지점이 좁은 A 지점보다 높다.

오답 피하기 ㄴ. 지표면 부근에서 나타나는 열적 순환은 주로 중규모에 해당한다.

13 고기압의 종류

정답 맞히기 ㄴ. A는 주위보다 기압이 높고, B는 주위보다 기압이 낮다.

오답 피하기 ㄱ. (가)는 키 큰 고기압인 온난 고기압이고, (나)는 키 작은 고기압인 한랭 고기압이다.

ㄷ. (가)는 중심부의 기온이 주위 공기보다 높고, (나)는 중심부의 기온이 주위 공기보다 낮다.

14 계절별 기압 배치

정답 맞히기 ㄴ. (나)는 여름철의 기압 배치이므로 우리나라는 주로 남동 계절풍이 분다.

ㄷ. 대기 대순환에 의해 남동 무역풍과 북동 무역풍이 수렴하는 곳에 열대 수렴대가 위치한다.

오답 피하기 ㄱ. (가)는 열대 수렴대가 주로 남반구에 위치하므로 1월의 자료이다.

15 산곡풍

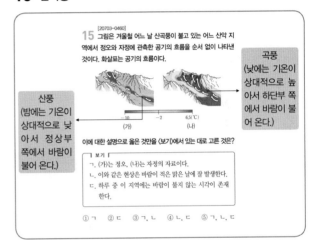

[20703-0460]
15 그림은 겨울철 어느 날 산곡풍이 불고 있는 어느 산악 지역에서 정오와 자정에 관측한 공기의 흐름을 순서 없이 나타낸 것이다. 화살표는 공기의 흐름이다.

산풍 (밤에는 기온이 상대적으로 낮아서 정상부 쪽에서 바람이 불어 온다.)

곡풍 (낮에는 기온이 상대적으로 높아서 하단부 쪽에서 바람이 불어 온다.)

이에 대한 설명으로 옳은 것만을 〈보기〉에 있는 대로 고른 것은?

〈 보기 〉
ㄱ. (가)는 정오, (나)는 자정의 자료이다.
ㄴ. 이와 같은 현상은 바람이 적은 맑은 날에 잘 발생한다.
ㄷ. 하루 중 이 지역에는 바람이 불지 않는 시각이 존재한다.

① ㄱ ② ㄷ ③ ㄱ, ㄴ ④ ㄴ, ㄷ ⑤ ㄱ, ㄴ, ㄷ

정답 맞히기 ㄴ. 산곡풍은 바람이 적은 맑은 날에 잘 발생한다.

ㄷ. 산곡풍이 나타나는 날에는 산풍과 곡풍이 전환될 때 바람이 불지 않는 시각이 나타난다.

오답 피하기 ㄱ. (가)는 산풍이 불고 있으므로 자정의 자료이고, (나)는 곡풍이 불고 있으므로 정오의 자료이다.

16 지구의 열수지

지구의 대기와 지표는 흡수하는 에너지양과 방출하는 에너지양이 같아 복사 평형 상태를 유지한다. 이로 인해 지구도 복사 평형 상태를 유지하게 된다.

모범 답안 (1) 흡수하는 에너지양은 133 단위이고, 방출하는 에너지양은 133 단위이다. 지표에서는 태양으로부터 45, 대기로부터 88 단위만큼 에너지가 흡수되고, 대기로 129, 우주 공간으로 4 단위만큼 에너지를 방출하므로 복사 평형 상태를 유지하고 있다.

(2) 대기에 온실 기체가 증가하면 지표에서 방출되는 장파의 지구 복사 에너지가 흡수되어 이전에 비해 많은 양의 에너지가 지표로 재방출된다. 이로 인해 지표의 기온은 높아져서 지구 온난화 현상을 가속화시킬 수 있다.

17 태양 상수(I)

정답 맞히기 ㄱ. 지구의 단면적은 지구 전체 표면적의 $\frac{1}{4}$에 해당한다.

ㄷ. 실제 지구에서는 태양 복사 에너지의 일부를 대기와 지표에서 반사시킨다.

오답 피하기 ㄴ. 지구의 단위 면적이 1초 동안 받는 평균 태양 복사 에너지양은 $\frac{\pi R_{\mathrm{E}}^{2} I}{4\pi R_{\mathrm{E}}^{2}} = \frac{I}{4}$ 이다.

18 지구의 에너지 수지

정답 맞히기 ㄷ. 태양 복사 에너지양과 지구 복사 에너지양이 같은 위도(약 38°) 부근에서 에너지 수송량이 최대이다.

오답 피하기 ㄱ. 저위도의 남는 에너지가 대기와 해수에 의해 에너지가 부족한 고위도로 수송된다.

ㄴ. 그림에서 살펴보면 에너지 수송량은 대기가 해양보다 많다.

19 대기 순환 모델

정답 맞히기 ㄱ. (가)는 페렐 순환, (나)는 해들리 순환, (다)는 극 순환이다. 3세포 순환 모델은 지구의 자전을 고려한 모델이다.

ㄴ. 열대 수렴대는 계절 변화에 의해 여름철에 북상하고, 겨울철에 남하한다.

ㄷ. 극 순환은 극지방 주위에서 나타나는 순환이다.

20 3세포 순환 모델

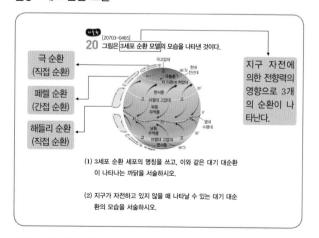

[20703-0465]
20 그림은 3세포 순환 모델의 모습을 나타낸 것이다.

극 순환 (직접 순환)
페렐 순환 (간접 순환)
해들리 순환 (직접 순환)

지구 자전에 의한 전향력의 영향으로 3개의 순환이 나타난다.

(1) 3세포 순환 세포의 명칭을 쓰고, 이와 같은 대기 대순환이 나타나는 까닭을 서술하시오.

(2) 지구가 자전하고 있지 않을 때 나타날 수 있는 대기 대순환의 모습을 서술하시오.

지구는 저위도 지방과 고위도 지방의 기온 차이에 의한 열적 순환과 지구 자전에 의한 전향력의 영향으로 3개의 순환 세포가 나타나는 대기 대순환을 하고 있다.

모범 답안 (1) 해들리 순환, 페렐 순환, 극 순환, 지구가 자전하고 있을 때는 지구 자전에 의한 전향력의 영향으로 3개의 순환 세포가 만들어진다.

(2) 지구가 자전하지 않을 때는 열적 순환에 의해 공기가 따뜻한 적도 지방에서는 상승하고, 차가운 극지방에서는 하강하여 1개의 대기 순환 세포가 나타난다.

신유형·수능 열기 본문 200쪽

01 ④ **02** ② **03** ② **04** ⑤

01

정답 맞히기 ㄴ. (가)에서 A는 시계 방향의 흐름을 나타내므로 고기압에 해당하고, B는 시계 반대 방향의 흐름을 나타내므로 저기압에 해당한다.

ㄷ. 파동의 수는 회전 속도에 비례하여 나타난다.

오답 피하기 ㄱ. (가)는 (나)보다 파동의 수가 많으므로 (가)는 회전 속도가 빠를 때이다.

02

정답 맞히기 ㄴ. (가)에서 우리나라 부근에 고기압이 위치하므로 날씨가 대체로 맑다.

오답 피하기 ㄱ. (가)에서 A는 저기압이다.

ㄷ. 우리나라의 상층 대기에는 기압 마루가 형성되어 있다.

03

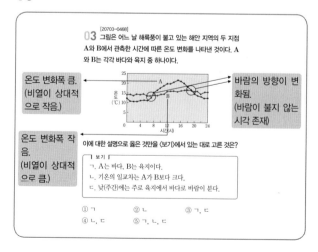

[20703-0468]
03 그림은 어느 날 해륙풍이 불고 있는 해안 지역의 두 지점 A와 B에서 관측한 시간에 따른 온도 변화를 나타낸 것이다. A와 B는 각각 바다와 육지 중 하나이다.

온도 변화폭 큼. (비열이 상대적으로 작음.)

바람의 방향이 변화됨. (바람이 불지 않는 시각 존재)

온도 변화폭 작음. (비열이 상대적으로 큼.)

이에 대한 설명으로 옳은 것만을 〈보기〉에 있는 대로 고른 것은?

보기
ㄱ. A는 바다, B는 육지이다.
ㄴ. 기온의 일교차는 A가 B보다 크다.
ㄷ. 낮(주간)에는 주로 육지에서 바다로 바람이 분다.

① ㄱ   ② ㄴ   ③ ㄱ, ㄷ
④ ㄴ, ㄷ   ⑤ ㄱ, ㄴ, ㄷ

[정답 맞히기] ㄴ. 기온의 일교차는 A가 B보다 크다.

[오답 피하기] ㄱ. 온도 변화폭이 A보다 B가 작으므로 A는 육지, B는 바다이다.

ㄷ. 낮(주간)에는 해풍이 나타나므로 바다에서 육지로 바람이 분다.

04

[정답 맞히기] ㄱ. 해들리 순환은 남북 간의 기온 차이에 의해 나타나는 열적 순환이다.

ㄴ. 대류권 계면의 높이는 대체로 저위도가 고위도보다 높다. 따라서 위도 30°에 위치하는 A 지역이 적도 부근에 위치하는 B 지역보다 대류권 계면의 높이가 낮다.

ㄷ. 해들리 순환의 상층에는 전향력에 의해 남반구와 북반구에서 모두 서풍이 우세하게 분다.

단원 마무리 문제
본문 204~207쪽

01 ⑤	02 ⑤	03 ⑤	04 ④	05 ⑤
06 ④	07 ②	08 ②	09 ③	10 ①
11 ②	12 ②	13 ①	14 해설 참조	
15 ②	16 ③			

01

[정답 맞히기] ㄱ. 해수면 위에서 바람이 불 때 표면 해수는 바람 방향과 45°의 각을 이루고 이동한다.

ㄴ. 마찰층 내에서 해수의 평균 이동 방향인 에크만 수송은 북반구에서는 바람의 오른쪽으로 90° 방향, 남반구에서는 왼쪽으로 90° 방향이다.

ㄷ. 북반구의 경우 전향력이 오른쪽으로 작용하므로 수심이 깊어짐에 따라 해수의 이동 방향은 점차 오른쪽으로 편향되어 시계 방향으로 변한다.

02

[정답 맞히기] ⑤ 북반구에서 바람이 불 때 표면 해수는 바람의 오른쪽 45° 방향으로 이동하므로 D 방향으로 이동하고, 지형류는 수압 경도력의 오른쪽 90° 방향으로 흐르므로 E 방향으로 흐른다.

03

[정답 맞히기] ㄱ. A에서는 지형류가 적도에서 고위도 방향으로 흐르므로 난류가 흐른다.

ㄴ. A가 B보다 해수면의 경사가 크므로 수압 경도력이 크다. 지형류에서 전향력의 크기는 수압 경도력과 같으므로 A가 B보다 크다.

ㄷ. 서안 경계류는 동안 경계류보다 깊고 빠르게 흐르므로 지형류는 B보다 A에서 깊다.

04

[정답 맞히기] ㄴ. A의 해류는 서안 경계류로, B의 해류인 동안 경계류보다 유속이 빠르다.

ㄷ. 아열대 순환의 중심이 서쪽으로 치우친 원인은 지구가 서에서 동으로 자전함에 따라 고위도로 갈수록 전향력이 커지기 때문이다.

[오답 피하기] ㄱ. 캘리포니아 해류는 동안 경계류이므로 B에 해당한다.

05

[정답 맞히기] ㄱ. A는 표면의 물 입자가 원운동을 하므로 심해파를 나타낸다.

ㄴ. B는 표면의 물 입자가 타원 운동을 하므로 천해파를 나타낸다. 천해파는 해저면의 영향을 받는다.

ㄷ. 해파의 진행 방향은 마루 부분에 있는 물 입자의 운동 방향과 같다. 따라서 A, B 모두 동쪽으로 진행하는 해파이다.

06

[정답 맞히기] ㄱ. 수심 300 m인 해역에서 A와 C는 모두 심해파이다. 심해파의 속력은 파장이 길수록 빠르다. A는 C보다 파장이 긴 해파이므로 속력은 A가 C보다 빠르다.

ㄷ. 수심 6 m인 해역에서 C는 천해파이다. 천해파는 해저의 영향을 받으므로 수심이 얕아질수록 속력이 느려지고 파고가 높아진다. C의 파고는 4 m보다 높아진다.

[오답 피하기] ㄴ. 수심 15 m인 해역에서 A와 B는 모두 천해파이다. 따라서 해수 표면의 물 입자는 타원 운동을 한다.

07

[정답 맞히기] ㄷ. 파장이 20 m 이상인 해파는 수심이 1 m인 곳에서 천해파의 성질을 나타내므로 속력이 수심에 따라 달라진다. 따라서 속력이 모두 동일하다.

오답 피하기 ㄱ. 수심 h_1에서의 속력은 h_2에서의 속력의 10배이다. 속력은 수심의 제곱근에 비례하므로 수심은 $h_1 = 100h_2$이다.

ㄴ. 해파의 주기는 $\dfrac{\text{파장}}{\text{속력}}$이다. A와 B는 파장이 같고, 속력은 A가 B의 10배이므로 주기는 A가 B보다 $\dfrac{1}{10}$배로 짧다.

08

정답 맞히기 ㄴ. 현재 P와 Q 지점은 모두 해수면이 부푼 지점에 있으므로 만조이다.

오답 피하기 ㄱ. P 지점에서는 일주조가 나타나고, Q 지점에서는 반일주조가 나타나므로 조석 주기는 P와 Q 지점에서 다르다.

ㄷ. 7일 후 달은 지구 주위를 약 90° 공전하므로 해수면이 부푼 방향은 P와 Q 지점이 있는 방향에서 90° 방향이다. 따라서 7일 후 같은 시각에 P와 Q 지점은 간조이다.

09

정답 맞히기 ㄱ. A~B 구간에서는 불포화 상태의 공기 덩어리가 상승하는 것이므로 (기온－이슬점)은 작아진다.

ㄴ. B~C 구간에서는 포화 상태이므로 상대 습도는 100 %로 일정하다.

오답 피하기 ㄷ. C~D 구간에서는 다시 불포화 상태이므로 기온은 건조 단열 감률에 따라 높아진다.

10

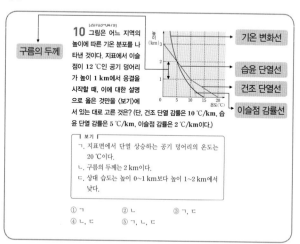

정답 맞히기 ㄱ. 지표에서 이슬점이 12 ℃이고, 상승 응결 고도가 1 km이므로 지표에서 상승하는 공기 덩어리의 온도(T)는 상승 응결 고도(H) 공식을 이용하면 1 km＝0.125($T-12$)에서 $T=20$ ℃라는 것을 알 수 있다.

오답 피하기 ㄴ. 구름이 생성되기 시작하는 높이인 상승 응결 고

도가 1 km이다. 이후 공기 덩어리는 구름의 꼭대기(최상부)까지 습윤 단열 감률로 온도가 낮아지면서 주위의 공기와 온도가 같아지는 지점(높이 2 km)까지 상승하므로 구름의 꼭대기(최상부) 높이는 2 km가 된다. 따라서 구름의 두께는 1 km이다.

ㄷ. 지표에서 상승한 공기 덩어리의 온도와 이슬점이 같아지면 포화 상태가 되어 상대 습도는 100 %가 되므로, 상대 습도는 불포화 상태인 높이 0~1 km보다 포화 상태인 높이 1~2 km에서 더 높다.

11

정답 맞히기 ㄴ. (나)의 기층은 조건부 불안정 상태이므로 포화 상태일 때는 불안정하고, 불포화 상태일 때는 안정하다.

오답 피하기 ㄱ, ㄷ. (가)는 기온 감률이 건조 단열 감률보다 크므로 기층의 대기 안정도는 절대 불안정이고, (나)는 기온 감률이 건조 단열 감률보다 작으므로 불포화 상태일 때는 안정하다.

12

정답 맞히기 ㄷ. 물체의 이동 속력이 모두 동일하다면 적도를 따라 이동시킨 C에서의 전향력 크기가 제일 작다.

오답 피하기 ㄱ. 운동 방향의 변화가 없는 것은 전향력이 작용하지 않는 C에서 이동시킨 것이다.

ㄴ. A에서 이동시킨 물체는 북반구에 위치하므로 진행 방향의 오른쪽으로 이동하고, B에서 이동시킨 물체는 남반구에 위치하므로 진행 방향의 왼쪽으로 이동한다.

13

정답 맞히기 ㄱ. 지표 부근에서의 풍속은 A가 B보다 빠르므로 지표 부근의 마찰력 크기는 A가 B보다 작다. 적도에서는 전향력의 크기가 0이다.

오답 피하기 ㄴ. 높이 400 m에서 풍속은 A가 B보다 크므로 기압 경도력이 같을 때 바람에 작용하는 전향력의 크기도 A가 B보다 크다.

ㄷ. B는 북반구에 위치하므로 높이 올라갈수록 풍향은 시계 방향으로 변한다.

14

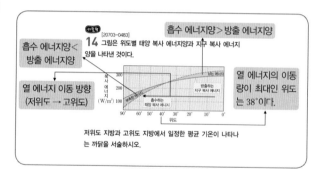

저위도 지방은 흡수하는 태양 복사 에너지양이 방출하는 지구 복사 에너지양보다 많아서 에너지 과잉 상태이고, 고위도 지방은 흡수하는 태양 복사 에너지양이 방출하는 지구 복사 에너지양보다 적어서 에너지 부족 상태가 된다.

모범 답안 대기와 해수의 순환을 통해 저위도 지방의 남는 에너지가 고위도 지방으로 이동하여 지구는 전체적으로 복사 평형 상태를 유지하고 있다. 이로 인해 지구의 각 지방에서는 일정한 평균 기온이 나타나게 된다.

15

정답 맞히기 ㄴ. B는 기압골의 동쪽에 위치하므로 상승 기류가 발생하여 지상에는 (나)와 같은 저기압이 형성된다.

오답 피하기 ㄱ. A에서는 편서풍 파동에 의해 시계 방향의 공기 흐름이 나타난다.

ㄷ. 위도 사이의 기온 차가 증가하면 편서풍 파동은 강해진다.

16

정답 맞히기 ㄱ. A는 해들리 순환으로 위도에 따른 기온 차이에 의해 나타나는 순환이다.

ㄴ. 해들리 순환(A, B)에 의해 저위도의 남는 에너지가 고위도로 수송된다.

오답 피하기 ㄷ. 해들리 순환(B)과 페렐 순환(C) 경계부의 지상에서는 하강 기류에 의해 고기압이 형성된다.

Ⅲ. 우주

11 좌표계와 태양계 모형

탐구 활동

1 해설 참조　　　　　**2** 해설 참조
3 해설 참조

1

행성은 적경이 증가하는 기간에 순행하며, 적경이 감소하는 기간에 역행한다.

모범 답안 수성은 7월 초까지 순행하다가 7월 말까지 역행하며, 목성은 6월 초부터 계속 역행하다가 8월 14일 무렵부터 순행하기 시작한다.

2

수성은 7월 20일에 태양의 적경과 가장 비슷하므로 내합 부근에 위치하여 지구에 가장 가깝다. 목성과 태양의 적경 차는 6월 10일 무렵에 12^h에 가장 근접하므로 이때 충에 위치하여 지구로부터의 거리가 가장 가깝고 가장 밝게 보인다.

모범 답안 수성은 7월 20일 무렵, 목성은 6월 10일 무렵에 지구로부터의 거리가 가장 가깝다. 목성은 6월 10일 무렵에 가장 밝게 보인다.

3

모범 답안 배경별과 달리 지구와 행성들은 서로 다른 공전 속도로 태양 주위를 공전하기 때문에 행성들의 적경과 적위는 시간에 따라 달라진다.

내신 기초 문제
본문 220~223쪽

01 ③	02 ①	03 ⑤	04 ②	05 ⑤
06 ③	07 ②	08 ⑤	09 ⑤	10 ④
11 ①	12 ③	13 ②	14 ③	15 ④
16 ②	17 ①			

01

정답 맞히기 ③ 북극을 바라보고 있을 때 같은 위도 상의 왼쪽은 서쪽, 오른쪽은 동쪽이다.

오답 피하기 ① 구면 상에서 북극과 남극을 최단으로 잇는 선은 경선이다.

② 경선은 적도에 수직이다.

④ 지구는 24시간에 360°를 자전하므로, 1시간에 15°를 자전한다. 따라서 경도 차가 15°인 두 지역의 시각 차는 1시간이다.

⑤ 적도를 따라 동서 방향으로 측정한 각도는 경도이다.

02

정답 맞히기 ① A는 천구의 북극과 천구의 남극을 잇는 대원인 시간권이다.

오답 피하기 ② 수직권인 B는 천정과 천저를 잇는 대원이다.

③ C는 천구의 적도이며, 천구의 적도는 시간권과 항상 수직이다.

④ D는 자오선으로 북점, 천정, 천구의 북극, 남점, 천저를 모두 지나는 대원이다.

⑤ A는 시간권이며, 시간권 중 천정과 남점을 지나는 시간권을 자오선이라고 한다.

03

정답 맞히기 ⑤ 지구와 행성들의 공전으로 인해 행성들의 적경과 적위는 매일 조금씩 달라진다.

오답 피하기 ① 방위각은 시계 방향으로 측정한다.

② 고도는 지평선으로부터 수직권을 따라 측정한다.

③ 적경은 춘분점을 기준으로 시계 반대 방향으로 측정한다.

④ 적위는 천구의 적도로부터 시간권을 따라 측정한 각이다.

04

정답 맞히기 ㄷ. 천정 거리=(90°−고도)이다. 별 S의 고도가 45° 보다 낮으므로, 천정 거리는 고도보다 크다.

오답 피하기 ㄱ. ㉠은 지평선으로부터 수직으로 천정을 지나는 대원이므로 수직권이다.

ㄴ. S는 남동쪽에 위치하므로 방위각은 90°~180° 사이이다.

05

정답 맞히기 ㄱ. X는 천구의 적도 상의 한 점인 A로부터 시계 반대 방향으로 측정한 각이므로 A는 적경을 측정하는 기준점인 춘분점이다.

ㄴ. X는 춘분점인 A를 기준으로 시계 반대 방향으로 측정한 각이므로 적경에 해당한다.

ㄷ. 그림의 별은 천구의 적도를 기준으로 천구의 북극 방향에 위치하므로, 이 별의 적위인 Y는 (+) 값을 갖는다.

06

정답 맞히기 ㄱ. A와 C는 각각 천구의 적도와 황도가 천구 상에서 만나는 두 점인 추분점과 춘분점이다. 이 점들은 천구의 적도 상에 위치하므로 적위는 0°로 서로 같다.

ㄷ. 우리나라에서 태양의 남중 고도는 태양의 적위가 클수록 높다. C일 때 태양의 적위는 0°, D일 때 태양의 적위는 +23.5°이므로 태양의 남중 고도는 태양이 D에 위치할 때 더 높다.

오답 피하기 ㄴ. B는 동짓점으로 태양의 적경이 18^h이며, D는 하짓점으로 태양의 적경이 6^h이다. 따라서 적경은 태양이 B에 위치할 때가 더 크다.

07

정답 맞히기 ㄷ. A, B, C 중 태양의 적위는 동짓날인 C가 가장 작으므로, 이때 태양의 남중 고도도 가장 낮다.

오답 피하기 ㄱ. A는 적위가 가장 높은 하짓날이다.

ㄴ. 태양이 남동쪽에서 떠서 남서쪽으로 지는 시기는 태양의 적위가 (−) 값을 갖는 시기이다. 따라서 이 시기는 C이다.

08

정답 맞히기 ⑤ 상현달 모양의 내행성은 태양이 내행성의 오른쪽 직각 방향에 위치할 때이므로 B일 때 관측 가능하다.

오답 피하기 ① A는 내행성이 태양 뒤쪽에 위치하므로 외합이다.

② B에 위치할 때는 외행성이 태양의 왼쪽에 위치하므로 초저녁에 서쪽 하늘에서 관측 가능하다.

③ D에 위치할 때는 내행성이 태양의 오른쪽에 위치하여 태양보다 먼저 지므로 서쪽 하늘에서 관측이 불가능하다.

④ 내행성의 시지름은 지구와의 거리가 가까울수록 크므로, C 부근에서 가장 크다.

09

정답 맞히기 ⑤ 외행성은 지구보다 공전 속도가 느리므로 C에 위치한 외행성은 동구인 B를 지나 합인 A에 가까워진다.

오답 피하기 ① A는 외행성이 태양 뒤쪽에 위치하는 합이다.

② B에 위치한 외행성은 태양의 왼쪽 90° 방향에 위치하므로 태양보다 6시간 늦게 뜬다.

③ C에 위치할 때 지구와 외행성 사이의 거리가 가장 가까우므로 시지름이 가장 크다.

④ 외행성은 항상 보름달에 가까운 모양으로 관측된다. D에 위치

한 외행성은 망과 하현 사이의 위상으로 관측된다.

10

정답 맞히기 ㄴ. 태양이 금성의 왼쪽에 위치하며 태양−금성−지구가 이루는 각이 점차 90°에 가까워지므로 금성의 위상은 점차 하현달 모양에 가까워진다.

ㄷ. 이 기간 동안 금성의 이각이 증가하고 있으므로 관측 가능한 시간도 길어진다.

오답 피하기 ㄱ. 지구로부터 금성까지의 거리가 멀어지고 있으므로 금성의 시지름은 작아진다.

11

정답 맞히기 ㄱ. 주전원 상에서 금성이 6 → 1로 이동할 때 금성은 태양의 왼쪽인 동쪽에서 오른쪽인 서쪽으로 이동하므로 역행한다.

오답 피하기 ㄴ. (나)에서 2에 위치할 때 금성은 하현달 모양으로 관측되지만, (가)에서 2에 위치할 때 금성은 그믐달 모양으로 관측된다.

ㄷ. (가)에서 3−4 사이에 위치할 때 금성은 그믐달이나 초승달 모양으로 관측되지만, (나)에서 금성이 3−4 사이에 위치할 때는 보름달에 가까운 모양으로 관측된다.

12

정답 맞히기 ③ 천구의 적도에 태양이 위치한다. 따라서 A의 적위는 (−) 값을 갖는다.

오답 피하기 ① 관측 지역의 위도는 천구의 북극의 고도와 같다. 따라서 이 지역의 위도는 35°N이다.

② 이날은 추분날이므로 태양의 적경은 12^h이다. 지구 자전축을 기준으로 A와 태양은 같은 시간권에 위치하므로 A의 적경도 12^h이다.

④, ⑤ 태양과 A는 자오선에 위치한다. 자오선은 시간권이면서 동시에 수직권에 해당하므로 태양과 A는 같은 시간권 및 같은 수직권에 위치한다.

13

정답 맞히기 ㄴ. t_1일 때 수성의 적경은 태양의 적경보다 크므로 태양보다 동쪽에 위치한다. 이때 수성은 초저녁에 서쪽 하늘에서 관측 가능하다.

오답 피하기 ㄱ. 이 기간 동안 태양의 적경은 약 $03^h \sim 04^h$이므로 봄철에 관측한 자료이다.

ㄷ. t_4 무렵까지 수성의 적경은 감소하다가 이후 적경이 증가하고 있으므로 t_6일 때 수성은 순행한다.

14

정답 맞히기 ㄱ. 프톨레마이오스의 지구 중심설에서 지구는 자전하지 않는다.

ㄷ. 수성과 금성의 주전원의 중심은 항상 태양과 지구를 잇는 직선 위에 위치하므로 내행성이 초저녁이나 새벽에만 관측되는 현상을 설명할 수 있다.

오답 피하기 ㄴ. 프톨레마이오스의 지구 중심설에서 모든 천체는 원궤도를 따라 운동한다.

15

정답 맞히기 ㄴ. 프톨레마이오스의 지구 중심설에서는 금성이 태양의 뒤편에 위치하지 못하므로 e와 같은 보름달 모양의 금성이 설명되지 않는다.

ㄷ. 갈릴레이는 망원경을 이용하여 금성의 위상 변화 및 시지름의 변화를 관측하고 기록하였다.

오답 피하기 ㄱ. a~d는 모두 금성의 오른쪽이 보이고 있으므로 태양은 금성의 오른쪽에 위치하며, 이때 금성은 초저녁에 관측할 수 있다.

16

정답 맞히기 ㄴ. c → d 구간에서 행성은 동 → 서로 이동하다가 서 → 동으로 이동하는 시기가 있으므로 유가 나타난다.

오답 피하기 ㄱ. a → b로 이동하는 동안 행성은 오른쪽인 서쪽에서 왼쪽인 동쪽으로 이동한다.

ㄷ. 지구로부터의 거리가 가장 가까울 때는 c이며, 이때 행성은 역행한다.

17

정답 맞히기 ① 코페르니쿠스와 티코 브라헤의 우주관은 모두 내행성들이 태양의 주위를 공전하므로 내행성의 최대 이각은 같은 방법으로 설명된다.

오답 피하기 ② 갈릴레이는 보름달 모양의 금성 및 목성의 위성을 관측하였다. 연주 시차는 갈릴레이의 사망 후 약 200년이 지난 1838년 베셀에 의해 최초로 측정되었다.

③, ④ 티코 브라헤의 지구 중심설로는 연주 시차가 설명되지 않으며, 주전원 없이 행성의 역행을 설명한다.

⑤ 프톨레마이오스의 지구 중심설에서는 보름달 모양의 금성을 설명할 수 없다.

01 ③	02 ④	03 ④	04 ④	05 ①
06 ②	07 ②	08 ⑤	09 ③	10 ①
11 ①	12 ③	13 ②	14 ③	15 ⑤
16 ④	17 ④	18 ③	19 ⑤	20 ②

01 지구 상의 위치와 시각

정답 맞히기 ㄱ. A는 B보다 적도에 가까우므로 위도는 A가 더 낮다.

ㄷ. 표준시는 서쪽에 위치한 지역이 더 느리다. 따라서 B보다 서쪽에 위치한 A의 표준시가 더 느리다.

오답 피하기 ㄴ. A를 지나는 경선은 본초 자오선을 기준으로 오른쪽인 동쪽으로 70° 떨어져 있으므로 경도는 70°E이다.

02 태양의 남중 고도와 절기

정답 맞히기 ㄴ. 천정 방향은 지평선에 수직이므로 ㉠이다.

ㄷ. 남중 고도＝(90°−위도＋적위)이다. a는 남중 고도, b는 위도, c는 적위이므로 a＝90°−b＋c이다.

오답 피하기 ㄱ. ㉡은 천구의 적도 방향이며, 태양은 천구의 적도보다 위에 위치하므로 적위가 (＋) 값을 갖는다. 따라서 이날은 겨울철이 아니다.

03 위도에 따른 별의 일주권

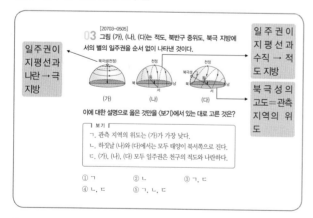

정답 맞히기 ㄴ. 하짓날 태양은 천구의 적도보다 북쪽에 위치하므로 (나)와 (다)에서 태양은 북동쪽에서 떠서 북서쪽으로 진다.

ㄷ. 위도와 관계없이 모든 천체의 일주권은 천구의 적도와 나란하다.

오답 피하기 ㄱ. (가)는 천구의 북극 방향인 북극성의 고도가 90°이므로 북극 지역이다. 따라서 적도인 (나)와 중위도인 (다)보다

위도가 높다.

04 적도 좌표

정답 맞히기 ㄴ. B는 적위가 (＋) 값이며, C는 천구의 적도에 위치하여 적위가 0°이므로 남중 고도는 B가 C보다 높다.

ㄷ. 천구의 북극의 고도(α)는 관측 지방의 위도와 같으며, 천구의 북극과 천구의 적도 사이의 각은 90°이므로, 천구의 적도와 지평선이 이루는 각은 (90°−α)이다.

오답 피하기 ㄱ. A와 B는 지구 자전축을 기준으로 같은 방향의 시간권에 위치하므로 적경은 서로 같다.

05 행성의 운동

정답 맞히기 ㄱ. a일 때 행성은 배경별의 오른쪽에 위치했으나, b일 때 행성은 배경별과 같은 방향에 위치하므로 이 시기에 행성은 배경별에 대해 왼쪽인 동쪽으로 이동하였다.

오답 피하기 ㄴ. d → e 시기에 행성은 배경별에 대해 오른쪽인 서쪽으로 이동하였으므로 적경은 감소한다.

ㄷ. a → c 시기에 행성은 배경별에 대해 왼쪽으로 이동하다가 c 부근에서 오른쪽으로 이동하며, 이후 e 부근에서 다시 왼쪽으로 이동한다. 따라서 a~g 시기 사이에 유는 2번 나타났다.

06 행성의 적도 좌표

정답 맞히기 ㄴ. 이 기간 동안 목성의 적경은 계속 감소하고 있으므로 목성은 역행한다.

오답 피하기 ㄱ. 6월 20일은 하짓날 부근이므로 태양의 적경은 약 6^{h}이다. 이날 수성의 적경은 7^{h}38^{m}이므로 적경은 태양이 수성보다 작다.

ㄷ. 6월 말에 수성의 적경은 태양보다 크므로 태양보다 왼쪽인 동쪽에 위치하여 지구에 점차 가까워지면서 시지름이 증가한다. 그러나 목성은 적경이 약 17^{h}이므로 충과 동구 사이에 위치하여 지구로부터의 거리가 멀어지며 시지름이 작아진다.

07 내행성의 운동

정답 맞히기 ㄷ. (가)에서 내행성은 태양의 오른쪽에서 관측되므로 이 기간 동안 내행성의 위상은 점차 두꺼워지며 시지름은 작아진다. 따라서 관측 순서는 b가 a보다 먼저이다.

오답 피하기 ㄱ. (가)에서 a는 보름달에 가까운 위상이므로 (나)에서 외합인 ㉠ 부근일 때 관측한 것이다.

ㄴ. (가)에서 내행성은 태양의 오른쪽에서 관측되므로 새벽에 동쪽 하늘을 관측한 것이다.

08 행성의 운동

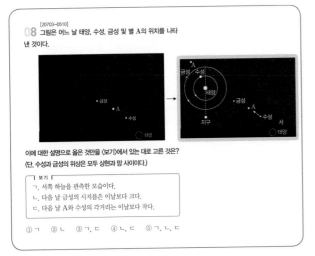

[20703-0510]

08 그림은 어느 날 태양, 수성, 금성 및 별 A의 위치를 나타낸 것이다.

이에 대한 설명으로 옳은 것만을 〈보기〉에서 있는 대로 고른 것은? (단, 수성과 금성의 위상은 모두 상현과 망 사이이다.)

보기
ㄱ. 서쪽 하늘을 관측한 모습이다.
ㄴ. 다음 날 금성의 시지름은 이날보다 크다.
ㄷ. 다음 날 A와 수성의 각거리는 이날보다 작다.

① ㄱ ② ㄴ ③ ㄱ, ㄷ ④ ㄴ, ㄷ ⑤ ㄱ, ㄴ, ㄷ

정답 맞히기 ㄱ. 내행성이 태양의 왼쪽에서 관측되며, 금성, 수성, 태양을 잇는 선이 오른쪽 아래로 기울어져 있으므로 서쪽 하늘을 관측한 모습이다.

ㄴ. 태양보다 동쪽에 위치한 내행성들은 지구에 가까워지고 있으므로 금성의 시지름은 증가한다.

ㄷ. 수성의 위상이 상현과 망 사이이므로 외합과 동방 최대 이각 사이에 위치한다. 따라서 다음 날 수성의 이각은 더 증가하여 A와의 각거리는 감소한다.

09 금성의 운동

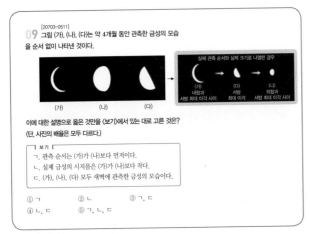

[20703-0511]

09 그림 (가), (나), (다)는 약 4개월 동안 관측한 금성의 모습을 순서 없이 나타낸 것이다.

실제 관측 순서와 실제 크기로 나열한 경우
(가) 내합과 서방 최대 이각 사이 → (다) 서방 최대 이각 → (나) 외합과 서방 최대 이각 사이

이에 대한 설명으로 옳은 것만을 〈보기〉에서 있는 대로 고른 것은? (단, 사진의 배율은 모두 다르다.)

보기
ㄱ. 관측 순서는 (가)가 (나)보다 먼저이다.
ㄴ. 실제 금성의 시지름은 (가)가 (나)보다 작다.
ㄷ. (가), (나), (다) 모두 새벽에 관측한 금성의 모습이다.

① ㄱ ② ㄴ ③ ㄱ, ㄷ ④ ㄴ, ㄷ ⑤ ㄱ, ㄴ, ㄷ

정답 맞히기 ㄱ. (가), (나), (다) 모두 금성의 왼쪽이 빛나고 있으므로, 금성이 태양보다 서쪽에 위치할 때 관측한 것이며, 이 시기에 금성은 위상이 점차 두꺼워지므로 관측 순서는 (가)가 (나)보다 먼저이다.

ㄷ. 금성의 왼쪽이 빛나고 있으므로 금성은 태양보다 서쪽에 위치

한다. 따라서 새벽에 관측한 것이다.

오답 피하기 ㄴ. 금성이 태양보다 서쪽에 위치할 때 위상은 점차 두꺼워지며 시지름은 작아지므로, 시지름은 위상이 얇은 (가)가 더 크다.

10 적도 좌표와 행성의 운동

정답 맞히기 ㄱ. 남중 고도는 하루 중 고도가 최대일 때의 고도이다. 그래프에서 하루 중 최대 고도는 수성이 금성보다 높다.

오답 피하기 ㄴ. 태양의 적위가 0°라면 위도가 37.5°인 지역에서 태양의 남중 고도는 52.5°이다. 이날 태양의 남중 고도는 52.5°보다 낮으므로 이날 태양의 적위는 (−) 값을 갖는다.

ㄷ. 이날 수성이 남중하는 시각은 태양보다 늦다. 따라서 수성은 태양보다 동쪽에 위치하므로 그믐달 모양으로 관측될 수 없다. 그믐달 모양의 수성은 수성이 태양보다 서쪽에 있을 때 관측 가능하다.

11 적도 좌표

정답 맞히기 ㄴ. 별이 북극성 주위를 일주 운동할 때 적위가 (90° − 위도)인 52.5°보다 높은 별들은 지평선 아래로 지지 않는다.

오답 피하기 ㄱ. 적위가 +5°인 독수리자리의 남중 고도는 57.5°이지만, 적위가 +40°인 마차부자리는 일주 운동하는 동안 천정 부근에 위치할 때가 있으므로 하루 중 최대 고도는 독수리자리가 더 낮다.

ㄷ. 위도가 37.5N°인 우리나라에서 적위가 −52.5°보다 낮은 천체는 지평선 위로 뜨지 않는다. 따라서 남십자자리는 항상 우리나라에서 관측되지 않는다.

12 황도 12궁

정답 맞히기 ㄱ. 적경이 작은 천체는 적경이 큰 천체보다 먼저 뜬다. 적경은 사자자리가 천칭자리보다 작으므로 사자자리가 먼저 뜬다.

ㄴ. 지평선 위로 뜰 때의 방위각은 적위가 클수록 작다. 적위는 쌍둥이자리가 천칭자리보다 크므로 지평선 위로 뜰 때의 방위각은 쌍둥이자리가 천칭자리보다 작다.

오답 피하기 ㄷ. 궁수자리의 적경은 약 18ʰ이므로 동짓날 태양의 적경과 비슷하다. 따라서 동짓날 자정에 지평선 아래에 위치하여 관측이 불가능하다.

13 행성의 겉보기 운동

정답 맞히기 ㄷ. C−D 구간에서 행성은 서에서 동인 D에서 C로 이동하므로 적경은 증가한다.

오답 피하기 ㄱ. 행성은 대부분 순행하다가 잠시 역행하므로, 관

측 순서는 D가 A보다 먼저이다.

ㄴ. B일 때 행성은 동 → 서로 이동하다가 서 → 동으로 이동 방향이 바뀌므로 역행에서 순행으로 바뀐다.

14 우주관

정답 맞히기 ㄱ, ㄴ. (가)에서 금성의 주전원의 중심이 태양과 지구를 잇는 직선 상에 있으므로 금성은 초저녁이나 새벽에만 관측되며, 주전원의 중심과 태양이 지구 주위를 회전하는 주기는 서로 같다.

오답 피하기 ㄷ. (가)의 우주관에서는 모든 천체가 지구를 중심으로 공전해야 하므로, (나)에서 목성 주변에서 나타나는 목성 위성의 위치 변화는 설명할 수 없다.

15 지평 좌표와 적도 좌표

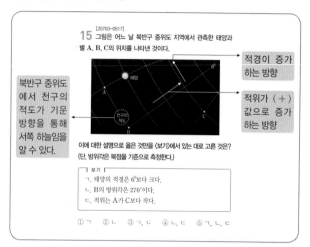

정답 맞히기 ㄱ. 적경은 일주 운동 방향의 반대 방향으로 갈수록 커진다. 북극성 주변에서 일주 운동은 시계 반대 방향으로 나타나므로, 태양의 적경은 6^h보다 크다.

ㄴ. B는 천구의 적도가 서쪽 하늘에서 지평선과 만나는 서점이므로 방위각은 270°이다.

ㄷ. A는 천구의 적도에 위치하므로 적위가 0°이며, 천구의 북극에 더 가까운 C의 적위는 이보다 크다.

16 우주관

정답 맞히기 ㄴ. 보름달 모양의 금성 위상은 금성이 태양 뒤편에 위치할 때 나타나므로, (나)에서는 보름달 모양의 금성 위상이 나타나지 않는다.

ㄷ. (가)와 (다)에서 행성들은 모두 태양을 중심으로 공전한다.

오답 피하기 ㄱ. (가)에서 금성은 주전원 없이 태양 주위를 공전한다.

17 우주관

정답 맞히기 ㄴ. A는 금성이 태양보다 더 먼 거리에 위치할 수 있는 태양 중심설, B는 금성이 항상 태양보다 가깝게 위치하는 프톨레마이오스의 지구 중심설이다. B에서 금성은 주전원 상에서 지구에 가장 가까운 거리에 위치할 때 적경이 감소하며 역행한다.

ㄷ. 지구와 금성과의 거리 차가 클수록 시지름의 차가 크므로, A가 B보다 시지름의 차가 크다.

오답 피하기 ㄱ. A에서 지구로부터의 거리가 가장 먼 ㉠일 때 금성은 외합에 위치하며 이때 위상은 보름달 모양이다.

18 적도 좌표

정답 맞히기 ㄱ. 추분날 18시의 모습이므로 북점을 지나는 시간권에 위치한 B의 적경이 6^h이다. B보다 일주 운동 방향의 반대 방향에 있는 A의 적경은 B보다 크다.

ㄷ. A는 시계 반대 방향으로 일주 운동하므로, A의 방위각은 증가하며 고도는 낮아진다.

오답 피하기 ㄴ. 적위는 북극성에 가까울수록 높다. B와 C는 북극성으로부터의 각거리가 같으므로 적위는 서로 같다.

19 행성의 겉보기 운동

정답 맞히기 ⑤ 화성은 5월 22일에 충이므로 역행 중이다. 이후 유가 나타나는 6월 30일까지 계속 역행한다. 토성은 6월 3일에 충이므로 역행한다. 따라서 화성과 토성은 모두 6월 3일에 역행하며 배경별에 대해 동 → 서로 이동한다.

오답 피하기 ① 5월 15일에 수성은 내합과 서방 최대 이각 사이에 위치하므로 그믐달 모양으로 관측된다.

② 6월 5일에 서방 최대 이각에 위치한 수성은 새벽에 동쪽 하늘에서 관측 가능하다.

③ 6월 7일에 금성은 외합에 위치하므로 순행한다.

④ 화성은 충에 위치할 때 가장 밝게 관측되므로 6월 30일보다 충에 위치한 5월 22일에 더 밝게 관측된다.

20 행성의 운동

정답 맞히기 ㄴ. 수성은 내합 부근에서 역행한다. 7월에 수성은 태양보다 늦게 지다가 빨리 지는 시기가 있으므로 내합을 지나며 이 시기에 역행한다.

오답 피하기 ㄱ. 8월 말에 목성은 자정에 지므로 동구 부근에 위치한다.

ㄷ. 10월에 금성은 태양보다 늦게 지므로 초저녁에 서쪽 하늘에서 관측 가능하다.

01

정답 맞히기 ㄱ, ㄷ. 이날 금성은 내합 부근을 지나므로 태양의 왼쪽에서 오른쪽으로 이동한다. 따라서 관측 순서는 A가 C보다 먼저이다. 또한, 이날 이후 금성은 새벽에 동쪽 하늘에서 관측 가능하다.

오답 피하기 ㄴ. 금성이 태양과 지구 사이를 지나가므로 금성은 내합 부근에 위치하였다.

02

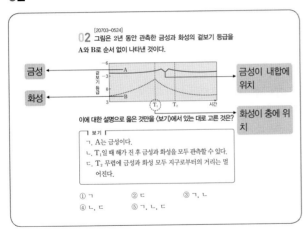

정답 맞히기 ㄱ. 금성은 겉보기 밝기가 화성보다 밝고 내합을 전후해서 최대 밝기가 나타나므로 A는 금성, B는 화성이다.

ㄴ. T_1일 때 금성은 태양의 동쪽에, 화성은 최대 밝기가 나타나는 충에 위치한다. 따라서 해가 진 후 금성은 서쪽 하늘, 화성은 동쪽 하늘에서 관측할 수 있다.

ㄷ. T_2일 때 금성은 태양의 오른쪽인 서방 이각에, 화성은 충과 동구 사이에 위치하므로 지구로부터의 거리는 모두 멀어진다.

03

정답 맞히기 ㄱ. 화성은 배경별을 기준으로 동→서로 이동하고 있으므로 적경이 감소하며 역행한다.

오답 피하기 ㄴ. 화성이 역행하고 있으므로 충 부근에 위치한다.

ㄷ. 충 부근에 위치한 화성은 태양과 거의 반대 방향에 위치한다. 화성이 남동쪽에서 관측되고 있으므로 태양은 서쪽 지평선 아래

04

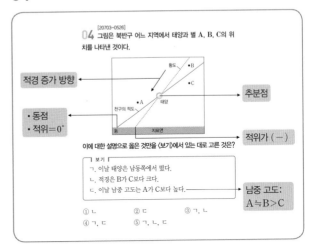

정답 맞히기 ㄷ. A의 적위는 (+), C의 적위는 (−)로 적위는 A가 크므로 남중 고도도 A가 높다.

오답 피하기 ㄱ. 태양은 천구의 적도와 황도가 만나는 지점에 위치하므로 적위가 0°이다. 따라서 이날 태양은 정동쪽에서 떠서 정서쪽으로 진다.

ㄴ. 적경은 천구의 적도를 따라 시계 반대 방향으로 측정하므로 상대적으로 동쪽에 위치한 C가 B보다 크다.

12 행성의 궤도 운동

탐구 활동

1 화성의 공전 궤도는 타원 모양이다.
2 태양은 타원 궤도의 초점에 위치한다.
3 해설 참조

1

주어진 자료를 이용하여 M_1~M_5의 위치를 그려 보면 원이 아닌 타원 모양으로 나타난다.

2

태양은 원궤도인 지구 공전 궤도의 중심에 위치하지만, 화성의 공전 궤도에서는 초점에 위치한다.

3

모범 답안 687일, 지구가 E_1에 위치했을 때와 E_1'에 위치했을 때 화성이 같은 지점에 위치하므로, 이 기간은 화성의 공전 주기에 해당한다.

내신 기초 문제

본문 238~240쪽

01 ⑤	**02** ④	**03** ②	**04** ⑤	**05** ⑤
06 ③	**07** ③	**08** ③	**09** ④	**10** ④
11 ①	**12** ②	**13** ①		

01

정답 맞히기 ⑤ 외행성은 공전 주기가 길수록 지구와의 회합 주기가 짧아진다.

오답 피하기 ① 공전 주기는 외행성이 지구보다 길다.
② 지구의 공전 궤도가 원궤도라고 가정했으므로 지구의 공전 각속도는 일정하다.
③ 외행성의 공전 주기가 P이므로 하루 동안 공전한 각도는 $\dfrac{360°}{P}$ 이다.

④ 지구가 하루 동안 공전한 각도는 $\dfrac{360°}{E}$ 이므로, 지구와 외행성이 하루 동안 공전한 각도의 차는 $\dfrac{360°}{E} - \dfrac{360°}{P}$ 이다.

02

정답 맞히기 ㄴ. A는 목성이며, 모든 외행성의 회합 주기는 1년인 365일보다 길다.
ㄷ. 내행성의 회합 주기는 지구에 가까울수록 길어지므로, 회합 주기는 금성인 B가 수성인 D보다 길다.
오답 피하기 ㄱ. 공전 각속도는 공전 주기가 짧을수록 크다. 따라서 B가 A보다 공전 각속도가 크다.

03

정답 맞히기 ② 행성이 하루 동안 공전한 각도는 공전 주기가 짧을수록 크므로 수성이 화성보다 크다.
오답 피하기 ① 공전 주기는 내행성인 금성이 외행성인 화성보다 짧다.
③ 회합 주기는 합(또는 충)에서 합(또는 충)이 될 때까지 걸리는 기간이다.
④ 회합 주기를 이용하여 공전 주기를 계산할 때는 지구와 행성의 공전 궤도가 원궤도라고 가정하고 계산한다.
⑤ 지구와 행성이 하루 동안 공전한 각도의 차가 회합 주기만큼 더해지면 그 값은 360°이다.

04

정답 맞히기 ㄱ. 하루 동안 공전한 각도는 공전 주기가 짧은 내행성이 지구보다 크다.

ㄴ. x는 내행성이 하루 동안 공전한 각도이므로 $\dfrac{360°}{P}$ 이다.

ㄷ. 내행성의 공전 주기가 짧아지면 x가 증가하므로 $(x-y)$의 값은 증가한다.

05

정답 맞히기 ㄱ. 회합 주기는 수성이 가장 짧다.
ㄴ, ㄷ. 외행성은 태양에 가까울수록 회합 주기가 길어지고, 태양으로부터 멀어질수록 회합 주기가 짧아지며 1년에 가까워진다. 따라서 X=1이다.

06

정답 맞히기 ㄱ. 행성의 공전 각속도가 빨라 매일 조금씩 행성이 지구를 앞서게 되므로 이 행성은 내행성이다.

78 EBS 개념완성 지구과학 Ⅱ

ㄴ. 회합 주기는 행성과 지구의 공전 각도 차가 누적되어 360°가 될 때까지의 기간이다.

오답 피하기 ㄷ. $\left(\dfrac{360°}{P}-\dfrac{360°}{E}\right)\times S=360°$이므로 $\dfrac{1}{S}=\dfrac{1}{P}-\dfrac{1}{E}$이다.

07
정답 맞히기 ③ 원일점 거리에서 근일점 거리를 뺀 값은 초점 거리의 2배에 해당하므로 $2z$이다.

오답 피하기 ① ㉠은 원일점, ㉡은 근일점이다.
② 태양은 타원 궤도의 두 초점 중 하나의 초점에 위치한다.
④ y는 공전 궤도 짧은반지름이다.
⑤ 공전 궤도 이심률은 공전 궤도 긴반지름에 대한 초점 거리의 비이므로, 이심률은 $\dfrac{z}{x}$이다.

08
정답 맞히기 ㄱ, ㄴ. 내행성의 공전 궤도 반지름$=1\,\mathrm{AU}\times\sin\theta$(단, θ: 내행성의 최대 이각)이다. 따라서 내행성의 공전 궤도 반지름은 최대 이각이 클수록 크며, A, B 시기에 최대 이각은 모두 30°보다 작으므로 공전 궤도 반지름은 0.5 AU보다 작다.

오답 피하기 ㄷ. 최대 이각에 위치할 때 수성까지의 거리는 최대 이각이 작을수록 크다. 따라서 수성까지의 거리는 최대 이각이 작은 B 시기에 더 멀다.

09
정답 맞히기 ㄴ. 태양의 시지름은 (나)일 때가 더 크므로 지구로부터의 거리가 가깝다. 따라서 공전 속도는 (나)일 때 더 빠르다.
ㄷ. 지구 공전 궤도 이심률이 커지면 근일점 거리는 가까워지고 원일점 거리는 멀어지므로 두 지점에서의 시지름 차가 증가한다.

오답 피하기 ㄱ. 태양의 시지름은 (나)일 때 더 크므로, (나)일 때 지구로부터의 거리가 더 가깝다.

10
정답 맞히기 ㄴ. 공전 주기의 제곱은 공전 궤도 긴반지름의 세제곱에 비례한다. 두 행성의 공전 궤도 긴반지름이 같으므로 공전 주기도 같다.
ㄷ. 공전 궤도 긴반지름이 같을 때 이심률이 작을수록 원에 가까워지면서 공전 궤도의 길이가 길어지므로 평균 공전 속도는 이심률이 작은 A가 더 빠르다.

오답 피하기 ㄱ. 이심률 $e=\dfrac{\text{초점 거리}}{\text{공전 궤도 긴반지름}}$이므로 공전 궤

도 긴반지름이 같을 때 이심률이 큰 B가 A보다 두 초점 사이의 거리가 멀다.

11
정답 맞히기 ㄴ. P_2는 원일점에 위치하므로 공전 속도가 가장 느리다.

오답 피하기 ㄱ. S_1과 S_3는 같은 시간 동안 공전했을 때의 면적이므로 두 면적은 서로 같다.
ㄷ. 이심률이 커지면 근일점 거리는 가까워지고, 원일점 거리는 멀어지므로 P_1과 P_2에서의 공전 속도 차는 커진다.

12
정답 맞히기 ② 두 쌍성의 공전 주기가 같으므로 더 큰 궤도를 공전하는 A의 공전 속도가 더 빠르다.

오답 피하기 ① 쌍성계에서 질량이 클수록 더 안쪽 궤도를 공전한다. 따라서 질량은 B가 A보다 크다.
③ 쌍성계에서 두 쌍성의 공전 주기는 서로 같다.
④ $a_A m_A=a_B m_B$가 성립하므로, $\dfrac{m_A}{m_B}=\dfrac{a_B}{a_A}$이다.
⑤ $m_A+m_B=\dfrac{a^3}{P^2}M_\odot$에서 쌍성계의 질량이 일정할 때 공전 주기($P$)가 짧을수록 a는 감소한다.

13
정답 맞히기 ㄱ. 두 행성의 공전 궤도 긴반지름이 같으므로 공전 주기도 서로 같다.

오답 피하기 ㄴ. 공전 궤도 긴반지름은 서로 같지만 근일점과 원일점 거리의 차는 B가 더 크므로 B의 이심률이 더 크다.
ㄷ. 근일점에서의 공전 속도는 근일점 거리가 더 가까운 B가 A보다 빠르다.

실력 향상 문제
본문 241~244쪽

01 ②	02 ③	03 ①	04 ①	05 ③
06 ③	07 ⑤	08 ④	09 ②	10 ④
11 ⑤	12 ③	13 ②	14 ③	15 ③
16 ⑤				

01 행성의 위상

정답 맞히기 ㄴ. 관측일로부터 약 1.6년째 되는 날 또다시 하현달 모양으로 관측되었으므로 회합 주기는 약 1.6년이다. $\dfrac{1}{S}=\dfrac{1}{P}-\dfrac{1}{E}$ 에서 $\dfrac{1}{1.6}=\dfrac{1}{P}-\dfrac{1}{1}$이므로 $P=0.615$이다.

오답 피하기 ㄱ. 이 행성은 하현달 모양으로 관측되었으므로 내행성이다.

ㄷ. 내행성의 위상이 하현달에서 상현달로 바뀌는 데 걸리는 시간보다 상현달에서 하현달로 바뀌는 데 걸리는 시간이 훨씬 짧다. 따라서 회합 주기의 절반인 0.8년째 되는 날에 위상이 반대로 바뀌는 것은 아니다.

02 행성의 공전 궤도 이심률

정답 맞히기 ㄱ. 공전 궤도 긴반지름(a)에 대한 초점 거리(c)의 비는 이심률(e)이며, e는 A가 B보다 크다.

ㄴ. 근일점 거리를 d라고 할 때, $e=\dfrac{c}{a}=\dfrac{c}{d+c}$이다. 따라서 $c=\left(\dfrac{e}{1-e}\right)\times d$이므로 d가 같을 때 e가 클수록 c가 커진다. (원일점 거리−근일점 거리)$=2c$이므로 이 값은 이심률이 큰 B가 C보다 크다.

오답 피하기 ㄷ. 근일점 거리가 같을 때 이심률이 작을수록 초점 거리가 짧아지므로 이심률이 작을수록 공전 궤도 긴반지름이 짧아진다. 따라서 B보다 이심률이 작은 C의 공전 주기 ㉠은 12.59년보다 짧다.

03 타원 궤도 작성

정답 맞히기 ㄱ. 이심률 $e=0.2$, 공전 궤도 긴반지름 $a=0.4$ AU일 때 $e=\dfrac{c}{a}$(단, c: 초점 거리)에서 $c=0.08$ AU이다. 따라서 두 초점사이의 거리는 0.16 AU이며, 1 AU를 10 cm로 하였으므로 ㉠은 1.6 cm이다.

오답 피하기 ㄴ. 타원 궤도에서 두 초점에 묶은 실의 길이는 항상 공전 궤도 긴반지름의 2배이다.

ㄷ. 공전 궤도 긴반지름이 같다면 이심률에 관계없이 두 초점에 묶인 실의 길이는 일정하다.

04 공전 주기와 회합 주기

정답 맞히기 ㄱ. 공전 주기는 A가 C보다 짧으므로 같은 시간 동안 공전 궤도 상에서 공전한 각도는 A가 C보다 크다.

오답 피하기 ㄴ. B의 공전 궤도 긴반지름이 C의 약 절반이므로 B의 공전 주기도 C의 절반 정도인 42년이 되지 않는다. 공전 궤도 긴반지름의 세제곱은 공전 주기의 제곱에 비례한다. B의 공전 주기는 약 29.5년이다.

ㄷ. B와 C는 모두 외행성이며 외행성은 태양으로부터 멀어질수록 회합 주기는 짧아지고 공전 주기는 길어지므로 회합 주기에 대한 공전 주기의 비는 C가 B보다 크다.

05 케플러 제3법칙

정답 맞히기 ㄱ. 그래프에서 공전 궤도 긴반지름이 짧을수록 공전 주기는 짧아진다.

ㄴ. 공전 주기(P)의 단위를 년, 공전 궤도 긴반지름(a)의 단위를 AU로 했을 때 $\dfrac{a^3}{P^2}=1$이다.

오답 피하기 ㄷ. $\dfrac{a^3}{P^2}=\dfrac{a^3}{2^2}=1$이므로 $a=\sqrt[3]{2^2}$이다.

06 행성 관측

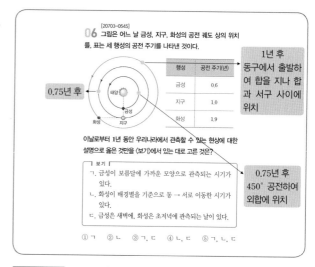

[20703-0545]
06 그림은 어느 날 금성, 지구, 화성의 공전 궤도 상의 위치를, 표는 세 행성의 공전 주기를 나타낸 것이다.

행성	공전 주기(년)
금성	0.6
지구	1.0
화성	1.9

1년 후 동구에서 출발하여 합을 지나 합과 서구 사이에 위치

0.75년 후

0.75년 후 450° 공전하여 외합에 위치

이날로부터 1년 동안 우리나라에서 관측할 수 있는 현상에 대한 설명으로 옳은 것만을 〈보기〉에서 있는 대로 고른 것은?

〈보기〉
ㄱ. 금성이 보름달에 가까운 모양으로 관측되는 시기가 있다.
ㄴ. 화성이 배경별을 기준으로 동 → 서로 이동한 시기가 있다.
ㄷ. 금성은 새벽에, 화성은 초저녁에 관측되는 날이 있다.

① ㄱ ② ㄴ ③ ㄱ, ㄷ ④ ㄴ, ㄷ ⑤ ㄱ, ㄴ, ㄷ

정답 맞히기 ㄱ. 금성의 회합 주기를 계산하면 1.5년이다. 현재 금성은 내합에 위치하므로 앞으로 회합 주기의 절반인 0.75년 후에 외합에 위치하게 되어 이 무렵 금성은 보름달에 가까운 모양으로 관측된다.

ㄷ. 이날로부터 얼마 지나지 않아 금성은 서방 이각에, 화성은 동방 이각에 위치하게 되므로, 금성은 새벽에, 화성은 초저녁에 관측 가능하다.

오답 피하기 ㄴ. 화성이 배경별을 기준으로 동 → 서로 이동하는 시기는 충 부근에서 역행할 때이고, 화성은 현재 동구에 위치하며 1년 동안 공전하면 합과 서구 사이에 위치하므로 이 기간 동안 충을 지나지 않아 역행하지 않는다.

07 회합 주기

정답 맞히기 ㄱ. 지구에서 측정한 Q의 회합 주기와 Q에서 측정한 지구의 회합 주기는 1.5년으로 서로 같다.

ㄴ. 회합 주기를 구하는 공식에 대입하면 회합 주기가 1.5년인 내행성과 외행성의 공전 주기는 각각 0.6년, 3년이므로 공전 주기는 P가 Q보다 5배 길다.

ㄷ. P와 Q의 회합 주기는 $\dfrac{1}{S} = \dfrac{1}{0.6} - \dfrac{1}{3}$에서 $S = 0.75$년이다. 현재 P−Q−태양이 일직선 상에 위치하므로 P와 Q의 회합 주기인 0.75년 후 다시 일직선 상에 위치한다.

08 행성의 위치 관계

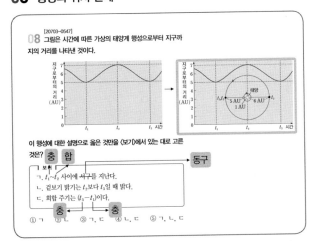

정답 맞히기 ㄴ. 이 행성은 지구로부터의 거리가 5∼7 AU에서 주기적으로 변하므로 공전 궤도 긴반지름이 6 AU인 외행성이다. 외행성은 지구로부터의 거리가 가까운 t_3일 때가 t_2일 때보다 밝다.

ㄷ. 지구로부터 행성까지의 거리 변화 주기가 회합 주기에 해당하므로 $(t_3 - t_1)$은 회합 주기와 같다.

오답 피하기 ㄱ. t_1은 충, t_2는 합일 때이므로 이 기간 동안 외행성은 서구가 아닌 동구를 지난다.

09 행성의 운동

정답 맞히기 ㄴ. B의 공전 궤도 긴반지름 : 초점 거리=4 : 2이므로 이심률은 0.5이다.

오답 피하기 ㄱ. 공전 궤도 긴반지름의 비는 A : B=1 : 4이다. 공전 주기의 제곱은 공전 궤도 긴반지름의 세제곱에 비례하므로 공전 주기의 비는 A : B=1 : $\sqrt{4^3}$=1 : 8이다.

ㄷ. 원일점에서 근일점까지 공전하는 데 걸린 시간은 공전 주기의 $\dfrac{1}{2}$이지만, B가 ㉠에서 ㉡까지 공전하는 데 걸린 시간은 공전 주기의 $\dfrac{1}{2}$보다 짧다.

10 행성의 공전 궤도

정답 맞히기 ㄴ. (원일점 거리−근일점 거리)는 A가 2 AU, B가 4 AU이므로 B가 A보다 2배 크다.

ㄷ. A와 B의 공전 궤도 긴반지름이 같아 공전 주기가 같지만 이심률은 A가 더 작으므로 전체 궤도 면적은 A가 B보다 크다. 따라서 한 달 동안 태양과 행성을 잇는 선분이 쓸고 지나간 면적은 A가 B보다 크다.

오답 피하기 ㄱ. 공전 궤도 긴반지름이 같고, 근일점과 원일점 거리의 차는 B가 크므로, 이심률은 A보다 B가 크다.

11 쌍성

정답 맞히기 ㄱ. 쌍성계에서는 $a_A m_A = a_B m_B$의 관계가 성립하므로 a_A는 a_B의 3배이다.

ㄴ. A와 B의 공전 주기는 서로 같으므로 더 바깥쪽의 궤도를 공전하는 A의 공전 속도가 B보다 빠르다.

ㄷ. $m_A + m_B = 12 M_\odot = \dfrac{a^3}{P^2} M_\odot$, $12 = \dfrac{(a_A + a_B)^3}{3^2}$이므로 $(a_A + a_B)$는 5 AU보다 작다.

12 케플러 법칙

정답 맞히기 ㄱ. A가 1년 동안 전체 공전 궤도 면적의 $\dfrac{1}{40}$을 지나갔으므로, 전체 공전 궤도 면적을 지나가는 데 걸리는 시간인 공전 주기는 40년이다.

ㄷ. A와 B의 공전 주기의 비가 8 : 1이므로 $P^2 = a^3$(단, P: 공전 주기, a: 공전 궤도 긴반지름)에서 공전 궤도 긴반지름의 비는 4 : 1이다.

오답 피하기 ㄴ. 이 기간 동안 B는 원일점을 통과하였으므로 원일점을 통과한 후 공전 속도는 빨라졌다.

13 케플러 법칙

정답 맞히기 ㄴ. 수성이 t_2에서 t_4까지 공전하는 데 45일이 걸렸으므로 수성의 공전 주기는 약 90일이다.

오답 피하기 ㄱ. 수성의 공전 속도는 근일점 부근인 t_2에서가 t_5에서보다 빠르다.

ㄷ. $t_2 \sim t_3$ 기간과 $t_4 \sim t_5$ 기간은 모두 10일이므로 두 기간 동안 태양과 수성을 잇는 선분이 쓸고 지나간 면적은 서로 같다.

14 케플러 제2법칙

정답 맞히기 ㄱ. A의 공전 궤도 긴 반지름은 근일점 거리와 원일점 거리를 합한 값의 반인 4 AU이므로 공전 주기는 8년이다. 따라서 A가 1년 동안 지나간 궤도 면적은 전체 궤도 면적의 $\frac{1}{8}$이다.

ㄷ. 근일점과 원일점에서의 공전 속도 차는 이심률이 큰 A가 B보다 크다.

오답 피하기 ㄴ. A와 B의 공전 궤도 긴반지름이 같아 공전 주기는 같지만 이심률은 A가 더 크므로 A의 전체 공전 궤도 면적이 더 작다. 따라서 1년 동안 지나간 궤도 면적은 B가 A보다 크다.

15 쌍성의 성질

정답 맞히기 ㄱ. A와 B는 공통 질량 중심을 기준으로 서로 반대 위치에서 공전하므로, A와 B 사이의 거리는 항상 5 AU로 일정하다.

ㄴ. 쌍성의 성질 $a_A m_A = a_B m_B$에서 A와 B의 거리 비가 2 : 3 = 1 : 1.5이므로 질량비는 1.5 : 1이다.

오답 피하기 ㄷ. $m_A + m_B = \dfrac{a^3}{P^2} M_\odot = \dfrac{5^3}{10^2} M_\odot$ ($M_\odot$: 태양 질량) 이므로, 두 쌍성의 질량의 합은 태양 질량의 1.25배이다.

16 쌍성의 성질

정답 맞히기 ㄱ. $m_A + m_B = \dfrac{a^3}{P^2} M_\odot = \dfrac{8^3}{4^2} M_\odot$ ($M_\odot$: 태양 질량) 이므로 쌍성계 X의 질량은 $32 M_\odot$이다.

ㄴ. 두 쌍성계에서 두 별 사이의 거리와 공전 주기가 서로 같으므로, 두 쌍성계의 질량도 서로 같다.

ㄷ. 각각의 쌍성계의 질량이 $32 M_\odot$으로 같고, 공통 질량 중심으로부터 각 별까지의 거리비가 각각 1 : 3, 3 : 5이므로, A, B, C, D의 질량은 각각 $24 M_\odot$, $8 M_\odot$, $20 M_\odot$, $12 M_\odot$이다. 따라서 A의 질량은 D의 2배이다.

> ### 신유형·수능 열기 본문 245쪽
>
> **01** ③ **02** ③ **03** ④ **04** ②

01

정답 맞히기 ㄱ. 탐사선은 탐사 궤도의 근일점에서 발사되어 추진력 없이 운동하므로 원일점인 M_1에 도착하기 전까지 속력이 느려진다.

ㄴ. 탐사선이 발사될 때 E_0에 위치했던 지구가 탐사선이 도착할 때 E_1에 위치하므로, 탐사선이 도착할 때까지는 7개월 이상이 소요된다.

오답 피하기 ㄷ. 탐사선의 궤도 긴반지름은 태양으로부터 화성까지의 거리와 태양으로부터 지구까지의 거리를 합한 값의 반이므로 1.25 AU이다.

02

정답 맞히기 ㄱ. (가)로부터 6년 후 목성은 180°보다 약간 더 공전했으므로, 목성의 공전 주기는 12년보다 짧다.

ㄷ. (가) 이후 (다)일 때 최초로 목성과 토성이 일직선을 이루고 있으므로 (가)~(다) 기간이 두 행성의 회합 주기이다. (나)에서 토성은 6년 동안 약 75°를 공전하는데, (다)에서 토성은 약 250°를 공전했으므로 두 행성의 회합 주기는 18년보다 길다.

오답 피하기 ㄴ. 목성의 회합 주기는 1년보다 약간 길다. 따라서 (가) 이후 (나)일 때까지 목성은 충의 위치에 5번 위치한다.

03

정답 맞히기 ㄴ. 두 별 사이의 거리가 가장 가까울 때는 A와 B 모두 공통 질량 중심으로부터의 거리가 가장 가까울 때이다. 이때 두 별 사이의 거리는 A의 공전 궤도 긴반지름보다 짧다.

ㄷ. 두 별은 같은 평면에서 공전하지만 항상 공통 질량 중심의 반대 방향에서 공전하므로 공전하는 동안 충돌하지 않는다.

오답 피하기 ㄱ. 공전 궤도 반지름이 작은 B의 질량이 A보다 크다.

04

정답 맞히기 ㄴ. 지구가 E_1에 위치할 때 화성은 충과 동구 사이에 위치하며 화성은 태양의 왼쪽 90° 방향인 동구에 가깝다.

오답 피하기 ㄱ. 687일은 화성이 공전하여 다시 같은 위치로 돌아올 때까지 걸린 시간이므로 화성의 공전 주기이다.

ㄷ. 지구의 공전 주기가 360일이라면 하루에 1° 공전하며 687일 동안 687°를 공전하므로 $\angle E_1 S E_2$는 33°가 되어 42°보다 작아진다.

13 천체의 거리와 성단

1 해설 참조   **2** 해설 참조

1

주계열 맞추기는 표준 주계열성의 색지수와 절대 등급이 표시된 색등급도에 성단을 이루는 별의 색지수와 겉보기 등급을 표시한 뒤두 곡선 사이의 수직 방향 등급 차가 성단의 거리 지수를 나타낸다. 거리 지수가 0이라는 것은 성단을 이루는 주계열성과 표준 주계열성 곡선이 일치하는 것을 의미하므로 성단까지의 거리는 절대 등급을 사용하는 표준 주계열성까지의 거리인 10 pc이 된다.

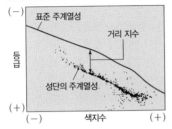

모범 답안 표준 주계열성은 절대 등급을 사용하고 거리가 10 pc에 위치하기 때문이다.

2

색등급도에서 성단을 이루는 별의 분포 형태를 분석하면 성단의 나이를 추정할 수 있다. 질량이 큰 별은 수명이 짧아 주계열 단계를 빠르게 벗어난다. 색등급도에서 성단을 이루는 별들이 주계열 단계에서 벗어난 지점을 전향점이라 하고, 성단의 나이가 많을수록 전향점이 오른쪽 아래로 이동한다.

모범 답안 주계열 단계를 벗어난 별이 많다는 것을 의미하기 때문이다.

내신 기초 문제   본문 255~258쪽

01 ④	**02** ③	**03** ⑤	**04** ④	**05** ⑤
06 ④	**07** ⑤	**08** ①	**09** −12.5	**10** ④
11 ②	**12** ④	**13** ①	**14** ④	
15 (1) 히아데스 성단		(2) 페르세우스 성단		**16** ④
17 ①	**18** ②-	**19** 전향점		**20** ⑤

01

정답 맞히기 ④ 연주 시차(p'')는 지구 공전 궤도의 양 끝에서 별을 바라보았을 때 생기는 각(시차)의 $\frac{1}{2}$이다.

오답 피하기 ① 연주 시차는 지구에서 가까운 별일수록 커지고, 먼 별일수록 작아진다.

② 연주 시차가 $1''$인 별의 거리 = $\frac{1}{연주\ 시차('')} = \frac{1}{1''} = 1$ pc이다.

③ 연주 시차가 $0.01''$보다 작은 별들은 연주 시차가 너무 작아서 측정하기 어렵다. 또한, 별까지의 거리가 멀면 연주 시차가 너무 작아져서 측정 오차가 크게 나타난다. 외부 은하까지의 거리는 너무 멀기 때문에 외부 은하가 속한 별의 연주 시차는 측정되지 않는다.

⑤ 연주 시차는 지구의 공전에 의해 나타나며, 같은 별을 목성에서 관측하면 연주 시차가 더 크게 관측된다.

02

정답 맞히기 ㄱ. 연주 시차는 지구 공전 궤도의 양 끝에서 별을 바라보았을 때 생기는 각(시차)의 $\frac{1}{2}$이므로 그림에서 p이다.

ㄴ. 배경별은 별 S에 비해 너무 멀리 위치해 있기 때문에 연주 시차가 나타나지 않는다.

오답 피하기 ㄷ. 연주 시차는 지구의 자전이 아닌 지구의 공전 때문에 나타난다. 지구 공전 궤도의 양 끝에서 별을 바라보았을 때 생기는 각(시차)의 $\frac{1}{2}$이 연주 시차이다.

03

정답 맞히기 ㄴ. 1등급의 별은 6등급의 별보다 100배 밝다.

ㄷ. 절대 등급은 별을 10 pc의 거리에 옮겨 놓았다고 가정했을 때의 밝기를 등급으로 정한 것으로, 별의 광도를 비교할 때 기준이 된다.

오답 피하기 ㄱ. 별의 밝기는 등급으로 나타내며 밝은 별일수록 작은 숫자로 나타낸다.

04

정답 맞히기 ㄴ. 별의 겉보기 등급은 별까지의 거리가 멀어질수록 증가한다. 따라서 실제 밝기가 같고 겉보기 밝기가 l_1, l_2인 두 별까지의 거리를 d_1, d_2라고 하면, $\frac{l_1}{l_2} = \left(\frac{d_2}{d_1}\right)^2$이므로 $m_2 - m_1 = 5\log\frac{d_2}{d_1}$이다. 즉, 절대 등급이 같은 별의 겉보기 등급은 별까지의 거리와 비례한다.

ㄷ. 절대 등급은 별을 10 pc의 거리에 옮겨 놓았다고 가정했을 때

의 밝기를 등급으로 정한 것으로 별까지의 거리와 상관없이 광도를 비교할 때 사용한다.

오답 피하기 ㄱ. 별의 밝기는 거리의 제곱에 반비례한다.

05

정답 맞히기 ⑤ 허블은 세페이드 변광성을 이용하여 안드로메다은하가 외부 은하임을 알게 되었다.

오답 피하기 ① 세페이드 변광성은 별의 내부가 불안정하여 팽창과 수축을 반복하기 때문에 밝기가 주기적으로 변하는 맥동 변광성이고, 격렬하게 폭발하여 밝기가 변하는 변광성은 폭발 변광성이다.
② 세페이드 변광성은 변광 주기가 길수록 광도가 크다. 이를 세페이드 변광성의 주기-광도 관계라고 한다.
③ 세페이드 변광성은 외부 은하뿐만 아니라 우리은하 내부에서도 관측된다.
④ 세페이드 변광성의 주기-광도 관계를 통해 세페이드 변광성의 절대 등급을 알아낸 후 관측된 세페이드 변광성의 평균 겉보기 등급과 비교해 세페이드 변광성까지의 거리를 알아낸다.

06

정답 맞히기 ㄴ. 그래프에서 평균 겉보기 등급은 약 4.0이다.
ㄷ. 세페이드 변광성의 주기-광도 관계를 통해 세페이드 변광성의 절대 등급을 알아낸 후 관측된 세페이드 변광성의 평균 겉보기 등급과 비교해 세페이드 변광성까지의 거리를 알아낸다.

오답 피하기 ㄱ. 그래프에서 처음으로 겉보기 등급이 가장 클 때가 대략 1일차이고, 다음에 겉보기 등급이 가장 커질 때가 대략 6일차이므로 변광 주기는 약 5일이다.

07

정답 맞히기 ㄱ. 청색 파장대에서 측정한 별의 등급이 B 등급이고, 우리 눈이 민감하게 반응하는 황색 파장대에서 측정한 별의 등급은 V 등급이다. 또한, 그래프에서 보면 B 필터는 V 필터보다 짧은 파장의 빛을 통과시킨다.
ㄴ. 색지수$(B-V)$는 별의 표면 온도가 높을수록 작아진다. 파란색 별은 붉은색 별보다 온도가 높으므로 색지수$(B-V)$가 작다.
ㄷ. R 필터는 대략 550 nm 이상의 파장을 가진 빛을 측정할 수 있다.

08

정답 맞히기 ㄱ. 거리가 d(pc)인 어떤 별의 겉보기 등급을 m, 절대 등급을 M이라 하면 $m-M=5\log d-5$이다. 이때 $m-M$을 거리 지수라 한다. 거리 지수가 클수록 별까지의 거리는 먼 것

이다. 절대 등급이 같은 별 (가), (나), (다) 중 거리 지수가 가장 큰 것은 (가)이다. 연주 시차는 별까지의 거리에 반비례하므로 연주 시차가 가장 작은 별은 (가)이다.

오답 피하기 ㄴ, ㄷ. 거리 지수가 가장 큰 별은 (가)이므로 지구에서 가장 멀리 있는 별은 (가)이다.

09

거리가 d(pc)인 어떤 별의 겉보기 등급을 m, 절대 등급을 M이라 하면 $m-M=5\log d-5$이다. 여기에서 겉보기 등급 $m=+2.5$이고, 거리 $d=10000$ pc이다. 식에 대입하면 $+2.5-M=5\log 10000-5$가 된다. $+2.5-M=20-5=15$, 따라서 절대 등급 $M=-12.5$가 된다.

10

정답 맞히기 ㄴ. 그래프에서 변광 주기가 같은 경우 종족 Ⅰ 세페이드 변광성의 절대 등급이 종족 Ⅱ 세페이드 변광성보다 작다. 따라서 변광 주기가 같은 경우 종족 Ⅰ 세페이드 변광성의 광도가 종족 Ⅱ 세페이드 변광성보다 크다.
ㄷ. 그래프에서 거문고자리 RR형 변광성은 변광 주기에 관계없이 절대 등급이 일정하다.

오답 피하기 ㄱ. 그래프에서 종족 Ⅰ 세페이드 변광성과 종족 Ⅱ 세페이드 변광성은 변광 주기가 증가할수록 절대 등급이 작아진다. 따라서 세페이드 변광성의 변광 주기와 절대 등급은 반비례한다.

11

정답 맞히기 ㄷ. 종족 Ⅰ 세페이드 변광성 (가), (나), (다) 중 변광 주기가 가장 긴 것은 (다)이다. 종족 Ⅰ 세페이드 변광성은 변광 주기와 절대 등급이 반비례하고, 변광 주기와 광도는 비례한다. 세페이드 변광성 (다)가 절대 등급이 가장 작다. 따라서 세페이드 변광성의 거리 지수는 (다)가 가장 크고 (다)가 지구에서 가장 멀리 떨어져 있는 별이다.

오답 피하기 ㄱ. 종족 Ⅰ 세페이드 변광성은 변광 주기와 절대 등급이 반비례하므로 변광 주기가 가장 짧은 (가)가 절대 등급이 가장 크다.
ㄴ. 세페이드 변광성 (다)가 절대 등급이 가장 작기 때문에 세페이드 변광성의 거리 지수는 (다)가 가장 크다.

12

정답 맞히기 ④ 색지수$(B-V)$가 0인 별의 분광형은 A0이고,

이 별의 표면 온도는 약 10000 K이다.

오답 피하기 ① 색지수($B-V$)가 음수이면 B 등급이 V 등급보다 작은 것이다.

② 안시 등급은 눈으로 볼 때 별의 밝기를 등급으로 정한 것으로 사람의 눈은 황색 파장대의 빛에 민감하여 황색 별이 밝게 측정된다. V 등급은 안시 등급과 비슷하다.

③ 색지수($B-V$)는 별의 표면 온도가 높을수록 작다.

⑤ 색지수($B-V$)는 별의 표면 온도에 반비례하고, 분광형이 A형인 별의 표면 온도는 K형인 별보다 높으므로 색지수는 분광형 A형인 별이 K형인 별보다 작다.

13

정답 맞히기 ㄱ. 세페이드 변광성 (가)의 변광 주기는 25일 이상이고, (나)의 변광 주기는 약 15일이다. 따라서 변광 주기는 (가)가 (나)보다 길다.

오답 피하기 ㄴ. 세페이드 변광성 (가)의 평균 겉보기 등급은 약 13.5이고, 세페이드 변광성 (나)의 평균 겉보기 등급은 약 14.5이다. 따라서 평균 겉보기 등급은 (가)가 (나)보다 작다.

ㄷ. 종족 I 세페이드 변광성은 주기와 절대 등급이 반비례하므로 주기가 긴 세페이드 변광성 (가)의 절대 등급이 (나)보다 작고 광도가 크다.

14

정답 맞히기 ④ 구상 성단에서 현재 관측되는 별들은 대부분 적색 거성 또는 나이가 많고 질량이 작은 주계열성이다.

오답 피하기 ① 구상 성단의 별들은 대부분 적색 거성 또는 나이가 많고 질량이 작은 주계열성이기 때문에 성단은 대체로 붉은색을 띤다.

② 구상 성단은 수만~수십만 개의 별들이 구형으로 매우 조밀하게 모여 있는 집단이다.

③ 현재까지 약 150개의 구상 성단이 우리은하에서 발견되었고, 이들은 은하 중심 주위를 공전한다.

⑤ 구상 성단은 나이가 100억 년 이상인 것들도 관측될 만큼 오래 전에 형성되었다. 따라서 형성 초기에 존재하였던 질량이 큰 별들은 주계열 단계를 벗어났다.

15

(1) 전향점은 색등급도에서 중심부의 수소를 모두 소진한 별이 주계열 상태에서 벗어나기 시작하는 단계에 있는 지점이다. 성단이 처음 만들어지면 전향점이 존재하지 않다가 시간이 지나면서 전향점은 색등급도에서 색지수와 등급이 커지는 방향으로 이동한다. 색등급도 상에서 전향점이 가장 오른쪽 아래에 위치한 성단이

가장 오래된 성단이다. 따라서 히아데스 성단이 가장 나이가 많은 성단이다.

(2) 성단은 시간이 지남에 따라 질량이 큰 별들이 먼저 주계열 단계를 벗어나게 된다. 따라서 성단의 나이가 많을수록 성단을 구성하는 별들 중 주계열성의 비율이 작게 된다. 따라서 전향점이 가장 왼쪽 상단에 위치한 페르세우스 성단이 가장 나이가 적고 주계열성의 비율이 가장 높다.

16

정답 맞히기 ㄴ. 성단에 속한 별들의 색지수와 겉보기 등급의 관계를 나타낸 색등급도를 작성하여 색지수와 절대 등급이 알려진 표준 주계열성의 색등급도와 비교하는 것이 주계열 맞추기이다.

ㄷ. 같은 색지수 값을 나타내는 성단 내의 주계열성과 표준 주계열성과의 등급 차이가 ㉠이고, 이는 거리 지수를 의미한다.

오답 피하기 ㄱ. 연주 시차가 0.01″보다 작은 별들은 연주 시차가 너무 작아서 측정하기 어렵다. 또한, 별까지의 거리가 멀면 연주 시차가 너무 작아져서 측정 오차가 크게 나타나기 때문에 보통 100 pc 이상 거리의 천체는 다른 방법을 사용한다. 주계열 맞추기를 통해 천체까지의 거리를 구하는 방법은 일반적으로 연주 시차를 사용한 방법보다 멀리 떨어져 있는 천체의 거리를 측정하는 데 사용한다.

17

정답 맞히기 ㄱ. 성단의 색등급도를 보면 (가)는 산개 성단, (나)는 구상 성단이다. 구상 성단은 수만~수십만 개의 별들이 구형으로 매우 조밀하게 모여 있는 집단이다. 산개 성단은 수백~수천 개의 별들이 비교적 허술하게 모여 있는 집단이다. 따라서 성단에 속해 있는 별의 개수는 (가)가 (나)보다 적다.

오답 피하기 ㄴ. 성단의 색등급도를 보면 (나)는 구상 성단을 나타낸다.

ㄷ. (가)는 산개 성단, (나)는 구상 성단이므로 성단의 색은 (가)가 (나)보다 파란색으로 관측된다.

18

정답 맞히기 ② 별까지의 거리는 너무 멀고 별에 전파를 쏘아도 반사되어 돌아오지 않기 때문에 이런 방법은 사용하지 않는다.

오답 피하기 ① 지구 공전 궤도 양 끝에서 별을 바라보았을 때 생기는 각도를 측정하는 방법은 연주 시차이다.

③ 세페이드 변광성의 주기-광도 관계를 이용하여 세페이드 변광성까지의 거리를 구할 수 있다.

④ 어떤 별의 절대 등급을 알 수 있으면 겉보기 등급을 측정하여 거리를 알 수 있다.

⑤ 표준 주계열성과 성단의 색등급도를 비교하여 천체의 거리를 측정하는 방법을 주계열 맞추기라고 한다.

19

전향점은 색등급도에서 중심부의 수소를 모두 소진한 별이 주계열 상태에서 벗어나기 시작하는 단계에 있는 지점이다. 시간이 지나면서 전향점은 색등급도에서 색지수와 등급이 커지는 방향으로 이동한다.

20

[정답 맞히기] ㄱ. 구상 성단은 우리은하에서 주로 헤일로에 분포한다. 그림에서 보면 연주 시차를 통한 천체의 거리 측정법은 구상 성단에는 적용하기 어렵다.

ㄴ. 주계열 맞추기는 성단 내의 개별 주계열성들의 색지수와 겉보기 등급을 알아야 하므로 외부 은하에 존재하는 성단들에는 적용하기 어렵다.

ㄷ. 4가지 방법 중 가장 멀리 있는 천체에 적용할 수 있는 방법은 세페이드 변광성의 주기-광도 관계를 이용하는 것이다.

실력 향상 문제

본문 259~263쪽

01 ④	**02** ①	**03** ③	**04** ⑤	**05** ③
06 ⑤	**07** ③	**08** (가), (가)의 겉보기 등급은 5, (나)는		**09** ③
0이므로 겉보기 등급은 (가)가 더 크다.				
10 ⑤	**11** ①	**12** ③	**13** ②	**14** ②
15 ②	**16** ⑤	**17** ①	**18** ③	**19** ①
20 ②				

01 연주 시차

[정답 맞히기] ㄴ. (나)는 연주 시차가 0.10″이므로 별까지의 거리는 10 pc이다. 따라서 (나)는 절대 등급과 겉보기 등급이 동일하다.
ㄷ. (다)는 연주 시차가 0.20″이므로 별까지의 거리는 5 pc이다.

[오답 피하기] ㄱ. 연주 시차를 이용한 별까지의 거리 $d(\text{pc}) = \dfrac{1}{\text{연주 시차}}$이다. 따라서 연주 시차는 지구에서 가까운 별일수록 크고, 먼 별일수록 작다. 따라서 별까지의 거리가 가장 먼 것은 연주 시차가 가장 작은 (나)이다.

02 별의 밝기를 이용한 거리 측정

[정답 맞히기] ㄱ. (가)는 연주 시차가 0.1″이므로 별까지의 거리가 10 pc이다. 따라서 겉보기 등급과 절대 등급이 동일하므로 (가)의 겉보기 등급은 1이다. 겉보기 등급이 작은 (가)가 (나)보다 맨눈으로 볼 때 밝게 보인다.

[오답 피하기] ㄴ. (가)는 지구로부터 거리가 10 pc이고, (나)는 연주 시차가 0.01″이므로 지구로부터 거리가 100 pc이다. 따라서 지구로부터 별까지 거리는 (나)가 (가)의 10배이다.

ㄷ. (가)의 절대 등급은 1이고, (나)의 경우 $m - M = 5\log d - 5$에 $m = 3$, $d = 100$ pc을 대입하면 (나)의 절대 등급은 −2가 된다. 광도는 절대 등급에 반비례하므로 광도는 (나)가 (가)보다 크다.

03 별의 밝기를 이용한 거리 측정

[정답 맞히기] ③ 별 A와 B의 겉보기 등급을 m이라고 하면 $m - M = 5\log d - 5$에서 별 A의 경우에는 $m + 5 = 5\log d_A - 5$가 되고, 별 B의 경우에는 $m - 5 = 5\log d_B - 5$가 된다. 따라서 $5\log d_B = 5\log d_A - 10$이 되므로 별 A와 별 B의 지구로부터 거리 비는 100 : 1이다.

04 세페이드 변광성

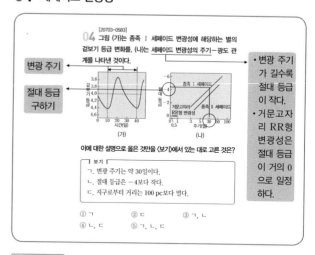

04 그림 (가)는 종족 Ⅰ 세페이드 변광성에 해당하는 별의 겉보기 등급 변화를, (나)는 세페이드 변광성의 주기-광도 관계를 나타낸 것이다.

이에 대한 설명으로 옳은 것만을 〈보기〉에서 있는 대로 고른 것은?

┌ 보기 ┐
ㄱ. 변광 주기는 약 30일이다.
ㄴ. 절대 등급은 −4보다 작다.
ㄷ. 지구로부터 거리는 100 pc보다 멀다.

① ㄱ ② ㄷ ③ ㄱ, ㄴ
④ ㄴ, ㄷ ⑤ ㄱ, ㄴ, ㄷ

[정답 맞히기] ㄱ. 그림 (가)에서 겉보기 등급이 가장 클 때가 약 10일경이었다가 다음번 가장 클 때가 약 40일경이므로 이 세페이드 변광성의 변광 주기는 약 30일이다.

ㄴ. 변광 주기가 약 30일이므로 그림 (나)에서 이 세페이드 변광성의 절대 등급은 −4등급보다 작다.

ㄷ. 이 세페이드 변광성의 평균 겉보기 등급은 4등급이므로 $m - M = 5\log d - 5$에서 변광성까지의 거리 d가 100 pc보다는 커야 한다.

05 세페이드 변광성을 이용한 거리 측정

정답 맞히기 ③ 세페이드 변광성을 통해 거리를 측정하기 위해서는 첫 번째로 세페이드 변광성의 변광 주기와 평균 겉보기 등급을 측정한 후, 두 번째로 측정한 변광 주기와 세페이드 변광성의 주기−광도 관계로부터 절대 등급을 알아낸 후, 세 번째로 겉보기 등급과 절대 등급을 비교하여 거리 지수를 구한 뒤, 마지막으로 거리 지수로부터 거리를 구한다.

06 B 필터와 V 필터

정답 맞히기 ㄱ. B 필터는 상대적으로 파장이 짧은 파란빛을 잘 통과시키고, V 필터는 상대적으로 파장이 긴 황록색 빛을 잘 통과시킨다.

ㄴ. (가)는 V 필터보다 B 필터에서 색지수 등급이 작으므로 $(B-V)$가 음수가 된다.

ㄷ. (가)는 (나)보다 모든 파장대에서 복사 강도가 크다.

07 주계열 맞추기

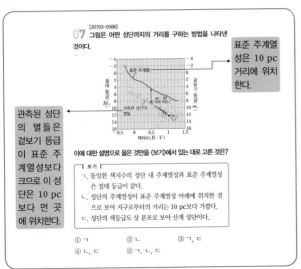

표준 주계열성은 10 pc 거리에 위치한다.

관측된 성단의 별들은 겉보기 등급이 표준 주계열성보다 크므로 이 성단은 10 pc보다 먼 곳에 위치한다.

정답 맞히기 ㄱ. 성단 내의 주계열성은 색지수가 동일한 표준 주계열성과 절대 등급이 같다.

ㄷ. 전향점의 위치나 성단 내 별들의 색등급도 상의 분포로 보아 이 성단은 산개 성단이다.

오답 피하기 ㄴ. 성단의 주계열성이 표준 주계열성 아래에 위치해 있다는 것은 성단의 거리 지수가 양수이고 따라서 지구로부터 성단까지의 거리는 10 pc보다 멀다.

08 별의 밝기를 이용한 거리 측정

별 1개의 절대 등급이 5등급이므로 100만 개의 별로 구성된 성단

(가)의 경우 100만 배 밝으므로 절대 등급이 −10이고, (나)의 경우 절대 등급은 −5등급이 된다. (가)의 거리는 10000 pc이므로 겉보기 등급은 5이고, (나)의 거리는 100 pc이므로 겉보기 등급은 0이다.

09 구상 성단의 색등급도

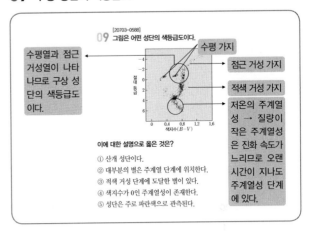

수평열과 점근 거성열이 나타나므로 구상 성단의 색등급도이다.

수평 가지

점근 거성 가지

적색 거성 가지

저온의 주계열성 → 질량이 작은 주계열성은 진화 속도가 느리므로 오랜 시간이 지나도 주계열성 단계에 있다.

이에 대한 설명으로 옳은 것은?

① 산개 성단이다.
② 대부분의 별은 주계열 단계에 위치한다.
③ 적색 거성 단계에 도달한 별이 있다.
④ 색지수가 0인 주계열성이 존재한다.
⑤ 성단은 주로 파란색으로 관측된다.

정답 맞히기 ③ 색등급도 상에 나타난 성단의 형태를 보면 이 성단은 구상 성단이다. 구상 성단에는 적색 거성에 도달한 별이 존재하며 그림 상에서도 적색 거성 가지가 나타난다.

오답 피하기 ① 색등급도 상에 나타난 성단의 형태를 보면 이 성단은 구상 성단이다.

② 색등급도에서 주계열 단계에서 벗어난 별들이 상당히 많이 나타난다.

④ 전향점의 색지수가 약 0.5인 것으로 보아 색지수가 0인 주계열성은 존재하지 않는다.

⑤ 구상 성단은 주로 적색 거성이나 질량이 작은 주계열성으로 구성되므로 붉은색으로 관측된다.

10 구상 성단과 산개 성단

정답 맞히기 ⑤ 색등급도 상에 나타난 성단의 형태를 보면 (가)는 산개 성단, (나)는 구상 성단이다. (나)에는 적색 거성에 도달한 별이 존재하며 그림 상에서도 적색 거성 가지가 나타난다. (가)에서는 전향점의 색지수가 0보다 작고 적색 거성도 거의 보이지 않는다.

오답 피하기 ① (나)는 구상 성단으로 수만~수십만 개의 별들이 구형으로 매우 조밀하게 모여 있는 집단으로 산개 성단인 (가)보다 개수 밀도가 크다.

② 전향점이 위치한 별의 색지수가 (가)가 (나)보다 작은 것으로 보아 성단의 나이는 (가)가 (나)보다 적다.

③ 동일한 색지수를 나타내는 주계열성의 겉보기 등급이 (가)가 (나)보다 작으므로 거리는 (가)가 (나)보다 가깝다.

④ 구상 성단은 주로 적색 거성이나 질량이 작은 주계열성으로 구성되고, 산개 성단은 표면 온도가 높고 광도가 높은 질량이 큰 주계열성의 비율이 높다.

11 산개 성단

정답 맞히기 ㄱ. 시간이 지나면서 전향점은 색등급도에서 색지수와 등급이 커지는 방향으로 이동한다. 따라서 나이가 적은 (가)가 (나)보다 전향점의 색지수가 작다.

오답 피하기 ㄴ. (다)까지의 거리는 51400 pc으로 연주 시차로 거리를 측정하기 어렵다.

ㄷ. (가), (나), (다) 모두 지구로부터의 거리가 10 pc 이상이므로 거리 지수가 양수를 나타내고 색등급도 상에서 표준 주계열성 아래쪽에 위치하게 된다.

12 파장에 따른 복사 강도

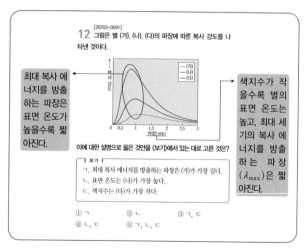

최대 복사 에너지를 방출하는 파장은 표면 온도가 높을수록 짧아진다.

[20703-0591]
12 그림은 별 (가), (나), (다)의 파장에 따른 복사 강도를 나타낸 것이다.

색지수가 작을수록 별의 표면 온도는 높고, 최대 세기의 복사 에너지를 방출하는 파장(λ_{max})은 짧아진다.

이에 대한 설명으로 옳은 것만을 〈보기〉에 있는 대로 고른 것은?

〈보기〉
ㄱ. 최대 복사 에너지를 방출하는 파장은 (가)가 가장 길다.
ㄴ. 표면 온도는 (나)가 가장 높다.
ㄷ. 색지수는 (다)가 가장 작다.

① ㄱ ② ㄴ ③ ㄱ, ㄷ
④ ㄴ, ㄷ ⑤ ㄱ, ㄴ, ㄷ

정답 맞히기 ㄱ. 최대 복사를 내보내는 파장은 (가)가 가장 길고, (다)가 가장 짧다.

ㄷ. 최대 복사를 내보내는 파장이 가장 짧은 (다)가 표면 온도가 가장 높다. 색지수는 표면 온도에 반비례하므로 색지수는 (다)가 가장 작다.

오답 피하기 ㄴ. 최대 복사를 내보내는 파장이 가장 짧은 (다)가 가장 표면 온도가 높다.

13 구상 성단과 산개 성단

정답 맞히기 ㄴ. (나)는 산개 성단으로 주로 나선 은하나 불규칙 은하에서 발견된다.

오답 피하기 ㄱ. (가)는 구상 성단, (나)는 산개 성단을 나타낸 것이다. 구상 성단은 주로 우리은하의 헤일로에 존재한다.

ㄷ. 구상 성단은 주로 적색 거성이나 질량이 작은 주계열성으로 구성되어 있으므로, 표면 온도가 높고 광도와 질량이 큰 주계열성의 비율이 높은 산개 성단에 비해 붉은색으로 관측된다.

14 산개 성단의 색등급도

정답 맞히기 ② 산개 성단은 주로 나선 은하나 불규칙 은하에서 발견된다.

오답 피하기 ① 산개 성단은 표면 온도가 높고 광도와 질량이 큰 주계열성의 비율이 높아 대체로 파란색을 띤다.
③ 산개 성단은 수백~수천 개의 별들이 허술하게 모여 있는 집단이다.
④ 플레이아데스 성단의 전향점은 히아데스 성단의 전향점보다 색등급도 상에서 왼쪽 위에 위치하므로 플레이아데스 성단의 나이가 히아데스 성단보다 적다.
⑤ 각 성단은 동일한 구름에서 거의 동시에 형성되므로 성단의 별들은 나이가 비슷하다.

15 연주 시차

정답 맞히기 ㄴ. 지구로부터의 거리는 연주 시차의 역수에 비례하므로 A는 5 pc, B는 10 pc의 거리에 위치한다.

오답 피하기 ㄱ. 그림은 별 A와 B를 6개월 간격으로 관측한 위치 변화이므로 A의 연주 시차는 0.2″, B의 연주 시차는 0.1″이다.

ㄷ. 별까지의 거리를 d라고 하면 $m-M=5\log d-5$에 대입하면, B의 절대 등급은 5이고, A의 절대 등급은 $5-5\log 5$이므로 5보다 작다.

16 산개 성단의 색등급도

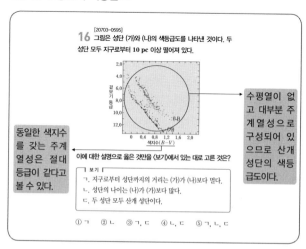

[20703-0595]
16 그림은 성단 (가)와 (나)의 색등급도를 나타낸 것이다. 두 성단 모두 지구로부터 10 pc 이상 떨어져 있다.

동일한 색지수를 갖는 주계열성은 절대 등급이 같다고 볼 수 있다.

수평열이 없고 대부분 주계열성으로 구성되어 있으므로 산개 성단의 색등급도이다.

이에 대한 설명으로 옳은 것만을 〈보기〉에 있는 대로 고른 것은?

〈보기〉
ㄱ. 지구로부터 성단까지의 거리는 (가)가 (나)보다 멀다.
ㄴ. 성단의 나이는 (나)가 (가)보다 많다.
ㄷ. 두 성단 모두 산개 성단이다.

① ㄱ ② ㄴ ③ ㄱ, ㄷ ④ ㄴ, ㄷ ⑤ ㄱ, ㄴ, ㄷ

정답 맞히기 ㄱ. 동일한 색지수를 나타내는 주계열성의 겉보기 등급이 (가)가 (나)보다 크므로 거리는 (가)가 (나)보다 멀다.

ㄴ. 전향점의 색지수가 (가)가 (나)보다 작으므로 성단의 나이는 (나)가 (가)보다 많다.

ㄷ. 색등급도 상 성단의 주계열성의 위치와 전향점의 위치로 보아 두 성단 모두 산개 성단이다.

17 구상 성단의 색등급도

정답 맞히기 ㄱ. 성단의 색등급도를 보면 전향점의 위치, 그리고 적색 거성 가지와 점근 거성 가지가 보이는 것으로 보아 이 성단은 구상 성단이다.

오답 피하기 ㄴ. 별 A와 B는 동일한 성단 내에 속해 있는 별이므로 지구로부터의 거리가 동일하다. 따라서 별 A의 겉보기 등급은 별 B보다 작다.

ㄷ. 별 A의 색지수는 별 B보다 크므로 표면 온도는 별 A가 별 B보다 낮다.

18 성단의 색등급도

정답 맞히기 ㄱ. 성단의 색등급도를 보면 (가)는 산개 성단, (나)는 구상 성단이다. (가)를 보면 성단 내의 대부분의 별은 주계열에 위치하고 있음을 알 수 있다.

ㄷ. 전향점이 위치한 지점의 색지수가 (가)가 (나)보다 작은 것으로 보아 성단의 나이는 (가)보다 (나)가 많다.

오답 피하기 ㄴ. 구상 성단은 주로 적색 거성이나 질량이 작은 주계열성으로 구성되어 있으며, 표면 온도가 높고 광도가 높은 질량이 큰 주계열성의 비율이 높은 산개 성단에 비해 붉은색으로 관측된다.

19 산개 성단과 구상 성단

정답 맞히기 ㄱ. 성단 (가)와 (나)의 거리 지수는 양수이고, 색등급도에 성단의 주계열성의 겉보기 등급을 표시하면 표준 주계열성 아래에 위치하게 된다.

오답 피하기 ㄴ. 거리 지수는 (나)가 (가)보다 크므로 지구로부터의 거리는 (가)가 (나)보다 가깝다.

ㄷ. (가)는 산개 성단, (나)는 구상 성단이고 전향점의 절대 등급을 비교해 보면 (나)가 (가)보다 붉은색으로 관측된다.

20 맥동 변광성의 주기─광도 관계

정답 맞히기 ㄴ. 거문고자리 RR형 변광성은 변광 주기와 관계없이 절대 등급이 약 0으로 일정하다.

오답 피하기 ㄱ. 변광 주기가 동일하다면 종족 Ⅰ 세페이드 변광성의 절대 등급이 종족 Ⅱ 세페이드 변광성보다 작다.

ㄷ. 그림에서 변광 주기가 30일인 종족 Ⅰ 세페이드 변광성과 50일인 종족 Ⅰ 세페이드 변광성의 절대 등급 차이는 2보다 작다.

신유형·수능 열기   본문 264~265쪽

| 01 ① | 02 ① | 03 ③ | 04 ② | 05 ② |
| 06 ③ | 07 ④ | 08 ② | | |

01

정답 맞히기 ㄱ. 성단의 색등급도를 보면 (가)는 산개 성단, (나)는 구상 성단이다. (가)를 보면 성단 내의 대부분의 별은 주계열에 위치하고 있음을 알 수 있다.

오답 피하기 ㄴ. (나) 성단의 전향점의 색지수는 0보다 크다. 시리우스의 색지수가 0이므로 이 성단의 나이는 시리우스보다 많다. 따라서 이 성단의 주계열성의 나이는 시리우스보다 많다.

ㄷ. 전향점의 위치가 (가)가 (나)보다 색지수가 작은 곳에 위치하므로 나이는 (가)가 (나)보다 적다.

02

정답 맞히기 ㄱ. 복사 강도가 크고, 최대 복사가 나타나는 파장이 짧은 것을 보면 (가) 별이 (나) 별보다 표면 온도가 높다는 것을 알 수 있다.

오답 피하기 ㄴ. (가) 별은 V 필터보다 B 필터에서 더 복사 강도가 세므로 색지수($B-V$)는 음수가 되고, (나) 별은 B 필터보다 V 필터에서 복사 강도가 세므로 색지수($B-V$)가 양수가 된다. 따라서 색지수는 (나) 별이 더 크다.

ㄷ. 최대 복사가 나타나는 파장은 (가) 별이 (나) 별보다 짧다.

03

정답 맞히기 ㄱ. a 별은 V 필터보다 B 필터에서 더 밝게 관측되므로 B 등급이 V 등급보다 작다.

ㄷ. a 별은 V 등급보다 B 등급에서 더 밝게 보이고 b 별은 B 등급보다 V 등급에서 더 밝게 보이므로 표면 온도는 a 별이 b 별보다 높다.

오답 피하기 ㄴ. b 별은 B 등급보다 V 등급에서 더 밝게 보이므로 색지수($B-V$)는 양수이다.

04

정답 맞히기 ㄷ. 표준 주계열성과 성단의 주계열성을 비교하면 등급 차이가 4 정도이다. 거리가 100 pc인 성단의 거리 지수가 5이므로 이 성단까지의 거리는 100 pc보다 가깝다.

오답 피하기 ㄱ. 별 A는 색지수가 0 정도이므로 표면 온도가 약 10000 K이다. 따라서 별 A는 태양보다 표면 온도가 높다.

ㄴ. 전향점이 위치한 지점의 색지수나 주계열성들의 위치로 보아 이 성단은 산개 성단이다.

05

정답 맞히기 ㄷ. 연주 시차가 가장 큰 별이 지구에서 가장 가까운 별이므로 연주 시차가 0.05″인 (다)가 가장 가까운 별이다.

오답 피하기 ㄱ. 황도 근처에 위치한 별들은 연주 시차에 의한 1년 동안의 궤적이 직선이 된다.

ㄴ. (나)에서 연주 시차는 궤도 긴반지름의 절반에 해당하므로 0.01″이다.

06

정답 맞히기 ㄱ. 세페이드 변광성 A의 변광 주기는 약 5.5일이고, 세페이드 변광성 B의 변광 주기는 약 9일이다.

ㄴ. 종족 Ⅰ 세페이드 변광성은 변광 주기가 길수록 절대 등급이 작다. 따라서 절대 등급은 변광 주기가 긴 B가 A보다 작다.

오답 피하기 ㄷ. 세페이드 변광성 A의 평균 겉보기 등급은 약 3.95이고, 세페이드 변광성 B의 평균 겉보기 등급은 약 4.8이다.

07

정답 맞히기 ㄴ. 맥동 변광성 B는 변광 주기가 0.7인 것으로 보아 거문고자리 RR형 변광성이고, A는 세페이드 변광성이다. 거문고자리 RR형 변광성은 세페이드 변광성보다 광도가 작다.

ㄷ. 변광성 B는 절대 등급이 약 0, 겉보기 등급이 5이므로 거리 지수가 5이고, A의 거리 지수는 10보다 크므로 지구로부터의 거리는 A가 B보다 멀다.

오답 피하기 ㄱ. 변광성 A는 변광 주기가 30일이고, 거문고자리 RR형 변광성은 변광 주기가 1일보다 작으므로 거문고자리 RR형 변광성이 아니다.

08

정답 맞히기 ㄴ. 겉보기 등급에서 절대 등급을 뺀 거리 지수가 가장 큰 별은 (나)이므로 지구로부터의 거리가 가장 먼 것은 (나)이다.

오답 피하기 ㄱ. 별 (가)의 거리 지수는 −1.5이다. 따라서 지구로부터 (가)까지 거리는 10 pc보다 작다. 그러므로 연주 시차가 관측된다.

ㄷ. 색지수($B-V$)는 별의 표면 온도에 반비례하므로 색지수가 가장 작은 것은 표면 온도가 가장 높은 (가)이다.

---

14 우리은하의 구조

탐구 활동
본문 275쪽

1 해설 참조   **2** 해설 참조

1

성간 물질에 의한 빛의 흡수와 산란으로 별빛의 세기가 원래보다 약해지는 현상을 성간 소광이라고 한다. 성간 소광량은 빛의 파장에 따라 다르다. 성간 티끌은 가시광선 영역의 빛을 더 잘 흡수하거나 산란시켜 성간 소광을 일으킨다. 암흑 성운 뒤에 존재하는 별에서 온 빛은 성간 소광에 의해 세기가 약해져 암흑 성운 바깥에서 관측되는 별의 수보다 암흑 성운이 존재하는 영역에서 관측되는 별의 수가 적어진다.

모범 답안 암흑 성운에 의한 성간 소광 때문이다.

2

성간 소광량은 빛의 파장에 따라 다르다. 성간 티끌은 가시광선 영역의 빛을 더 잘 흡수하거나 산란시켜 성간 소광을 일으킨다. 따라서 적외선으로 관측하면 가시광선으로는 잘 보이지 않는 별의 생성 장소나 은하 중심부를 자세히 관측할 수 있다.

모범 답안 암흑 성운에 의한 성간 소광이 줄어들어 암흑 성운 내에서 관측되는 별의 수가 가시광선으로 관측할 때보다 증가할 것이다.

내신 기초 문제
본문 276~278쪽

01 ⑤	**02** ②	**03** ②	**04** ⑤	**05** ⑤
06 ①	**07** ③	**08** ⑤	**09** ④	**10** ⑤
11 ⑤	**12** ②	**13** ⑤	**14** ①	**15** ⑤

01

정답 맞히기 ⑤ 성간 티끌은 자체적으로 전자기파를 방출하고 또한 외부에서 온 전자기파를 흡수하였다가 재방출하기도 한다.

오답 피하기 ① 성간 기체와 성간 티끌 등의 물질을 성간 물질이라고 한다. 성간 물질의 약 99 %는 원자와 분자 형태로 존재하는 성간 기체이며, 나머지 1 %는 규산염 또는 흑연, 얼음 등으로 이루어진 미세한 고체 입자인 성간 티끌이 차지한다.

② 성간 물질의 약 99 %는 원자와 분자 형태로 존재하는 성간 기체이며, 그 중 수소와 헬륨이 가장 많다.

③ 성간 티끌은 규산염 또는 흑연, 얼음 등으로 이루어진 미세한 고체 입자이다.

④ 성간 티끌이 성간 물질에서 차지하는 비율은 매우 낮지만, 별빛을 흡수하거나 산란시키기 때문에 우리의 눈에 도달하는 별빛의 양이 줄어들어 어둡게 보인다.

02

[정답 맞히기] ② 성간 소광량은 빛의 파장에 따라 다르다. 성간 티끌은 가시광선과 자외선 영역의 빛을 더 잘 흡수하거나 산란시켜 성간 소광을 일으킨다.

[오답 피하기] ① 성간 티끌은 가시광선 영역의 복사를 거의 방출하지 않는다.

③ 천체 관측 시 성간 물질의 영향을 적게 받기 위해서는 적외선 또는 전파 관측이 유리하다. 적외선으로 관측하면 가시광선으로는 잘 보이지 않는 별의 생성 장소나 은하 중심부를 자세히 관측할 수 있다.

④ 성간 소광이 일어나면 별이 더 어둡게 관측되므로 별의 겉보기 등급이 실제보다 크게 관측되고 별이 실제보다 멀리 있는 것처럼 관측된다.

⑤ 성간 소광이 일어나면 별이 더 어둡게 관측되므로 별의 겉보기 등급이 실제보다 크게 관측된다.

03

[정답 맞히기] ② 뜨거운 별 주위로 이온화된 물질이 방출선을 내는 성운을 방출 성운이라고 한다.

[오답 피하기] ① 성간 물질의 약 99 %는 원자와 분자 형태로 존재하는 성간 기체이며, 성운도 대부분은 성간 기체로 구성된다.

③ 주로 수소 분자로 이루어진 분자운은 온도가 낮고 밀도가 높은 상태이다.

④ 성간 물질을 이루는 수소 기체는 대부분 중성 수소 상태로 존재한다.

⑤ 별은 주로 온도가 낮고 밀도가 높은 분자운에서 생성된다.

04

[정답 맞히기] ㄱ. 성운 중에서도 특히 고체 입자인 성간 티끌이 밀집된 성운이 뒤쪽에 위치한 별빛의 진행 경로 상에 있으면, 별빛

은 그 성운에 흡수되거나 산란되어 우리 눈에 도달하지 못해서 어둡게 보이는데 이런 성운을 암흑 성운이라고 한다.

ㄴ. 밝은 별 근처에 있는 성간 티끌은 별에서 나오는 빛을 산란시킨다. 이때 산란된 빛으로 인해 뿌옇게 보인다. 이런 성운을 반사 성운이라고 한다.

ㄷ. 성간 티끌이 성간 물질에서 차지하는 비율은 매우 낮지만, 별빛을 흡수하거나 산란시켜 암흑 성운이나 반사 성운이 나타난다.

05

[정답 맞히기] ㄱ. 별빛이 성간 티끌층을 통과할 때 짧은 파장의 빛은 긴 파장의 빛보다 성간 티끌층에 쉽게 흡수되거나 산란된다.

ㄴ. 성간 티끌층을 통과한 별빛은 파장이 짧은 파란색 빛은 줄어들고 파장이 긴 붉은색 빛이 상대적으로 많이 도달하기 때문에 관측자 A에게는 실제보다 붉게 보인다. 이러한 현상을 성간 적색화라고 한다.

ㄷ. 성간 티끌에 의해 산란된 짧은 파장의 빛으로 인해 관측자 B에게는 파장이 짧은 파란색의 빛이 많이 보인다.

06

[정답 맞히기] ① 우리은하는 태양과 같은 별이 2000억 개 가량 모여 있는 별들의 집단으로 형태는 막대 나선 은하이다.

[오답 피하기] ② 태양계는 은하 원반에 위치한다.

③ 우리은하의 지름은 약 30 kpc이다.

④ 궁수자리 방향의 중심부에는 나이가 많은 별들이 밀집된 볼록하고 길쭉한 막대 구조의 팽대부가 있다.

⑤ 은하 원반에는 젊고 푸른 별들과 기체와 티끌로 이루어진 성간 물질이 분포하고 있다.

07

[정답 맞히기] ③ 21 cm 수소선 관측 결과를 보면 중성 수소 원자들이 우리은하의 은하면에 집중되어 있다는 것을 알 수 있다. 이 관측 결과를 자세히 분석하면 우리은하의 나선팔 구조의 세부적인 형태를 밝혀낼 수 있다.

08

[정답 맞히기] ⑤ 은하 원반을 구형으로 둘러싸고 있는 헤일로에는 늙고 붉은 별들로 이루어진 구상 성단이 분포하고 있다.

[오답 피하기] ① 태양계는 은하 원반에 위치한다.

② 궁수자리 방향의 중심부에는 나이가 많은 별들이 밀집된 볼록하고 길쭉한 막대 구조의 팽대부가 있다.

③ 구상 성단은 헤일로나 중앙 팽대부에 많이 분포한다.

④ 은하 원반에는 젊고 푸른 별들과 기체와 티끌로 이루어진 성간 물질이 분포하고 있어 새로운 별이 많이 탄생하고 있다.

09

정답 맞히기 ④ 섀플리는 여러 개의 구상 성단의 좌표와 거리를 통해 공간 분포를 알아내어 우리은하의 중심이 태양계가 아니라는 사실을 밝혀냈다.

오답 피하기 ① 허셜은 우주의 크기를 측정하기 위해 별들의 공간 분포를 연구하였다. 밤하늘에 보이는 천체들의 분포로부터 우주의 모습과 크기를 알아내고자 하였다.

② 허셜은 태양이 우리은하, 즉 우주의 중심에 있다고 생각하였다.

③ 캅테인은 하늘을 200여 개의 구역으로 나누어 별의 분포를 통계적으로 조사하여, 우주는 지름 15 kpc 정도인 납작한 원반 모양이라고 주장하였다.

⑤ 섀플리는 성간 물질의 영향을 고려하지 못해 우리은하의 지름을 실제보다 크게 추정하였다.

10

정답 맞히기 ㄱ. 뜨거운 별 주위로 이온화된 물질이 방출선을 내는 성운을 방출 성운이라고 한다.

ㄴ. 이온화된 수소 등이 방출선을 내는 성운을 방출 성운이라고 한다.

ㄷ. 고온의 별에서 방출하는 자외선을 흡수한 뒤 가시광선 영역의 파장의 빛을 복사한다.

11

정답 맞히기 ⑤ 수소 원자에서 전자는 양성자를 중심으로 공전하고, 양성자와 전자는 각각 자신의 축을 중심으로 자전한다. 이 때 양성자와 전자의 자전 방향이 같은 경우 에너지 준위가 높고, 반대인 경우 에너지 준위가 낮은데, 높은 에너지 상태에서 낮은 에너지 상태로 바뀌는 과정에서 21 cm 전파가 방출된다.

오답 피하기 ① 21 cm 수소선은 중성 수소에서 방출된다.

② 21 cm 수소선은 가시광선보다 파장이 길기 때문에 성간 티끌에 의한 성간 소광을 적게 받는다.

③ 중성 수소 구름에서 나오는 21 cm 수소선의 파장은 우리은하의 회전 때문에 도플러 이동을 일으키므로 시선 속도를 확인할 수 있다.

④ 중성 수소 구름에서 나오는 21 cm 수소선의 파장은 우리은하의 회전 때문에 도플러 이동을 일으키므로 시선 속도를 통해 위치를 알 수 있으며, 21 cm 수소선의 세기는 구름에서 시선 방향의 수소 원자 수에 비례한다. 이를 통해 우리은하의 나선팔 구조를 알 수 있다.

12

정답 맞히기 ② 전자기파를 방출하지 않아 관측되지는 않지만, 질량을 가지는 미지의 물질을 암흑 물질이라고 한다. 따라서 21 cm 수소선이나 전파로는 암흑 물질을 관측할 수 없다.

오답 피하기 ① 관측 가능한 물질의 질량은 우리은하 질량의 약 10 %에 불과하며 우리은하 질량의 약 90 % 이상이 관측되지 않고 있다. 전자기파로는 관측되지 않지만 질량을 가지는 물질을 암흑 물질이라고 한다.

③ 암흑 물질은 중력 렌즈 현상 같은 방법으로 그 존재를 추정할 수 있다.

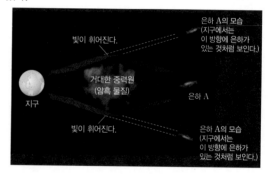

④ 우리은하의 회전 속도 곡선을 분석하면 은하 중심에서 약 15 kpc에서부터는 거의 일정한 속도를 유지하는 등속 회전을 나타낸다. 이는 우리은하의 질량이 중심부에 집중되어 있지 않고 은하 외곽에도 상당히 분포함을 알 수 있다. 즉, 우리은하의 질량이 관측 가능한 물질 분포를 통해 구한 것보다 훨씬 크다는 것을 의미하고 이를 통해 암흑 물질의 존재를 예측할 수 있다.

⑤ 우리은하 외곽에 눈에 보이지 않는 물질이 상당히 분포함을 알 수 있다. 이를 통해 암흑 물질이 우리은하를 크게 에워싸고 있음을 알 수 있다.

13

정답 맞히기 ⑤ 우리은하의 질량을 추정하는 방법으로는 우리은하의 회전 곡선을 분석하는 방법, 케플러 제3법칙을 이용하는 방법, 우리은하에서 빛을 내는 물질들의 광도로 추정하는 방법, 구상 성단의 운동을 이용하는 방법, 별의 운동을 이용하여 추정하는 방법 등이 있다. 은하 내의 모든 별들이 등속 운동한다고 가정하는 방법은 사용하지 않는다.

14

정답 맞히기 ① 우리은하의 회전 곡선은 우리은하를 구성하는 별들의 회전 속도를 측정하여 그린다.

오답 피하기 ② 은하 중심으로부터 1 kpc 이내의 천체들은 강체 회전을 한다.

③ 태양계 부근의 별들은 일정한 각속도로 회전하는 강체 회전을 하지 않고 케플러 회전을 하고 있다.

④ 은하 중심으로부터 15 kpc 이상 떨어진 천체들은 거의 속도가 일정한 등속 회전을 하고 있다.

⑤ 은하 중심에서 약 15 kpc에서부터는 거의 일정한 속도를 유지하는 등속 회전을 나타낸다. 이는 우리은하의 질량이 중심부에 집중되어 있지 않고 은하 외곽에도 상당히 분포한다는 것을 의미한다.

15

정답 맞히기 ⑤ 별이 우주 공간에서 실제로 운동하는 것을 공간 운동이라고 하며, 공간 속도(V)는 접선 속도(V_t)와 시선 속도(V_r)를 각각 구하여 $V=\sqrt{V_t{}^2+V_r{}^2}$으로부터 알아낸다.

오답 피하기 ① 별이 공간 운동에 의해 천구 상에서 1년 동안 움직인 각거리를 고유 운동이라고 한다.

② A는 고유 운동을 나타낸다. 고유 운동은 별이 우주 공간에서 실제로 운동한 거리가 아닌 천구 상에서 움직인 각도이다.

③ B는 시선 속도로 도플러 효과에 의한 별빛의 파장 변화를 측정하여 구한다.

④ C는 시선 방향에 수직인 방향의 선속도인 접선 속도로 별까지의 거리와 고유 운동을 이용하여 구한다.

실력 향상 문제			본문 279~283쪽	
01 ②	**02** ②	**03** ⑤	**04** ③	**05** ④
06 ①	**07** ⑤	**08** ②	**09** ⑤	**10** ③
11 ③	**12** ①	**13** ④	**14** 해설 참조	
15 ④	**16** ①	**17** ③	**18** ④	**19** ③
20 ①				

---

01 21 cm 수소선

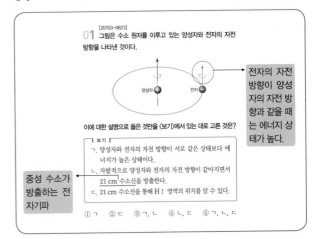

정답 맞히기 ㄷ. 21 cm 수소선은 중성 수소 원자에서 방출되는데 이를 통해 HＩ 영역의 위치를 알 수 있다.

오답 피하기 ㄱ. 양성자와 전자가 자전 방향이 같을 때가 양성자와 전자가 자전 방향이 반대일 때보다 에너지 상태가 조금 더 높다.

ㄴ. 자연 상태에서 중성 수소는 에너지가 높은 상태에서 에너지가 낮은 상태로 자발적으로 바뀌기도 하는데, 이때 방출되는 것이 21 cm 전파이다.

02 암흑 성운과 방출 성운

정답 맞히기 ㄴ. 뜨거운 별 주위로 이온화된 물질이 방출선을 내는 성운을 방출 성운이라고 한다. 이온화된 수소로 이루어진 전리 지역을 HⅡ 영역이라고 한다.

오답 피하기 ㄱ. 성운 중에서도 특히 고체 입자인 성간 티끌이 밀집된 성운이 뒤쪽에 위치한 별빛의 진행 경로 상에 있으면, 별빛은 그 성운에 흡수되거나 산란되어 우리 눈에 도달하지 못해서 어둡게 보이는데 이런 성운을 암흑 성운이라고 한다.

ㄷ. 성간 물질의 약 99 %는 원자와 분자 형태로 존재하는 성간 기체이며 나머지 1 %는 규산염 또는 흑연, 얼음 등으로 이루어진 미세한 고체 입자인 성간 티끌이 차지한다.

03 우리은하의 모습

정답 맞히기 ⑤ 궁수자리 방향의 우리은하 중심부에는 나이가 많은 별들이 밀집된 볼록하고 길쭉한 막대 구조의 팽대부가 있다.

오답 피하기 ① 우리은하는 측면에서 바라볼 때 납작한 원반 모양을 나타낸다.

② 구상 성단은 주로 헤일로에서 발견된다.

③ 우리은하의 나선팔에는 젊고 푸른 별들과 기체와 티끌로 이루어진 성간 물질이 분포하고 있다.

④ 우리은하의 중심부에는 막대 모양의 중앙 팽대부가 존재한다.

04 우리은하의 발견

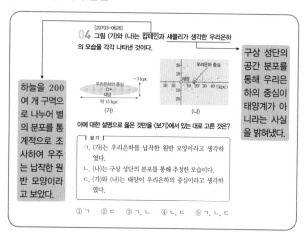

정답 맞히기 ㄱ. 칸테인은 하늘을 200여 개의 구역으로 나누어 별의 분포를 통계적으로 조사하여, 우주는 지름 15 kpc 정도인 납작한 원반 모양이라고 주장하였다.

ㄴ. 섀플리는 여러 개의 구상 성단의 좌표와 거리를 통해 공간 분포를 알아내어 우리은하의 모습을 추정하였다.

오답 피하기 ㄷ. 섀플리는 여러 개의 구상 성단의 좌표와 거리를 통해 공간 분포를 알아내어 우리은하의 중심이 태양계가 아니라는 사실을 밝혀냈다.

05 적외선과 가시광선으로 관측한 우리은하

정답 맞히기 ㄴ. (나)의 어둡게 보이는 영역은 은하 중심부에서 나온 빛이 성간 물질에 의해 성간 소광을 받아 나타나는 것이다.

ㄷ. 천체 관측 시 성간 물질의 영향을 적게 받기 위해서는 적외선 또는 전파 관측이 유리하다. 적외선으로 관측하면 가시광선으로는 잘 보이지 않는 별의 생성 장소나 은하 중심부를 자세히 관측할 수 있다.

오답 피하기 ㄱ. 성간 소광량은 빛의 파장에 따라 다르다. 성간 티끌은 가시광선 영역의 빛을 더 잘 흡수하거나 산란시켜 성간 소광을 일으킨다. 상대적으로 파장이 긴 적외선 영역에서는 소광 효과가 훨씬 작아진다. 따라서 은하 중심에서 성간 소광이 적게 일어난 (가)가 적외선으로 관측한 것이고, (나)가 가시광선으로 관측한 것이다.

06 별의 운동

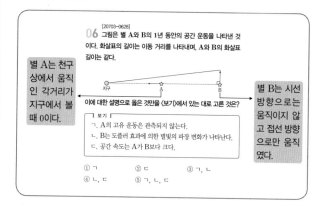

정답 맞히기 ㄱ. A는 시선 속도만 존재하고 접선 속도가 0이므로 고유 운동은 나타나지 않는다.

오답 피하기 ㄴ. B는 시선 속도가 0이므로 도플러 효과에 의한 별빛의 파장 변화가 나타나지 않는다.

ㄷ. A의 공간 속도는 A의 시선 속도와 동일하고, B의 공간 속도는 B의 접선 속도와 동일하므로 공간 속도는 A와 B가 동일하다.

07 암흑 성운

정답 맞히기 ㄱ. (가)에서는 보이지 않던 암흑 성운 뒤쪽의 별들이 (나)에서는 보이는 것으로 보아 (가)는 가시광선, (나)는 적외선으로 암흑 성운을 관측한 것이다.

ㄴ. 성간 티끌이 밀집된 성운이 뒤쪽에 위치한 별빛의 진행 경로상에 있으면, 별빛은 그 성운에 흡수되거나 산란되어 우리 눈에 도달하지 못해서 어둡게 보이는데 이런 성운을 암흑 성운이라고 한다.

ㄷ. 성간 티끌은 가시광선 영역의 빛을 더 잘 흡수하거나 산란시켜 성간 소광을 일으킨다. 상대적으로 파장이 긴 적외선 영역에서는 소광 효과가 훨씬 작아진다.

08 빛의 파장에 따른 성간 소광량

정답 맞히기 ㄷ. 천체 관측 시 성간 물질의 영향을 적게 받기 위해서는 자외선보다는 적외선으로 관측하는 것이 유리하다.

오답 피하기 ㄱ. 성간 소광량은 빛의 파장에 따라 다르다. 성간 티끌은 가시광선과 자외선 영역의 빛을 더 잘 흡수하거나 산란시켜 성간 소광을 일으킨다. 상대적으로 파장이 긴 적외선 영역에서는 소광 효과가 훨씬 작아지며, 전파 영역에서는 거의 무시할 수 있을 정도로 작다.

ㄴ. 성간 티끌을 통과하여 적색화된 별빛의 색지수는 고유한 색지수보다 더 크게 나타나는데, 그 차이를 색초과라고 한다. 즉, 색초과=관측된 색지수−고유 색지수이다.

09 성간 소광

정답 맞히기 ㄱ. 성간 소광이 일어나면 관측한 별이 더 어둡게 관측되므로 별의 겉보기 등급이 실제보다 크게 관측된다. 따라서 별의 겉보기 등급에 소광량만큼 보정해 주어야 정확한 거리를 구할 수 있다.
$m-A-M=5\log r-5$(A: 성간 소광된 양을 등급으로 나타낸 값)이다.

ㄴ. 성간 티끌을 통과한 별빛의 색지수는 고유 색지수보다 더 크게 나타나는데, 그 차이를 색초과라고 한다.

ㄷ. 성간 소광량은 빛의 파장에 따라 다르다. 성간 티끌은 자외선 영역의 빛을 더 잘 흡수하거나 산란시켜 성간 소광을 일으킨다. 상대적으로 파장이 긴 적외선 영역에서는 소광 효과가 훨씬 작아진다.

10 우리은하의 회전 속도 곡선

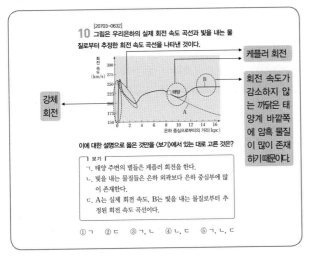

정답 맞히기 ㄱ. 태양 주변의 별들은 은하 중심에서 멀어질수록 속도가 감소하는 케플러 회전을 한다.

ㄴ. 은하 중심에서 약 15 kpc에서부터는 거의 일정한 속도를 유지하는 등속 회전을 나타낸다. 이를 통해 우리은하의 질량이 중심부에 집중되어 있지 않고 은하 외곽에도 상당히 분포함을 알 수 있다.

오답 피하기 ㄷ. 우리은하의 외곽에서 천체들의 회전 속도는 줄어들지 않고 거의 일정하다. 따라서 A가 빛을 내는 물질로부터 추정한 회전 속도 곡선이고, B가 실제 회전 속도 곡선이다.

11 우리은하의 나선 구조

정답 맞히기 ㄱ. 중성 수소 구름의 위치를 파악하면 우리은하의 나선팔 구조를 알 수 있다.

ㄷ. 21 cm 수소선 관측 결과를 자세히 분석하면 은하의 세부적인 구조를 밝혀낼 수 있다. 밝게 보이는 부분은 중성 수소에서 방출된 21 cm 수소선이다.

오답 피하기 ㄴ. A 영역에 아무것도 나타나지 않는 까닭은 별이 존재하지 않는 것이 아니라 은하 중심에 가려서 관측이 되지 않기 때문이다.

12 우리은하의 구조

정답 맞히기 ㄱ. 기체와 티끌이 밀집되어 있는 은하 원반에서는 새로운 별이 많이 탄생하고 있는데, 산개 성단이 주로 이곳에 분포하고 있다.

오답 피하기 ㄴ. 구상 성단이 분포하는 영역의 중심은 우리은하의 중심이 된다.

ㄷ. 우리은하의 회전 속도 곡선으로 보아 우리은하의 질량은 은하 중심에 집중되어 있지 않다.

13 우리은하의 구조 추정하기

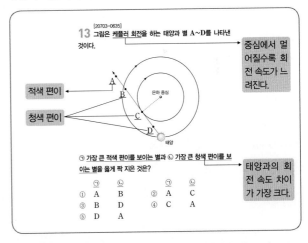

정답 맞히기 ④ 태양과 별 A~D는 케플러 회전을 하고 있으므로 은하 중심으로부터 거리가 멀수록 느린 각속도로 회전한다. 별 A가 가장 느린 각속도로 회전하고 있으므로 A는 태양에 비해 상대적으로 느려 태양 쪽으로 접근한다. 따라서 A는 청색 편이를 나타낸다. 은하 중심에서부터 거리가 가장 가까운 C의 각속도가 가장 빠르므로 C는 태양에서 가장 빨리 멀어지고 있고, 적색 편이가 가장 크다.

14 성간 소광

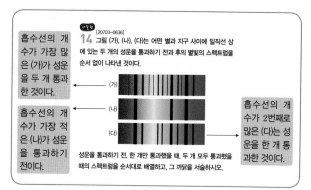

흡수선의 개수가 가장 많은 (가)가 성운을 두 개 통과한 것이다.

14 그림 (가), (나), (다)는 어떤 별과 지구 사이에 일직선 상에 있는 두 개의 성운을 통과하기 전과 후의 별빛의 스펙트럼을 순서 없이 나타낸 것이다.

[20703-0636]

흡수선의 개수가 가장 적은 (나)가 성운을 통과하기 전이다.

흡수선의 개수가 2번째로 많은 (다)는 성운을 한 개 통과한 것이다.

성운을 통과하기 전, 한 개만 통과했을 때, 두 개 모두 통과했을 때의 스펙트럼을 순서대로 배열하고, 그 까닭을 서술하시오.

별빛은 성운을 통과하면서 성간 기체나 성간 티끌에 의해 흡수되거나 산란된다. (나)에 흡수선이 가장 적게 나타난 것으로 보아 (나)가 성운을 하나도 통과하지 않은 것이고, (다)는 (가)에 비해 흡수선이 적게 나타난 것이므로 (다)가 성운을 한 개 통과한 것이고, (가)가 두 개 통과한 것이다.

[모범 답안] (나) − (다) − (가), 흡수선이 가장 적은 (나)가 통과 전, 흡수선이 가장 많은 (가)가 두 개 모두 통과한 것이다.

15 별의 운동

[정답 맞히기] ㄴ. 시선 속도는 별이 관측자의 시선 방향으로 멀어지거나 접근하는 속도로 별 A와 B가 a, b의 위치에 있을 때 두 별 모두 청색 편이를 나타내며 접근 속도는 A가 더 크다.

ㄷ. 별 A와 B는 1년 동안의 이동 방향과 거리가 동일하므로 공간 속도는 동일하다.

[오답 피하기] ㄱ. 별이 공간 운동에 의해 천구 상에서 1년 동안 움직인 각거리를 고유 운동이라고 하며, 단위는 ″/년으로 나타낸다. 고유 운동은 A가 B보다 크다.

16 21 cm 수소선의 관측과 해석

[정답 맞히기] ㄱ. 중성 수소는 주로 은하 원반면에 존재하고 나선팔에 위치한다. 즉, 나선팔은 은하 원반면에 존재한다.

[오답 피하기] ㄴ. (가)를 보면 대부분의 중성 수소는 은하 원반면에 위치하는 것을 알 수 있다.

ㄷ. (나)를 보면 나선팔은 주로 중성 수소로 구성되어 있음을 알 수 있다.

17 성간 기체

[정답 맞히기] ㄱ. 원자 상태의 수소가 주성분인 중성 수소 지역을 H I 영역이라 하고, H I 영역은 21 cm 수소선으로 관측한다.

ㄴ. 나선 구조는 (나)보다 (가)에서 뚜렷하게 나타난다.

[오답 피하기] ㄷ. 원자 상태의 수소가 주성분인 H I 영역이 이온화된 수소로 이루어진 전리 영역인 H II 영역보다 평균 온도가 낮다.

18 은하의 회전 속도 곡선

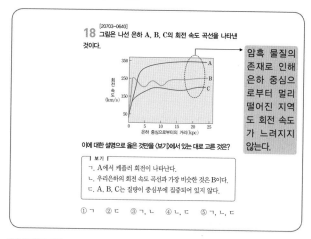

18 그림은 나선 은하 A, B, C의 회전 속도 곡선을 나타낸 것이다.

[20703-0640]

암흑 물질의 존재로 인해 은하 중심으로부터 멀리 떨어진 지역도 회전 속도가 느려지지 않는다.

이에 대한 설명으로 옳은 것만을 〈보기〉에서 있는 대로 고른 것은?

〈보기〉
ㄱ. A에서 케플러 회전이 나타난다.
ㄴ. 우리은하의 회전 속도 곡선과 가장 비슷한 것은 B이다.
ㄷ. A, B, C는 질량이 중심부에 집중되어 있지 않다.

① ㄱ　② ㄷ　③ ㄱ, ㄴ　④ ㄴ, ㄷ　⑤ ㄱ, ㄴ, ㄷ

[정답 맞히기] ㄴ. 우리은하의 회전 속도 곡선과 가장 유사한 것은 B의 회전 속도 곡선이다.

ㄷ. A, B, C 모두 은하 외곽에서 회전 속도가 줄어들지 않고 속도가 일정한 것으로 보아 은하의 질량이 중심에 집중되어 있지 않음을 알 수 있다.

[오답 피하기] ㄱ. 케플러 회전은 회전 중심으로부터 거리가 멀수록 회전 속도가 감소하는데 A는 속도가 감소하는 구간이 없다.

19 별의 운동

[정답 맞히기] ㄱ. 별이 공간 운동에 의해 천구 상에서 1년 동안 움직인 각거리를 고유 운동이라고 한다. 5년 동안 50″ 이동하였으므로 1년 동안은 10″ 이동한 것이 된다.

ㄴ. 접선 속도(V_t)는 시선 방향에 수직인 방향의 선속도를 말하며, 별의 거리(r)와 고유 운동(μ)을 이용하여 구한다. V_t(km/s) $= 4.74\mu r(\mu$: ″/년, r: pc)에 대입하면 이 별의 접선 속도는 474 km/s가 된다.

[오답 피하기] ㄷ. 공간 속도(V)는 접선 속도(V_t)와 시선 속도(V_r)를 각각 구하여 $V = \sqrt{V_t^2 + V_r^2}$으로부터 알아낸다. 이 별은 도플러 효과가 관측되지 않으므로 시선 속도가 0이다. 따라서 공간 속도는 접선 속도와 동일하다.

20 태양 부근 별들의 공간 운동

[정답 맞히기] ㄱ. 현재 태양과 별 A는 은하 중심과 일직선 상에

놓여 있으므로 별 A의 시선 속도는 0이다.

오답 피하기 ㄴ. 별 B는 현재에서 (가) 시기로 가면서 태양보다 회전 속도가 빠른 것으로 보아 적색 편이를 나타낸다.

ㄷ. 태양과 별 A, B는 은하 중심에 가까울수록 회전 속도가 빠른 케플러 회전을 하고 있다.

신유형·수능 열기

01 ②　　02 ⑤　　03 ④　　04 ①　　05 ⑤
06 ③　　07 ⑤　　08 ⑤

01

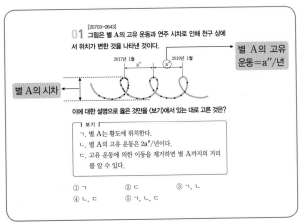

[20703-0643]
01 그림은 별 A의 고유 운동과 연주 시차로 인해 천구 상에서 위치가 변한 것을 나타낸 것이다.

2017년 1월　　　　2019년 1월
별 A의 고유 운동＝a″/년
별 A의 시차

이에 대한 설명으로 옳은 것만을 〈보기〉에서 있는 대로 고른 것은?

보기
ㄱ. 별 A는 황도에 위치한다.
ㄴ. 별 A의 고유 운동은 2a″/년이다.
ㄷ. 고유 운동에 의한 이동을 제거하면 별 A까지의 거리를 알 수 있다.

① ㄱ　　② ㄷ　　③ ㄱ, ㄴ
④ ㄴ, ㄷ　　⑤ ㄱ, ㄴ, ㄷ

정답 맞히기 ㄷ. 고유 운동에 의한 별 A의 이동 효과를 제거하면 별 A의 연주 시차를 알 수 있고 별까지의 거리를 알 수 있다.

오답 피하기 ㄱ. 황도에 위치한 별은 연주 운동이 직선 형태로 나타나야 하는데, 별 A의 연주 운동은 직선이 아니므로 별 A는 황도 상에 위치하지 않는다.

ㄴ. 연주 운동에 의한 효과를 제거하면 천구 상에서 별 A는 2년 동안 2a″ 이동했으므로 고유 운동은 a″/년이다.

02

정답 맞히기 ㄱ. 별 A의 별빛이 성운을 통과해 관측자 (가)에게 도달하면 성운을 통과하지 않고 도달한 관측자 (나)에 비해 별빛이 성간 적색화가 나타나고 색초과가 커진다.

ㄴ. 관측자 (나)가 볼 때 성운은 별 A의 빛을 반사하므로 반사 성

운으로 보인다.

ㄷ. 관측자 (가)에 도달한 별빛은 성간 소광을 받은 상태이므로 별이 더 어둡게 관측되어 (나)보다 겉보기 등급이 크게 관측된다.

03

정답 맞히기 ㄴ. 암흑 성운에 의한 성간 소광 효과 때문에 관측되는 별의 개수는 B가 A보다 많다.

ㄷ. 동일한 크기의 영역에는 동일한 수의 별이 있다고 가정하면 실제 관측되는 별의 개수비로 성간 소광량을 알 수 있다.

오답 피하기 ㄱ. A 영역은 암흑 성운 안이므로 A 영역 뒤쪽의 별에서 오는 별빛은 성간 소광을 받아 A 영역 뒤쪽의 별이 실제보다 멀리 있는 것으로 관측된다.

04

정답 맞히기 ㄱ. 케플러 회전을 하고 있으므로 별 A는 태양보다 회전 속도가 느리다. 따라서 A에서는 청색 편이가 나타난다.

오답 피하기 ㄴ. C는 B, C, D 영역 중 가장 큰 적색 편이를 나타낸다. B와 D 영역은 태양과의 회전 속도 차이가 A와 C보다 작으므로 시선 속도 절댓값은 작다. B의 시선 속도 절댓값은 A와 C 사이의 값이다.

ㄷ. 시선 속도가 약 −50 km/s인 것이 A 영역, 약 60 km/s인 것이 C 영역이고, 그 사이에 B와 D 영역이 위치한다. 따라서 중성 수소 밀도는 C가 D보다 작다.

05

정답 맞히기 ㄱ. 천구 상에서 1년 동안 이동한 각거리는 고유 운동으로 A가 B보다 크다.

ㄴ. 공간 속도(V)는 접선 속도(V_t)와 시선 속도(V_r)를 각각 구하여 $V = \sqrt{V_t^2 + V_r^2}$으로부터 알아낸다. 공간 속도는 B가 A보다 큰데 접선 속도는 B가 A보다 작으므로 시선 속도는 B가 A보다 크다.

ㄷ. 접선 속도는 별의 거리와 고유 운동의 곱에 비례한다. A의 접선 속도가 C의 4배이고, 고유 운동은 A가 C의 2배이므로 지구로부터의 거리도 A가 C보다 멀다.

06

정답 맞히기 ㄱ. 별 A는 태양보다 바깥쪽 궤도를 돌고 있으므로 위치 상 적색 편이를 나타낸다.

ㄴ. 별 B는 태양과 동일한 궤도로 은하 중심을 공전하고 있으므로 시선 속도가 0이다.

오답 피하기 ㄷ. 케플러 회전을 하고 있으므로 은하 중심에 대한 공전 속도의 크기는 A가 C보다 작다.

07

정답 맞히기 ㄱ. 반사 성운은 성운 주변에 있는 밝은 별의 별빛이 산란되어 나타난다.

ㄴ. 성운 주변에 온도가 높은 별이 가까이 있으면 성운의 주요 구성 물질인 중성 수소 원자는 별에서 방출되는 자외선을 흡수하여 이온화되며, 이온화된 수소는 다시 전자와 결합해 중성 수소로 되돌아 가는데, 이 과정에서 에너지가 방출되면서 방출 성운이 나타난다.

ㄷ. 성운은 대부분 성간 기체로 구성된다.

08

정답 맞히기 ㄱ. 원래 A와 B의 가운데 위치에 있는 천체에서 출발한 빛이 외부 은하로 인해 휘어지면서 지구에서는 천체가 A와 B의 위치에 있는 것처럼 보인다.

ㄴ. 외부 은하에 포함된 암흑 물질의 질량이 커지면 중력 렌즈 효과가 더 커진다.

ㄷ. 중력 렌즈 효과는 보이는 물질 외에 암흑 물질에 의한 것도 있기 때문에 보이는 물질에 의한 것보다 더 크게 나타난다.

15 우주의 구조

탐구 활동
본문 290쪽

1 우리은하, 안드로메다은하, 대마젤란은하, 소마젤란은하 등
2 코마 초은하단, 센타우루스자리 초은하단, 조각가자리 초은하단 등

1

국부 은하군은 우리은하가 속해 있는 은하군으로 지름은 약 3 Mpc(1000만 광년)이며, 50개 이상의 크고 작은 은하들로 이루어져 있다. 특히 질량이 가장 큰 우리은하와 안드로메다은하는 국부 은하군 전체 질량의 약 70 % 이상을 차지하고 있어 역학적 운동의 중심 은하이다. 그 외에 대마젤란은하, 소마젤란은하 등이 있다.

2

처녀자리 초은하단 주변에는 센타우루스자리 초은하단, 조각가자리 초은하단, 코마 초은하단 등이 있다.

내신 기초 문제
본문 291~293쪽

01 ②	02 ⑤	03 ①	04 ①	05 ④
06 ⑤	07 ③	08 ①	09 ④	10 ④
11 ④	12 ⑤	13 ⑤	14 ⑤	15 ④

01

정답 맞히기 ② 국부 은하군은 우리은하, 안드로메다은하, 대마젤란은하 등으로 구성된다.

오답 피하기 ① 은하군은 일반적으로 지름이 수 Mpc 정도이다.

③ 은하군은 은하들이 이루는 가장 작은 집단이다.

④ 은하군은 수십 개의 은하들로 구성된다.

⑤ 은하군은 서로의 중력에 속박되어 구성된 집단이다.

02

정답 맞히기 ⑤ 은하단은 우주에서 서로의 중력에 묶여 있는 천체들 중 가장 규모가 크다.

오답 피하기 ① 은하단보다 큰 은하들의 집단으로 초은하단이 있다.
② 국부 은하군은 처녀자리 은하단 외곽에 위치한다.
③ 은하단은 중력적으로 묶여 있어 우주가 팽창해도 흩어지지 않는다.
④ 처녀자리 은하단은 대부분 나선 은하로 구성된다.

03

정답 맞히기 ㄱ. 초은하단은 규모가 수십~수백 Mpc이다.
오답 피하기 ㄴ. 초은하단을 이루는 각 은하단들은 서로 중력적으로 묶여 있지 않고 우주가 팽창함에 따라 흩어지고 있다.
ㄷ. 초은하단보다 큰 규모의 구조에는 은하 장성이 있다.

04

정답 맞히기 ㄱ. 은하군 내의 은하들은 서로 중력적으로 묶여 있다.
오답 피하기 ㄴ. 안드로메다은하는 국부 은하군에 속하므로 외부 은하군보다는 지구로부터 가까운 거리에 위치한다.
ㄷ. 은하 중에 막대 나선 은하가 아닌 은하가 존재한다.

05

정답 맞히기 ④ 우리은하에서 가장 가까운 은하단은 처녀자리 은하단이다.
오답 피하기 ① 은하군은 은하단에 속하지 않는다.
② 우리은하는 국부 은하군에 속한다.
③ 은하단은 수백 개~수천 개의 은하로 구성된다.
⑤ 처녀자리 초은하단의 중심에는 처녀자리 은하단이 위치한다.

06

정답 맞히기 ㄱ. 우리은하는 막대 나선 은하로 (가)이다.
ㄴ. 국부 은하군이란 우리은하가 속해 있는 은하군으로, 우리은하와 가까운 곳에 위치한 대마젤란은하, 소마젤란은하, 안드로메다은하 등은 은하 간의 중력에 의해 점점 접근하고 있다. (나)는 안드로메다은하로 우리은하로 접근하고 있다.
ㄷ. 은하군 내의 은하들은 중력적으로 묶여 있다.

07

정답 맞히기 ㄱ. 은하단은 은하군보다 규모가 큰 집단이다.
ㄷ. M66 은하군은 M81 은하군보다 3배 정도 우리은하에서 더 멀리 떨어져 있다.
오답 피하기 ㄴ. 국부 은하군과 처녀자리 은하단은 서로 떨어져 위치한다.

08

정답 맞히기 ① 은하들은 우주에 고르게 분포하는 것이 아니라 일부 지역에 집중적으로 분포한다.
오답 피하기 ② 은하 장성은 우주에서 볼 수 있는 최대 규모의 구조이다.
③ 거대 공동은 우주에서 은하가 거의 존재하지 않는 지역이다.
④ 거대 공동의 밀도는 우주 평균의 $\frac{1}{10}$보다 작다.
⑤ 은하들은 그물망과 비슷한 거대 가락 구조를 따라 존재하는데 이러한 구조를 거대 장성이라고 한다.

09

정답 맞히기 ㄴ. B는 거대 공동으로 은하들이 거의 없는 지역이다.
ㄷ. 은하 장성의 길이는 수백 Mpc으로 추정되며, 3000 Mpc에 이르는 것도 존재한다.
오답 피하기 ㄱ. A는 은하 장성으로 점들은 은하이다.

10

정답 맞히기 ④ 거대 공동은 은하들이 거의 없는 지역이지만 거대 공동에는 암흑 물질이 존재한다.
오답 피하기 ① 거대 공동의 밀도는 우주 평균의 $\frac{1}{10}$보다 작다.
② 거대 공동은 은하들이 거의 존재하지 않는 구역이다.
③ 거대 공동은 초은하단과 초은하단 사이에 나타난다.
⑤ 우주 전체 부피에서 은하가 차지하는 부피는 일부분이고, 거대 공동이 대부분을 차지한다.

11

정답 맞히기 ④ 초기 우주에서는 물질이 약간 뭉쳐 있는 상태로 나타나며, 시간이 지날수록 밀도가 높은 지역으로 좀 더 많은 물질이 끌려들어가 거대 구조가 뚜렷해진다. 따라서 형성 순서는 (다)−(나)−(가)−(라)이다.

12

정답 맞히기 ⑤ 초기 우주에서는 물질이 약간 뭉쳐 있는 상태로 나타나며, 시간이 지날수록 밀도가 높은 지역으로 중력에 의해 물질이 끌려들어가 별과 은하가 탄생하였다.
오답 피하기 ① 은하 장성이나 거대 공동 같은 것들은 우주 진화의 초기 단계의 흔적으로 보고 있다.
② 우주에는 일반 물질보다 암흑 물질이 더 많이 존재한다.
③ 암흑 물질은 질량이 있으므로 중력적으로 우리가 관측할 수 있는 일반 물질을 끌어당긴다. 암흑 물질이 분포하는 형태에 따라

은하 장성과 같은 구조가 형성된다.

④ 우주는 은하가 모여 은하군이나 은하단이 되고, 이것들이 모여 초은하단을 이루는 등 작은 구조들이 모여 큰 구조가 되는 형태이다.

13

정답 맞히기 ⑤ 은하 장성에는 CfA2 은하 장성과 슬론 은하 장성, 그리고 헤르쿨레스자리─북쪽왕관자리 은하 장성 등이 있다.

오답 피하기 ① 은하 장성은 우주에서 볼 수 있는 최대 규모의 구조이다.

②, ③ 은하 장성에는 별이나 은하 같은 일반 물질 외에도 암흑 물질이 존재한다.

④ 은하 장성의 크기는 10억 광년 이상이다.

14

정답 맞히기 ㄱ. 우주에는 은하가 거의 존재하지 않는 거대 공동이 나타난다.

ㄴ. 은하들이 띠를 이루고 있는 거대 구조인 은하 장성이 나타난다.

ㄷ. 초기 우주의 미세한 물질 분포의 차이에 따라 현재의 거대 구조가 형성되었다.

15

정답 맞히기 ④ 우주 거대 구조의 형태는 시간에 따라 조금씩 변해 왔다.

오답 피하기 ① 초기 우주의 미세한 물질 분포 차이로 인해 현재의 거대 구조가 형성되었다.

② 우주 거대 구조의 형태는 시간이 지남에 따라 조금씩 변해 왔으며, 이런 형태 변화는 우주 팽창의 결과 중 일부이다.

③ 초기 우주에서 밀도가 낮은 곳은 점점 더 비어 있는 공간으로 남아 있게 되었다. 이 공간이 거대 공동이다.

⑤ 초기 우주의 미세한 물질 분포 차이로 인한 중력의 영향으로 물질은 밀도가 높은 곳으로 모여 별과 은하가 만들어졌다.

실력 향상 문제   본문 294~295쪽

| 01 ③ | 02 ④ | 03 ④ | 04 ① | 05 ③ |
| 06 ② | 07 ⑤ | 08 ④ | | |

---

01 은하군과 은하단

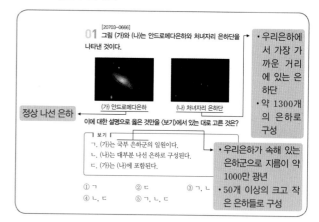

[20703-0666]
01 그림 (가)와 (나)는 안드로메다은하와 처녀자리 은하단을 나타낸 것이다.

정상 나선 은하

(가) 안드로메다은하   (나) 처녀자리 은하단

이에 대한 설명으로 옳은 것만을 〈보기〉에서 있는 대로 고른 것은?

보기
ㄱ. (가)는 국부 은하군의 일원이다.
ㄴ. (나)는 대부분 나선 은하로 구성된다.
ㄷ. (가)는 (나)에 포함된다.

① ㄱ   ② ㄷ   ③ ㄱ, ㄴ
④ ㄴ, ㄷ   ⑤ ㄱ, ㄴ, ㄷ

• 우리은하에서 가장 가까운 거리에 있는 은하
• 약 1300개의 은하로 구성

• 우리은하가 속해 있는 은하군으로 지름이 약 1000만 광년
• 50개 이상의 크고 작은 은하들로 구성

정답 맞히기 ㄱ. 국부 은하군에는 우리은하, 안드로메다은하 등이 포함된다.

ㄴ. 처녀자리 은하단의 은하들은 대부분 나선 은하이다.

오답 피하기 ㄷ. 안드로메다은하는 국부 은하군에 포함되는데, 국부 은하군은 처녀자리 은하단에 포함되지 않는다.

02 은하군과 은하단

정답 맞히기 ㄴ. 은하단은 우주에서 중력적으로 묶여 있는 천체들 중 가장 규모가 크다.

ㄷ. (나) 은하단에 속해 있는 은하들의 숫자가 (가) 은하군에 속해 있는 은하들의 숫자보다 많다.

오답 피하기 ㄱ. (가)를 구성하는 은하들은 타원 은하, 나선 은하 등으로 다양한 형태를 보인다.

03 국부 은하군

정답 맞히기 ㄴ. 마젤란은하는 국부 은하군 내에서 우리은하의 위성 은하로, 안드로메다은하에 비해 상당히 가까운 거리에 위치한다.

ㄷ. 국부 은하군에서 안드로메다은하와 우리은하가 가장 큰 질량을 가지고 있으며 무게 중심은 두 은하 사이에 위치한다.

오답 피하기 ㄱ. 그림은 국부 은하군의 일부분인데 10개 이상의 은하가 존재한다.

04 국부 은하군과 처녀자리 은하단

정답 맞히기 ㄱ. 국부 은하군에는 우리은하가 포함된다.

오답 피하기 ㄴ. 처녀자리 은하단은 수천 개의 은하들로 구성된다.

ㄷ. 국부 은하군은 처녀자리 은하단에 포함되지 않고 처녀자리 은하단과 떨어져 존재한다.

05 우주 거대 구조

정답 맞히기 ㄱ. A는 은하 장성으로 거대 공동인 B보다 평균 밀도가 크다.

ㄴ. 은하들이 그물망과 같이 연결되어 있는 은하 장성이 나타난다.

오답 피하기 ㄷ. A는 은하 장성으로 보통 물질뿐만 아니라 암흑 물질도 존재한다.

06 은하들의 집단

정답 맞히기 ㄴ. 우주 거대 구조에서 은하들은 띠와 같은 구조를 따라 존재한다.

오답 피하기 ㄱ. 초은하단은 은하군과 은하단으로 구성된 집단이며, 수십 개 정도의 은하로 구성된 것은 은하군이다.

ㄷ. 우주 거대 구조는 초은하단보다 더 큰 규모이다.

07 은하들의 집단

정답 맞히기 ㄱ. (가)에는 우리은하와 같은 막대 나선 은하가 존재한다.

ㄴ. 은하단은 은하들이 서로의 중력에 묶여 있는 집단이다.

ㄷ. 우주 거대 구조는 은하군과 은하단을 포함하는 큰 규모의 구조이다.

08 초기 우주와 현재 우주의 은하 분포

정답 맞히기 ㄴ. (나)에는 은하들이 주로 분포하는 띠 모양의 구조가 나타난다.

ㄷ. 물질은 중력의 영향으로 밀도가 높은 곳으로 모여 별과 은하를 만들었고, 밀도가 낮은 곳은 거대 공동이 되었다.

오답 피하기 ㄱ. 물질 분포는 (가)가 (나)보다 균일하다.

신유형·수능 열기 본문 296쪽

01 ④ **02** ④ **03** ③ **04** ②

01

정답 맞히기 ㄴ. 총알 은하군은 암흑 물질과 일반 물질이 섞여 있다.

ㄷ. 암흑 물질은 빛을 내지 않기 때문에 전자기파로 관측할 수 없다. 암흑 물질은 중력 렌즈 현상과 같은 중력적 방법으로만 그 존재를 확인할 수 있다.

오답 피하기 ㄱ. 총알 은하군은 수십 개의 은하로 구성된다.

02

정답 맞히기 ㄴ. 국부 은하군은 처녀자리 초은하단의 일원이다.

ㄷ. 초은하단은 은하군과 은하단이 모여 만들어진 구조이다.

오답 피하기 ㄱ. 처녀자리 초은하단은 은하 장성보다 작은 규모이다.

03

정답 맞히기 ③ 슬론 은하 장성은 CfA2 은하 장성에 비해 규모가 크고 지구로부터의 거리가 멀다. 적경의 범위는 CfA2 은하 장성이 더 크다.

04

정답 맞히기 ㄷ. 은하 장성과 거대 공동이 이루는 우주 거대 구조는 시간에 따라 형태가 변하고 있다.

오답 피하기 ㄱ. (가)는 은하 장성으로 초기 우주의 밀도가 상대적으로 큰 지역에 형성되었다.

ㄴ. 거대 공동에는 암흑 물질이 존재한다.

단원 마무리 문제				본문 300~304쪽
01 ①	**02** ④	**03** ③	**04** ④	**05** ②
06 ②	**07** ②	**08** ①	**09** ②	**10** ②
11 ①	**12** ④	**13** ⑤	**14** ③	**15** ②
16 ④	**17** ①	**18** ⑤	**19** ②	**20** ②

01

정답 맞히기 ㄱ. 금성이 동방 최대 이각에 위치하므로 금성은 태양보다 동쪽에 위치한다. 따라서 금성의 적경은 태양보다 크다.

오답 피하기 ㄴ. 목성은 충에 위치하므로 태양의 반대편에 위치한다. 태양과 행성들은 황도를 따라 거의 비슷한 평면 상에서 공전하므로 하짓점에 위치한 태양의 반대편에 위치한 목성의 적위는 동짓날 태양의 적위인 $-23.5°$ 부근이다. 따라서 이날 남중 고도는 태양이 목성보다 높다.

ㄷ. 새벽에 목성은 남서쪽 하늘에서 관측 가능하지만, 태양보다 동쪽에 위치한 금성은 지표면 아래에 위치하므로 관측이 불가능하다.

02

정답 맞히기 ㄴ. (가)에서는 금성이 태양 뒤편에 위치할 수 있으므로 보름달 모양으로 관측 가능하지만, (나)에서는 항상 초승달이나 그믐달 모양으로 관측된다.

ㄷ. (가)에서 화성은 태양보다 지구에 더 가깝게 위치할 수 있지만, (나)에서는 화성이 항상 태양보다 멀리 있다.

오답 피하기 ㄱ. 연주 시차는 지구가 공전하는 태양 중심설에서만 설명 가능하다. (가)와 (나) 모두 지구 중심설이므로 연주 시차는 설명되지 않는다.

03

정답 맞히기 ㄱ. 이날 금성은 태양보다 늦게 진다. 따라서 초저녁에 금성을 관측할 수 있다.

ㄴ. 금성은 태양보다 늦게 지므로 동방 이각에 위치하고, 목성은 태양보다 약간 먼저 뜨고 먼저 지므로 합과 서구 사이에 위치한다. 따라서 두 행성 모두 지구에 가까워지고 있다.

오답 피하기 ㄷ. 목성이 수성보다 먼저 뜨고 먼저 지므로 목성이 먼저 남쪽 자오선을 통과한다.

04

정답 맞히기 ㄴ. 6월이므로 태양의 적위는 하짓날 적위와 비슷하며, 그림에서 금성보다 왼쪽의 지평선 아래에 위치한다. 한편 목성은 태양의 반대편에 위치한다. 행성들의 공전 궤도면은 황도와 거의 나란하므로 적위는 금성이 목성보다 높다.

ㄷ. 화성은 태양의 오른쪽 90° 부근에 위치하므로 서구 부근에 위치한다. 이후 화성은 충에 가까워지며 이각이 증가한다.

오답 피하기 ㄱ. 태양이 금성의 왼쪽 아래에 위치하므로 새벽에 관측한 모습이다.

05

정답 맞히기 ㄴ. A, B, C는 모두 북극성을 기준으로 남쪽 자오선에 위치하므로 적경이 서로 같다.

오답 피하기 ㄱ. 적위는 천구의 북극인 북극성에 가까울수록 크다. 따라서 적위는 C가 가장 크다.

ㄷ. 모든 천체는 천구의 적도와 나란하게 일주 운동하므로 B는 일주 운동하는 동안 북서쪽 지평선 아래로 진다. 위도가 30°인 지역에서 지평선 아래로 지지 않는 별의 적위는 (90°−위도)인 60°보다 높아야 한다.

06

정답 맞히기 ㄷ. 지구가 A에 위치할 때 태양은 천구의 적도를 남쪽에서 북쪽으로 지나가므로 춘분날이며 적경은 0^h이다. 반대편인 C에 위치할 때는 추분날이며 적경이 12^h이다. 따라서 태양의 적경은 지구가 C에 위치할 때 크다.

오답 피하기 ㄱ. ㉠은 지구의 적도를 천구 상에 연장한 천구의 적

도이다.

ㄴ. 지구가 B에 위치할 때 태양은 천구의 적도로부터 가장 높은 지점인 하지점에 위치하므로 남중 고도가 가장 높다.

07

정답 맞히기 ㄴ. 탁구공이 광원을 기준으로 카메라와 반대 방향 부근에 위치할 때 하얀 면이 보름달에 가까운 모습으로 관측된다.

오답 피하기 ㄱ. 지구에 해당하는 카메라와 태양에 해당하는 광원 사이에서 탁구공을 공전시키고 있으므로 내행성에 해당한다.

ㄷ. 프톨레마이오스의 우주관에서는 내행성이 태양의 뒤편에 위치하지 못하므로 이 실험으로 프톨레마이오스의 우주관에서 나타나는 내행성의 위상 변화를 설명할 수 없다.

08

정답 맞히기 ㄱ. P는 내행성이므로 하루 동안 공전한 각도는 지구가 P보다 작다.

오답 피하기 ㄴ. 지구가 E_1에 위치할 때 행성은 P_1에 위치하므로 행성은 동방 최대 이각 부근에 위치한다. 따라서 이때 행성의 위상은 상현달에 가깝다.

ㄷ. 지구가 E_1에서 E_3까지 약 5개월 공전하는 동안 행성은 P_1에서 P_3까지 약 240° 공전했으므로, 행성의 공전 주기는 약 7.5개월로 0.5년보다 길다.

09

정답 맞히기 ㄷ. 5월 초에 화성은 충과 동구 사이에, 목성은 동구와 합 사이에 위치하므로, 해가 진 후 두 행성을 동시에 관측할 수 있다.

오답 피하기 ㄱ. 3월 초에 금성은 서방 최대 이각 부근에 위치하므로 새벽에 동쪽 하늘에서 관측 가능하다.

ㄴ. 4월에 화성은 충 부근에 위치하므로 역행하며, 이 기간에 적경이 감소한 시기가 있다.

10

정답 맞히기 ㄴ. 금성은 최대 이각과 내합 사이에서 최대 밝기가 나타나므로, 최대 밝기가 나타나는 두 시기의 중간인 6월에 내합을 지난다.

오답 피하기 ㄱ. 수성의 밝기 변화가 반복되는 주기는 약 4개월이며 이는 회합 주기에 해당한다. 수성의 공전 주기는 회합 주기보다 짧다.

ㄷ. 4월 말 금성은 최대 밝기가 나타나며 동방 최대 이각과 내합 사이에 위치하므로 보름달 모양이 아니고, 초승달 모양으로 관측된다.

11

정답 맞히기 ㄱ. 공전 궤도 상의 한 점으로부터 두 초점까지의 거리의 합은 항상 8 AU이며, 이는 공전 궤도 긴반지름의 2배에 해당하므로 공전 궤도 긴반지름은 4 AU이다.

오답 피하기 ㄴ. 공전 궤도 긴반지름이 4 AU이므로 케플러 제3법칙에 의해 공전 주기는 8년이다. 따라서 지구와의 회합 주기는 $\frac{8}{7}$년이다.

ㄷ. 평균 공전 속도는 근일점에 가까운 a 구간이 b 구간보다 빠르다. 따라서 a 구간을 공전하는 데 걸리는 시간이 더 짧게 걸리므로 태양과 행성을 잇는 선분이 쓸고 지나간 면적은 a 구간이 더 좁다.

12

정답 맞히기 ㄴ. 우주의 중심이 지구인 우주관은 연주 시차를 설명하지 못하므로 A와 B이다.

ㄷ. A는 프톨레마이오스의 우주관, C는 코페르니쿠스의 우주관이다. 두 우주관에서 천체들은 모두 원궤도를 따라 운동한다.

오답 피하기 ㄱ. 주전원을 이용하여 행성의 역행을 설명하는 우주관은 행성의 역행은 설명할 수 있으나 보름달 모양의 금성 위상은 설명이 불가능한 A만 해당한다.

13

정답 맞히기 ㄱ. 연주 시차는 별까지의 거리에 반비례하므로 연주 시차가 가장 큰 별 A가 지구에서 가장 가까운 곳에 위치한다.

ㄴ. 겉보기 등급이 A는 B보다 5등급 작으므로 겉보기 밝기는 A가 B보다 100배 밝다.

ㄷ. $m-M=5\log d-5$에 대입하면 A, B, C의 절대 등급은 5등급으로 동일하다.

14

정답 맞히기 ㄱ. A의 변광 주기는 약 10일, B의 변광 주기는 약 28일 정도이다.

ㄷ. A의 평균 겉보기 등급은 약 14.5, B의 평균 겉보기 등급은 약 13.5이다.

오답 피하기 ㄴ. 변광 주기가 긴 B의 절대 등급이 A보다 작다.

15

정답 맞히기 ㄴ. ㉠은 표준 주계열성의 절대 등급과 성단 내 주계열성의 겉보기 등급의 차이로 거리 지수를 나타낸다.

오답 피하기 ㄱ. 색지수($B-V$)가 0인 주계열성의 표면 온도가 약 10000 K이고, 성단에는 색지수가 0인 주계열성이 존재한다.

ㄷ. 성단의 거리 지수는 약 5이므로 성단까지의 거리는 약 100 pc이다.

16

정답 맞히기 ㄴ. 에너지 상태가 높은 (가)에서 (나)로 바뀔 때 21 cm 수소선이 방출된다.

ㄷ. 21 cm 수소선을 이용하여 우리은하의 나선팔 구조를 확인하였다.

오답 피하기 ㄱ. 중성 수소에서 양성자와 전자의 자전 방향이 같은 (가)가 반대인 (나)보다 에너지 상태가 높다.

17

정답 맞히기 ㄱ. 케플러 회전을 하고 있으므로 별 A는 태양보다 회전 속도가 느리므로 태양 쪽으로 접근하는 것처럼 보여 청색 편이가 나타난다.

오답 피하기 ㄴ. B는 태양과 같은 궤도를 돌고 있으므로 시선 속도가 0이다. 따라서 B의 공간 속도는 시선 속도보다 크다.

ㄷ. C는 D보다 은하 중심에 가깝기 때문에 더 큰 시선 속도로 멀어지고 있다.

18

정답 맞히기 ㄱ. 태양 근처의 별들은 은하 중심에서 멀어질수록 속도가 감소하는 케플러 회전을 한다.

ㄴ. 은하 중심부에는 은하 중심으로부터 거리가 멀어질수록 속도가 증가하는 강체 회전 구간이 존재한다.

ㄷ. 우리은하 외곽에서 회전 속도가 일정해지는 구간이 있는 것으로 보아 우리은하 외곽에는 암흑 물질이 많이 존재한다.

19

정답 맞히기 ㄴ. 방출 성운은 H Ⅱ 영역의 전리된 수소가 다시 자유 전자와 재결합하는 과정에서 빛을 방출하여 나타난다.

오답 피하기 ㄱ. 반사 성운은 파장이 짧은 파란색 빛이 산란되어 나타나므로 주로 파란색으로 관측된다.

ㄷ. 성운은 대부분 성간 기체로 구성된다.

20

정답 맞히기 ㄷ. 초은하단은 은하군과 은하단으로 이루어진 대규모의 은하 집단이다.

오답 피하기 ㄱ. 규모는 초은하단이 은하군보다 크다.

ㄴ. 은하군의 은하들은 중력적으로 서로 묶여 있다.

㈜아이엠스톡 57쪽(흑운모), 57쪽(석영1), 57쪽(흑요석), 58쪽(석영2), 58쪽(석영3), 63쪽(화성 광상), 64쪽(궁), 64쪽·71쪽(국회 의사당), 71쪽(정장석), 71쪽·75쪽(보크사이트), 71쪽(아파트), 71쪽(식탁), 74쪽(도자기), 74쪽(유리 플라스크), 86쪽·95쪽(편마암), 93쪽(북한산), 95쪽(공룡 발자국 화석), 159쪽(증발 안개), 159쪽(복사 안개), 164쪽(안개), 164쪽(구름), 164쪽(바다 안개), 187쪽·197쪽(태풍), 197쪽(토네이도)

북앤포토 14쪽(세라피스사원 돌기둥), 29쪽(초전도 중력계), 60쪽(유리), 63쪽(변성 광상), 63쪽(텅스텐), 70쪽·71쪽(고령토), 82쪽(스트로마톨라이트), 269쪽·276쪽(방출 성운)

ⓒ오션 하이테크 48쪽·50쪽(편광 현미경)

Biophoto Associates / Science Source / booknfoto 48쪽·60쪽(방해석 복굴절)

Banded iron formaion Dales Gorge / ⓒGraeme Churchard / wikimedia CC BY-SA 2.0 64쪽(호상 철광층)

ⓒ연합뉴스 63쪽(퇴적 광상)

ⓒScience Stock Photography / Science Source / booknfoto 64쪽(희토류)

ⓒ해양수산부 66쪽·76쪽(바다 목장)

ⓒ차형준 67쪽(홍합 생체 접착제)

ⓒ한국해양과학기술원 67쪽(미세 조류 바이오 연료)

ⓒScience History Images / Alamy Stock Photo / booknfoto 69쪽·75쪽(가스수화물)

ⓒCharles D. Winters / Science Source / booknfoto 67쪽·69쪽·70쪽·74쪽·75쪽(망가니즈 단괴)

ⓒKavring / Dreamstime.com 99쪽(필석 화석)

ⓒSusan E. Degginger / Science Source / booknfoto 95쪽(혼펠스)

Stocktrek Images, Inc. /Alamy Stock Photo / booknfoto 246쪽(산개 성단)

Stocktrek Images, Inc. /Alamy Stock Photo / booknfoto 246쪽·252쪽·257쪽·262쪽(구상 성단)

Gerard Lodriguss / Science Source / booknfoto 252쪽·262쪽(산개 성단(M25))

NASA Image Collection /Alamy Stock Photo / booknfoto 267쪽(성간 기체)

AsarStudios /Alamy Stock Photo / booknfoto 267쪽·279쪽·280쪽(우리은하 가시광선)

Granger Historical Picture Archive /Alamy Stock Photo / booknfoto 267쪽·280쪽(우리은하 적외선)

NG Images / Alamy Stock Photo / booknfoto 268쪽·279쪽(암흑 성운)

Stocktrek Images, Inc. /Alamy Stock Photo / booknfoto 268쪽·276쪽·285쪽·304쪽(반사 성운)

ŁukaszSzczepanski /Alamy Stock Photo / booknfoto 268쪽·285쪽·304쪽(방출 성운)

Stocktrek Images, Inc. / Alamy Stock Photo / booknfoto 269쪽·279쪽(암흑 성운)

Stocktrek Images, Inc. /Alamy Stock Photo / booknfoto 269쪽(반사 성운)

Hui Yang (University of Illinois) and NASA/ESA 277쪽(방출 성운)

NASA / JPL-Caltech 279쪽·292쪽(우리은하)

NASA/JPL-Caltech/Harvard-Smithsonian CfA 280쪽(암흑 성운 BHR71)

NASA, ESA and the Hubble SM4 ERO Team 286쪽·287쪽·294쪽·295쪽(은하군)

ESA / Hubble & NASA 286쪽(은하단), 294쪽(은하단), 295쪽(은하단)

http://www.eso.org/public/images/potw1304a/ 286쪽·295쪽·304쪽(초은하단)

Lukasz Szczepanski /Alamy Stock Photo / booknfoto 287쪽·292쪽·294쪽(안드로메다은하)

MARK GARLICK / SCIENCE PHOTO LIBRARY / 게티이미지코리아 287쪽(라니아케아 초은하단)

Science History Images /Alamy Stock Photo / booknfoto 291쪽·304쪽(은하군)

Stocktrek Images, Inc. /Alamy Stock Photo / booknfoto 292쪽(삼각형자리은하)

Steven Milne /Alamy Stock Photo / booknfoto 294쪽(처녀자리 은하단)

NASA/JPL-Caltech/SSC 294쪽(국부 은하군)

Science Photo Library /Alamy Stock Photo / booknfoto 295쪽(우주 거대 구조)

2022학년도 뉴수능 스타트

평가원 예시문항 최초 분석

국어, 영어, 수학 I , 수학 II , 확률과 통계, 미적분, 기하 전 7책 발행

수학의 왕도

수학 (상)

새 교과서, 새 수능 대비 EBS 수학 기본서

"**국내 최대** 1268문항"

개념을 시각화 했습니다. 한눈에 쏙!
591문항으로 개념다지기 누구나 할 수 있습니다.
기초에서 고득점으로 계단식 구성으로 "저절로 쑥~"

EBS

신유형·고득점문제
실력 문제
기본 문제
대표 문제
개념 문제

2015
개정
교육과정

올림포스

[국어, 영어, 수학의 EBS 대표 교재, 올림포스]

2015 개정 교육과정에 따른 모든 교과서의 기본 개념 정리
내신과 수능을 대비하는 다양한 평가 문항
수행평가 대비 코너 제공

국어, 영어, 수학은 EBS 올림포스로 끝낸다.

[올림포스 16책]

국어 영역 : 국어, 현대문학, 고전문학, 독서, 언어와 매체, 화법과 작문
영어 영역 : 독해의 기본1, 독해의 기본2, 구문 연습 300
수학 영역 : 수학(상), 수학(하), 수학Ⅰ, 수학Ⅱ, 미적분, 확률과 통계, 기하

고1~2 내신 중점 로드맵

과목	고교 입문	기초	기본	특화	단기
국어	고등 예비 과정	내 등급은?	윤혜정의 나비효과 입문편 어휘가 독해다!	**기본서** 올림포스	**국어 특화** 국어 독해의 원리 / 국어 문법의 원리	단기 특강
영어				**기본서** 올림포스 전국연합 학력평가 기출문제집	**영어 특화** Grammar POWER / Reading POWER Listening POWER / Voca POWER	
수학			**기초** 50일 수학	**초급** 올림포스 닥터링	**고급** 올림포스 고난도	
사회					**수학 특화** 수학의 왕도	
과학				**기본서** 개념완성 + 개념완성 문항편	**인공지능** 수학과 함께하는 AI 기초	

과목	시리즈명	특징	수준	대상
전과목	고등예비과정	예비 고등학생을 위한 과목별 단기 완성	●	예비 고1
	내 등급은?	고1 첫 학력평가 + 반 배치고사 대비 모의고사	●	예비 고1
국/영/수	올림포스	내신과 수능 대비 EBS 대표 국어·수학·영어 기본서	●	고1~2
	올림포스 전국연합학력평가 기출문제집	전국연합학력평가 문제 + 개념 기본서	●	고1~2
	단기 특강	단기간에 끝내는 유형별 문항 연습	●	고1~2
한/사/과	개념완성 & 개념완성 문항편	개념 한 권 + 문항 한 권으로 끝내는 한국사·탐구 기본서	●	고1~2
국어	윤혜정의 나비효과 입문편	베스트셀러 '개념의 나비효과', '패턴의 나비효과'의 입문편	●	고1~2
	어휘가 독해다!	7개년 학평·모평·수능 출제 필수 어휘 학습	●	고1~2
	국어 독해의 원리	내신과 수능 대비 문학·독서(비문학) 특화서	●	고1~2
	국어 문법의 원리	필수 개념과 필수 문항의 언어(문법) 특화서	●	고1~2
영어	Grammar POWER	구문 분석 트리로 이해하는 영어 문법 특화서	●	고1~2
	Reading POWER	수준과 학습 목적에 따라 선택하는 영어 독해 특화서	●	고1~2
	Listening POWER	수준별 수능형 영어듣기 모의고사	●	고1~2
	Voca POWER	고등학교 영어 교육과정 필수 어휘 단어집	●	고1~2
수학	50일 수학	50일 만에 완성하는 중학~고교 수학의 맥	●	고1~2
	올림포스 닥터링	친절한 개념 설명을 통해 쉽게 연습하는 수학 유형	●	고1~2
	올림포스 고난도	1등급을 위한 고난도 유형 집중 연습	●	고1~2
	수학의 왕도	EBS가 만든 신개념 수학 특화서	●	고1~2
기타	수학과 함께하는 AI 기초	파이썬 프로그래밍, AI 알고리즘에 직접 필요한 수학 개념	●	고1~2